Photographieverlag von Hanfstaengls Nachfolger, Berlin.

Nach dem Gemälde von R. Eichstaedt.

1813–1815

Illustrierte Geschichte der Befreiungskriege

Ein Jubiläumswerk zur Erinnerung an die große Zeit vor 100 Jahren

Von

J. v. Pflugk-Harttung

Mit 343 Abbildungen im Text, 40 Kunstblättern und 15 Textbeilagen

Stuttgart / Berlin / Leipzig
Union Deutsche Verlagsgesellschaft

Die beeindruckende Prachtausgabe des Jubiläumswerkes

Illustrierte Geschichte der
Befreiungskriege

erscheint im Rahmen ausgewählter Literatur
als exklusive Reprint-Ausgabe in der
Historischen Bibliothek des Melchior Verlages.

Die Historische Bibliothek enthält wichtige
sowie interessante Bücher zur deutschen Geschichte
und läßt anhand dieser eindrucksvollen Zeitzeugen
bedeutende Ereignisse, Begebenheiten und Personen
aus längst vergangener Zeit wieder lebendig erscheinen.

Nachdruck der Originalausgabe von 1913
nach einem Exemplar aus Privatbesitz.

M
Reprint

Wolfenbüttel
2007
ISBN: 978-3-939791-28-7

Inhaltsverzeichnis

Quellenliteratur

Akten des Geheimen Staatsarchives in Berlin.

P. Bailleu, Die Memoiren Metternichs, in der Historischen Zeitschrift herausgegeben von H. v. Sybel. Bd. 44, N. F. 8. München und Leipzig 1880.

F. de Bas, Prins Frederic der Nederlanden. Vol. 3. Schiedam 1904.

F. de Bas et J. de T'Serclaes de Wommerson, La Campagne de 1815. 3 T. Bruxelles 1908.

Th. v. Bernhardi, Geschichte Rußlands und der europäischen Politik. 1814—31. Bd. I (Die Zeit des Wiener Kongresses). Leipzig 1863.

K. Bleibtreu, Napoleon I. Dresden und Leipzig 1889.

M. Bogdanowitsch, Geschichte des Krieges 1813 für Deutschlands Unabhängigkeit. Aus dem Russischen von A. S. 2 Bde. St. Petersburg und Leipzig 1863—69.

M. Bogdanowitsch, Geschichte des Krieges 1814 in Frankreich. Aus dem Russischen von G. Baumgarten. 2 Bde. Leipzig 1866.

H. v. Bülow, Generalfeldmarschall Graf Bülow von Dennewitz. Wien 1909.

R. v. Caemmerer, Der Frühjahrsfeldzug 1813 und seine Vorgeschichte. Bd. II. Berlin 1909.

R. v. Caemmerer, Die Befreiungskriege 1813—15. Strategischer Überblick. Berlin 1907.

v. Colomb, Blücher in Briefen aus den Feldzügen 1813—1815. Stuttgart 1876.

P. Czygan, Zur Geschichte der Tagesliteratur während der Freiheitskriege. 2 Bde. Leipzig 1909, 1911.

v. Damitz, Geschichte des Feldzugs von 1815. Berlin 1837.

H. Delbrück, Das Leben des Feldmarschalls Grafen Neithardt von Gneisenau. 2 Bde. Berlin 1908.

M. Doeberl, Bayern und die deutsche Erhebung wider Napoleon I., in Abhandl. der K. Bayerischen Akademie der Wissenschaften. III. Kl. 24. Bd. 2. Abt. München 1907.

J. G. Droysen, Das Leben des Feldmarschalls Grafen Yorck von Wartenburg. 3 Bde. Berlin 1851—52.

(de Flassan, G. de R.) Histoire du congrès de Vienne. 3 T. Paris 1829. Übersetzt. A. L. Herrmann. 2 Bde. Leipzig 1830.

A. Fournier, Napoleon I. Band III: Die Erhebung der Nationen und Napoleons Ende. Zweite Auflage. Wien und Leipzig 1906.

A. Fournier, Der Kongreß von Châtillon. Die Politik im Kriege von 1814. Wien und Prag 1900.

R. Friederich, Geschichte des Herbstfeldzuges 1813. 3 Bde. Berlin 1903—1905.

R. Friederich, Geschichte der Befreiungskriege 1813 bis 1815. Bd. I. Der Frühjahrsfeldzug 1813. 3. Auflage. Berlin 1910. Bd. II. Der Herbstfeldzug 1813. Berlin 1911.

P. Goldschmidt, Berlin in Geschichte und Gegenwart. Berlin 1910.

H. v. Holleben, Der Frühjahrsfeldzug 1813 und seine Vorgeschichte. 1. Bd. Berlin 1904.

H. Houssaye, 1814. Paris 1888.

H. Houssaye, 1815. Waterloo. Übersetzt von Ostermeyer. Hannover und Leipzig 1900.

A. v. Janson, Geschichte des Feldzugs 1814 in Frankreich. 2 Bde. Berlin 1903 und 1905.

H. Klaeber, Marschall Bernadotte, Kronprinz von Schweden. Gotha 1910.

O. Klein-Hattingen, Napoleon I. Eine Schilderung des Mannes und seiner Welt. Bd. II. Von 1806 bis 1821. Berlin 1909.

G. v. Kleist, Geschichte des Geschlechts von Kleist (Das Leben des Grafen Kleist v. Nollendorf). Berlin 1887.

A. v. Klinkowström, Österreichs Teilnahme an den Befreiungskriegen. Ein Beitrag zur Geschichte der Jahre 1813—1815. Wien 1887.

Lanrezac, La manœuvre de Lutzen. Paris 1904.

M. Lehmann, Freiherr vom Stein. 3 Bde. Leipzig 1902—1905.

M. Lenz, Napoleon I. Bielefeld und Leipzig 1905.

O. v. Lettow-Vorbeck und v. Voß, Napoleons Untergang 1815. Bd. I: Elba — Belle-Alliance. Berlin 1904. Bd. II. Von Belle-Alliance bis zum Tod Napoleons. Berlin 1906.

B. v. Lignitz, Scharnhorst. Oldenburg 1905.

Louise de Prusse, Princesse Antoine de Radziwill, Quarante-cinq années de ma vie (1770—1815) publié par la Princesse Radziwill. Paris 1911.

F. Meinecke, Das Zeitalter der deutschen Erhebung 1795—1815. Bielefeld und Leipzig 1906.

F. Meinecke, Das Leben des Generalfeldmarschalls Hermann von Boyen. Bd. I und II. Stuttgart 1896.

F. Meinecke, Weltbürgertum und Nationalstaat. Studien zur Genesis des deutschen Nationalstaates. Zweite Auflage. München und Berlin 1911.

H. Meisner und R. Geerds, Ernst Moritz Arndt. Ein Lebensbild in Briefen. Berlin 1898.

Metternich, Aus Metternichs nachgelassenen Papieren, geordnet und zusammengestellt von A. v. Klinkowström. 3 T. in 8 Bdn. Wien 1880—1884.

L. Navez, L'introduction à l'histoire de la campagne de 1815. Bruxelles 1899.

L. Navez, Les Quatre-Bras, Ligny, Waterloo et Wavre. Bruxelles 1903.

v. Nostitz, Tagebuch des Generals der Kavallerie Grafen, in Kriegsgeschichtliche Einzelschriften, herausgegeben vom Großen Generalstab. Heft V, VI. Berlin 1884, 1885.

E. O. v. Odeleben, Napoleons Feldzug in Sachsen 1813. 2 T. Dritte Auflage. Dresden 1840.

W. Oncken, Das Zeitalter der Revolution, des Kaiserreiches und der Befreiungskriege. Berlin 1886.

W. Oncken, Österreich und Preußen im Befreiungskriege. 2 Bde. Berlin 1876.

G. H. Pertz und H. Delbrück, Das Leben des Feldmarschalls Grafen Neithardt von Gneisenau. Bd. 1—5. 1864—1880.

A. Pfister, Aus dem Lager des Rheinbundes 1812 und 1813. Stuttgart 1897.

A. Pfister, Aus dem Lager der Verbündeten 1814 und 1815. Stuttgart 1897.

J. v. Pflugk-Harttung, Weltgeschichte. Neuzeit II. Berlin, Ullstein & Co.

J. v. Pflugk-Harttung, Napoleon I. Das Erwachen der Völker. Berlin 1901.

J. v. Pflugk-Harttung, Das Preußische Heer und die Norddeutschen Bundestruppen unter General v. Kleist. Gotha 1911.

J. v. Pflugk-Harttung, Vorgeschichte der Schlacht bei Belle-Alliance. Wellington. Berlin 1903.

J. v. Pflugk-Harttung, Eine Fremdherrschaft in Hamburg, in Westermanns Monatsheften 1894, 406. — Aufzeichnungen des Generals v. Stosch über Gneisenau, im Beih. zum Milit.-Wochenbl. 1911. — Zur Beurteilung Bernadottes 1813, in Forsch. zur Brandenb. u. Preuß. Geschichte 1912. — Bernadotte im Herbstfeldzuge 1813, in Jahrb. f. d. deutsche Armee u. Marine 1905. — Eine zeitgenössische Darstellung der Schlacht bei Kulm-Nollendorf, in Jahrb. f. d. deutsche Armee u. Marine, H. 472. — Archivalische Beiträge zur Geschichte des Feldzugs 1815. Jahrb. f. d. deutsche Armee u. Marine, H. 423. — Die Verhandlungen Wellingtons und Blüchers am 16. Juni 1815, im Histor. Jahrb. 23. — Die Schlacht bei Ligny. Ein Manuskript des Generals Hans von Zieten, in Die Armee 1902, Nr. 2 und 3. — Aus den Tagen des 17. und 18. Juni 1815, in Historische Vierteljahrsschrift, herausgegeb. von G. Seeliger, Bd. VIII. Leipzig 1905. — Die Preußische Berichterstattung an Wellington vor der Schlacht bei Ligny, im Histor. Jahrb. 24. — Die Verzögerung der Schlacht bei Belle-Alliance, in Historische Zeitschrift 99. — Von Wavre bis Belle-Alliance, Jahrb. f. d. deutsche Armee u. Marine, H. 439—441. — Die Schlacht bei Belle-Alliance, in Sonntagsbeilage der Vossischen Zeitung 1902, Januar und Februar. Der Tag 1904, 8. und 14. Januar. Deutsche Gedenkhalle, Wien und Berlin. — Das I. preußische Korps bei Belle-Alliance, in Jahrb. f. d. deutsche Armee u. Marine, H. 417. — Napoleon während der Schlacht bei Belle-Alliance, im Histor. Jahrb. 24. — Gefecht bei Limal 1815, im Histor. Jahrb. 1906. — Aus dem Bayerischen Hauptquartier 1815, im Histor. Jahrb. 1911.

F. Reboul, Campagne de 1813. Vol. I, II. 1910, 1912.

Th. Rehtwisch, Geschichte der Freiheitskriege 1812 bis 1815. 3 Bde. Leipzig 1910.

W. A. Schmidt, Geschichte der deutschen Verfassungsfrage während der Befreiungskriege und des Wiener Kongresses. 1812—1815. (Aus dem Nachlaß herausgegeben von A. Stern.) Stuttgart 1890.

W. Siborne, History of the war in France and Belgium in 1815. 2 vol. Ed. 3. London 1848. Übersetzt von E. Siber. Berlin 1846, 1847.

W. Siborne, The Waterloo campaign. 1815. 5 ed. Westminster 1900.

R. Thiele, Ernst Moritz Arndt. Gütersloh 1894.

W. Tomuschat, Preußen und Napoleon I. 2 Bde. Leipzig 1911.

H. v. Treitschke, Deutsche Geschichte im Neunzehnten Jahrhundert. Leipzig 1879.

W. v. Unger, Blücher. 2 Bde. Berlin 1907—1908.

J. d'Ussel, La défection de la Prusse, Décembre 1812 jusqu'à Mars 1813. Paris 1907.

J. d'Ussel, L'intervention de l'Autriche. Décembre 1812 jusqu'à Mai 1813. Paris 1912.

A. Veltzé, Die Politik Metternichs. Wien u. Leipzig 1911.

v. Woinovich, Kulm, Leipzig, Hanau. Wien und Leipzig 1911.

A. W. Ward, G. W. Prothero, Stanley Leaths, The Cambridge Modern History. Vol. IX: Napoleon. Cambridge 1906.

Vorwort

Die Geschichte keines Volkes ist so reich an Wandlungen wie die des deutschen. Aus fränkisch altkaiserlichen Anfängen entstand das stolze Deutsche Reich der Ottonen, Salier und Staufer. Dann folgte „die kaiserlose, die schreckliche Zeit". Die Kirche erhob sich gebietend über den Thronen der Fürsten und den Gebilden der Völker. Das Kaisertum entartete, und das Reich zerbröckelte in Landeshoheiten. Noch einmal schien es sich auf religiöser und kultureller Grundlage erheben zu wollen, geeint im Abfall von Rom, im Gegensatze zum Papsttume, im Bekenntnis des Protestantismus. Man konnte hoffen, die neue Kirche werde das erlahmte Vaterlandsgefühl stärken und erneuern. Doch die Einheit des Protestantismus versagte, und die alte Kirche arbeitete sich kräftig wieder empor. Statt des einen Bekenntnisses hatte man jetzt deren zwei, und bald deren noch mehr. Was ein Band der Einigkeit zu werden verhieß, wurde eine Quelle der Zwietracht, die ihre furchtbare Betätigung erhielt im Dreißigjährigen Kriege. Schweden, Italiener, Spanier, Franzosen, Ungarn, Kroaten, Tschechen und Dänen durchzogen sengend und brennend die einst gesegneten Gaue. Die Schuldenlast zahlten das Nationalgefühl und der deutsche Reichsverband, der zu einem Schein- und Schattenbild verschwundener Herrlichkeit, fast zu einem bloß geographischen Begriffe hinabsank. An allen Grenzen hatten sich bereits Teile abgelöst oder entfremdeten sich nun. Ludwig XIV. besetzte Straßburg und ließ das Heidelberger Schloß, das Wahrzeichen deutscher Kultur- und Geistesgröße, in Flammen aufgehen. Österreich mit den römischen Kaisern deutscher Nation aus dem Hause Habsburg zeigte sich nicht imstande, den allgemeinen Verfall zu hemmen, sondern förderte ihn durch seine außerdeutsche Haus- und Weltpolitik nur noch mehr.

Da ging ein neuer Stern auf, fern, unscheinbar, über den düsteren Kieferwaldungen und glitzernden Seen des Nordostens. Im märkischen Sande hatten die Hohenzollern Fuß gefaßt: ein starkes, mannhaftes Geschlecht. Das schneidige Schwert des Großen Kurfürsten schützte das Land gegen Franzosen, Schweden und Polen, und sein Herrschergeist verstand, die weitverstreuten Stücke seines Gebietes zu einem einheitlichen Staatswesen zu verdichten. Aber das Aufstreben des lebenskräftigen Gebildes beruhte auf Selbstbestimmung, auf Sondertrieb: den gefährlichsten Gegnern des alten Reiches. Unter Friedrich dem Großen gelangten sie zum Austrage mit dem Träger der Kaiserkrone. Auf der einen Seite Österreich, verbündet mit deutschen Fürsten, auf der anderen das kraftbewußte, übergreifende Preußen. In drei Kriegen rangen erbittert die beiden Mächte, bis schließlich Preußen und mit ihm dem staatlichen Sondertriebe der Sieg verblieb. Das Deutsche Reich war darüber tatsächlich zugrunde gegangen. Der Gegensatz zwischen Österreich und Preußen beherrschte seit Friedrichs Zeit die Geschichte des deutschen Volkes und lähmte seine Kraft, als es die Abwehr der französischen Revolutionsheere galt. Aus der Revolution wurde das Kaisertum Napoleons. Vergeblich warf Österreich sich ihm in den Weg als Vertreter des angestammten Gottesgnadentums. Bei Austerlitz erlag es der überlegenen Feldherrnkunst des französischen Gewaltmenschen, der das ganze Deutschland außer den beiden Großmächten zu französischen Vasallenstaaten machte. Am 6. August 1806 legte der letzte Träger der einstmals angesehensten Krone die deutsche Kaiserwürde nieder. Und um die Schmach des deutschen Namens zu vollenden, brach bei Jena und Auerstedt auch der Staat Friedrichs des Großen zusammen, in beispiellosem Falle. Deutschlands Geschichte schien zu Ende zu sein; der goldene Adler Napoleons überschattete es mit mächtigen Schwingen und bedrohte jede selbständige Regung mit dem Donnerkeile in seinen Krallen.

Eine Zeit der Knechtschaft begann. Freilich, von den Rheinbundfürsten und -völkern wurde sie weniger empfunden, weil sie ihnen mancherlei Nutzen brachte. Um so schwerer seufzte Preußen unter dem Drucke

lastender Ketten. Aber die Last gereichte ihm zum Segen. Aus den Ketten schmiedete es Waffen, und als Napoleon in seiner Unersättlichkeit nach Moskau zog und zerschmettert aus Rußland heimkehrte, da war Preußen stark genug und bereit, den Befreiungskampf aufzunehmen und siegreich zu Ende zu führen.

Die Freiheitskriege sind eine Tat Preußens, nicht aber Deutschlands gewesen. Als das kleine, verarmte Land den kühnen Schritt ins Dunkle wagte, da stand ihm nur das schlecht gerüstete Rußland verbündet zur Seite; das übrige Deutschland folgte dem Rufe Napoleons, und Österreich hielt sich zurück, bis es sah, welchen Lauf die Dinge nahmen. Preußen trug die ganze Verantwortung; hätte Napoleon gesiegt, so wäre es von der Landkarte verschwunden und der Hohenzoller zum landlosen Flüchtlinge geworden. Erst allmählich durchdrang der Freiheitsgedanke das gesamte deutsche Vaterland. Aber die Entscheidung brachte er nicht, sondern diese beruhte auf dem Verhalten Napoleons. Hätte der Korse sich mit dem mittel- und unmittelbaren Besitz des größten Teiles links der Elbe begnügt, so würde Österreich auf einen faulen Frieden gedrängt haben, den Preußen annehmen mußte, wogegen Frankreich ihn gebrochen hätte, sobald es vorteilhaft erschien. Erst die Verbissenheit Napoleons, der keinen Schritt zurück tun wollte, hat Österreich auf die Seite der Verbündeten geführt. Das übrige Deutschland blieb staatlich auch jetzt noch aus. Erst kurz vor der Völkerschlacht bei Leipzig hat Bayern sich vom Rheinbunde losgesagt, um dem Bündnisse gegen Frankreich beizutreten. Die sächsischen Truppen standen noch zu Beginn des Entscheidungskampfes in den französischen Reihen, ja Württemberg, Hessen-Darmstadt, Baden und die noch übrigen Glieder des Rheinbundes haben Napoleon erst nach seiner Niederlage verlassen.

Hat demnach Preußen das ganze politische Verdienst der Freiheitskriege, so auch bei weitem das größte militärische. Die preußischen Heere bildeten die handelnde Kraft und sie sind es hauptsächlich gewesen, die Napoleon niederrangen. Der Held der Freiheitskriege, die volkstümliche Verkörperung des Volkes in Waffen war der preußische Feldmarschall, der alte Blücher, und er ist es geblieben bis auf den heutigen Tag.

Leider haben weder die Preußen noch das deutsche Volk die vollwertigen Früchte ihrer Erfolge geerntet. Die Nachbarn duldeten nicht, daß Deutschland mächtig werde, und der Sondertrieb war noch zu stark, um sich einem Gemeingeiste, einer höheren Einheit zu fügen. Beide arbeiteten sich verhängnisvoll in die Hände. So klein und schwach wie möglich ging Deutschland aus seinen ruhmreichen Siegen hervor. An die Stelle des Reiches trat ein Staatenbund, der jede wirkliche Kraftäußerung unmöglich machte. Wieder ist es Preußen gewesen, das diesem politischen Unwesen, diesem völkischen Elende ein Ende bereitete. Es stellte in Bismarck den bedeutendsten Staatsmann der Neuzeit, in Moltke den tüchtigsten Schlachtendenker und in Wilhelm I. den würdigsten Fürsten. Was auf dem Wiener Kongresse versäumt war, das wurde auf den Schlachtfeldern von Sedan und Orleans nachgeholt. Abermals wurde Frankreich besiegt, und in dem Königschlosse zu Versailles, dem Sinnbilde französischen Übermutes, erfolgte die langbegehrte Einigung der deutschen Stämme, geschah die Neubegründung des Deutschen Reiches und des erblichen deutschen Kaisertums.

Das große Ergebnis beruht nicht auf Zufall, sondern ist mühsam und folgerichtig erarbeitet worden. Preußen ist der Vorkämpfer des Deutschtums gewesen, es *verdiente* seine Krone.

Aus der Kleinstaaterei und Zerrissenheit ist ein Gebilde erwachsen, das sich zur Weltmacht ausgestaltete. Auf allen Meeren weht die deutsche Flagge, in allen Ländern bricht deutscher Fleiß, deutsches Wissen und Können, deutsche Ware sich Bahn. Sie werden geschützt durch ein geordnetes, leistungsfähiges Staatswesen, durch ein starkes Heer und eine starke Flotte. Aus Kampf und Not erwuchs im Herzen Europas ein Reich voll Selbstvertrauen und Selbstbeherrschung, friedenbringend und friedenheischend, gewillt, sich auf stolzer Höhe zu behaupten, eingedenk einer langen, trüben Vergangenheit.

Möge das deutsche Volk vor allem gedenken jenes Völkerfrühlings, wo es sich zum ersten Male im Laufe von Jahrhunderten aufraffte zu kriegerischer Kraft gegen den auswärtigen Feind, wo es die Nacht des Jahres 1812 wandelte zu strahlendem Licht. Die Freiheitskriege bilden eine Heldenzeit, wie sie die Menschheit nur selten erlebt. Sie heischt Einkehr in uns selber, zwingt zur Sammlung, zu ernsten und doch freudigen Gedanken und gewährt den Glauben an unsere Zukunft.

Die Freiheitskriege jähren sich zum hundertsten Male. Wie waren wir zerrissen und doch so groß.

Einzug Friedrich Wilhelms III. in Breslau am 25. Januar 1813. Nach der Originalzeichnung von Carl Becker.

Der Völker Erwachen.

Es zog ein Kaiser gen Moskau aus, Juchhe!
Mit großem Kriegessaus und Braus, Juchhe!
Mit Fußvolk, Reuter und Geschütz,
Mit Lug und Trug und Aberwitz.
O weh, o weh, o weh!

Das uralte deutsche Erfurt, einst eine Glanzstätte des deutschen Humanismus, war zu einer französischen Stadt geworden. Im September 1808 herrschte dort ungewöhnliche Bewegung. Die Hauptgebäude wurden von Künstlerhand geschmückt, Girlanden über die Straßen gezogen und Teppiche aus den Fenstern gelegt. Vornehme Gäste hielten Einzug in stets steigender Zahl, bis am 27. September die beiden mächtigsten Herrscher des europäischen Festlandes kamen: Napoleon und Kaiser Alexander I. von Rußland. Umgeben von Königen und Fürsten, hohem Adel und Diplomaten entfaltete der Gastgeber einen fabelhaften Glanz. Die berühmtesten französischen Regimenter unter dem Marschall Oudinot stellten die Wachen und leisteten die Ehrenbezeugungen, die besten Künstler des Théatre Français waren von Paris herzugereist und spielten ausgewählte Stücke vor einem „Parterre von Königen". Eine Festlichkeit drängte die andere, selbst den Dichterfürsten Goethe und Wieland wurde in Weimar gehuldigt und jener nach Paris eingeladen. Das Genie huldigte wechselseitig dem Genius. Napoleon thronte auf dem Gipfel seiner Macht. Selbst die widerstrebenden Reiche: Preußen und Österreich hatten ihre Vertreter gesandt, Preußen sogar den Bruder des Königs. Mit Alexander erfolgte ein Vertrag, der die Ruhe im Osten verbürgte und Frankreich die Hilfe Rußlands zusagte, falls es von Österreich angegriffen würde. Beide Herrscher schickten gemeinsam einen Brief an den König von England, worin sie baten, der Welt den Frieden zu geben. Es schien, als stehe die Menschheit unter dem Banne des Sohnes der Fortuna.

In der Tat, Napoleon war von Erfolg zu Erfolg geschritten, seine Truppen drohten im Herzogtum Warschau, in Preußen, in Dalmatien und am Tajo. Die deutschen Klein- und Mittelstaaten sahen sich durch die Rheinbundakte fast zu politischen Hörigen erniedrigt, und über das italienische Festland gebot das Machtwort des Korsen. In der Lombardei und in Neapel, in Westfalen, Holland und Spanien trugen nahe Verwandte des Kaisers die Königskrone. Zwar behauptete Österreich seine Selbständigkeit, aber es hatte sich Rußland entfremdet, mit England

gebrochen und sich dadurch vereinsamt, umdroht und umgarnt von napoleonischer Anmaßung. Und noch höher stieg der Stern des Gewaltigen: siegreich zog er ein in Madrid und Wien, Schweden erhielt einen französischen Marschall als Thronfolger, der Papst wanderte gefangen nach Savona und sein Gebiet verfiel dem Unersättlichen. Doch nur weiter, weiter griff gierig seine Faust. Im Jahre 1810 vereinigte er die gesamten Länder der Nordseeküste mit Frankreich. Amsterdam, Bremen, Hamburg und Lübeck wurden französisch. Von Norddeutschland gingen mehr als 600 Quadratmeilen mit 1 200 000 Einwohnern über in den neuen Besitz. Napoleon erschien als ein zweiter Karl der Große mit weit bedeutenderem Machtbereiche. Freilich, noch war er ein Geschöpf des Glücks, ein Herrscher eigenen Verdienstes, ein Emporkömmling, der die angestammten Fürstenhäuser knechtete und entthronte, ohne aber ihrem Kreise anzugehören. Auch dieser Makel mußte enden. Es geschah durch die Heirat mit Marie Luise, der Tochter des Kaisers von Österreich, des vornehmsten Herrschergeschlechtes der Welt. Zu Wien und Paris erfolgte die Eheschließung mit Pracht und Pomp. „Ganz Wien schwamm in einem Meer von Lichterglanz und Festeswonne.“ In Paris drängte eine Feier die andere, sämtlich wohlabgewogen in steifem, altüberliefertem Hofzeremoniell, denn Napoleon erhielt hierdurch gleichsam die Weihe der monarchischen Legitimität. Und als nun gar ein Sohn geboren wurde, da schien das Glück des Hauses Bonaparte festgefügt zu sein für alle Zeit. Stolz erhielt das Kind den auf Weltherrschaft weisenden Titel eines Königs von Rom.

Die ehemalige Statthalterei zu Erfurt, in der Napoleon während des Fürstentages Wohnung nahm.

Und doch blieb alles nur Schein, Napoleon befand sich mitten im Niedergange, dem ein jäher Fall gefolgt ist, ein furchtbarer Sturz: Untergang des Kaiserreichs, Verbannung des Kaisers auf eine ferne Felseninsel, Erliegen der Kaiserin vor einem Hofgeneral, und Hinsiechen des unglücklichen Sohnes in den Tod.

Napoleon war Ergebnis, Vertreter und Bändiger der Revolution. Eine demokratisch-nationale Flutwoge hatte ihn emporgehoben, und er hatte verstanden, die aufbrausenden modernen Empfindungen in militärisch-kaiserliche, die Wildheit der Leidenschaften in stummen Gehorsam umzugestalten. Rücksichtslos hatte er überall die französischen Grenzen überschritten, hatte Heere, Festungen und Staaten zerschmettert, getragen von der Wucht und dem Flitter einer revolutionären Gedankenwelt. Er gewöhnte sich daran, Menschen und Völker zu verachten, die er nur in den Kabinetten kennen gelernt hatte. Jetzt waren die Kabinette besiegt,

und das Ziel der Weltherrschaft schien erreicht: bleiern lastete sie auf den Unterworfenen. Da erhob sich ein neuer Gegner, ungeahnt und von Napoleon unverstanden: der Selbsterhaltungstrieb der alten Staatengebilde, das Nationalgefühl, die Volksseele, welche alle Kunst und Berechnung zuschanden machte. — Der einzige Staat, der unerschütterlich dem korsischen Zwingherren standgehalten hatte, war das meerbeherrschende England.

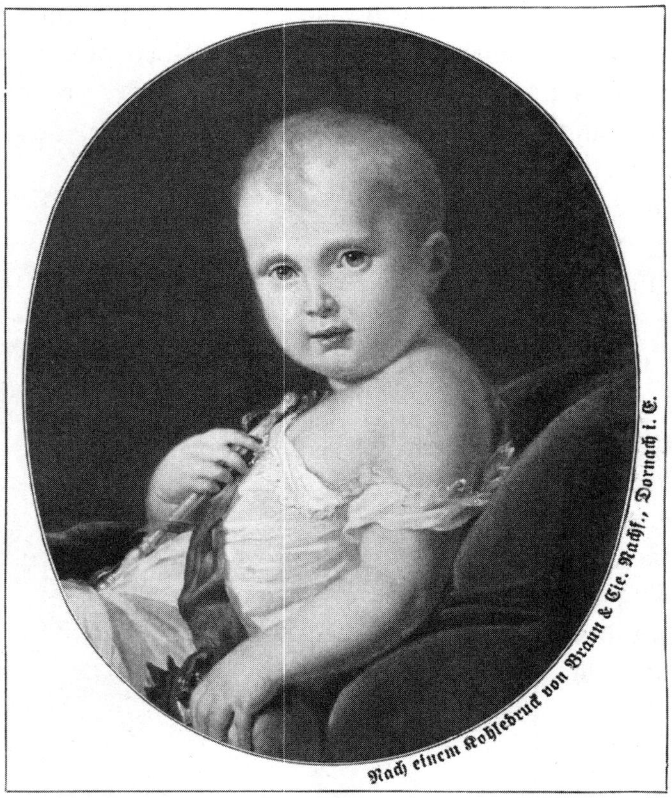

Der König von Rom. Nach dem Gemälde von François Gérard.

Seine glückliche Insellage bewahrte es außerhalb des napoleonischen Machtbereichs. Doch das allein würde nicht genügt haben, einen trotzigen Widerstand durch Jahrzehnte zu bewirken. Dieser beruhte auf dem englischen Volkstume, das eine geordnete und glückliche Ausprägung im Parlamente besaß, und dessen beste Männer ins Ministerium sandte. Die Folge war, daß zwei große Nationen mit voller Eigenart und sicherem Bewußtsein wie zwei stahlgerüstete Fechter zusammenstießen. Das romanisch-militärabsolutistische Frankreich und das germanisch, volkstümlich regierte England. Unerschöpfliche Hilfsmittel wußte der Inselstaat mit Bulldoggenzähigkeit aufzubringen, jeden Angriff durch vernichtenden Gegenschlag zu

Napoleon empfängt den österreichischen Gesandten Baron Vincent in Erfurt. Nach dem Gemälde von R. Gosse.

beantworten; es vermochte zwar nicht zu siegen, aber es blieb unbesiegt, und benutzte die Sachlage, um die Weltherrschaft, welche Napoleon zu besitzen glaubte, tatsächlich anzutreten.

Auf dem europäischen Festlande lagen die Dinge anders. Hier wurden die Staaten von obenher durch das Fürstentum regiert. Frankreich hatte diese Form für einige Zeit abgestreift, freilich nur, um sie in verwandter, weit strafferer Form zurück zu erhalten. Die übrigen Länder hatten sich diesem Vorbilde mehr oder weniger anbequemt; aber der furchtbare Druck, unter dem die Herrscher seufzten, nötigte ihnen mit eiserner Gewalt die Erkenntnis auf, daß nicht auswärtige Bündnisse zu retten vermöchten, sondern nur die innere Eigenkraft der Bürge des Bestandes sei, und daß sie beruhe auf dem Volkstume.

„1806“. Gemälde von

Am ersten zeigte sich das in Preußen. Durch die Schlachten bei Jena und Auerstedt und den Frieden von Tilsit war es in beispiellosem Falle zusammengebrochen. In den beiden Schlachten hatten sich die Vertreter des Alten und des Neuen gegenübergestanden; die Lineartaktik Friedrichs des Großen war dem aufgelösten Angriffe, der geschickten Geländebenutzung und dem Genie Napoleons erlegen. Freilich war es nicht die lebens- und wirkungsvolle Linie des großen Königs gewesen, die sich mit den Franzosen zu messen gewagt hatte, sondern ihr Zerrbild, welches bloß für den Exerzierplatz galt; und fast noch schlimmer mußte wirken, daß die Führung versagte. Ein wie guter Kern in der preußischen Überlieferung steckte, bewiesen die sehr bedeutenden Verluste der Franzosen und der Umstand, daß Wellington die alte Taktik beibehielt, den veränderten Verhältnissen angepaßt. Er hat damit die denkbar bedeutendsten Erfolge erzielt. Immerhin der Schein war gegen die friderizianische Kriegsweise; allgemein galt sie als überlebt. Und nicht viel anders erging es der gesamten Regierungsweise. Der

aufgeklärte Absolutismus des großen Königs, der den Staat als eine Bevormundungs- und Nützlichkeitsanstalt betrachtete, war entgeistigt und vielfach zum Schema geworden, die Äußerlichkeiten und Einrichtungen hatte man beibehalten und darüber nur zu oft das Wesen vergessen. Man war in einer gewissen Wohlhabenheit und Wohlgefälligkeit hingedämmert und, wie die Königin Luise sagte, auf seinen Lorbeeren eingeschlafen. Nichtsdestoweniger erwies sich auch jetzt noch das preußische Staatswesen straff geordnet und leistungsfähig. Aber es entsprach nicht mehr den neuen Bedürfnissen, am allerwenigsten den ins Unermeßliche gesteigerten Ansprüchen, die nun das Unglück bewirkte. Sollte der Staat nicht zugrunde gehen, so mußten frische Hilfsmittel gesucht und gefunden werden. Und sie sind gefunden in der politischen und militärischen Neubelebung, welche an die Namen Stein und Hardenberg, Scharnhorst und Gneisenau geknüpft ist. Das Wesen dieser Reformen war eine Mündigmachung des Volks, das Bestreben, neben die bisher allein seligmachende Krone mit ihrem Beamtentume die belebende Mitwirkung der Staatsbürger zu stellen. Freilich handelte es sich dabei zunächst bloß um zielbewußte Arbeit im Innern, nur um Rüstung für die Zukunft, welche sich durchaus in monarchischen Formen bewegte.

Nach dem E. Meissonier.

Nicht im kühlen Norden, sondern unter der Glut der spanischen Sonne trat das Volk mit seinen Leidenschaften unmittelbar in die Erscheinung. Dort hatte Napoleon 1808, ohne Sinn für fremdes Empfinden, für den Stolz und die Rechte einer alten Kulturnation, sich ebenso gemein wie gewalttätig der Herrschaft bemächtigt. Der Hof von Lissabon mußte fliehen, der König und der Thronerbe Spaniens wurden nach Frankreich gelockt und gezwungen, der Krone zu entsagen, die Napoleons Bruder Joseph wider Wunsch und Willen erhielt. Portugal und Spanien wurden von französischen Truppen besetzt,

alles schien gelungen, das Land eine leichte Beute geworden zu sein. Da erfolgte der Gegenschlag. Wilde Wut ergriff die Gemüter, innerhalb zehn Tagen stand Spanien in Flammen. Zur vaterländischen Erregung gesellte sich die Weisung aus Rom wider den Schänder der Kirche, den Bedrücker des Papstes. Einmütig griffen alle Stände zu den Waffen, Priester und Mönche predigten den heiligen Krieg, Prozessionen und Wundertaten erhitzten die Massen. Alles klang zusammen in den gellenden Ruf: Tod den Franzosen! Rache, blutige Rache!

Militärisch erschien der Kampf als barer Unsinn: ohne Geld, ohne Heer, ohne Führung warf man sich dem Weltbezwinger in den Weg, planlos, kenntnislos, nur geführt von lodernder Leidenschaft. Und doch was kein Verstand der Verständigen zu erdenken wagte, das ist geschehen: der Krieg zog sich von Jahr zu Jahr in die Länge und wurde zum Wendepunkt im Leben Napoleons. Heere ließen sich besiegen, Schlachten sich schlagen, aber die funkensprühenden, stets neu emporflackernden Flammen des Aufruhrs sich nicht ersticken. In seiner Verachtung der verarmten, kirchlich geknechteten Gegner unterschätzte der Korse anfangs die Bewegung, die sich ihm dann freilich bald in ihrer ganzen Furchtbarkeit enthüllte. Schon im Juli 1808 mußten zwei seiner Generäle mit zwanzigtausend Mann bei Bailen die Waffen strecken. Es war ein Ereignis, unerhört, wie Napoleon es noch nie erlebt hatte. Er schob es auf Albernheit, Kleinmut und Wahnwitz des Generals Dupont und meinte, die Ehre der französischen Waffen würde gerächt werden. Aber schon wenige Wochen später ereilte den gefeierten Marschall Junot ein ähnliches Schicksal in Portugal, als er sich bei Cintra dem Engländer Wellesley, dem späteren Herzoge von Wellington, ergeben mußte. Es war der erste Tatzenschlag des englischen Leoparden zu Lande. Wütend eilte Napoleon selber über die Pyrenäen, warf die Spanier bei Somo-Sierra über den Haufen und besetzte Madrid nach heftigem Widerstand. Doch es duldete ihn nicht lange in der Hauptstadt des unheimlichen Feindes; er kehrte nach Frankreich zurück, die Fortsetzung des Krieges seinen Marschällen überlassend. Richtig hatte längst König Joseph die Sachlage erkannt, als er am 21. Juli 1808 seinem Bruder schrieb: „Ihr Ruhm wird in Spanien Schiffbruch leiden. Die Nation ist einstimmig gegen uns."

Medaille mit dem Bildnis der Königin Luise. Von L. Posch.

Trotz allen Mutes und aller Opferwilligkeit wären die Spanier allmählich doch wohl den geschulten Heeren und Feldherren des Kaiserreichs erlegen, wenn die Engländer nicht in den Kampf eingegriffen hätten, welche scharfen Auges die Iberische Halbinsel als den wunden Punkt der napoleonischen Herrschaft erkannten und zu ihrem Glück in Wellington einen Feldherrn fanden, wie er kaum besser gedacht werden konnte: zäh, umsichtig, tapfer und klug, weitschauend die Hilfsmittel benutzend, ein geborener Diplomat, Organisator und Taktiker. Während der Engländer verstand, den ungeordneten und unberechenbaren Spaniern einen

festen Rückhalt zu geben und sich zum Mittelpunkt der ganzen Bewegung zu machen, versagte die Einheitlichkeit der Führung auf französischer Seite. Jeder Marschall arbeitete für sich allein und widerstrebte dem anderen; dem Könige Joseph gehorchte keiner. So gingen die Dinge trotz aller Anstrengungen und eines entsetzlichen Menschenverbrauches mehr und mehr rückwärts, bis die große Schlacht bei Vitoria die Franzosen endgültig aus dem Lande entfernte. Der Krieg in Spanien schien sich rein örtlich zu vollziehen, und doch gestaltete er sich zu einer Art Weltkrieg, zum Vorspiel der späteren Ereignisse. Auf Wellingtons Seite fochten Engländer, Spanier, Portugiesen und die Deutschen der deutschen Legion, auf französischer Franzosen, deutsche Rheinbündler, Schweizer, Italiener und Polen. Es war, wie wenn der Unüberwindliche durch das unerhörte Ereignis aus der Sicherheit seiner Bahn geraten sei, als ob er darin ahnte den dröhnenden Schritt des Schicksals. Er war auf ein unfaßbares, furchtbares Etwas gestoßen. So gewann er nicht über sich, die spanische Angelegenheit mit der ihm eigenen Tatkraft persönlich zum siegreichen Ende zu führen; nur einmal kam er, fast wie ein Schatten, um rasch wieder zu verschwinden. Unmutig brütete er den Ereignissen gegenüber hin, er faßte keine neuen, zielbewußten, schöpferischen Gedanken, keine entscheidenden Entschlüsse, sondern sandte eintönig immer frische Soldaten, um sie wie in der Unendlichkeit untergehen zu lassen. Der Halbinselkrieg ist das eiternde Geschwür am Riesenleibe seiner Herrschaft geworden. Nervös und verstimmt duldete er nicht, daß man nur den Namen des Landes in seiner Umgebung nenne.

Spanien eröffnete den Reigen der Volkserhebungen gegen die französische Weltherrschaft. Alle Kriege gestalteten sich seitdem zu Nationalkriegen, der mit Österreich 1809, der mit Rußland 1812, der mit Preußen 1813. Jede Nation gab sich ihrem Wesen gemäß: die Spanier anarchisch, die Ostmächte in monarchischer Gestalt.

Der alte Kaiserstaat Österreich, der sich der demokratischen Revolution aus monarchischer Überzeugung entgegengeworfen und seine Sache durch mehrere Kriege mit großer Zähigkeit

Die Schlacht bei Somo-Sierra. Nach dem Gemälde von Lejeune.

geführt hatte, empfand seine Niederlage von 1805 besonders tief und bitter. Er sah sich geschwächt an Umfang und Ansehen, und völlig von seinem Gegner umgarnt. Aber das Unglück gereichte ihm zum Segen, entriß ihn der Verknöcherung, der er anheimgefallen war. In seinem österreichischen Selbstbewußtsein raffte er sich empor, und der sonst so ängstliche Kaiser Franz stellte sich gewissermaßen an die Spitze der Bewegung, indem er dem Grafen Stadion die Leitung der Geschäfte übertrug. Gleich dem Freiherrn vom Stein in Preußen war Stadion ein Charakter und deutscher Patriot und als solcher ein erklärter Feind Napoleons. Er verstand, eine kräftige, opferwillige Gesinnung zu erwecken, und förderte den Geist des Fortschritts auf den verschiedensten Gebieten. Wie in Preußen Scharnhorst neben Stein wirkte, so in Österreich Erzherzog Karl neben Stadion. Freilich ein ganz anders gearteter Mann. Umständlich, ohne Feuer und Wagemut, aber pflichtgetreu, kenntnisreich, durchdrungen von der Größe Habsburgs war er ein tüchtiger Organisator, ein besserer Kriegsminister als Feldherr. Rührig vermehrte er die Truppen, ließ sie zweckmäßig ausbilden, errichtete eine Landwehr und steigerte die Kriegsmacht seines Landes ganz beträchtlich. Auf politischem wie auf militärischem Gebiete wurden die Kräfte von Hemmnissen möglichst befreit.

Die Lenker Österreichs wußten nur zu gut, daß Napoleon die geschlossenen Verträge nicht halten, sondern den Kaiserstaat weiter demütigen werde. In Spanien hatte man den Beweis, was ein entschlossenes Volk zu leisten vermöge, und zugleich einen bedeutenden Verbrauch französischer Machtmittel. Es schien deshalb wahrscheinlich, daß Napoleon nicht mehr als zweihunderttausend Mann ins Feld stellen könne, und Rußland sowie Preußen durch ein offenes, entschlossenes Vorgehen zu gewinnen seien. Bewußt drängten Stadion und Metternich, der österreichische Gesandte in Paris, zum Kriege. Da Napoleon jenseits der Pyrenäen weilte und dort alle Hände voll zu tun hatte, so hoffte man sogar, ihn überraschen zu können. Aber die Räderwerke griffen doch nicht ganz ineinander wie sie sollten; erst Anfang April 1809 besaß man zweihundertfünfzigtausend Mann.

Napoleon hatte rechtzeitig Nachricht von den Vorgängen bekommen, war nach Paris geeilt und brachte rücksichtslos an Soldaten auf, was möglich war. Dennoch wurde er mit seinen Rüstungen nicht fertig, und zum ersten Male in seinem Leben sah er sich von einem Feinde überrascht. Leider erwies Erzherzog Karl sich nicht als der Mann, diesen günstigen Umstand auszunutzen: er wurde von seinem in der Kriegskunst weit überlegenen Gegner geradezu über den Haufen gerannt. Napoleon gelangte nach Wien und versuchte tollkühn bei Aspern und Eßling die hochgeschwollene Donau angesichts des österreichischen Heeres zu überschreiten. Doch da wurde er wuchtig von dem Erzherzoge gepackt, so daß er nur mit knapper Not seinen Rückzug zu erkämpfen vermochte. — Die Wirkung der Schlacht war ge-

Die Kirche auf dem Schlachtfelde bei Aspern. Zwei Monate nach der Schlacht gezeichnet.

Ankunft Napoleons und Marie Louises in den Tuilerien.

Nach dem Gemälde von V. de Paredes.

Angriff französischer Kürassiere auf österreichische Infanterie bei Aspern. Nach dem Gemälde von W. Emelé.

waltig: der Unüberwindliche geschlagen, sein Zauber verblaßt; das Größte schien möglich. Freilich die Hilfe Preußens und Rußlands blieb aus, aber Österreich selber besaß noch bedeutende Hilfsmittel, wogegen die Napoleons teilweis versagten. Trotzdem blieb er unerschüttert und wagemutig. Den 5. Juli ging er mit den Rheinbündlern wieder über die Donau, diesmal bei Wagram. Furchtbar wurde gerungen. Am zweiten Tage schien die zähe Tapferkeit der Österreicher die Oberhand zu behalten; kam nun noch der herbeigerufene Erzherzog Johann zu Hilfe, dann war die Schlacht gewonnen. Aber der Ersehnte blieb aus. Mit furchtbarem Gewaltstoße durchbrach Napoleon die feindliche Mitte und nötigte Karl, das Feld zu räumen. Militärisch brachte die Schlacht keine Entscheidung, denn noch hielt das Heer Karls zusammen und das Johanns war ungebrochen und kampffähig. Aber mit der inneren Standhaftigkeit, namentlich im Hauptquartiere des Oberfeldherrn, war es zu Ende. Am 12. Juli schloß der Erzherzog den Waffenstillstand von Znaim, gegen den Willen des Kaisers und Stadions.

Erzherzog Karl, der Sieger von Aspern.

Die kriegerischen Leistungen Österreichs waren hochbedeutend gewesen. Es fochten nicht bloß Soldaten, sondern die Söhne des Vaterlands. Dies zeigte sich am deutlichsten auf einem anderen Gebiete: in Tirol. Die gefürstete Grafschaft war 1805 an Bayern gekommen, das die Tiroler freundnachbarlich haßten. Zur volkstümlichen Abneigung gesellte sich bald der Widerstand der Geistlichkeit gegen die aufgezwungene unkirchliche, moderne Regierungsweise. Bayrisch und ketzerisch wurde gleichbedeutend, wie französisch und ketzerisch in Spanien. Als Habsburg nun gegen Napoleon losschlug, und ein österreichischer General im Pustertale erschien, da läuteten weithin die Sturmglocken, Bauern und Hirten erhoben sich wie ein Mann und fegten den nördlichen Teil ihres Gebietes in vier Tagen rein von den Bayern. Doch diese kehrten zurück, auf der Südseite von Franzosen unterstützt. Hin und her wogte ein erbitterter Kampf, bis der Volksheld Andreas Hofer zum zweiten Male am Iselberge siegte, die Hauptstadt Innsbruck zurückgewann und eine patriarchalische Regierung einrichtete. Napoleon knirschte über die Bauernfrechheit. Von drei Seiten sandte er dichte Heeresmassen in die Täler und erdrückte durch Übermacht schließlich die letzte Gegenwehr. Hofer wurde gefangen genommen und 1810 in Mantua standrechtlich erschossen.

Kaiser Franz hatte nicht gewagt, seine Getreuen zu unterstützen, die Gut und Blut für ihn einsetzten. Er schloß vielmehr den Frieden von Schönbrunn, der Österreich 2000 Quadratmeilen mit 3½ Millionen Einwohnern kostete.

Die wichtige nationale Geistesbewegung, welche die Tiroler selbständig ins Feld führte, zündete auch jenseits der alten Grenzen Habsburgs und erregte fieberhaft die Vaterlandsfreunde Deutschlands. Die Kriegspartei Preußens drängte zum Anschluß an Österreich. Im Königreich Westfalen griff Oberst von Dörnberg zu den Waffen, einige früher preußische Offiziere suchten Magdeburg zu überraschen, am 28. April 1809 verließ der preußische Major von Schill mit seinem Husarenregimente Berlin, um den Aufstand nach Westfalen zu tragen, fiel aber tapfer

Napoleons Flucht über die Donau nach der Schlacht bei Aspern am 22. Mai 1809.
Nach dem Gemälde von Anton Ritter von Perger.

kämpfend in Stralsund. Er hatte sich nach jener Feste zurückgezogen, aber der Feind drang mit erdrückender Übermacht ein. Es kam zu heftigem Straßenkampfe, während dessen Schill tödlich getroffen vom Pferde sank. Der Kopf wurde ihm abgeschnitten und dem Könige Jérôme gesandt, der Rumpf ohne Sarg, wie der „eines Hundes", verscharrt. Die entkommenen Soldaten wurden in Preußen vor ein Kriegsgericht gestellt, von den gefangenen die westfälischen Untertanen und elf Offiziere als Straßenräuber erschossen, die übrigen nach Frankreich geschleppt, gebrandmarkt und zu Zwangsarbeit verurteilt. Auch hessische Freiheitsfreunde traf das richtende Blei.

Wie im Norden begann es sich in Süddeutschland zu regen, namentlich in den früher brandenburgisch-bayreuthischen Landen, wo der Diakon Hagen und Herr v. Paschwitz an einer offenen Empörung arbeiteten. Sie beabsichtigten gleichzeitig die preußische Regierung zum Kriege gegen Frankreich zu veranlassen.

Sogar ein deutscher Fürst griff zu den Waffen: der Herzog Friedrich Wilhelm zu Braunschweig, ein Sohn des bei Auerstedt tödlich verwundeten preußischen Feldherrn. Voll glühenden Hasses gegen Napoleon sammelte er in Böhmen eine „Legion der Rache", überschritt die Grenze und eroberte, durch österreichische Truppen bis auf zehntausend Mann verstärkt, Dresden und Leipzig. Freilich die Zaghaftigkeit des österreichischen Generals verhinderte die Ausnutzung der Sachlage. Trotzdem besiegte der tapfere Braunschweiger den feindlichen Marschall Junot, als der Waffenstillstand von Znaim ihm die österreichische Unterstützung entzog. Auch das erschütterte ihn nicht, unverzagt und trotzig blieb er im Felde und gelangte in abenteuerlich kühnem Zuge mit zweitausend Mann quer durch Norddeutschland bis zur Unterweser, wo englische Schiffe ihn aufnahmen. Seine Tapferen bildeten dann den Kern der „deutschen Legion", die ruhmreich unter Wellington in Spanien und Belgien gefochten hat.

Der Erfolg war Napoleon treu geblieben, und Österreich fast zu einer Macht zweiten Ranges hinabgesunken. Dennoch trug der Feldzug von 1809 ein anderes Gepräge als die früheren. Ein neuer Geist war erwacht, mächtig hatte sich die Volksseele geregt, um todesverachtend in die Erscheinung zu treten. Sie hatte nicht zu siegen vermocht, aber den Bann der Unbesiegbarkeit Napoleons gebrochen. Die Bedrückten und Verzagten begannen wieder zu glauben, zu vertrauen auf die eigene Kraft, sie wagten neu zu hoffen, zu hoffen auf die Zukunft.

Schills Tod in Stralsund am 31. Mai 1809. Nach der Originalzeichnung von E. Zimmer.

Freilich vorerst sah es trübe genug aus. Des Korsen finsterer Wille waltete fast über dem gesamten Festlande. Allein noch Rußland ragte ungebrochen empor, als vollwertige Großmacht, auf deren Thron der begabte, unternehmende Kaiser Alexander I. saß. Als Sohn einer württembergischen und Gemahl einer badischen Prinzessin, aufgewachsen am Hofe der anhaltischen Katharina II., fühlte er sich in jüngeren Jahren mehr als Deutscher wie als Russe, was sich in seiner Umgebung und seit 1802 in seiner Freundschaft zu dem fast gleichalterigen Friedrich Wilhelm von Preußen äußerte. Erzogen von dem Schweizer Laharpe nach den Grundsätzen der Aufklärung des achtzehnten Jahrhunderts, suchte er ihr zunächst auch Geltung zu verschaffen. Allerlei Verbesserungen in der Zentralregierung, den Finanzen, dem Bildungswesen und selbst in den Abhängigkeitsverhältnissen der Ostseeprovinzen

wurden eingeführt. Aber nirgends gingen die Neuerungen tief, und man lebte in einem despotischen Militärstaat. So blieb die verderbte, ertötende Verwaltung bestehen und ebenso die Knechtschaft der russischen Landbevölkerung. Nach der Zusammenkunft in Tilsit mit Napoleon 1807 begann sich französischer Einfluß bei Hof und im Lande geltend zu machen. Zwar war er bei der Masse unbeliebt, doch Alexander erkannte die gewaltige Überlegenheit des modernen napoleonischen Absolutismus über den hergebracht heimisch-patriarchalischen, verstand den Vorteil der Ordnung und Zucht vor Laune und Unverstand. Er beschloß, die oberste Staatsgewalt in seiner Person zusammenzuziehen, aber sie mit einer Art von Volksvertretung zu vereinigen, und befahl die Ausarbeitung einer neuen Gesetzgebung nach französischem Zuschnitte. Wie vieles in Rußland, kamen die Neuerungen nicht oder doch nur ganz unvollkommen zustande. Überhaupt besaß der Kaiser nicht allzuviel Verständnis für die inneren Angelegenheiten, sondern sein Sinn wandte sich mehr und mehr auf die auswärtige Politik: die Vergrößerung seines Riesenreiches. Eine solche kam aber Napoleon ungelegen; er konnte unmöglich ein starkes und kraftvolles Anwachsen Rußlands wünschen. Natürlich verstimmte dies in Petersburg. Auf den verschiedensten Stellen ergaben sich Reibungsflächen zwischen den oberflächlich Verbündeten. Während Alexander möglichst viel von der Türkei begehrte, lag umgekehrt Napoleon an der Erhaltung dieses Landes, als eines natürlichen Gegengewichtes wider Rußland. Stärker noch kreuzten sich die Interessen in Polen. Hier hatte Napoleon aus dem preußischen Besitzteile das Herzogtum Warschau gegründet, womit er zwar den ausschweifenden Hoffnungen der polnischen Patrioten nicht genügte, aber immerhin ein besonderes polnisches Gebiet wiederherstellte und, was besonders bedenklich sein mußte, eine Selbständigkeit schuf, die von Frankreich abhängig war, auf Frankreich beruhte. Nach Überwindung Österreichs 1809 vergrößerte Napoleon das Herzogtum durch Westgalizien, so daß der Staat nunmehr vier Millionen Einwohner zählte und an Umfang das Königreich Preußen übertraf. Stolz erhielt es den Titel eines Großherzogtums, was auf eine noch verheißungsvollere Zukunft deutete. Tatsächlich besaß der Korse nicht das geringste Mitgefühl

Wacht am Meer. Nach dem Gemälde von Horace Vernet.

Erschießun
Patriote
Nach der Or
von E

für die Polen, sie waren ihm nur eine Nummer seines politischen Schachbrettes. Es fiel ihm deshalb auch nicht schwer, dem verstimmt werdenden Beherrscher aller Reußen 1810 durch Abschluß einer Vereinbarung entgegenzukommen, derzufolge das Königreich Polen nie wieder hergestellt werden sollte. Aber was waren Verträge für Napoleon; wer bürgte, daß er nicht gerade das tat, was er jetzt verneinte, sobald es ihm vorteilhaft erschien. Alexander glaubte den unbequemen Nebenbuhler an Ort und Stelle überholen zu müssen und beantragte 1811 seinerseits die Erneuerung des polnischen Königtums unter der Voraussetzung, daß er selber die Krone erhalte. Napoleon erfuhr hiervon und war nicht gesonnen, Dinge zuzugeben, die seinen Einfluß im Osten vernichtet hätten. Zu den politischen Unstimmigkeiten gesellten sich persönliche. Der französische Gewalthaber warb um die Hand der Schwester des Zaren, stieß aber auf Schwierigkeiten, namentlich seitens der Kaiserin-Witwe, die den korsischen Emporkömmling glühend haßte. Dieser verbiß seinen Grimm und kam einer etwaigen Abweisung zuvor, wie wir sahen, durch Vermählung mit der Tochter des Kaisers von Österreich. —

Wichtiger als dies alles wurde die Kontinentalsperre. Napoleon hatte jede Einfuhr englischer Waren nach dem Festlande verboten. Da er England mit Bajonett und Kanone nicht beikommen konnte, bildete die Unterbindung des englischen Handels seine Haupt-, ja eigentlich seine einzige Waffe. Er konnte hoffen, England, dessen Macht und Reichtum auf Industrie und Handel beruhten, allmählich mürbe und hierdurch einem günstigen Frieden geneigt zu machen. Demgemäß war eine Hauptsorge gewesen, bei allen abhängigen und verbündeten Staaten die

er hessischen
809.
inalzeichnung
sturtevant.

Kontinentalsperre durchzusetzen und sie in ihren Anforderungen zu steigern. Auch Rußland gehörte zu seinen Verbündeten und war wegen seiner Größe und Unübersichtlichkeit von hervorragender Bedeutung, weil von dort aus massenhaft englische Waren nach Deutschland und Österreich geschmuggelt und dann weiter, selbst nach Frankreich gebracht werden konnten.

Nun litt aber gerade Rußland besonders schwer unter der aufgebürdeten Last, ohne Nutzen davon zu haben. Es war durchaus Ackerstaat, der seine Industriebedürfnisse nicht selber erzeugte, sondern vom Auslande bezog, und zwar wegen seiner Geldarmut meistens nicht gegen Barzahlung, sondern im Austausch. Seine Hauptabnehmer und Lieferer waren England und Holland. Diese wurden abgedrängt, obwohl ein Ersatz dafür fehlte. So stockten Handel und Wandel, ja das wenige Geld ging noch zum Lande hinaus, weil Frankreich für seine Einfuhr Vorzugspreise gegen Barzahlung besaß. Die russischen Staatseinnahmen sanken, sein Defizit stieg bis zur Höhe der Einkünfte, und der Kurs seiner Papiere fiel bis auf ein Viertel des Nennwertes. Das ergab einen unerträglichen Zustand, der zum Staatsbankrotte drängte. Wohl oder übel mußte man sich der Sperre zu entledigen suchen, während umgekehrt Napoleon in seinem Weltsysteme ihre Ausdehnung erstrebte, gleichgültig gegen das Wohl und Wehe einzelner Reiche. Barsch ließ er den Zaren zur Beschlagnahme sämtlicher in russischen Häfen liegenden Schiffe unter neutraler Flagge auffordern, weil sie englische Waren führten. Zugleich verleibte er Holland samt der deutschen Nordseeküste seinem Reiche ein und rückte hiermit Rußland nicht bloß räumlich näher, sondern faßte durch den Besitz von Lübeck sogar Fuß an der Ostsee. Alexander lehnte die fran-

zösische Zumutung mit Rücksicht auf die Bedürfnisse seines Landes ab. Einer der in Norddeutschland Entthronten war der Herzog von Oldenburg, ein Verwandter des Zaren. Dieser erhob deshalb Einspruch gegen das gewalttätige Vorgehen Napoleons, belegte eine Anzahl französischer Erzeugnisse mit einem Sperrzolle, begünstigte die Einfuhr englischer Waren und erlaubte sogar neutralen Schiffen, unter russischer Flagge zu fahren. Dadurch fand sich Napoleon an seiner empfindlichsten Stelle getroffen; und derartiges Benehmen pflegte er nicht ungeahndet hinzunehmen. Die beiderseitigen Zuschriften wurden kühler und gereizter, hüben und drüben verstärkte man seine Grenzfestungen. Jeder beschuldigte den anderen, er wolle den Krieg.

So drängte alles zum Bruch, zur gewaltsamen Entscheidung durch die Waffen, denn das Weltreich Napoleons hatte keinen Raum für eine zweite Großmacht. Mehr und mehr bemächtigte sich der Kriegsgedanke der Seele des Korsen. Ihm, der alle überwunden hatte, wagte das träge, stumpfsinnige Rußland sich entgegenzustellen. In der Glut des spanischen Gebirgslandes blühten ihm keine Lorbeeren, sein Ansehen wurde dort ununterbrochen erschüttert; wie verlockend erschien es nun, das Verlorene in den weiten Ebenen Rußlands wieder einzubringen, wo sein Feldherrngeschick voll zur Geltung gelangen konnte. Und ein Sieg über Rußland bedeutete zugleich eine Niederlage Englands. Erst wenn er das Reich des Zaren zur Verfügung hatte, ließ sich der englische Handel, der von dort aus als gewaltiger Schmuggel blühte, wirklich ausschalten und damit der Lebensnerv des stolzen Albion endgültig unterbinden. Und mehr noch, wenn Englands Kraft erlahmte, ging auch der spanische Aufstand von selber zu Ende; auch die Spanier wurden in Rußland überwunden. Ja, mit dessen Sturz stand ihm der Weg nach Konstantinopel offen, sogar weiter der nach Indien. Was er in seiner Jugend über Ägypten versucht hatte, ließ sich jetzt vielleicht von Rußland aus vollbringen. Dem bayerischen General Wrede versicherte Napoleon: Noch drei Jahre und er werde Herr der Welt sein, und Laplace schrieb: Dank dem Genie des Kaisers wird ganz Europa bald eine einzige ungeheure Familie bilden, zusammengehalten durch die gleiche Religion, die gleichen Gesetze und die gleichen Maßnahmen. Die ganze Entwickelung schien auszulaufen, wie Doeberl sagt: ein Gott, ein Kaiser und ein Gesetz!

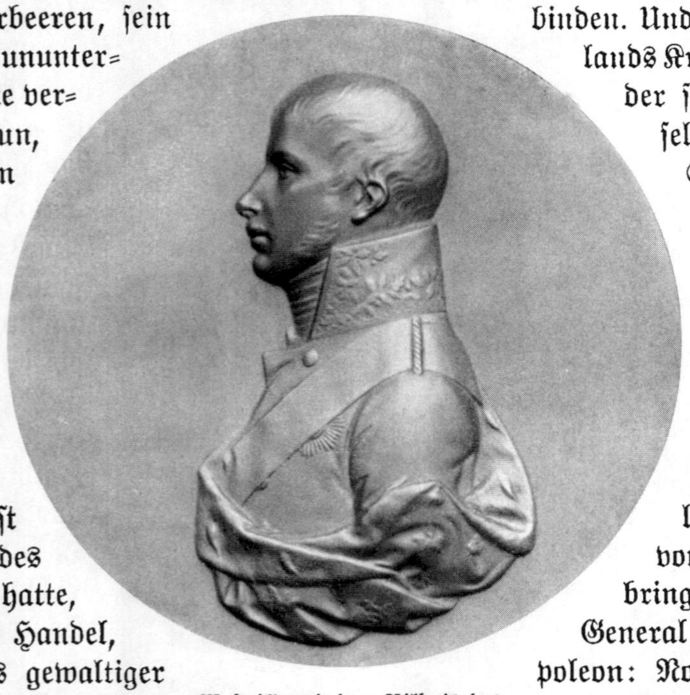

Medaille mit dem Bildnis des Königs Friedrich Wilhelm III. Von L. Posch.
(Kgl. Münzkabinett in Berlin.)

Zu solchen Erwägungen politischen Ehrgeizes gesellten sich eigensüchtige Gedanken. Der gekrönte Plebejer verdankte seine Riesenerfolge seinen Riesenleistungen. Solche waren in der letzten Zeit ausgeblieben, er schien in der Tatkraft zu erlahmen; der vergötterte Schlachtengebieter wandelte sich allgemach zum Kabinettsfürsten. Die Welt redete nicht mehr genug von ihm, sein Ruhm begann abzublassen. An Stelle der Bewunderung waren deutlich Entfremden und Abneigung getreten, selbst im eigenen Lande. Allen solchen Meinungen und Strömungen gebot ein erfolgreicher Feldzug gebieterisch Halt. Auf blutigem Schlachtfelde, durch das Blitzen der Bajonette und den Donner der Geschütze wollte er blenden, unterwerfen, überwältigen: nicht nur den Gegner, sondern die öffentliche Meinung überhaupt, wollte er abermals seinen Thron befestigen. Der Tatendrang des Genies schob ihn vorwärts, unwirsch, unruhig, zur neuen Tat. Daß sie sieg-

reich sein werde, ließ sich nicht bezweifeln, denn sämtliche Kriege waren bisher siegreich gewesen, und gerade jetzt besaß er Machtmittel wie nie zuvor. Wenn er sie sorgsam sammelte und wuchtig auf den Feind warf, so mußte dieser unter der Last hilf- und hoffnungslos zusammenbrechen. Wie er dachte, beweisen seine Worte gegen Preußen: Der Krieg mit Rußland, in dem er des Sieges sicher zu sein glaube, werde schwerere Folgen haben, als je ein Krieg. Nach Bezwingung des Zaren war er, der Emporkömmling, alleiniger und wirklicher Gebieter, nicht bloß Europas, sondern der Welt. — Anderseits überzeugte sich Alexander seit dem Sommer 1810 immer mehr, daß eine dauernde Gemeinschaft mit Napoleon unmöglich wäre, daß es mit einem Machthaber, der nur seine Selbstsucht kannte und fremde Rechte und Bedürfnisse verachtete, zum Kriege kommen werde, kommen müsse. So drängte auch er absichtlich zur Entscheidung mit den Waffen.

Napoleons Einzug in Amsterdam nach der Einverleibung Hollands 1811. Nach dem im Städtischen Museum zu Amsterdam befindlichen Gemälde von J. M. van Brée.

Er durfte sich sagen, Napoleon könne seine Heere wohl in offenen Feldschlachten schlagen, vermöge aber nie und nimmer das endlose, schwach bevölkerte Reich zu erobern. Im Frühjahr 1811 war Alexander nahe daran, dem Korsen seinerseits den Krieg zu erklären; ja sogar noch ein Jahr später dachte man im russischen Hauptquartiere zu Wilna an den Angriffskrieg. Aber Rußlands Stärke lag in der Verteidigung; man wartete deshalb der günstigen Zeit und traf inzwischen seine Vorbereitungen. Der Krieg sollte kein Kabinettskrieg werden, sondern ein Völkerkampf, wie der spanische und österreichische. Ausdrücklich hat Alexander betont: Rußland müsse den Krieg im eigenen Lande nach Wellingtons Beispiel führen. Er bemühte sich deshalb um die Volksstimmung, suchte das vaterländische Empfinden zu beleben und sich dienstbar zu machen. Eine Schrift des Historikers Karamsin legte schwungvoll dar, daß die liberalen Reformen des Zaren der Grund für die allgemeine Unzufriedenheit wären und nur zur Zerstörung der altüberlieferten

Regierungsweise führten. Dies bot einen Vorwand. Alexander opferte seinen liberalen Berater und Staatssekretär Speranski der altrussischen Partei und entflammte die kriegerische Erregung. Alle Schuld der verabscheuten Reformen und der franzosenfreundlichen Politik wurde auf das Haupt Speranskis gehäuft und er nach Nishnij-Nowgorod verbannt. Es bedeutete den Wendepunkt im Leben des Zaren. Von nun an trat er in einen Kampf auf Leben und Tod nicht bloß mit dem Kaiser der Franzosen, sondern auch mit der französischen Denk- und Empfindungsweise. Er ernannte den Vertreter des Altrussentums, den Admiral Shishkoff, zu Speranskis Nachfolger, ging in sich, wurde bibelgläubig und mystisch fromm. Napoleon erschien ihm als das verkörperte Verderben, und er, der Gebieter des heiligen Rußlands, konnte von der Vorsehung bestimmt sein, den Unhold zu zerschmettern, wie St. Georg den höllenfeuersprühenden Drachen.

Johann Baptist Julius Bernadotte.
Nach dem Gemälde von François Kinson im Museum zu Versailles.

Wer der Stärkere von beiden Ringern war? Es läßt sich nicht entscheiden. Äußerlich stand als solcher Napoleon da, namentlich in der Meinung der Zeitgenossen und in der eigenen Überzeugung. Dennoch hatte er einen deutlichen Begriff von den Gefahren, denen er entgegenging. Dem Präfekten Pasquier bezeichnete er den Zug nach Rußland als das größte und schwierigste Unternehmen, das er bisher versucht habe. Deshalb faßte er auch alle Kräfte seines erfinderischen Geistes zusammen. Bewußt verzögerte er den offenen Bruch. Auch Alexander scheute vor dem letzten Schritte zurück, obwohl er ihn als unabwendbar erkannte.

Von außen her durfte Rußland keine nennenswerte Hilfe erwarten, obwohl die Haltung der verschiedenen Mächte von Wichtigkeit sein mußte. Auf seiner Seite stand naturgemäß England, Napoleons unerbittlicher Feind; doch es war eine Seemacht, die ihre Landstreitkräfte in Spanien und Amerika festgelegt hatte. Noch ein zweiter Staat schloß sich dieser Richtung an, nämlich Schweden. Dort führte der Franzose Bernadotte als Kronprinz die Regierung, ein entfernter Verwandter Napoleons und dessen stets zweifelhafter Freund. Als nun der Kaiser Schwedisch-Pommern besetzte und Schweden selber durch einen großartigen Warenschmuggel, den es namentlich von Gotenburg aus betrieb, immer mehr wirtschaftlich von Napoleons Gewaltpolitik abgedrängt wurde, erklärte es sich für neutral und nahm den offenen Verkehr mit England wieder auf. Bernadotte gab der schwedischen Politik die Erwerbung des bislang dänischen Norwegen als festes Ziel. Da Napoleon zu diesem Raube nicht die Hand bieten wollte, wandte sein früherer Marschall sich an Alexander, mit dem er im April 1812 ein Bündnis einging. Demnach verzichtete Schweden auf Finnland, wogegen es als Ersatz Norwegen erhalten sollte, für dessen Eroberung der Zar seine Unterstützung zusagte. Eine russisch-schwedische Armee sollte sich über die Ostsee nach Deutschland begeben, um die französischen Streitkräfte in der Flanke zu bedrohen. Diese Vereinbarungen erhielten einen wichtigen Rückhalt, als England ihnen im Mai beitrat und sie im Juli durch einen Bundes- und Hilfsgeldervertrag mit Rußland ergänzte. Gegen die Türken führte der Zar seit Jahren Krieg. Napoleon hoffte deshalb, dort Unter-

Mobilmachung bei den Rheinbündlern: Bayerische Chevaulegers und Husaren auf einer Etappenstation. Nach dem Gemälde von P. F. Messerschmitt.

stützung zu finden. Er machte dem Sultan die weitgehendsten Versprechungen, wenn dieser mit einem starken Heere im Felde erscheine. Umsonst, die Türkei bedurfte dringend der Ruhe und fürchtete die englische Flotte. Demgemäß schloß sie im Mai 1812 mit Rußland den Frieden von Bukarest, der dem Zaren zwar nicht viel an Gebiet, aber doch die augenblickliche Hauptsache, den Frieden gewährte. Hiermit hatte Rußland den Franzosenkaiser im Norden und Süden überholt und seine eigenen Flanken gesichert. — Besserer Erfolg war Napoleon in Preußen und Österreich beschieden. Bei Preußen hielt es nicht schwer, denn der verkleinerte Staat Friedrichs des Großen war seit dem Tage von Tilsit nicht mehr Herr seiner Entschlüsse, sondern mußte stets

Die große Illumination zu Ehren Napoleons und Franz' I. in Dresden am 18. Mai 1812.
Im Hintergrund das königl. Residenzschloß; vorn ein Teil der Augustusbrücke.

um das Dasein bangen. Er sah deshalb sein Heil ausschließlich auf Frankreichs Seite und beantragte im Mai 1811 ein Bündnis für alle Kriege, die dem Vorteile Preußens nicht widersprächen. Dafür sollte Frankreich den Besitzstand und die Unabhängigkeit Preußens sicherstellen. Aber Napoleon antwortete nicht, was große Besorgnis in Berlin erregte. Man wußte sich nicht anders zu helfen, als durch verstärkte Rüstungen, durch geheime Hinneigung zu Rußland und die Bitte an England um Hilfsgelder. Als von beiden Seiten nichts Sicheres erfolgte und Napoleon drohte, beschränkte Preußen erst seine Rüstungen, um sie dann ganz einzustellen. Die preußische Politik geriet in den Widerspruch, daß sie den Frieden brauchte und wollte, und doch ein Bündnis mit Rußland suchte, das den Krieg zur Voraussetzung hatte, der für Preußen äußerst nachteilig, ja gefährlich werden konnte. So bemühte es sich in Petersburg für den Frieden oder doch für Aufschub der Feindseligkeiten. Vergebens. Immer mehr wurde der Krieg

zur Gewißheit. Damit erwies sich eine Waffenbrüderschaft mit den Russen wegen ihrer geringen Angriffskraft und der Haltung Oesterreichs als unzulässig. Es blieb also nur der Anschluß an Frankreich, der denn auch nach langem Schwanken und Verhandeln durch die Vereinbarung vom 24. Februar 1812 zustande kam. Hierin gewährleistete Napoleon den Besitzstand Preußens, und dieses schloß mit ihm einen Angriffs- und Verteidigungsbund für alle seine Kriege in Europa, außer ganz entfernte. Preußen verpflichtete sich zu strengster Innehaltung der Kontinentalsperre und stellte zum Feldzuge gegen Rußland zwanzigtausend Mann. Die Heere des Kaisers und seiner Verbündeten durften die preußischen Provinzen durchziehen und besetzen; dem Könige aber war untersagt, ohne Zustimmung Frankreichs Aushebungen zu ver-

Konzert zu Ehren Napoleons im Opernhaussaale zu Dresden am 24. Mai 1812.

anstalten, Truppen zusammenzuziehen und militärische Bewegungen zu unternehmen. Freilich im geheimen schrieb Friedrich Wilhelm an Alexander: „Wir werden einander nur so viel Übles zufügen, als unumgänglich nötig sein wird, denn wir werden uns immer zu vergegenwärtigen haben, daß wir eines Tages wieder Verbündete werden müssen."

Wesentlich glatter gingen die Dinge mit Österreich. Der hier leitende Minister Metternich glaubte die Zeit zum Sturze Napoleons noch nicht gekommen und deshalb den Vorteil seines Staates am besten in der Gemeinschaft mit Frankreich zu wahren. Demgemäß schloß er mit diesem am 14. März 1812 ein Bündnis, durch das er sich abermals auf die Kontinentalsperre und zur Gestellung von dreißigtausend Mann für den russischen Krieg verpflichtete. Unter der Hand hielt auch Metternich sich die Wiederannäherung an den Nachbar offen und versicherte dem Zaren, daß er nur rüste, um sich verteidigen zu können, worauf jener ihm im Falle seines Sieges Freiheit des Handelns versprach. So wurde die Neutralität Österreichs gewahrt trotz

seines Hilfskorps auf französischer Seite. — Weit wichtiger als die laue Hilfe Österreichs und Preußens war für Napoleon natürlich die Entfaltung der eigenen Wehrkraft. In Frankreich begannen die Aushebungen, die Rheinbundstaaten erhielten Befehl, ihre Pflichttruppen zu stellen. Freilich überall stieß man auf Schwierigkeiten. Das Jahr 1811 hatte Frankreich eine Mißernte gebracht mit Teuerung und Unordnungen im Gefolge. Der Kaiser wußte sich nicht anders als durch das Mittel der Revolution, durch Festsetzung eines bestimmten Getreidepreises zu helfen. Hinzu kam die große Unzufriedenheit im Lande über die steten Kriege und damit zusammenhängend das ungenügende Ergebnis der Aushebung. Massenhaft entflohen die Eingezogenen, und wieder konnte der Kaiser seinen Willen nur erzwingen, wie weiland die Republik, durch Haftbarmachung der Familien oder Gemeinden. Es kam zu förmlichem Aufruhr, aber rücksichtslos brach der Gebieter jeglichen Widerstand.

Noch schlimmer sah es in den Rheinbundländern aus, wo man der französischen Herrschaft und der napoleonischen Weltpläne allgemach überdrüssig wurde. Ein Krieg mit Rußland forderte ungeheure Opfer an Menschen und Geld und lag ganz außerhalb der heimischen Interessen. Siegte Rußland, so waren die rheinbündlerischen Truppen verloren; unterlag es, so konnte man sicher sein, daß die fremden Fesseln noch fester geschmiedet wurden. Kein Wunder also, daß der Feind des Korsen, der Zar, massenhaft Zustimmungserklärungen erhielt. Ja, der bayerische Gesandte in Petersburg wagte der russischen Regierung offen sein Bedauern auszusprechen, daß sein König gezwungen werde, einen Herrscher zu bekriegen, den er liebe und mit dem er durch zahlreiche Bande verbunden sei. Napoleon kannte diesen Unmut seiner Vasallen, und drohend schrieb er, wenn die Fürsten des Bundes den mindesten Zweifel bei ihm erregten, so würden sie sich zugrunde richten, denn er ziehe offene Feinde zweideutigen Freunden vor. Unter dem eisernen Drucke der napoleonischen Faust kamen die Truppen schließlich zusammen, aber meistens grollend und mißmutig, nur weil sie mußten. Kein Unternehmen war bisher so unvolkstümlich gewesen wie das gegen Rußland. König Jérôme schrieb seinem Bruder im Dezember 1811: „Die Gärung ist auf der Höhe. Wenn der Krieg ausbricht, wird sich die ganze Gegend vom Rhein bis zur Oder in allgemeinem Aufstande erheben. Man muß die Ausbrüche von Völkern fürchten, die nichts mehr zu verlieren haben, weil man ihnen alles genommen hat.“

Überschreitung des Niemen am 24. Juni 1812. Nach dem Stich von Fr. Campe.

Von besonderem Einfluß auf den Gang der Dinge war natürlich das Großherzogtum Warschau. Dieser von Napoleon abhängige Staat hatte im Frieden sechzigtausend Mann zu stellen. Als sich die Entfremdung

Bayerischer Chevauleger 1812.

Nach dem Gemälde von P. F. Messerschmitt.

mit dem Zarenhofe vergrößerte, mußten auf Napoleons Machtwort die polnischen Festungen in Stand gesetzt, Geschütze und Gewehre herbeigebracht, im März 1812 Bürgergarden errichtet, kurz alles sollte für den Krieg vorbereitet werden. Schon einen Monat später kam der Mobilmachungsbefehl. Die Polen seufzten und klagten unter der ihnen aufgezwungenen Last. Aber Napoleon faßte sie bei der Vaterlandsliebe und gab sich den Anschein, als ob er die Waffen zur Wiederherstellung des alten Königtums ergreife. Er sandte sogar einen Erzbischof nach Warschau mit

Mit Genehmigung der Photographischen Gesellschaft in Berlin.

Der Kriegsrat nach der Schlacht bei Smolensk (Vorwärts oder zurück?). Nach dem Gemälde von W. Wereschtschagin.

dem Auftrage, „die polnische Nation in eine Art Trunkenheit zu versetzen, ohne sie zum Wahnsinn zu treiben“. Auf solche Weise erreichte er seine Absicht. Bei Beginn des Feldzugs waren fünfundsiebenzigtausend Polen schlagfertig und die altpolnischen Landschaften bis tief nach Rußland hinein in gärender Bewegung. Der Sieg Napoleons schien das Königreich Polen zu bedeuten.

Während in ganz Europa für und wider gearbeitet wurde, fühlte sich der Mann, der dies alles bewirkt hatte, unsicher wie nie zuvor. Er war älter, wohlbeleibt und bequemer geworden. Über ihn berichtet Barante: „Napoleon wollte Rußland bekriegen, er bereitete alles für diese große Unternehmung vor, und dennoch fürchtete er ihre Schwierigkeiten und Gefahren. Lange Schlaflosigkeit quälte ihn oft des Nachts; er brachte ganze Stunden auf dem Ruhebette zu, hinbrütend in Gedanken. Schließlich übermannten sie ihn, und er verfiel in unruhigen Schlaf. Ohne krank zu sein, war seine Gesundheit keineswegs gut.“ Der Kaiser selber meinte, er fühle sich nach einem Ziele hingetrieben, das er nicht kenne, und wenn es erreicht sei, werde ein Atom genügen, ihn niederzuwerfen. Es sei die Macht der Dinge, die den Streit wolle. Nichts erscheine genug vorbereitet für ein Unterfangen so weit draußen. Oft stierte er stundenlang vor sich hin, dann sprang er plötzlich krankhaft empor mit lautem Aufschrei. Er glaubte, man habe ihn gerufen.

Bei solch fatalistischer Stimmung berührten ihn die warnenden Worte seiner treuesten Freunde, wie Caulaincourt und Narbonne, tief unangenehm. Am Himmel begann ein mächtiger Komet zu leuchten, ein böses Zeichen für einen abergläubischen Korsen. So zog er fast widerwillig ins Feld, dunkler Ahnungen voll, gedrängt von einem finsteren Willen, von Eigensinn und Leidenschaft. Nichts wäre ihm lieber gewesen, als Vermeidung des Krieges. Er meinte, Alexander werde vielleicht nachgeben vor dem bloßen Anblick der gewaltigen Heeresmassen, die sich nach Osten bewegten, vor der „europäischen Revue", die der Franzosenkaiser in Dresden abzuhalten gedachte, oder gar vor dem Ultimatum. Noch bis zuletzt, noch während seines Aufenthalts in Dresden, soll er insgeheim die Hoffnung gehegt haben, der Waffengang werde unterbleiben. Das war nicht mehr der jugendliche Held von Arcole und Marengo, der zum letzten

Angriff französischer Kürassiere auf russische Infanterie in der Schlacht bei Borodino. Nach dem Gemälde von Fritz Neumann.

großen Streiche ausholte, sondern ein abgenutzter, nervengestörter, willensmatter Mann, der von einem eingebildeten Schicksal mehr getrieben wurde, als er selber trieb.

Aber trotz alledem: es war der Kaiser Napoleon!

Allgemach gediehen die Dinge zum endgültigen Bruche. Im Februar 1812 übermittelte Napoleon die Forderungen nach Petersburg: strenge Durchführung der Kontinentalsperre, ein für Frankreich vorteilhafter Handelsvertrag, Abweisung oder geringe Entschädigung des Herzogs von Oldenburg. Alexander antwortete am 8. April mit einem Ultimatum. Er beschwerte sich über die Wiederbesetzung Norddeutschlands, verlangte die vollständige Räumung Preußens, Schwedisch-Pommerns und aller Festungen und strategischen Punkte östlich der Elbe. Napoleons Große Armee solle Deutschland verlassen und Rußland nicht mehr bedrohen; wenn dies geschehen sei, könne man wegen der französischen Ansprüche in Unterhandlung treten. Der Zar wußte, das bedeute den Krieg. Sein Gegner war von der dreisten Sprache überrascht; er glaubte, man wolle ihn angreifen, und suchte deshalb weiter hinzuhalten durch eine neue Sendung nach Ruß-

land und durch einen Verständigungsversuch mit England. Beides waren nur Scheinunternehmungen, um die öffentliche Meinung zu gewinnen. Unverwandt wünschte er diese und den russischen Botschafter in Paris zu täuschen. Als er am 9. Mai die Hauptstadt mit seiner Gemahlin verließ, wurde als Reiseziel nur Dresden genannt. Freilich der schlaue Fouché urteilte: „Das ist der Anfang vom Ende."

Der König von Sachsen bot das äußerste auf, um den Gefürchteten glänzend zu empfangen. Kaiser Franz und viele Rheinbundfürsten waren zugegen, auch König Friedrich Wilhelm kam wider seinen Willen. Napoleons Umgebung benahm sich siegessicher und hochfahrend. Er selber äußerte: „Nach einer Schlacht oder nach zwei bin ich in Moskau, und der Zar liegt vor mir auf den Knien." Doch die Stimmung der Einwohner war frostig, und man kam über Hoffestlichkeiten nicht hinaus. Dabei arbeitete der Kaiser emsig, traf Anordnungen für die Armee und befahl Lauriston, sich zum Zaren nach Wilna zu begeben. Noch immer galt es, Zeit zu gewinnen, noch immer wurde der Schein gewahrt, als könnte es Frieden bleiben. Am 28. Mai verließ Napoleon Dresden, wo er die letzte Großfeier seines Lebens durchgekostet hatte. Er begab sich nach Posen. Hier umbrauste ihn die Begeisterung der Polen, die ihn als Wiederhersteller des Vaterlandes feierten. Doch er selber blieb kalt, zurückhaltend und vermied bestimmte Erklärungen, ging auch nicht nach Warschau, sondern setzte seine Reise durch West- und Ostpreußen bis zum Niemen fort, geschäftig die Truppen besichtigend.

Mit Genehmigung der Photographischen Gesellschaft in Berlin.
Napoleon im Kreml während des Brandes von Moskau.
Nach dem Gemälde von W. Wereschtschagin.

Von allen Seiten kamen die Krieger in dichten Scharen herbei: aus Italien, aus Süddeutschland, aus Frankreich, Holland, Dänemark und Westfalen. Durch Preußen marschierten sie der russischen Grenze entgegen. Im Juni befanden sich an vierhundertfünfzigtausend Soldaten beisammen, denen noch hundertfünfzigtausend als Verstärkungen folgten. Sie bildeten einen endlosen Zug mit hundertfünfzigtausend Pferden, über tausend Geschützen und allem Bedarf. Es war eine Armee, wie die kriegereiche Neuzeit sie noch niemals gesehen hatte: eine wahrhaft „Große Armee". Ihr vermochte Rußland zunächst nur hundertfünfzigtausend Streiter entgegenzustellen, doch waren auch hier noch bedeutende Massen in Anmarsch. Betrug die russische Wehrmacht demnach nicht viel mehr als ein Drittel der napoleonischen, so kam noch hinzu, daß sie auch in Ordnung und Ausbildung nachstand, und es an einheitlicher, fähiger Leitung fehlte. Freilich auch die Angreifer erreichten nicht überall die frühere Höhe, und viele zogen widerwillig in den Krieg, aber dennoch überwogen sie weitaus an Wert und sie wurden geführt vom

Der Rückzug der Großen Armee aus Rußland.

Nach dem Gemälde von L. Kratké.

größten Schlachtendenker der Zeit. Menschlichem Ermessen nach war der Zar verloren. — Am 23. Juni rief Napoleon seinem Heere zu: „Rußland wird durch sein Verhängnis fortgerissen. Sein Schicksal muß sich erfüllen.“ Am nächsten Tage überschritt er den Niemen: es geschah verspätet, die vielen Vorbereitungen hatten mehr Zeit gekostet, als erwartet war. In langer Heersäule schob sich das Hauptheer in der Mitte vorwärts: den linken selbständigen Flügel mit den Preußen befehligte Marschall Macdonald, den rechten mit den Österreichern Fürst Schwarzenberg. Bei der wechselseitigen Unsicherheit hatten beide Teile keinen festen Feldzugsplan, aber doch die Absicht, die Entscheidung durch offene Feldschlachten zu erzwingen.

Die Russen wollten im Notfalle halbwegs bis Petersburg zurückweichen, weiter aber nicht. Zum ersten Male von preußischer Seite, und zwar durch den Obersten v. d. Knesebeck, der im Februar in besonderer Sendung Friedrich Wilhelms am Zarenhofe weilte, scheint die Erwägung aufgebracht zu sein, sich überhaupt auf keine Entscheidungsschlacht einzulassen, sondern sein Heil und seine Stärke in stetigem Rückzuge zu suchen. Diesen Gedanken machte sich der Zar zu eigen, ohne daß er aber bei seinem beweglichen Wesen davon beherrscht worden wäre.

Fürst Kutusow.

Anders Napoleon; dessen ganzes Streben ging auf schnelle Entscheidung mit der blanken Waffe. Er wollte die beiden vor ihm befindlichen Heere einzeln vernichten und dann den Frieden vorschreiben. Aber dies gelang nicht, gutenteils durch Schuld der französischen Unterführer, welche sich ihrer Aufgabe nur ungenügend gewachsen zeigten.

Von vornherein wagten die Russen keinen offenen und ernsten Widerstand. Nicht bloß der unsichere Wunsch des Zaren, sondern ebenso ihre geringere Zahl, ihr Mangel an Vertrauen zur eigenen Kraft und zur obersten Heeresleitung, die eiserne Not zwang sie zum Weichen und damit zum richtigen Verhalten, nämlich den Eindringling entscheidungslos hinter sich herzulocken und ihn der Armut der spärlichen Bewohner, der Unwirtlichkeit des Landes und den Gefahren der Witterung preiszugeben. Immer tiefer verschwanden die Heeresmassen in der Unendlichkeit des Riesenreiches. Die Hitze wirkte erschlaffend, der Hunger zwang ganze Scharen, ihre Reihen zu verlassen, um sich beutesuchend umherzutreiben; Ermattung und Krankheiten ließen viele zu Boden sinken. Binnen kurzem waren trotz strengster Strafen schon hunderttausend Mann abhanden gekommen.

Anfangs hatte der Zar selber die Heeresleitung gehabt, aber er fühlte sich der Verant-

Die Fahne. Nach der Zeichnung von Debricourt.

wortung nicht gewachsen und stellte Barclay de Tolly an die Spitze des Heeres, einen tüchtigen und zuverlässigen General deutscher Herkunft. Die zweite „Westarmee" führte Bagration. Der Zar eilte nach Moskau und rief seine Völker auf zum heiligen Kriege, Priester fanatisierten die Bauern, Offiziere die Soldaten. Alles geriet in Bewegung, der Gedanke des Volkskrieges, verbissene Wut und dumpfer Haß ergriffen die Gemüter. Wo immer man konnte, schlug man die Eindringlinge nieder, erschwerte ihre Verpflegung und zerstörte die rückwärtigen Verbindungen. Die Sachlage gestaltete sich so bedrohlich, daß Napoleon in Witebsk allen Ernstes zu überwintern gedachte, um den Feldzug erst im nächsten Frühjahr fortzusetzen. Dann aber erhielt der Wunsch einer Eroberung Moskaus wieder die Oberhand, und vorwärts ging's bis Smolensk, wo Barclay sich zur Schlacht stellte, aber nach heftiger Gegenwehr geschickt zu entschlüpfen verstand. Noch einmal erwog Napoleon, ob er nicht Halt machen solle, dann drängte er weiter. Inzwischen wurde der Wunsch nach einer Entscheidungsschlacht unter den Russen unwiderstehlich, so daß Barclay sich genötigt fand, ihm nachzugeben. Doch es war zu spät; Mißtrauen und nationale Erbitterung stürzten ihn und setzten den volkstümlichen Altrussen Kutusow an seine Stelle. Tatsächlich wurde nichts damit gewonnen, denn Kutusow war zu alt und abgenutzt, zwar schlau und verschlagen, aber ohne Tatkraft und von Furcht vor Napoleon beseelt. Zum Glück stand ihm der kluge und umsichtige Oberst v. Toll als Berater zur Seite. Da eine Schlacht gerade das war, was Napoleon suchte, so tat man ihm nicht den Gefallen, sondern wich bis Borodino. Hier hielt das russische Heer stand, um nicht den Makel auf sich zu laden, das heilige Moskau kampflos preisgegeben zu haben. Mit wilder Erbitterung und furchtbarem Menschenverbrauche

wurde am 5. und 7. September gerungen. Was vorauszusehen war und Kutusow auch wohl erwartet hatte, geschah. Dem Kaiser verblieb der Sieg, freilich erst nach Verlust von achtundzwanzigtausend Streitern. Da die Russen gar fünfzigtausend Mann verloren, so ist die Schlacht bei Borodino die blutigste gewesen seit Erfindung der Feuerwaffen.

Am 14. September erreichten die Franzosen das Ziel ihrer Wünsche. Lauter Jubel erscholl, als sie Moskau vor sich liegen sahen. Endlich glaubten die Truppen Ruhe, Nahrung und Sicherheit zu finden, während die Generale hofften, ihre Leute wieder in Ordnung bringen zu können; denn alle Verbände waren zerrüttet, und man zählte nur noch hunderttausend Mann. Aber rasch verwandelte sich die Freude in Besorgnis. Statt einer volkreichen Großstadt mit allen Hilfsmitteln und Genüssen fanden die Enttäuschten öde, leere Gassen und unbewohnte Gebäude. Die Einwohner waren geflüchtet oder gewaltsam entfernt, fast nur fragwürdige Gestalten, teils Betrunkene zurücklassend. Kaum hatte Napoleon seine Wohnung im Kreml, dem alten Zarenpalaste, aufgeschlagen, als nachts Feuer ausbrach. Die Brände mehrten sich auf allen Seiten und wurden zu einem Flammenmeer, das der Nordostwind prasselnd über die hölzernen Häuser trieb. Der Rauch wandelte den Tag zur Nacht, und die Nacht war taghell durch das Leuchten der Lohe. Zwei Drittel der Stadt sanken in Trümmer. Augenscheinlich handelte es sich um Absicht, um einen wohlüberlegten teuflischen Plan. Eine Zeitlang war der Kreml derartig bedroht, daß Napoleon ihn verließ und sich unter Lebensgefahr nach einem Schlosse außerhalb der Stadt begab.

Nach einem Kohledruck von Braun & Cie. Nachf., Dornach i. E.
Joachim Murat, König von Neapel. Nach dem Gemälde von François Gérard.

Das unerwartete Ereignis bedeutete einen schweren Schlag für den Kaiser und sein Heer; aus dem glühenden Qualm dämmerte es empor wie ein furchtbares Schicksal. Unmöglich durfte man wagen, auf der Brandstätte zu überwintern. Aber Napoleon konnte das Unfaßbare nicht fassen. Er hatte sich zu sehr in seinen Gedankengang, in sichere Erwartung eingelebt. So schmeichelte er sich auch jetzt noch mit der Hoffnung, daß der Zar mürbe geworden sei und Verhandlungen eröffnen werde. Er wartete vergebens. Als niemand erschien, machte er seinerseits Friedensanerbietungen. Dies kam den verschlagenen Russen gelegen, die Sache in die Länge zu ziehen. Schließlich empfing der Zar nicht einmal den feindlichen Abgesandten, und Kutusow erwiderte höhnisch: das Wort Friede stünde nicht in seiner Instruktion. Napoleon hatte sich über die Verhältnisse und in der Person Alexanders getäuscht. Während der Franzose an Niederlegung der Waffen dachte, hatte der Russe seinem Heerführer bereits einen Feldzugsplan übersandt, wonach die Hauptarmee den Eindringling in Moskau festhalten sollte, während die verstärkten Flügelheere links und rechts gegen die große Straße nach Smolensk bis zur Beresina vorzugehen und diese dem Feinde zu verlegen hätten. Napoleon wartete von Tag zu Tag, von Woche zu Woche. Es

Mit Genehmigung der Photographischen Gesellschaft, Berlin.

Napoleons Ritt durch das brennende Moskau.

Nach dem Gemälde von W. Wereschtschagin.

war für ihn eine Zeit quälendster Ungewißheit. In dem verwüsteten Moskau gelang es nicht, die zerrüttete Mannszucht der Truppen herzustellen, sondern Widerspenstigkeit und schlimme Ausschreitungen waren an der Tagesordnung. Bald begann es am Nötigsten zu fehlen; rings drohte eine wütende Bevölkerung, welche Nahrungs- und Futtereinholung unmöglich machte, auf der Hauptstraße nach Deutschland blieb es unsicher und gefährlich, die dort einherziehenden Wagen und Truppenverstärkungen wurden abgefangen, tagtäglich kam es zu verlustreichen kleinen Gefechten. Moskau war schließlich wie abgeschnitten von der Welt. Unfern der Stadt, in günstiger Stellung lauerte das russische Hauptheer mit hunderttausend wohlgenährten und warm gekleideten Streitern, bereit, sich bei erster Gelegenheit auf die Franzosen zu stürzen. So vergingen fünf kostbare Wochen, während der sich die militärische Lage Napoleons verschlechterte, ohne daß er politisch etwas erreicht hätte. Innen versagte der Halt und nach außen die Hoffnung.

Endlich befahl der tief Enttäuschte am 18. Oktober, die Stätte des Schreckens zu verlassen. Eine Zeitlang dachte er an einen Marsch nach Petersburg. Als er dessen Unausführbarkeit erkannte, lag es zunächst, geradeswegs auf Smolensk zurückzufallen. Doch das bot schwere Bedenken, weil die feindlichen Streitkräfte dort zu stark und die Gegenden zu ausgesogen waren. Der Kaiser versuchte deshalb, durch eine Seitenbewegung an Kutusow vorüber zu gelangen. Umsonst; der Russe hielt wachsam das Gelände besetzt und verhinderte in langem erbitterten Kampfe die Benutzung der Nebenstraße. Damit gestaltete sich die Lage der Franzosen nahezu verzweifelt. Die Schlagfertigkeit ihres Heeres sank zusehends, zumal die der Reiterei und Artillerie, ja der Schießbedarf genügte nur noch für eine einzige Schlacht. Und schon trat auch die Zahlenübermacht der Russen zutage. Unter derartig ungünstigen Umständen wagte Napoleon nicht, nach Kaluga durchzubrechen,

Mit Genehmigung der Photographischen Gesellschaft, Berlin.

Angriff der Russen auf die französische Nachhut am 3. November 1812.
Nach dem Gemälde von W. Wereschtschagin.

sondern fügte sich dem Willen des Feindes und bog ab nach Norden, um die alte Straße nach Smolensk aufzusuchen. Am 29. Oktober wurde sie erreicht und mit ihr der Untergang des Heeres endgültig eingeleitet. Es war noch ein Glück, daß der unbehilfliche Kutusow die Marschveränderung erst verspätet erkannte, so daß er nur noch die Nachhut zu fassen vermochte, die er freilich fast vernichtete. Dann marschierte er mit einem Teile seines Heeres hinter dem Feinde her, ihn gleichzeitig mit dem andern auf der linken Seite begleitend.

Übergang üb
am 28. N
Nach der Li
J.

Man kam über das Schlachtfeld von Borodino, auf dem noch mehr als dreißigtausend Leichen verwesten. Allgemach bildete die „Große Armee“ kein geordnetes Heer mehr, sondern glich einer aufgelösten, durcheinandergewirrten Horde. Jeder schleppte, was er tragen konnte; Pferde, Wagen und Karren waren mit Beutestücken beladen, überall Fluchen und Seufzen. Tausende verkamen durch Hunger und Ermattung, rings drohte unerbittlich der Feind, wimmelte es von umschwärmenden, habgierigen Kosaken und erbitterten Bauern, obwohl man alle erschoß, deren man habhaft wurde. Vergebens nahten Verstärkungen; sie gingen nutzlos unter in der reißenden Rückflut. Es regnete, die Wege wurden grundlos. Als in den ersten Tagen des November Kälte und Schnee einsetzten, begann sich ein weißes Leichentuch auszubreiten, über das eisig der Nordwind wehte. In dumpfer

… Beresina
…ber 1812.
…raphie von
…n.

Verzweiflung wälzte sich der lange, schwerfällige Zug dahin, umkreist von krächzenden Raben. Alle Gebote der Menschlichkeit schwiegen im unsäglichen Elende. Sank jemand krank zu Boden, so rissen die Kameraden dem noch Lebenden vertiert die Kleider vom Leibe, um den eigenen erstarrenden Körper darin einzuhüllen. Die Spur der Trostlosen bezeichnete ein endloser Streifen toter und verendender Menschen, zusammengebrochener, zum Skelett abgemagerter Pferde, verstreuten Geräts, zerbrochener Wagen, verlassener kotüberfrorener Geschütze und Pulverkarren.

Nach unsäglichen Anstrengungen und Leiden erreichte der Rest der übrig Gebliebenen am 9. November Smolensk. Hier konnte etwas Nahrung verteilt, die Besatzung aufgenommen und einige Ordnung hergestellt werden, so daß die Armee wieder fünfzigtausend Mann zählte. Aber Ruhe fand man nicht, denn wie Moskau lag die Stadt großenteils in Trümmern. Hinter und neben sich hatte man Kutusow, von Norden bedrängte Wittgenstein und von Süden Tschitschagow die Rückzugsstraße: die letzte Rettung. Am 14. ging es aus den bergenden Mauern von Smolensk hinaus weiter ins Verhängnis. Kutusow wurde beiseite geschoben, erst durch eine trostlose Schneewüste, dann bei Tauwetter durch kniehohen Schmutz gewatet. Dennoch schien in allem Unglück eine Hoffnung zu winken. Der Weg wurde durch die Beresina gekreuzt, deren

Brücke französische Truppen besetzt hielten. Hatte man den Fluß hinter sich gebracht und den Übergang unbenutzbar gemacht, so mußte die Verfolgung einige Zeit aufgehalten werden. Es kam anders. Tschitschagow bemächtigte sich der Brücke, und als er sie beim Herannahen der napoleonischen Vorhut verließ, zerstörte er sie. Schließlich mußte der Kaiser, von drei feindlichen Heeren bedroht, den eistreibenden, hochgehenden Fluß auf zwei rasch errichteten Notbrücken am 26. bis 29. November überschreiten. In dieser furchtbaren Lage zeigte sich noch einmal die volle Überlegenheit des Schlachtengewaltigen und seiner Truppen über die schwerfälligen, zaudernden, uneinigen Russen. Freilich verlor er wieder an fünfundzwanzigtausend Mann, also die Hälfte seines Bestandes. In wilder Hast flohen die Trümmer westwärts.

Für den Feldherrn Napoleon war bei dem allgemeinen Zusammenbruch nichts mehr zu retten, und als Kaiser war er notwendig in Paris. Von dort durfte er hoffen, rasch eine neue Streitmacht zusammenzuraffen, die Niemenlinie vorläufig zu halten und im Frühling den Krieg großen Stils erneuern zu können. Aus dieser Erwägung heraus verließ er am 5. Dezember die „Armee“ und erreichte um Mitternacht vom 18. auf den 19. seine Hauptstadt. Den Oberbefehl über den zurückgelassenen Menschenrest hatte er Murat anvertraut. Dieser gelangte am 8. unter häufigen Gefechten nach Wilna, vermochte sich aber auch dort nicht zu halten, sondern floh alsbald weiter. Wesentlich der unermüdlichen Tapferkeit des Marschalls Ney und der Aufopferung deutscher Rheinbundtruppen war es zu danken, daß man überhaupt die preußische Grenze erreichte. Zuletzt bildeten nur noch tausend Mann der Garde, um die geretteten Adler geschart, den Bestand der „Großen Armee“. Erst am Niemen endete die wilde, die schreckliche Jagd.

Nicht in den allgemeinen Untergang hineingeraten waren die Seitenheere unter Macdonald und Schwarzenberg. Rechnete man die Polen und Versprengten hinzu, so verblieben noch etwa hunderttausend Krieger. Von ihnen war freilich ein großer Teil krank und unbrauchbar und füllte nur die Lazarette, aber aus den Festungen ließen sich weitere vierzigtausend Mann Besatzungstruppen heranziehen und auch sonst noch Soldaten aufbringen, so daß in zwei bis drei Monaten wieder hundertfünfzigtausend Streiter beisammen sein konnten. Da nun auch die Russen gewaltig gelitten hatten, und Kutusow alles andere als unternehmungslustig war, so durfte Napoleon in der Tat hoffen, den Krieg vorläufig zum Stehen zu bringen, bis er aus Frankreich neue Kräfte herangeführt und von den Rheinbundfürsten und Verbündeten weitere Unterstützungen erpreßt hatte. Er täuschte sich auch diesmal. Der Zar machte nicht halt am Niemen, sondern überschritt den Fluß. Damit endet äußerlich der französisch-russische Feldzug. Die Russen wurden aus Verteidigern ihres Landes zu Angreifern jenseits der Grenze.

Werfen wir einen kurzen Rückblick auf die Vorgänge.

Der einzige unglücklich verlaufene Feldzug Napoleons war bisher der ägyptische gewesen. Er war phantastisch begonnen und phantastisch geführt, ohne ein festes kriegerisches oder politisches Ziel, ohne genügende Kenntnis von Land und Leuten. Und doch hat Napoleon nichts aus den Ereignissen gelernt, denn der Krieg mit Rußland bildete wesentlich eine Wiederholung des ägyptischen, nur in weit gewaltigerem Umfange und vergröberter Art. Kein klarer Wille, sondern gewissermaßen die Macht eines unfaßbaren Schicksals hat die „Große Armee“ nach und in Rußland gelenkt. Als es ihr nicht gelang, den Feind bis Smolensk zu vernichten und sie dennoch auf Moskau marschierte, war sie tatsächlich verloren, wenn der Zar den Mut zum Ausharren behielt. Das Gebiet war zu dünn bevölkert und zu unfruchtbar, um Hunderttausende von Menschen, die auf einer und derselben Straße einherzogen, ernähren zu können. Bei der mangelhaften Verpflegung wirkten Land und Klima verheerend, denn der Hunger und die trostlose Eintönigkeit der Weitmärsche verursachten körperliche Entkräftung und seelische Widerstandslosigkeit, die schließlich zu bedenklicher Kampfunfähigkeit geführt haben. Sehr bezeichnend ist, daß von den

Mit Genehmigung der Photographischen Gesellschaft, Berlin.

Gefangene russische Bauern werden von Napoleon zum Tode verurteilt.

Nach dem Gemälde von W. Wereschtschagin.

Die Adler der Großen Armee auf dem Rückzuge aus Rußland. Nach dem Gemälde von J. Rouffet.

vierhunderttausend Mann, die den Niemen überschritten, nicht mehr ganz hunderttausend Moskau erreichten. Damit erwies sich der Feldzug bei der Ankunft in Moskau im scheinbaren Siege als eine Niederlage, denn der übrig gebliebene Teil des Heeres war viel zu schwach und durch seine Vereinsamung viel zu hilflos, um dem Feinde Gesetze vorschreiben zu können. Nicht mehr Napoleon vermochte solche zu geben, sondern der Zar. Alles hing ab von dessen Haltung, und die übertraf sich selber. Der Zar blieb nicht nur fest, sondern steigerte die Tatkraft seines Heeres und Volkes, stählte die Entschlossenheit und belebte den Unternehmungsgeist seiner Generale.

Die Russen nutzten alle Vorteile kräftig aus, die ihnen das eigene Land und der Kampf um Haus und Herd gewährten. Ununterbrochen vermehrten sie ihre Truppen, bis sie die des Feindes an Zahl übertrafen, legten sich rücksichtslos Entbehrungen auf und schraken nicht zurück, mit dreister Hand die Wiege ihres Reiches, das heilige Moskau in Brand zu stecken, um Napoleon unterkunftslos zu machen. Aber selbst wenn Moskau nicht in Flammen aufgegangen wäre, würde das französische Restheer dort schwerlich haben überwintern können. Die Entfernung bis zur polnischen Grenze war zu weit, und die Russen besaßen die Möglichkeit und den Willen, die rückwärtigen Verbindungen abzuschneiden, begünstigt durch Kälte, Schnee und Volkserhebung. Damit blieb den Franzosen nur die Wahl zwischen Aufbruch oder Verhungern, das heißt Untergang inner- oder außerhalb Moskaus. Die letzte Möglichkeit einer Rettung bot ein beschleunigter Abmarsch. Man wäre hierdurch den Anstalten der Russen und der Winterkälte zuvorgekommen. Auch sie wurde verabsäumt. Daß es überhaupt kleinen Sprengstücken gelang, die Grenze zu erreichen, lag an der Kurzsichtigkeit und den Fehlern Kutusows. Hätte ein unternehmenderer Mann die Russen geführt, würde die gesamte Armee unterwegs erlegen sein, tot oder gefangen. Und wenn dies der Fall, wären die schweren Befreiungskriege nicht nötig gewesen.

Napoleon stand unseres Erachtens während des Feldzugs nicht auf der Höhe. In Einzelgefahren zeigte er noch die bewundernswürdige Klarheit des Geistes und Schnellkraft des Entschlusses. Im großen aber hat sie versagt. Er ist sich nicht oder doch nicht genügend der furcht-

baren Gefahr bewußt geworden, der er durch den Weitermarsch entgegenging. Überarbeitung und die Jahre hatten den Willen des Gewaltigen geschwächt, ohne seine Phantasie zunächst anzutasten. Wie viele Nervöse fühlte er sich zeitweise leidend, dann wieder wohl und leistungsfähig. Auch taktisch focht er nicht immer vollwertig. Während er geschickte Bewegungen gewöhnlich unterließ und statt dessen nur durch die rohe Kraft wirkte, wagte er bei günstigen Gelegenheiten, wie sie die Schlachten bei Witebsk, Smolensk und Borodino boten, auch wieder nicht, seine ganze Kraft einzusetzen, obgleich dies allein entscheidenden Erfolg verhieß. Zum Überfluß schätzte er den Gegner noch falsch ein. Er hatte recht, wenn er Alexander für wankelmütig und deshalb geneigt hielt, im Unglück zu versagen. Er schlug das Unglück des Feindes aber viel zu hoch an und übersah, wie in Spanien: die Volksstimmung. Die Polen hätte er durch Wiederherstellung ihres Königreiches fest an sich ketten und dadurch einen Aufstand gegen Rußland entfachen sollen, der einen großen Teil der feindlichen Heere auf sich ziehen und viel zur Erleichterung der Verpflegung

Die letzte Rast. Nach dem Gemälde von L. Putz.

beitragen mußte. Aber Napoleon täuschte die Hoffnungen der Polen und dämpfte durch sein zweideutiges Benehmen ihre Opferwilligkeit und Kriegslust. Anderseits hatte er trotz der Erfahrungen in Spanien keinen Begriff von dem Fanatismus der Russen, die eine angestammte starke Regierung besaßen. In dieser überwog die altrussische Partei, die den Krieg bis aufs Messer forderte und den Boden des rechtgläubigen Reiches frei wissen wollte von der Verunreinigung durch den Gottverächter und Revolutionshelden im Purpurmantel.

Der Feldzug 1812 ist das furchtbarste militärische Ereignis der Neuzeit gewesen. Von den fünfhundertdreißigtausend Kriegern, die nach Rußland einrückten, kamen im Dezember nur etwa achtzehntausend Mann der „Großen Armee“ zurück, wozu sich noch an sechzigtausend Streiter der beiden Seitenkorps gesellten. Fahnenflüchtig waren etwa fünfzigtausend geworden und an hundertdreißigtausend in Kriegsgefangenschaft geraten. Die Zahl der Umgekommenen beträgt also mindestens zweihundertfünfzigtausend.

Zu diesen Verlusten französischerseits treten nicht viel geringere der Russen hinzu; auch sie haben an zweihunderttausend Menschen eingebüßt, so daß man alles in allem rechnen muß mit dem Untergange einer halben Million. Es war das Massenopfer eines finsteren, zermalmenden Ehrgeizes.

Die Errichtung der Landwehr. Nach dem Erzrelief von Hugo Hagen am Denkmal des Freiherrn vom Stein zu Berlin.

Der Sturm bricht los.

Frisch auf, mein Volk! Die Flammenzeichen rauchen,
Hell aus dem Norden bricht der Freiheit Licht.
Du sollst den Stahl in Feindes Herzen tauchen:
Die Saat ist reif: ihr Schnitter zaudert nicht.

Lange Zeit erfuhr man in Deutschland wenig von der Großen Armee. Die französischen Blätter berichteten von Siegen und Erfolgen bis Moskau, verhielten sich aber schweigsam über Einzelheiten. Die Welt glaubte an das Glück des Imperators. Da begannen dunkle Gerüchte aufzutauchen, als am 12. Dezember die sichere Kunde in Berlin eintraf, daß Moskau verbrannt sei und Napoleon sich auf dem Rückzuge befinde. Laut und lauter wurden unheilkündende Stimmen, bis die Zeitungen mitteilten, der Kaiser sei am 13. in Glogau, am 14. in Dresden gewesen und fluchtartig nach Paris weitergeeilt. Bald nachher, am 26. Dezember, bezeugte ein Bulletin offen den Untergang der Tapferen.

Napoleon erhält bei seiner Flucht durch Dresden von einem Einwohner, den er nach dem Hotel seines Gesandten fragen läßt, den Bescheid: „Bei fünfundzwanzig Grad Kälte zeigt man niemand um Mitternacht den Weg."
Nach dem im Körner-Museum zu Dresden befindlichen Stich von Gottschick.

Aber alle Gerüchte, Vermutungen und Schilderungen wurden überboten durch den Augenschein. Erst kamen einzelne höhere Offiziere und ungeordnete Soldatenhaufen über die Grenze. Am 19. erschien Murat mit wenigen Reitern in Königsberg, und dann seit Anfang Januar 1813 vermehrten sich die Scharen der Fliehenden. Da wankten sie einher, wirr durcheinander, waffenlos, hoffnungslos, meistens krank, verwundet, mit Frostbeulen bedeckt, bettelnd, plündernd, zusammenbrechend. Soldaten, Offiziere, selbst Generale waren in Lumpen gehüllt, hohläugig, abgezehrt, dumpfe Verzweiflung im verwitterten Gesicht. Wie ein Geisterspuk huschten sie wortlos durch den Winternebel. Das waren die Uberbleibsel einer halben Million prunkender Krieger, die auszogen, um die

Rückkehr von Trümmern der Großen Armee aus Rußland. Von G. Lebrecht.

Welt zu erobern. Unter den Flüchtlingen befand sich auch Marschall Ney. In Gumbinnen verabschiedete er sich tief ergriffen von seinem zusammengeschmolzenen deutschen Gefolge, um sich zum General Dumas zu begeben, der in der Stadt krank darniederlag. Als der Leidende eine struppige, pulvergeschwärzte Gestalt in zerrissenem Mantel bei sich eintreten sah, rief er erschrocken aus: „Wer sind Sie?" „Was," erwiderte der Kommende, „Sie kennen mich nicht? Ich bin die Nachhut der Großen Armee, der Marschall Michael Ney!" Furchtbar hatte das Gottesgericht gewaltet.

Rasch füllten sich Häuser und Lazarette mit den völlig Erschöpften, die noch tausendweis ansteckenden Krankheiten erlagen. Allein in Königsberg befanden sich zehntausend Kranke. Selbst die Ärzte starben zuweilen aus. Und um die erschreckende Wirklichkeit über ganz Deutschland zu verbreiten, suchten die überzählig gewordenen Offiziere und Unteroffiziere in ihrem Jammerzustande die Heimat zu erreichen. Die Wirkung dieser Erscheinungen des Schreckens war um so stärker, als die Rheinbundfürsten fast hundertfünfzigtausend Untertanen nach Rußland geschickt hatten. Während der König von Bayern die Überbleibsel seines schönen Heeres in München einziehen sah, drängten sich ihm heiße Tränen in die Augen. Weh und Wut, eine tiefe Erregung ergriffen die Gemüter. Man hatte das Gefühl des Zusammensturzes des gewaltsam Gewordenen, des Anbruchs einer neuen Zeit. Laut verkündeten die Patrioten, es müsse gehandelt werden, jetzt oder nie! — Und in der Tat, es wurde gehandelt. Man erfuhr von einem Waffenstillstande des preußischen Hilfskorps, vernahm, daß Kosaken am 21. Dezember unter dem Obersten Tettenborn die preußische Grenze überschritten hätten, nicht als plündernde Feinde, sondern als Befreier mit der Aufforderung, die Sklavenketten zu brechen. —

Die Russen hatten in dem beschwerlichen Winterfeldzuge stark gelitten und durchweg den

Alexander I., Kaiser von Rußland.
Nach der Lithographie von Katzler.

Krieg herzlich satt; vor allem der Oberfeldherr Kutusow, der, allen kühnen, weitschauenden Unternehmungen abgeneigt, am liebsten vor der Grenze haltgemacht hätte. Aber der Zar war anderen Sinnes. Am 14. Dezember befahl er, den Niemen zu überschreiten. Alexander hat sich dadurch in den Mittelpunkt der europäischen Ereignisse gestellt und ihnen die Richtung gegeben. Er war eine schlanke, gutgewachsene Erscheinung mit einnehmenden Gesichtszügen, lebhaft und schauspielerisch, von bezaubernden Umgangsformen; weich, überschwenglich und schwankend, bestimmten ihn nur zu leicht seine jeweiligen Ratgeber und die Macht des Augenblicks. Durch unruhigen Ehrgeiz, durch den Wunsch zu glänzen und viel zu bedeuten, entwickelte er sich zu einer stark handelnden Kraft. Freilich fehlten ihm der klare Blick für die Wirklichkeit, der zielbewußte Wille, Gründlichkeit, Selbstverleugnung und innere Abklärung, so daß er zwischen asiatischer Allgewalt und französischem Liberalismus hin und her schwankte und ein ebenso übersprudelnder als unsicherer Freund und eigennütziger Bundesgenosse sein konnte. Zu dieser Zeit stand der Freiherr vom Stein hinter ihm; er fühlte sich getragen, hoch erhoben durch den unermeßlichen Erfolg und träumte sich als gottbegnadeten Befreier Europas von napoleonischem Joch. Sein nächstes Ziel war, Preußen aufzurütteln und zum Anschlusse zu bewegen. Etwa eintreffende französische Verstärkungen sollten zurückgeworfen, Macdonalds nördliches Flügelheer abgeschnitten und die südlich stehenden Österreicher und Sachsen aus der Marschlinie gedrängt werden. — Unter solchen Umständen erlangten die Seitenabteilungen eine entscheidende Wichtigkeit, um so mehr, als sie nur wenig gelitten hatten und noch vollauf marsch- und gefechtsfähig waren. Macdonalds Heer zählte dreiundzwanzigtausend Mann und bestand fast ganz aus Deutschen, darunter fünfzehntausend Preußen, welche General York befehligte. Ungefähr von gleicher Stärke war Schwarzenbergs Streitmacht, die vierundzwanzig- bis fünfundzwanzigtausend Mann betrug. Ihm hatte Napoleon den französischen General Reynier unterstellt, der die Reste des VII. Korps befehligte. Es bestand aus etwa fünfzehntausend Streitern, durchweg Sachsen, die sich besonders beim Übergang über den Bug ausgezeichnet hatten; dazu kamen noch einige tausend

Auf dem Schimmel General Graf Reynier.

Die sächsischen Pioniere unter General Reynier am Bug am 1. Oktober 1812. Nach dem Gemälde von R. Trache.

Polen. Es handelte sich hier also noch um dreiundvierzigtausend schlagfertige Soldaten mit 127 Geschützen. Das Nord- und Südheer zusammen belief sich auf fünfundsechzigtausend Mann. Eilten diese schnell ostwärts und legten sich als festes Bollwerk vor die ziemlich langsam nachdrängenden Russen, so fanden die zersprengten Teile der Großen Armee Anschluß und Rückhalt.

Aber da zeigte sich die Schwäche der napoleonischen Bündnisse. Im Falle der Not versagten sie. Österreich wünschte nichts sehnlicher, als sich der drückenden, begehrlichen Übermacht Frankreichs zu entziehen und führte deshalb von vornherein einen möglichst unblutigen Scheinkrieg. Nachdem der Übergang über die Beresina bekannt geworden, erschien es als dringend wünschenswert, das österreichische Korps nicht in den allgemeinen Untergang hineingeraten zu lassen, zumal die heimischen Rüstungen gering waren. In dieser Auffassung begegnete sich Schwarzenberg mit Metternich, die Heerführung mit der Regierung. Deshalb fiel der Österreicher auf Pultusk zurück, östlich von Warschau, und eröffnete schon Anfang Januar Verhandlungen mit den Russen, die zunächst noch zu keiner vertragsmäßigen Waffenruhe führten, jedoch die tatsächliche weiter bestehen ließen, denn sie entsprach den Wünschen Kutusows ebenso wie denen Habsburgs. Anders der Zar: er wollte die bedrohliche Flankenstellung nicht dulden und setzte seine Heere am 9. Januar in Bewegung. Hierdurch konnte die militärische Lage bedrohlich werden, was man hüben und drüben nicht wünschte. Schwarzenberg erhielt den Auftrag aus Wien, neue Erörterungen wegen Einstellung der Feindseligkeiten zu eröffnen, welche in der Tat am 24. Januar zum Abschlusse gelangten. Die Wirkung zeigte sich alsbald, denn der Befehl Murats blieb unbefolgt: den Rückzug ostwärts auf Kalisch zu richten und unterwegs Stellungen einzunehmen, welche den Vormarsch der Russen verhindern. Ganz anders lautete die Weisung Metternichs: ihr zufolge sollte Schwarzenberg nach Süden auf Krakau abbiegen, dies aber in einer Weise tun, daß es keinen Anlaß zum Bruche mit Frankreich gäbe. Demgemäß wurde der Hergang so eingerichtet, als ob er vom Feinde erzwungen sei. Die Russen begannen scheinbar auf Front und Rücken Schwarzenbergs zu drücken. Dieser sammelte sein Heer um Warschau, räumte diese Stadt verabredetermaßen am 7. Februar und begab sich langsam südwärts unter dem Vorwande, Galizien decken zu müssen. Kameradschaftlich hatte er vorher noch dafür gesorgt, daß Reynier, der nicht in die Übereinkunft eingeschlossen war, rechtzeitig nach Kalisch entweichen konnte.

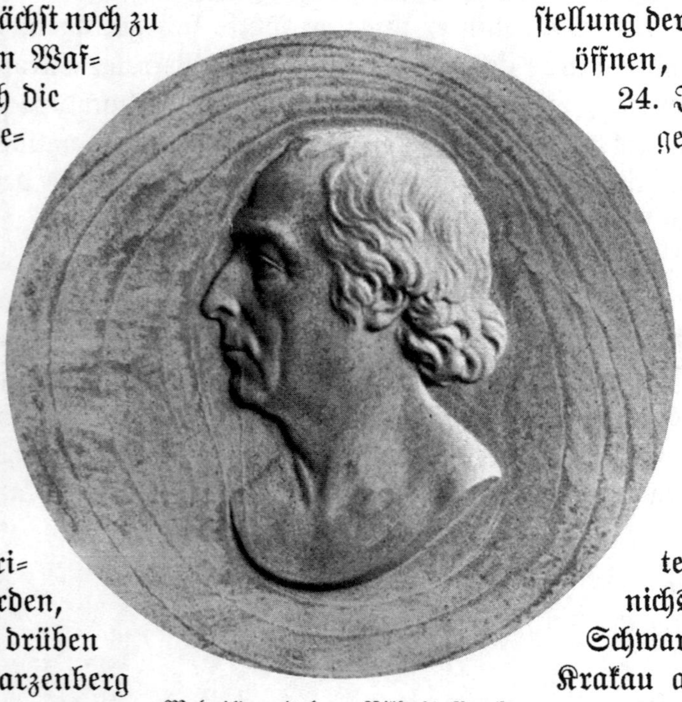

Medaille mit dem Bildnis Yorcks.
Von L. Posch.
(Kgl. Münzkabinett in Berlin.)

Von Österreich geschah also nichts, um das Unheil der französischen Armee aufzuhalten. Im Gegenteil, sein Benehmen diente nur dazu, auch die Polen zu lähmen. Diese befanden sich in gepreßter Lage. Längst hatten sie erkannt, daß von Napoleon nicht viel zu hoffen war, jetzt am wenigsten, wo seine Kraft zusammenbrach. Dennoch gingen die Wogen der Erregung namentlich in Warschau hoch, wo Poniatowski alles zusammenraffte, dessen er habhaft werden konnte, und es bis auf zwölftausend frisch ausgehobene und schlecht bewaffnete Leute brachte. Mit dem Abzuge der Österreicher und Sachsen wurde Poniatowskis Stellung unhaltbar; auch er mußte sich nach Osten begeben. Immerhin blieb die Gärung in Warschau so stark, daß die Russen längere Zeit

verstreichen ließen, bevor sie die Stadt besetzten. — Noch schlimmer als mit der südlichen Flügelarmee war es Napoleon schon vorher mit der nördlichen ergangen. Sie hatte heftige Zusammenstöße mit dem Feinde gehabt, bis Yorck nach dem siegreichen Gefecht bei Eckau die Belagerung von Riga unternahm. Da empfing er am 1. November russischerseits die Mitteilung, das französische Heer befinde sich in Auflösung, er möge zu den Siegern übertreten. Um sich Gewißheit zu verschaffen, sandte er den Leutnant v. Canitz nach Wilna. Dessen Bericht übertraf jede Erwartung: „Unabläßig zogen die Revenants ein: Gestalten, wie sie im wirren Traum die seltsamste Phantasie kaum aussinnen könnte, fuhren, ritten, gingen in fast ununterbrochener Reihe einher. Mehrere lagen hilflos in den Straßen, und mit stumpfsinniger Gleichgültigkeit gingen alle anderen an ihnen vorüber. Der Zug der Flüchtlinge dauerte unabläßig. Unter Hunderten hatte kaum einer ein Gewehr. Es war nur noch eine Schar mehr oder weniger hilfloser Geschöpfe, die nichts mehr zu einem Ganzen verband." — Natürlich konnten solche Mitteilungen nicht ohne Wirkung bleiben. Aber Yorck war vorsichtig, und so führte die Fortsetzung der Verhandlungen zunächst zu keinem festen Ergebnis. Am 16. Dezember erklärte er: „Wenn ich auch im Zweck völlig einverstanden bin, so bleiben mir über die Zeit und die Mittel zum Zweck noch manche andere Rücksichten." Viel zu spät, erst am 18. Dezember, erhielt der Oberfeldherr, erhielt Macdonald Befehl, die Belagerung von Riga aufzugeben und nach dem Niemen abzumarschieren. Da die russische Hauptmacht fast schon im Rücken des Marschalls, schon bei Wilna stand, so würde es leicht für sie gewesen sein, ihn abzufangen. Aber Kutusow tat wenig. Erst als Alexander eintraf, kam Leben in die Unternehmungen. Er sandte ein Heer gegen Macdonald, das ihm den Weg verlegte. Der Marschall hatte seine Truppen in zwei Teile zerlegt, deren Schluß Yorck mit den Preußen bildete. Trotz der Ungunst der Umstände gelang es der ersten Hälfte, an den Russen vorbeizukommen und am 25. Dezember die Gegend von Tauroggen zu erreichen. Drei Tage später traf Macdonald glücklich in Tilsit ein.

Preußische Dragoner erbeuten in dem Gefecht bei Eckau eine russische Fahne. Nach der Zeichnung von R. Knötel.

Währenddessen aber war Yorck in eine so schwierige Lage geraten, daß er sich nur vermittels eines Durchbruchs mit der blanken Waffe den Weitermarsch erzwingen konnte. Er unternahm ihn nicht, sondern ging auf die von den Russen geschickt weitergeführten Verhandlungen ein. Nach Besprechungen mit dem russischen General Diebitsch faßte er am 27. Dezember den festen Entschluß, sich von den Franzosen zu trennen. Dies wurde verwirklicht am 30. Dezember

in einer Mühle unfern Tauroggen, wo Yorck einräumte, sein Korps zurück in die Gegend zwischen Tilsit und Memel zu führen, sich neutral zu verhalten und den russischen Heeren die Benutzung der preußischen Straßen zu überlassen, bis weitere Befehle des Königs aus Berlin einträfen.

Man hat viel gestritten, ob die Tat Yorcks, welche rein militärisch geradezu Verrat war, von ihm allein ausgegangen ist. Als Tatsache muß gelten, daß der König im August 1812 seinen Adjutanten, den General Wrangel, an den damaligen Befehlshaber des preußischen Korps mit der mündlichen Weisung sandte, alles Blutvergießen möglichst zu vermeiden und sich im Falle eines Rückzugs von der französischen Armee zu trennen, um das Korps nach Graudenz zu führen, ohne Franzosen oder Russen in die Festung zu lassen. Das heißt: noch während der kriegerischen Bewegungen sich auf eigene Füße zu stellen und eine bewaffnete neutrale Haltung auf preußischem Boden einzunehmen. Yorck verhielt sich zunächst abweisend, ließ sich aber schließlich doch durch Wrangels Vorstellungen zu einer Unterredung mit dem russischen General v. Essen bewegen, bei der beide sich verständigt haben sollen. Essen ist es dann gewesen, der dem Preußen am 1. November die Mitteilung vom Rückzuge der Franzosen machte. Diese Angaben befinden sich in Wrangels Tagebuch. Es fragt sich, ob sie zuverlässig sind. Dagegen spricht der Umstand, daß Friedrich Wilhelm schon im August zur Zeit der napoleonischen Erfolge mit einem vollen Scheitern des Unternehmens gerechnet haben soll. Dafür läßt sich die Sendung Wrangels als solche anführen, welche bestimmte, außergewöhnliche Gründe gehabt haben muß. Das Tagebuch ist als glaubwürdig nachgewiesen, erscheint aber wie alle solche Aufzeichnungen etwas persönlich gefärbt. Läßt man sie gelten, so kann billigerweise kein Zweifel obwalten, daß Yorck zwar aus eigenem Entschlusse handelte, aber glaubend, es im Sinne des Königs zu tun. Daß die preußische Regierung eine Annäherung an Rußland wünschte, geht aus ihren Geheimverhandlungen mit Rußland und Österreich in der zweiten Hälfte 1812 hervor; daß sie militärische Beziehungen zum Feinde besaß, beweist ein Brief Hardenbergs an Yorck, worin es heißt, dieser müsse im Verkehr mit den Russen bei Ausführung der königlichen Befehle die größte Vorsicht walten lassen. In seiner Gewissensbedrängnis hatte der General einen Offizier nach Berlin gesandt, der gerade vor Abschluß der Konvention zurückkehrte. Ihm hatte der König auf die Bitte um Befehl, wie gehandelt werden solle, geantwortet: „Nach den Umständen.“ Man hat diese Äußerung ohne ersichtlichen Grund angezweifelt, so viel jedoch bleibt sicher, daß ein Mann von der konservativ-soldatischen Anschauungsweise Yorcks nie den Vertrag eingegangen wäre, wenn jener Offizier nicht eine derartige Weisung gebracht hätte. Selbst der Prinz Wilhelm, der spätere Kaiser, weiß, daß sein Vater, der König, am 2. Januar mit dem Ausdrucke der Befriedigung sagte: „Yorck hat mit seinem Korps kapituliert und ist dasselbe also in russischer Gefangenschaft.“ Die Dinge lagen bei der preußischen Heeresleitung ähnlich wie bei der österreichischen, nur daß Schwarzenberg es leichter und eine unabhängigere Regierung hinter sich hatte. Das wußte Yorck, er kannte die Sorge des Königs um seine Krone, verstand, wie er jede Verantwortlichkeit von sich fernhalten

Ein Taler von 1812 mit dem Bildnis Friedrich Wilhelms III.
Auf der Rückseite Segenswunsch für König und Kronprinz.
(Kgl. Münzkabinett in Berlin.)

Ein preußischer Zehner von 1812.
(Kupferprobe mit dem Bilde der Borussia.)
(Kgl. Münzkabinett in Berlin.)

wollte und mußte, und eben deshalb lud er auf sich die ganze Verantwortung. Er bewies höchsten Mannesmut, denn daran konnte kein Zweifel sein, daß man ihn nötigenfalls preisgeben würde. Für den preußischen Heerführer wäre das Sicherere gewesen, in dem bisherigen Verhältnisse zu bleiben. Er tat einen gefährlichen Schritt, bei dem alles vom Erfolge abhing.

Schon am 30. Dezember sandte er seinem Kriegsherrn den Vertrag und schrieb: „Ew. Majestät lege ich willig meinen Kopf zu Füßen, wenn ich gefehlt haben sollte; ich würde mit der freudigen Beruhigung sterben, wenigstens als treuer Untertan und wahrer Preuße gefehlt zu haben." Und als echt deutscher Mann wagte er zu sagen: „Euer Majestät Monarchie, obgleich beengter als im Jahre 1805, ist es jetzt vorbehalten, der Erlöser und Beschützer Ihrer und aller deutscher Völker zu werden. Jetzt oder nie ist der Moment: Freiheit, Unabhängigkeit, Größe wieder zu erlangen". Die erwachende Volksseele durchzittert diese Zeilen; sie hat der Zukunft die Richtung gegeben. Auch der Zar benachrichtigte den König am 6. Januar aus Wilna, daß er die Waffen nicht eher niederlegen werde, als bis Preußen in seiner alten Macht wiederhergestellt sei.

Die erste Verhandlung zwischen den Generalen Diebitsch und York am Abend des 25. Dezember 1812. Nach der Originalzeichnung von R. Knötel.

Die Übereinkunft von Tauroggen war von weittragenden Folgen. Sie verschob zunächst militärisch die ganze Sachlage. Macdonald behielt nur noch siebentausendfünfhundert Mann; viel zu wenig, um mit ihnen etwas ausrichten zu können. Ihm blieb nichts, als vor dem überlegenen Feinde schleunigst nach Königsberg und weiter nach Elbing zu weichen. Mit der Räumung Ostpreußens, dem Aufgeben aller Gebiete bis zur Weichsel verloren die Franzosen ihre Stützpunkte im Osten, und in den befreiten Gebieten begann die Flamme der nationalen Begeisterung emporzulodern, welche bald das ganze Land ergriff. Schon jetzt fühlten sich die Ostpreußen als Verbündete der Russen und begünstigten sie auf jede Weise, was diese kühner und unternehmender machte. — Murat, der französische Oberfeldherr, glaubte die Weichsellinie nicht

Fackelzug
Königsberg
Nach

länger halten zu können und fiel auf Posen zurück. Ein Teil der rasch zusammengerafften Truppen Macdonalds begann unter dem steten Nachdrängen der Russen aus den Fugen zu gehen, weshalb Murat ihn nach Danzig hineinwarf. Auch sonst verfügte er kaum noch über einen geschlossenen Heeresteil, während russische Streifkorps weithin über die Weichsel vorstießen. Hinzu kam, daß der furchtbare Winterfeldzug ihn seelisch und körperlich angegriffen hatte, daß er sich nicht im Vollbesitze seiner Kräfte und Entschlußfähigkeit fühlte, die gerade jetzt nötiger waren als je. So versäumte er, die an der Weichsel befindlichen Truppenteile rasch heranzuziehen und ein geschlossenes Ganzes zu bilden, mit dem er die aus Rußland Kommenden decken konnte. Nun bog Schwarzenberg gar von Pultusk nach Süden aus und entblößte dadurch die mittlere Weichsellinie. Im Norden verhielt Yorck sich untätig und ließ den Russen freie Hand. Und in Murats Rücken waltete der preußische General v. Bülow, der die Aufforderungen zur Hilfeleistung nicht befolgte, sondern sich zusehends verstärkte und nach Neustettin abrückte. Unter dem Druck all dieser Dinge verlor der König von Neapel die Haltung. Er sandte seine besten Leute in die Festungen, um sie dem Kaiser zu retten, legte selber den Oberbefehl nieder und

eilte am 17. Januar schleunigst von dannen. Seine Entmutigung war derartig tief, daß er sich erst nach der Schlacht bei Bautzen wieder beim Feldheere eingefunden hat. —

Die militärischen Vorgänge verwoben sich immer mehr mit politischen Erscheinungen. Ostpreußen erwies sich für die Franzosen als ungünstig, weil dort Haß und Erbitterung der Bevölkerung besonders lebhaft waren. Im Jahre 1807 hatte sie durch den hin und her wogenden Krieg, vier Jahre später durch Mißwachs und 1812 durch die endlosen Truppenzüge unsäglich gelitten. Man sah sich ausgesogen, geknechtet, verarmt. So wurden die vordringenden Russen und noch mehr die heimkehrenden Yorckschen Truppen mit Jubel als Befreier begrüßt.

-denten in
en Yorcks.
ginalzeichnung
Becker.

Aus Gumbinnen, dem ersten Sammelpunkt der Flüchtlinge, konnte der Regierungspräsident v. Schön an den Staatskanzler berichten: „Die Stimmung ist so, daß nur ein Funke nötig ist, um die Flamme zu haben, und die Franzosen fürchten, auf der Retirade erschlagen zu werden. Die Stimmung ist allen Ständen gemein.“ Gegen den Freiherrn vom Stein äußerte er etwas später, die französischen Nachzügler seien in einem solchen Zustande angekommen, daß einige hundert wohlberittene Husaren sie alle hätten gefangennehmen und zusammenhauen

können. Das Volk war dazu geneigt und nach den erduldeten Mißhandlungen auch wohl berechtigt. Hätte nur einer der Oberen die Trompete geblasen: Schlagt tot! schlagt tot! Stein meinte stirnrunzelnd: er glaube, er hätte blasen lassen.

Wären die Ostpreußen Spanier gewesen, so würden sie wohl losgeschlagen haben und der Verlauf der Dinge hätte sich von vornherein anders gestaltet. Aber die Ostpreußen lebten als ruhige Männer und getreue Staatsbürger in preußischer Beamtenzucht. Bei ihnen überwog der Landadel, der jeder selbstherrlichen Handlung abgeneigt war, welche die Krone nicht wünschte, oder sie gar in Ungelegenheit bringen konnte. Einer Volkserhebung stand er befremdet gegenüber, weil sie als Umsturz des Bestehenden erscheinen konnte. So blieb sie aus. Und dennoch hat Ostpreußen sich an die Spitze der neuen Bewegung gestellt. Ihr Brennpunkt wurde Königsberg, die Hauptstadt der Provinz, die Stätte, wo Kant den kategorischen Imperativ gelehrt hatte. Am 4. Januar durchhuschten ihre Gassen die Reste der Franzosen unter Macdonald und Ney. Noch hatten sie das Westtor nicht verlassen, als schon von Osten her die Kosaken einritten. Nun kam auch Wittgenstein, geleitet von einer froh gestimmten Menge. Die Häuser erstrahlten von Lichtern, im Theater war Festvorstellung, bei der der Russe in der Königsloge erschien. Als die Vorstellung zu Ende war, spannte man ihm die Pferde aus und zog den Wagen nach dem Schlosse. Am 8. Januar folgte ein großer Ball. Während desselben ritt unbemerkt General Yorck in die Stadt. Rasch verbreitete sich die Kunde von seiner Ankunft. Die Begeisterung erreichte ihren Gipfel. Am Abend des 9. brachten die Studenten ihm einen Fackelzug, wobei ihr Sprecher versicherte, daß die preußische Jugend bereit sei, für König und Vaterland zu sterben. Man hoffte, der König würde nach Königsberg kommen und vereint mit den Russen die Franzosen verjagen. Yorck übernahm die früher innegehabten Geschäfte des Generalgouverneurs der Provinz. -- Von Berlin verlautete nichts trotz steigender Ungeduld. Allein wagte man nicht zu handeln; der Landhofmeister weigerte sich, die Landstände ohne Befehl des Königs einzuberufen. Eine Abordnung wurde am 11. Januar an das Staatsoberhaupt geschickt, um es zu beschwören, „den Untergang des ruhmwürdigen preußischen Namens zu verhüten und in diesem entscheidenden Augenblick den Entschluß zu fassen, der allein imstande sei, das Vaterland zu retten“. Vergebens, die Abgesandten erhielten nicht den gehofften Bescheid. Yorcks Gedanken über Aufnahme und Erfolg seiner Tat verdüsterten sich immer mehr. Bitter schrieb er an Bülow: „Die Armee will den Krieg gegen Frankreich, das Volk will ihn, der König will ihn, aber der König hat keinen freien Willen. Aber erkämpfen, erwerben wollen wir unsere

Kaiser Alexander wird am 21. Januar 1813 in Lyck vom Superintendenten Gisevius empfangen.
Nach dem Stich der Brüder Henschel im Berliner Kupferstichkabinett.
Aus: Schulze, Die Franzosenzeit in deutschen Landen, Band II. R. Voigtländers Verlag in Leipzig.

Der Schloßhof zu Königsberg.

nationale Freiheit und Selbständigkeit." Den General v. Kleist sandte er an den Zaren, um mit den Russen gemeinsame Sache zu machen. Er wurde ehrenvoll empfangen; der Zar, der am 21. Januar in Lyck eingetroffen war, erklärte sich sogar bereit, gegen Yorcks Quittung eine halbe Million Rubel vorzustrecken zur Deckung der Bedürfnisse des preußischen Korps; Kutusow verständigte den General, sein Wunsch, an den russischen Unternehmungen teilzunehmen, sei mit großer Genugtuung aufgenommen. Am 21. Januar befahl der Preuße, sein Korps solle nach der Weichsel marschieren.

Da brachten die am 24. Januar ankommenden Berliner Zeitungen die Nachricht, daß die Konvention verworfen und der Flügeladjutant Major v. Natzmer unterwegs sei, Yorck den Absetzungsbefehl zu bringen, ihn zu verhaften und das Korps dem General Kleist zu überweisen. Man war tief betroffen, enttäuscht, entrüstet. Oberst v. Below, der mit einer Brigade bei Königsberg stand, begann unschlüssig zu werden, ob er Yorck noch weiter als Vorgesetzten betrachten dürfe. Unter solchen Umständen wollte der Hartgeprüfte den Oberbefehl an Kleist geben. Der edle Kleist aber verweigerte dessen Annahme, weil er ebenso strafbar als Yorck sei. Dieser litt furchtbar; er sah aus, nicht wie ein Held, der Europa befreien wollte, sondern wie ein Missetäter, der sein Urteil erwartet. Alles war verfahren, die Russen begannen sich Übergriffe zu erlauben, und die Franzosen räumten nicht Pillau.

In dieser Not erschien der Helfer: der Freiherr vom Stein. Er hatte nach seiner Verbannung die beste Aufnahme in Petersburg gefunden und durch die Wucht seiner Persönlichkeit Einfluß bei Hofe erlangt. Während der Erfolge Napoleons stärkte er die Widerstandskraft des Zaren, und im Siege rief er ihm zu, an der Spitze der Mächte die erhabene Rolle eines Wohl-

täters der Welt zu übernehmen. Es waren Worte, die nicht ohne Wirkung blieben. Als sich der Zar am 18. Dezember zur Armee begab, schrieb ihm Stein, er möge Ost- und Westpreußen besetzen und sie bis zum Anschlusse des Königs verwalten lassen. Selber bot er sich an für diese Tätigkeit. Um den Ereignissen näher zu sein, verließ er Petersburg mit seinem getreuen Berater Arndt und begab sich ins russische Hauptquartier. Hier erwirkte er in der Tat einen Erlaß zur Generalverwaltung, worin es hieß: Ost- und Westpreußen seien von den russischen Heeren besetzt und deshalb vom Mittelpunkt ihrer Regierungen getrennt. Da die Verhältnisse zum Könige von Preußen noch unentschieden geblieben, so habe der Zar für schlechterdings notwendig erachtet, vorläufige Maßregeln zu treffen, um die Provinzialbehörden zu leiten und die Hilfsquellen des Landes zugunsten der guten Sache nutzbar zu machen. Aus diesem Gedanken heraus wurde Stein fast unbeschränkte Vollmacht verliehen und bereits im voraus alles genehmigt, was er tun werde. Sein Amt sollte in dem Augenblicke der gültigen Vereinbarung mit dem Könige von Preußen beendet sein. — Wie man sieht, handelte es sich hier um einen äußerst kühnen Willensakt, ganz im Geiste Steins. Der König wurde in seiner Herrscherbefugnis für die Provinzen ausgeschaltet, sie wurde dem deutschen Reichsfreiherrn übertragen und zugleich ein starker Druck auf den schwankenden Friedrich Wilhelm ausgeübt, um ein Bündnis mit Rußland zustande zu bringen. — Am 22. Januar rollte der Wagen mit Stein und Arndt in Königsberg ein. Es war dasselbe Königsberg, das er 1808 als verabschiedeter preußischer Minister verlassen hatte, geächtet von Napoleon: und doch war es auch wieder ein ganz anderes Königsberg: aus der entlegenen Provinzialhauptstadt schien es zum Mittelpunkte der Dinge geworden zu sein, die Europa bewegten. Da Stein von früher her noch manche Beziehungen besaß und das größte Vertrauen genoß, da er als Deutscher kam, wenngleich in russischem Auftrage, und eine feste, rettende Hand dringend notwendig erschien, so wurde er freundlich empfangen. Arndt sagt: „In diesem Leben und Weben der Dinge und Menschen war Stein der Morgenstern der Hoffnung, wohin alle blickten; um ihn rissen sich Freunde und Feinde.“

Zunächst fühlte York sich gestärkt. Sein Adjutant kam von Potsdam zurück ohne näheren Bescheid, nur mit der Anzeige, daß sich der König nach Breslau begeben würde, was er York und nicht Kleist berichten solle. Hieraus folgerte jener, daß der König nur aus politischen Gründen gegen ihn vorgegangen sei und in Wirklichkeit sein Verhalten billige. Ohne lange zu zaudern, veröffentlichte er am 27. Januar eine Bekanntmachung, er werde den Oberbefehl über das Korps und alle ihm sonst zustehenden Befugnisse auch fernerhin ausüben. Bisher sei ihm keine Absetzungsorder zugegangen und es sei in Preußen nicht Sitte, einem General die Befehle des Königs durch die Zeitungen zu übermitteln. Das war die zweite Mannestat Yorcks. Sie

wurde von der öffentlichen Meinung getragen und machte der verzehrenden Unsicherheit ein Ende. Freilich, die Tatsache ließ sich nicht wegbringen, daß beide leitenden Männer, Yorck und Stein, keinen sicheren, staatlichen Untergrund besaßen. Was Wunder deshalb, daß sie auf Widerstand stießen, zumal seitens des höheren Beamtentums, welches den Staat in der Person des Königs verkörpert sah. Dies sollte besonders Stein erfahren, als er mit der ihm eigenen wuchtigen Willenskraft seine Vollmacht ins Werk zu setzen begann. Es erfolgten heftige Zerwürfnisse mit den leitenden Männern, selbst Yorck hielt sich zurück. Der Widerstand wuchs, je ungestümer der kühne Reichsfreiherr vorwärts drängte, ohne Rücksicht auf den König. Wie zur Zeit seines Ministeriums wollte Stein den Gemeingeist heben und den Staatsbürger für die Bedürfnisse des Staates nutzbar machen, die in diesem Augenblicke größer und wichtiger waren als je. Dagegen sollte alles andere zurückstehen. Mit den altpreußischen Regierungspräsidenten von Litauen und Westpreußen, Schön und Wißmann, ließ sich nicht viel machen. Anders der greise Auerswald von Ostpreußen. Er ließ sich bestimmen, wenngleich widerstrebend, die Generalstände der Provinz zu berufen, freilich nur in der schüchternen Form einer „Versammlung der Abgeordneten der Stände", um die Eröffnungen des russischen Bevollmächtigten anzuhören. Wegen des Vorsitzes kam es zu heftigen Erörterungen, der Landhofmeister Auerswald war krank geworden, Schön und Yorck lehnten das Amt ab. Vielleicht würde alles gescheitert sein, wenn nicht ein Schreiben Hardenbergs eingetroffen wäre, welches die Verlegung des Hofes nach Breslau und den Abschluß eines Bündnisses mit Rußland als bevorstehend anzeigte.

Landwehr-Infanterie. 1813.
Nach Knötel, Uniformenkunde (Babenzien, Rathenow).

Unter den freudigen Eindrücken dieser Nachricht begannen die fünfundfünfzig Abgeordneten zu tagen. Der Vorsitzende, ein Geheimer Justizrat, verlas die Kundgebung Steins, worin als Zweck der Versammlung bezeichnet war, „die Auswahl der Mittel zur allgemeinen Verteidigung des Vaterlandes" zu beraten. Um diesem Erfordernis den nötigen Rückhalt zu geben, wurde Yorck als Generalgouverneur von Ostpreußen einstimmig zum Leiter der Verhandlungen gewählt. Yorck nahm die Wahl an und wurde stürmisch beim Betreten des Sitzungssaales begrüßt. Er hielt eine markige Rede, daß er als treuester Untertan des Königs unter den Abgeordneten erscheine, um ihre Treue und Anhänglichkeit an König und Vaterland

Elite Kavalleristen
vom Ostpreußischen National-Kavallerieregiment.
1813.
Nach Knötel, Uniformenkunde (Babenzien, Rathenow).

Ansprache des Generals Yorck an die o[…]
Nach dem Gemälde von Otto Brau[…]

Mit Genehmigung der Photographischen Gesellschaft, Berlin

preußischen Stände am 6. Februar 1813.

vetter im Landeshause zu Königsberg.

in Anspruch zu nehmen. Da die Verbindung mit dem Staatsoberhaupte gehemmt sei, so vermöge er nur den Umständen entsprechend kraft der ihm verliehenen Befugnisse zu handeln. Er schloß: „Ich hoffe, die Franzosen zu schlagen, wo ich sie finde; ich rechne dabei auf die tatkräftige Teilnahme aller. Ist die Übermacht zu groß, so werden wir ruhmvoll zu sterben wissen.“ Das waren mannhafte, entschlossene Worte, die Widerhall fanden in brausendem Jubel. Ein Ausschuß wurde gebildet, um die Vorschläge des Generals zu empfangen. Die Not der Zeit gebot, daß sie weit gingen. Er verlangte dreizehntausend Rekruten, ein Bataillon Freiwilliger als Vorstufe für Offiziere und zwanzigtausend Mann Landwehr, für deren Einrichtung er einen fertigen Entwurf vorlegte. Der Ständeausschuß und die Ständeversammlung nahmen die Forderungen am 7. Februar an, welche noch nachträglich durch Gestellung eines Reiterregiments vermehrt wurden.

Litewka, Pallasch und Lederzeug eines ostpreußischen freiwilligen National-Kavalleristen. 1813.

Der Einklang der Seelen und das eiserne Bedürfnis haben bewirkt, daß man fast gleichzeitig in Königsberg und Breslau alle wehrfähigen Männer für die Befreiung des Vaterlandes zu den Waffen rief.

Mit der Annahme der Forderungen war die Aufgabe des Ständetages vorläufig gelöst und zugleich Steins Absicht erfüllt. Er konnte den Weiterverlauf der Dinge getrost den bewährten Männern überlassen, die als Ausschuß, als Generalkommission für die Durchführung der Beschlüsse gewählt wurden, um sich selber wieder ins Hauptquartier des Zaren zu begeben, wo neue, wichtige Aufgaben seiner harrten. Am 8. Februar verließ er Königsberg. Er konnte seinem Auftraggeber den bedeutenden Erfolg berichten und das gegebene Beispiel Ostpreußens als wichtigstes Ergebnis für die Zukunft hinstellen. „Preisen wir den Himmel, daß wir zu der kleinen Zahl derjenigen gehören, die sich nicht vor dem abscheulichen Tyrannen gebeugt haben.“

Die verarmte Provinz hat sich in ihrer Vaterlandsliebe selber übertroffen. Außer den bereits ausgehobenen dreißigtausend Mann stellte sie zwanzigtausend Mann Landwehr, ein vortreffliches Kavallerieregiment, siebenhundert Freiwillige für Offiziersdienst und bezahlte alles mit mehr als einer Million Taler.

Niemand litt stärker durch die Maßnahmen zum Segen des Vaterlandes als Friedrich Wilhelm. Eifersüchtig auf seine Herrscherrechte, sah er in dem Vorgehen eine Art Revolution. Zu einer Zeit, wo er noch Verbündeter Frankreichs war, trat der Landtag eigenmächtig zusammen,

Preußische Landwehr auf dem Marsche. Nach dem Gemälde von Fritz Neumann.

erhob den abgesetzt erklärten Yorck zum Vorsitzenden, schob die Staatsbeamtenschaft beiseite und ordnete Heeresbewaffnungen an, kurz, sprengte das Wesen des unumschränkt, von oben herab regierten Staates.

Aber die Ereignisse waren stärker als die Verstimmung des Königs. Nach einiger Zeit genehmigte er die Opferwilligkeit Ostpreußens und das Verhalten der Generalkommission. Freilich innerlich hat er weder Yorck noch Stein jemals verziehen. —

Die Tat in Tauroggen und die Vorgänge in Königsberg sind die treibenden Ereignisse gewesen, welche notwendig zum Bündnisse mit Rußland, zum Befreiungskriege drängten.

Dem Beispiele Ostpreußens ist der gesamte Staat Friedrichs des Großen in erhebender Weise gefolgt. Um diese Leistung richtig würdigen zu können, müssen wir weiter zurückgreifen. Der Absolutismus des achtzehnten Jahrhunderts und die Verschnörkelung des Daseins in Staat und Gesellschaft bewirkten naturgemäß eine Gegenströmung, welche eine idealistische Färbung annahm; die Menschheit erträgt eben dauernd keine Unnatur. Wie fast alle Geistesbewegungen gelangte sie zuerst in Frankreich, und dort in der Literatur zum Ausdruck. Sie erreichte ihre Höhe in den Schöpfungen Voltaires, Rousseaus und Diderots, und gipfelte sich in der Forderung der Menschenrechte. Das Rokoko führte zu den Ideallandschaften Lebruns, das steife Standeszeremoniell zu den Schäferspielen auf der Wiese. In das politische Tagesleben trat diese Idealrichtung mit der Revolution, die anfangs durch sie beherrscht wurde. Eine entsprechende Erscheinung zeitigte Deutschland, wo sich eine noch bedeutendere Wandlung aus Enge und Gebundenheit zum freien Fluge des schöpferischen Genius vollzog, der seine praktische Betätigung in der Reformbewegung und den Freiheitskriegen Preußens erlangte. Die Idealbewegung Frankreichs ging unter in der Schreckenszeit und der napoleonischen Gewaltherrschaft, die Deutschlands wurde erdrückt durch die Reaktion.

Deutschlands politische Verhältnisse im letzten Drittel des achtzehnten Jahrhunderts waren die denkbar kläglichsten, waren schlechterdings eines großen Volkes unwürdig. Das Reich bestand aus mehr als hundert Kleinstaaten, teils von winzigstem Umfange. Die Fürsten waren durchweg absolute Gebieter. Das Gefühl einer gesunden Zusammengehörigkeit zwischen Herrscherhaus und Volk war teilweise so abgestumpft, daß der Erbe des größten Mittelstaates, der Bayerns, dieses Land zugunsten Österreichs mit Belgien vertauschen wollte. Nur in Österreich und Preußen gab es noch eine gewisse politische Gesinnung, doch lebten beide in stetem Gegensatze. Führend war Österreich, sein Einfluß beherrschte Süd- und Mitteldeutschland. Preußen hatte sich unter den Nachfolgern Friedrichs II. nicht auf der künstlichen Höhe zu behaupten gewußt, auf die es der große König gehoben hatte. Seine Versuche, sich Norddeutschland möglichst anzugliedern, hatten nur geringen, jedenfalls einen hin und her schwankenden Erfolg. In Hannover entschied Englands Stimme.

Da nun das Land ackerbauend und das Städtewesen erst wenig oder noch gar nicht durch bedeutendere Gewerbtätigkeit ausgebildet war, da man sich auf praktisch-politischem und wirtschaftlichem Gebiete nicht betätigen konnte, so wandte sich der Geist den Idealen zu. Die breite Volksmasse dämmerte im Schweiße ihres Angesichts, in Kleinlichkeit und Dürftigkeit dahin, während die Gebildeten sich in eine höhere, übersinnliche Welt verstiegen, im rein Menschlichen unter den Göttern Griechenlands zu leben suchten und ein Dasein erstrebten, in dem „alles Körperliche nur Hülle und Werkzeug“ sein sollte. So konnte Lessing die Vaterlandsliebe als heroische Schwäche bezeichnen; Novalis meinte: „Deutschland ist Kosmopolitismus mit kräftigster Individualität“, und Fichte erklärte als Eigenschaft der Deutschen ihre Existenz ohne Staat und über dem Staate. Solch verwaschenes Weltbürgertum erzeugte eine tiefe Gleichgültigkeit, ja Abneigung und Verachtung gegen Politik. Ihm erschien Deutschland nicht mehr als Vaterland, sondern nur als geographischer Begriff, ja kaum als das, weil man seine Grenzen nicht kannte, und nicht wußte, ob Ost- und Westpreußen sowie Schleswig zu Deutschland gehörten. Unter solchen Umständen besaß man kein Gefühl der Zusammengehörigkeit, keinen Sinn für das Ganze, sondern ging auf in Pfahlbürgertum und Partikularismus, wobei gemeint wurde, Gebietsverluste mit Gleichmut ertragen zu können. — Das Reich versagte vollkommen. Man suchte und glaubte einen Ausgleich in gesteigerter geistiger Kulturentwicklung zu finden. An Stelle des

Der Marktplatz in Weimar. Nach der Zeichnung von L. Bartning.

Staates entstand eine feinsinnige Geselligkeit, von einem Reichtume der Gedanken und Empfindungen, einer Anmut und harmonischen Ausgestaltung des Lebens, wie sie nur die Menschheit auf ihrer Höhe in Griechenland, im frühkaiserlichen Rom und in der Renaissance gesehen hatte. Und diese Gesellschaft mit ihrer gesteigerten Geselligkeit wurde zu einer gewaltigen Kraft. Dasselbe Jahrzehnt, welches das deutsche Reich zu Grabe geleitete, sah die Blüte des deutschen Geisteslebens. Für die Dichtkunst wurde Weimar Mittelpunkt, für Musik Wien, für deutsche Malerei Rom, für Plastik, Baukunst und Wissenschaft Berlin. Und alle Stämme des deutschen Volkes beteiligten sich an dem Aufschwung: die dichterischen Hauptvertreter der klassischen Richtung waren Süd- und Mitteldeutsche, wogegen die Maler, Bildhauer und Baumeister durchweg

Nach einem Kohledruck von Braun & Cie. Nachf., Dornach i. Els.

dem Norden angehörten. Was im Staatswesen nicht möglich war, das verwirklichte das Geistesleben: einen Zusammenklang der Gesamtheit. Wie sich einst die erlauchten Geister der Renaissance an den kleinen Fürstenhöfen niederließen, so entstand jetzt in Weimar ein modernes Florenz, denn dort in der Hauptstadt Herzog Karl Augusts lebten und wirkten Wieland, Herder, Goethe und Schiller, und fast alle, die auf dichterische Bedeutung Anspruch erhoben, weilten dort gelegentlich zu Gast. Selbst Napoleon stattete seinen Besuch ab.

Wohl nie, außer zur Griechenzeit und während der Hochrenaissance, hatten sich so viele führende Geister gleichzeitig auf engem Raume zusammengefunden. Die Gesamtheit der Erscheinungen des deutschen Geisteslebens übertraf weit jene der übrigen Länder und barg eine Kraft und Mannigfaltigkeit, die von gewaltiger Wirkung werden mußte, wenn sie aus der

Theorie in das Dasein, in das Leben des Tages trat. Und diese Wandlung erfolgte, geschah durch die Not, den lastenden Druck der Fremdherrschaft. Er zwang zur Erkenntnis, daß Geistesadel und Selbstbetätigung nur möglich sind in einem freien, eigenen Staatswesen. Das Weltbürgertum hatte sich als Quelle des nationalen Unglücks erwiesen. An seiner Statt erhob sich nun die Liebe zum Vaterlande, geadelt durch das Ideal, welches eine Hingabe, eine Willensstärke, einen Mut, eine Zuversicht erzeugte, der nichts zu widerstehen vermochte, nichts, selbst nicht die Zwingmacht Napoleons.

Das erste Jahrzehnt des neunzehnten Jahrhunderts war für Deutschland eine reichbewegte Zeit. Während das Geistesleben alles überstrahlte, verfiel oder lebte man politisch in tiefster Erniedrigung. Süd- und Mitteldeutschland dämmerten dahin im Schatten Österreichs, im Norden machte Preußen kraftlose Versuche einer Vorherrschaft, bis alles unterbrochen wurde durch das Branden der französischen Revolution und die Siege Napoleons. Seit 1805, seit der Schlacht bei Austerlitz, trat der Rheinbund an die Stelle des Reichsverbandes, und mit ihm die Einwirkung Frankreichs. Die deutschen Klein- und Mittelstaaten wurden durch die Rheinbundsakte und mehr noch durch Napoleons Machtgebote zu französischen Vasallen. Dem Eindringling gehörten ihre militärischen Kräfte; ihm schuldeten sie weitgehenden Gehorsam, behielten daheim aber bedeutende Herrschergewalt. Unter französischem Drucke trafen sie Einrichtungen nach französischem Vorbilde, welche heilsam wirkten, weil sie die veralteten Zustände beseitigten. In Bayern sorgte hierfür der Baron Montgelas. Er ließ die Gleichheit aller Untertanen vor dem Gesetze aussprechen, einen genauen Steuerkataster anbahnen, das Land in Verwaltungskreise teilen, das Gerichtswesen verbessern, die christlichen Bekenntnisse gleichstellen, die meisten Klöster aufheben, die Zunftrechte beschränken, ein einheitliches Maß und Geld schaffen und das Geistesleben befördern. In Württemberg herrschte König Friedrich im Sinne der modernen Richtung. Den eigentlichen Musterstaat bildete das neugeschaffene Königreich Westfalen, das ganz nach französischem Zuschnitte eingerichtet wurde. Es erhielt das französische Gesetzbuch, Departementaleinrichtung und Mairien, französische Münze und sogar französische Sprache für öffentliche Erlasse. Wie man sieht, bestanden alle diese Staaten geradezu in der Anlehnung an Napoleon, wodurch das an sich schon schwache deutsche Nationalgefühl völlig erdrückt wurde. Der Zauber des Kaiserreichs blendete ihre Augen, wenngleich allgemach die Erkenntnis nahte, daß man bloß ein Geschöpf der korsischen Gewaltherrschaft sei, die alles für ihre Zwecke ausbeutete. In München waren es namentlich nichtbayerische Gelehrte, welche vaterländisch-deutsches Empfinden verbreiteten, wofür sie freilich zunächst glühenden altbayerischen Haß ernteten. Aber dennoch erwachte mehr und mehr die Sehnsucht nach Freiheit und Selbständigkeit. Schon im Jahre 1806 begann ein Umschwung der Stimmung. Die Lasten für fremde Bedürfnisse wurden unerträglich und erzeugten allgemeine Unzufriedenheit. Die bedeutendsten Erwerbsquellen versiegten, man begann vielfach geradezu Not zu leiden. Rings blickten die Patrioten auf den Kronprinzen Ludwig, der aus seiner deutschnationalen Gesinnung kein Hehl machte. Freilich, in die Öffentlichkeit wagte sich noch wenig, denn hier hielt die Zensur die Regungen nieder. Doch auch Montgelas besaß keine weitere Liebe zu Frankreich, als es der Vorteil Bayerns mit sich brachte. Sein Hauptbestreben galt der Unabhängigkeit der Krone, und dieser stellte sich Napoleons allmächtiger Wille immer deutlicher in den Weg. Durch den russischen Feldzug begann dann das Vertrauen zur Stärke Frankreichs bedenklich zu wanken, die innere Freundschaft kühlte ab. Während des ganzen Krieges und seiner Vorbereitungszeit ist nur ein einziges direktes Schreiben an Napoleon gegangen. Anfang Januar 1813 soll die Königin geäußert haben, die vielen Tausende seien nicht dem Interesse des Staates geopfert, sondern lediglich dem Ehrgeiz und dem Belieben eines einzigen. Aber man war zu schwach und zu abhängig, um sich selber helfen zu können. Rettung konnte nur von außen

Die Gründung des Rheinbundes am 25. Juli 1806. Nach dem Stich von Le Beau.

Obere Reihe: 1. Napoleon I. 2. Friedrich I., König von Württemberg. 3. Kurerzkanzler von Dalberg. 4. Karl Friedrich, Kurfürst von Baden. 5. Joachim, Herzog von Cleve und Berg. 6. Ludwig, Landgraf von Hessen. 7. Karl Wilhelm, Fürst von Nassau-Usingen. 8. Friedrich Wilhelm, Fürst von Nassau-Weilburg. 9. Maximilian I. Joseph, König von Bayern. 10. Prosper Ludwig, Herzog von Arenberg. 11. Der Graf von und zu der Leyen. 12. Der Fürst von Isenburg-Birstein. 13. Der Fürst von Salm-Salm. 14. Der Fürst von Salm-Kyrburg. 15. Der Fürst von Hohenzollern-Hechingen. 16. Der Fürst von Hohenzollern-Sigmaringen.

Untere Reihe: 1. Herr v. Talleyrand-Périgord, französischer Minister des Auswärtigen. 2. Reichsgraf v. Wintzingerode, württembergischer Staatsminister. 3. Graf v. Beust, bevollmächtigter Staatsminister. 4. Baron v. Reitzenstein, badischer Staatsrat. 5. Baron v. Schell. 6. Herr v. Papenheim, bevollmächtigter hessischer Minister. 7. Freiherr v. Gagern, Gesandter der nassauischen Fürstentümer. 8. Herr v. Cetto, bevollmächtigter bayerischer Minister. 9. Herr Durand de Saint-André. 10. Herr Greuhm, bevollmächtigter Minister des Fürsten von Isenburg-Birstein. 11. Major v. Fischler, Bevollmächtigter der Fürsten von Salm und Hohenzollern.

kommen durch Erwachen eines wirklich starken nationalen Geistes. Und das ist geschehen in Norddeutschland. — Der Nordwesten litt furchtbar. Die angestammten Fürstenhäuser sahen sich durch französische Emporkömmlinge verdrängt, oder ihre Gebiete waren untergegangen in der Unersättlichkeit des französischen Kaiserreichs. Die Menschen seufzten unter den schweren Militärlasten, dem Steuerdruck, der Lähmung ruhiger Gewerbetätigkeit, dem Versiegen von Handel und Verkehr. Das heimische Denken und Empfinden wurde argwöhnisch belauert und verhöhnt, die heimische Sprache beeinträchtigt, die heimischen Einrichtungen durch fremde ersetzt. Mit dem Instinkt eines Rassenmenschen haßte der Zwingherr jede Regung des Deutschtums.

Der einzige noch selbständige Staat war Preußen. Freilich durch den Frieden von Tilsit war es an den Rand des Unterganges gebracht. Es wurde mißhandelt wie kein zweites Land, gleichsam als ob Napoleon geahnt hätte, das gedemütigte Reich Friedrichs des Großen sei immer noch gefährlich. Oft genug hat der Korse bedauert, Preußen nicht ganz vernichtet zu haben. Immerhin schien auch so des Bösen genug getan, es unrettbarem Siechtume anheimgegeben zu sein. Preußen war auf die Hälfte seines Bestandes gebracht, zu einem schmalleibigen, grenzenreichen Gebiet mit 4½ Millionen Einwohnern verkleinert, durch den langen Krieg im eigenen Lande zerrüttet, durch unerschwingliche Kriegslasten und Auflagen zu Boden gedrückt, ohne Geld, ohne

Waffen, der Mehrzahl seiner Festungen verlustig, im Innern durch französische Besatzungen und Beamte, im Rücken durch das Herzogtum Warschau bedroht und an der Verwertung des Meeres durch die Kontinentalsperre verhindert. Dabei besaß Napoleon ein unerschöpfliches Druckmittel: die dem Staate auferlegte Schuldenlast, die er willkürlich, ja raubartig steigerte und erschwerte. Unter solchen Umständen soll der Viehbestand auf ein Zwölftel gesunken sein. Überall Verarmung und Verzweiflung.

Aber gerade die Tiefe des Falls und das Übermaß des Unglücks läuterten die Menschen, zertrümmerten die hemmenden und trennenden Schranken, lenkten den Blick auf höhere Ziele und erzeugten einen leidenschaftlichen Drang, den unbeugsamen Willen zur Besserung. Nun erkannte man, daß das Glück des einzelnen auf dem der Gesamtheit, auf der Wohlfahrt des Staates beruhe, daß man ein gemeinsames Vaterland besitze, eine bestimmte einheitliche Eigenart bilde, daß man eine Nation sei. Äußerlich blieb die überlieferte Regierungsweise bestehen, ihr Wesen veränderte sich aber von Grund auf: der Geist der Zeit, die Gedanken der französischen Revolution gelangten zur Herrschaft. Der König Friedrich Wilhelm fühlte sich durch das über ihn hereingebrochene Verhängnis in seinem Herrschergefühle erschüttert und unsicher gemacht. Er erkannte die Unrichtigkeit des bisherigen Weges, wußte aber keinen besseren und überließ es deshalb anderen, ihn zu finden. Dabei hat er in redlicher Arbeit gesucht und verstanden, die richtigen Leute an die richtige Stelle zu bringen und sie gewähren lassen, selbst wenn er ihre Maßnahmen innerlich nicht billigte, oder sie ihm gar zuwider waren. Was in vielen Hinsichten als großes Unglück erschien, gereichte in anderer Beziehung Preußen zum Heil. Der Besitz der polnischen Landschaften im Osten hatte es zu einem halb polnischen Staate gemacht, während die weit verstreuten Stücke im Westen sich vielfach anders geartet erwiesen als das kurmärkische Hauptland. Nun waren diese ungleichen Teile in Fortfall gekommen und nur ein zusammenhängendes Gebiet übriggeblieben von einheitlich wirtschaftlichem und deutschem Gepräge. Hiermit aber wurde es die naturgemäß letzte Hoffnung der deutschvaterländischen Kreise, weil Österreich vielsprachig und der Rheinbund abhängig waren. So schwach der Staat sein mochte, unwiderstehlich zog er die Männer der Tat zu sich hinüber. Und da der altpreu-

Photographieverlag von Gustav Schauer, Berlin.

Preußen zur Zeit des Notstands. Allegorisches Gemälde von A. v. Menzel.

ßische Geist den notwendigen Veränderungen vielfach widerstrebte, so fielen diese Nichtpreußen zu, die freilich von tüchtigen Söhnen des Landes unterstützt wurden. Fast alle Hauptreformer sind Fremde gewesen: Stein war Nassauer, Hardenberg Hannoveraner und ebenso Scharnhorst, Blücher Mecklenburger, Arndt schwedischer Pommer, Niebuhr holsteinischer Däne und Gneisenau in Sachsen geboren. Wie fest die Hoffnung wurzelte, beweist die Äußerung des Brandenburgers Jahn schon im April 1807: „Es wird ein anderes Zeitalter für Deutschland kommen, und eine echte Deutschheit wird wieder aufleben. Da werden wir schöne Träume verwirklicht finden und uns nicht mehr darüber verwundern, weil wir endlich aus jahrelangem Todesschlummer erwachten."

Zunächst lenkte der Freiherr vom Stein die Blicke auf sich. Von ihm hatte die Königin Luise 1807 gesagt: „Das ist noch mein letzter Trost. Großen Herzens, umfassenden Geistes,

Aus der Franzosenzeit. Nach dem Gemälde von P. F. Messerschmitt.

weiß er vielleicht Auswege, die uns noch verborgen liegen." Im Oktober 1807 übertrug ihm der König die oberste Leitung aller Zivilangelegenheiten. Stein war eine sittlich ernste und tiefe, fast altfränkische Natur, ein Mann von urwüchsiger Kraft, klarem Blicke, zähem, eisernem Willen, von weitem, staatsmännischem Verständnisse und streng sachlicher Denkweise, dabei leidenschaftlich und wuchtig, herrisch und trotzig, schöpferisch und praktisch. Er besaß also gerade die Eigenschaften, deren die Not der Zeit bedurfte, so daß er naturgemäß zum Vorkämpfer wurde, um den die Vaterlandsfreunde sich scharten. Sein Ziel war: die Wiedergeburt des preußischen Staates; deshalb Beseitigung des Abgestorbenen zugunsten des Lebensfähigen und Gesunden. Möglichst auf Grund des geschichtlich Gewordenen neuerte er kühn an Haupt und Gliedern. An die Stelle der bisherigen Kabinettsregierung setzte er verantwortliche Ministerien, trennte die Verwaltung von der Justiz, beseitigte die erdrückende Herrschaft der Bureaukratie, erstrebte eine

Preußens Verwaltung 1807 und 1808. Nach dem Erzrelief von Hugo Hagen am Denkmal des Freiherrn vom Stein in Berlin.

Vertretung der adligen Ritterschaft, der Städte und bäuerlichen Landgemeinden, hob die Erbuntertänigkeit der Bauern auf, bei freiem Güterverkehr und freier Wahl des Gewerbes, überwies dem Bürger die Betätigung an Stadtverwaltung und Gemeinwohl, entfernte die Zunftschranken und leitete die Gewerbefreiheit ein, womit die Abhängigkeit der Landbevölkerung von den Städten aufzuhören begann. Überall erweckte er Gemeinsinn und bürgerliche Selbständigkeit, Vaterlandsliebe und nationales Ehrgefühl. Vieles, was Stein erstrebt hat, vermochte er nicht zu vollenden, denn ihm war nur etwas über ein Jahr beschieden. Und doch ist diese kurze Spanne Zeit für Preußens und Deutschlands Zukunft bestimmend geworden. Napoleon witterte die Gefahr des großen Staatserneuerers, um so mehr als er Anschluß an Österreich erstrebte. Haßerfüllt erzwang er die Entlassung Steins, den der König mehr fürchtete als liebte. Durch den Einfluß der Königin erhielt er 1810 in Hardenberg als Staatskanzler einen würdigen Nachfolger. Dieser war konservativer und bureaukratischer veranlagt. Er wünschte „demokratische Grundsätze in einer monarchischen Regierung". Deshalb wollte er Befreiung des Bürgers in täglicher Beschäftigung und in Verwaltung seines Gemeinwesens, schaffte auf dem Lande die Pächterlasten ab und machte die bisherigen Pächter zu freien, freilich wirtschaftlich schwachen Grundeigentümern, betonte aber die Macht der Krone und die Leitung von oben herab. So schuf er eigentlich ein Nebeneinander von Regierung und Regierten, nicht ein Miteinander, wie Stein erstrebt hatte. War dieser mehr Deutscher, mehr Charakter und Genie, so Hardenberg mehr Talent und Arbeitskraft, mehr Vorkämpfer für die schroff preußischen Bedürfnisse.

Vertrat Hardenberg in erster Linie den Staatsgedanken, so erwies sich der Staatsrat Wilhelm v. Humboldt als Verfechter der Individualität. Hochfliegenden Sinnes hatte er jeden Eingriff der Regierung in die geistige Entwickelung des einzelnen abgelehnt; nun erhielt er die Leitung der Abteilung für Kultus und Unterricht. Er vermochte sie zu übernehmen, weil der Staat ein anderer, innerlich reicher und bedürfnisvoller zu werden begann und das Einzelwesen erst im Staate zu voller Geltung gelangt. In Betätigung des Persönlichkeitsgedankens entwarf er 1810 den Plan zur Gründung einer Universität in Berlin, die vom ersten Tage an ein Sammel- und Mittelpunkt deutschen Geistes- und Gelehrtenlebens geworden ist.

Entsprechende Veränderungen wie im Staatswesen vollzogen sich im Heere. Seit den Tagen Friedrichs des Großen hatte die Überzeugung von der Vorzüglichkeit, ja der Unüberwindlichkeit der preußischen Armee geherrscht. Diese Ansicht wurde durch die Niederlagen von Jena und Auerstedt und den ihnen folgenden militärischen Zusammenbruch nicht nur erschüttert, sondern ins Gegenteil verkehrt. Eine Umgestaltung des Heerwesens nach neuen Grundsätzen erschien als geboten, und da hat Preußens Glück gewollt, daß es in Scharnhorst und Gneisenau Männer

Aus dem Corpus Imaginum der Photographischen Gesellschaft in Berlin.

Karl Freiherr vom und zum Stein.

fand, die sich Stein und Hardenberg würdig und erfolgreich zur Seite stellten. Wie diese, waren auch jene von weitem Blicke, beide staatsmännisch begabt, von sittlichem Ernst und voll Verständnis für die Wechselbeziehungen zwischen Volk und Heer. Dadurch konnte die Heeresveränderung in fast unbewußtem, naturgemäßem Einklange arbeiten mit der des Staates. Sie ergänzten sich gegenseitig.

Wilhelm von Humboldt. Nach der Zeichnung von Franz Krüger.
Aus dem Corpus Imaginum der Photographischen Gesellschaft, Berlin.

Bislang war das Heer ein eigener Stand, ein Staat im Staate gewesen, von den Bürgerlichen durch seine Kleidung abgesondert, wegen mancherlei Vorrechten und Ansprüchen gehaßt und wegen seiner Unbildung nicht selten verachtet. Nun sollte das bisher rein königliche Machtwerkzeug ein Nationalheer werden, sollte aus dem Volke erwachsen, ein Teil des Volkes sein. Auch hierfür bot das siegreiche Frankreich ein in vielen Beziehungen beachtenswertes Vorbild. — Alsbald nach dem Frieden von Tilsit errichtete der König am 27. Juli 1807 eine „Militär-Reorganisationskommission“. Sie hatte Vorschläge zu machen über: Reinigung des Offizierkorps von physisch untauglichen und moralisch unwürdigen Mitgliedern, verbesserte Art der Beförderung, Wegfall der Vorrechte des Adels und Zulassung der Bürgerlichen zu den Offizierstellen, Feststellung eines richtigen Stärkeverhältnisses der Truppengattungen zueinander bei starker Vermehrung der

Das Universitätsgebäude in Berlin vor hundert Jahren.

leichten Infanterie, Abschaffung des Ausländer- und Werbewesens, Beschränkung der Befreiung von der Militärpflicht, Aufhebung der Regimentskantons, Einteilung der Armee in Divisionen und Korps, Vereinigung der Kavallerie zu größeren taktischen Verbänden, Abschaffung der entehrenden Strafen, Verbesserung der Bekleidung und Ausrüstung, Fortfall der bisherigen Selbstbewirtschaftung innerhalb der Kompanien und Gewährung fester, auskömmlicher Gehälter an die Kompaniechefs, Verminderung der Bagagen, Übung der Infanterie im Schießen und dergleichen mehr.

Wohl selten sind grundstürzendere Forderungen für eine Armee gestellt worden. Sie zeigen die Entschlossenheit zur Besserung, aber sie griffen in unzählige eingewurzelte Verhältnisse ein, bewirkten dadurch die größten Schwierigkeiten und erforderten zu ihrer Überwindung unermüdliche Arbeit, Klugheit und Willenskraft. Die Kommission hat sich ihrer Aufgabe würdig erwiesen und das denkbar Höchste geleistet. Den Vorsitz erhielt Generalmajor v. Scharnhorst, der unbefangen die Fehler des alten Heeres erkannte, ohne dessen Vorzüge zu übersehen, und es verstand, sich hervorragend begabte und tüchtige Gesinnungsgenossen beizuordnen: Gneisenau, Boyen, Grolman, Graf Götzen u. a. Zunächst erforderte die Verkleinerung des Staates eine bedeutende Verminderung der Truppen; deshalb wurden alle Regimenter außer sieben aufgelöst, dreitausend Offiziere verabschiedet und anfangs nur eine Armee in der Gesamtstärke von zwanzigtausend Mann errichtet, die man landschaftlich in drei Korps verteilte. Den Anspruch auf Offizierstellen sollten im Frieden nur Kenntnisse, Bildung und ein gewisses Vermögen gewähren, im Kriege Tapferkeit, Tätigkeit und Überblick. Vom Stabsoffizier aufwärts hatte nicht mehr oder doch nicht bloß das Dienstalter zu entscheiden, sondern körperliche und geistige Befähigung. Die Kommission stellte sogar den Grundsatz auf, daß alle Bewohner des Staates geborene Landesverteidiger seien, und beantragte daraufhin die Einführung der allgemeinen Wehrpflicht samt einer Nationalmiliz. Aber diese Vorschläge waren aus verschiedenen Gründen noch verfrüht und wurden vom Könige abgelehnt. Sogar auf die Schulen griff man über und verlangte, daß die Schüler während ihrer Erholungszeit im Gebrauch der Waffen geübt und auch sonst militärisch erzogen würden. Es ist hiermit das Turnwesen eingeleitet. Ferner wurden die Festungen in Stand gesetzt, die Kriegsvorräte ergänzt und gesammelt, die Reiterei zu geschlossenen Massen vereinigt und das Fußvolk im Schießen und Tiraillieren geübt, das Militärbildungswesen gehoben, die „Kriegsschule“ errichtet und noch vieles andere geleistet. Der Einfluß des Offizierkorps sollte von nun an beruhen auf Wissen und Können, auf geistiger und sittlicher Überlegenheit.

Medaille mit dem Bildnis Scharnhorsts. Von L. Posch.
(Kgl. Münzkabinett in Berlin.)

Starke Behinderung erlitt die Umgestaltung durch die Anwesenheit der Franzosen im Lande, durch den drückenden Geldmangel und den Pariser Traktat vom 8. September 1808, der als höchste Truppenzahl zweiundvierzigtausend Mann bestimmte. Erfinderisch verstand man hier durch das Krümperwesen auszuhelfen, demzufolge jede Kompanie drei bis fünf Mann entließ, um sie allmonatlich durch Neueingestellte zu ersetzen. So diente alles dem großen Ziele eines neuen Entscheidungskrieges, mit der Hoffnung, womöglich der Gewähr des Sieges.

Preußische Dragoner als Flankeurs. Nach der Originalzeichnung von G. Krickel.

Zu Beginn des russischen Ereignisses besaß Preußen eine geringe, aber hervorragend tüchtige Feldarmee, zu der noch vierzigtausend Mann Reserve kamen. Ausgewählte, vorzügliche Führer standen an der Spitze. Es herrschte Zucht, Selbstvertrauen und Ehrgeiz.

In dem gedemütigten Staate Friedrichs des Großen klangen wieder die realen und idealen Mächte wuchtig zusammen. Gemeinsam arbeiteten dort die bedeutendsten und hochherzigsten Männer in ungewöhnlicher Anzahl und widmeten ihre Kräfte dem Vaterlande. „In den höheren Gesellschaftskreisen trat an die Stelle des tändelnden Wohllebens der kategorische Imperativ der Pflicht, an die des weichlichen Verweilens bei seelischen Vorgängen der Wille zur Tat, an die des dürren Moralismus der Aufklärungsreligion inniges, fast mystisches Christentum, an die Stelle des Kosmopolitismus die opferwillige Vaterlandsliebe.“ Alle Klassen, alle Berufe waren tätig. Geheime Gesellschaften und Verbindungen entstanden oder die vorhandenen erhielten einen neuen Gehalt. So wurden die festgefügten Verbände der Freimaurerlogen wichtig mit ihren humanen, rein menschlichen Bestrebungen. Sie haben das Staatsideal, alles Hohe und Große zu verwirklichen gestrebt und für das Erstarken des Staates viel geleistet. Stein und Hardenberg, Blücher, Scharnhorst und Boyen sind Freimaurer gewesen. Durch ihren Zusammenhalt, ihre geistigen und finanziellen Kräfte vermochten die Logen weiterzugreifen und freiere Absenker zu stiften, vor allem den Tugendbund. Letzterer war ein „sittlich-wissenschaftlicher“ Verein, der im Frühjahr 1808 von vaterländisch gesonnenen Männern zu Königsberg gegründet wurde. Er bildete den Niederschlag der Befreiungsbestrebungen, und hierin beruht seine Bedeutung, obwohl die Hauptleiter der Neubildung ihm ferngeblieben sind. Er wollte die niedergedrückten Gemüter aufrichten, die Jugenderziehung und die Wehrkraft heben, kurz, unbemerkt den Krieg gegen Napoleon vorbereiten. So drängte sich vieles zusammen in dem Gedanken einer mäch-

tigen allgemeinen Volkserhebung, der Sprengung des Sklavenjochs, der Befreiung, der Wiederaufrichtung Preußens. Überall Leben, Bewegung, Hoffnung, Wille.

Die militärische Aufrichtung des Staates leitete Scharnhorst. Von ihm sagt Max Lehmann: „Scharnhorst verriet auf den ersten Blick keine außergewöhnlichen Gaben: aber ein durchdringender Verstand, ein eiserner Fleiß, eine seltene Fähigkeit Menschen zu erkennen, zu behandeln und zu bilden, eine unwiderstehliche Gabe Vertrauen zu erwecken, ein zäher Wille, ein von Menschenfurcht gänzlich freier Mut erhoben diesen Plebejer unter die Führer eines Staates." Der arme hannoversche Bauernsohn war eine äußerlich verschlossene Natur, reich an Gemüt, ein tiefer Denker, ein schöpferischer Geist von hochfliegender Tatkraft und doch voll Selbstbeherrschung.

Als Scharnhorst sich mehr von den Geschäften zurückziehen mußte, wurde Oberst v. d. Knesebeck immer augenscheinlicher Berater Friedrich Wilhelms und bald auch sein Generaladjutant: eine hochgewachsene Erscheinung von vertrauenerweckendem Wesen. Pflichttreu, arbeitsam, klug und vaterlandsliebend, übertraf er die meisten Offiziere an Bildung. Aber es fehlte ihm das höhere Leben seiner begabten Zeitgenossen, die Sicherheit im Großen und die Festigkeit einer gereiften Überzeugung; er war überhaupt mehr Mann des Rats als der Tat, der es liebte, weitschauende Pläne auf dem Papier zu entwerfen. Mit Vorliebe wurde er als diplomatisch-militärischer Vertreter Preußens für auswärtige Verhandlungen benutzt. Obwohl Knesebeck ursprünglich bescheiden war, zog seine hervorragende Vertrauensstellung doch viele Gegner groß. Der König erkannte in ihm vielfach eine Widerspiegelung seiner selbst und einen gehorsamen Diener, ohne Neigung zur Eigenmächtigkeit dem Throne gegenüber. Der Generaladjutant lebte sich ganz in die Art seines Gebieters ein und kann geradezu als dessen rechte Hand bezeichnet werden. —

Medaille mit dem Bildnis Gneisenaus. Von L. Posch. (Kgl. Münzkabinett in Berlin.)

Mit gespannter Aufmerksamkeit hatten Hof und Regierung in Berlin die russischen Ereignisse verfolgt. Unerwartet schnell und vernichtend war das lang Erhoffte eingetreten. Jetzt oder nie! tönte es von allen Seiten, aber die Verantwortung trug der König, der sich einer Aufgabe gegenüber sah, die ihn erschreckte. Sehnlichst wünschte er, das erdrückende Joch Frankreichs zu brechen, aber ihn lähmte die Furcht vor dem dämonischen Plebejer, die Gefahr des Fehlschlagens, welche das Dasein seines Staates und Hauses bedrohte; und kein wagemutiger Mann besaß sein Ohr, der ihn über sich selbst erhoben hätte. Immerhin drängte alles zur Entscheidung. Sehr richtig sagt Meineke: In den ersten Wochen des Jahres 1813 rangen die alte und die neue Seele des preußischen Staates noch einmal schwer miteinander. Die neue Seele forderte die nationale Befreiung und drängte zu einem allgemein deutschen Kampfe. Die alte Seele erwog, was alles dabei für den preußischen Staat auf dem Spiele stünde. „Ich höre rufen: Deutschland, Deutschland!" schrieb der Kabinettsrat Ancillon am 4. Februar; „erinnern wir uns, daß wir Preußen sind, zuerst und vor allen Dingen." So empfand auch der König, um so mehr, als er statt des französischen das russische Übergewicht fürchtete.

Glücklicherweise dachte Hardenberg in vielen Beziehungen anders; am 26. Dezember 1812 führte er aus: Preußen müsse schnell handeln, wenn man sich nicht Volkserhebungen aussetzen wolle.

Es solle sein Heer verstärken, seine Festungen verteidigungsfähig machen und sich mit Rußland und Österreich verbünden. Ein Vertrauensmann sei nach Wien zu senden, um den Kaiserstaat ebenfalls zu Rüstungen zu veranlassen. Inzwischen müsse mit Frankreich wegen eines allgemeinen Friedens freundschaftlich verhandelt werden. Der König erklärte sich gegen sofortigen Anschluß an Rußland, weil er erst das Verhalten Frankreichs und Österreichs abwarten wollte. Ginge Napoleon auf einen allgemeinen Frieden ein, so sei dies das beste. Geschähe es nicht, solle dessen Überschreiten der Memel (Niemen) für Preußen und Österreich das Zeichen zum Losschlagen bilden. Greife Napoleon nicht an, so müsse Rußland vorgehen. Der Krieg solle bis zur Vernichtung geführt werden. — Diese Ansichten waren politisch nicht unverständig, aber militärisch falsch. Sie setzten voraus, daß Rußland tatenlos stehen bleibe und Napoleon das Land friedlich durchziehe, so daß Österreich und Preußen ihm ungehindert in den Rücken fallen könnten. Ver-

Kosakenvortrupp mit Führer. Nach der zeitgenössischen Radierung von J. A. Klein.

geblich machte Knesebeck geltend, die Russen würden wahrscheinlich die Grenze nicht achten und den Kriegsschauplatz westwärts verlegen; deshalb sollten die österreichischen und preußischen Truppen rasch bis zum Rhein vordringen. Auch Scharnhorst äußerte etwas später: „Wir können nur im Besitz der Länder des Königs, mit englischen Subsidien, zu einer politischen Wichtigkeit gelangen. In unserem Interesse liegt es mithin, den Kaiser Alexander zu vermögen, schnell vorzugehen und uns mit ihm zu vereinigen. Gehen nur die Korps Wittgensteins und Tschitschagows mit zehntausend Kosaken vor, folgt ihnen der General York, vereinigen sich mit diesen fünfzehn- bis zwanzigtausend Mann aus Schlesien und hunderttausend aus Kolberg, so wird der Feind höchst wahrscheinlich über die Elbe getrieben werden. Unterdessen formieren wir in Pommern, Preußen und Schlesien neue Korps, und die russische Hauptarmee rückt bis an die Oder vor, welches sie nicht unter andern Umständen tun möchte. Kommt hierzu noch eine schwedisch-englische Landung, so lassen sich glückliche Resultate mit vieler Wahrscheinlichkeit hoffen. Allerdings

muß man wagen. Ohne dies kann man aber in dieser Welt nicht große Zwecke erreichen und ohne alles Vertrauen zum Glück von ihm nicht begünstigt werden." Scharnhorst dachte kühn und umfassend, überschätzte aber die zur Verfügung stehende preußische und russische Macht. Der Wunsch des Königs, hinzuhalten, ist deshalb verständlich und nicht unberechtigt. Seine Feldarmee zählte mit Reserve erst vierzigtausend Mann, Rußlands und Österreichs Absichten waren noch ungeklärt. Ließ man sich von der Erregung des Augenblicks hinreißen und schlug los ungenügend gerüstet, so verfiel man der Gnade Rußlands, dessen Begehrlichkeit nicht abzusehen war. Also rüsten und abwarten. — In solche weitmaschigen Erwägungen paßte die kühne Tat Yorcks nicht hinein. Schon daß sie ohne eigentlichen Befehl geschehen, berührte den König peinlich, und weit schlimmer erschien, daß sie ihn vor Napoleon bloßstellte, mit dem er öffentlich verbündet war. Um sich möglichst zu decken, begann er das bewußte Doppelspiel des Schwachen, das namentlich Hardenberg mit großer Kunst durchgeführt hat. Der König erklärte dem französischen Gesandten in Berlin, daß er über Yorcks Verhalten entrüstet und erstaunt sei, nach Paris schickte er einen Sondergesandten mit beruhigenden Auskünften, und dem Könige Murat ließ er ein Schreiben zugehen, daß er Yorck absetzen und verhaften lasse. Doch derselbe Major, der diese Mitteilung brachte, reiste geheim weiter zum Zaren, um ihm zu erklären, der König billige die Übereinkunft und sei einem Bündnisse zugetan, wenn der Zar alsbald die Weichsel und Oder überschreite. Yorcks Benehmen wurde in den Berliner Zeitungen öffentlich getadelt und seine Bestrafung mitgeteilt, diese dem General aber amtlich nicht angezeigt. Trefflich verstand die preußische Diplomatie, scheinbar Bundestreue für Frankreich zu zeigen; sie erreichte dadurch, daß sowohl der französische Gesandte Saint-Marsan als auch der Oberbefehlshaber in Berlin, Marschall Augereau, ihr Glauben schenkten und zu wohlwollenden Berichterstattern wurden, die sich für die Treue des Königs verbürgten.

Durchsicht durch den Schwibbogen auf der Ohlauer Straße in Breslau
Aus der Sammlung Bach-Mützel.
Mit Genehmigung der Hofkunsthandlung Theodor Lichtenberg, Breslau.

Natürlich konnte sich die günstige Meinung der Franzosen jeden Augenblick ändern, und dann drohte Gefahr, daß der König von ihnen gefangengenommen würde. Deshalb hatte Hardenberg von vornherein erwogen, ihn aus Berlin zu entfernen. Geschickt wurde verbreitet, der Herrscher begebe sich nach Breslau, um dort ein neues Heer zur Unterstützung Napoleons zu sammeln; Saint-Marsan erhielt die Einladung, ihn zu begleiten. Alles glückte, in Berlin wurde eine Oberregierungskommission eingesetzt, um den König in eiligen Fällen zu vertreten. Den 22. Januar verließ er unangefochten Potsdam und traf am 25. in Breslau ein. Jetzt

war er frei in seinem Handeln. Aber welche Schwierigkeiten widerstrebten einem festen Entschlusse. Boyen berichtet darüber: „Das Leben in Breslau erhielt durch die Anwesenheit des Hofes ein ganz anderes Äußere. Mit dem Könige kamen eine Menge Beamte, ein Teil der in Berlin anwesenden Gesandten, viele vom schlesischen Adel und allerlei andere Leute fanden sich ein. In der Stadt war der Krieg zwar das Hauptgespräch; es herrschte aber weitaus nicht die Entschlossenheit, wie in Ostpreußen und der Mark. Im Gegenteile, die Meinungen schwirrten wirr durcheinander. Unter den Schlesiern blieb die Hoffnung weit verbreitet, daß ihre Provinz in der zugestandenen Neutralität fortleben könne. Sonst gab es vier verschiedene Parteien: eine französische und eine franzosenfeindliche, jede in zwei Schattierungen. Zunächst waren da

Das Rathaus zu Breslau.

Aus der Sammlung Bach=Mützel. Mit Genehmigung der Hofkunsthandlung Theodor Lichtenberg, Breslau.

die entschiedenen Anhänger Napoleons mit dem Feldmarschall Kalckreuth und dem ehemaligen Minister Graf Haugwitz an der Spitze. Diesen Leuten erschien ein Abgehen vom Bündnisse mit Napoleon als Ruchlosigkeit und die Macht Napoleons so groß, daß es Torheit sei, etwas gegen sie unternehmen zu wollen. Natürlich sammelte sich diese Gruppe um Saint=Marsan. Die Männer der zweiten Schattierung sagten jedermann, jedoch möglichst bei verschlossenen Türen, ihr deutsches und preußisches Herz sei dem Franzosenkaiser äußerst abgeneigt, aber Preußen sei zu schwach, um gegen ihn aufkommen zu können. Der ehrlichste dieser Partei war der alte, beschränkte General v. Köckeritz, vieljähriger Generaladjutant des Königs. Zu ihr gehörte Ancillon, bis zu gewissem Grade Knesebeck. Beide Richtungen vereinigten sich, um die Bedenken des Königs gegen einen Anschluß an Rußland zu steigern, ihn vielmehr in Verbindung mit Frankreich zu halten.

Anders die beiden Kriegsparteien, deren gemäßigte durch Scharnhorst und Hardenberg vertreten wurde. Sie widersprach zwar nicht den Vorteilen einer augenblicklichen Eröffnung der Feindseligkeiten, hielt aber die widerstreitenden Schwierigkeiten für zu groß und betonte deshalb möglichste Erweiterung der Rüstungen und Beförderung eines Bündnisses mit Rußland. Ganz links stand die eigentliche Kriegspartei mit Blücher, Gneisenau, Boyen, Grolman u. a. Sie wollte auf der Stelle losschlagen, erachtete die vorrätigen Streitmittel in Verbindung mit der Opferwilligkeit des Volkes für ausreichend zur Vertreibung der Franzosen, wollte über die Elbe gehen und in Sachsen eindringen, um die rings emporzüngelnde Aufregung in Deutschland zu allgemeiner Teilnahme zu gestalten."

Diese Ausführungen Boyens treffen im allgemeinen zu, nicht aber in allen Einzelheiten; z. B. erklärte sich Scharnhorst sehr bald für den Krieg, doch hielt der König sich längere Zeit von ihm fern. Besonders ungeduldig war Blücher; er getraute sich, die Feinde mit dreißigtausend Mann aus Deutschland hinauszujagen. Unmittelbaren Einfluß besaß aber auch er nicht. Gneisenau weilte zunächst noch fern in England, kehrte jedoch auf Einladung des Königs zurück und betrat am 25. Februar wieder den deutschen Boden in Kolberg. Er jubelte innerlich, als er den Umschwung in Preußen erkannte. Hardenberg schrieb ihm: „Ich brauche Ihnen nicht zu sagen, lieber, bester Freund, welche innige Freude ich über Ihre Ankunft habe. Sie kommen ganz zur glücklichen Stunde." Es gelang Gneisenau, den General v. Borstell zum Anschluß an York und Bülow zu bewegen, was er dem Könige mit den Worten meldete: „Ich flehe Ew. Majestät fußfällig an, lassen Sie uns los." Am 10. März traf Gneisenau in Breslau ein, der König empfing ihn gnädig, fast herzlich. Da man keine rechte Kommandostelle für ihn besaß, machte der Staatskanzler ihm den Antrag, nach England zurückzukehren, um dort ein Bündnis zu vereinbaren. Gneisenau lehnte dies ab, wurde zum Generalmajor ernannt und dem Blücherschen Korps überwiesen. Hatte schon er tadelnde Worte des Königs über seinen Dienstaustritt hören müssen, so sah Boyen sich wegen dieses Unterfangens zunächst derartig zurückgesetzt, daß er nach Ostpreußen zu seiner Familie heimkehren wollte. Aber er blieb und arbeitete eifrig Denkschriften und Entwürfe aus, die freilich noch wenig Wirkung äußerten, obwohl er mit Scharnhorst nahen Verkehr und zu Hardenberg gute Beziehungen hatte. Am 21. Februar wurde er wieder in den preußischen Heeresdienst als Oberst im Generalstabe aufgenommen. Erst sollte er einen diplomatischen Auftrag nach Stockholm übernehmen, dann wurde er ins russische Hauptquartier zu Kutusow geschickt. An Grolman dachte man für die englische Sendung, nachdem Gneisenau abgelehnt hatte. Tatsächlich beruhte die militärische Triebkraft auf diesen Männern: auf Scharnhorst, Blücher, Gneisenau, Boyen und Grolman. Jedenfalls wirbelten die größten Gegensätze durcheinander und erschwerten Friedrich Wilhelm die Entscheidung. Seine Bedenklichkeiten wurden durch die Haltung Österreichs vermehrt.

General Hermann von Boyen.

König Friedrich Wilhelm III. auf dem Wege nach Breslau. Nach dem Gemälde von P. F. Messerschmitt.

Metternich ging nämlich nicht auf die preußischen Anerbieten ein, sondern versicherte nur, „daß ein Anschluß Preußens an Rußland die Beziehungen des Vertrauens zwischen Wien und Berlin nicht stören könne“. Immerhin urteilte Knesebeck richtig, als er am 6. Februar schrieb: „Österreich wird früher oder später mit Frankreich in Krieg geraten, denn der Friede, den es vermitteln will, ist ohne Krieg nicht möglich. Seine gegenwärtige Neutralität, die mit Vollendung der Rüstungen sich in Teilnahme am Kriege verwandeln wird, ist für Österreich und uns die beste Bürgschaft einer künftigen glücklichen Entscheidung.“

Für Friedrich Wilhelm bedeutete die Zurückhaltung Habsburgs einen harten Schlag. Die ängstlichen Gemüter erhielten die Oberhand und dachten an Friedensvermittlung zwischen Frankreich und Rußland, wobei Napoleons Herrschaftsbereich bis zur Elbe bestehen bleiben sollte. Glücklicherweise widersetzten sich Hardenberg und Knesebeck diesem Unfuge. Ihnen erschien jeder Friede nur als Waffenstillstand, solange Frankreichs Übergewicht fortdauere. Der König ging im wesentlichen auf diesen Gedankengang ein; freilich zaghaft, doch die Ereignisse drängten gebieterisch vorwärts, und die Volksstimmung grollte immer vernehmbarer. Natürlich ließ man auch jetzt noch größte Vorsicht walten, ließ Napoleon sich möglichst ins Unrecht setzen, um scheinbar wider Willen nach Rußland hinübergedrängt zu werden. In tiefstem Geheimnisse, als Kaufmann Edeling, reiste Knesebeck zum Zaren mit der Vollmacht, ein Bündnis zu vereinbaren. Aber die Unterhandlungen zogen sich in die Länge. Preußen, das schon einmal schlechte Erfahrungen mit dem Nachbar gemacht hatte und dessen Ausdehnungsbestrebungen kannte, brauchte Gewähr für die Zukunft und stellte deshalb als Hauptbedingung, Rußland dürfe nicht eher die Waffen niederlegen, bis Preußen den Gebietsumfang von 1806 zugesagt erhalte. Es dachte dabei wesentlich an seine früheren polnischen Besitzungen, berührte hierdurch jedoch gerade die geheimen Wünsche

Alexanders. So beriet man hin und her, ohne von der Stelle zu kommen. Der König wurde ungeduldig, um so mehr, als er die Erfolge seiner militärischen Anordnungen erkannte und die französischen Militärbehörden ihn übergreifend wie einen abhängigen Vasallen behandelten.

Da war es wieder der Freiherr vom Stein, der die Sache ans Ziel brachte. Aus Königsberg im russischen Hauptquartier eingetroffen, verfaßte er eine Denkschrift für den Zaren, worin er darlegte, die Haltung Preußens beruhe auf der unglücklichen Neigung des Königs, sich nicht zu entschließen, und der Hardenbergs, sich nur halb zu entschließen. Den Schwankungen müsse ein Ende bereitet werden. Er schlug deshalb vor, ihn selber nach Breslau zu senden. Der Zar stimmte zu und gab ihm ein eigenhändiges Schreiben an den König, worin es hieß: „Der Baron Stein ist sicherlich einer der treuesten Untertanen, die Sie besitzen. Nahezu ein Jahr hindurch, da er bei mir war, habe ich ihn immer besser kennen und achten gelernt."

So erschienen am 25. Februar unerwartet der frühere preußische Minister und der Staatsrat Anstett in Breslau mit einem weitgehenden Vertragsentwurfe. Sie kamen bei Blücher mit Hardenberg und Scharnhorst zusammen. Rasch griff man preußischerseits zu, worauf am 26. Februar der Abschluß eines Offensiv- und Defensivbündnisses erfolgte, demgemäß Rußland hundertfünfzigtausend Mann, Preußen deren siebzigtausend stellen wollten zur Erreichung des dauernden Friedens, der Befreiung Deutschlands von französischer Herrschaft und der Wiederherstellung Preußens. In zwei Geheimartikeln verpflichtete sich Rußland, den Krieg fortzuführen, bis Preußen in seinen geographischen, statistischen und finanziellen Verhältnissen, entsprechend jenen vor 1806, hergestellt sei. Hierfür sollten alle in Norddeutschland gemachten Eroberungen verwendet werden und ihm ein Gebiet zufallen, das die Provinzen Preußen und Schlesien verbinde.

Stein ist nicht vergönnt gewesen, die Verhandlungen abzuschließen, denn er verfiel in eine schwere Krankheit. Während er in einem Dachstübchen des Gasthofs „Zum goldenen Zepter" auf den Tod krank daniederlag, ging es unten laut und lustig zu: dort befand sich das Werbebureau des Majors v. Lützow für sein Freikorps. — Preußen erlangte durch den Vertrag nicht, was es ursprünglich gefordert hatte, und noch weniger, was es hätte fordern können. Der Zar wollte zwar Preußen wieder aufrichten, aber ohne es mächtig werden zu lassen, und vor allem seinen eigenen Vorteil nicht vergessen. Dem Könige schrieb er: „Freundschaft, Vertrauen, Ausdauer und Mut; das übrige wird die Vorsehung tun." Knesebeck wurde bei der ersten Zusammenkunft derartig benebelt, daß er berichtete: „Der König kann von seinen alten Freunden alles erwarten. Ich habe den Kaiser für Preußen noch günstiger gestimmt gefunden, als wir erwartet hatten. Die vollständige Wiederherstellung des alten Glanzes dieser Macht und selbst noch mehr, wenn die Erfolge den Anstrengungen entsprechen — das sind die Wünsche und die Worte des Souveräns. Er hat sie mir in der positivsten Weise ausgesprochen, indem er mir sagte, der Tag, an welchem er den König wieder in seine angestammten Besitzungen eingesetzt sähe, würde der schönste und süßeste Tag seines Lebens sein." Wenn es Alexander damit Ernst gewesen wäre, so hätte er leicht auf die Forderungen Preußens eingehen können, etwa mit Umgestaltung der polnischen Frage. Aber es entstanden, wie wir sahen, fortwährend Schwierigkeiten, die wesentlich von russischer Seite ausgingen. An sich hatte Preußen bescheiden gefordert, es hätte weiter greifen können: den Besitzstand von 1804 verlangen, Erneuerung seiner Vormachtstellung in Norddeutschland und Polen als Austauschgebiet. Jetzt überließ es tatsächlich den größten Teil des früher preußischen Polen an Rußland und blieb auf unbestimmte Zukunftsentschädigungen in Norddeutschland angewiesen. Das nach Westen drängende Rußland schob Preußen ebenfalls weiter nach Westen und damit in die deutsche Nation hinein. Zunächst beachtete man preußischerseits diese wichtige Tatsache wenig, ja war vielfach damit unzufrieden. Aber erst Rußland ermöglichte Preußen den Krieg, dieses sah seine wachsende Bedrängnis und

Lützow. Theodor Körner.

Das Werbebureau der Lützower in Breslau im Februar 1813. Nach der Originalzeichnung von Richard Knötel.

fühlte sich als Hilfesuchender. Wie die Dinge in Wirklichkeit lagen, beweisen Alexanders Worte beim Empfang der Nachricht vom Bündnisabschlusse: „Das ist eine Hilfe, die mir die Vorsehung schickt." Rußland und Preußen brauchten sich wechselseitig, und äußerlich befand sich Rußland in der Rolle des gnädig Gewährenden. Für Friedrich Wilhelm bedeutete die Vereinbarung einen Schritt ins Dunkle. Seine Streitmacht war noch klein, erst teilweis gebrauchsfertig, und als Schicksalsgenossen besaß er nur das für den Angriffskrieg ungefüge Rußland mit keineswegs bedeutendem Feldheere. Ihm gegenüber stand der kriegsgewaltigste Mann an der Spitze des mitteleuropäischen Festlandes von den Pyrenäen bis Dänemark und Apulien. Kein Geringerer als Stein hat den Beitritt Preußens zehn Jahre später als „gewagt" bezeichnet.

Medaille mit dem Bildnis Blüchers. Von L. Posch. (Kgl. Münzkabinett in Berlin.)

Noch wichtiger als das Bündnis erwies sich die Verstärkung der eigenen Wehrmacht. Sie wurde im Januar nicht so gefördert, wie möglich gewesen wäre. Erst mit der Übersiedlung nach Breslau änderte sich das. Schon am 28. Januar, zwei Tage nach Hardenbergs Eintreffen, erhielten Scharnhorst und der Oberst v. Hake den Auftrag, schleunigst für die Vermehrung der Streitkräfte Sorge zu tragen, die damals alles in allem etwa sechsundfünfzigtausend Mann betrugen. Scharnhorst war der gegebene Mann für die schwierige Aufgabe. Rasch kam Leben und Bewegung in die Sache. Die Patrioten eilten herbei: Blücher, Boyen, Clausewitz u. a., um ihn zu unterstützen. — Am einfachsten wäre die Einführung der allgemeinen Wehrpflicht gewesen, die Scharnhorst schon 1811 vorgeschlagen hatte. Aber eine so einschneidende Maßnahme wagte man noch nicht. Außerdem standen sich die Schicht der Gebildeten und die Masse der Kleinbürger und Bauern noch zu getrennt gegenüber, weshalb man ihnen auch in den militärischen Einrichtungen Ausdruck verlieh: in dem freiwilligen Jägerkorps einer- und der Landwehr anderseits. Es war eine Sonderung, welche erst die gleichmachende Arbeit des Krieges überwand. Zunächst wurden am 1. Februar Krümper, Reservisten und Rekruten zu den Waffen gerufen.

Medaille auf den Abschluß des russisch-preußischen Bündnisses. Von Loos. (Kgl. Münzkabinett in Berlin.)

Sie lieferten in kürzester Zeit fast zweiundvierzigtausend Mann, die freilich erst kampffähig gemacht werden mußten und sich deswegen im Frühjahrsfeldzuge nur in geringem Umfange verwenden ließen. Dann suchte man die Gebildeten zum freiwilligen Eintritt ins Heer zu bewegen durch Errichtung der „Freiwilligen Jäger", welche eine Kabinettsorder vom 3. Februar verfügte. Demgemäß sollte jedes Infanteriebataillon und jedes Kavallerieregiment eine Jägerabteilung von zweihundert Mann erhalten, die aus Freiwilligen bestand, denen oblag, sich selbst zu bekleiden und, bei der Kavallerie, beritten zu machen. Diese Leute hatten bevorzugten Dienst und die Tauglichen die

Brief Scharnhorsts an seine Tochter.

(Nach dem Original im Geheimen Staatsarchiv zu Berlin.)

Die unerwartete große Freude, den Louis hier zu treffen hat mich fast erschüttert; dein Wolseyn, das Wolseyn des gutmüthigen lieben süßen Adalberts, die Zufriedenheit von Fritz, die glücklichen äußeren Begebenheiten, alles verspricht eine glückliche Zukunft.

Wir sind hier sehr thätig, vielleicht noch thätiger als man in Preussen ist, aber es drückt uns, daß wir zu spät angefangen haben. Ich bin in meinen alten Funktionen mit allen Zutrauen, ich kann wol sagen mit völlig unbedingten. Wir werden ein merkwürdiges Jahr haben. Ich habe die Hofnung, daß wir uns erhalten werden, aber große Aufopferungen sind zu machen; jetzt ist der Wille der Nation sie zu machen überall faßbar — Der Enthusiasmus gehet sehr weit. Alle junge Männer im gebildeten Stande treten ein; ohne sich mit Schimpf zu bedecken kann keiner zurück bleiben.

Ich bin ein Sklave meiner Stelle; ich habe den jungen Groß als geheime Secretär bei mir genomen — Eikens die Rödern alle sind gesund — der Courier der diesen Brief mit nimmt will abgehen — Grüsse alle — küsse und drücke meinen Adalbert. Dein Dich innigst liebender Vater

Scharnhorst

Breslau den 22sten Febr. 13

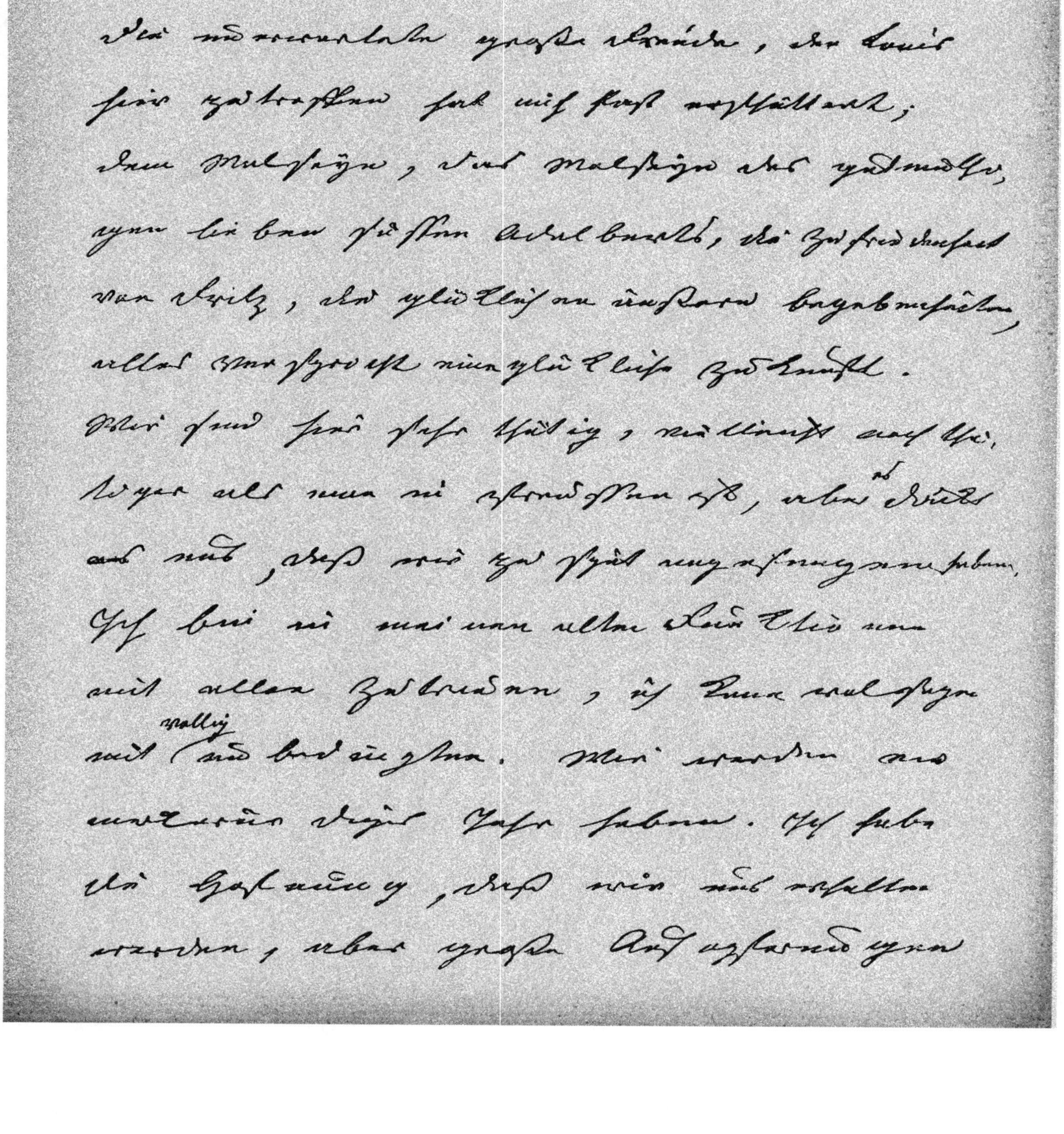

frei zu machen; jetzt ist der Wille der Nation frei zu machen überall sichtbar – Das Selbstgefühl wird jetzt sehr weit. Alle jungen Männer der gebildeten Kreise treten ein; ohne sich mit Schmerz zu bedenken kann keiner zurückbleiben.

Ich bin mit 3 Leuten meiner Stelle; ich habe den jüngeren Sohn als ~~[illegible]~~ geheimen Sekretär bei mir genommen – [illegible] die Kinder alle sind [illegible] der Courier der [illegible] bringt mit [illegible] will abgehen – Grüße alle – küsse und drücke meinen Adelbert. Dein Dich innigst liebender Vater [illegible]

[illegible] 22sten [illegible]

Aussicht, später zu Offizieren befördert zu werden. Bei der Art der preußischen Heereseinrichtung erschien der Versuch gewagt, aber er gelang über Erwarten. Die Jünglinge der besseren Stände drängten sich herbei: in kurzer Zeit vermochte man achttausendfünfhundert Freiwillige einzureihen, und bei den rasch eintretenden Verlusten an Offizieren bildeten sie einen so vortrefflichen Nachwuchs, daß ihnen bald ein Drittel des Offizierkorps entstammte. Und noch einen Schritt weiter wagte man sich vor. Der König gab mehreren erprobten Offizieren die Erlaubnis, aus Angehörigen ehemals preußischer Gebiete Freikorps nach dem Muster der freiwilligen Jäger zu bilden. Diese Freikorps sind zu einer Eigentümlichkeit des Krieges geworden: es waren Abteilungen begeisterter Nichtpreußen, welche nicht in der preußischen Linie dienen wollten. Das bekannteste Freikorps, welches Offiziere der früheren Schillschen Truppe errichteten, führte der Major v. Lützow. In der „Schwarzen Schar", in „Lützows wilder, verwegener Jagd" focht und fiel der Hauptdichter der Freiheitskriege: Theodor Körner. Er war ein Sachse, der Braut und Erfolge verließ und aus Wien herbeieilte. Sein Gedanke war: „Deutschland steht auf, der preußische Adler erweckt in allen treuen Herzen durch seine kühnen Flügelschläge die große Hoffnung einer deutschen, wenigstens norddeutschen Freiheit." Sonst gab es noch das Ausländerbataillon v. Reuß, das freiwillige Jägerkorps v. Reiche, das v. Hellwigsche Streifkorps und die russisch-deutsche Legion. Durch ihr Außenstehen, Mangel an Gehorsam und andere Gründe haben diese Freikorps trotz besten Eifers die Hoffnungen nicht erfüllt, die man auf sie gesetzt hatte. — Alle diese Neubildungen, so mannigfach sie sein mochten, brachten keine Masse. Diese suchte man durch Errichtung einer Landwehr nach dem Vorbilde Österreichs von 1809 zu erzielen. Um sie zu ermöglichen, wurde durch Kabinettsorder am 9. Februar eine Art allgemeiner Wehrpflicht für die Dauer des Krieges, und dann am 17. März die Aufstellung der Landwehr befohlen, welche sich zu einer wahren nationalmilitärischen Erziehungseinrichtung gestaltete, trotz der erschreckenden Beschränktheit an Geldmitteln. In einem Entwurfe, den Scharnhorst mit Gneisenau für den König ausarbeitete, sagte er: „Nur eine Anordnung, welche die Gesamtkräfte der Nation in Bewegung setzt, kann den Thron und unsere Unabhängigkeit sichern, zumal bei einem Gegner, der alles wagt, um alles zu gewinnen." Die Landwehr sollte zunächst aus Freiwilligen, wehrfähigen Männern vom 17. bis zum 40. Jahre bestehen. Sammelten sich deren nicht genug, so hatte eine Auslosung innerhalb des Kreises nachzuhelfen. Trotz aller Mühen kam man hiermit nur langsam vorwärts, weil

Ostpreußische Pommersche Landwehrreiterei. 1813.
Nach Knötel, Uniformenkunde (Babenzien, Rathenow).

Freiwilliger Jäger und Husar vom Schlesischen National-Kavallerieregiment. 1813.

es an dem Nötigsten gebrach. Nur die schon früher aufgestellte ostpreußische Landwehr vermochte sich noch am Frühjahrsfeldzuge zu beteiligen. Als Schlußstein der militärischen Wehrkraft wurde an einen Landsturm gedacht, den man am 21. April durch ein Gesetz zu erzwingen suchte, in dem der Gedanke der allgemeinen Wehrpflicht zu voller Ausprägung gelangte. Die Landsturmmänner durften keine Uniform oder kenntliche Abzeichen tragen und sollten dem Feinde offen und geheim, geradezu nach spanischem Muster, Schaden zufügen, denn „der Kampf, zu dem der Landsturm berufen wird, ist der Kampf der Notwehr, der alle Mittel heiligt". Schritt vor Schritt war man in der Heeresverfassung vorwärts gegangen, bis man beim Einsetzen des gesamten Volkes für den furchtbarsten Vernichtungskampf angelangt war. Aber mit dem Scharnhorst-Gneisenauschen Landsturmedikt schoß man über das Ziel hinaus: man erregte den Schrecken der Bureaukraten und Feudalen und traf nicht das Volksempfinden, welches sich den Krieg nur geordnet und den Krieger nur in Uniform denken konnte. So ist denn der Landsturm tatsächlich auch nicht zur Anwendung gelangt.

General v. Clausewitz.

Um die vielen Wehrgesetze durchzuführen, wurde am 15. März das gesamte Land in vier Militärgouvernements geteilt, mit einem Militär- und Zivilgouverneur an der Spitze, die außergewöhnliche Machtbefugnisse besaßen. Doch auch damit war nicht sofort geholfen. Immerhin, der alte Beamten- und Militärstaat setzte ein mit voller Wucht und ungeheuren Ansprüchen, er wurde empfunden als der Wille der Nation und vermochte deshalb mit ihm verbunden das Höchste zu leisten. Nun war, wie Stein es schon 1808 verlangt hatte, jeder Nerv gespannt, jede Kraft in Tätigkeit versetzt. — Große Schwierigkeiten machte die Besetzung der obersten Heerführung. Unbedingt konnte an Scharnhorst gedacht werden, aber dieser selbstlose, scharfsichtige Mann betrieb mit größtem Eifer die Ernennung Blüchers. Der König liebte den Haudegen und ungestümen Feuerkopf nicht und ließ sich nur schwer umstimmen. Am 28. Februar übertrug er ihm dann aber doch das Kommando derjenigen Truppen, die zuerst ins Feld rückten. In der Kabinettsorder heißt es: „Der wichtige Auftrag, der Ihnen hierdurch zuteil wird, wird Sie überzeugen, welches Vertrauen ich in Ihre Kriegserfahrenheit und in Ihren Patriotismus setze." In der Tat trotz seines Greisenhaares vertrat Blücher die Jugendfrische des neuen Preußen. Seine Erscheinung an der Spitze der waffenblitzenden Bataillone bedeutete eine unvergleichliche moralische Wucht.

Blücher war der Held des Volkes, aber bloßer Praktiker, der nichts von weitschauenden Kriegsplänen verstand. Ihm trat deshalb Scharnhorst als Chef des Generalstabes oder, wie es damals hieß, als Generalquartiermeister zur Seite, der sich Gneisenau als zweiten Berater beigesellte. Hiermit erlangten die beiden höchstgebildeten Offiziere und tüchtigsten militärischen Köpfe eine leitende Stellung. Was sie ersannen, führte Blücher durch, den Säbel in der Faust. Sehr wichtig erwies sich, daß damals v. d. Knesebeck trotz Abratens von Hardenberg General-

Lützows wilde Jagd.

Was glänzt dort vom Walde im Sonnenschein?
Hör's näher und näher brausen.
Es zieht sich herunter in düsteren Reihn,
Und gellende Hörner schallen darein
Und erfüllen die Seele mit Grausen.
Und wenn ihr die schwarzen Gesellen fragt:
Das ist Lützows wilde, verwegene Jagd!

Was braust dort im Tale die laute Schlacht,
Was schlagen die Schwerter zusammen?
Wildherzige Reiter schlagen die Schlacht,
Und der Funke der Freiheit ist glühend erwacht
Und lodert in blutigen Flammen.
Und wenn ihr die schwarzen Reiter fragt:
Das ist Lützows wilde, verwegene Jagd!

Theodor Körner.

„Lützows wilde, verwegene Jagd." Nach dem Originalaquarell von C. Becker.

Musketier. Offizier u. Jäger v. d. Tiroler Jägerkompanie. Jäger der Jäger-detachements.
v. Lützowsches Freikorps. 1813—1815.
Nach Knötel, Uniformenkunde (Babenzien, Rathenow).

adjutant wurde. Mit selbständigen Männern, also zumal mit Stein und Scharnhorst, vertrug er sich schlecht und machte seinen großen Einfluß beim Könige nicht selten gegen sie geltend.

Unter dem Gewichte der fortschreitenden Rüstungen und der allgemeinen Volksstimme schritt Friedrich Wilhelm dazu, das bisher geheimgehaltene Einvernehmen mit Rußland in die Erscheinung treten zu lassen. Am Tage seines Abschlusses erfolgte Blüchers Ernennung und am 11. März verkündete ein Armeebefehl des Königs, daß Yorck sich bei Abschluß der Konvention von Tauroggen vorwurfsfrei benommen habe, daß er in der Führung seines Korps bestätigt werde und auch die des Bülowschen Korps erhalte. Fünf Tage später, den 16. März, erhielt Saint-Marsan die Kriegserklärung ausgehändigt, welche aber erst am 27. offiziell nach Paris gelangte. Der Kriegserklärung folgte unmittelbar, bereits am 17., die offizielle Unterzeichnung des russischen Bündnisvertrages durch den König, welche bisher noch unterblieben war. Der eigentlich denkwürdige Tag aber war der 20. März, da erschienen in den Zeitungen: der Bündnisvertrag, die Kriegserklärung, der Aufruf des Königs „An mein Volk“, der „An mein Kriegsheer“ samt der Verordnung über die Stiftung des „Eisernen Kreuzes“. Mit einem Schlage ließ die Regierung die Maske fallen, um ihr wirkliches, entschlossenes Antlitz zu zeigen. Der Aufruf „An mein Volk“ rührte vom Staatsrate v. Hippel her, der in gemütvollen, herzergreifenden Worten zum Ausdrucke brachte, was alle bewegte. Es war darin auf die Gewaltwirtschaft der Franzosen hingewiesen, die zum Verderben führe, und dann der Kampf verkündet. Alle Opfer wögen die heiligen Güter nicht auf, für die man streiten und siegen müsse, wenn man nicht aufhören wolle, Preußen und Deutsche zu sein. Es gebe keinen Ausweg, als einen ehrenvollen Frieden oder einen ruhmvollen Untergang. Das „Eiserne Kreuz“ sollte als einziges Ehrenzeichen in dem eisernen, heiligen Kriege verliehen werden und zwar ohne Unterschied an Offiziere und Mannschaften.

Die Aufrufe des Königs übten eine überwältigende Wirkung. Endlich nach langem, bangem Harren waren die Würfel gefallen. Sieben Jahre war man vergewaltigt, verhöhnt, mißhandelt und ausgebeutet, seiner Menschen- und Bürgerrechte beraubt. Nun wollte man wieder leben, wollte frei und Preuße sein, seine höchsten Güter zurückerobern, wenn nicht anders in verzweifeltem Kampfe. Mit elementarer Tatkraft trat dieser Volkswille in die Erscheinung, alles mit sich reißend, hoch und niedrig, Ungebildete und Gleichgültige. Einer

Infanterist. Husar. Husarenoffizier.
v. Hellwigsches Streifkorps. 1813.
Nach Knötel, Uniformenkunde (Babenzien, Rathenow).

Schlesische privilegirte Zeitung

No. 34. Sonnabends den 20. März 1813.

Se. Majestät der König haben mit Sr. Majestät dem Kaiser aller Reußen ein Off- und Defensiv-Bündniß abgeschlossen.

An Mein Volk.

So wenig für Mein treues Volk als für Deutsche, bedarf es einer Rechenschaft, über die Ursachen des Kriegs welcher jetzt beginnt. Klar liegen sie dem unverblendeten Europa vor Augen.

Wir erlagen unter der Uebermacht Frankreichs. Der Frieden, der die Hälfte Meiner Unterthanen Mir entriß, gab uns seine Segnungen nicht; denn er schlug uns tiefere Wunden, als selbst der Krieg. Das Mark des Landes ward ausgesogen, die Hauptfestungen blieben vom Feinde besetzt, der Ackerbau ward gelähmt so wie der sonst so hoch gebrachte Kunstfleiß unserer Städte. Die Freiheit des Handels ward gehemmt, und dadurch die Quelle des Erwerbs und des Wohlstands verstopft. Das Land ward ein Raub der Verarmung.

Durch die strengste Erfüllung eingegangener Verbindlichkeiten hoffte Ich Meinem Volke Erleichterung zu bereiten und den französischen Kaiser endlich zu überzeugen, daß es sein eigener Vortheil sey, Preußen seine Unabhängigkeit zu lassen. Aber Meine reinsten Absichten wurden durch Uebermuth und Treulosigkeit vereitelt, und nur zu deutlich sahen wir, daß des Kaisers Verträge mehr noch wie seine Kriege uns langsam verderben mußten. Jetzt ist der Augenblick gekommen, wo alle Täuschung über unsern Zustand aufhört.

Brandenburger, Preußen, Schlesier, Pommern, Litthauer! Ihr wißt was Ihr seit fast sieben Jahren erduldet habt, Ihr wißt was euer trauriges Loos ist, wenn wir den beginnenden Kampf nicht ehrenvoll enden. Erinnert Euch an die Vorzeit, an den großen Kurfürsten, den großen Friedrich. Bleibt eingedenk der Güter, die unter

---

Faksimile einer von der Verlagsbuchhandlung W. G. Korn in Breslau zur Verfügung gestellten Nummer der „Schlesischen privilegirten Zeitung" vom 20. März 1813, die zuerst den Aufruf König Friedrich Wilhelms III. brachte.

ihnen unsere Vorfahren blutig erkämpften: Gewissensfreiheit, Ehre, Unabhängigkeit, Handel, Kunstfleiß und Wissenschaft. Gedenkt des großen Beispiels unserer mächtigen Verbündeten der Russen, gedenkt der Spanier, der Portugiesen. Selbst kleinere Völker sind für gleiche Güter gegen mächtigere Feinde in den Kampf gezogen und haben den Sieg errungen. Erinnert Euch an die heldenmüthigen Schweitzer und Niederländer.

Große Opfer werden von allen Ständen gefordert werden: denn, unser Beginnen ist groß, und nicht geringe die Zahl und die Mittel unserer Feinde. Ihr werdet jene lieber bringen, für das Vaterland, für Euren angebornen König, als für einen fremden Herrscher, der wie so viele Beispiele lehren, Eure Söhne und Eure letzten Kräfte Zwecken widmen würde, die Euch ganz fremd sind. Vertrauen auf Gott, Ausdauer, Muth, und der mächtige Beistand unserer Bundesgenossen, werden unseren redlichen Anstrengungen siegreichen Lohn gewähren.

Aber, welche Opfer auch von Einzelnen gefordert werden mögen, sie wiegen die heiligen Güter nicht auf, für die wir sie hingeben, für die wir streiten und siegen müssen, wenn wir nicht aufhören wollen, Preußen und Deutsche zu seyn.

Es ist der letzte entscheidende Kampf den wir bestehen für unsere Existenz, unsere Unabhängigkeit unsern Wohlstand; keinen andern Ausweg giebt es, als einen ehrenvollen Frieden oder einen ruhmvollen Untergang. Auch diesem würdet Ihr getrost entgegen gehen um der Ehre willen, weil ehrlos der Preuße und der Deutsche nicht zu leben vermag. Allein wir dürfen mit Zuversicht vertrauen: Gott und unser fester Willen werden unserer gerechten Sache den Sieg verleihen, mit ihm einen sicheren glorreichen Frieden und die Wiederkehr einer glücklichen Zeit.

Breslau den 17. März 1813. Friedrich Wilhelm.

An Mein Kriegesheer.

Vielfältig habt Ihr das Verlangen geäußert, die Freiheit und Selbstständigkeit des Vaterlandes zu erkämpfen. — Der Augenblick dazu ist gekommen! — Es ist kein Glied des Volkes, von dem es nicht gefühlt würde. Freiwillig eilen von allen Seiten Jünglinge und Männer zu den Waffen. Was bei diesen freier Wille, das ist Beruf für Euch, die Ihr zum stehenden Heere gehört. Von Euch — geweiht das Vaterland zu vertheidigen — ist es berechtigt zu fordern, wozu Jene sich erbieten.

Seht! wie so Viele Alles verlassen, was ihnen das Theuerste ist, um ihr Leben mit Euch für des Vaterlandes Sache zu geben. — Fühlt also doppelt Eure heilige Pflicht! Seyd Alle ihrer eingedenk am Tage der Schlacht, wie bei Entbehrung, Mühseligkeit und innerer Zucht! Des Einzelnen Ehrgeiz — er sey der Höchste oder der Geringste im Heere — verschwinde in dem Ganzen: Wer für das Vaterland fühlt, denkt nicht an sich. Den Selbstsüchtigen treffe Verachtung, wo nur dem allgemeinen Wohl es gilt. Diesem weiche jetzt Alles. Der Sieg geht aus von Gott! Zeigt Euch seines hohen Schutzes würdig durch Gehorsam und Pflichterfüllung. Muth, Ausdauer, Treue und strenge Ordnung sey Euer Ruhm. Folgt dem Beispiel Eurer Vorfahren; seyd ihrer würdig und Eurer Nachkommen eingedenk!

Gewisser Lohn wird treffen den, der sich auszeichnet; tiefe Schande und strenge Strafe den, der seiner Pflicht vergißt!

Euer König bleibt stets mit Euch; mit Ihm der Kronprinz und die Prinzen Seines Hauses. Sie werden mit Euch kämpfen — Sie und das ganze Volk werden kämpfen mit Euch, und an Unserer Seite ein zu Unserer und zu Teutschlands Hülfe gekommenes, tapferes Volk, das durch hohe Thaten seine Unabhängigkeit errang. Es vertraute seinem Herrscher, seinen Führern, seiner Sache, seiner Kraft — und Gott war mit ihm! So auch Ihr! — denn auch Wir kämpfen den großen Kampf um des Vaterlandes Unabhängigkeit.

Vertrauen auf Gott, Muth und Ausdauer sey Unsere Loosung!"

Breslau, den 17ten März 1813. Friedrich Wilhelm.

Urkunde
über die Stiftung des eisernen Kreuzes.

Wir Friedrich Wilhelm, von Gottes Gnaden König von Preußen ꝛc. ꝛc.

In der jetzigen großen Katastrophe, von welcher für das Vaterland Alles abhängt, verdient der kräftige Sinn, der die Nation so hoch erhebt, durch ganz eigenthümliche Monumente geehrt und verewigt zu werden. Daß die Standhaftigkeit, mit welcher das Volk die unwiderstehlichen Uebel einer eisernern Zeit ertrug, nicht zur Kleinmüthigkeit herabsank, bewährt der hohe Muth, welcher jetzt jede Brust belebt und welcher, nur auf Religion und auf treue Anhänglichkeit an König und Vaterland sich stützend, ausharren konnte.

Wir haben daher beschlossen, das Verdienst welches in dem jetzt ausbrechenden Kriege, entweder im wirklichen Kampf mit dem Feinde oder außerdem im Felde oder daheim jedoch in Beziehung auf diesen großen Kampf um Freiheit und Selbstständigkeit, erworben wird, besonders auszuzeichnen und diese eigenthümliche Auszeichnung nach diesem Kriege nicht weiter zu verleihen.

Dem gemäß verordnen Wir wie folget:

1. Die nur für diesen Krieg bestehende Auszeichnung des Verdienstes Unserer Unterthanen um das Vaterland ist

das eiserne Kreuz

von zwei Klassen und einem Groß-Kreuz.

2. Beide Klassen haben ein ganz gleiches in Silber gefaßtes schwarzes Kreuz von Gußeisen, die Vorderseite ohne Inschrift, die Kehrseite zu oberst Unsern Namenszug F. W. mit der Krone, in der Mitte drei Eichenblätter und unten die Jahreszahl 1813. und beide Klassen werden an einem schwarzen Bande mit weisser Einfassung wenn das Verdienst im Kampf mit dem Feinde erworben ist, und an einem weissen Bande mit schwarzer Einfassung wenn dies nicht der Fall ist, im Knopfloch getragen; die erste Klasse hat neben dieser Dekoration noch ein Kreuz von schwarzem Bande mit weisser Einfassung auf der linken Brust; und das Großkreuz, noch einmal so groß als das der beiden Klassen, wird an dem schwarzen Bande mit weisser Einfassung um den Hals getragen.

3. Die Militair-Ehrenzeichen erster und zweiter Klasse werden während der Dauer dieses Krieges nicht ausgegeben; auch wird die Ertheilung des rothen Adler-Ordens zweiter und dritter Klasse so wie des Ordens pour le mérite, bis auf einige einzelne Fälle, in der Regel suspendirt. Das eiserne Kreuz ersetzt diesen Orden und Ehrenzeichen und wird durchgängig von Höheren und Geringeren auf gleiche Weise in den angeordneten zwei Klassen getragen. Der Orden pour le mérite wird in außerordentlichen Fällen mit drei goldenen Eichenblättern am Ringe ertheilt.

4. Die zweite Klasse des eisernen Kreuzes soll durchgängig zuerst verliehen werden; die erste kann nicht anders erfolgen, als wenn die zweite schon erworben war.

5. Daraus folgt, daß auch diejenigen, welche Orden oder Ehrenzeichen schon besitzen und sich in diesem Kriege auszeichnen, zunächst nur das eiserne Kreuz zweiter Klasse erhalten können.

6. Das Großkreuz kann ausschließlich nur für eine gewonnene entscheidende Schlacht, nach welcher der Feind seine Position verlassen muß, desgleichen für die Wegnahme einer bedeutenden Festung, oder für die anhaltende Vertheidigung einer Festung die nicht in feindliche Hände fällt, der Kommandirende erhalten.

7. Die jetzt schon vorhandenen Orden und Ehrenzeichen werden mit dem eisernen Kreuz zusammen getragen.

8. Alle Vorzüge, die bisher mit dem Besitz des Ehrenzeichens erster und zweiter Klasse verbunden waren, gehen auf das eiserne Kreuz über. Der Soldat, der jetzt schon das Ehrenzeichen zweiter Klasse besitzt, kann bei anderweitiger Auszeichnung nur zuerst das eiserne Kreuz der zweiten Klasse erhalten; jedoch erhält er mit demselben zugleich die mit dem Besitz des Ehrenzeichens erster Klasse verbundene monatliche Zulage, die aber fernerhin nicht weiter vermehrt werden kann.

9. In Rücksicht der Art des verwirkten Verlusts dieser Auszeichnung hat es bei den in Ansehung Unserer übrigen Orden und Ehrenzeichen gegebenen Vorschriften sein Bewenden.

Urkundlich unter Unserer allerhöchsteigenhändigen Unterschrift und beigedrucktem Königlichen Insiegel. Gegeben Breslau den 10ten März 1813.

Friedrich Wilhelm.

Faksimile des von Friedrich Wilhelm III. entworfenen Aufrufes an die Armee, mit Korrekturen von Kabinettsrat Ancillon; auf der ersten Seite ein Bericht des Staatskanzlers Hardenberg an den König.

(Nach dem Original im Geheimen Staatsarchiv zu Berlin.)

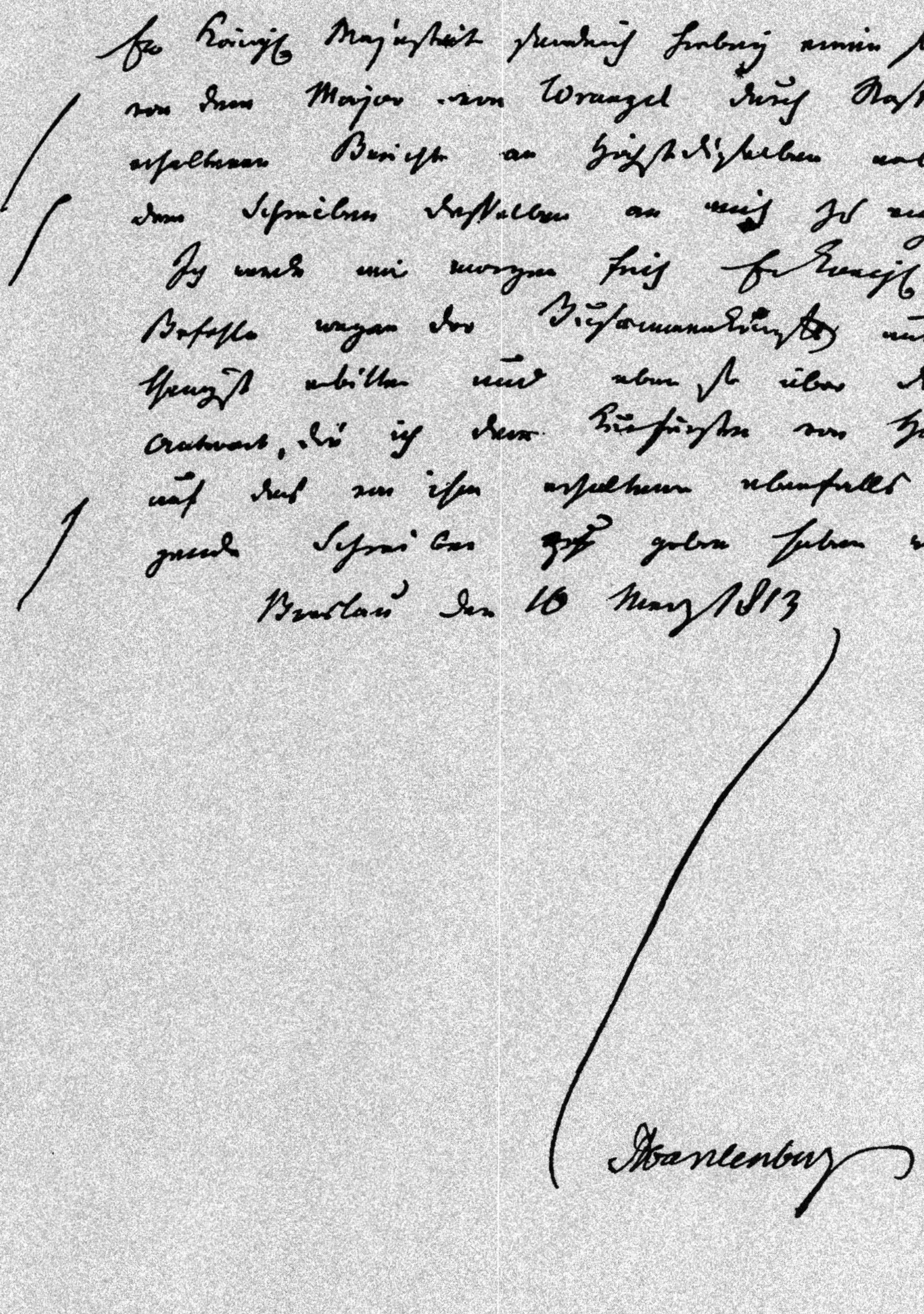

Vielfältig habt ihr das Verlangen geäußert, die
Freiheit und Selbstständigkeit des Vaterlandes zu
erkämpfen — der Augenblick dazu ist gekommen —
Es ist kein Glied der Nation (des Volkes), an den nicht
gerufen würde. Freiwillig eilt an allen
Seiten ~~[illegible]~~ Alt und Jung zu den Waffen. Wenn
diese freiwillig zu thun entschlossen sind, ist ~~[illegible]~~
Ehrensache für euch, die ihr zum stehenden Heere
gehört. Von euch nicht das Vaterland zu vertheidigen
ist es überflüssig ~~[illegible]~~, dies vor allem ~~[illegible]~~
vor Euch! zu fordern [illegible] jederzeit zum Kampf bereit,
willig zeigen.) Daß wir so viele älter (des
Krieges) erfahren [illegible] ihr Leben und Blut für
des Vaterlandes (heiligen) Sache zu geben —
Fühlt also doppelt eure heilige Pflicht.
Zeigt (stets) alle eure Tugenden im Tage der Schlacht,
wie bey Entbehrung, Mühseligkeit und innerer
Zucht! — Der Einzelne Ehrgeiz [illegible] der
Höchste oder der ~~[illegible]~~ Geringste verschwinde
im Ganzen: Wer für das Vaterland fühlt
denkt nicht an sich. Der Selbstsüchtige Kraft-
Anstrengung, wo nur dem Allgemeinen Kraft es gilt

zeigt euch seines hohen Schutzes würdig durch Gehorsam und Pflichtgefühl (Würdigs)
(es sind die ersten Bedingungen des Sieges)

Würdigen ~~[illegible]~~ euch gestellt. Der Krieg
gilt nur der Gott, Vaterland und ihr, ~~Jeder~~
~~Gehorsam Eurer Anführer~~. Muth, ~~Treue~~
~~Ausdauer~~ Treue, strenge Ordnung sey Euer
Ruhm. Seyd Eurer Vorfahren würdig, folgt ihrem Beyspiel, Euer Nachkommen eingedenk
ihr habt keine Wahl. Ehre ~~und~~
Lohn wird treffen den der sich auszeichnet, die tiefe
~~die~~ Schande u strenge Strafe, wer seine
Pflicht vergißt. ~~Ich selbst~~ Euer König bleibt stets mit euch ~~in~~
~~seiner~~ Mitte, und ihm ~~der~~ der Kronprinz u die Prinzen des
Hauses; ~~die ganze Nation~~ sie werden mit Euch kämpfen ~~[illegible]~~
~~[illegible]~~ sie und die ganze Nation werden kämpfen mit Euch, u zu
unserer Seite ein tapferes Volk, zu Deutsch-
lands Hülfe gekommen, das durch hohe Thaten
seine Unabhängigkeit errang. Es vertraute
seinem Monarchen, seinen Führern, seiner
Sache, seiner Kraft, u Gott war mit
ihm, — u so auch ihr, — denn auch wir kämpfen
den großen Kampf um unsere, ~~um die~~
des Vaterlandes Unabhängigkeit.

Vertrauen auf Gott, Muth u Ausdauer
sey unsere Losung.

der ersten, der dieser Stimmung Ausdruck verliehen hatte, war der alte Blücher gewesen, der schon am 5. Januar an Scharnhorst schrieb: „Mich juckt es in allen Fingern, den Säbel zu ergreifen. Wenn es jetzt nicht Seiner Majestät unseres Königs und aller übrigen deutschen Fürsten und der ganzen Nation Fürnehmen ist, all das Schelmfranzosenzeug mitsamt dem Bonaparte und all seinem Anhang vom deutschen Boden wegzutilgen, so scheint mir, daß kein deutscher Mann mehr des deutschen Namens wert ist. Jetzt ist es die Zeit, die ganze Nation zu den Waffen aufzurufen, und wann die Fürsten nicht wollen und sich dem etwa entgegensetzen, sie mitsamt dem Bonaparte wegzujagen, denn nicht nur Preußen allein, sondern das ganze deutsche Vaterland muß wiederum heraufgebracht und die Nation wieder hergestellt werden." Darum, meint er, solle alles aufsitzen und los auf die Franzosen, wie das heilige Donnerwetter. — General v. Bülow richtete eine Denkschrift an den König, worin es hieß: „Die ganze Nation hat nur eine Stimme, Krieg gegen Frankreich ist der Wunsch aller. Dies wird Sache der Nation sein, freiwillig werden die größten Opfer gebracht werden und Quellen werden sich öffnen, die man längst versiegt glaubte." Aus England schrieb Gneisenau an Hardenberg: „Bei der Asche unserer Königin beschwöre ich den König, sich und sein Volk aus der Sklaverei zu retten. Gott hat ihn auf den Thron gesetzt, um zu handeln, und nicht, um zu dulden."

Major v. Lützow. Nach dem Stich von Giuseppe Longhi.

Der gleiche Geist, welcher die militärischen Kreise ergriffen hatte, durchglühte die Bürgerbevölkerung. Noch befand sich der Gesandte Saint-Marsan in Breslau, als Anfang Februar der Breslauer Professor Steffens eine zündende vaterländische Rede vor dichtgedrängten Zuhörern hielt, worüber er selber berichtet: „Es war das drückende Gefühl unglücklich verlebter Jahre, welches Worte fand; es war das warme Gefühl der zusammengepreßten Menge, welches auf meiner Zunge ruhte. Nichts Fremdes verkündete ich. Was ich sagte, war die stille Rede aller, und sie machte eben deswegen, wie ein Echo aus der eigenen Seele eines jeden, einen tiefen Eindruck." Während er die Jugend aufforderte, erklärte er, selber mit ihnen am Kampfe teilzunehmen. Scharnhorst umarmte ihn tiefbewegt mit den Worten: „Steffens, ich wünsche Ihnen Glück! Sie wissen nicht, was Sie getan haben."

Sehr bezeichnend ist, wie man die ganze Bewegung mit dem Namen dessen zusammenbrachte, der sie tatsächlich eingeleitet hatte, mit demjenigen Steins. Unter anderem schrieb der bayerische Gesandte in Wien nach München, und zwar an demselben 20. März, als der König die Veröffentlichungen erließ: Von der Sekte der Anhänger Steins würden deutsche Verfassungspläne und beunruhigende Äußerungen gemeldet: man müsse das linke Rheinufer und alle Gegenden der deutschen Sprache von den Franzosen befreien. Wenn Frankreich neue Nieder-

Professor Steffens in Breslau begeistert seine Zuhörer f

Photographie im Verlag der Photographischen Union in München.

…en Freiheitskrieg. Nach dem Gemälde von Artur Kampf.

lagen erleide, sei eine völlige Veränderung in Deutschland unvermeidlich. Schon greife die Bewegung über Norddeutschland hinaus und mache Metternich seine Abneigung gegen volkstümliche Gesinnung zum Vorwurfe. Diese Sekte der Anhänger Steins sei bereit, ganz Deutschland in Feuer zu setzen.

Lauter und lauter brauste eine gewaltige Begeisterung durch das Land, wie ein lange zurückgehaltener Bergstrom, der alle Dämme sprengt und alles in seinen Strudel reißt. Kants Pflichttreue und Schillers Heldenpathos geleiteten in den Kampf und adelten Streiten und Leiden. Damals schrieb der Dichter und Schauspieler Immermann: „Am gewaltigsten wirkte Schiller auf uns. Unsere Begeisterung für ihn ging bis zur Andacht. Es war uns wunderbar, daß ein solcher Mann hatte sterben können." Alle Stände und Lebensalter strömten zu den Waffen; neben bejahrten Familienhäuptern halbe Knaben, neben dem Vater seine Söhne, selbst junge Mädchen traten verkleidet in die Reihen der Streiter. Aus Westfalen kamen Freiwillige unter Lebensgefahr herbei, um unter den Fahnen ihres früheren Königs zu dienen. Trefflich schildert Friederich: „Die Studenten von Jena, Göttingen und Halle eilten in Scharen nach Breslau; sie wollten mit ihren preußischen Kommilitonen den Ruhm teilen, für Deutschland die Freiheit und Unabhängigkeit zu erkämpfen. Ein edler Wettstreit entstand zwischen Jägern und Freikorps; erstere vertraten mehr die partikularistisch-preußische Richtung, letztere in enthusiastischem Schwange die deutsch-nationale Idee, erstere gaben der preußischen Armee das moralische Element, den Adel hoher Gesinnung, die stürmische, todbegeisterte Tapferkeit, letztere fügten den Idealismus, die Leidenschaftlichkeit und die Erregtheit der studentischen Jugend hinzu, namentlich seitdem sich ihnen der liederfrohe Körner, der Turnvater Jahn, der edle Friesen u. a. angeschlossen hatten. So flossen preußisches Staats- und deutsches Nationalgefühl zum erstenmal ineinander, und das Preußen, das in den vergangenen Jahrhunderten, bewußt oder unbewußt, an der Zerstörung des Deutschen Reiches so erheblich mitgewirkt hatte, wurde im Jahre 1813 einer der Hauptfaktoren zur Entstehung des Deutschen Nationalstaates."

Besonders hervor taten sich die akademisch Gebildeten. Bereits am 9. Februar konnte der bayerische Gesandte aus Berlin berichten, fast die ganze akademische Jugend sei abgereist, um dem Könige ihre Dienste anzubieten. Man mache sich keinen Begriff von dem Wandel, der alle Köpfe ergriffen habe.

Als die Franzosen noch Berlin besetzt hielten, schrieb der Chef der Oberregierungskommission an Hardenberg: „Was unsere Verlegenheit aufs äußerste bringt, das ist der maßlose Enthusiasmus, der sich der jungen Leute bemächtigt hat. Sie verlassen die Universität, die Kollegien und selbst die Departements, um sich in das neue Korps einreihen zu lassen. Sie hoffen gegen die Franzosen zu ziehen." Schon während des Februar ließen sich neuntausend junge Männer der Hauptstadt in die Liste der Freiwilligen eintragen, darunter bis zum 16. Februar dreihundert Studenten. Ein Zeitgenosse äußerte sich darüber: „Prima leerte sich fast ganz, Sekunda halb, und aus Tertia traten auch einige zu den Waffen. Die, welche wir gestern noch mit der Schulmappe unter dem Arme gesehen, sahen wir heute, mit der Büchse in der Hand, dem Gebote des Vaterlandes folgen." Der Professor Fichte brach am 19. Februar seine Vorlesungen mit den Worten ab: „Wer möchte im Falle, daß das Unternehmen scheitern sollte, den Gedanken auf sich laden, daß durch sein Sichausschließen und das Beispiel, das er dadurch gegeben habe, das Mißlingen veranlaßt sei?" Es gelte den Geist zu verbreiten, den deutschen Stämmen das Beispiel eines Volkes zu geben, „das einmütig und in allen seinen Ständen sich erhebt, um sich zu befreien!"

Alle Professoren der Universität Berlin und sämtliche Mitglieder der Akademie der Künste und Wissenschaften ließen sich in den Landsturm aufnehmen und übten Griffe und Bewegungen

Die Freiwilligen von 1813 in Breslau. Nach dem Gemälde von G. Bleibtreu.

unter der Leitung ausgedienter Unteroffiziere. „Das Volk steht auf, der Sturm bricht los“, sang Theodor Körner. Unwillig meinte der württembergische Ministerresident: „Der Zulauf vermehrt sich täglich aus allen Ständen und Klassen. Man sieht auf den Straßen von Berlin fast nichts als Freiwillige mit Säbeln und Flinten bewaffnet. Alles, was die Gemüter erhitzen kann, wird in Bewegung gesetzt. Kirche und Theater werden dazu benutzt.“

Wer sich nicht selber auf dem Altare des Vaterlandes zu opfern vermochte, der brachte seine Habe dar, Beamte und Offiziere verzichteten auf ihr Gehalt, Gutsbesitzer und Bauern sandten Korn und Futter, Kinder und Dienstboten leerten ihre Sparbüchsen, Ehepaare, die sonst nichts besaßen, opferten ihre goldenen Trauringe, wofür sie eiserne erhielten, ja, arme Mädchen ließen sich die Haare abschneiden, um das dafür gelöste Geld dem Staate zu schenken. Es herrschte eine Opferwilligkeit und Begeisterung sondergleichen. Ein Beamter gab den vierten Teil seines Vermögens, volle tausend Taler, ein Veteran die Hälfte seiner Pension, ein Invalide sandte eine goldene Medaille mit den Worten: „Mir ein teures Andenken, ich bringe es dennoch dar.“ Eine arme Frau, deren Mann nach vierzigjähriger Ehe gestorben war, schenkte den „Ring der Treue“ mit den Worten: „Ich gab das Teuerste, was ich zu geben vermag.“ Ein invalider Offizier opferte seine beiden goldenen Trauringe: „Das einzige, was ich noch besitze; ich lege es mit Freuden auf den Altar des Vaterlandes.“ Ein Kind, die „kleine Marie“, spendete einen Taler und acht Groschen, für die sie sich eine Wachspuppe kaufen sollte; ein zehnjähriger Knabe lieferte seine sieben Groschen, die er mühsam gesammelt hatte, mit den Worten: „Alle Sparbüchsen müssen jetzt geleert werden.“ Wohl die erste, die ihr blondes Haar opferte,

war Ferdinande von Schmettau, die Tochter eines pensionierten Obersten. Eine junge Dame, Fräulein Nanni, kam vom Lande nach Breslau und sah die allgemeine Begeisterung. Da sie sonst nichts besaß, ließ sie ihr langes seidenes Haar abschneiden und verkaufte es für zwei Taler, die sie mit fröhlicher Herzlichkeit zu den gesammelten Beiträgen legte. Der Beamte, der die Ausrüstung der unbemittelten freiwilligen Jäger besorgte, erwarb die Haare, ließ Uhr-, Arm- und Halsbänder, Ringe und Schnüre daraus herstellen, in Gold aus eingesandten Trauringen fassen, mit der Zahl 1813 und dem preußischen Adler stempeln, um sie als Erinnerungszeichen möglichst einträglich zu verkaufen. Aber auch andere Gaben gingen ein, so von einem Offizier das silberne Degengefäß eines französischen Obersten, den er 1807 mit eigener Hand erdrosselt hatte. Ein patriotischer Westfale spendete fünfzig Solinger Säbelklingen mit den Worten: „Laßt euch von ihnen freie Bahn nach dem Rhein machen.“ So kamen die Geschenke aus allen Gauen Preußens, freilich spärlich von jenseits der Grenze. In wenigen Wochen brachte das ausgesogene Land an freiwilligen Gaben den Wert von einer halben Million Taler auf; die Sammlungen in Berlin haben eine Million sechshundertneunundzwanzigtausend Taler ergeben.

Das Eiserne Kreuz.
Nach einem im Besitze des „Historischen Museums der Völkerschlacht und der Zeit Napoleons I.“ befindlichen Kreuz, Napoleonstein bei Leipzig.

Ganz anders als in Spanien geschah die Erhebung, nicht gewaltsam und fanatisch, sondern in weihevoller, tief religiöser Stimmung. Auf den Knien lag der Physikprofessor Steffens, bevor er seine vaterländische Rede hielt. Und wie sein Gebet stiegen unzählige inbrünstig zum Lenker der Schlachten empor. Keine Kriegsschar zog aus, ohne vorher am Altar den Segen des Priesters empfangen zu haben. Jedes Regiment, jedes Bataillon wurde unter freiem Gotteshimmel eingesegnet, umgeben von dichten Scharen andächtiger Zuschauer. Unter dem feierlichen Geläute der Kirchenglocken zogen sie in den Krieg. Niemals sind ergreifendere Predigten von der Kanzel ertönt, wie im Völkerfrühling 1813. Unter andern berichtete damals der württembergische Ministerresident aus Berlin: „Am vorigen Sonntag hat in der Dreifaltigkeitskirche der Prediger Schleiermacher, ein bekannter, höchst eifriger Anhänger des Tugendbundes, an etlich und dreißig Vaterlandsverteidiger, welche in Begleitung einer großen Anzahl, namentlich weiblicher Familienmitglieder, das heilige Abendmahl genossen, eine feurige, den Gesinnungen dieser jungen Leute entsprechende Rede gehalten, worin das Feierliche der kirchlichen Handlung mit der gegenwärtigen Lage des Vaterlandes und dem erhabenen Beruf, solches vom fremden Joch zu befreien, in Verbindung gebracht wurde.“

Ein eiserner Trauring aus dem Jahre 1813 mit der Aufschrift „Gold gab ich für Eisen“, ferner ein Haarring mit der Bezeichnung „Deutsche Treue“.

Die empfindsame, gefühlsüberschwengliche Zeit rief auch die Dichter und Schriftsteller auf den Plan, einen Arndt, Körner, Rückert, Schenkendorf und Fouqué. Kernig predigte Arndt den Gott der Freiheit, den Mannesmut und die Kraft des Schwertes. Körner verkörperte die stürmische Kriegerpoesie im Feldlager und traf den Ton der Begeisterung wie kein zweiter, während Schenkendorf von der preußischen Volkserhebung romantisch hinübergaukelte zur alten Kaiserherrlichkeit. In seinem „Landsturmliede“ sang er:

„O, zeuch durch unsre Felder
Und reinige das Land,
Durch unsre Tannenwälder
Du Sturm, von Gott gesandt.“

Graf Dohna mit 2 Söhnen. Körner. Friesen. G. Schnelle. v. Bärenhorst. Fischer, Rittmeister. Peters, Pastor.

Einsegnung des Lützowschen Freikorps in der Kirche zu Rogau am 27. März 1813. Nach dem Gemälde von F. Martersteig.

Fouqué, der als freiwilliger Jäger eingetreten war, verkündete in seinem Jägerliede:

„Frisch auf zum fröhlichen Jagen,
Es ist nun an der Zeit;
Es fängt schon an zu tagen,
Der Kampf ist nicht mehr weit!“

Gesungen und gedruckt übten solche Gedichte eine weittragende, zündende Wirkung. Hinzu kamen Prosaerzeugnisse wie Arndts kerniger „Katechismus für den Kriegs- und Wehrmann“, wie Jahns „Deutsches Volkstum“ und massenhafte, vielfach namenlose Flugschriften und Gedichte aus dem Volke, die den ganzen Haß gegen den korsischen Zwingherrn, bisweilen derben Humor und frohe Hoffnung atmeten.

So schließt ein Volkslied, welches nach der Weise: „Ich hab mein Sach' auf nichts gestellt“ gesungen werden sollte, folgendermaßen:

Von Glut versengt, von Frost erstarrt, o weh!
Durch Sturm und Schnee und Eis verscharrt, o weh!
Zerspießt, zersprengt in Kreuz und Quer
Sieht er nun sein großmächtig' Heer.
O weh, o weh, o weh!
Da wandelt feige Furcht ihn an, o weh!
Er watet, was er waten kann, juchhe!
Durch Schnee und Eis, durch Nacht und Graus,
Mit seinem Keifen ist's nun aus.
Juchhe, juchhe, juchhe!
Der Kaiser findet nirgends Rast, o weh!
Ihn jagt die Knut' in wilder Hast, juchhe!
Und stolpernd über Leichen fällt
Der aufgeblasne große Held,
Und schreit: „Mon dieu, mon dieu!“

Das ganze Volk stand in Waffen und die Blüte seines Geistes- und Geburtsadels an der Spitze. Selbst Patrioten wie Gneisenau waren von der Gewalt der Bewegung betroffen. Er

Vaterlandsliebe im Jahre 1813: Ferdinan

Nach dem Gem

Mit Genehmigung der Photographischen Gesellschaft, Berlin.

n Schmettau opfert ihr Haar auf dem Altar des Vaterlandes.

n G. Graef.

schrieb: „Söhne von Fürsten strömen herbei und nehmen als Gemeine Dienste. Es ist rührend, alle Söhne des Adels und höheren Bürgerstandes von der feinsten Bildung als Gemeine in den zahlreichen Jägerkompagnien eingestellt zu sehen. Es ist eine große und herzerhebende Zeit. Es wird mir schwer, mich der Tränen zu enthalten, wenn ich all diesen Edelmut, diesen hohen teutschen Sinn gewahr werde. Welches Glück, gelebt zu haben, bis diese weltgeschichtliche Zeit eintrat. Nun mag man gerne sterben; wir hinterlassen unsern Nachkommen die Unabhängigkeit." Die Sentimentalität und der Idealismus hatten sich zu einer gewaltigen Macht ausgewachsen, furchtbar, unüberwindlich dem Feinde.

Man muß nun aber nicht meinen, daß mit der Begeisterung jede Schranke gefallen, jede Schwierigkeit überwunden wäre, ja, daß sie auch nur alle Gemüter ergriffen hätte. Dies war keineswegs der Fall. Namentlich in den unteren Klassen und einem Teile des mittleren Bürgerstandes blieb man teilnahmlos und bequem oder widersetzte sich gar dem Eintritt in Landwehr und Landsturm. In den polnischen Gebietsteilen erwies sich die Stimmung wenig günstig. Selbst von den Berlinern berichtet Klöden, der den Schanzenbau zur Sicherung der Hauptstadt leitete, daß der Gehorsam und die Arbeitslust der Bürger gar viel zu wünschen übrig ließen. Auch die Beamten taten sich nicht immer hervor, viele benahmen sich kleinlich und gewalttätig, weil sie für alles Kabinettsorders und Reglements erwarteten, die vielfach ausblieben. Die unregierungsmäßige Stimmung weiter Kreise erschien ihnen sogar staatsgefährlich. Namentlich die Polizei mit dem hofmännischen Polizeipräsidenten Le Coq an der Spitze wirkte nachteilig und erregte tiefe Unzufriedenheit.

R. Minzloff, Tilsit, phot.

Das Schenkendorf-Denkmal in Tilsit.

Unter den Männern, die der Volksströmung anfangs abgeneigt waren, befand sich Scharnhorst, der noch am 12. Januar vertraulich seiner Tochter schrieb: „Einer albernen Schwärmerei, die nie zum Guten führen kann, überlassen sich hier (in Breslau) manche Menschen. Dergleichen verfliegt aber gemeiniglich wie Seifenblasen. Nur der Feldmarschall Kalckreuth und der General Grawert sind vernünftig, aber auch der erstere wird schon angesteckt und erlaubt sich unkluge Redensarten über das Unglück der Franzosen. Die Verräterei des Generals Yorck wird hier verabscheut, ebenso wie die Broschüre von Arndt, die durch verräterische Postmeister hierher spediert wird." Wie ein greller Mißton klingen diese Worte. Sie entsprechen der Stimmung bei Hof, der jede unbefohlene Selbständigkeit zuwider war. Aber wohlbemerkt, sie beziehen

sich nur auf diese, weil Scharnhorst nichts von ihr erwartete und sie für eine Erregung, eine Kinderkrankheit des Augenblicks hielt. Tatsächlich war er, wie wir sahen, selber durchaus für den Krieg und zwar für schnellen Entschluß. Doch als alter preußischer General wollte er ihn von oben herab befohlen, nicht von unten aufgedrängt sehen.

Abseits stand auch Deutschlands größter Geistesheld, Wolfgang v. Goethe. Er lebte in den Idealen der klassischen Zeit und in der olympischen Ruhe seiner Dichtungen. So störte ihn das lärmende, wilde Kriegsgetriebe, und er scheute sich nicht auszusprechen: „Rüttelt nur an euren Ketten; der Mann ist euch zu groß; ihr werdet sie nicht brechen.“

Zu den persönlichen Stimmungen und Meinungen gesellten sich sachliche Dinge. Viele Führer der Heereserneuerung hatten 1811 ihren Abschied genommen, infolgedessen fehlten gerade zu Anfang wichtige Triebkräfte oder traten nur ungenügend in Wirkung. Ein Teil des Landes war von den Russen besetzt, ein anderer von den Franzosen, was zu steten Widrigkeiten führte. Die Geldnot war groß, es gebrach an Uniformen und Ausrüstungsstücken, an Pferden, Geschützen und Schießbedarf; eigentlich mangelte es allüberall. So blieb nichts übrig, als die Beamtengehälter, Witwenpensionen und selbst die Löhnung der Soldaten zu verkürzen oder zeitweise ganz ausfallen zu lassen. Ohne Zahlung wurden massenhaft Pferde ihren Eigentümern genommen, die Ausrüstung der Reserven und Landwehr möglichst den Kreisen und die der freiwilligen Jäger Ortschaften und Privatleuten aufgebürdet. Offiziere gab es so wenige, daß Kadetten und Unteroffiziere zu Leutnants befördert werden mußten; die heilsame Wirkung der freiwilligen Jäger konnte erst später eintreten.

Sächsische und württembergische Infanterie. 1813.
Nach Knötel, Uniformenkunde (Babenzien, Rathenow).

Von entscheidender Wichtigkeit für den Gang der Dinge war natürlich der damalige Hohenzoller auf dem Throne: Friedrich Wilhelm III. Er war ein Mann, der unter gewöhnlichen Verhältnissen einen ganz guten Regenten abgegeben hätte, der aber das Unglück hatte, in die Stürme und Erschütterungen der napoleonischen Zeit hineinzugeraten. Edeldenkend, ehrlich, arbeitsam und gewissenhaft, erwies er sich als Geschöpf der Alltäglichkeit, ohne belebenden Schwung, klaren Willen, tiefere Bildung und geistige Beweglichkeit, doch nicht ohne gesunden Menschenverstand, als ein Selbstherrscher ohne Selbstvertrauen, als überzeugter Absolutist ohne die Kraft des Absolutismus. Trocken, sparsam, verschlossen, engherzig, unbehilflich, eigensinnig und mißtrauisch, fehlte es ihm an Wagemut, den er aber durch Pflichtgefühl ersetzte, wobei er starr die Rechte seiner Krone und seine königlichen Machtbefugnisse zu wahren suchte, wie er sie durch Geburt und Erziehung auffaßte. Dies machte ihn zum Vertreter des schroffen Befehls, des mechanischen Gehorsams. Ungehorsam dünkte ihm das schwerste Vergehen. Als die Patrioten an der Stelle, wo Schill für sein Vaterland gefallen war, ein Denkmal setzen wollten, wies er dies ab mit den Worten: „Nicht passend, der Insubordination Denkmäler errichten.“ Überhaupt ist Friedrich

Wilhelm innerlich nie jung gewesen und liebte es, in kühlen Infinitiven zu sprechen. Da er das Unterscheidungsvermögen von Wichtigem und Unwichtigem nicht besaß, befaßte er sich eingehend mit Nebendingen und übersah dabei das Wichtige und Entscheidende, oder er wagte nicht zu entscheiden, zögerte und verschleppte. So tastete er ängstlich und unsicher umher, Anschluß und Rückhalt suchend und doch sie wieder voller Mißtrauen fürchtend. Infolge dieser Eigenschaften war Friedrich Wilhelm friedfertig, voll der Neigung, die Ereignisse an sich herankommen, sich von ihnen schieben zu lassen. Natürlich traten alle diese Schwächen in den auswärtigen Beziehungen besonders deutlich hervor, weil ihm hier nicht Untergebene, sondern Gleichgestellte gegenübertraten. Kein Wunder, daß der Hohenzoller in der hohen Politik Napoleons schwächster Widerpart gewesen ist. Die Unglücksjahre von 1806 und 1807, welche sein schwachmütiges Verhalten großenteils verschuldet hatte, machten auf ihn einen unauslöschlichen Eindruck. Dort hatte fast alles versagt, woran er geglaubt, worauf er gebaut hatte, und Kleinmut, gepaart mit Bitterkeit, zogen ein in sein verstörtes, an sich schon freudloses Gemüt. Zugleich bewies ihm aber die eiserne Not, daß es so nicht bleiben könne, daß er als Leiter des Staates aus sich heraustreten müsse, wollend oder nicht, daß Umkehr und Neuerungen unabweisbar seien, wenn anders er nicht untergehen solle. Diese Einsicht führte ihn in seiner gewissenhaften Art zur Selbstüberwindung und machte ihn den notwendigen Neuerungen, ja sogar Umwälzungen zugänglich. Freilich innerlich blieb er Absolutist, weshalb er keinem der Neuerer näher trat, deren ganzes Wesen ihn unangenehm berührte.

Friedrich Wilhelm III. mit Scharnhorst, Stein und Hardenberg (von links nach rechts gesehen) im Schloß zu Königsberg i. Pr. Nach dem Relief am Denkmal Friedrich Wilhelms III. zu Königsberg i. Pr.

Dabei war Friedrich Wilhelm Soldat, freilich ohne kriegerischen Sinn; seine Heimat war nicht das Schlachtfeld, sondern der Paradeplatz, sein Verständnis galt nicht der Leistung des Feldzugs, sondern dem guten Sitz der Uniformen und den blank geputzten Knöpfen. Immerhin hat er im Notfalle Mut und richtiges Verständnis bewiesen, doch ließen ihn auch hier Mangel an Selbstvertrauen und ungenügende militärwissenschaftliche Kenntnis mehr zurücktreten, als nötig und bisweilen gut war.

Es liegt klar, daß einem so gearteten Manne der stolze, gedankenreiche und durchgreifende Reichsfreiherr vom Stein besonders unsympathisch sein mußte. Anders dessen Nachfolger, der geschmeidige Hardenberg, der den König ebenso geschickt wie die Königin zu behandeln verstand, so daß sie ihn auf dem Sterbebette ihrem Gemahl als Berater empfahl. Hardenberg war ein kluger, vielseitiger und ungemein anpassungsfähiger Geist, ein gewandter Diplomat, geborener Beamter, Lebenskünstler und eine bedeutende Arbeitskraft, aber ihm fehlten der sittliche Halt, die Überzeugungstreue und der hinreißende Schwung seines Vorgängers. Auf jedem Sattel gerecht, vermochte der Staatskanzler ebenso leichtfertig wie tüchtig zu sein. Über ihn urteilt Meinecke: „Als Reformer konnte er in dem einen Augenblick den idealsten Doktrinär spielen, der die Gedanken des Weltplans zu konstruieren versuchte, in dem anderen rein das Nützliche und Opportune ergreifen, heute in schwungvollem Pathos dem Verzweiflungskampf um die Existenz ins

Gedenkblatt zum Aufruf der Freiwilligen 1813. Gezeichnet von L. Burger.

Mit Genehmigung der Photographischen Gesellschaft, Berlin.

Luise, Königin von Preußen.

Nach dem im Königl. Schloß zu Berlin befindlichen Original von G. Kannegießer.

Friedrich Wilhelm III., König von Preußen.

Nach dem in der Gemäldegalerie des Königl. Schlosses zu Berlin befindlichen Original von Franz Krüger.

Auge schauen, morgen geschmeidig sich ducken und das Demütigende auf sich nehmen." „Den Kanzler beherrschen die allmächtigen Stunden", sagte eine kluge Frau, die ihn kannte. Der geistreiche von der Marwitz meinte: „Für unser Land war das größte Glück, daß Hardenberg ein so arger Windbeutel war und allen Schein für Wahrheit nahm. Dieser fünfundsechzigjährige Jüngling rettete das Vaterland als ein blindes Werkzeug des Allmächtigen, da ein besonnener und redlicher Minister es würde verdorben haben." Er liebte, dem Geiste der Zeit zu folgen, und war überzeugt, daß dem niedergeworfenen, entkräfteten Staat nur aufzuhelfen sei durch eine gründliche Steuer- und Wirtschaftsreform, durch Einführung der Ständegleichheit bei starker Betonung der Regierungsgewalt. So wirkte er gewissermaßen als erster „liberaler" Staatsmann in Preußen, den der altpreußische Adel als schlimmen Umstürzler betrachtete.

Ihm zur Seite trat der Kabinettsrat Ancillon, von dem Varnhagen angibt, er habe nichts Eigentümliches geleistet und auch nirgend gewollt. Wie sein Chef war er ein gewandter, schmiegsamer Hofmann, der vortrefflich verstand, das Wesen Friedrich Wilhelms zu durchschauen, dessen Wünsche zu erraten und sein Verhalten danach einzurichten. Ohne Charakter, Mut und Opferfähigkeit zu besitzen, verfügte er über nicht unbedeutende Kenntnisse und ein angeborenes journalistisches Talent. Vor allem verstand er, bedeutender zu erscheinen, als er war. Bezeichnend ist, daß er den „Aufruf an mein Volk" schreiben wollte, aber den Ton nicht zu treffen vermochte. Immerhin: die Summe seiner guten und schlechten Eigenschaften machte ihn dem Könige genehm und erhob ihn zum vertrauten Berater der Krone.

Friedrich von Ancillon. Nach einer Lithographie von Jentzen.

Wie sich aus dem Wesen Friedrich Wilhelms fast von selber ergab, stand er der Volksleidenschaft abgeneigt und verständnislos gegenüber. Sie erschien seinem monarchischen Empfinden fast wie Jakobinertum, wie Revolution. Der Gedanke, daß ein Ende mit Schrecken besser sei als ein Schrecken ohne Ende, lag dem Vertreter einer angestammten Dynastie völlig fern. Sein Zutrauen zum Volke war gering, ebenso gering wie das zu sich selbst. Auch 1806 hatte die Menge dem Kriege zugejubelt und dann haltlos versagt. Als ihm der Vorschlag des Freiwilligenaufrufs gemacht wurde, meinte er: „Freiwillige aufrufen, ganz gute Idee, aber keiner kommen!" Und wie anders gestaltete sich die Wirklichkeit. Die erregte Volksseele warf alle Bedenken und Befürchtungen über den Haufen. Immer weitere Kreise zog der kriegerische Geist. Was erst Spott erregt hatte, wurde heiliger Ernst. „So unbegreiflich der plötzliche, völlige Zusammenbruch des preußischen Staates im Jahre 1806 gewesen war, ebenso unerhört war jetzt die Bewegung zu seiner Wiederherstellung." Sie riß alles in ihren Wirbel: Beamtentum, vornehme Zweifler und den Hof. Zehn Prinzessinnen des königlichen Hauses traten an die Spitze eines vaterländischen Frauenvereins, und als Scharnhorst den König an ein Fenster des Schlosses in Breslau führte, um ihm die endlos und jubelnd herbeigeströmten Freiwilligen zu zeigen, die da gekommen waren zu Fuß, zu Roß und zu Wagen, da stürzten dem schwergeprüften Fürsten die Tränen aus den Augen. Einmal in die Bewegung

eingetreten, tat der König sein Bestes. Er ließ sich alle Freiwilligen persönlich vorstellen und sprach freundlich fast mit jedem, half und förderte, wo er konnte.

Wie sich die Dinge zugespitzt hatten, ergibt sich aus einem Berichte des Gesandten Ompteda aus Breslau: „Der König ist nicht mehr imstande, den Enthusiasmus zu meistern, der sich fast aller Köpfe bemächtigt hat und der sich in wahrhaft achtbarer Weise offenbart. Wenn der König sich sträuben sollte, die Mittel zu brauchen, die seine Untertanen ihm nach dem allgemeinen Willen der Nation zur Verfügung gestellt haben, oder wenn er auch nur zögert, die Anstrengungen zu unterstützen, welche Rußland macht, um die preußische Monarchie wiederherzustellen, so erachte ich die Revolution als unausbleiblich, und wahrscheinlich würde die Armee selber ihr erstes Beispiel und ihr erstes Ziel geben.“

Badischer Garde du Corps. 1813.
Nach dem Gemälde von P. F. Messerschmitt.

Hierbei darf nicht übersehen werden, daß es sich zunächst um eine rein preußische Bewegung handelte, die nur in Wellenschlägen über die Grenze drang und dort Verständnis bloß bei einem kleinen Kreis der Gebildeten, zumal bei der akademischen Jugend fand. Das übrige Deutschland blieb dem Sturme fern und fremd, und hielt nach wie vor zu Napoleon. Die Rheinbundfürsten stellten ihm ihre pflichtigen Truppen, wenngleich etwas zögernder als früher. Partikularismus, Abneigung gegen Preußen und die Furcht vor dem Siegesgewaltigen bannten die Mehrzahl der Deutschen. Freilich war ihre Vergangenheit eine andere gewesen; Napoleon hatte sich ihnen nicht als der Dämon des Unheils gezeigt. Ein deutsches Vaterland gab es nicht, höchstens eine Heimat der Deutschen in Literatur und Kunst. Der Süddeutsche fühlte sich dem Franzosen oft näher verwandt als dem Preußen, die Bewohner des linken Rheinufers erwiesen sich fast ganz französisch gesonnen. Erst die Freiheitskriege sind es gewesen, die die deutschen Völker und Seelen aufrüttelten und zusammenschweißten. Nachdem sie sich 1813 noch feindlich bekämpft hatten, zogen 1814 alle Stämme gemeinsam über die Grenze. Es war der allgemein werdende Gegensatz zu Frankreich, der eine einheitliche, nationale Grundlage schuf, die dann freilich durch den Deutschen Bund nur ungenügend zum Ausdruck gelangte, bis der zweite Angriff Frankreichs verwirklichte, was die Guten und Besten bereits 1813 gehofft und erstrebt hatten.

Beurteilen wir nun zum Schluß das Verhalten der preußischen Regierung. Sie besaß drei Hauptmöglichkeiten. Die erste war: Festhalten am französischen Bündnisse. Das erwies

sich schwer und gefahrvoll, denn Preußen befand sich nicht in der glücklichen Lage Österreichs, das, abseits gelegen, die Dinge ruhig erwarten konnte. Im Gegenteil, Preußen mußte zum Kriegschauplatze für den neuen Entscheidungskampf zwischen Franzosen und Russen, oder doch wenigstens zum Stützpunkte der etwa siegreichen Bewegungen Napoleons werden. Schon jetzt fluteten die Russen über die Grenze, freilich als Freunde; wie aber sollte es werden, wenn sie sich zu Feinden wandelten, da Monate vergehen mußten, bevor der Verbündete zu Hilfe kam. Das ganze Innere des Staates seit dem Tilsiter Frieden war auf Krieg gegen den Zwingherrn zugeschnitten; versagte man jetzt, so widersprach man sich selber und seiner ruhmvollen Vergangenheit, verzichtete auf die Zukunft unter dem Drucke dauernder Knechtschaft und erbitterte das Volk gegen die Regierung, vielleicht in unheilbarer Weise, ja setzte sich offener Empörung aus.

Die zweite Möglichkeit bot ein sofortiges Losschlagen nach Vernichtung der napoleonischen Armee in Rußland. Gegen ein solches sprach der Umstand, daß man nicht gerüstet war, daß der Feind noch innerhalb der Grenzen stand und die Nachbarländer: Sachsen, Westfalen und die deutsche Verlängerung Frankreichs gefährlich werden konnten. Die Russen ihrerseits waren nicht stark und unternehmend genug, um in raschem Siegesfluge bis zur Elbe oder gar bis zum Rheine vorzudringen. Außerdem erwies sich das politische Verhältnis zu Rußland ungeklärt und die Gefahr naheliegend, daß man in Abhängigkeit vom Zaren geriet, namentlich, wenn Rückschläge eintraten. Vor allem aber: an der Spitze Preußens stand kein willensstarker Staatsmann wie Stein, kein Feuerkopf wie Blücher, kein kühner Soldatenrechner wie Scharnhorst oder Gneisenau, sondern ein scheuer Mann ohne Wagemut. Einem Friedrich Wilhelm erschien die Politik der raschen, waghalsigen Tat geradezu unmöglich.

So blieb nur das dritte: Zeit zu gewinnen, zu rüsten, Bundesgenossen zu suchen, wenigstens sich durch Übereinkunft mit Rußland den Rücken zu decken, und dann, wenn man stark genug war, wenn man für sich selber etwas bedeutete, loszuschlagen. Zwar gewann auch der Feind dadurch Zeit, aber das ließ sich nicht vermeiden. Der Gott der Schlachten mußte dann das Urteil sprechen. Bei der Ängstlichkeit des Königs vor dem furchtbaren Korsen war dies das einzig Mögliche. Er mußte sich erst in den Gedanken, in den Mut einleben, den Bruch zu wagen. Diese dritte Möglichkeit hat die preußische Politik nun mit unverkennbarem Geschicke ergriffen: erst unsicher, tastend, dann immer zielbewußter. Das einzige, worin unseres Erachtens gefehlt worden, ist die ungenügende Rüstung während des Januar, die sich unter dem Deckmantel der Hilfeleistung für Napoleon mehr hätte beschleunigen lassen. Vielleicht hätte der Hof dann auch früher nach Breslau reisen können. Aber viel gewonnen wäre damit nicht, denn auch die Schlagfertigkeit der Russen ließ zu wünschen, und die Entscheidungsschlachten mit Napoleon mußten doch ausgefochten werden.

Im Februar schrieb der hannöversche Diplomat am preußischen Hofe, der schon erwähnte Freiherr v. Ompteda: „Zu allen Zeiten ist der König mehr zu einer leidenden Rolle geneigt gewesen. Es kostet ihm Überwindung, einen Entschluß zu fassen. Er hat das Unglück, an die bewegende Tat patriotischen Eifers nicht zu glauben." Zu den Urhebern des Befreiungsgedankens gehörte Friedrich Wilhelm also nicht, sondern fast wider Willen gab er dem Zwange der Umstände und dem Drängen seiner Ratgeber nach. Die Männer der entschlossenen Tat waren York, Stein, Scharnhorst und Blücher, mittelbar Zar Alexander und Hardenberg.

Schließlich klang alles aus in den markigen Worten Arndts:

Der Gott, der Eisen wachsen ließ,
Der wollte keine Knechte!

Zu den Waffen, zu den Waffen!

Aus dem Corpus Imaginum der Photographischen Gesellschaft in Berlin.

Karl August Fürst von Hardenberg.

Napoleons Abreise zur Armee. Nach dem Gemälde von R. Desvarreux.

Der Winter- und Frühjahrsfeldzug.

Alle Triften, alle Stätten
Färbt mit ihren Knochen weiß;
Welchen Rab' und Fuchs verschmähten,
Gebet ihn den Fischen preis;

Dämmt den Rhein mit ihren Leichen,
Laßt, gestäuft von ihrem Bein,
Schäumend um die Pfalz ihn weichen
Und ihn dann die Grenze sein.

Die Führung über die verwaisten französischen Armeetrümmer im fernen Osten erhielt Eugen, der Vizekönig von Italien. Seine militärische Lage war folgende: auf dem linken Flügel der gesamten Stellung lag die Festung Danzig mit dreißigtausend Mann Besatzung, davon drei Viertel krank oder in der Genesung befindlich. Der rechte Flügel, bestehend aus dem Hilfskorps Schwarzenberg und den Resten des VII. Korps Reynier, wich auf Warschau und konnte in seinem österreichischen Bestandteile kaum noch als zuverlässig gelten. Das Zentrum bildete die Festung Thorn mit viertausendfünfhundert Mann. Im wesentlichen behaupteten die Franzosen also noch die Weichsellinie. Die Überbleibsel der ersten vier Korps waren nach den Oderfestungen gebracht, um sie überhaupt erst wieder brauchbar zu machen. In Posen sammelte Eugen die noch verwendbaren Heerestrümmer unter Heranziehung aller sonst verfügbaren Kräfte, wodurch er eine Feldarmee von etwa sechzehntausend Mann erhielt. Hinter der Oder stand General Lagrange mit zehntausend Mann zur Bewachung der Mark Brandenburg. Durch die Neubesetzung der Oderfestungen wurden seine bisher festliegenden Truppen verfügbar, mußten aber erst vereinigt werden. Schließlich eilte noch die Division Grenier, etwa achtzehntausend Mann, aus Italien nach Berlin.

Diesen ungenügenden und weit verzettelten Streitkräften gegenüber zählte das russische Heer ungefähr hundertzehntausend Mann. Beim Niemen trennte es sich in vier Teile. Mit dreißigtausend Mann folgte Wittgenstein den Trümmern der Großen Armee nach Königsberg und Elbing, das er am 14. Januar erreichte. Demgemäß bewirkte Yorcks Verhalten den Verlust der Weichsellinie für die Franzosen. Denn nun überschritt Wittgenstein den Fluß, schloß Danzig mit einem Teile seiner Truppen ein und begab sich mit dem andern weiter bis Stargard

in Westpreußen, wo er am 2. Februar eintraf und haltmachte. Das zweite Korps, zwanzigtausend Mann stark, führte Tschitschagow auf Marienburg, das er am 15. Januar besetzte. Als er erkrankte, trat Barclay de Tolly an seine Stelle, der Thorn umlagerte. Wegen der großen Entfernung und mancherlei Abzweigungen schmolzen die Bestände der Korps stark zusammen, ohne daß sie Unterstützung erhielten, denn die übrigen russischen Truppen waren noch weit zurück und die Haltung Preußens blieb vorerst unentschieden.

Das Hauptheer Kutusows befand sich bei Wilna. Es zählte etwa fünfundvierzigtausend Streiter. Hierzu kamen noch vierundzwanzigtausend unter General v. Sacken und anderen Führern, die Schwarzenberg und Reynier beobachteten. Letztere standen mit ungefähr dreiundvierzigtausend Soldaten östlich von Warschau, also seitwärts, und bedrohten die gesamten russischen Vorbewegungen. Der stets zaudernde Kutusow wagte nichts gegen sie zu unternehmen, bis Kaiser Alexander eingriff. Bekannt mit dem Wunsche der österreichischen Regierung, ernste Zusammenstöße zu vermeiden, setzte er das Hauptheer über Lyck auf Plock in Marsch, während er gleichzeitig durch Sacken den Gegner bedrängen ließ. Wie wir bereits vorne sahen, entschieden hier nicht die Waffen, sondern die Verhandlungen. Am 30. Januar hielt Schwarzenbergs Korps bei Warschau, verließ aber die gärende Stadt am 7. Februar mit der Marschrichtung nach Süden, während Reynier westwärts Kalisch am 13. Februar erreichte. Doch schon waren hier die Russen zur Stelle, überfielen ihn und brachten ihm so schwere Verluste bei, daß er völlig erschöpft nur noch neuntausend Mann nach Glogau brachte. Der Pole Poniatowski war zu beiderseitigem Unheil von Warschau seinen gesonderten Weg gegangen. Bei Kalisch hoffte er sich mit Reynier zu vereinigen. Das war aber nach dessen Niederlage unmöglich. Da er sein Vaterland nicht aufgeben wollte, wandte er sich südwärts und warf sich in die Festung Czenstochowa, wo er sich abseits der Ereignisse erfolglos festgelegt fand. Das Ausscheiden Schwarzenbergs und die Erfolge gegen Reynier und Poniatowski eröffneten den Russen freie Bahn, infolgedessen die Franzosen Polen, ja das Gebiet bis zur Oder nicht mehr zu behaupten vermochten.

Prinz Eugen Napoleon, Vizekönig von Italien.
Nach dem Stich von Giuseppe Longhi.

Die Zeit, welche die russische Schwerfälligkeit ihm ließ, benutzte der Vizekönig nach besten Kräften, um Ordnung in seine Bestände zu bringen und Verstärkungen heranzuziehen. Doch alles blieb mangelhaft. Zwar war die Division Grenier in Berlin eingetroffen und wurde mit der Division Lagrange zu einem neuen Korps (XI) unter dem Marschall Saint-Cyr vereinigt; aber zugleich wuchs der Geist der Widerspenstigkeit in Preußen, so daß Saint-Cyr nicht wagte, die Mark zu verlassen. Amtlich hielt die Regierung allerdings noch zu Frankreich; immerhin erschien verdächtig, daß die preußischen Truppen jede Unterstützung versagten, daß König Friedrich Wilhelm Berlin verließ, um sich nach Breslau zu begeben, und daß ganz augenscheinlich preußisch-russische Unterhandlungen geführt wurden. Dem entsprach auch die zunehmende Dreistigkeit der russischen

Truppen, die bis in die Mark schweiften und Eugens rückwärtige Verbindungen bedrohten. Als er gar zwei empfindliche Schlappen durch sie erlitt, glaubte er sich nicht mehr in Posen halten zu können. Am 12. Februar verließ er die Stadt und erreichte Frankfurt am 18. Hiermit war ein großes Stück Land verloren und die Oder zur neuen Verteidigungslinie geworden, doch die Verluste wurden durch die Stärke der neuen Stellung aufgewogen. Der Vizekönig stützte sich nun auf die Oderfestungen Stettin, Küstrin, Glogau und das weiter zurückliegende Spandau. Durch die Verkürzung der rückwärtigen Linie vermehrte sich sein Heer auf fünfzigtausend Mann mit fast hundert Geschützen. Hierzu kamen noch dreitausend Mann unter General Morand in Schwedisch-Pommern und die Ansammlung eines neuen Korps an der Elbe, des späteren V. Korps

Kosaken auf Feldwache. Nach der zeitgenössischen Radierung von J. A. Klein.

Lauriston, welches am 1. März die Stärke von dreiundzwanzigtausend Streitern erreichte. Rein militärisch vermochte Eugen also dem Feinde tatkräftig den Weg zu verlegen, jedenfalls ihn längere Zeit aufzuhalten. Da aber geschahen Ereignisse, wirksamer als schon in Posen, die alles umwandelten. Obwohl sich die russischen Armeen noch in Westpreußen und Polen befanden, überschritten ihre leichten Streifkorps schon seit dem 15. unter Tettenborn, Tschernitschew und Benckendorff die gefrorene Oder bei Küstrin, fingen alles ab, dessen sie habhaft wurden, und drängten nach Berlin. Am 19. Februar sandte Tschernitschew einen Parlamentär an den Generalgouverneur von Berlin, den Marschall Augereau, mit der Aufforderung, die Stadt zu räumen. Der Franzose wies die Zumutung ab, denn er besaß an sechstausend Mann Infanterie, teilweise deutsche Rheinbündler, mit Geschütz. Nun erschien am nächsten Tage Tettenborn und erzwang mit mehreren Abteilungen Kosaken den Einmarsch. Mit ihren raschen, unscheinbaren Pferden

Graf Tschernitschew.

jagten die fremdartigen Gestalten durch die Straßen; freiwillige Jäger schlossen sich ihnen an. Auf dem Alexanderplatze machten viele halt, jubelnd von der Bevölkerung begrüßt, welche meinte, ein starkes russisches Heer stehe vor dem Tore. Anfangs waren die Franzosen vollkommen überrascht, wurden gefangen und niedergehauen. Aber Augereau ließ Generalmarsch schlagen, die Hauptplätze besetzen und in offenem Kampfe die Straßen säubern. Leider war der Überfall von russischer Seite nicht vorbereitet, denn sonst wäre es wohl zu einer Erhebung der Bürger gekommen. Auch jetzt schlugen einige los und unterstützten offen und geheim die Kosaken. Vergebens; es waren ihrer zu wenige. Ebenso schnell wie sie gekommen, verschwanden die Fremdlinge, und zwar nordwärts, aufmerksam alle nach Berlin führenden Wege beobachtend. Oberst Tettenborn schrieb dem Freiherrn vom Stein über den Vorgang: „Die Berliner sind Bestien, die kein Blut, sondern Wasser in den Adern haben. Der Polizeipräsident Le Coq, der selbst mit Augereau heranritt, um die Verteidigungsanstalten zu machen, erstickte noch den wenigen Geist, indem er viele Leute verhaften ließ, die sich für uns erklärten. Daß dieser Racker an den Galgen muß, werden Eure Exzellenz einsehen, und ich hoffe, Hochdieselben werden ihm diesen Ehrenplatz verschaffen. Die Damen haben uns am besten empfangen, denn als ich hineinsprengte, flogen mir aus allen Fenstern Schnupftücher entgegen. Aber die Männer wollten nicht zuschlagen, und das war das wichtigste. Der arme Blomberg, mit dem ich unendlich zufrieden war, fiel gleich am Tor. Gott hab' ihn selig." Der junge Herr v. Blomberg ist der erste Freiwillige gewesen, der sein Leben für das Vaterland gelassen hat. Es geschah in der Nähe des Königstores, wo ihm später eine Gedenktafel errichtet wurde.

In Wirklichkeit war die Überrumpelung Berlins ein leichtsinniger Kosakenstreich, der schwere Folgen bewirken konnte, wenn Augereau ein Davout gewesen wäre. Aber der Marschall hatte das napoleonische Treiben satt und ließ die Sache nach einigen Strafen auf sich beruhen.

So gering der militärische Erfolg an Ort und Stelle sein mochte, so groß war seine Wirkung auf Eugen. Dieser fühlte sich von nun an völlig unsicher und im Rücken bedroht. Hierzu gesellten sich Gerüchte vom Anmarsche russischer Infanterie, ja die offene Empörung der Kurmärker schien unmittelbar bevorzustehen. Bei

Freiherr von Tettenborn.

Überrumpelung der Franzosen durch Kosaken in Berlin am 20. Februar 1813.
Nach dem Gemälde von E. Sturtevant.

solcher Sachlage verzweifelte er daran, sich in seiner vorgeschobenen Stellung zu behaupten. Er ließ die Oderbrücken sprengen, beseitigte möglichst alle Fahrzeuge und zog mit seiner Hauptmacht nach Köpenick bei Berlin, wo er am 22. Februar eintraf, nur eine schwache Nachhut in Frankfurt belassend. Tatsächlich war die wichtige Oderlinie voreilig aufgegeben; hatte doch Preußen bisher nicht einmal den Krieg erklärt. Aber die Furcht vor einem Ausbruche der Volkswut, womit man in Spanien so schlimme Erfahrungen gemacht hatte, trieb den Vizekönig rückwärts. Ihm erschien es wichtiger, dem Kaiser eine Armee zu retten, als sich auf verzweifelte Kämpfe gegen eine vielleicht allerseits riesenschnell anwachsende Übermacht einzulassen. Zu Beginn des März vereinigte Eugen etwa dreißigtausend Mann in und bei Berlin. Augenscheinlich beabsichtigte er, die Hauptstadt Preußens möglichst lange zu behaupten. — Bis zum 8. Februar war Wittgenstein in Stargard geblieben, dann hatte er sich auf höheren Befehl in Bewegung gesetzt. Sein Heer zählte noch nicht zwanzigtausend Streiter, war also sehr schwach.

Marschall Augereau. Nach dem im Nationalmuseum zu Versailles befindlichen Gemälde von Robert Le Fevre.

Infolgedessen, beeinflußt durch das Stocken der Verhandlungen zwischen Rußland und Preußen, kam er nur langsam vorwärts, bis er am 27. bei Driesen abermals haltmachte. Noch weniger vermochte Barclay auszurichten, dessen Feldheer auf fünftausendfünfhundert Mann zusammengeschmolzen war. Die Hauptarmee, kaum dreiundvierzigtausend Mann, stand noch fern in und bei Kalisch, und Sacken hielt Polen besetzt. Am 1. und 2. März überschritt Wittgenstein die Oder und bedrohte Berlin. Eugen wartete ihn nicht ab, sondern verließ am 4. März vor Tagesanbruch die Stadt. Noch während er sich südwärts bewegte, drangen die Russen von der Nordseite vor. Ihre raschen Kosaken erreichten die feindliche Nachhut am Halleschen Tore, griffen sie lebhaft an und trieben sie vor sich her. Ganz Berlin jubelte und empfing die fremdartigen Gestalten mit ebensoviel Freude als Neugier. Aber bald kündeten dichte Rauchwolken, daß der Feind die Vorstädte von Spandau in Brand gesteckt hatte. Der größte Tag des Jubels war, als Yorck am 17. März einrückte und die Wachen wieder von preußischen Truppen bezogen wurden. Den 24. kam der König von Breslau herüber. Eugen hatte seine wichtige Stellung vor achttausendfünf-

Kosaken und Franzosen beim Halleschen Tor zu Berlin am 4. März 1813. Nach dem Gemälde von R. Knötel.

hundert Russen geräumt. Er erreichte Wittenberg am 7. März und ging auf das linke Elbufer, zog den in Frankfurt zurückgelassenen General Gérard, die bayerische Division Rechberg und die Überbleibsel des Reyniersсhen Korps herbei, so daß er nun die Flußlinie von Dresden über Wittenberg bis Magdeburg deckte. Inzwischen hatte auch General Morand Mecklenburg aufgegeben und nach einem heftigen Gefechte, in dem er sechs Geschütze verlor, die Elbe am Zollenspieker überschritten. Schon vorher war das wichtige Hamburg von Carra Saint-Cyr aus Furcht vor einem Aufruhr der Bürgerschaft geräumt. Beide Generale vereinigten sich, um ihren Weg nach Bremen fortzusetzen. Vor Hamburg erschien Tettenborn mit dreizehnhundert Kosaken.

Als die Stadt ihn einlud, erklärte er, daß er nur komme, wenn sie zu ihrer alten Verfassung zurückkehre. Tue sie das, würde er ihr seinen Schutz angedeihen lassen. Das klang sehr ritterlich, machte die Hamburger aber zu Abtrünnigen von Frankreich. Am 17. März ritten zwölf Kosaken als Vortrupp durch das Tor. Die Bürgerschaft begrüßte sie so stürmisch und versorgte sie derartig mit Getränken, daß sie schließlich betrunken auf dem Pflaster lagen. Den nächsten Tag erschien Oberst Tettenborn in höchsteigener Person. Darüber schrieb Varnhagen von Ense: „Solange Hamburgs Wälle stehen, war solch ein Tag der Freude nicht erlebt worden. Nur die Befreiung von einem so schmählichen Joche konnte so unendlichen Jubel erzeugen. Bis auf zwei Meilen von Hamburg waren dreißig Bürger zu Pferde den russischen Truppen entgegengeritten. Nach und nach vermehrten sich die Begleiter und zogen unter Jauchzen und Hurra vor der Kolonne her. Die Bürgergarde setzte sich an die Spitze und die Schützengilde schloß sich an. Bis auf eine halbe Meile von der Stadt waren die Einwohner den Truppen entgegengekommen und füllten rechts und links alle Wege, Häuser und Gärten. Ein fortwährendes Hurra begleitete den Zug, während die Kosaken ihre fröhlichen Nationallieder sangen. In einiger Entfernung vom Tore überreichte eine Deputation dem Obersten die Schlüssel der Stadt. Im Tore selbst erschienen dreißig weißgekleidete Mädchen und bekränzten den Anführer unter freundlichsten Begrüßungen und unter lauten Beifallrufen des Volkes, das hier in Masse versammelt war und dessen Jubel sich zu einer Begeisterung steigerte, die alles mit sich fortriß. Unzählige Tücher wehten aus allen Fenstern und aus allen Wagen. Die voranziehenden Zünfte schwenkten ihre bunten Fahnen, Hüte mit grünen Zweigen sah man auf hohen Stangen oder Degenspitzen getragen oder jauchzend durch die Luft geschleudert. Alle Glocken läuteten, überall Freudenschüsse aus Flinten und Pistolen, und überall Hurra und Vivat von tausend und aber tausend Stimmen.

Baschkiren in Berlin zeigen den Kindern den Gebrauch von Pfeil und Bogen. Nach dem Leben gezeichnet und radiert von Kuhbeil am 11. März 1813.

Von allen Seiten drängte das Volk heran und schmückte die Pferde der voranreitenden Offiziere mit grünen Zweigen, und die Damen warfen Blumen und Kränze. Viele sah man vor Freude weinen, Bekannte und Unbekannte umarmten sich und wünschten sich Glück, diesen Tag erlebt zu haben. Am Abend war die Stadt beleuchtet, und im Theater ward das jeden Hamburger elektrisierende Volkslied: ‚Auf Hamburgs Wohl!‘ gesungen. Als der Oberst Tettenborn aus dem Theater fahren wollte, spannte ihm das Volk die Pferde aus und zog ihn nach Haus, wo man ihn im Triumph auf den Schultern die Treppe emportrug. Die Beleuchtung dauerte bis drei Uhr, bis dahin waren die Straßen von unermeßlichem Jubel erfüllt. Wenn man einen solchen Tag erlebt, dann muß man den Glauben an das Vaterland und die Zukunft gewinnen.“

Diese Schilderung eines freilich etwas dichterisch veranlagten Teilnehmers erläutert besser als alles andere die vielfach im deutschen Volke herrschende Stimmung, die tiefinnerliche Freude, endlich des französischen Joches, der Fremdherrschaft ledig zu sein.

Deutschland war frei bis zur Elbe. Das erwies sich von entscheidender Wichtigkeit, weil hiermit Preußen in seinem damaligen Bestande selbständig wurde. Die militärischen Kräfte Rußlands vermochten solchen Erfolg nicht zu bewirken, sondern das Schreckbild Spaniens hat den erprobten Eugen von Thorn bis Wittenberg getrieben. Selbst der tapfere Morand, der in Rußland Wunder der Tapferkeit vollbracht hatte, eilte schließlich fast kopflos von dannen. Wie Eugen überhastig Berlin räumte, so Carra Saint-Cyr Hamburg, womit die beiden bedeutendsten Städte rechts der Elbe dem Kaiser Napoleon verloren gingen. Kein Wunder, daß er höchst ungehalten über die Vorgänge war. Aber billig geurteilt, ließen sie sich kaum vermeiden, denn Eugen war zu schwach, einem etwaigen plötzlichen Anfalle Preußens standzuhalten. Durch seine Bewegung nach der Elblinie gewann er hinter sich befreundetes Land, also eine Rückendeckung, die ihm bisher gefehlt hatte. Er bewahrte dem Kaiser sechsunddreißigtausend Mann als Stamm für Weiterbildungen. Von nun an vermochte er ernstlich Verstärkungen zu sammeln, gestützt auf die Festungen Magdeburg und Wittenberg. Die heranmarschierenden oder bereits eingetroffenen Truppen betrugen über fünfzigtausend Mann, so daß er dem Feinde mit einem Feldheere von fast neunzigtausend Streitern und hundertfünfzig Geschützen entgegentreten konnte, wozu noch dreizehntausend Mann Besatzungstruppen kamen. Freilich, auf Sachsen war damals nicht zu zählen, weil seine Haltung sich unsicher gestaltete.

Wenden wir uns den Heeresbewegungen der Preußen zu. Wir haben gesehen, wie Yorck mit allen Mitteln eine möglichst starke Armee in Ostpreußen aufzubringen suchte und ihm das auch gelang. Doch blieb vorläufig noch alles, was Ersatz hieß, im Werden. Sein Feldkorps brachte Yorck auf zwanzigtausend Mann, welches er im Einvernehmen mit Wittgenstein über die Weichsel schob. Auf Befehl des Königs bildete außerdem General v. Bülow in Ost- und Westpreußen ein Reserveheer, während die Aushebung in Pommern dem General v. Borstell, die in der Mark dem General v. Tauentzien und die schlesische zunächst verschiedenen Offizieren überwiesen wurde. Die in der Mark befindlichen Truppenteile wurden nach Schlesien, und dorthin bei Annäherung der Russen auch noch andere gezogen. Von den genannten Korps hatte namentlich das Bülowsche in den polnischen Gebieten schwer zu leiden, teils durch die Erschöpfung der Hilfsmittel, teils auch wegen der abgeneigten Gesinnung der Bevölkerung. Bülow konnte sich nur durch Anwendung von Gewalt helfen. Auch die übrigen Abteilungen mußten sehen, wie sie sich durchbrachten, was zu unerlaubter Selbständigkeit und allerlei Unordnungen führte. Um mehr Einheit in die schwierige Sachlage zu bringen, erhielt Yorck den Oberbefehl über Bülow und Borstell. Er pflog mit Bülow und Wittgenstein am 22. Februar eine Besprechung, der zufolge jeder auf besonderem Wege nach der Oder marschieren sollte, wobei jedoch die Russen vorne bleiben mußten. Unterwegs vereinigte sich der am meisten nordwärts befindliche Bülow

Erschieß
Patri
Nach der
von

mit Borstell, der neunzehntausend Mann gesammelt hatte.

Als das Land bis auf wenige Plätze von den Franzosen gesäubert war, erfolgte die Kriegserklärung Preußens in Paris. Damit konnte endlich das russisch-preußische Bündnis in Kraft treten. General v. Scharnhorst begab sich in das Hauptquartier nach Kalisch zur Festsetzung der Bewegungen. Ihn erwarteten dort unerfreuliche Eindrücke: das russische Heer war weit schwächer, als man gedacht hatte, und sehr abgerissen, überhaupt weniger eine schlagfertige Feldarmee als ein in der Neubildung begriffener Truppenkörper. Nach Ansicht des preußischen Generals mußte man sein augenblickliches Übergewicht benutzen, also vorrücken und möglichst viel Gebiet gewinnen. Er beantragte deshalb, sich rasch nach Sachsen zu begeben, um die dortige Gärung bis zur Volkserhebung zu

hessischen
).
lzeichnung
rtevant.

steigern und Eugen aufzusuchen und zu besiegen, ehe Napoleon eintraf. Zu seinem Unglück dachte der russische Oberfeldherr Kutusow anders. Er sah den Feldzug mit der Vertreibung der Franzosen vom russischen Boden als beendet an, nun gar, weil er, alt und gebrechlich, seinen unerwartet erlangten Ruhm nicht einbüßen wollte und sich Napoleon unter den geänderten Verhältnissen in keiner Weise gewachsen fühlte. Er glaubte sein Heer zu schwach, Preußen zu wenig leistungsfähig und sich selber durch die Polen und die vielen Festungen gehemmt. Vermehrt wurden diese Bedenklichkeiten durch den Wunsch Friedrich Wilhelms, daß das Bündnis zunächst noch geheim bleibe. Er nötigte die Preußen, jede Begegnung mit dem Feinde zu vermeiden und sich hinter den Russen zu halten, welche zunächst nur in ihren schwachen vorgeschobenen

Abteilungen in Betracht kamen. Ein schnelles und kühnes Zugreifen war also ausgeschlossen. Es wurde vereinbart: den Oberbefehl über die verbündeten Streitkräfte erhält Kutusow. Den rechten Flügel führt Wittgenstein, dem York, Bülow und Borstell unterstellt werden. Diese Streitmacht, etwa fünfzigtausend Mann, zur größeren Hälfte Preußen, sollte über Berlin auf Magdeburg marschieren. Der linke Flügel, die in Schlesien stehenden Preußen und ein russisches Korps umfassend, wurde Blücher gegeben. Es waren vierzigtausend Streiter, mit Dresden als Ziel. Als Reserve sollte Kutusow ungefähr in der Mitte die sogenannte Hauptarmee heranführen, die aber nur dreiunddreißigtausend Mann betrug. Die Gesamtmacht hatte in breiter Front vorzurücken. Borstell blieb zunächst noch selbständig und schloß Stettin ein, um durch die nördliche Mark nach Havelberg zu gelangen, als Tauentzien ihn ablöste. Ganz im Norden, an der Unterelbe sollten verschiedene Streifkorps mit fünftausend Reitern auftreten.

General Graf Wittgenstein.
Nach einem Stich von C. Senff.

Langsam setzten sich die Verbündeten in Bewegung; Scharnhorst blieb vorerst noch in Breslau, um sich der Förderung von Landwehr und Landsturm zu widmen. Seine Aufgabe war nicht leicht, namentlich wegen fortgesetzter Unstimmigkeiten mit Knesebeck, so daß er äußerte: „Ich lebe nur in Schwierigkeiten." Aber darum verzagte er nicht: „Mag Napoleon noch so oft Schlachten gewinnen; die ganze Anlage des Krieges ist so, daß im Verlaufe des Feldzuges uns sowohl die Überlegenheit als auch der Sieg nicht entgehen kann."

Dieselbe Zuversicht belebte das preußische Feldheer. Der greise Blücher zog wohlgemut dem Feinde entgegen. Dem sächsischen Dichter Förster rief er zu: „Man immer munter drufflos jesungen, mein Lieber, das bringt Feuer unter die Leute. Jetzt muß ein jeder singen, wie's ihm ums Herz ist: der eine mit dem Snabel, der andere mit dem Sabel." Und frohlockend schrieb Gneisenau: „Nie hat es einen glücklicheren Sterblichen gegeben. Ich befinde mich auf dem Marsche, um endlich gegen unsere Unterdrücker fechten zu dürfen. Wir kommen mit den schönsten Truppen an. Jedwedes Herz ist hochgestimmt. Mein munterer Feldherr ist neu begeistert. Als unsere Kavallerie aus Breslau abzog, flog in derselben Richtung ein Schwarm Krähen. Ha, sagten die Soldaten, diesen Krähen hat das Franzosenblut gut geschmeckt, sie folgen uns nach, um noch mehr davon zu fressen."

So näherten sich Wittgenstein und Blücher der Elbe, jener in der Gegend von Magdeburg, während dieser auf dem Marsch nach Dresden die Stadt Bautzen am 20. März besetzte. Kutusow entsprach der Vereinbarung nicht, sondern blieb unter allerlei Vorwänden in Kalisch, wodurch auch die Bewegungen der Flügelheere gelähmt wurden. Um weiterzukommen, berief am 20. März der aus Breslau zurückgekehrte Zar Alexander einen Kriegsrat nach Kalisch, in dem beschlossen wurde, daß sich Wittgenstein mit Blücher unter stetem Kleinkriege links der

Elbe in der Gegend von Leipzig und Altenburg vereinigen sollte. Die Hauptarmee blieb nach wie vor wo sie war; erst nachdem Kutusow einen „Aufruf an die Deutschen" erlassen hatte, bewirkte die Ankunft des Königs von Preußen am 7. April ihren Aufbruch — leider viel zu spät.

Auch in der Aufstellung des Vizekönigs vollzog sich eine bedeutende Veränderung. Hatte er bisher ein möglichst großes Stück der Elbe von Dresden flußabwärts zu besetzen gesucht, so erhielt er nun von Napoleon die Weisung, seine Truppen bei Magdeburg zu sammeln und dort eine Angriffsstellung einzunehmen, weil er alsdann den Strom nach oben und unten decke. Ein Vorgehen des Feindes auf Dresden müsse er mit einem Angriff gegen Berlin beantworten. Diese Auffassung verwandelte die Sachlage für Sachsen von Grund auf.

In Dresden befehligte Reynier mit dem Auftrage, die Elbbrücke beim Nahen des Feindes zu zerstören. Als er hiermit beginnen wollte, stieß er auf den Widerstand der Bevölkerung, die ihm die Fenster einwarf. Da kam Marschall Davout zur Verstärkung. Er ließ zahlreiche Verhaftungen vornehmen und am 19. März den dritten Brückenpfeiler sprengen. Als er eben wieder abmarschiert war, erhielt er den Oberbefehl über die unteren Elbgebiete. Die in Dresden zurückgebliebene Besatzung zählte nur noch viertausendfünfhundert Mann, wovon ein Drittel Sachsen war. Der König hatte sich nach Plauen begeben und suchte

Aufruf an die Deutschen.

Indem Rußlands siegreiche Krieger, begleitet von denen Sr. Majestät des Königs von Preußen, Ihres Bundesgenossen, in Deutschland auftreten, kündigen Seine Majestät der Kaiser von Rußland und Seine Majestät der König von Preußen, den Fürsten und Völkern Deutschlands die Rückkehr der Freiheit und Unabhängigkeit an. Sie kommen nur in der Absicht, ihnen diese entwandten, aber unveräußerlichen Stammgüter der Völker wieder erringen zu helfen, und der Wiedergeburt eines ehrwürdigen Reichs, mächtigen Schutz und dauernde Gewähr zu leisten. Nur dieser große, über jede Selbstsucht erhabene, und deshalb Ihrer Majestäten allein würdige Zweck ist es, der das Vordringen Ihrer Heere gebietet und leitet.

Diese, unter den Augen beider Monarchen, von ihrem Feldherrn geführten Heere, vertrauen auf einen waltenden, gerechten Gott, und hoffen vollenden zu dürfen für die ganze Welt, und unwiderruflich für Deutschland, was sie für sich selbst zur Abwendung des schmachvollsten Joches so rühmlich begonnen. Voll von dieser Begeisterung rücken sie heran. Ihre Loosung ist Ehre und Freiheit. Möge jeder Deutsche, der des Namens noch würdig seyn will, rasch und kräftig sich anschließen; möge jeder, er sey Fürst, er sey Edler, oder stehe in den Reihen der Männer des Volks, den Befreiungsplänen Rußlands und Preußens beitreten, mit Herz und Sinn, mit Gut und Blut, mit Leib und Leben.

Diese Gesinnung, diesen Eifer, glauben Ihre Majestäten, nach dem Geiste, welcher Rußlands Siege über die zurückwankende Weltherrschaft so deutlich bezeichnet, von jedem Deutschen mit Recht erwarten zu dürfen.

Und so fordern Sie denn treues Mitwirken, besonders von jedem deutschen Fürsten, und wollen dabei gern voraussetzen, daß sich keiner finden werde unter ihnen, der, indem er der deutschen Sache abtrünnig seyn und bleiben will, sich reif zeige der verdienten Vernichtung durch die Kraft der öffentlichen Meinung und durch die Macht gerechter Waffen.

Der Rheinbund, diese trügerische Fessel, mit welcher der Allentzweiende das erst zertrümmerte Deutschland, selbst mit Beseitigung des alten Namens, neu umschlang, kann als Wirkung fremden Zwanges und als Werkzeug fremden Einflusses, länger nicht geduldet werden. Vielmehr glauben Ihre Majestäten einem längst gehegten, nur mühsam noch in beklommener Brust zurückgehaltenem, allgemeinem Volkswunsche zu begegnen, wenn Sie erklären, daß die Auflösung dieses Vereins nicht anders, als in Ihren bestimmtesten Absichten liegen könne.

Hiermit ist zugleich das Verhältniß ausgesprochen, in welchem Seine Majestät der Kaiser aller Reussen zum wiedergebornen Deutschland und zu seiner Verfassung stehen wollen. Es kann dieß, da Sie den fremden Einfluß vernichtet zu sehen wünschen, kein anderes seyn, als eine schützende Hand über ein Werk zu halten, dessen Gestaltung ganz allein den Fürsten und Völkern Deutschlands anheim gestellt bleiben soll. Je schärfer in seinen Grundzügen und Umrissen dieß Werk heraustreten wird, aus dem ureigenen Geiste des deutschen Volkes, desto verjüngter, lebenskräftiger und in Einheit gehaltener, wird Deutschland wieder unter Europas Völkern erscheinen können.

Uebrigens werden Seine Majestät nebst Ihrem Bundesgenossen, mit dem sie in den hier dargelegten Gesinnungen und Ansichten vollkommen einverstanden sind, dem schönen Zwecke der Befreiung Deutschlands von fremden Joche, Ihre höchsten Anstrengungen jederzeit gewidmet seyn lassen.

Frankreich, schön und stark durch sich selbst, beschäftige sich fernerhin mit der Beförderung seiner inneren Glückseligkeit! Keine äußere Macht wird diese stören wollen, keine feindliche Unternehmung wird gegen seine rechtmäßigen Grenzen gerichtet werden. Aber Frankreich wisse, daß die andern Mächte eine fortdauernde Ruhe für ihre Völker zu erobern trachten, und nicht eher die Waffen niederlegen werden, bis der Grund zu der Unabhängigkeit aller Staaten von Europa festgesetzt und gesichert seyn wird.

Gegeben im Hauptquartier zu Kalisch, den $\frac{13}{25}$. März 1813.

Im Namen Sr. Majestät des Kaisers und Selbstherrschers aller Reußen, und Sr. Majestät des Königs von Preußen.

Fürst Kutusoff Smolensk,

General-Feldmarschall und oberster Befehlshaber der verbündeten Armee.

Ansicht der Brücke zu Dresden nach der Sprengung vom 19. März 1813. Nach einem zeitgenössischen Stich.

seine Truppen durch Verlegung in die sächsische Festung Torgau selbständig zu machen. Am 20. März erschienen Kosaken vor Dresden-Neustadt. Eiligst zogen die Franzosen von dannen, gedeckt durch eine bayerische Division. Torgau war nun besetzt von elftausend Sachsen und besaß reichliches Kriegsgerät, bildete also ein nicht unbedeutendes Gewicht in der Wagschale des Krieges. Der Befehlshaber, General v. Thielmann, hatte nicht übel Lust, sich auf die Seite der Verbündeten zu stellen, begegnete aber heftigem Widerstande seiner Untergenerale und wagte deshalb nicht zu handeln. Das sollte verhängnisvoll werden. König Friedrich August verließ sein Land und reiste nach Prag, wo er den Friedensvermittlungen Österreichs beitrat.

Inzwischen besetzten Blüchers Vortruppen am 22. Dresden-Neustadt, am 30. die Altstadt und erreichten am 4. April die obere Mulde. Mitte April befand sich fast das ganze Königreich in den Händen der Verbündeten, worauf Blücher sein Hauptquartier zu Altenburg errichtete. Auch im Norden ging es vorwärts. Bevor Yorck mit seinem Korps am 27. März Berlin verließ, trat er an den Feldaltar und erklärte: „Von diesem Augenblick gehört keinem von uns mehr sein Leben, keiner muß darauf rechnen, das Ende des Kampfes erleben zu wollen; ein jeder muß freudig bereit sein, sein Leben dahinzugeben für das Vaterland und den König. Jetzt geht es in den Kampf. Ich schwöre, mich sieht ein unglückliches Vaterland nie wieder!" „Das soll ein Wort sein!" antworteten die begeisterten Truppen.

Wittgenstein fühlte sich anfangs noch zu schwach, um kriegerisch Ernst zu machen. Überdies befürchtete er, bei der neuerdings befohlenen südlicheren Marschrichtung Berlin preiszugeben. Er wartete deshalb, bis Verstärkungen eintrafen, um dann gegen Wittenberg aufzubrechen. Plötzlich überschritt Eugen am 2. April die Elbe bei Magdeburg mit fast fünfzigtausend Mann und drängte Borstell zurück, ohne jedoch tatkräftig nachzufassen. Weil er Berlin gefährden konnte, beschloß Wittgenstein, ihn mit dreiundzwanzigtausend Mann anzugreifen. Am 5. April stieß er auf den Feind; an drei Orten kam es zu teilweise heftigen Kämpfen, welche überall siegreich für die Verbündeten verliefen. Man bezeichnet diese Ereignisse als „Gefecht von Möckern".

Nach der Heliogravüre im Verlage von Georg Bürenstein & Comp., Berlin SW 48.

„Das soll ein Wort sein!"

Nach dem im Kasino der Reserve- und Landwehroffiziere der Landwehrinspektion in Berlin befindlichen Gemälde von R. Knötel.

Eugen verlor zweitausendzweihundert Mann. Die Preußen und Russen erhielten hier die erste gemeinsame Feuertaufe und zeigten sich an Kampfeifer dem Feinde überlegen, besonders galt dies von den jungen preußischen Truppen. Noch in der Nacht fiel der Vizekönig über die Elbe zurück. Sein Versuch, die einzelnen Abteilungen der Verbündeten auseinanderzusprengen und Berlin zu besetzen, war gescheitert. Von nun an verzichtete er endgültig auf Vorstöße nach Osten.

Bülow und Borstell rückten dem Weichenden nach zur Beobachtung von Magdeburg. Ein Teil der Russen und York marschierten elbaufwärts nach Roßlau bei Dessau, benützten die dort geschlagene Brücke und erreichten Köthen, während Kleist die Festung Wittenberg, soweit er vermochte, einschloß. Durch diese Zersplitterung schwächte Wittgenstein seine Armee derartig, daß er zunächst wieder nichts unternehmen konnte. Erst als sich seine Streitkräfte vermehrten, als er die Korps Kleist und Bülow herangezogen hatte, ging er weiter vorwärts und befand sich Ende April bei Leipzig, Halle und Köthen.

Der Vizekönig deckte sich durch Besetzung des linken Saaleufers und eine vorteilhafte Aufstellung zwischen Elbe und Harz mit der Front nach Süden. Sein Feldheer zählte fünfzigtausend Mann. Es kam zu kleinen Gefechten, die aber wirkungslos blieben.

Blücher hatte in Sachsen wenig angenehme Tage verlebt. Alle Versuche, den König, die Behörden oder die Bevölkerung zu gewinnen, scheiterten. Man begegnete wesentlich nur Abneigung und Widerstand. Noch mehr lähmte das stumpfsinnige Benehmen Kutusows, und dabei war man völlig im unklaren über die Absichten des Feindes. Es blieb nur, kleine fliegende Reiterabteilungen zu bilden, die weithin tastend bis Gotha und Eisenach schweiften, aber vor der herankommenden Rheinarmee umkehren mußten. Längst hatten die Nachrichten bedrohlich gelautet; als dies sich steigerte, zogen die Verbündeten ihre weit verstreuten Heeresteile dichter zusammen. Anderseits war Kutusow nur langsam vorgerückt. Erst am 18. April erreichte er Bunzlau in Schlesien, wo er schwer erkrankte.

Verspätet entwarf Scharnhorst einen Plan, der dahin ging, entweder die russische Hauptarmee über die Elbe zu ziehen und mit ganzer Macht etwa in der Ebene von Leipzig den Feind unvermutet anzugreifen, oder jene hinter der Elbe zu lassen, während Blücher und Wittgenstein vereinigt rechts abmarschierten, um über den Vizekönig herzufallen. Der Plan wurde als unzeitgemäß in einem Kriegsrate zu Dresden verworfen und dafür beschlossen, die Hauptarmee solle über die Elbe gehen und voraussichtlich zwischen Leipzig und Altenburg eine Verteidigungsschlacht annehmen. Scharnhorst sah trübe in die Zukunft: er meinte am 18., man würde mit allem zu spät kommen. Gehobener blieb Gneisenaus Stimmung, der am 25. schrieb: man stehe am Vorabend großer Ereignisse, und da werde die Tapferkeit entscheiden, wo die Intelligenz mangele.

In der Tat hatten die Verbündeten nach dem Eintreffen der Hauptarmee an hunderttausend Mann zur Hand, die von Dessau bis Chemnitz und Dresden, mit dem Kerne von Leipzig bis Altenburg standen, wo sie sich immer mehr anhäuften.

Ein Glück war, daß Kutusow am 28. April starb und Wittgenstein zum Nachfolger im Oberbefehl erhielt. Für die Verbündeten ist der dem Tode entgegensiechende Greis ein schweres Verhängnis gewesen, denn seine Tatlosigkeit drückte bleiern auf die beiden vorgeschobenen Heere, welche die günstige Zeit unbenutzt ließen, in der man Eugen einzeln fassen und überwältigen konnte. Mit Wittgensteins Ernennung kam wieder Leben und eine gewisse Einheitlichkeit in die Entschlüsse. Aber was bedeuteten selbst hunderttausend Mann gegen die starke Übermacht, welche ein Napoleon führte. Die freudige Erregung, der feurige Tatendrang, den der scheinbare Sturz des Titanen bewirkt hatte, waren dahin. Er nahte, finster, waffenstarrend und unheildrohend, neu erstanden wie ein Phönix aus der Asche.

Gneisenau hatte recht: Die Tapferkeit mußte entscheiden.

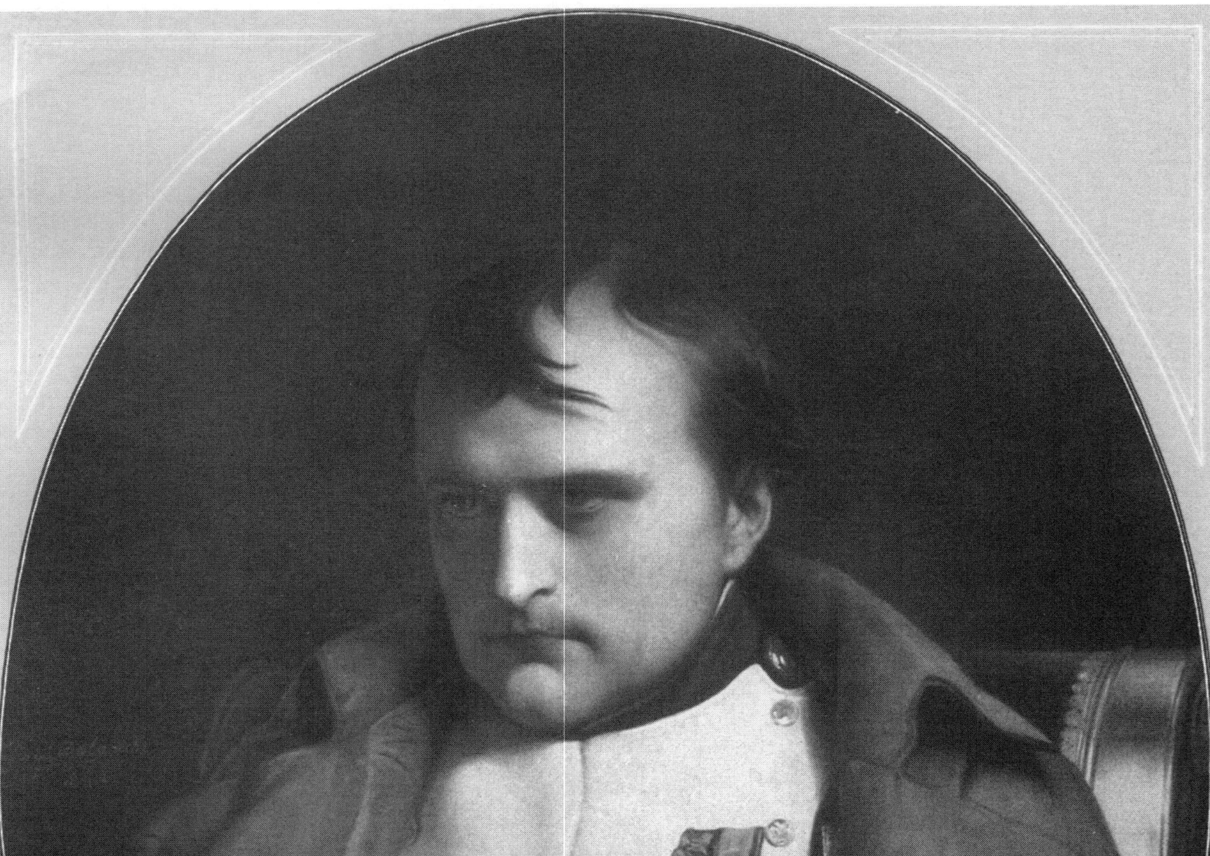

Napoleon I.

Nach dem im Besitz des Herzogs von Portland befindlichen Gemälde von Paul Delaroche.

Gefecht bei Möckern im Jerichower Kreise am 5. April. Nach der Zeichnung von O. Fikentscher.

Seit dem 19. Dezember weilte der Mann des Schicksals wieder in Paris.

Napoleon war ein Sohn der Fortuna. Vor Vollendung des fünfundzwanzigsten Jahres wurde er Brigadegeneral, mit sechsundzwanzig Oberfeldherr, mit dreißig erster Konsul, mit fünfunddreißig Kaiser der Franzosen und schließlich Gebieter Europas. Voller Staunen und Bewunderung sah die Welt die alles überstrahlende Erscheinung festen Schrittes die selbstgezeichnete Bahn verfolgen, das Alte und Veraltete siegreich vor sich niederwerfend. In ihm glaubte sie den Mann zu erblicken, der die Menschheit von den Fesseln, dem Schlamm und der Unnatur der Vergangenheit befreie, mit dessen Erscheinen ein neues, besseres Zeitalter beginne. Deshalb folgte man ihm anfangs fast blindlings, und namentlich die Gebildeten förderten sein Emporkommen. Mit dämonischem Zauber fesselte er weithin die Gemüter.

In der Tat erscheint der Zwingherr Europas als geborene Herrennatur von genialem, unersättlichem Drange nach Betätigung, unerschütterlichem Selbstvertrauen, schrankenloser Eigen- und Herrschsucht. Sein gesteigertes Selbst gestaltete sich zum Mittelpunkte, dem alles entströmen, um den alles sich drehen sollte. Und dieses Über-Ich beruhte auf Überfähigkeiten. Sein Verstand war scharf, gepaart mit unerschöpflicher Vorstellungsgabe und einem Seherblick, der jede Schwierigkeit durchschaute, den Schein vom Wesen sonderte und in der Gegenwart die Zukunft erkannte. Noch furchtbarer als sein Verstand erschien sein Wille, der zu niederschmetternder Wucht und Wildheit führen konnte. Dieser Wille war ihm Gesetz, das ihn dem geltenden Rechte, der Sitte und Moral überhob. Jeder und jedes sollte vor dem Gewaltigen in den Staub sinken, wie vor einer Gottheit, als deren Abglanz er sich wähnte. Deshalb galt ihm auch der schweigende Gehorsam als natürlicher Zustand, galt ihm das Einzelwesen nichts, und ohne mit der Wimper zu zucken opferte er Hunderttausende kalt einem Ehrgeize, durch den er sich berufen fühlte, das Antlitz der Welt zu verändern. Dabei besaß er eine Arbeitskraft ohnegleichen. Jede

Idee wurde ihm Handlung, jeder Gedanke zur Tat. Achtzehn Stunden vermochte sich der Ruhelose ununterbrochen in rasend schneller Anspannung zu betätigen, sogar in der Weise, daß er die verschiedensten Dinge zugleich dachte und doch jedes klar und scharf. Gefördert wurde seine Titanenkraft und -fähigkeit durch ein starkes Gedächtnis. So sah er alles, wußte alles, konnte alles und tat alles, schranken- und bedenkenlos.

Parade
Nach d
R. D

Von Gestalt war Napoleon klein und in jüngeren Jahren mager; später wurde er wohlbeleibter, sein Gesicht erhielt das Gepräge eines römischen Imperators mit regelmäßigen Zügen, wächserner Färbung, festgeschlossenen, gebieterischen Lippen und durchbohrendem dunklen Auge, die Stirn umrahmt durch schwarze, kurzgeschorene Haare, von denen ein Büschel unruhig, unheildrohend niederhing. Seine Sprache war abgerissen und hastig, der Ton seiner Stimme barsch, sein Benehmen lebhaft, aber brüsk, gebieterisch und unfein. Wer ihm nahte, empfand: er stehe vor einer gottbegnadeten, furchterweckenden Überlegenheit. Selten hat es einen Sterblichen gegeben, der durch bloßes Auftreten so zu imponieren, so niederzuzwingen und doch auch wieder so zu gewinnen verstand. Als Herrenmensch dankte er nicht, lobte er nicht, sondern gab seine seltene Zustimmung höchstens durch Schweigen zu verstehen. Seinem gebieterischen Wesen entsprach am besten die Despotie, welche er in Ägypten kennen und ausüben gelernt hatte. Unwillkürlich übertrug er sie auf europäische Verhältnisse. Das orientalische Bild des wachsenden Halbmondes, das ist der wachsenden äußeren Größe, wurzelte tief in seiner Seele. Frankreich erschien ihm gewissermaßen als persönliche Eroberung. Er gestaltete es nach seinem Gutbefinden und erhob es zum Mittelpunkte eines Weltreiches, das er ebenfalls nach seinem Belieben formte.

In ungemeiner Vielseitigkeit erwies er sich nicht bloß als bedeutender Verwalter und Feldherr, sondern zugleich als Förderer von Kunst, Wissenschaft und Mode, als Wiederhersteller der Religion und des Rechts, als Errichter von Prachtbauten, Museen und Kunststraßen, kurz als Universalmensch; — und alles was er schuf, trug den Zug des Großartigen. Da er die Menschen an ihre richtige Stelle zu bringen verstand, zog er mächtig die Talente an. Für geleistete Dienste erwies er sich äußerlich erkenntlich, doch lag wahre Dankbarkeit ihm fern. Schonungslos gegen Widersacher und Feinde, rachsüchtig gegen Überwundene, genügte bloßer Verdacht zur Einkerkerung und Hinrichtung; ja der Weltgebieter konnte sogar die seelischen und körperlichen Qualen derer bis aufs kleinste bestimmen, die er zerschmettern wollte. Nur den Vorteil vor Augen, betrog er beim Spiel und griff zur Falschmünzerei, wie 1809 im österreichischen Kriege, wo er befahl, österreichische Banknoten geheim bis zu hundert Millionen monatlich herzustellen. Gewerbsmäßig brach er das Briefgeheimnis und seine Brüder schnauzte er an, wie ein Unteroffizier, obwohl sie Königskronen trugen. Die eigene Mutter mußte ihm die Hand küssen. Nichts schien ihm dummer und verächtlicher als ein

rde-Artillerie
poleon.
nälde von
eur.

„Ideologe", als ein Mensch mit Grundsätzen. Wie stets bei großen Männern, loderte eine tiefe Leidenschaft in seinem Innern, die er für gewöhnlich meisterte, aber hervorbrechen ließ, wenn er etwas dadurch erreichen konnte. Als Emporkömmling liebte er den Prunk und als Lügner barg er starken Hang zum Schein, der ihn zum Faiseur und Blender machen konnte. Zugleich war er abergläubisch, wie nur ein Korse. Er glaubte an Träume, Ahnungen und Vorbedeutungen, hielt gewisse Tage, selbst Buchstaben für glück- oder unglückbringend, vor allem war er

überzeugt, daß ein Stern sein Leben wunderbar bestimme. Freilich, im entscheidenden Augenblicke blieb die Wucht des Entschlusses doch gewöhnlich stärker als alle Gedankenspinnerei. Er pflegte nicht selber zu schreiben, sondern diktierte, dies überstürzend rasch, in kurzen, schlagenden, hingeworfenen, oft zusammenhanglosen Sätzen. Schlaf brauchte er wenig und fand ihn, wann er wollte. Der Drang der Geschäfte, die ankommenden Eilboten wurden die Uhr seiner Zeiteinteilung. Schonung seiner Person brauchte und kannte er nicht, je nach Bedürfnis machte er die Nacht zum Tage. Im steten Drange zu schaffen, vermochte er sich des Geschöpfes nicht zu freuen. Einsam zog er freud- und freundlos seinen Weg. Einer seiner besten Beurteiler nannte ihn „inamusable". —

Napoleon als Zögling der Militärschule zu Brienne.
Nach der Statue von Rochet.

Napoleon war Italiener, Korse, Kaiser von Frankreich und Gebieter eines Weltreiches, emporgekommen durch Genie, Waffengewalt und politische Strömungen, — kein Wunder, daß ihm Empfinden und Verständnis für Vaterlandsliebe, für Volksinstinkte, für Volksaufopferung fehlten. Dieser Mangel wurde ihm zum Verhängnis. Gerade da, wo er die unberechenbaren Mächte am wenigsten erwartete, in dem verachteten Preußen, ist er ihnen am stärksten begegnet. Als er erfuhr, das Volk erhöbe sich, meinte er wegwerfend, die Deutschen würden nie Spanier werden. Darin hatte er recht. Sie blieben Deutsche, aber als solche sind sie weit gefährlicher geworden, als die Spanier je gewesen.

Der Gewaltmensch fühlte sich zunächst als Soldat: als Soldat, auf der Militärschule zu Brienne, begann er seine beispiellose Laufbahn, als Soldat endete er sie: das Heer war seine Heimat. Von der alles überwältigenden Gewalt der Waffe hegte er die höchste Meinung; nie fühlte er sich wohler als im Feldlager, nie heiterer als in tobender Schlacht. Natürlich empfanden die Soldaten diese Wahlverwandtschaft, sie begeisterten sich schon an seinem bloßen Anblick, beteten ihn an als Gott des Krieges und folgten ihm wahllos in Tod und Verderben. Wie die Macht zu herrschen, war ihm die Feldherrnkunst angeboren: von vornherein erschien er darin fertig und befehligte bereits 1796 wie der erfahrenste General. In gleicher Weise beherrschte er Strategie und Taktik, klar, folgerichtig, selbständig, genial, kühn und zäh. Stets zum Angriffe geneigt, wußte er dem Feinde die Gesetze des Handelns vorzuschreiben und das Gegenteil von dem zu tun, was erwartet wurde. Sein Ziel ist die Entscheidungsschlacht, deren Plan er zuvor sorgfältig durchdenkt und die er mit unermüdlicher Anspannung erzwingt, nicht nur um zu siegen, sondern um zu vernichten. Sein Siegeswille, sein Vertrauen auf den Erfolg sind fast fatalistisch und wirken lähmend auf den Gegner.

Doch trotz alles Übermenschentums war auch Napoleon nur ein armer Staubgeborener, unterworfen den Gesetzen der Natur. Auch er wurde älter und abgenutzter, er brauchte mehr

Napoleon entwirft den Plan zur Schlacht.
Nach dem Gemälde von Armand-Dumaresq.

Napoleon im Lager seiner Gardegrenadiere. Nach der Zeichnung von A. M. Raffet.

Schlaf und fühlte sich bisweilen leidend. Die Klarheit seines Blickes ließ nach, er verlor die Fähigkeit, sich ins Unvermeidliche zu fügen, sein Wille wurde schwächer und damit die Frische und Wucht des Handelns, die Zähigkeit der Durchführung. Mehr und mehr versagte die Siegesgewißheit, der Glaube an seinen Stern. Der Allbezwinger vermochte nicht mehr sich selbst zu bezwingen und verlor hierdurch die Herrschaft über andere. Seine Leidenschaft wurde schrankenloser und äußerte sich in Wutausbrüchen, Handgreiflichkeiten und krampfhaften Zuckungen. Bisweilen war er abgespannt, matt und kraftlos unruhig. Vergeblich suchte er Beruhigung durch heiße Bäder, die er lange ausdehnte. Herber Mißmut beschlich ihn und fürchterliche Menschenverachtung. Es mögen die Vorboten der Krebskrankheit gewesen sein, die einem Teil seiner Familie anhaftete und der er später erlegen ist.

Durch alle diese Dinge wurde er unberechenbar, anderen und sich selbst gegenüber. Bald schnellte er empor und stand wieder da in rastloser Tatkraft als der Schlachten- und Siegesgewaltige, bald versagten die Nerven, seine Handlungsweise sank von ihrer Höhe herab, sein Geist irrte abseits, brütend, haschend ins Weite, sein Wille wandelte sich in Plötzlichkeiten oder in Eigensinn, der nach Unmöglichem strebte, um unerwartet, grundlos wieder abzuschweifen. Die Anstrengungen und Aufregungen des russischen Feldzugs waren auch an Napoleon nicht spurlos vorübergegangen.

Für den bevorstehenden Krieg sind zwei Dinge wichtig geworden. Die Allgeschäftigkeit des Kaisers hatte keine Selbständigkeit seiner Umgebung, auch nicht bei den Marschällen, aufkommen lassen. Diese waren tapfere Soldaten, aber doch wesentlich nur Befehlsausführer, bloße Korpsgenerale. Noch auf St. Helena konnte Napoleon seufzen: „Keiner meiner Generale war für ein selbständiges Kommando geeignet.“ Dies ist übertrieben, aber nicht ganz falsch. Hierzu kam der Überdruß am Kriege. Die Herren hatten Reichtümer, Ruhm, hohe Würden

und Titel erlangt, waren älter geworden und wollten das Erworbene genießen, es nicht neu erringen oder gar bei unglücklichem Ausgange gefährden. Ihr Gebieter hatte sie die krasse Eigensucht gelehrt, und so liebten sie nur sich, während derjenige, welcher sie groß gemacht, ihnen immer gleichgültiger wurde, dies um so mehr, als er weitere Opfer verlangte und seine Laufbahn sichtlich abwärts neigte. Immerhin waren sie Soldaten und an Gehorsam gewöhnt, so daß sie ihre Pflicht taten, wenngleich oft ohne Freude und Zuversicht, und zwar zu einer Zeit, da die kriegerischen Eigenschaften bei den Gegnern gewaltig in die Höhe schnellten.

Von noch weittragenderer Wirkung erwies sich die Stimmung der Völker. Einst hatte Frankreich dem Siegreichen zugejubelt, aber die vielen Siege machten das Land schließlich menschenarm. Der Wohlstand sank durch die Kontinentalsperre, schwer lastete der Druck der Verwaltung, die Ertötung aller freiheitlichen Regungen. Die Folge war ein dumpfer Unmut, eine weitgreifende Unzufriedenheit, eine tiefe, leidenschaftliche Friedenssehnsucht. Mehr noch als die Franzosen seufzten die unterworfenen und verbündeten Nachbarn unter einer Fremdherrschaft, welche ihre eigenen Wünsche und Bedürfnisse verachtete. Selbst ein Teil des stammverwandten Italien wurde widerspenstig. Aber alle bezwang bisher die Furcht: man murrte zwar, doch man gehorchte.

Medaille mit dem Bildnis Franz I. Von L. Posch. (Kgl. Münzkabinett, Berlin.)

Die ungünstige Strömung erhielt rasche Nahrung durch die beispiellose Niederlage in Rußland. Nun begann die Treue der Verbündeten tatsächlich zu wanken, namentlich in Deutschland. Freilich glaubte Napoleon hieran zunächst noch nicht, aber ein dumpfes Empfinden ließ ihn das Richtige ahnen, und Preußen und Österreich gegenüber sollte sich die Ahnung alsbald zur Gewißheit gestalten. Schon auf der Rückreise, von Dresden aus, hatte er seinen Schwiegervater, den Kaiser Franz, um Verstärkung gebeten. Er erhielt die Antwort, daß der Kaiser zwar bereit sei, alles für Herstellung des Friedens zu tun, für den Krieg jedoch nicht über die getroffenen Abmachungen hinausgehen könne. Dann erfuhr er, daß Schwarzenberg auf Krakau zurückweiche und nötigenfalls einen Waffenstillstand mit Rußland abschließen solle. Das war „der erste Schritt zum Abfall“. Er erschütterte Napoleon wenig, weil er sicher glaubte, daß Österreich mit sich handeln lasse. Als vermeintlich guter Rechner bot er anfangs möglichst wenig und benahm sich nach wie vor als Herr der Entscheidungen. Aber durch solch unangebrachtes Auftreten drängte er Österreich nur weiter auf die gegnerische Seite. Da erhielt er am 10. Januar die Nachricht von der Tat des Generals Yorck. Sie wirkte derartig, daß Napoleon dem Senat am nämlichen Tage ein Gesetz über Aushebung von zweihundertfünfzigtausend Mann neuer Truppen vorlegte. Immer mehr entfernten sich beide Mächte von Frankreich, während sie sich Rußland näherten. Am 16. Januar schloß Österreich einen Waffenstillstand, durch den es tatsächlich vom französischen Bündnisse zurücktrat. Gleichzeitig verstand es aber geschickt, die diplomatischen Beziehungen zu Napoleon aufrecht zu erhalten, und dieser fand sich nicht in der Lage, seinem Unmute über das Doppelspiel freien Lauf zu lassen. Österreich suchte sich zum Schiedsrichter Europas zu erheben, während Preußen völlig auf Rußlands Seite trat. Doch das Schwergewicht der Entscheidung beruhte nicht auf den auswärtigen Dingen, sondern

auf der kriegerischen Kraft der Franzosen. Und hier setzte Napoleon mit allen Mitteln ein, um eine zweite „Große Armee“ zu schaffen. Dabei kam ihm zustatten, daß er bereits vor seinem Aufbruche 1812 eine Art Landesverteidigung eingerichtet und im November von Moskau aus befohlen hatte, für 1813 solle eine neue Aushebung von hundertsiebenunddreißigtausend Mann stattfinden. Diese befand sich bereits in der Durchführung. Heimgekehrt stellte er weitere Forderungen, welche darin gipfelten, daß bis April 1813 die unerhörte Zahl von sechshundertsiebenundvierzigtausend Mann einberufen sein sollte. Trotz der Unzufriedenheit verstand er den Nationalstolz anzuregen, und die eiserne Notwendigkeit tat das weitere, um die Mittel zur Fortsetzung des Krieges zu gewähren. Freilich bereitete die Aufbringung von Geld, Waffen und Ausrüstungsstücken bedeutende Schwierigkeiten, noch größere die Einreihung genügender

Schlußprüfung der Kriegschüler von Saint-Cyr in Gegenwart Napoleons, Frühjahr 1813. Nach dem Gemälde von G. Roussel.

Offiziere und Unteroffiziere, die meiste: das Pferdematerial, weil das französische durchgehends minderwertig blieb und das Heranziehen guter norddeutscher Pferde nicht genügte.

Auch mit den Rheinbundfürsten gab es allerlei Schwierigkeiten. Sie waren durch die Vorgänge in Rußland irre geworden, wagten zwar nicht, Napoleon zu verlassen, suchten sich aber möglichst ihren Verpflichtungen zu entziehen. Der König von Bayern wies Napoleon am 3. März hin auf den „so allgemein ersehnten Frieden“, auf die Leiden des Volkes, die völlige Erschöpfung der Hilfsmittel, und die Unmöglichkeit, die Anstrengungen dieses Jahres zu wiederholen. Er rüstete zwar, jedoch mit der Absicht, den größeren Teil seiner Truppen nicht der französischen Armee einverleiben zu lassen, sondern ihn für den eigenen Staat zu verwenden. Zur Hebung des Offiziermangels forderte er die Rückkehr der noch in Preußen stehenden Division Rechberg, die auch stattfand. Erst nach Beginn des Frühjahrsfeldzugs sandte Bayern die Division Raglowich an Napoleon, wußte sich dessen wiederholt scharf gehaltenen Zumutungen jedoch unter

allerlei Vorwänden zu entziehen, ja erbat sogar noch vor dem Waffenstillstande die Division Raglowich zurück, mit Hinweis auf die Rüstungen Österreichs, freilich ohne sie zu erhalten.

Die übrigen Rheinbündler leisteten durchweg mehr, zumal Westfalen und Württemberg.

Durch nichts ließ Napoleon sich beirren, und das Ergebnis seiner Riesenarbeit bestand in fast sechshunderttausend Bewaffneten, von denen freilich die Mehrzahl erst später verwendbar wurde, mithin zunächst noch nicht in Betracht kam. Tatsächlich zur Verfügung hatte er Ende April ein Feldheer von etwa zweihundertfünfundzwanzigtausend Mann mit vierhundertsechzig Geschützen, eingeschlossen die italienischen und deutschen Hilfsvölker. An der Unterelbe befanden sich damals fünfundzwanzigtausend Krieger. Hinzu kamen noch fünfzigtausend Mann Reserve, die Ende Mai auf dem Kriegsschauplatze eintreffen konnten, während die Festungsbesatzungen ungefähr achtzigtausend Mann betrugen. Im ganzen also standen für den Frühjahrsfeldzug nahezu vierhunderttausend napoleonische Streiter auf deutschem Boden. Was niemand erwartet hatte, geschah: der Dezemberflüchtling besaß zu Beginn des Frühlings wieder weit überlegene Truppenmassen, mit denen er angreifend vorgehen konnte. Der Wert des Heeres erreichte freilich nicht den des in Rußland untergegangenen, stand aber höher, als man gemeinhin annimmt. Oberst Friederich verweist mit Recht darauf, daß von zweihundertzehntausend Mann am 20. April hundertfünfundsiebzigtausend Franzosen und fünfunddreißigtausend Verbündete waren, unter denen sich nicht weniger als hundertfünftausend gediente Soldaten im besten Alter befanden, zu denen nur siebzigtausend Mann des jüngsten Ersatzes von 1813 kamen, die aber auch als völlig brauchbar gelten müssen. Immerhin ließ die Ausbildung vielfach zu wünschen und nötigte Napoleon, möglichst nur bataillonsweise zu fechten. Der Geist der Truppen war gut. Die alten Soldaten dürsteten nach Vergeltung wegen der russischen Niederlage und des verräterischen Abfalls der Preußen. Diese Gesinnung übertrug sich auf die jungen Kameraden; auch sie zogen zuversichtlich dem Feinde entgegen: fühlten sie sich doch als Krieger des unüberwindlichen Schlachtengottes. Wieder flatterten die goldenen Kaiseradler voran und wieder folgte wahllos eine gehorsame Menge, des Sieges gewiß. Die

Nach einem Kohledruck von Braun & Cie. Nachf., Dornach i. E.

Marschall Davout. Nach dem im Nationalmuseum zu Versailles befindlichen Gemälde von Claude Gautherot.

Erläuterungsblatt zu dem Bilde:
Napoleon mit den berühmtesten Generalen seiner Zeit.

1 Napoleon
2 Grouchy
3 Lasalle
4 Desaix
5 Kleber
6 Lannes
7 Soult
8 Moncey
9 Victor
10 Mortier
11 Eugène Beauharnais
12 Bessières
13 Cambronne
14 Masséna
15 Poniatowski
16 Suchet
17 Duroc
18 Augereau
19 Bertrand
20 Berthier
21 Drouot
22 Junot
23 Sebastiani
24 Vandamme
25 Davout
26 Rustan, Mameluck
27 Bernadotte
28 Moreau
29 Lefebre
30 Caulaincourt
31 Savary
32 Montholon
33 Murat
34 Rapp
35 Ney
36 Oudinot
37 Kellermann
38 Macdonald
39 Gouvion-St.-Cyr
40 Ein Gardist

Bundestruppen benahmen sich anfangs etwas unsicher, wurden aber bald in die allgemeine Strömung hineingerissen. Noch mehr als die Soldaten waren die jüngeren Offiziere, selbst die fremden, durchweg für Napoleon begeistert.

Ungünstig wirkte die Kriegsüberdrüssigkeit der Generale und Marschälle, die aber ihre Pflicht, wenngleich nicht immer freudig, tun wollten. Von ihnen überragten nur Massena, Davout und Soult das Durchschnittsmaß, denen Vandamme und Macdonald am nächsten kamen. Soult galt als ausgezeichneter Taktiker, die Stärke Davouts beruhte in zäher Verteidigung. Vielfach unzulänglich blieb das Personal der Generalstäbe. Vortrefflich war das Offizierkorps

Napoleon mit den berühmtesten französischen Generalen seiner Zeit. Nach dem Gemälde von S. Meister auf Stein gezeichnet von H. Monath.
(Das Original befindet sich im Besitze von Ludwig Rosenthals Antiquariat, München.)

vom Hauptmann bis zum Obersten, namentlich soweit es in Spanien gedient hatte. Dagegen erschien ein großer Teil der frisch beförderten Leutnants beim besten Willen nicht als vollwertig.

Den schwächsten Teil des Heeres bildete die Reiterei: sie zählte nur fünfzehntausend Mann, fast lauter alte Soldaten, aber meistens mangelhaft beritten, überdies an Menge der der Verbündeten weit nachstehend. Nach der Schlacht bei Großgörschen erhielt die Kavallerie zehntausend Mann Verstärkung, aber durchweg Rekruten auf gewaltsam und rasch herbeigeschafften Pferden. Erst während des Waffenstillstandes hat diese Waffenart ausreichende Widerstandskraft erlangt. Als trefflich galt die Artillerie, die freilich teilweis zurückgesetzte Geschütze führte und ebenfalls erst nach der Schlacht bei Großgörschen ihre volle Stärke erreichte. Bewußt suchte Napoleon die Mängel der Infanterie und Kavallerie durch eine zahlreiche Artillerie auszugleichen, und was etwa fehlte, ersetzte er selber überreichlich, so daß er äußern konnte: „Ich werde diesen Feldzug als General Bonaparte und nicht als Kaiser führen.“

Mit Genehmigung des Stadtgeschichtlichen Museums, Leipzig.

Französische Truppen unter Napoleon I.

Die Streitkräfte der Verbündeten erreichten ungefähr folgende Zahlen: Die preußische Armee betrug im Frühjahr hundertfünfunddreißigtausend Mann und zweihundertzweiundsiebzig Geschütze, wovon aber nur fünfundsechzigtausend Streiter mit zweihundertzwölf Geschützen auf die Feldtruppen erster Linie kamen, während für die zweite Linie siebenundvierzigtausend Mann mit sechzig Geschützen blieben, welche zur Belagerung der Festungen oder zur Verstärkung der Feldarmee dienen sollten. Von der russischen Macht zählte das Korps Wittgenstein im März neunzehntausend Mann, darunter sechstausend Kosaken mit zweiundachtzig Geschützen, die Truppenstärke Tschitschagows war auf fünftausendfünfhundert Mann mit sechsundzwanzig Geschützen gesunken, während die Hauptarmee dreiundvierzigtausend Mann mit zweihundertachtzig Geschützen betrug, aber sich Ende Februar noch fern bei Kalisch befand. Nachschübe standen zunächst nicht in Aussicht.

Der Oberbefehl blieb in russischen Händen, was nachteilig gewirkt hat. Seitdem die Russen die Grenze überschritten hatten, war der Krieg kein nationalrussischer mehr und verlor dadurch an Wucht, womit er zugleich die untergebene nationale preußische Angriffskraft lähmte.

Während Napoleon eine neue Armee schuf, brütete er unruhevoll über neuen Feldzugsplänen. Mitte März hatte er den Gedanken, die Mittelelbe zu überschreiten und Danzig zu entsetzen. Es war der Nachklang der russischen Ereignisse. Allgemach verschlechterte sich die Lage seiner Truppen in Deutschland. Dadurch sah er sich gezwungen, den Feind in den Elbgegenden aufzusuchen und Sachsen zu schützen, dessen Haltung verdächtig wurde. Zu diesem Zwecke bildete er eine Hauptarmee am unteren Main (die Mainarmee), welche dem Marschall Ney übergeben wurde. Hierzu kam das bisherige Frontheer unter Eugen (die Elbarmee), welches die Mittelelbe sicherte und seitwärts auf Sachsen vorstoßen konnte. Gedeckt durch die Saale vermochten beide Heere sich ungestört zu vereinigen.

Der Winterfeldzug in Deutschland war zwar nicht günstig verlaufen, hatte aber eine klare Grundlage geschaffen. Das gesamte nichtpreußische Deutschland war dem Kaiser verblieben, dessen Truppen sich außerdem weit vorgeschoben in einer Reihe von Festungen behaupteten: in Stettin, Küstrin, Glogau, Danzig, Modlin und Zamoscz.

Die russische Lässigkeit kennend, meinte Napoleon, daß die Verbündeten nicht vor dem 1. Mai in der Lage sein würden, etwas Beachtenswertes westlich der Elbe zu unternehmen, als er am 9. April zu seiner Überraschung erfuhr, der Feind habe Dresden besetzt und rücke gegen die Saale vor. Nachdem diese am 10. April gar mit leichter Reiterei überschritten war, galt

es, sich zu beeilen. Demgemäß setzte der Kaiser die Mainarmee am 15. April auf Erfurt in Marsch und ließ zugleich von Süden her ein italienisches Korps unter General Bertrand anrücken. Schon schweiften die verbündeten Reiter, wie wir sahen, weit westwärts. Sie schienen sogar Kassel zu bedrohen und den Marsch der französischen Abteilungen zu überwachen. Vielfach zeigte sich auch hier Zuneigung der Bevölkerung, selbst von Rheinbundtruppen, zu den Verbündeten. Diese Dinge, durch Gerüchte vergrößert, beunruhigten Ney, der inzwischen Erfurt erreicht hatte.

Nur der Kaiser selbst vermochte zu handeln. Früher als er beabsichtigt hatte, verließ er am 16. April Paris und eilte in achtundvierzigstündiger Fahrt nach Mainz, wo er am 18. um zwei Uhr früh eintraf. Unverhofft, wie der Blitzstrahl, erschien er unter den Seinen. Freilich erwartete ihn eine Unsumme von Arbeit, denn die Armee war tatsächlich erst in der Sammlung begriffen und deshalb noch unfertig: überall klafften Mängel und Lücken. Namentlich fehlte es an Offizieren; von Spanien mußten solche mit Eilpost herangebracht werden. Auch sie genügten nicht, weshalb man sich durch einen großen Offizier- und Unteroffizierschub zu helfen suchte. Von der Marine trafen zwölftausend Matrosen ein, die zu Infanteristen gemacht wurden und treffliche Truppen abgaben. Der Kaiser sorgte für alles; er führte große Geldsummen mit sich und zahlte den Sold bis zum 1. Mai im voraus. Nur durch Umsicht, festen Willen und bedeutende Hilfsmittel gelang es, der unendlichen Schwierigkeiten auf sämtlichen Gebieten Herr zu werden und die Truppen gebrauchsfähig zu machen. Die Mainarmee zählte hundertdreißigtausend bis hundertvierzigtausend Mann mit dreihundertzwanzig Geschützen, wozu die fast fünfzig-

Gottheil & Sohn, Danzig, phot.

Gefecht bei Halle a. d. Saale.
Nach dem im Offizierkasino der 1. Leibhusaren zu Danzig befindlichen Gemälde von R. Knötel.

tausend Streiter Eugens und ferner anrückende Verstärkungen kamen. Die einzelnen Korps wurden geführt von Davout, Victor, Ney, Bertrand, Lauriston, Marmont, Reynier, Macdonald und Oudinot. Dieser Streitmacht vermochten die Verbündeten kaum hunderttausend Mann entgegenzustellen. Napoleon durfte bestimmt auf Sieg rechnen. Er brauchte schnelle Erfolge, um die öffentliche Meinung in Österreich und den Rheinbundstaaten zurückzugewinnen. Deshalb wollte er überraschen. Doch vieles ging nicht, wie er wünschte. Bis zum 24. April fand er sich in Mainz gefesselt, dann brach er rasch auf und erreichte am 25. Erfurt, wo er sich inmitten der anmarschierenden Hauptarmee befand. Seine Laune war nicht die beste, denn er hatte die tiefe Umwandlung Deutschlands erkannt. In Erfurt gab es neue Schwierigkeiten. Allerlei erwies sich auch hier noch unfertig. Es haperte mit der Verpflegung, die Truppen hielten nur mangelhafte Manneszucht und bedrückten die Bevölkerung. Aber der Kaiser drängte vorwärts. In Weimar stieg er zu Pferde, um eigentlich während des ganzen Frühjahrsfeldzuges im Sattel zu bleiben. Er trug gewöhnlich seine grüne Gardejägeruniform mit schwarzem Hut. Bei ungünstiger Witterung hüllte er sich in einen hellgrauen Mantel. Napoleon ritt schlecht und unsicher, gewöhnlich einen Falben. Vor ihm hielten sich zwei Gardechasseure, zur Seite hatte er öfters den Herzog Karl August von Weimar, Goethes Gönner, während sich hinter ihm der Mameluck Rustan befand, den er aus Ägypten mitgebracht hatte, dann der Großstallmeister Caulaincourt, der stets eine Karte des Kriegschauplatzes bei sich führte, Generalstabsoffiziere und andere. Je weiter man gedieh, desto mehr besserte sich Napoleons Stimmung; bisweilen trällerte er ein Lied vor sich hin. — An der mittleren Saale vereinigte er die Mainarmee geschickt derartig, daß die Verbündeten über seine Absichten ungewiß blieben. Er wollte Eugen

Schlacht
Nach d
C

heranziehen, um dann plötzlich auf Leipzig vorzubrechen, weil er von dort sowohl Berlin wie Dresden, selbst die Rückzugslinie der Russen bedrohte und am ehesten eine Schlacht erzwingen konnte. Am Abend des 30. war der Fluß der Länge nach erreicht, und die Hauptmasse stand von Merseburg bis Naumburg, in ihren Ausläufern bis Saalfeld. Der Anschluß mit dem größten Teile der Elbarmee und dem italienischen Korps war erreicht, freilich unter einigen Gefechten, von denen namentlich die bei Halle und Merseburg gegen preußische Abteilungen sehr heftig gewesen. Bei Halle hatte General v. Kleist mit sechstausend Mann sogar die Franzosen abgewiesen, mußte die Stadt dann aber räumen, um sich nicht einer Umfassung auszusetzen.

…oßgörschen. …mälde von …chling.

Als der Kaiser die mittleren Saalegegenden besetzte, befanden sich die Verbündeten hinter Elster und Pleiße, von Leipzig bis Altenburg. Wittgenstein bestimmte noch am 27. April das östlich von Leipzig gelegene Wurzen als Sammelpunkt, dann aber beschloß er, Napoleon anzugreifen, bevor dieser sich mit Eugen vereinigt habe. Demgemäß befahl er die Überschreitung der Elster, um der anmarschierenden Hauptmacht des Feindes in die Flanke zu fallen. Er glaubte des Erfolges sicher sein zu dürfen. Spät, erst am 1. Mai setzte er die Schlacht an für den folgenden Tag und machte den Entwurf ohne genügende Erkundung des Geländes und ausreichende Vorbereitung. Auch Napoleon besaß keine genaue Kenntnis vom Feinde, weder von dessen Stärke noch Stellung. Aber mit hundertfünfundvierzigtausend Kriegern und vierhundert Kanonen durfte er das Äußerste wagen. Deshalb vorwärts, rasch und unaufhaltsam.

Am 1. Mai überschritt der Schlachtengewaltige die Saale und marschierte in geschlossener Gliederung geradeswegs nach Leipzig. Er hoffte hier die Russen unter Wittgenstein umfassen und zermalmen zu können, worauf er die Preußen angreifen wollte, die er bei Altenburg ver=

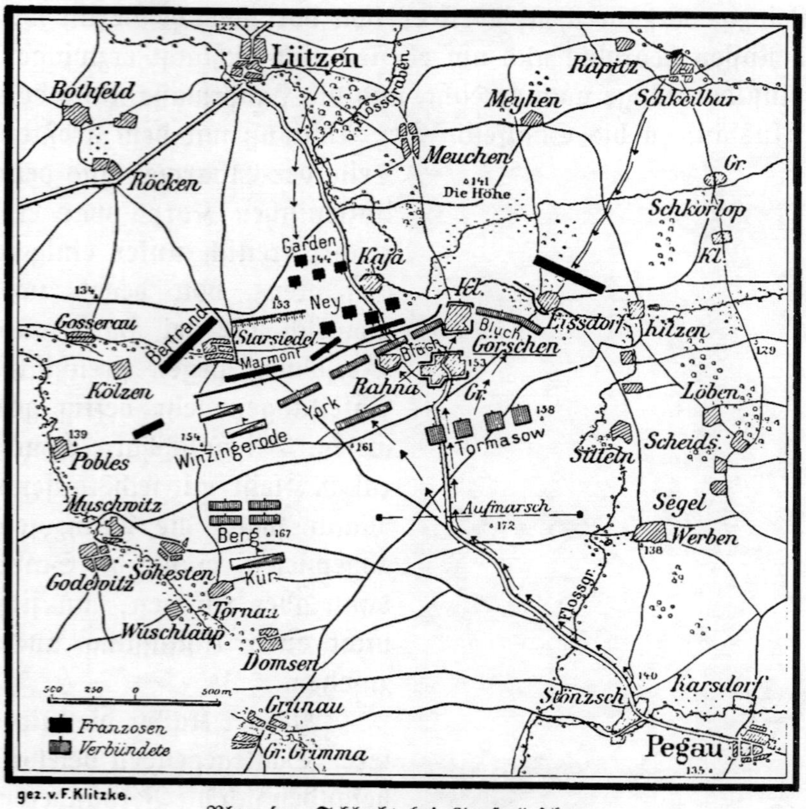

gez. v. F. Klitzke.

Plan der Schlacht bei Großgörschen.

mutete. Ney bewegte sich auf Lützen, Marmont auf Weißenfels, Eugen über Merseburg, um etwaigen Falls gegen den Feind einzuschwenken. Die russischen Vortruppen prallten ab an Neys Übermacht; doch fiel der Marschall Bessières in einem dieser Gefechte, der bei Napoleon in hoher Gunst stehende Befehlshaber der Gardekavallerie. Er hatte sich zu weit vorgewagt; eine russische Kanonenkugel zerschmetterte ihm die Brust. Sein Tod warf einen trüben Schatten auf den Beginn des Feldzugs. – Der Kaiser ließ Ney bei Kaja und Lützen, schräge dahinter Marmont. Auch die übrigen Truppen waren zur Stelle oder im Anmarsch, so daß sich schließlich die Gesamtmacht innerhalb etwa sechs Stunden in Linie bringen ließ. Der linke Flügel rückte vor auf Leipzig, die Mitte blieb stehen und nahm ihre Front nach der Elster zu, der rechte Flügel schob sich dichter an die Mitte heran. Auf diese Weise konnte Napoleon angriffs- und verteidigungsweise verfahren. Vom Feinde verlautete nichts, bis der am meisten vorn befindliche Lauriston bei Lindenau auf das schwache Korps Kleist stieß, es in heftigem Kampfe verdrängte und Leipzig besetzte. Napoleon selber war zugegen; er beabsichtigte nunmehr, den Gegner hinter der Elster von links zu überflügeln.

Da erhielt er unerwartet die Meldung, daß seine Mitte angegriffen sei, was starker Kanonendonner aus der Gegend von Görschen alsbald bestätigte. Unter den Augen des Kaisers von Rußland und des Königs von Preußen hatten die Verbündeten die Elster überschritten und waren überrascht und überraschend auf die Franzosen gestoßen. Die Reiterei hatte beiderseits nicht genügend gekundschaftet. Das erste Treffen der Verbündeten bildete das Blüchersche Korps, dahinter hielt rechts das russische Korps Berg, links das preußische York, während das dritte Treffen aus der Infanterie des Korps Wintzingerode unter dem Herzoge Eugen von Württemberg bestand. Weiter zurück folgte in größerer Entfernung die Reserve. Damit waren siebzigtausend Mann herangebracht, zur Hälfte Preußen und zur Hälfte Russen. Man beabsichtigte, den auf Leipzig marschierenden Feind von seitwärts zu fassen und auseinanderzusprengen. Seine Hauptmacht vermutete man noch ziemlich entfernt bei Lützen.

Als Napoleon das Kampfgetöse rechts vernahm, erkannte er sofort die veränderte Sachlage. Er befahl Ney, sich aufs hartnäckigste zu verteidigen, Marmont sollte schleunigst den rechten Flügel Neys verlängern, Bertrand auf die linke Flanke des Feindes drücken, die Garde sich hinter Ney bei Lützen aufstellen und Leipzig durch Lauriston besetzt bleiben, zugleich aber eine Umgehung der feindlichen rechten Flanke erwogen werden. Wenn Ney seine Stellung behauptete, so war die Schlacht gewonnen, denn der Feind geriet alsdann zwischen die Übermacht zu seiner Rechten und Linken.

Das Gelände, auf dem die erste Entscheidung des Krieges mit furchtbarer Erbitterung ausgefochten werden sollte, bestand aus einem welligen Hügellande, auf dessen Nordseite sich

vier Dörfer in unregelmäßigem Viereck erhoben, südlich Rahna und Großgörschen, nördlich Kaja und Kleingörschen. Der Raum, den sie umfaßten, betrug nur etwas über einen Quadratkilometer, war also sehr beengt. Das größte und wichtigste Dorf war Großgörschen. Westlich des Vierecks lag Starsiedel, nördlich Lützen. Innerhalb desselben lagerte eine Division des Neyschen Korps, weiter zurück und in Starsiedel befanden sich die anderen drei Divisionen. Demnach besaßen die Verbündeten hier am Punkte der Entscheidung zunächst bedeutende Übermacht. Einen durchschlagenden Erfolg freilich konnten sie bei der Gesamtsachlage nur durch äußerste Schnelligkeit erzielen. Hierfür aber besaß man wenig Verständnis.

Seit Tagesanbruch hielten Alexander und Friedrich Wilhelm an der Straße von Pegau. Als trotz langen Wartens die Truppen nicht erschienen, wurde der König verdrießlich. Nach

Napoleon in der Schlacht bei Großgörschen. Nach dem Gemälde von U. Checa.

Boyens Angabe hegte er gegen Scharnhorst einen inneren Groll, weil dessen Kriegsansichten durchgedrungen waren. Nun meinte er, die Verzögerung sei Scharnhorsts Schuld, und äußerte laut, so etwas müsse eigentlich mit Festungsarrest bestraft werden. Endlich kamen die ermüdeten Truppen einher und machten ihren Paradevorbeimarsch. Als Yorck an den König heranritt, fragte ihn dieser, weshalb er nicht das ihm verliehene Eiserne Kreuz trage. Yorck erwiderte, er habe es nicht angelegt, weil die Auszeichnung den von ihm Vorgeschlagenen noch nicht zuteil geworden sei. Der König meinte, Yorck habe sehr viele vorgeschlagen, worauf der General: es sei nur mit solchen geschehen, die es durch größte Tapferkeit verdienten. Mit derartigen Nichtigkeiten ging kostbare Zeit verloren. Gerade das vorderste und deshalb wichtigste Korps Blücher hatte während der ganzen Nacht marschieren müssen und traf erst nach elf Uhr völlig erschöpft ein. Man mußte es mindestens eine halbe Stunde ruhen lassen, was aber unbemerkt vom Feinde hinter einer Anhöhe geschehen konnte. Mittags, als auch die Monarchen eingetroffen

waren, eröffnete Blücher dann den Angriff, statt jedoch mit einem wuchtigen, alles überrennenden Stoße einzusetzen, wurden Geschütze aufgefahren, um die Franzosen in ihrem Lager zu beschießen. Erst der Kanonendonner und die einschlagenden Kugeln künden ihnen die drohende Gefahr. Rasch werfen sie sich in das bis dahin unbesetzte Großgörschen, gegen das nun die preußische Sturmkolonne heranrückt. Sie schleudert die Franzosen zurück, stößt aber hinter dem Dorfe auf unüberwindlichen Widerstand. Rasch greifen Verstärkungen ein, die auch Kleingörschen erobern, selbst Rahna fällt in die Hände der Tapferen. Um ein Uhr ist das Gefecht bis Starsiedel entwickelt. Zu dieser Zeit erreicht Ney das Schlachtfeld, der beim Kaiser gewesen war; er zieht fast seine ganze Macht zusammen und gewinnt Kleingörschen samt Rahna nach blutigstem Kampfe wieder. Blücher führt seine letzte Reserve heran. Unterstützt von dem niedermähenden Feuer aus hundertvier Feuerschlünden werfen die Preußen alles in Kleingörschen und Rahna über den Haufen, ein Gardebataillon dringt sogar in Kaja ein. Auf der ganzen Linie fällt Ney zurück. Die Schlacht scheint gewonnen zu sein.

Beim Straßenkampf in Kaja: Ein kritischer Augenblick.
Nach der Zeichnung von E. Zimmer.

Da, gegen zweieinhalb Uhr, erscheint Napoleon hinter Kaja. Auf schweißtriefendem Renner ist er herbeigeeilt. Mit jubelndem „Vive l'empereur!" wird er von den Seinen empfangen. Erst führt er die letzte Reserve Neys zum Angriff, der sich die Sprengstücke der übrigen Divisionen anschließen, unwiderstehlich geht es vorwärts, bis bei Großgörschen die Kraft versagt. Es ist vier Uhr geworden. Schließlich naht die heiß ersehnte russische Hauptarmee als Reserve, wodurch Wittgenstein freiere Hand bekommt. Er setzt das Yorcksche Korps ein, das Kleingörschen und Rahna zum dritten Male erobert und bis Kaja gelangt. Ihm stellt sich die junge Garde in den Weg. Volle eineinhalb Stunden wogt das wilde Getümmel hin und her, Blücher, Scharnhorst und Ney werden verwundet. Als endlich Herzog Eugen von Württemberg mit seinen Russen eingreift, müssen die Franzosen wieder bis hinter Kaja zurück. Abermals scheint den Verbündeten der Sieg verbleiben zu sollen. Doch es scheint nur so, denn von allen Seiten nahen nun die Verstärkungen des Feindes. Unter dem Schutze von achtzig Geschützen ballt Napoleon um sechs Uhr seine junge Garde zum entscheidenden Gewaltstoße zusammen: sechzehn Bataillone. Der riesige Marschall Mortier ordnet sie zu vier Brigaden, je zwölf Glieder tief, in zwei Kolonnen, wie zwei gewaltige Rammböcke. Von niedermähendem Kanonenfeuer

Das 1. Westpreußische Infanterie=Regiment (jetzt Gren.=Regt. Graf Klei

Nach dem Gemäl

Nach der Heliogravüre im Verlage von Georg Büxenstein & Comp., Berlin SW 48.

on Nollendorf [1. Westpr.] Nr. 6) in der Schlacht bei Großgörschen.

on Richard Knötel.

„Vive l'empereur!" Nach der Zeichnung von A. M. Raffet.

unterstützt, werfen sich diese fest gefügten Massen auf die zerrissenen Verbände der Verbündeten. Der Kaiser selbst ist zugegen; wie der Dämon des Sieges sprengt er umher, anfeuernd und lenkend. Er scheint allgegenwärtig zu sein. Begeistert stürmen die Seinen vor, die Fahnen flattern, die Trommeln rollen, die Gewehre knattern und die Bajonette blitzen. Verzweifelt wehren sich die Verteidiger; umsonst, sie erliegen der Übermacht, ein Dorf nach dem anderen wird ihnen entrissen, bis die Dunkelheit um sieben Uhr dem Blutvergießen ein Ende bereitet. Auch jetzt noch behaupten versprengte preußische Abteilungen den südlichen Teil von Großgörschen. Lähmend hatte auf den Kampf im Zentrum der zwar langsame, aber deutlich zunehmende Druck gegen die Flügel gewirkt, wo von Westen Bertrand, von Osten Macdonald drohten.

Unter dem Schutze der Nacht und der russischen Garde sammeln sich die Geschlagenen. Weithin leuchtet der blutige Feuerschein von fünf brennenden Dörfern; elftausend Mann stark hat die russische Garde müßig zugesehen, und ein ganzes russisches Korps ist durch ausdrücklichen Befehl bei Zeitz untätig geblieben. Sein Führer, der tapfere Miloradowitsch, weinte wie ein Knabe, weil er den Kanonendonner hören mußte, ohne auf ihn losmarschieren zu dürfen. Als schon alles verloren ist, wirft der verwundete Blücher noch neun Schwadronen unvermutet auf den Feind. Aber sie prallen ab am Infanteriefeuer. Sie vermochten nichts, als Napoleon den ungebrochenen Mut der Preußen zu beweisen und den Rückzug decken zu helfen. Dieser mußte angetreten werden, wenn man sich am nächsten Tage nicht dem Untergange aussetzen wollte. In verhältnismäßig guter Ordnung marschieren die Russen auf Dresden und die Preußen auf Meißen, wo sie die Elbe überschreiten.

Die Verluste waren furchtbar. Sie sollen französischerseits zweiundzwanzigtausend, bei den Verbündeten elftausendfünfhundert Mann betragen haben, darunter achttausendfünfhundert Preußen. Besonders stark war der Abgang an Offizieren, ein Beweis, wie rücksichtslos sie sich eingesetzt hatten. Die Franzosen zählten zwei Generale tot, neun schwer verwundet und dreißig Regimentskommandeure tot oder verwundet. Von den Preußen waren dreiundfünfzig Offiziere gefallen und zweihundertvierundvierzig verwundet. Besonders verhängnisvoll sollte

Scharnhorsts Verletzung werden. Ihm wurde ein Pferd unter dem Leibe erschossen, ein zweites getroffen, sein Hut durchlöchert, aber der Tapfere achtet nicht der Gefahr. Da zerschmettert ihm eine Kugel den Fuß. Ohne Beachtung seines Zustandes, den er für ungefährlich hält, eilt er nach Österreich, um Metternich zum Anschluß zu bewegen. Hierüber vernachlässigt er seine Wunde, in Prag tritt Verschlimmerung und nach längerem Krankenlager am 28. Juni der Tod ein. Der Verlust dieses ausgezeichneten Mannes war unersetzlich. Man hat gesagt, der einer verlorenen Schlacht hätte kaum größer sein können. Gerade jetzt im Wirrwarr der Ereignisse erschien er in seiner vornehmen Gesinnung als gegebener Hauptberater des unsicher tastenden Königs. Er hat das Werk der kriegerischen Wiederbelebung seines Vaterlandes mit dem eigenen Leben bezahlt.

Die Heerführung der Verbündeten hatte bei Großgörschen viel zu wünschen gelassen. Wittgenstein wußte besser kühne Pläne zu entwerfen, als sie sicher auszuführen. Er hatte nicht verstanden, seine an sich schon schwächere Armee auf dem Punkte der Entscheidung zu vereinigen, traf seine Anmarschverfügungen mangelhaft und verspätet, wodurch Kreuzungen und Übermüdung der Truppen entstanden; er nutzte die Überraschung nicht annähernd aus, setzte seine zweite Linie zu spät und zögernd ein und machte von der überlegenen Reiterei sowohl im Aufklärungsdienste, wie im Laufe der Schlacht nur ungenügenden Gebrauch. Sehr unglücklich wirkte die Anwesenheit Kaiser Alexanders. Eitel, wie er war, wollte er seinen Mut zeigen und begab sich ohne Not ins Kampfgewoge, so daß Wittgenstein wiederholt damit zu tun hatte, ihn glücklich wieder hinaus zu bringen. Hierdurch wurde er aber von der Hauptsache abgelenkt, und die Schlacht leitete zeitweise eigentlich niemand oder jeder. Statt die Dörfer erst durch Geschützfeuer möglichst zu zerstören, rannte Bataillon auf Bataillon gegen sie an. Die Untergenerale bewährten sich gut, und die Truppen kämpften löwenkühn. Wie Alexander ritt auch Friedrich Wilhelm in die Schußlinie und wandte sein Pferd erst achtzig Schritt vor dem Feinde. Aber was nützte aller persönlicher Mut, er konnte keine Entscheidung bringen. Der verwundete Scharnhorst faßte die Sachlage kurz dahin zusammen: „Ich habe einen traurigen Tag gehabt: schlechte Führung der Armee vom Grafen Wittgenstein, Mangel an allen Ideen von unserer eigentümlichen Lage und in der Schlacht selbst keine Leitung des Ganzen." Immerhin ist der blutige Waffengang auch für die Verbündeten von Nutzen gewesen. Das junge preußische Heer errang sich die frohe Gewißheit seiner erneuten Leistungskraft, und selbst der zaghafte König rief beim Anblick seiner Tapferen aus: „Nun mag es in Gottes Namen werden, wie es will; ein Auerstädt wird es nicht!" Russen und Preußen lernten in vereintem Ringen sich gegenseitig achten und schmiedeten dadurch das Eisen einer Waffenbrüderschaft, die noch viele und schwere Proben bestehen mußte. — Wesentlich anders verhielten sich die Dinge auf französischer Seite. Hier erwies sich Napoleons Leitung glänzend auf der Höhe. Er, der gewöhnlich nur Angriffsschlachten schlug, sah sich hier plötzlich in die Verteidigung gedrängt, verstand aber meisterhaft, sie angriffsweise umzugestalten. Auch die Truppen benahmen sich tapfer und hingebend und wandelten die zusammengeraffte Armee im Glühfeuer der Schlacht zu einem leistungsfähigen Ganzen. Anders die Korpsführer; über sie kann nicht immer günstig geurteilt werden. Ney vernachlässigte den Aufklärungsdienst in fast sträflicher Weise, um sich

Medaille zur Erinnerung an die Schlacht bei Großgörschen.

Aus dem Corpus Imaginum der Photographischen Gesellschaft in Berlin.

David von Scharnhorst.

Nach dem Gemälde von P. E. Gebauer.

dann freilich mit brutalem Mute und leidenschaftlicher Zähigkeit zu schlagen. Die übrigen Generale, namentlich die, welche auf die Flanken drücken sollten, ließen es an Entschlossenheit und Schnelligkeit fehlen. Wesentlich durch ihre Schuld vermochte sich der Feind der drohenden Umklammerung zu entziehen, entging er vielleicht der Vernichtung. Freilich das meiste verdankte dieser sich selbst. Napoleon fühlte sich betreten über den Todesmut, dem er begegnete. Das waren nicht mehr die Preußen von Jena, sondern die Helden Friedrichs des Großen, die die Welt erschüttert hatten.

Als der Kaiser am nächsten Morgen über das Schlachtfeld ritt, wurde er vom Heere mit brausendem Jubel begrüßt. Rasch und kräftig begann er die Verfolgung, auf der er die Verbündeten noch auseinander zu sprengen hoffte. Es kam zu heftigen Gefechten, die aber ergeb-

Die Verteidiger des Adlers. Nach dem Gemälde von R. Desvarreux.

nislos blieben, weil der Feind sich ungebrochen zeigte. Napoleon selbst drängte die Russen, Ney die Preußen. Der Teilung des Gegners entsprechend wurde auch das französische Heer zerlegt; dabei sollte die Streitmacht Neys durch Zuzüge auf sechzigtausend Mann gebracht werden, während Napoleon die Hauptarmee behielt. Er war so ungestüm, daß seine Vortruppen schon in die Altstadt von Dresden einrückten, als die letzten Russen eben die Elbe überschritten und die Brücke gesprengt hatten. Tatsächlich blieben seine Hoffnungen hinter dem Erreichten zurück. Trotz aller Ungeduld ließen sich die Leute nicht rascher vorwärts bringen; sie waren erschöpft, ungenügend verpflegt, oft widerspenstig und krank, viele blieben nicht nur zurück, sondern liefen geradezu davon. Nur durch strengste Strafen vermochte der Kaiser diesem Geiste der Auflösung zu begegnen. Man hat berechnet, daß er mit fünfunddreißigtausend Mann weniger die Elbe als vorher die Saale überschritt.

Schwieriger als Napoleons Vormarsch schien sich derjenige Neys gestalten zu sollen, weil der sächsische General Thielmann erklärte, ohne bestimmten Befehl seines Königs die Festung

Torgau nicht zu öffnen. Ney mußte haltmachen. Da schaffte Napoleon Rat. Er hatte einen Boten an den zu Prag in Hangen und Bangen verweilenden König Friedrich August gesandt mit der Forderung, entweder Mitglied des Rheinbundes zu bleiben, oder seiner Krone verlustig zu gehen — Bedenkzeit sechs Stunden. Vor solcher Wucht brach der unselbständige Fürst zusammen. Er entschuldigte sich demütig und gewährte alles. Dem Befehlshaber von Torgau übermittelte er, daß die Festung mit Besatzung dem französischen General Reynier unterstellt sei und er „sich hiernach zu achten" habe. Thielmann übergab dem General Steindel das Kommando und ritt in das russische Hauptquartier, wo Alexander ihn mit offenen Armen empfing und zum russischen Generalleutnant ernannte. Torgau war ein großer Gewinn für Napoleon: er bedeutete einen Elbübergang, fast zwölftausend Mann guter Truppen und eine Unmasse von Kriegsgerät. Der Erfolg von Großgörschen umfaßte jetzt: Besitz der Elblinie und fast ganz Sachsens mit seinen Hilfsmitteln. Eine feste Grundlage für weitere Unternehmungen war gewonnen. Als Napoleon sich Dresden näherte, kam ihm eine Abordnung des Stadtrats entgegen. Er fuhr sie barsch an und befahl, sofort Vertrauensmänner an den König nach Prag zu senden, um seine Gegenwart zu erbitten. Bald donnerten die Kanonen an der Elbe von hüben und drüben, doch die Verbündeten hielten nicht ernstlich stand, sondern bewegten sich weiter. Ein Brückenschlag über den nun freigegebenen, wütend einherströmenden Fluß mißlang. Da ließ der Kaiser die gesprengte Steinbrücke in zwanzig Stunden wiederherstellen, und schon am 11. konnten die Truppen unter seinen Augen das Wasser mit brausendem „Vive l'empereur" überschreiten.

Friedrich August, König von Sachsen.
Nach dem Gemälde von Vogel, gestochen von Steinla.

Im russisch-preußischen Heere hatte die Niederlage ungünstig gewirkt. Gegenseitig schob man sich die Schuld zu, namentlich war Friedrich Wilhelm auf Alexander erzürnt. Im Geiste sah er sich schon wieder als Flüchtling zu Memel. Erst allmählich überzeugte er sich von der Notwendigkeit des Rückzugs, nicht zum wenigsten durch die Vorstellungen des verwundeten Scharnhorst. So richtete er sich derartig auf, daß er den besorgten Bürgern Dresdens sagen konnte: „Seid ruhig, Kinder, wir haben einen schönen Sieg erfochten, es wird noch alles gut werden." Die Preußen dachten an die Deckung Berlins, der Zar an den Rückzug auf Breslau, um dem eigenen Lande und Österreich nahe zu sein; Wittgenstein faßte Pläne, ohne sie auszuführen, und die Truppen verlangten eine zweite Schlacht. Da Vereinzelung der Anfang vom Ende gewesen wäre, so fügte Friedrich Wilhelm sich den Russen, und die Gesamtmacht bewegte sich langsam nach Bautzen, wo Wittgenstein standhalten wollte. Er bezog die Höhen längs des rechten Spreeufers und ließ sie möglichst

Hiobspost.

Nach dem Gemälde von P. F. Messerschmitt.

Aus „Otto Richter, Dresdener Bilderchronik".
Wiederherstellung der gesprengten Elbbrücke in Dresden durch die Franzosen. Nach einer zeitgenössischen Radierung.

befestigen. Der Schutz Berlins verblieb dem schwachen Korps Bülow. — Napoleon weilte vom 8. bis 17. Mai in Dresden, eine Zeit, die er benutzte, um seine Truppen zu ordnen und zu verstärken und die Stützpunkte an der Elbe, namentlich die Hauptstadt, zu befestigen. Mit Umsicht und rücksichtsloser Tatkraft griff er überall durch und brachte seinen Heeresbestand wieder auf fast zweihunderttausend Mann, wovon ein Teil Rheinbündler war. Da seine Gegner mit dem Bülowschen Korps nur hundertzehntausend Streiter zählten, so blieb seine militärische Lage fortgesetzt günstig. Auch politisch erzielte er einen bedeutenden Erfolg durch Zurückgewinnung des Königs von Sachsen, der willenlos nach Dresden heimkehrte. Napoleon gestaltete dies zu einem prunkvollen Schauspiele. Längs der Straße ließ er Soldaten aufmarschieren, er selber ritt dem Kommenden mit großem Gefolge entgegen. Als der verschüchterte Herrscher seiner ansichtig wurde, stieg er vom Pferde und nahte sich seinem Bezwinger zu Fuß. Er wurde huldvoll empfangen und unter dem Donner der Geschütze, dem Geläute der Glocken nach seinem Schlosse zurückgeleitet. Dem Wettiner standen die Tränen in den Augen. Es ist die letzte Demütigung eines deutschen Fürsten gewesen.

Auf einer anderen Seite verdunkelte sich der politische Himmel. Österreich wurde zusehends unsicherer. Es rüstete eifrig, neigte zu den Verbündeten hinüber und begann diplomatisch die Einschränkung des französischen Übergewichtes zu betreiben. Das hatte insofern Einfluß auf die kriegerischen Maßnahmen, als die Verbündeten sich möglichst nahe der böhmischen Grenze hielten, während Napoleon eine Entscheidungsschlacht wünschte, um mit dem Schwergewichte des zu erwartenden Sieges einen Druck auf den Kaiserstaat auszuüben. Den Vizekönig Eugen sandte er nach Italien; er sollte dort ein Beobachtungskorps gegen Österreich zusammenziehen.

Solange die gegnerischen Bewegungen sich noch nicht geklärt hatten, wartete Napoleon in der Hoffnung, das Heer der Verbündeten werde durch die inneren Gegensätze auseinanderfallen, denn dann ließen sich die Preußen und die Russen vereinzelt schlagen. Ney mußte

deshalb langsam derartig vorgehen, daß er sowohl die Preußen verfolgen, als auch zur Hauptarmee herangezogen werden konnte.

Am 14. erhielt der Kaiser ziemliche Gewißheit, daß der Feind beisammen bliebe und sich bei Bautzen aufstelle. Andere Nachrichten wiesen auf Görlitz. Um sicher zu sein, tastete er mit einem Teile seines Heeres östlich vor, wobei er heftigem Widerstande begegnete. Am 15. erkannten die Franzosen von den westlichen Höhen bei Bautzen das Lager der Verbündeten jenseits der Spree. Nun galt es, die Hauptmacht zusammenzuziehen und Ney herbeizurufen. Er sollte den linken Flügel bilden und zwar so, daß er den rechten Flügel des Feindes zu umfassen vermochte. Napoleon glaubte, nicht einmal alle Truppen für den Sieg zu gebrauchen. Deshalb befahl er, daß Victor vom Neyschen Heere mit fünfundzwanzigtausend Mann gegen Bülow abzweige, um Berlin zu besetzen. Auf diese Weise mußte sein Schlachtensieg noch durch einen großen moralischen Erfolg, den Fall der Hauptstadt Preußens, verstärkt werden.

Vorposten im Gefecht bei Bautzen.
Nach der Originalzeichnung von Erich Mattschaß.

Dann wurde er anderen Sinnes: er hoffte, den Feind mit einem großen Schlage vernichten zu können, wofür er freilich alle Kräfte gebrauchte. Victor und Reynier wurden nun angewiesen, ebenfalls auf Bautzen zu marschieren. Sie gehorchten, kamen aber zu spät. Am 18. verließ Napoleon Dresden mit der Garde. Schon in der Frühe des 19. beobachtete er den Feind von den Höhen der Spree. Seine Armee entwickelte sich westlich und nordwestlich der Stadt, den Fluß vor der Front. Ney befand sich mit dem III. und V. Korps im Anmarsche. — Die Verbündeten hatten ihre Streitmacht durch preußische und russische Zuzüge auf zweiundneunzigtausend Mann gebracht, darunter zweiunddreißigtausend Preußen. Noch am 16. Mai war Barclay mit dreizehntausend Russen eingetroffen. Ursprünglich wollte Wittgenstein die Schlacht dicht hinter der Spree annehmen, überzeugte sich dann aber von allerlei Nachteilen einer solchen Aufstellung, weshalb er einige Kilometer weiter rückwärts ein langgestrecktes Hügelland bezog, das von Norden nach Süden reichend sich gegen den Fluß hin sanft abdachte. Der linke Flügel lehnte sich an dichte Waldungen, der rechte stützte sich auf die Kreckwitzer Berge und mehrere Teiche. Längs der Front floß die ziemlich seichte Spree mit der festen Stadt Bautzen in der Mitte. Um den Feind

Napoleon leitet den Aufmarsch seines Heeres. Nach dem Gemälde von R. Desvarreux.

schon bei Überschreitung des Flusses zu schädigen, wurde auch das ganze Vorgelände besetzt. Durch Schanzen, Hindernisse und Batterien machte man sich möglichst unangreifbar. Den linken und rechten Flügel bildeten die Russen, das Zentrum die Preußen. Die Vorderstellung befehligte links der tapfere Miloradowitsch, rechts Kleist, die Hauptstellung links Gortschakow, rechts Barclay und in der Mitte Blücher mit Yorck. In Reserve befanden sich die russischen Garden. Starke Stützen für Gortschakow und Yorck bildeten die drei in einer Reihe liegenden befestigten Dörfer Jenkwitz, Baschütz und Litten, vor und neben denen Geschütze hielten, welche die ziemlich schußfreie Höhensenkung bestrichen. An sich mochte das Schlachtfeld gut gewählt sein, aber bei fünfzehn Kilometer Länge war es zu ausgedehnt für die vorhandene Truppenzahl, war unübersichtlich und durch sumpfige Flächen ungünstig für die Einschiebung von Reserven und die Tätigkeit der Reiterei, und vor allem war die Stellung nur auf einen Angriff von Westen her berechnet. Im Norden auf dem rechten Flügel blieb sie fast ungedeckt, und gerade von hier drohte die Umfassung Neys. Man hoffte alle Schwächen und Schäden durch die Tapferkeit der Truppen auszugleichen, die vor Begierde brannten, die Schlappe von Großgörschen gutzumachen. Weniger günstig verhielt es sich mit der Führung. Den Oberbefehl hatte Wittgenstein, dessen Ansehen aber durch die letzte Niederlage erschüttert war; unter ihm stand Barclay mit größerem Dienstalter und neben oder richtiger über beiden der Zar, der sich nicht gesonnen zeigte, seine vermeintlichen militärischen Fähigkeiten unbenutzt zu lassen.

Sächsische rei…
in der Schl…
Nach …
Th.

Einige Tage hatte man sich untätig gegenüber gestanden, während deren die napoleonische Armee sich noch dichter zusammenschob. Die Tatkraft, solches durch einen Angriff zu verhindern, besaß Wittgenstein nicht, sondern er richtete sich ausschließlich auf Verteidigung ein. Da erfuhr er am 18. Mai zu seinem Schrecken, daß das V. Korps (Lauriston) seitwärts von Nordosten nahe, in Tagemarschweite gefolgt vom III. Korps (Ney). Erreichte diese Truppenmasse ihr Ziel, so gestaltete sich die Sachlage bedenklich. Es galt deshalb, der Gefahr zu begegnen, womöglich durch Überraschung und Besiegung des V. Korps, bevor das III. herankommen konnte. Um Mitternacht setzten sich Barclay und Yorck mit vierundzwanzigtausend Mann in Marsch, links die Russen, rechts die Preußen. Jene trafen mittags ein Uhr (am 19. Mai) bei Königswartha auf eine italienische

Artillerie
Bautzen.
nälde von
3.

Division, welche von der Hauptarmee zur Verbindung mit Ney seitwärts geschoben war. In wuchtigem Anprall wurde sie zurückgeworfen und verfolgt, bis sie um fünf Uhr von Ney bei Wartha aufgenommen werden konnte. Unterdessen war Yorck bei Weißig mit Lauriston handgemein geworden. Es kam zu einem heftigen Waldgefechte, das sich ergebnislos hinzog. Da erhielt der Preuße von Barclay Befehl, sich hinter Königswartha zu ziehen. Yorck gehorchte schweren Herzens, denn sofort drängten die Franzosen nach. Um das Unheil voll zu machen, hatte Barclay inzwischen die Meldung vom Kampfe mit Lauriston erhalten, was ihn zu der Anordnung veranlaßte, Yorck solle seine frühere Stellung wieder einnehmen und behaupten. Unterstützt von russischen Truppen gingen die Preußen tapfer gegen die Übermacht vor, hin und her wogte erbittert der Kampf; bis nachts

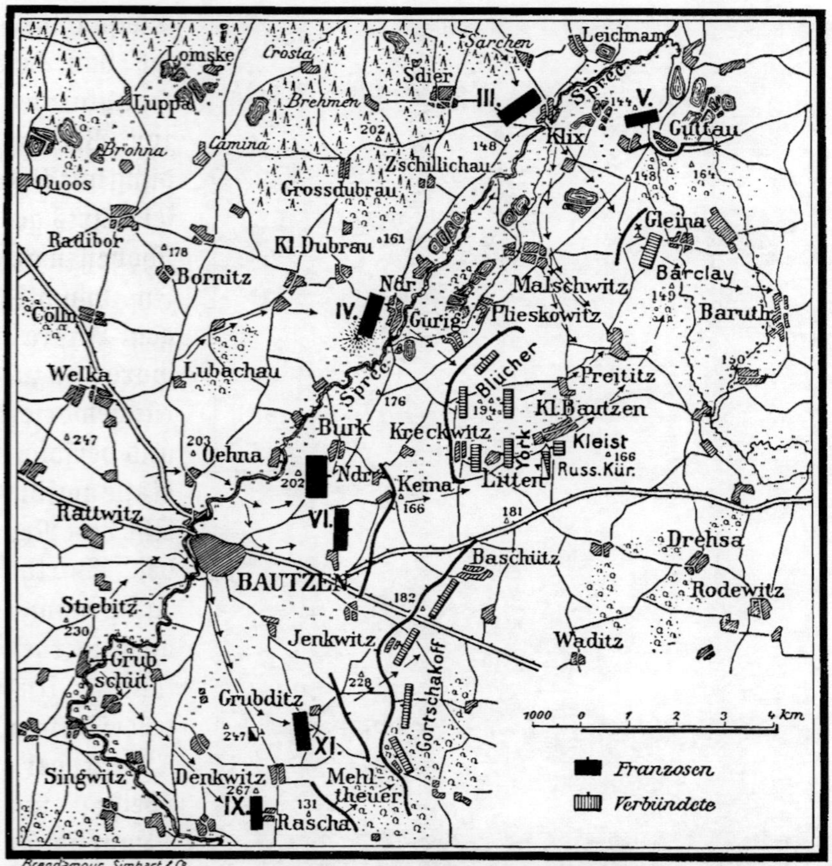

Plan der Schlacht bei Bautzen am 21. Mai.

elf Uhr behauptete sich der zähe Held von Tauroggen. Noch zuletzt griff eine feindliche Infanteriemasse an. Sie wurde von einer preußischen Batterie mit Kartätschen empfangen. Hinter den Geschützen hielt Yorck, die Tabaksdose in der Hand, das Auge fest auf den anrückenden Feind gerichtet. Scharf erspähte er den richtigen Augenblick und warf seine links und rechts haltenden Dragoner vorwärts. In sausendem Ritt sprengen sie einher, hauen alles nieder oder jagen es aufgelöst zurück in den Wald. Die Nacht war herabgesunken. Unmittelbar am Feinde lagerten die Preußen und entzündeten ihre Biwakfeuer. Plötzlich kamen wieder dichte Haufen, gerieten aber wie die vorigen in Kanonen- und Gewehrfeuer, unter dessen Schutz Yorck den Rückmarsch begann. Er hatte erfahren, daß Barclay abgezogen, sein Korps also vereinzelt worden sei. Im Laufe der Nacht und morgens früh kehrten beide Truppenteile todmüde in ihre alten Stellungen zurück. Sie hatten etwas über zweitausend Streiter eingebüßt, wogegen sich der Verlust des Feindes auf mehr als das Doppelte belief. Freilich der Überfall als solcher war gescheitert, und damit drohte von Nordwesten die ernsteste Gefahr. Der erste, welcher sie richtig einschätzte, war Gneisenau; auch Wittgenstein erwies sich einsichtsvoll, war aber nicht der Mann, solche Schwierigkeit überwinden zu können. Seine Schlachtverfügung lautete verworren und verriet das Gefühl, daß man keine ausreichenden Streitkräfte besitze.

Anders Napoleon. Er traf weitschauend seine Maßnahmen, erteilte in knappen, schlagenden Sätzen seine Befehle und erwartete am 20. gemütsruhig das Eintreffen Neys zu seiner Linken. Da dessen gesamte Truppenstärke sich erst am 21. geltend machen konnte, eröffnete er nicht vor Mittag die Schlacht. Die Entscheidung sollte für diesen Tag unmöglich bleiben, um am nächsten den sicheren Sieg mit Übermacht zu erzwingen. Klug suchte Napoleon zugleich die Aufmerksamkeit des Feindes von dem gefährdeten nördlichen Flügel dadurch abzulenken, daß er den südlichen besonders heftig angriff und dann erst die übrigen Korps einsetzte.

So rückte schließlich die ganze Hauptmacht vor mit der Garde und Reiterei in Reserve. Die unbedeutende Spree bot kein wesentliches Hindernis, und die Vortruppen der Verbündeten waren zu schwach für erfolgreichen Widerstand, wie tapfer sie sich wehren mochten. Am Abend befand sich Bautzen mit dem ganzen Vorgelände im Besitz der Franzosen; selbst Ney war noch vor Dunkelwerden herangekommen und hatte eingreifen können. Sehr zustatten kam Napoleon die Überzeugung des verbündeten Hauptquartiers, zumal des Zaren: der Feind werde den Hauptstoß auf den Südflügel lenken, um das Heer von der österreichischen Grenze abzudrängen.

Eigentlich nur der Oberfeldherr war anderer Ansicht, vermochte aber die seinige nicht durchzusetzen. Als nun der äußerste rechte Flügel der Franzosen abends heftig vordrang, ließ der Zar einen Teil des Zentrums und der Reserven eingreifen und ihn zurückwerfen. Es war ein unglücklicher Erfolg, der die Augen nur noch mehr nach Süden lenkte, wo der Kampf begonnen hatte und erst spät um zehn Uhr endete. Nachts ruhten die Gegner bisweilen nur dreihundert Schritt voneinander entfernt.

Die Lage der Verbündeten erschien so bedenklich, daß noch am Spätabend im Hauptquartiere Friedrich Wilhelms ein Kriegsrat zusammentrat, über den wir leider nur ungenügend unterrichtet sind. Die Russen, vor allem der durch Ney bedrohte Barclay, sollen für Rückzug

Napoleon entwirft den Schlachtplan für den 21. Mai. Nach der Zeichnung von A. M. Raffet.

hinter die Neiße, die Preußen aber für Standhalten gewesen sein; dies weniger aus militärischen als politischen Gründen, weil ein Abmarsch „den Mut des Heeres und die Hingebung der Bevölkerung abschwächen" und Österreich in die Arme Napoleons liefern könne. Die preußische Auffassung, welche namentlich Knesebeck vertrat und die wohl auch dem Zaren zusagte, drang durch. Man blieb und erwartete den Morgen.

Der Plan Napoleons für den 21. war: lebhafter Angriff des feindlichen linken Flügels, um ferner Aufmerksamkeit und Truppennachschübe dorthin zu ziehen, hinhaltender Kampf im Zentrum, weitere Umfassung der nördlichen Aufstellung durch Ney, bis dieser gegen das Zentrum vordringen könne; dann Gesamtstoß längs der ganzen Linie. So hat sich die Schlacht denn auch abgespielt, in der fast 160000 Franzosen und Rheinbündler mit 530 Geschützen 94000 Verbündeten samt 622 Geschützen entgegentraten.

Die Monarchen nahmen ihre Aufstellung auf einer vorspringenden Bergkuppe des linken

Zentrums, ungefähr östlich von Bautzen. Gegenüber, etwa dreitausend Meter entfernt, hielt ihr großer Widersacher, hinter sich seine Reserven, die gesamte Garde. Durch ein gutes Fernrohr konnte man die unscheinbare Gestalt deutlich sehen. Er hatte ein großes Viereck bilden lassen und schien Ehrenlegionskreuze auszuteilen. Später sah man ihn zu Fuß, in ziemlicher Entfernung von seinem Gefolge, die Stellung der Verbündeten ebenfalls durch ein Fernrohr betrachten. Sein geübtes Auge erkannte drüben an den vielen Federbüschen das feindliche Hauptquartier. Er ließ eine Batterie auffahren und es beschießen, doch erwies sich die Entfernung zu groß. Nachher ist Napoleon noch stark ins Geschützfeuer gekommen, denn er begab sich dorthin, wo er notwendig war.

Bautzen. Nach der Zeichnung von Alfred Wetzner.

Bei Tagesanbruch eröffnete der linke Flügel der Verbündeten die Schlacht mit einem Angriffe, der nach anfänglichem Erfolge vor den überlegenen Kräften Oudinots erlahmte. Die Russen mußten zurück, die feindliche Artillerie gewann die Oberhand; um elf Uhr standen bereits Teile der Franzosen im Rücken ihrer Gegner. Da sandte der Zar trotz Wittgensteins Warnung den scheinbar Bedrängten fünftausend Mann Garde zu Hilfe, womit die Reserveinfanterie auf sechstausend Mann herabsank. Der wuchtige Ansturm der russischen Kerntruppen warf jeden Widerstand nieder. In seiner Not ersuchte Oudinot den Kaiser dringend und immer dringender um Unterstützung; endlich erhielt er zur Antwort: um drei Uhr werde die Schlacht gewonnen sein, bis dahin solle er sich behaupten, so gut es gehe. Oudinot wehrte sich verzweifelt und hielt den Kampf hin, bis um drei Uhr die Meldung des Sieges tatsächlich eintraf. Nun erlahmten die Angriffe der Russen, um viereinhalb Uhr zogen sie ab. Der Marschall hatte seines Kaisers Absicht entsprochen: er hatte den gesamten linken Flügel des Feindes und dazu noch einen Teil der Reserven beschäftigt.

Auf der entgegengesetzten Seite des Schlachtfeldes war Ney herbeigeeilt. Seine Weisung lautete, um elf Uhr gegen die feindliche rechte Flanke zu drücken und Lauriston noch weiter zur Umgehung ausholen zu lassen. Der Marschall ging über die Spree, setzte mit seiner Übermacht sofort umfassend ein und begann die Russen zurückzudrängen. Barclay erkannte die Gefahr und erbat Verstärkung. Doch sie blieb aus. Vorne gepackt und rechts überflügelt mußte er trotz heftigen Widerstandes immer weiter weichen, schließlich selbst das wichtige Preititz räumen. Hiermit war die ganze rechte Flügelstellung aufgegeben, und der Feind erschien seitwärts vom Zentrum Blüchers, ja bedrohte schon dessen Rückzugslinie. Um diese Gefahr zu verhindern, zog Barclay sich möglichst südostwärts. Preititz mußte wieder gewonnen werden. Es geschah durch einige todesverachtende preußische Bataillone. Ney geriet so ins Gedränge, daß er den weiter östlich marschierenden Lauriston heranbefahl.

Es war Mittag geworden. Da setzte sich das französische Zentrum in Bewegung. Napoleon

hatte die Ankunft Neys bei Preititz abgewartet und gab Befehl zum Gesamtangriff. Dichte Kolonnen überschritten die Spree und warfen sich auf die Preußen: sechzig Geschütze besetzten einen Höhenzug und spien Tod und Verderben, selbst eine Gardeabteilung rückte an. Den traurigen Ruhm des Vorkampfes hatte die württembergische Division Franquemont, die mit einem Mute focht, der einer besseren Sache wert gewesen wäre. Furchtbar zugerichtet, mußte sie schließlich ihr letztes Bataillon einsetzen, das aber fiel dem grimmen York in die Hände. Kaum ließen sich noch die Fahnen retten; aber alle Offiziere wurden verwundet und der Rest der Tapferen gefangen. General Franquemont brach an der Spitze seiner Sturmkolonne zusammen, General Neuffer, der nunmehr den Oberbefehl übernahm, fiel wenige Minuten später ebenfalls schwer getroffen. Immerhin, der wichtige Kopatschberg wurde behauptet. Von allen Seiten drängten nun die französischen Massen heran. Blücher schlug sich wütend, wiederholt ließ er seine Reiter einhauen, doch schließlich sah er sich vorne und rechts gepackt und von hinten bedroht. Inzwischen war nämlich Preititz wieder verloren gegangen. Ney hatte seine Kräfte möglichst vereint und dann mit vierzehntausend Mann das Dorf angegriffen. Ihm stand Kleist mit nur zweitausendfünfhundert Streitern gegenüber. Um sie nicht nutzlos zu opfern, wich er südostwärts aus, womit er Barclays Bemühungen gegen ein Aufrollen durch den Feind unterstützte. Hätte der Marschall die Gunst der Umstände erkannt, hätte er Kleist weiter verfolgt und seine schwachen Bataillone durchbrochen, so wäre er Blücher in den Rücken gekommen. Aber statt schräge nach links wandte er sich schräge nach rechts gegen die von der preußischen Hauptmacht besetzten Höhen. Blücher wartete diesen Angriff nicht ab, weil eine längere Behauptung seiner löwenkühn verteidigten Stellung den Untergang bedeutet hätte. Fast im letzten Augenblicke entwich er ostwärts nach Wurschen, gefolgt von York und gedeckt durch die Reiterei. Eine russische Gardeabteilung, die der Zar endlich auf Bitten Friedrich Wilhelms sandte, kam zu spät.

Fürst Barclay de Tolly.
Nach dem Stich von C. Senff.

Der alte General v. Horn hatte nicht zurück wollen. Mit dem Rufe: „Ein Hundsfott, der kehrt macht," ordnete er seine Truppen, um wie toll noch einmal gegen die verlorenen Höhen anzurennen. Da erhielt er von York den strengen Befehl, sich sofort auf den angewiesenen Posten zu verfügen. Aber „kehrt" wollte der Eigensinnige nicht kommandieren; er ließ deshalb einige Schwenkungen machen und schließlich „in Sektionen rechts abmarschieren".

Auch der linke weit vorgedrungene Flügel der Verbündeten vermochte sich nun nicht mehr zu halten und trat, wie wir sahen, den Rückzug an. Als der Feind besonders heftig auf das rechte Zentrum drückte, trat ihm der Rest der russischen Garden entgegen. — Oudinots Korps

Die Erstürmung des Kopatschberges durch die Württemberger. Nach der Zeichnung von R. Knötel.

war zunächst völlig kampfunfähig, während auf dem linken Flügel durch das Zusammentreffen zu vieler Truppen Unordnung entstand, welche erst wieder entwirrt werden mußte. Nur im Zentrum machte sich die Verfolgung mit voller Kraft geltend, wurde jedoch durch die überlegene Reiterei der Verbündeten aufgehalten, so daß sich der Rückzug überall geordnet vollziehen konnte. Dem Sieger war keine einzige Kanone in die Hände gefallen. Er hatte wieder an fünfundzwanzigtausend Mann verloren, während auf die Besiegten noch nicht elftausend Tote, Verwundete und Gefangene kamen. Besonders betrübend erscheint, daß Bayern, Sachsen und Württemberger gegen die Verbündeten fochten.

Auf beiden Seiten sind große Fehler begangen worden. Statt dem Feinde die Elblinie zu verlegen, war man nach Bautzen zurückgewichen und hatte hier die Schlacht verfrüht angenommen, denn durch den Flügelmarsch Neys befand man sich nicht nur einer erdrückenden Übermacht gegenüber, sondern auch in fast hoffnungsloser Stellung. Die erste Bedingung unter derart erschwerten Umständen wäre eine sichere, einheitliche Befehlsführung gewesen, aber gerade sie versagte so vollkommen, daß eigentlich überhaupt kein Oberkommando vorhanden war. Dem Namen nach hatte es Wittgenstein, in Wirklichkeit aber riß der Zar es an sich, was seinen General so verstimmte, daß er schließlich die Dinge völlig gehen ließ. Demgemäß setzte man sich einer vernichtenden Niederlage aus. Wenn sie abgewandt wurde, so beruhte es auf der Tapferkeit der Truppen und den Fehlern des Feindes.

Napoleons Feldherrnkunst zeigte sich wieder vollwertig. Mit weitschauender Berechnung brachte er zwei getrennte Heere zu einem Doppelangriffe zusammen, der, wenn er in seinem Geiste vollzogen wäre, entschiedenen Erfolg bringen mußte. Aber gerade Ney, der die Hauptaufgabe lösen sollte, entsprach ihr nur ungenügend. Der Herzog von Elchingen und Fürst von der Moskwa, der „Tapferste der Tapferen“, war ein tüchtiger Korpsführer von seltener Unerschrockenheit, aber ohne die höheren Eigenschaften der Heerführung, weder Stratege noch

Angriff schlesischer Husaren. Nach dem Gemälde von P. F. Messerschmitt.

Taktiker. Sobald solche Dinge von ihm verlangt wurden, hat er eigentlich stets versagt. Seit seinen persönlichen Heldentaten im russischen Feldzuge sah er sich bevorzugt und ist bis zur Schlacht bei Belle-Alliance geradezu ein Verhängnis für Napoleon geworden, dem der elsässische Böttchersohn durch seinen brutalen Willen derart imponierte, daß er sich ihm nicht zu entziehen vermochte. Hätte der weit genialere Soult die Nebenarmee geführt, wäre sicherlich mehr erreicht worden; als Befehlshaber im Zentrum unter den Augen des Kaisers vermochte gerade

er seine Fähigkeiten am wenigsten zur Geltung zu bringen. Anstatt befehlsgemäß weitausholend zu umfassen, vereinigte Ney alles Erreichbare auf Blücher und ermöglichte ihm dadurch zu entkommen. Freilich die Nachlebenden haben das Urteilen leicht. Bei Bautzen war das Gelände unübersichtlich und verwirrend; Ney kannte es ebensowenig, wie

Der übe
an
Nach den
zu Pots
Gemälde

Stellung und Zahl seiner Gegner. Durch die Heftigkeit ihres Widerstandes zogen Blücher und Yorck ihn unwillkürlich an, weil er fürchtete, sie sonst nicht überwältigen zu können. Also nicht bloß Mangel an Feldherrnbegabung, sondern ebenso der wütende Mut der Preußen sind Anlaß gewesen, daß Napoleon weitaus nicht erreichte, was er gehofft hatte.

Dies war der Fall: der Kaiser hatte gesiegt, aber nicht so, wie er für seine militärischen und politischen Ziele bedurfte. Langsam, trotzig erhobenen Hauptes, zog sich der Feind in zwei Gruppen auf Görlitz zurück, die Gefangenen mit sich führend, denen unterwegs mitleidige Einwohner Speise und Trank verabfolgten. Als Berthier abends die Ergebnisse der Schlacht mitteilte, rief Napoleon aus: „Wie? Eine solche Metzelei ohne Erfolge! Keine Gefangenen,

nicht der Nagel einer Kanone!"

Dieser Eindruck wurde auf der Verfolgung verstärkt, welche der Kaiser selber leitete. Schon bei Tagesanbruch stieß er auf die Nachhut der nördlichen Gruppe bei Kotitz. Sie verteidigte sich zäh und ließ sich nur unter großem Kraftaufwande von einer Stellung in die andere drängen. Wenige Stunden später kam es auch mit der südlichen Abteilung zum Gefecht. Da hielt Herzog Eugen von Württemberg mit etwa sechstausend Mann die Stadt Reichenbach besetzt. Seine Reiter fochten zwei Stunden lang und blieben Sieger, doch mußte Eugen schließlich vor der Infanterieübermacht abmarschieren. Als er vier Kilometer rückwärts Verstärkungen fand, erneuerte er den Widerstand und hielt ihn so lange aufrecht, bis abermals die Gegner zu zahlreich anwuchsen. Ja unfern Görlitz, bei Markersdorf, machte er zum dritten Male Front und fügte dem Verfolger empfindliche Verluste zu, darunter als schwersten die tödliche Verwundung des Großmarschalls Duroc, Herzogs von Friaul. Er und ein Geniegeneral fielen kaum dreißig Schritt hinter dem Kaiser. Duroc war ein Mann von vornehmer Offenheit, seit fast zwanzig Jahren seinem Gebieter aufrichtig zugetan, dessen volles

Haynau
t.
. Stadtschloß
ndlichen
Schulz.

Vertrauen er genoß. Noch kurz vor dem Ereignisse soll er zum Marschall Marmont gesagt haben: „Der Kaiser ist unersättlich mit seinen Kriegen. Wir alle werden darin zugrunde gehen." Napoleon fühlte sich durch den Tod seines Freundes tief bewegt, stumm und in sich gekehrt ritt er zur Seite. Und abends, als die Wachtfeuer loderten, saß er wie gebrochen auf einem Feldstuhle im Kreise seiner Tapferen.

Vor Görlitz schien es zu ernstem Kampfe kommen zu sollen, weil die russischen Streitkräfte überlegen waren und sich auf den bewaldeten Berg der Landskrone stützten. Aber Napoleon wagte sie mit seinen ermüdeten Truppen nicht mehr anzugreifen. In neun Stunden hatte er nur acht Kilometer durchmessen und dabei mindestens zweitausend Mann eingebüßt.

Den anderen Morgen waren die Verbündeten verschwunden; ungestört überschritten sie die Neiße, deren Brücken sie zerstörten. Rasch, teilweis unter feindlichem Feuer, stellten die Franzosen und Sachsen die Brücken wieder her und setzten die Verfolgung fort, freilich mit dem gleichen Ergebnisse. Bei Leopoldshain, Waldau, Siegersdorf, Kunzendorf und anderen Orten stieß man immer wieder auf den Feind, so daß auch am 25. nirgends die befohlenen Punkte erreicht wurden.

Freilich der Tapferkeit nach außen entsprach nicht die Einigkeit innerhalb der Heeresleitung der Verbündeten. Wie nach der Schlacht bei Großgörschen beschuldigte man sich wechselseitig. Die Preußen tadelten die russische Führung und waren unzufrieden über die russische Intendanz, die fast nichts für ihre Verpflegung leistete. Wittgenstein war verstimmt über die klägliche Rolle, zu der ihn die Eingriffe des Zaren verurteilten. Er fühlte, daß seine Stellung unhaltbar geworden sei, und reichte seine Entlassung ein, die Alexander mit Einwilligung des Königs auch annahm. Zu seinem Nachfolger bestellte man Barclay de Tolly, einen erprobten Soldaten und bewährten Feldherrn, tapfer, kaltblütig und zäh, deutsch erzogen und den Deutschen zugetan, doch ohne Schwung, schwerfällig und umständlich. Befand er sich schon dadurch nicht am richtigen Platze, so kam noch ein vollständiger Mangel an Vertrauen auf seine Kräfte hinzu. Er führte nur noch achtzigtausend Mann, die sich in schlechter Verfassung befanden und deren Zustand sich durch die Anstrengungen des gefechtreichen Rückzugs zunehmend verschlechterte. Deshalb glaubte er, unbedingt eine Schlacht vermeiden und sich ostwärts halten, im Notfalle sogar Schlesien aufgeben zu sollen, um sich hinter die Weichsel in Sicherheit zu bringen. So wußte auch er nichts Besseres, als den Rückzug fortzusetzen, nachdem Wittgenstein den Befehl über den linken (südlichen), Blücher den über den rechten Flügel erhalten hatte. Letzteres wurde für die Preußen wichtig, weil sie nun größere Selbständigkeit besaßen. Blücher, der überhaupt gegen Fortsetzung der bisherigen Bewegung war, beschloß, sofort einen Vorstoß zu unternehmen. Eben wollten die Franzosen in der Gegend von Haynau ein Lager beziehen, als plötzlich starke preußische Reitergeschwader einherbrausten. Vergebens bildeten die Überraschten Karrees, sie wurden zersprengt, die Geschütze genommen und alles niedergehauen oder in die Flucht gejagt, die erst durch das Auftreten geschlossener Bataillone ihr Ende erreichte. Der Rückzug konnte natürlich durch solche Husarenstücke nicht aufgehalten werden. Immerhin hatte Napoleon fast fünfzehnhundert Mann, Blücher noch nicht zweihundertfünfzig verloren, und das Selbstbewußtsein der Preußen war neu gestärkt. Am 27. Mai fand der rechte französische Flügel die Nachhut des Gegners zwischen Pilgramsdorf und Goldberg aufgestellt. Macdonald griff sie mit dem XI. Korps an. Seine Reiterei prallte ab, bis es dem überlegenen Fußvolk gelang, langsam Boden zu gewinnen.

Schon am Tage vorher hatten die Verbündeten Liegnitz und Goldberg erreicht, die äußersten Punkte einer Bewegung nach Osten, wenn man nicht die Fühlung mit Österreich verlieren wollte. Da hierauf das größte Gewicht gelegt wurde, so schwenkte die Armee mehr südwärts

Französische Gefangene werd

Nach dem Gemä

i Bunzlau von Kindern verpflegt.

n C. Marr.

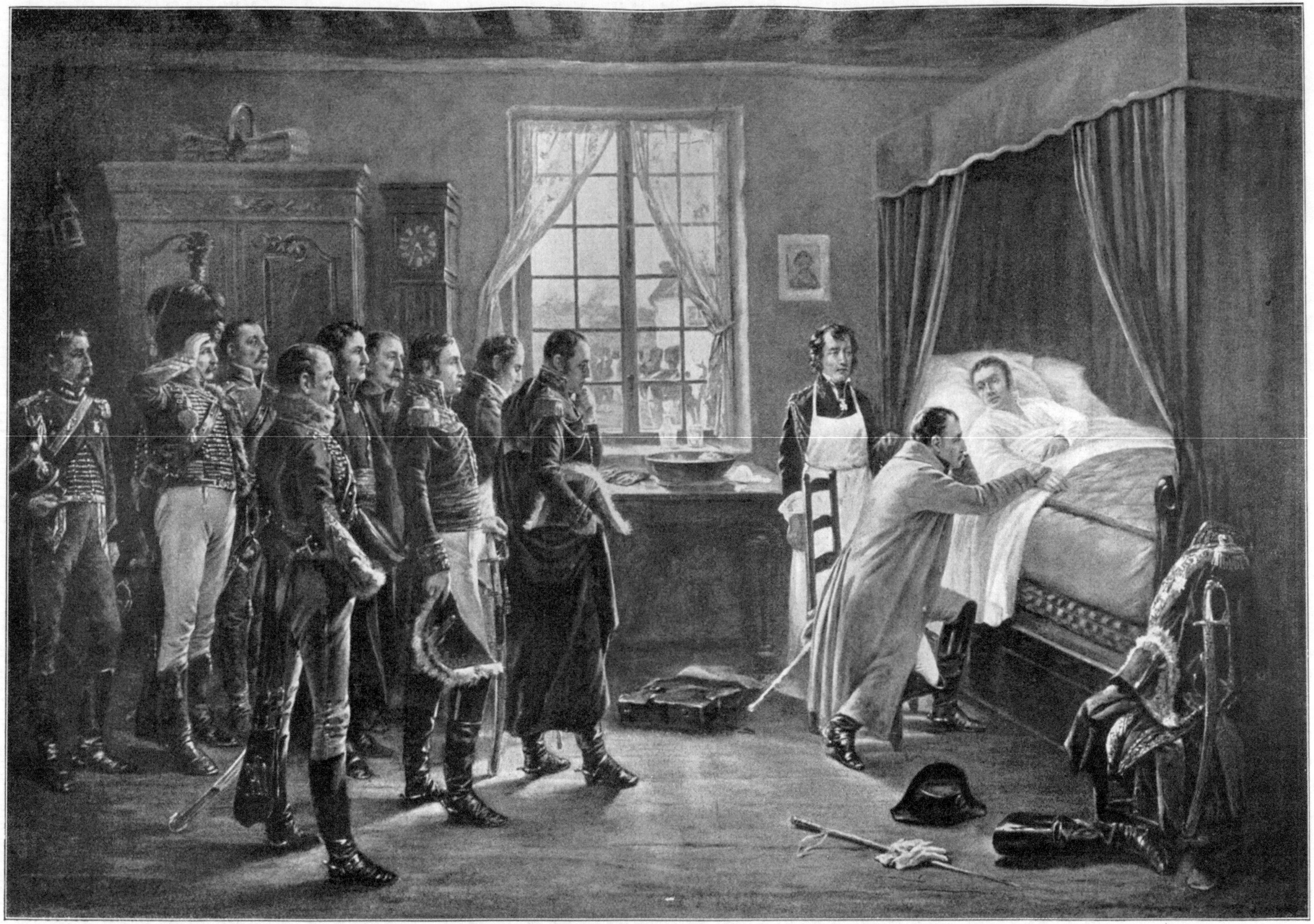

Napoleon am Sterbelager des Großmarschalls Duroc. Nach dem Gemälde von L. Kratké.

auf Schweidnitz zu, befestigte und besetzte es bis zum 3. Juni, um sich dann abermals nach Osten zu wenden. Auch die Bewegungen des Feindes verlangsamten sich. Am 31. Mai wurde er bei Herzogswaldau sogar blutig von den Russen abgewiesen. Immerhin hatten die Verbündeten mit der Richtung nach Südwesten die nördlichen Provinzen und Breslau preisgegeben. Die Hauptstadt Schlesiens sollte General v. Schuler decken, der bisher Glogau belagert hatte und nur über achttausendfünfhundert Mann verfügte. Napoleon benutzte sofort die Gelegenheit, um so lieber, als er Österreich durch äußere Erfolge beeinflussen wollte. Deshalb sandte er eine starke Übermacht gegen Schuler, der fechtend zurückweichen mußte. Bei Neukirch suchte er standzuhalten, umsonst: am 1. Juni besetzten Lauriston und Ney das wichtige Breslau. Napoleons Armee erstreckte sich nun über fünfundvierzig Kilometer. Ein bedeutender Gewinn war eingeheimst, doch wollte der Kaiser ihn durch Eroberung Berlins noch überbieten.

Im Norden hatte Bülow mit seinem schwachen Korps den Franzosen Halle entrissen, sich dann aber begnügt, seine Macht auf zwanzigtausend Mann zu bringen, darunter viele Landwehr, und sie möglichst schlagfertig zu machen. Wohl in dem Gedanken, daß er vor allem die Hauptstadt decken solle, unternahm er nichts gegen die vordringende napoleonische Hauptarmee, obwohl er ihr in der linken Flanke und im Rücken sehr beschwerlich hätte fallen können. Erst allmählich rückte er etwas näher heran. Nun erhielt Oudinot Befehl, Berlin zu besetzen. Da er seine zerstreuten Truppen erst sammeln mußte, konnte er seinen Marsch nicht vor dem 26. Mai beginnen, sah sich aber schon am 28. bei Hoyerswerda überraschend angegriffen. Bülow war schlecht unterrichtet und hatte deshalb nur einen Teil seiner Truppen gegen ihn gesandt, der sich nach anfänglichem Erfolge zurückziehen mußte. Wäre der preußische General mit Gesamtmacht über den Marschall hergefallen, würde er ihn sicher besiegt haben. Dieser Fehler wurde dadurch ausgeglichen, daß Oudinot sein Glück nicht zu benutzen verstand, weil er sich mit seinen achtzehntausend Mann für weiteres Vorrücken zu schwach hielt. Erst am 1. Juni setzte er sich wieder in Bewegung und stieß am 4. bei Luckau auf den Feind, der eine vortreffliche Verteidigungsstellung bezogen hatte. Es kam zu einem äußerst heftigen Kampfe, den Oudinot bloß hinhielt, als er die Stärke Bülows erkannte, um am Abend schleunigst das Feld zu räumen. Nun war es der preußische General, der seinen Erfolg nicht durch tatkräftiges Nachfassen vermehrte. Als Napoleon dann noch den Marschall Victor nordwärts sandte, würde es dem preußischen Führer übel ergangen sein, wenn nicht der Waffenstillstand eingetreten wäre.

Betrachten wir diesen und seine Vorgeschichte. Die Zustände im verbündeten Heere hatten sich zunehmend verschlechtert. Die Russen befanden sich in einem Zustande der Auflösung. Ihre Bataillone waren bisweilen auf zweihundert, selbst auf hundertfünfzig Mann, die Schwadronen auf fünfzig bis sechzig Pferde gesunken; Bekleidung, Ausrüstung und Verpflegung erwiesen sich kläglich, die Kriegszucht hatte sich gelockert. Nicht viel besser stand es mit den Preußen; auch sie waren zusammengeschmolzen und litten Mangel fast an allem. Zwar hatten die Russen zwölftausend Mann Verstärkung erhalten und weitere kam heran, doch blieb der Nachschub preußischerseits zu sehr aus, namentlich weil die schlesische Landwehr nicht schnell genug auf Kriegsfuß gebracht werden konnte. Freilich der Geist des Heeres war hüben und drüben durchaus verschieden. Barclay hielt die Zustände für verzweifelt und dachte deshalb nicht an Kampf und Sieg, sondern nur an Zeitgewinn, an Ruhe, an Rückzug nach Polen. Anders die ihm unterstellte preußische Truppenleitung Blüchers: sie wollte sich in der Nähe Österreichs halten, um dem Kaiserstaate die Kriegserklärung zu erleichtern. Einig war man auch hier nicht, denn der Hauptberater des Königs teilte die russische Auffassung. Alles stand auf des Messers Schneide, ob die Preußen mit den Russen noch mehr zurückweichen und damit ihr Land preisgeben, oder ob sie sich von ihnen trennen und auf eigene Faust weiter kriegführen sollten; eines so gefährlich wie das andere.

Der Marktplatz in Schweidnitz. Nach der Originalzeichnung von G. Lebrecht.

Zum Glück befand sich auch Napoleon in übler Lage. Seine Leute hatten durch die weiten Märsche aus dem Innern Frankreichs und die steten schweren Gefechte körperlich und seelisch ungemein gelitten. Mehr als dreißigtausend Mann lagen krank in Lazaretten; die vielfach ungenügende Ausbildung seines Fußvolks führte zu starken Verlusten, seine Reiterei stand der der Verbündeten weit nach, und der Schießbedarf war nahezu verbraucht, ohne daß wochenlang Ersatz geschaffen werden konnte. Die Verpflegung in den ausgesogenen Ländern blieb so ungenügend, daß der Hunger die Soldaten aus den Reihen zu Raub und Plünderung trieb. Zufuhr von rückwärts gab es wenig, weil feindliche Streifabteilungen die Verbindungen unterbrachen. Die große Entfernung von den heimischen Hilfsquellen machte sich drückend fühlbar. Mehr noch wie die Truppen versagten die Generale: sie waren des langen Krieges, der steten Gefahren und der geringen Ergebnisse überdrüssig. Bertrand und Macdonald wichen vor dem feindlichen Widerstande zurück, Marmont beurteilte die Sachlage äußerst ungünstig; er konnte sich mit Ney nicht vertragen, und dieser wollte in einer Aufwallung des Unmuts sogar sein Kommando niederlegen. Selbst die Stimmung in Frankreich ließ zu wünschen. Von Paris schrieb Maret: das Vertrauen sei erschüttert, Mäßigung werde dem Ruhme des Kaisers keinen Eintrag tun, denn Frankreichs einziges Bedürfnis bilde der Friede; man sei der Notwendigkeit müde, immer siegen zu müssen. Zu alledem gesellte sich die äußerst verdächtige Haltung Österreichs, bei der nicht ausgeschlossen schien, daß sie zu einer Kriegserklärung führen würde. Napoleons nächster Ratgeber, Caulaincourt, hoffte mehr von Verhandlungen als von Gefechten. Diese verschiedenen Einflüsse machten den Kaiser einem Waffenstillstande geneigt.

In Österreich hatte die franzosenfeindliche Stimmung stark um sich gegriffen, und die Hofburg

zu Wien war entschlossen, die günstige Lage für sich auszubeuten. Zunächst dachte Metternich an einen europäischen Frieden mit Zurückdämmung Frankreichs. Da er aber wußte, daß sich bei Napoleon nichts mit Güte ausrichten lasse, näherte er sich dem Gedanken eines kriegerischen Eingreifens. Die Niederlage der Verbündeten bei Großgörschen machte ihn nicht irre, sondern beschleunigte eher den Lauf der Dinge. Der österreichische Gesandte Graf Bubna erhielt den Auftrag, Napoleon die bewaffnete Vermittlung des Kaiserstaates anzuzeigen und bei einer Abweisung zu erklären, daß Österreich sich leider gezwungen sähe, „seine für alle Teile heilsamen Absichten mit Gewalt der Waffen zu behaupten". Bubna brachte dies mit äußerst gemäßigten Forderungen vor. Zwar wollte Napoleon nichts von seinem Besitzstande aufgeben, erklärte sich aber bereit, über Frieden und Waffenstillstand zu verhandeln; freilich, wie so oft, nur zum Schein, um Zeit zu gewinnen.

Gottheil & Sohn, Danzig, phot.

Gefecht bei Luckau. Nach dem im Offizierkasino der 1. Leibhusaren zu Danzig befindlichen Gemälde von R. Knötel.

Metternich trieb ein Doppelspiel. Schon am 29. April hatte er den Zaren benachrichtigt, daß Österreich zwei Heere von hundertfünfundzwanzigtausend Mann aufstelle und mit einem Teil derselben in Nordböhmen eine Flankenstellung einnehmen werde. Selbst ein vollständiger Mißerfolg der Verbündeten würde Österreichs Verhalten nicht ändern, sondern es nur noch mehr zu Anstrengungen bestimmen, um Napoleon in seinem Siegeslaufe zu hemmen. Am 13. Mai sandte Metternich den Grafen Stadion ins Hauptquartier der Verbündeten. Dieser bezeichnete als Ziel Österreichs: bewaffnete Vermittlung zur Erlangung eines allgemeinen und dauerhaften Friedens, welcher eine Einschränkung der französischen Übermacht zur Voraussetzung habe. Auf Grund seiner Forderungen einigte man sich am 16. Mai in dem Wurschener Programm auf Wiedereinsetzung Österreichs in den Stand vor 1805, Preußens in den vor 1806, Auflösung des Rheinbundes und des Großherzogtums Warschau, Rückgabe der Frankreich angegliederten norddeutschen Gebiete, Unabhängigkeit Deutschlands und Italiens, Selbständigkeit Hollands und Wiedereinsetzung der Bourbonen in Spanien. Natürlich hielt man sich von vornherein überzeugt, daß Napoleon auf solche Bedingungen nicht eingehen werde.

Der Korse durchschaute Österreichs Schleichwege und versuchte deshalb, sich dem Zaren zu

nähern, an den er General Caulaincourt sandte, welcher sich der Gunst des russischen Hofes erfreute. Er sollte, kurz gesagt, den Zaren auf Kosten Österreichs und Preußens für Frankreich gewinnen. Napoleon rechnete dabei auf die wetterwendische Art Alexanders. Aber er täuschte sich über die Gesamtlage; der Zar lehnte ab, Caulaincourt überhaupt zu empfangen. Als die Schlacht bei Bautzen verloren war, knüpften die Verbündeten ihrerseits an. Wieder versuchte Napoleon eine Ausschaltung Österreichs. Nachdem sie abermals an der Standhaftigkeit Alexanders gescheitert war, ging er auf die Hinzuziehung des Kaiserstaats ein. Vom 30. Mai bis zum 4. Juni verhandelten der Russe Schuwalow und der Preuße Kleist mit Caulaincourt, was nach vielen Mühen in Pläswitz zum Abschluß eines Waffenstillstandes führte. Dieser sollte erst bis zum 20. Juli dauern, ist später aber bis zum 10. August verlängert worden. Zwischen beide Kriegführende wurde ein neutrales Gebiet gelegt, dessen Grenze für die Verbündeten das Striegauer Wasser, für die Franzosen die Katzbach bildete: hier, am Königreiche Sachsen und der Elbe entlang gehend. Breslau lag im Zwischengebiete. Napoleon meinte: „Man darf sich nicht verhehlen, daß der Waffenstillstand für mich nicht sehr ehrenvoll ist. Ich bin es, der alles gibt, der Feind nichts.“ Dennoch war er froh, endlich die stete Aufregung los zu sein. Er betätigte dieses glückliche Gefühl durch einen zehnstündigen Schlaf.

Graf von Caulaincourt, Herzog von Vicenza.
Nach einem Stich von Hopwood.

Tatsächlich war der Waffenstillstand für die Verbündeten Hilfe in der Not, für Preußen vielleicht Rettung vom Untergange. Eine weitere Fortsetzung des Krieges konnte nur zu einer Niederlage oder zur Trennung der Waffenbrüder führen. In diesem Falle wären die Russen über die Weichsel gegangen und die Preußen von Napoleon besiegt worden, weil sie mit noch unfertigen Truppen fechten mußten. Solche Mißerfolge mußten aber auch die Haltung Österreichs entscheiden, denn dann hätte es gewiß lieber ein Stück von Preußen genommen, als zum Schwerte gegriffen. Vorliebe für den bedenklichen Nachbarn besaß es nie, und Schlesien war altösterreichisches Land. Die Übereinkunft änderte alles: Preußen und Rußland gewannen Zeit, ihre Rüstungen zu vollenden und vielleicht Österreich zu gewinnen.

So vorteilhaft die Waffenruhe für die Verbündeten sein mußte, so nachteilig drohte sie Frankreichs Sache zu beeinflussen. Napoleon hat gesagt, seine Haltung habe auf zwei Gründen beruht: auf dem Mangel an Reiterei und dem Benehmen Österreichs. Letzteres ist von vornherein als Trugschluß zu bezeichnen, denn nach einem dritten Siege stand er Metternich ganz anders gegenüber als zu einer Zeit, wo nichts entschieden war. Außerdem brauchte die Hofburg mindestens noch einen Monat für ihre militärischen Vorbereitungen. Der Korse hat damals Österreichs Macht über- und die Rüstungen Preußens unterschätzt. Ähnlich irrte er sich über die verbündete Feldarmee, deren Kraftäußerungen andauerten, ohne daß seine minderwertige Reiterei

deren innere Verhältnisse zu erkennen vermochte. Bei den vielen Beziehungen aber, die er in Deutschland und selbst in Preußen besaß, konnte er sicherlich manches über die ziemlich offenkundigen Dinge erfahren, wenn er nur ernstlich wollte. Der Zustand des eigenen Heeres ließ freilich viel zu wünschen, aber immerhin hatte er den Feind geschlagen und schlug ihn noch immer; er hatte ihn dreihundert Kilometer zurückgedrängt, besaß eine namhafte Übermacht, und Verstärkungen waren im Anmarsche. Wenn er dennoch nicht zugriff und die letzte Entscheidung erzwang, sondern umgekehrt seine Streitkräfte durch die Sendungen gegen Berlin und Breslau zersplitterte, so läßt dies nur den Schluß zu, daß er sich selber durch die ungeahnten Schwierigkeiten des Feldzuges und die vielen Widerwärtigkeiten zu verlieren begann. Der alternde Kaiser war nicht mehr der alles wagende und damit alles besiegende jugendliche Heldengeneral

Der Überfall der Lützower bei Kitzen am 17. Juni. Nach der Zeichnung von O. Fikentscher.

der französischen Republik, sondern ein körperlich leidender und grübelnder Mann geworden, dessen Talent geblieben, dessen Willenswucht, Zähigkeit und Wagefrische aber nachgelassen hatten, dem einfach die Nervenkraft zur letzten Durchführung versagte, wozu sich noch der ungünstige Einfluß seiner kriegsunlustigen Umgebung gesellte. Solche körperlichen und seelischen Vorgänge sind unseres Erachtens maßgebend geworden; größtenteils aus ihnen heraus wünschte der Abgespannte Ruhe für einige Zeit, in der er glaubte, die Verbündeten überholen zu können. Anstatt wie früher die Umstände zu meistern, meisterten sie ihn. Tatsächlich hat Napoleon mit dem Waffenstillstand von Pläswitz den schwersten Fehler seines Lebens begangen und selber seinen Untergang eingeleitet.

Die Waffenruhe zeitigte noch ein trauriges Nachspiel. Ein Teil des Lützowschen Freikorps war bis tief in Sachsen vorgedrungen und trat erst verspätet den Rückzug an. Da wurde es plötzlich vom Feinde überfallen, auseinandergesprengt und niedergehauen. Lützow

Faksimile eines Briefes von Theodor Körner an Hofrat Parthey in Berlin; aus Karlsbad am 1. Juli 1813. Originalgröße.

(Aus der Sammlung des Herrn Rittergutsbesitzers Lessing in Berlin.)

Karlsbad, am 1ten Juli, 1813

Ich lebe und bin frei, das ist das beste, was ich Ihnen zu sagen habe. Verwundet bin ich, zwar nicht bedeutend, aber doch genug für meinen Wunsch. Die Nichtswürdigkeit, das teuflische Bubenstück, dem ich diese Verzögerung verdanke, wird Ihnen bekannt sein.

Ich hoffte Sie bei meiner Reise zum Corps, die ich sogleich nach meiner Heilung antrete, in Berlin zu sehen. Anfangs hatte ich Lust, die Reise nach Berlin zu wagen, ich hätte sie aber nicht vollenden können, die Schmerzen standen zu dicht. Daher mußte ich mich jetzt wieder legen, und vollends hätte ich die Mühe nicht ersparen können. Jetzt lebe ich bei der trefflichen Frau, die die zarteste Mutterliebe gegen mich ausübt, und mir wie ein Engel des Himmels in meinen Schmerzen hereinschaut.

Brief Theodor Körners an Hofrat Parthey in Berlin; aus Karlsbad am 1. Juli 1813.

(Aus der Sammlung des Herrn Rittergutsbesitzers Lessing in Berlin.)

Carlsbad, am 1sten Juli, 1813.

Ich lebe und bin frei, das ist das beste, was ich von mir zu sagen habe. Verwundet bin ich, zwar nicht bedeutend, aber doch genug für meine Wünsche. Die Nichtswürdigkeit, das teuflische Bubenstück, dem ich dies Vergnügen verdanke, wird Ihnen bekannt sein.

Ich hoffe, Sie bei meiner Reise zum Corps, die ich sogleich nach meiner Heilung antrete, in Berlin zu sehn. Anfangs hatte ich Lust, die Reise nach Berlin zu wagen, ich hätte sie aber nicht vollenden können, die Schurken standen zu dick. Dann müßten Sie mich jetzt warten lassen, und Kohlrauschen hätt ich die Mühe nicht ersparen können. Jetzt leb ich bei der trefflichen Reck, die die zarteste Mutterliebe gegen mich äußert, und mir wie ein Engel des Himmels in meine Schmerzen hereinstrahlt. Ich denke in 14 Tagen hergestellt zu sein, dann gehts sogleich zu meinen geliebten Fahnen.

Grüße, tausend herzliche, an's ganze Haus, an alle Freunde. Gott sei mit uns allen. Glück auf.

Theodor.

und sein Adjutant Theodor Körner sanken schwer verwundet von den Pferden, entgingen aber glücklich der Gefangenschaft. Die viel gefeierte „wilde verwegene Jagd“ hat sich von diesem Schicksalschlage nie mehr zu erholen vermocht. Und diejenigen, welche ihn vollzogen, waren nicht Franzosen, sondern Deutsche: waren Württemberger.

Napoleon äußerte sich unzufrieden, daß Lützow entkommen sei. Er wollte mit dem Freikorps gleichsam den Geist der Volkserhebung vernichten. Ganz Deutschland durchzitterte tiefe Entrüstung ob der heimtückischen Tat, und Segen hat sie ihren Urhebern nicht gebracht. Der württembergische General Graf Normann wurde abgesetzt, irrte als Hauslehrer in der Welt umher und starb im griechischen Freiheitskriege heimatlos am Typhus. Auch Napoleon mußte büßen, denn als Gegenmaßregel entsprachen die Verbündeten der im Waffenstillstande vereinbarten wichtigen Bestimmung nicht, die von den Franzosen besetzten Festungen mit Lebensmitteln zu versorgen. Die Folge war eine Schwächung ihrer Widerstandskraft.

Ansprache des Oberstleutnants Benckendorff an die Lübecker Bevölkerung.
Nach der Aquarellskizze von C. Stolle im Museum lübeckischer Kunst- und Kulturgeschichte.

Noch kurz müssen wir uns einem zweiten, getrennten Kriegschauplatze in Norddeutschland zuwenden. Hier hatte die Befreiung Hamburgs eine Erhebung des ganzen Gebietes zwischen Elbe- und Wesermündung bewirkt. Bis nach Lübeck war eine Abteilung Kosaken vorgedrungen. Ihr Führer, der Oberstleutnant Benckendorff, forderte die Bevölkerung in feuriger Ansprache auf, das Joch der Fremdherrschaft abzuschütteln, und erregte lebhaften Jubel. Aber die militärischen Hilfsmittel blieben schwach, und Napoleon sandte den tatkräftigen, finsteren General Vandamme, der in einem Tagesbefehle sagte: „Meinem Charakter nach gut und offen, gerecht aus Gewohnheit, werde ich furchtbar aus Pflicht.“ Als er nach Bremen kam, ließ er alle am Aufstande beteiligten Männer verhaften und sie mit Tod oder Gefängnis bestrafen. Zwei Dörfer wurden niedergebrannt. Er besaß nur sechstausend Mann und wollte wirken durch den Schrecken. Sein General Morand unterwarf Lüneburg und gedachte ebenfalls nach Vandammeschem Muster zu verfahren; da brach plötzlich eine gemischt russisch-preußische Abteilung unter den Generalen Dörnberg und Tschernitschew herein und nahm ihn am 2. April nach tapferer Gegenwehr mit seiner ganzen Streitmacht gefangen. An der Spitze der Seinigen wurde Morand tödlich verwundet; unter den Linden des Kirchhofs zu Boitzenburg hat man ihn begraben. In ihm verlor Napoleon einen seiner besten Divisionsgenerale. Auf deutscher

Seite zeichnete sich das Bataillon v. Borcke besonders aus und erhielt die ersten Eisernen Kreuze. Ein Lüneburger Bürgermädchen, Johanna Stegen, hat den Russen französische Patronen in ihrer Schürze zugetragen. Hundert Offiziere, zweitausendzweihundert Mann, neun Geschütze und drei Fahnen fielen den Siegern in die Hände. Es war der erste Erfolg im heiligen Kriege, der weithin Jubel bewirkte.

Joh…
Erstürm…
Nach…
vo…

Aber die Freude sollte von kurzer Dauer sein. Der Vizekönig Eugen bestellte den Marschall Davout zum Befehlshaber seines linken Flügels. Dieser kam mit zehntausend Mann heran, nötigte die Verbündeten, Lüneburg schon am 3. eiligst zu verlassen, und besetzte die Stadt. Er begnügte sich mit Entwaffnung der Bürger, augenscheinlich, weil Dörnberg erklärt hatte, für jeden bestraften Hannoveraner einen der gefangenen Franzosen erschießen zu lassen. Wenige Tage später verhängte Napoleon über die ganze Gegend den Belagerungszustand, gab Davout unbeschränkte Vollmacht zur Wiederherstellung der Ordnung und unterstellte ihm auch die Streitkräfte Vandammes. Da der Marschall sich aber in einem rings gärenden, von Streifkorps durchzogenen Lande befand und die Ausbildung seiner Truppen noch zu wünschen ließ, fiel er vorläufig auf die Allerlinie zurück. Vor ihm schwoll der unermüdliche Feind auf zehntausend Mann an, über die der General Wallmoden den Befehl erhielt. Umsonst, Davout verstärkte sein Heer bis zu vierzigtausend

...en bei der
Lüneburg
...il.
...ginalzeichn...
...ner.

Streitern, mit denen er Ende April auf Drängen des Kaisers gegen den Mittelpunkt der freiheitlichen Bewegung, gegen Hamburg marschierte.

Diese Stadt war eine der größten und reichsten, wenn nicht die reichste Deutschlands. Sie zählte hundertvierzigtausend Einwohner, war von großen Festungswällen mit breiten Gräben umgeben und besaß dreihundertzwanzig Kanonen mit vierzigtausend Kugeln. Zwar hatte man die Befestigungen vernachlässigt und vielfach zu Spaziergängen umgewandelt, doch blieben die Mittel zu ernstem Widerstande vorhanden, wenn man verstand, sie richtig zu verwenden. Es hätte ein auswärtiger, tüchtiger Offizier zum Befehlshaber ernannt werden müssen, um die Stadtwälle herzustellen und mit fünfzehntausend entschlossenen Hamburgern und Bundesgenossen zu besetzen. Die Stimmung der Bevölkerung war gut und opferwillig, aber die Regierung versagte. Der Senat bestand aus ehrenwerten älteren und alten Herren, aus sparsamen Männern des Friedens, die den Ereignissen in keiner Weise gewachsen waren. So kam es, daß sich neben der rechtlichen Regierung eine tatsächliche der Patrioten erhob, welche sich um den russischen Oberst Tettenborn scharte, aber weder unter sich, noch mit diesem einig lebte. Immerhin hätte sich vieles erreichen lassen, wenn Tettenborn mehr als ein bloßer Reiterführer gewesen wäre, nicht eitel, oberflächlich, unordentlich, ohne Kenntnis vom Festungswesen. Statt zu arbeiten,

wollte er genießen: er und seine gleichgesinnte Abenteurerumgebung. Da schien die Rettung zu nahen. Herzog Friedrich Wilhelm von Braunschweig, der sich 1809 ausgezeichnet hatte, traf in Hamburg ein. Ihm wurde der Oberbefehl angeboten; er zeigte sich auch geneigt, ihn zu übernehmen. Als jedoch Tettenborn sich ihm nicht fügen wollte, reiste der Herzog ab.

Zu den fünfzehnhundert russischen Reitern stießen mecklenburgische Soldaten; Freiwillige bildeten eine hanseatische Legion, so daß etwa sechstausendsechshundert Mann bunt zusammengewürfelter Truppen vorhanden waren. Sie sollten verstärkt werden durch die Bürgergarde der Einwohner, die aber nie vollzählig wurde, denn es gebrach ihr an allem, zumal an Gehorsam, Waffen und gedienten Offizieren. Noch gelang es, die dänische Regierung zu gewinnen, welche zweitausend Mann in die Stadt sandte. Leider wurde sie durch die Haltung Englands und die Gefahr für Norwegen wieder auf Napoleons Seite getrieben, weshalb sie am 19. Mai ihre Streitkräfte zurückzog. Die letzte Hoffnung bildeten nun die Schweden, welche achtzehntausend Mann stark unter Bernadotte in Stralsund gelandet waren und ihre Vortruppen schon weit nach Mecklenburg hineingeschoben hatten. Deren Führer, General von Döbeln, ließ seine Leute auf Bauernwagen rasch nach Hamburg fahren. Aber hier ereilte ihn der Befehl seines Kronprinzen zu sofortiger Umkehr. Unaufhaltsam brach jetzt das Unglück herein.

Kavallerist der Hamburger Bürgergarde. 1813.
Nach Knötel, Uniformenkunde (Babenzien, Rathenow).

Es kam zu zahlreichen kleinen Gefechten, bei denen oft ebensoviel Mut als Ungeschick und Zusammenhangslosigkeit hervortraten. Vandamme begann die Stadt zu beschießen, die Dänen sandten ihrem nunmehrigen Verbündeten zehntausend Mann zu Hilfe. Immer bedrohlicher wurde die Lage, Hoffnungslosigkeit verbreitete sich, und zu allem Übel kam die Nachricht von dem unglücklichen Ausgang der Schlacht bei Bautzen. Da verloren die Verteidiger den Kopf; Tettenborn verließ nachts die Stadt — leichtfertig, wie er gekommen war. Mit ihm zogen die hanseatische Legion, ein Teil der Bürgergarde, die Patrioten und viele Wohlhabende von dannen. Hamburg war wehrlos. — Am Morgen des 1. Juni rückten Dänen ein, nachmittags kam Marschall Davout. Man mußte auf das Schlimmste gefaßt sein. Die Gegenden der Unterweser und Unterelbe waren „außer Gesetz“ erklärt, und der Kaiser hatte seinem Generale besonders strenge Bestrafung befohlen, die auf Tod, Galeere, Gütereinziehung und achtundvierzig Millionen Francs Geldzahlung lautete. Er schrieb sogar: „Mir sollen die Häuser, mir die Waren gehören.“ Das gesamte Eigentum betrachtete er als verwirkt durch die Empörung. Dem Marschall lag die Rachsucht des Korsen fern, deshalb verzichtete er auf unnütze Gewalttaten und strafte wesentlich durch Zwangsauflagen; doch konnten aus der erschöpften

Die Schanzarbeiten am Wall in Hamburg mit Aussicht auf die Elbbrücke. Nach einer Lithographie von P. Suhr.

Stadt nur zehn Millionen erpreßt werden. Die Geldsummen wurden anderweitig ersetzt, denn Napoleon forderte Geräte für die Marine, Pferde, Reis, Kolonialwaren und dergleichen.

Statt der zerfahrenen Bürgerverwaltung herrschte nun ein brutaler Militärgeist. Hamburg wurde wieder zu einer französischen Stadt mit französischen Oberbeamten. Die Bürger hatten ihre Waffen abzuliefern; wer nicht gehorchte, wurde erschossen. Am verhängnisvollsten aber wirkte der Befehl Napoleons, den Ort zu einer gewaltigen Festung auszubauen und hierbei weder Personen noch Eigentum zu schonen. Davout gehorchte und griff durch. Seit Mitte Juni mußten sämtliche erwachsenen Bürger an den Verteidigungswerken arbeiten, täglich ihrer acht- bis zehntausend. Gnadelos fiel alles, was dem großen Zwecke entgegenstand: Gebäude, Alleen und Gärten. Barsch wurde in das Privateigentum und Privatleben eingegriffen, jedes halbwegs Brauchbare genommen: Lebensmittel, Gerätschaften und Fuhrwerke. Nichts wurde geschont. Es war ein furchtbares Strafgericht für Engherzigkeit, Schwäche und Mangel an Opfermut zur rechten Zeit. Jahrzehnte hat es gedauert, bevor die tief gebeugte Hammonia sich von ihrem Unglück zu erholen und neu emporzuarbeiten vermochte.

Neben Hamburg hat Sachsen am schwersten gelitten. Von Anfang an bis zuletzt ist es 1813 der Hauptkriegsschauplatz gewesen. Auf sächsischem Boden wurden die größten und meisten Schlachten geschlagen. Die zähe Anhänglichkeit seines Königs an Napoleon hat der Staat bitter büßen und schließlich mit der Abtretung von fast der Hälfte seines Gebietes bezahlen müssen. Seit dem Einrücken Blüchers war das preußische Heer zu verpflegen, und da es meistens nicht anders ging, geschah es auf dem Wege der mehr oder weniger gewaltsamen Beitreibung. Der Widerstand der sächsischen Behörden wurde gebrochen. Dennoch tat der greise Feldmarschall sein möglichstes, um den Druck zu mildern. Die Preußen hielten auch gute Manneszucht, denn sie kamen als deutsche Brüder und fühlten sich als Vaterlandsbefreier. Anders die Russen, zumal die überall herumschweifenden Kosaken; diese stahlen und erpreßten, wo sie konnten; kein Bauer war vor ihren Peitschen sicher und kein Mädchen vor ihrer aufdringlichen Zärtlichkeit.

Die Verwaltung der eroberten Länder wurde dem Freiherrn vom Stein übertragen. Aber er begegnete überall Schwierigkeiten: die verbündeten Monarchen wollten Sachsen schonen, weil

sie seinen Anschluß erhofften, und die königlich sächsische Immediatkommission widerstrebte, zeterte, jammerte und sah in jeder Handlung Steins und der preußischen Militärbehörden eine Verletzung der Majestätsrechte ihres Landesherrn. Die Folge war, daß die eingehenden Summen meist hinter dem Anschlage zurückblieben, ja geradezu kläglich ausfielen. Noch schlechter stand es um Aushebung und Einreihung von Truppen aus sächsischen Staatsbürgern. Rings gelähmt und beansprucht, brauste der Freiherr bisweilen auf. Dem Professor Steffens rief er erregt zu: „So klug wie Sie bin ich auch, aber ich bin weder der Kaiser von Rußland noch der König von Preußen.“ Oder ein andermal: „Zum Teufel mit den verdammten Narren, die nicht ins Eisen

Kosaken plündern einen Bauernhof. Nach der Originalzeichnung von H. Grobet.

beißen wollen und die deutschen Wunden mit Aktenstößen meinen heilen zu können.“ Aber was nützten Klarheit des Blickes und auflodernder Zorn. Die Sachsen hielten zurück, bis Napoleon mit seiner zuchtlosen Soldateska einrückte, die keine zarten Bedenken kannte, sondern ohne Federlesens nahm, was sie haben wollte. So kamen die reichen Hilfsmittel des Landes nicht den Verbündeten zugute, sondern dem Feinde.

Gneisenau faßte die Ergebnisse des Frühjahrsfeldzuges dahin zusammen: „Er stellt uns einen Krieg dar, wie er, soweit ich mich in der Geschichte erinnern kann, noch nicht mit gleicher Heftigkeit geführt wurde. In vier Wochen haben wir mehr als zwanzig heftige Gefechte und drei Schlachttage gehabt. Die Armee ist ohnerachtet ihrer steten Rückzüge geschlossen und ungebrochen in ihrem Mute.“ Hiermit überschätzte er die preußische Kraft. Aber gerade dieser unerschütterliche Mut, diese felsenfeste Zuversicht war nötig, um im Unglücke das Höchste für möglich zu halten, — für gewiß.

„Was blasen die Trompeten? Husaren heraus!“ Nach der Originalzeichnung von Th. Rocholl.

Der Herbstfeldzug.

Vater, ich rufe dich!
Brüllend umwölkt mich der Dampf der Geschütze,
Sprühend umzucken mich rasselnde Blitze.
Lenker der Schlachten, ich rufe dich!
Vater du, führe mich!

Der Waffenstillstand ist nicht der Vorläufer des Friedens geworden, sondern die Einleitung zu einem neuen, dem entscheidenden Feldzuge. Auf beiden Seiten wurde mit größtem Eifer gearbeitet, sowohl militärisch wie diplomatisch. Zunächst trat die Politik in den Vordergrund. Hier gelang es, Schweden näher heranzuziehen. Dieses Land erhielt durch seinen Kronprinzen eine Wichtigkeit, die dessen Bedeutung und Leistung weit übertraf. Wie wir sahen, hatte der frühere französische Marschall ein Bündnis mit Rußland und England gegen Napoleon geschlossen und zwar unter der Bedingung der Erwerbung des bislang mit Dänemark verbundenen Norwegen. Da sie Österreich und Preußen wenig zusagte, verzögerten sich die Verhandlungen, obwohl der Zar Bernadottes Ansprüche begünstigte. Erst kurz vor der Schlacht bei Großgörschen, am 29. April, kam es zwischen Preußen und Schweden zu einer Vereinbarung, wonach letzteres dreißigtausend Mann Truppen stellen sollte, und ihm dafür der Gewinn Norwegens verbürgt wurde. Friedrich Wilhelm unterzeichnete diesen ihm unangenehmen Vertrag zunächst noch nicht. Inzwischen versuchte Alexander den König von Dänemark zum freiwilligen Verzicht auf Norwegen gegen Entschädigungen in Deutschland zu veranlassen, erfuhr aber eine schroffe Abweisung. Als der Kronprinz nun an siebzehntausend Mann in Schwedisch-Pommern ausschiffte, glaubte er seine Ansprüche noch nicht genügend gesichert, und da das Kriegsglück den Verbündeten bisher wenig hold gewesen, so hielt er mit den Truppen zurück und verschuldete dadurch den Verlust des wichtigen Hamburg. Man kann über das Verhalten Bernadottes verschiedener Ansicht sein, so viel aber ist sicher, daß ihm die Großzügigkeit fehlte und er schroff nur schwedische und selbstsüchtige Politik trieb, ohne Rücksicht auf das Ganze. Nach der Schlacht bei Bautzen schien der Wert seiner Unterstützung zu steigen. In dieser Notlage erkannten die Verbündeten die Veränderung auf der Skandinavischen Halbinsel endgültig an und unterstellten ihm die Korps Bülow, Woronzow und Wallmoden: fünfunddreißigtausend Russen und siebenundzwanzigtausend Preußen.

Noch schwieriger gestalteten sich die Beziehungen zu England. Bei der Todfeindschaft der Briten gegen Frankreich hätte es nahe gelegen, entschlossen zu handeln und kühn an die Spitze der überall hervorbrechenden napoleonfeindlichen Stimmung zu treten. Aber das Torykabinett

Einbanddecke eines englischen Staatsvertrages.
Nach dem Original im Geheimen Staatsarchiv zu Berlin.

verstand nicht, die Gunst der Umstände zum Vorteil seines Landes zu benutzen, sondern verzettelte sie in Ansprüchen seines Herrscherhauses. Der König von England war nämlich zugleich Kurfürst von Hannover. Als solcher erstrebten er und der leitende hannoversche Minister Graf Münster die Errichtung eines größeren Welfenreiches in Norddeutschland, was natürlich nur auf Kosten des emporstrebenden Preußen geschehen konnte. So kam es, daß die an sich klaren und guten englisch-preußischen Beziehungen von welfischen Bestrebungen durchkreuzt wurden. Für das verarmte, von Hilfsmitteln entblößte Preußen handelte es sich vor allem um Geld und Kriegsmaterial. Verständnisvoll sandte England deshalb schon im Frühjahr hunderttausend vollständige Ausrüstungen mit Schießbedarf nach Norddeutschland, von denen Preußen aber nur fünfzehntausend erhielt, obwohl seine Landwehr noch im Sommer mit Piken eingeübt werden und teilweise mit solchen sogar ins Feld rücken mußte. Noch erbärmlicher erwiesen sich die Subsidienverhandlungen. Da gelang es erst dem Eingreifen des Freiherrn vom Stein am 14. und 15. Juni zu Reichenbach eine Vereinbarung zu erzielen, wonach die welfische Hauspolitik für die Rückgabe von Hannover, die Einräumung des Fürstentums Hildesheim und eines weiteren Gebietes mit etwa dreihunderttausend Einwohnern eine ratenweise Zahlung von 666666 Pfund Sterling (etwa viereinhalb Millionen Taler) bewilligte. Diese Summe erscheint im rechten Lichte, wenn man bedenkt, daß Schweden für sein auf knapp vierundzwanzigtausend Mann gebrachtes Heer eine Million und Rußland fast zwei Millionen Pfund bekamen. Ende August konnte aus Kolberg mitgeteilt werden, daß dort auf Rechnung der preußischen Regierung angekommen seien: 13 Kisten mit Silberbarren, der Angabe nach 40976 Unzen, und 30 Kisten mit Dukaten, welche 90000 Unzen enthalten sollten. Am 26. August gingen sie von Stargard zur Münze nach Glatz.

Siegelkapsel eines englischen Staatsvertrages. Nach dem Original im Geheimen Staatsarchiv zu Berlin.

Die Entscheidung des Krieges lag nicht in Stockholm oder London, sondern in Wien. Frankreich sowohl wie die

Verbündeten warben um den Beitritt Österreichs, wodurch der Kaiserstaat die ausschlaggebende Stimme erhielt. Und sein leitender Minister war geschaffen wie kein zweiter, diesen Umstand zu verwerten. Metternich ist neben Napoleon und Talleyrand der bedeutendste Diplomat seiner Zeit gewesen. In den Rheinlanden geboren, gelangte er durch die Ehe mit der sehr reichen Erbin des Staatskanzlers Kaunitz 1797 in die diplomatische Laufbahn Österreichs. Erst Gesandter in Dresden und Berlin, wurde er auf Wunsch Napoleons 1806 nach Paris versetzt, wo sich vollauf Gelegenheit bot, seine Fähigkeiten zu entfalten, bis er 1809 an Stadions Stelle die Leitung der habsburgischen Monarchie übernahm, die er fast ein Menschenalter behalten hat. Von vornherein verpflichtete er sich Napoleon durch die Heirat mit Marie Luise. Über ihn urteilt Klein-Hattingen: „Metternich besaß alle Eigenschaften, die im Diplomatenberufe Erfolg versprechen.

Arbeitszimmer des Fürsten Metternich in Wien. Nach einer anonymen Lithographie.

Ein schöner Mann, ein weltgewandter Salonmensch, ein glänzender Kavalier von bezaubernden Umgangsformen, ein lebhafter und anziehender Plauderer, immer fein und immer geschmeidig, ein Meister in der Kunst der Selbstbeherrschung, einer, der nie aus der Rolle fällt und keine sittlichen Bedenken hat: das waren die Gaben, die er für die diplomatische Bühne mitbrachte. Hinter einer leichtlebigen Außenseite verbirgt sich ein maßloser Ehrgeiz und eine unbedingte Herrschsucht. Sein Selbstbewußtsein und sein Selbstvertrauen sind so groß, daß er immer froh und glücklich erscheint, immer den Umständen und Anforderungen gewachsen.“ Bei reicher Begabung besaß er große Erfahrung; er war ein klarer Kopf, ein weitschauender Verstand und eine Arbeitskraft, die alles gleichsam im Vorübergehen erledigte. Ein Meister in der Lüge und Verstellung, berechnete er kalt und klar das Für und Wider, hatte er immer den Vorteil seines Staates und seines Kaiserhauses vor Augen und verfolgte diese Ziele mit zähester Ausdauer. Er gehörte zu den Leuten, die zu warten verstehen, bis ihre Zeit gekommen ist. Von großer

Menschenkenntnis, wußte er wie wenige, die Menschen zu behandeln, immer neue Verbindungen anzuknüpfen und sich den Umständen anzupassen, ohne sich von ihnen leiten zu lassen. Höherstehenden gegenüber zeigt er sich nie im, doch auch nie außer dem Wege, stets zu Diensten bereit. Nebenbei ist er vollendeter Lebemann: überall hat er Liebschaften mit den vornehmsten Frauen bis hinauf zur Schwester Napoleons, der Königin von Neapel: Beziehungen, die er zugleich für politische Zwecke benutzte. So erscheint Metternich als das Urbild eines Diplomaten seiner Zeit und deshalb, wie kein zweiter, Napoleon gewachsen.

Von Grund aus anders war sein Gebieter geartet, Kaiser Franz: ein kleinlicher, ungemein fleißiger Mann von engem Gesichtskreise, der im Bestreben, alles selber zu hören und zu lesen, den Sinn für das Ganze und Große verlor. Äußerlich bieder, kirchlich fromm, streng sittlich und guter Familienvater, fehlten ihm Schwung, Selbstvertrauen und wahre Herrschergröße. Er war mißtrauisch und engherzig, ein Freund des stummen Gehorsams der Mittelmäßigkeit, unzuverlässig, umständlich und bestimmbar. Voll Familienstolz und Verehrung für angestammtes Gottesgnadentum, ertrug er mit trockenem Gleichmute und unerschütterlicher Ruhe das Schlimmste, ohne je die Macht seines Hauses aus dem Auge zu verlieren, zäh und unverdrossen, wie nur je ein Habsburger. Durch seine scheinbare Leutseligkeit verstand er es, sich namentlich bei den Wienern beliebt zu machen, als „der gute Kaiser Franz“, was ihn aber nicht einen Augenblick abhielt, nach dem Siege der schlimmste Reaktionär zu werden. Kein Wunder, daß er dem Einflusse seines geistig weit überlegenen Staatskanzlers fast völlig anheimfiel, dessen Endziele sich durchaus mit denen seines „Gebieters“ deckten. — Bemerkt mag noch werden, daß Franz I. viele gemeinsame Züge mit Friedrich Wilhelm besaß, wie anderseits Metternich mit Hardenberg. Doch war Metternich willenskräftiger und mehr Außenpolitiker, wogegen Hardenbergs Hauptbedeutung auf seiner Verwaltungstätigkeit beruhte.

Fürst Metternich. Nach dem Stich von C. E. Weber.

Nach dem kriegerischen Zusammenbruche Napoleons erkannte Metternich sofort, daß voraussichtlich eine große Umgestaltung der europäischen Verhältnisse eintreten werde. Da galt es nun, dem alten Kaiserstaate seine frühere Herrscherstellung zurückzugewinnen, ja ihn womöglich zur ausschlaggebenden Macht zu erheben. Für diesen Zweck plante der Minister einen Weltfrieden, die „Wiederherstellung eines Zustandes des Gleichgewichtes und dauernder Ruhe in Europa“, die als natürliche Vorbedingung die Zurückdrängung Frankreichs verlangte, ohne Rußland zu bedeutend werden zu lassen. Zwischen dem West- und dem Ostreiche sollte sich Österreich als weitausgedehnter Staat in erster Linie, Preußen wesentlich schwächer in zweiter Linie erheben. Zunächst versuchte Metternich als Vermittler aufzutreten und sich für seine Rolle durch

Franz I., Kaiser von Österreich.
Nach der Zeichnung von A. Zabuernix.

die Rheinbundfürsten zu stärken. So schlug er Sachsen, Bayern und Württemberg eine Art Vereinigung der neutralen Länder vor, wonach den kriegführenden Mächten ein Friedensvorschlag unterbreitet werden sollte mit der Unabhängigkeit Deutschlands als Voraussetzung. Aber nur der König von Sachsen ließ sich für kurze Zeit gewinnen; die Höfe von München und Stuttgart beharrten nach einigem Zaudern bei Napoleon, weil sie ihn für den Mächtigeren und deshalb den zukünftigen Sieger hielten, der die größere Gewähr für ihre Sicherheit bot. Den Rheinbundfürsten war der Besitz ihrer Länder durch Napoleon gewährleistet; sie durften sogar erwarten, daß für sie noch Landerweiterungen abfielen. Hingegen sahen sie sich durch die Übereinkunft zwischen Rußland und Preußen und den Erlaß Kutusows vom 25. März bedroht; da die Verbündeten überdies nur langsam vorwärts kamen, im Frühjahrsfeldzuge sogar geschlagen wurden, so erhielten die hochtönenden Worte des russischen Feldherrn keinen Nachdruck durch Taten. Anderseits verlautbarten Wunderdinge von den Maßnahmen Napoleons, dessen Gesandte den Mund vollnahmen und die Rheinbündler einschüchterten. Nur die Herzöge von Mecklenburg traten über zu den Verbündeten.

Natürlich wußte Metternich von vornherein, daß Napoleon gutwillig nicht auf seine Vermittlungsbestrebungen eingehen werde und Österreich nur dann Aussicht auf Erfolg habe, wenn es das Schwert gewichtig für seine Politik in die Wagschale werfen könne. Aber man besaß nur geringe Streitkräfte; es galt deshalb Zeit zu gewinnen und beide Gegner sich abarbeiten zu lassen, weil Österreichs Gewicht dadurch zunahm. So rüstete man unausgesetzt, um die Armee auf hundertfünfzigtausend Mann, womöglich auf deren zweihunderttausend zu bringen, während Metternich auswärts gleichzeitig mit den Verbündeten wie mit Napoleon Unterhandlungen

Österreichische Kürassiere in feldmäßiger Ausrüstung. Nach der zeitgenössischen Radierung von J. A. Klein.

anknüpfte, jedoch so, daß er beiden Teilen gegenüber freie Hand behielt. Die Ereignisse drängten ihn dann mehr und mehr zu Rußland und Preußen hinüber, ohne daß er mit Frankreich gebrochen hätte. Unter solchen Umständen erfolgte der Waffenstillstand von Pläswitz.

Am 19. Juni begab sich Metternich persönlich nach Reichenbach in das Hauptquartier der Verbündeten, mit denen er eine Übereinkunft schloß, die für sie freilich sehr ungünstig lautete, aber die wichtige Zusage enthielt, daß Österreich sich mit Rußland und Preußen vereinigen und Napoleon sofort den Krieg erklären würde, wenn er bis zum 20. Juli die in vier Artikeln festgelegten Bedingungen nicht annähme. Diese ließen das ganze linke Rheinufer, eingeschlossen Holland, bei Frankreich, und auch der Rheinbund blieb unangetastet. Im Besitze solcher Zusagen reiste Metternich am 25. Juni nach Dresden, wo er mit Napoleon eine fast neunstündige Unterredung hatte, die wichtigste seit der Zusammenkunft von Tilsit. Nach der fünf Jahre später verfaßten Schilderung des österreichischen Ministers verlief sie folgendermaßen. Unterwegs flüsterte Berthier ihm zu: „Vergessen Sie nicht, Europa braucht den Frieden und ganz besonders Frankreich, das nichts als Frieden will!“ Im Zimmer erwartete der Gewaltige stehend den Eintretenden mit dem Hut unter dem Arme und fuhr ihn nach einigen einleitenden Fragen an: „Sie wollen den Krieg, gut, Sie sollen ihn haben. Ich habe bei Lützen die preußische Armee vernichtet; ich habe die Russen bei Bautzen geschlagen; auch Sie wollen an die Reihe kommen. Es sei! In Wien geben wir uns ein Rendezvous. Die Menschen sind unverbesserlich.“ Metternich erwiderte: „Krieg und Frieden liegen in der Hand Eurer Majestät. Der Kaiser, mein Herr, hat Pflichten zu erfüllen. Zwischen Europa und Ihren bisherigen Zielen besteht ein unlöslicher Widerspruch. Die Welt bedarf des Friedens. Um ihn zu sichern, müssen Sie in die mit der allgemeinen Ruhe vereinbarlichen Machtgrenzen zurückkehren, oder Sie werden in dem Kampfe unterliegen.“ Napoleon fragte, was man denn von ihm wolle; entehren lasse er sich nicht. „Ich werde zu sterben wissen, aber ich trete keine Handbreit Bodens ab. Eure Herrscher, geboren auf dem Throne, können sich zwanzigmal schlagen lassen und doch immer wieder in ihre Hauptstädte zurückkehren. Das kann ich nicht, ich, der Sohn des Glücks. Ich weiß, was ich einem tapfern Volke schulde, welches mir nach ungeheuren Unglücksfällen neue Beweise der Hingebung und der Überzeugung gegeben hat, daß ich allein es zu regieren vermag. Ich habe die Verluste des vergangenen Jahres ausgeglichen. Ich werde vor Ihnen Heerschau halten.“ Metternich: „Und gerade die Armee verlangt den Frieden.“ Napoleon: „Nicht die Armee, nein, meine Generale wollen den Frieden. Ich habe keine Generale mehr. Die Kälte von Moskau hat sie entsittlicht. Ich habe zwei Schlachten gewonnen; ich werde nicht Frieden schließen. Je mehr Verbündete sind, desto besser für mich. Ich nehme die Herausforderung an. Um die Bevölkerung Deutschlands im Zaume zu halten, genügen mir meine Soldaten, und für die Treue der Fürsten bürgt mir die Furcht. Wollen

3 Schilling banktoken aus dem Jahre 1813 (Privatgeld der Kriegszeit) mit dem Bildnis König Georgs III. von England. (Kgl. Münzkabinett in Berlin.)

Ein Zweidritteltaler des Herzogtums Mecklenburg-Schwerin. Im Jahre 1813 aus Spenden geprägt. (Kgl. Münzkabinett in Berlin.)

Napoleons Unterredung mit Metternich in Dresden. Nach der Originalzeichnung von E. Klein.

Sie eine bewaffnete Neutralität? Es sei!" Metternich: „Der Kaiser hat den Mächten seine Vermittlung, nicht seine Neutralität angeboten. Rußland und Preußen haben sie angenommen. Ihre Sache ist es, sich heute noch zu erklären." So ging es weiter; bleich, mit verzerrten Zügen rief schließlich Napoleon aus: „Sie sind nicht Soldat und wissen nicht, was in der Seele eines Soldaten vorgeht. Ich bin im Felde aufgewachsen, und ein Mann wie ich schert sich den Teufel um eine Million Menschen!" Dabei schleuderte er seinen Hut in eine Ecke des Zimmers. „Der Kaiser Franz will seine Tochter entthronen." Metternich: „Der Kaiser kennt nur seine Pflichten, und die wird er erfüllen." Napoleon: „Es kann mir den Thron kosten, aber ich werde die Welt unter seinen Trümmern begraben."

Metternich blieb noch drei Tage in Dresden, verhandelte mit Napoleons Vertrauensmännern und verlangte: Der Kaiser der Franzosen nimmt die bewaffnete Vermittlung Österreichs an; die Bevollmächtigten der kriegführenden Staaten treten mit denen der vermittelnden Macht zu einem Kongresse zusammen; der Waffenstillstand wird bis zum 10. August verlängert. Ohne weiteres stimmte Napoleon diesen Forderungen zu.

Der Kongreß tagte in Prag, erwies sich aber von vornherein so aussichtslos, daß Metternich zu Wilhelm von Humboldt, dem preußischen Geschäftsträger, sagte: „es handle sich nur darum, dem Kaiser Franz die Unmöglichkeit eines dauerhaften Friedens bis zum handgreiflichsten Augenscheine nachzuweisen". Die österreichischen Vorschläge gefielen weder Napoleon noch den Verbündeten, hüben und drüben erhoffte man mehr von den Waffen. Caulaincourt, dem Vertreter Frankreichs, waren die Hände gebunden. Warnend schrieb er dem Kaiser: „Sämtliche Opfer, die Sie einem raschen Frieden bringen, werden Sie mächtiger machen als es Ihre Siege getan haben. Sie werden der Abgott der Völker werden, deren Unzufriedenheit durch eine Verlängerung des Krieges nur steigen kann." Alles umsonst. Den 7. August legte Metternich das Ultimatum vor, welches ein Ja oder Nein bis zum 10. forderte. Bliebe es aus, so würden sich die österreichischen Streitkräfte mit denen der Verbündeten vereinigen. Der Entscheidungstag kam. In fieberhafter Spannung zählten die Diplomaten zu Prag die Minuten. Mit dem Schlage der Mitternachtsglocke erklärten die Vertreter Preußens und Rußlands ihre Vollmacht für erloschen. Feuerzeichen loderten auf den Bergen empor, um weithin durch die Lande zu verkünden, daß von nun an das Schwert entscheide. Am 12. erklärte Österreich an Frankreich den Krieg.

Es war ein Glück für Europa, daß Napoleons Starrsinn und Größenwahn ein rechtzeitiges Einlenken in die geänderten Verhältnisse unmöglich machten. Auf keinen Fall wollte er in den Augen der Franzosen als Überwundener gelten. Schon an sich erschienen ihm die Forderungen zu hoch, und da sie nur Österreich, nicht auch die Verbündeten verpflichteten, so fürchtete er, daß man ihm mehr und immer mehr zumuten würde, bis seine ganze Stellung und mit ihr sein und seines Sohnes Thron erschüttert seien. Gegen Metternich äußerte er: „Meine Herrschaft überdauert nicht den Tag, an dem ich aufhöre, stark und gefürchtet zu sein." Noch stand er an der Spitze eines gewaltigen Heeres; eben hatte er zwei große Schlachten gewonnen, und ihm gegenüber befand sich nur eine lose gefügte Verbündetenwirtschaft. Da glaubte er, auf sich und sein Genie, auf den Gott des Krieges vertrauen zu dürfen. Freilich innerlich überzeugt war er keineswegs. Auf St. Helena hat er später gesagt: „Ich sah das Nahen der Entscheidung; mein Stern erblich. Ich fühlte die Zügel meinen Händen entgleiten." Wieder wie 1812 führten nicht frischer Wagemut und feste Überzeugung, sondern eine fatalistische Stimmung ihn auf die verhängnisvolle Bahn, welche mit seinem Sturze geendet hat.

Die Bedingungen Österreichs waren milde, aber immerhin so, daß Napoleons Herrschaftsgebäude verändert und vor allem der Zauber seiner Allgewalt gebrochen wurde. Das dünkte dem trotzigen Manne unerträglich. Aber gerade hierin beruht der Unverstand. Sein Zauber war

Aus: Otto Richter, Dresdener Bilderchronik.
Truppenschau Napoleons in Dresden anläßlich seiner auf den 10. August verlegten Geburtstagsfeier.
Nach dem Gemälde von Thost.

schon 1809 erschüttert und dann 1812 auf Rußlands Eisfeldern erlegen. Was Metternich anbot, entsprach der Sachlage in einer für Frankreich günstigen Form. Napoleon konnte es annehmen, ohne seinen Thron zu gefährden, weil die Franzosen vor allem Ruhe und Frieden wünschten. Und wenn er nur zum Scheine zugestimmt hätte, so wäre Österreich ausgeschaltet worden; Napoleon hatte es dann schlimmsten Falls mit Preußen, Rußland und Schweden zu tun, denen er sich vollauf gewachsen fühlen durfte. Allerdings war es ihm bisher nicht gelungen, die Verbündeten niederzuzwingen, und ihre Kampfkraft hatte zugenommen. Ja, soeben, am 21. Juni hatte Wellington sogar die Franzosen bei Vitoria geschlagen und sie zum Rückzuge über die Pyrenäen genötigt. Damit stand das Vordringen des unbesiegbaren Engländers nach Frankreich in sicherer Aussicht. Der Korse mußte sich also auf einen Krieg mit zwei Fronten gefaßt machen, von denen der südfranzösische von vornherein als verloren gelten durfte.

Die Feuer auf den Bergen waren erloschen. In Frankreich und den Rheinbundländern zog man ohne Kriegslust in den Krieg; anders in Preußen: da jubelten die Vaterlandsfreunde. Endlich, endlich war das ewige Verhandeln zu Ende, welches nur mit Unheil drohte, endlich vermochte ein freiheit- und siegentschlossenes Volk zu zeigen, wozu es fähig war.

Freilich, in der Umgebung der Fürsten besaß man keineswegs immer volles Verständnis für den furchtbaren Ernst des Augenblicks. Am Morgen des 24. Juli verließ Friedrich Wilhelm Berlin, um sich ins Hauptquartier zu begeben. Hier in Landeck, amüsierte man sich bald weidlich, zumal seit dem 3. August, dem Geburtstage des Königs. Von nun an folgte ein Ball und ein Vergnügen dem andern. Bis zum 14. verzeichnet Hardenberg ununterbrochen: Diners, Bälle,

Freiwilliger Jäger und Kavallerist (Leichtes Garde-Kavallerie-Regiment). 1813—1814.

Mittagessen, Soupers, bisweilen zwei an einem Tage. Am 10. August speiste Blücher beim Staatskanzler, am 11. Gneisenau. Über den Besuch des letzteren berichtet Stosch, daß Gneisenau während der Tafel nach dem Geheimen Rat Hippel fragte und zur Antwort erhielt, derselbe arbeite im Bureau. Da erlaubte sich der General die Bemerkung gegen Hardenberg, Hippel wäre wohl der einzige arbeitende Rat, während die anderen in dieser wichtigen Zeit zu lungern schienen. Der Staatskanzler lächelte und entschuldigte seine Beamten mit gewohnter Artigkeit, daß sie so lange als möglich Gneisenaus angenehme Nähe genießen wollten. Dennoch verschwanden bald zwei Räte mit unverkennbarem Ingrimm, was Gneisenau viel Vergnügen bereitete. Die Dinge lagen derartig, daß Luise Radziwill (geborene Prinzessin von Preußen) schreiben konnte: „Es ist vielleicht gut, sich zu zerstreuen, aber im Angesicht einer so ernsten Zukunft macht mir diese Leichtfertigkeit einen peinlichen Eindruck. Vieles geht augenscheinlich auf den vergnügungssüchtigen Staatskanzler zurück."

Immerhin wurde allseitig gerüstet. Weitaus am meisten leistete Preußen, das noch sehr unfertig in den Frühjahrsfeldzug getreten war. Rasch füllte es die Lücken seiner geschwächten Feldarmee, vermehrte seine Bestände und verdoppelte nahezu die Artillerie. Die Landwehr gelangte durch äußerste Anstrengung bis zur Kriegstüchtigkeit, wenngleich ihre Abteilungen noch nicht vollzählig waren und sie an Offizieren, Bekleidung, Bewaffnung, Ausbildung und Disziplin noch viel zu wünschen ließ. Der verarmte Staat vermochte nur das dringend Notwendigste zu leisten: für die Landwehrinfanterie eine kurze, dunkelblaue Litewka, eine Feldmütze, leinene Hosen, Gamaschen, Schuhe ohne Strümpfe und einen leinenen Quersack. Mäntel nebst Kochgeschirren waren nur teilweis vorhanden, auch mit dem Schießzeug haperte es und zu Beginn des Krieges mußte sich das erste Glied, wie bereits erwähnt, durchweg noch mit Piken begnügen, die dann im Laufe des Feldzugs durch erbeutete französische Gewehre ersetzt wurden. Unter solchen Umständen blieb die Absicht der Landwehrmänner natürlich besser als ihr Vermögen; namentlich erwiesen sie sich Anstrengungen und den Unbilden der Witterung wenig gewachsen. Erst als die Untauglichen, ungefähr die Hälfte ihres Bestandes, abgebröckelt waren, vermochten sie sich mit der Linie zu messen. Günstiger stand es mit der Landwehrreiterei, welche aber auch oft auf minderwertigen Pferden saß und ihre Hauptwaffe, die Lanze, nur ungenügend zu führen verstand. Beim Neuausbruch des

Unteroffizier der 2. Brandenburgischen Dragoner. 1813.

Krieges betrug die Gesamtstärke der preußischen Streitmacht 271000 Mann, die im Laufe des Jahres auf 300000 vermehrt wurde; es bedeutete dies sechs Prozent der Bevölkerung. Das preußische Heer war also tatsächlich: das Volk in Waffen. Von vornherein hatte man fast 200000 Soldaten für den Feld- und Belagerungsdienst zur Verfügung. Das Feldheer zerfiel in vier Korps unter York, Kleist, Bülow und Tauentzien.

Den preußischen Leistungen standen die der Verbündeten zwar nach, gestalteten sich aber doch recht ansehnlich. Rußland stellte 184000 Mann zum Kampfe, während seine Gesamtmacht deren 300000 zählte. Fast nirgends hatten die Truppenteile ihre volle Stärke, dagegen waren Bewaffnung, Ausrüstung und Pferde gut, die Soldaten tapfer, wohl gedrillt und gehorsam, freilich ohne Bildung und höhere Fähigkeiten. Auch die russischen Offiziere erwiesen sich durchweg roh und kenntnislos, weshalb sie den zahlreichen Ausländern, zumeist Deutschen, nachstanden, was zu allerlei Mißhelligkeiten führte. Die nur schwachen Korps wurden befehligt von Langeron, Sacken, Wittgenstein, St.-Priest, Wintzingerode und anderen. Eigene Bestandteile bildeten die irregulären Reiter: Kosaken, Baschkiren und dergleichen, meist trefflich berittene und bewaffnete, doch ungeschulte und unzuverlässige Leute, deren Wirkung auf den Feind größer als ihr tatsächlicher Wert war. Vor ihnen her zog der Schrecken ihres Namens.

Eine Bataillonsfahne der preußischen Linieninfanterie.

In Österreich entsprach die Militärmacht keineswegs der Schiedsrichterstellung, die Metternichs Politik klug und anmaßend dem Kaiserstaate verschafft hatte. Der Grund hierfür beruhte auf Geldmangel und übertriebener Sparsamkeit. So besaß man Anfang Januar nur 60000 Mann mobiler Truppen, doch gelang es namentlich den Bemühungen des Hofkriegsratspräsidenten Feldmarschalls Grafen Bellegarde und des Oberfeldherrn Fürsten Schwarzenberg bis zum Kriegsausbruche 233000 Soldaten aufzubringen. Von diesen standen 127000 Mann in Böhmen zur Verfügung, die übrigen deckten die Grenzen gegen Bayern und Italien oder lagen in den Festungen. Armeekorps besaß man nicht, sondern nur Divisionen, was sich als schwerfällige Gliederung erwies. Obwohl fast zwei Drittel aus Rekruten von dreimonatiger Dienstzeit bestanden und es stark an niederen Offizieren mangelte, war die Truppe tüchtig und gediegen. Doch haftete ihr noch manches Veraltete aus der Gamaschenzeit an. Der Stock war für den gemeinen Soldaten „noch immer das belebende Prinzip". Jeder Korporal trug an einem Riemen im Knopfloch sein Haselstöckel, jeder Sergeant einen Rohrstock, womit den Untergebenen für kleine Fehler drei Streiche erteilt werden durften. Die Offiziere wurden von den Soldaten als „Ihro Gnaden" angeredet. Die Kenntnisse selbst in höheren Offizierkreisen blieben oft gering. Die Bewaffnung der Leute war ausreichend, doch wurde in der Bekleidung, zumal an Mänteln und Schuhwerk, gespart.

Kaum ins Gewicht fiel das schwedische Heer mit seinen dreißigtausend Mann, von denen

Unruhige Zeiten. Nach de

Gemälde von P. F. Messerschmitt.

ein Teil noch in Vorpommern stand. An sich war die Truppe vortrefflich: gut gekleidet, bewaffnet und geschult. Dabei bewahrte sie überlieferungsgemäß einen religiösen Zug. Abends beim Sonnenuntergang beteten die Leute gemeinsam zu Nacht und sangen Kirchenlieder. Schließlich gesellten sich hinzu: das schwache mecklenburgische Kontingent, kleine englisch-deutsche Abteilungen und zuletzt einige Engländer, zumal mit Raketenbatterien;

Typen russischer Kosaken. 1813—1814.
Nach Knötel, Uniformenkunde (Babenzien, Rathenow).

sämtlich wohl ausgerüstet. Rechnete man alles in allem, so verfügten die Verbündeten über mehr als eine halbe Million Streiter, wozu noch dreihundertfünfzigtausend Mann Reserven, Besatzungs-, Belagerungs- und sonstige Truppen kamen.

Das waren gewaltige Zahlen. Doch auch Napoleon hatte die waffenfähige Jugend Frankreichs, Italiens und des Rheinbundes nach den großen Sammelplätzen in Sachsen, Schlesien und der Mark berufen: ihrer vierhundertfünfzigtausend Streiter, während sich die aufgebotene Gesamtmacht auf siebenhunderttausend Mann belief. Freilich, in den eigentlich französischen Reihen bestanden fast zwei Drittel der Mannschaft aus Leuten von achtzehn bis zwanzig Jahren, waren also noch zu jung und körperlich schwach. Wegen der Kürze der Zeit konnten sie nur mangelhaft ausgebildet, wegen Geldknappheit nur ungenügend genährt werden, selbst Bekleidung und Ausrüstung ließen bisweilen zu wünschen. Die Folge war, daß ihre militärische Leistungsfähigkeit nicht auf der Höhe stand und bedeutende Abgänge eintraten, welche sich bis zu der erschreckenden Zahl von neunzigtausend Kranken gesteigert hatten, von denen viele bei den erbärmlichen Lazarettverhältnissen aus Mangel am Notwendigsten gestorben sind. Nur unter äußerster Anstrengung gelang es, die neuen mit den alten Truppenteilen einheitlich zu verbinden und sie gebrauchsfähig zu machen. Den wundesten Punkt bildete, wie schon während des Frühjahrsfeldzugs, die Reiterei, wogegen die Artillerie Anerkennung verdient, ohne freilich die frühere Tüchtigkeit zu erreichen. Die Offiziere bis zum Regiments-, bisweilen bis zum Bataillonskommandeur, waren durchweg gut, sogar hervorragend, dagegen die der unteren Dienstgrade oft recht mangelhaft und wenig zahlreich. Es hielt

Dragoner der Kaiserin.
Nach der Zeichnung von A. M. Raffet.

Ehrengardist.
Nach der Zeichnung von A. M. Raffet.

schwer, jeder Kompagnie einen Hauptmann und einen Leutnant zu geben. Noch schlimmer stand es mit den Unteroffizieren, von denen die wenigsten altgedient waren. Die Einteilung erfuhr mancherlei Veränderungen. Trotz aller ursprünglichen Mängel erschien die Armee zu Ende des Waffenstillstandes äußerlich nicht übel und militärisch benutzbar. Erst mißgestimmt und niedergeschlagen, erlagen die Soldaten rasch dem Zauber des napoleonischen Namens und wurden von kriegerischer, hoffnungsvoller Stimmung erfaßt. Freilich Disziplin, Widerstandskraft und innerer Halt saßen nicht fest und drohten in Notlagen zu erlahmen.

Ebenfalls bei Aufstellung der Rheinbundtruppen machten sich starke Anforderungen und Geldmangel störend bemerkbar. Die unzuverlässigsten Regimenter waren naturgemäß die norddeutschen, zumal die althannoverschen und westfälischen. Der König von Bayern suchte sich seinen Verpflichtungen möglichst zu entziehen, wofür die feindliche Haltung Österreichs einen trefflichen

Bayerische Husaren 1813. Nach der Originalzeichnung von A. Hoffmann.

Vorwand bildete. Er behielt seine Regimenter im Lande und stellte zögernd nur eine schwache Division unter General Raglowich. Gefügiger erwiesen sich Württemberg, Baden und Sachsen; namentlich letzteres lieferte seine ganze Mannschaft, die gut ausgerüstet und genügend geschult war. Der Bundestreue widerstrebte, daß in allen Rheinbundstaaten deutschpatriotische Männer lebten, die sich jetzt freilich noch vorsichtig zurückhalten mußten, aber doch verstohlen für die gute Sache wirkten und durch den Gang des Krieges einen mächtigen Rückhalt erhielten. Zu diesen gehörte in erster Reihe der Kronprinz Ludwig von Bayern, der den Zwingherrn Europas aus tiefster Seele haßte und dichterisch ausrief:

Auf ihr Teutschen, sprengt die Ketten,
Die ein Korse euch hat angetan!

Zunächst blieb es bei der Bundespflicht, und diese bedeutete einen erbitterten Bruderkrieg, namentlich einen Kampf der Süddeutschen gegen die Preußen.

Ein Vergleich der beiden Streitkräfte ergibt ein verwandtes Zahlenverhältnis und ein

gleichartiges Völkergemisch. Auf seiten der Verbündeten standen Preußen, Russen, Österreicher, Schweden und deutsche Freischärler; für Napoleon fochten Franzosen, Italiener, Polen, Niederländer, Schweizer und Rheinbündler. Dennoch zeigte sich die weitaus größere Einheitlichkeit unter Napoleons Fahnen. Seine Truppen waren nach französischen Dienstvorschriften ausgebildet, durchweg französisch bewaffnet und französischen Offizieren unterstellt. Die Rheinbündler gehorchten französischen Ober-, zumal Korpskommandeuren. Beide Machtgruppen besaßen einen Grundstock guter gedienter Soldaten, bestanden in der Mehrzahl aber aus neuem Zuzuge von kürzerer Dienstzeit, unter denen bei den Franzosen die jüngeren Rekruten, bei den Preußen die älteren Landwehrmänner überwogen. In der Reiterei erschienen die Verbündeten stärker, sowohl an Zahl wie an Tüchtigkeit, doch hatten sie an fünfundzwanzigtausend Kosaken, welche nicht als vollwertig gelten konnten. Die Artillerie war besser bei den Franzosen. Überlegen erwiesen sich auch die französische Generalität und die Mehrzahl der Stabsoffiziere, namentlich durch Kriegserfahrung. Als ausschlaggebend mußte der einheitliche Oberbefehl gelten, nun gar der eines Napoleon, während auf seiten der Verbündeten nicht bloß viele Köpfe, viele Sinne und viele Sonderbegehren herrschten, sondern auch die beiden Flügelheere von geradezu untergeordneten Feldherrn geführt wurden. Durch Davout und Bayern seitlich gedeckt, im Besitze der Weichsel-, Oder-, Elbefestungen und einer starken Armee in zentraler Stellung, konnte Napoleon getrost der Waffenentscheidung entgegensehen. Freilich mußten Mißgeschicke möglichst vermieden werden, weil durch sie der Geist des französischen Heeres geschwächt, der der Verbündeten aber gestählt wurde. Jenes focht doch eigentlich nur für den Kriegsruhm und Napoleons hohle Weltmacht, diese dagegen rangen für Haus und Herd. Immerhin haben sich die französischen Truppen trefflich bewährt, nachdem gleich zu Anfang die schwächeren und unzuverlässigen Bestandteile abgebröckelt waren. Ihre Leistungen sind um so höher zu bewerten, als sie furchtbaren Entbehrungen und Anstrengungen ausgesetzt wurden, und die Zuversicht immer mehr erlahmte, da der Masseninstinkt deutlich heraustastete, der Kaiser sei nicht mehr der alles bezwingende Schlachtengebieter. Die Rheinbündler taten lange ihre Soldatenpflicht und würden bei gutem Gange des Feldzugs an Zahl und Wert gewachsen sein; als aber der Erfolg ausblieb, ja sie teilweis von den Verbündeten jämmerlich zusammengehauen wurden, griff der Gedanke der Befreiung und der deutschen Zusammengehörigkeit mächtig um sich und machte die Truppen lauer und unzuverlässiger, bis ihr Rest bei Leipzig größtenteils zum Feinde überging.

Kronprinz Ludwig von Bayern.
Nach dem Gemälde von Hauber gestochen von Rauschmayr.

Für die Verbündeten bedeutete der Beitritt Österreichs eine hochwillkommene kriegerische Stärkung, doch zugleich wegen seiner diplomatischen Ansprüche eine Lähmung, die sich sofort in

der Heerführung und noch verhängnisvoller später auf dem Wiener Kongresse geltend machte. Die Verbündeten wurden eigentlich bloß durch die Furcht vor Napoleon zusammengekoppelt, wogegen dieser in sich selber die militärische und politische Geschlossenheit verkörperte — freilich nur so weit, als er dazu noch fähig war.

Zu den Vorbereitungen gehörten auch die Feldzugspläne. Von solchen entstand eine ganze Anzahl auf seiten der Verbündeten mit durchaus verschiedenen Auffassungen, doch erlangte früh der Entwurf des russischen Generals v. Toll besonderes Ansehen, der sich durch Unternehmungsmut auszeichnete. Er erhielt auch die halbe Zustimmung Österreichs. Zu einem Entschlusse aber gelangte man nicht trotz vieler Verhandlungen und Erwägungen. Um endlich ein festes Ziel zu erreichen, beriefen die verbündeten Herrscher einen großen Kriegsrat nach Trachenberg. Hierüber berichtet Hardenberg in seinem Tagebuche zum 9. Juli: „Abends in Trachenberg, spät angekommen, wo der Kronprinz von Schweden soeben angekommen war. Der Kaiser (von Rußland) und der König auch dort. Stuart, Cathcart, Knesebeck, Löwenhelm, Wetterstedt, Stadion? Wittgenstein. 10. bis 11. Concert militaire. 12. Abends fort mit Wittgenstein, nachts durch.“

Siegel von einem österreichischen Staatsvertrag. Nach dem Original im Geheimen Staatsarchiv zu Berlin.

Das Ergebnis der eingehenden Besprechungen wurde niedergelegt im „Trachenberger Protokolle“ vom 12. Juli. Danach rechnete man mit 370000–390000 Mann. Aus ihnen soll eine Hauptarmee in Böhmen von 200000 bis 220000 Österreichern, Russen und Preußen gebildet werden. Eine zweite Streitmacht ist in der Mark von 120000 Mann, eine dritte in Schlesien von 50000 Mann zu errichten. „Es wird als allgemeiner Grundsatz angenommen, sämtliche Truppen der Verbündeten stets dahin zu richten, wo sich die Hauptkräfte des Feindes befinden. Alle verbündeten Armeen ergreifen die Offensive, und das Lager des Feindes wird ihr Sammelpunkt sein.“ Wirft sich der Feind auf eines der Heere, so sollen die beiden anderen sofort gegen seinen Rücken und seine Flanke drücken. Die kleine Schlesische Armee muß womöglich eine Schlacht vermeiden, hingegen hat die Böhmische den Umständen nach zu handeln. Die Nordarmee soll sich unter Zurücklassung von 20000 Mann für die Belagerung Hamburgs auf Leipzig, die Schlesische gegen die Elbe bewegen.

Da Österreich den Krieg noch nicht erklärt hatte, so befand sich kein offizieller Vertreter in Trachenberg. Aber schon war von dem Chef des österreichischen Generalstabs, dem General v. Radetzky, ein Kriegsplan entworfen und seitens Kaiser Franz gebilligt. Hierin fehlte der kühne Geist des Angriffes, und Zaghaftigkeit war statt dessen eingesetzt. Denn es hieß: eine

Schlacht dürfe nur angenommen werden, wenn der Feind seine Streitkräfte geteilt habe und die Überlegenheit sich entschieden auf der Seite der Verbündeten befinde; man müsse sie vermeiden, sobald die Macht des Gegners vereinigt und auf die von den Verbündeten bedrohten Punkte vordringe. Wende der Feind sich in Masse gegen eines der verbündeten Heere, so habe dieses sich zurückzuziehen, während die anderen mit größter Lebhaftigkeit vorgehen sollten. Damit überließ man den Franzosen die Gesetze des Handelns und wagte eine Schlacht nur, wenn sie durch Märsche, Mangel und Abgänge geschwächt waren.

Die Verbündeten brauchten Österreich und gingen deshalb zu Reichenbach auf seine Vorschläge ein. Merkwürdigerweise hat sich bisher nicht der Wortlaut dieser abschließenden Verhandlungen gefunden, so daß man gemeint hat, sie seien nur mündlich gemacht. Möglicherweise liegt es so, daß eben die Radetzkyschen Grundsätze zum Reichenberger Plane erhoben wurden, daß man sie aber nicht als gemeingültige Vereinbarung nieder- und unterschrieb, weil Rußland und Preußen in Einzelfällen freiere Hand behalten wollten. Immerhin galt die veraltete Ermattungsstrategie als Richtschnur. Aus Furcht vor der kriegerischen Überlegenheit Napoleons wagte man nicht, ihm ernstlich zu Leibe zu rücken und die Entscheidungsschlacht anzubieten. Unseres Erachtens hat man darin recht gehandelt, denn in der ersten Zeit wäre Napoleon mit seinen noch frischen Truppen und seiner einheitlichen Leitung den vielköpfigen Verbündeten überlegen gewesen und hätte sie sicherlich überwunden. Was man beschloß, entsprach der Sachlage.

Es hätte zunächst gelegen, einen gemeinsamen Oberfeldherrn zu ernennen, dessen Anweisungen sich alle Truppenteile fügen mußten. Diese Stelle hoffte Zar Alexander zu erhalten. Aber damit wäre ihm ein Übergewicht verliehen, welches Österreich für sich beanspruchte. In der Diplomatie besaß es Metternich, in der Kriegführung schob es den vornehmen Feldmarschall Fürst Karl v. Schwarzenberg vor, der schon in Rußland die Streitkräfte Habsburgs geführt hatte. Es gelang aber nicht, ihn als vollwertigen Leiter des Ganzen durchzusetzen, obwohl er unterzeichnete: „Oberbefehlshaber der verbündeten Heere."

Die drei Großmächte stellten drei Armeen auf. Es wäre deshalb naturgemäß gewesen, daß jede auch einen Führer ernannt hätte, das war aber nur bei den in Böhmen und Schlesien befindlichen Streitkräften der Fall, die Schwarzenberg und Blücher unterstellt wurden. Die Nordarmee erhielt kein russischer General, sondern der Kronprinz Karl Johann von Schweden. Diese Ernennung hängt zusammen mit dem Plane Alexanders auf die Oberfeldherrnwürde und mit den geheimen Beziehungen zwischen ihm und dem Schweden, die sich in einem fortlaufenden persönlichen Briefwechsel äußerten und schon 1812 bei dem Zusammentreffen zu Abo in die Erscheinung getreten waren. Hier wurde nämlich nicht bloß das schon besprochene Bündnis vereinbart, sondern unter der Hand hatte der Zar dem eitlen und ehrgeizigen Bernadotte Hoffnungen auf den französischen Thron gemacht, die dieser selbstverständlich eifrigst ergriff und weiterspann. Hinzu kam noch, daß sich die russischen Generale außerhalb der eigenen Heimat nicht sonderlich bewährt hatten und man glaubte, in dem früheren französischen Marschall eine militärische Kraft ersten Ranges zu gewinnen. Mit der Entnationalisierung des Oberbefehls hing auch zusammen, daß alle drei Heere nicht einheitlich zusammengesetzt wurden: in der Hauptarmee traten zu dem österreichischen Stamme noch Russen und Preußen, in der Nordarmee vereinigte man Preußen, Russen und Schweden und in der Schlesischen Russen und Preußen. Auf diese Weise konnten Rußland und Preußen ihren Einfluß an allen drei Stellen geltend machen.

Napoleon befand sich in schwieriger Lage. Er beabsichtigte deshalb anfangs auch, Dresden aufzugeben und sich hinter die Saale zu ziehen, weil seine vorgeschobene Stellung zu sehr Flankenangriffen ausgesetzt war. Aus den Saalegegenden gedachte er kräftig vorzustoßen und die feindlichen Heere einzeln zu schlagen. Von dieser verständigen Ansicht soll Maret ihn abgebracht haben.

Bis zum letzten Augenblicke zaudernd, wählte Napoleon schließlich doch die Elbe als Operationslinie, gestützt auf deren Festungen: Hamburg, Magdeburg, Wittenberg, Torgau, Dresden und Königstein. Mit seiner Hauptmacht von 300000 Mann wollte er bei Görlitz und Bautzen, nach Osten und Süden gewandt, die Unternehmungen des Feindes erwarten und sie nacheinander vernichtend abweisen. Während er so zwischen Unterelbe und Oder die Verteidigung wählte, beabsichtigte er, nordwärts anzugreifen. Hier sollte Oudinot 70000 Mann auf Berlin führen, Davout von Hamburg aus mit 30000 Mann in östlicher und südöstlicher Richtung zu seiner Unterstützung marschieren, während zwischen beiden Girard 14000 Streiter von Magdeburg und Wittenberg heranbrachte. Napoleon verband also Offensive mit Defensive, doch so, daß er die Verteidigung selber leitete, er ihr mithin das Hauptgewicht zuwies, wahrscheinlich, um bei günstiger Sachlage alsbald zum Angriffe überzugehen. Napoleons Plan beruhte gutenteils auf

Der Domplatz zu Magdeburg. Nach der zeitgenössischen Radierung von P. Behrendsen.

ungenügender Kenntnis der feindlichen Truppenanhäufungen. Er berechnete die preußisch-russische Armee in Schlesien auf 200000 Mann und hielt sie wegen der Anwesenheit des Zaren und des Königs für die wichtigste. Erst am 16. August erfuhr er den Abmarsch verbündeter Streitkräfte nach Böhmen. Immerhin zeigt der ganze Feldzugsentwurf nichts von dem früheren genialen Unternehmungstriebe, nichts von der Wucht großer, entscheidender Schläge. Statt sich mit Übermacht einfach auf die am stärksten gewähnte Armee zu werfen, verzichtete Napoleon durch die bedeutende Abzweigung gutenteils auf das Gewicht der starken Bataillone; statt selber zu handeln und das Schwergewicht der ersten Erfolge an seine Fahnen zu heften, machte er sich zum Zuschauer und überließ dem Feinde, nach Gutdünken vorzugehen. Da dieser sich nun in die ungewohnte Rolle nicht gleich zu finden wagte, so trat der befremdliche Zustand ein, daß beide Teile den Angriff abwarteten.

Im Widerspruche zu seiner früheren Art, trotz des Mißtrauens, welches der Kaiser gegen die Sonderführung seiner Marschälle hegte, legte er die Anfangsentscheidung in ihre Hand und verschob sie auf einen Nebenschauplatz. Ja, sie beruhte weniger auf strategischen als

politischen und persönlichen Erwägungen: auf dem Hasse gegen seinen früheren Marschall und dem Zorn gegen Preußens Hauptstadt. Durch einen Sieg über den nunmehrigen Schweden und die Besetzung Berlins wollte Napoleon blenden und ablenken. Der Plan selber war nicht ungeschickt, setzte aber ein Zusammenwirken von drei verschiedenen Heeren voraus, das nur er selber hätte sicher und einheitlich durchführen können.

Der Anlage entsprechend, fiel die erste Entscheidung auf dem Nebenkriegschauplatze und zwar zu Napoleons Ungunsten. Die Mark sollten die Nordarmee unter dem Kronprinzen von Schweden und das IV. preußische Korps Tauentzien schützen. Jene umfaßte, wie wir sahen, Preußen, Russen und Schweden, etwa 118000 Mann, von denen das Korps Bülow mit 38 000 Mann den wichtigsten Bestandteil bildete. Tauentzien behielt nach Abgabe von Belagerungstruppen noch 33000 Streiter. Er war unabhängig, hatte sich aber stets mit dem Kronprinzen in Verbindung zu halten. Über diesen gehen die Meinungen sehr auseinander. Während man ihn früher fast zum Verräter an der guten Sache stempelte, haben neuerdings Wiehr und Friederich, der bedeutende Schilderer der Befreiungskriege, sein Handeln in wesentlich milderem Lichte erscheinen lassen. Leider vermögen wir ihnen nicht überall beizustimmen, wobei wir uns auf gleichzeitige zuverlässige Quellen berufen.

Phot. Rich. Fuchs, Wilmersdorf.
Das Geburtshaus des Marschalls Bernadotte, des späteren Königs von Schweden, in Pau.

Karl Johann, Kronprinz von Schweden, war eine stattliche Erscheinung mit scharfgeschnittenen Gesichtszügen, schwarzen Haaren und durchbohrenden Augen; lebhaft und verbindlich in den Formen. Von brennendem Ehrgeiz und weitem Gewissen, nur seine Selbstsucht kennend; eitel, berechnend, klug, hinterhaltig und rücksichtslos, erschien er als gewandter, geistreicher Schwätzer, der nur zu oft redete, um seine Gedanken zu verbergen, seine Umgebung irrezuführen oder zu benebeln und das mit dem Akzent seiner gaskognischen Heimat. Jeden Augenblick änderte er seine Entschlüsse und vergaß heute, was er gestern versichert hatte. Persönlich tapfer, fehlte ihm die kriegerische Tatkraft, der Mut der Verantwortung; übervorsichtig, sah er rings nur Schwierigkeiten oder wollte sie sehen, wenn es ihm paßte. Der russische Gesandte Pozzo di Borgo sagt von ihm: Der Kronprinz scheine recht wohl die Bewegungen von Truppen zu verstehen, und sie in gute, sich gegenseitig deckende Stellungen zu bringen, seine Maßnahmen seien hier bestimmt, klar und strategisch gedacht, aber auf dem Schlachtfelde versage er: da erscheine er unruhig, unentschieden und äußerst aufgeregt.

In richtiger Einschätzung hatte Bernadotte vor einem Zusammenstoße mit seinem Lehrmeister, mit Napoleon eine Furcht, die an Feigheit grenzte. Dem General Moreau bezeichnete er als Richtschnur: jeden ungleichen Kampf zu vermeiden, unter allen Umständen sich die Rückzugslinie nach Stralsund offen zu halten, im Falle eines napoleonischen Angriffs dem Gegner stets eine Marschlänge voraus zu sein und sich nie seinen Keulenschlägen auszusetzen.

Karl Johann, Kronprinz von Schweden. Nach dem Gemälde von F. Westin.

Hätte ein so gearteter Mann den ernsten Willen besessen, als Feldherr der Verbündeten vollwertig seine Pflicht zu tun, so würde er immerhin etwas geleistet haben, denn ihm wurde das Glück zuteil, nie mit Napoleon selber, sondern nur mit dessen Marschällen und nur mit schwächeren Streitkräften zu tun zu haben. Aber das Verhängnis wollte, daß er sich ganz andere, fast entgegengesetzte Ziele stellte, als die Franzosen zu besiegen. Sein Streben ging nämlich dahin, Napoleons Nachfolger zu werden, und wenn dies unerreichbar bliebe, sich wenigstens die Krone von Schweden zu sichern. Schon 1812 hatte er mit dem Zaren Pläne für die französische Thronfolge erörtert. Dieser Gedanke begann ihn so zu beherrschen, daß er in Berlin offen davon sprach, ja seit dem Tode Moreaus glaubte er ohne ernstlichen Mitbewerber zu sein. Die Übernahme des Oberbefehls verlieh ihm Macht. Sie sollte ihn gefürchtet, aber beileibe nicht unmöglich machen, denn er wollte nicht als Bezwinger, sondern als Befreier der Franzosen erscheinen. Hieraus erklärt sich eigentlich sein ganzes Verhalten. Inzwischen hielt Bernadotte noch ein zweites, das schwedische Eisen im Feuer. Zwar war er Kronprinz, aber keineswegs gefestigt. Deshalb galt es, durch seine Stellung in Deutschland jenseits der Ostsee zu imponieren und durch sie Norwegen für Schweden zu gewinnen. Die schwedischen Truppen schonte er aufs äußerste, um sich nicht unbeliebt zu machen, wenn seine Landeskinder für fremde Zwecke bluteten. Selber durfte er

Graf Bülow v. Dennewitz. Nach einem Stich von Hüllmann.

nie geschlagen werden, weil das seinem Ruhm in Paris und Stockholm geschadet hätte. Durch alle diese politischen Nebengedanken wurde Bernadottes an sich nicht bedeutender militärischer Unternehmungsgeist vollkommen gelähmt, geradezu ausgeschaltet. Mit Recht urteilt Pozzo: Die Menge der verschiedenen Rollen, welche er spiele, bewirke Unzuträglichkeiten; denn es sei unmöglich, zugleich einen guten Krieg gegen Napoleon zu führen und die Franzosen zu schonen.

Glück und Geschick haben ihn ans Ziel gebracht. Die Preußen erfochten ihm die Siege, welche er als Oberfeldherr für sich in Anspruch nahm und benutzte. Die preußischen Zeitungen sorgten des weiteren dafür, daß seine geringen Leistungen in günstigster Beleuchtung erschienen. Als Mann der Reklame die Macht der Presse kennend, vereinbarte er mit der preußischen Zensur, daß kein Schlachtbericht vor seinem eigenen veröffentlicht werden dürfe. Da die dienstwillige Behörde dies nun in dem Sinne steigerte, daß überhaupt keine offiziellen Mitteilungen zulässig seien, welche den Angaben des Kronprinzen widersprächen, so war eine vaterländisch preußische Berichterstattung unmöglich und das zugunsten des fremden Gaskogners.

Alles in allem: Bernadotte steht da als ein tatsächlich wenig leistender, ja oft hemmender Feldherr, als ein Mann von äußerst geringem militärischem Pflicht- und amtlichem Ehrgefühl, als die verkörperte Selbstsucht, kurz als die unerfreulichste Erscheinung der gesamten verbündeten Heeresleitung. Hatten die Monarchen gemeint, in dem früheren napoleonischen Marschall eine hohe, bewährte Kraft zu erwerben, so vergriffen sie sich gründlich.

Zum Heile Deutschlands zeigte sein Unterfeldherr, der preußische General v. Bülow, fast entgegengesetzte Eigenschaften. Ihn schildert trefflich Klein-Hattingen: „Bülow war von offenem, geradem, edlem Charakter, klug und gewandt, von bestimmtem Auftreten, vielseitig gebildet, ein ritterlicher Lebemann und glänzender Kavalier, freilich eingenommen von sich selbst, krankhaft, heftig und unverträglich. Er war ein Militär aus der alten Schule, aber von herrlichstem Mannesmute und von durchgreifender Tatkraft. Hervorragend erwies er sich in der Kunst, die Truppen jederzeit fest in der Hand zu halten.“ Er selber sprach die schönen Worte: „Soll der Krieg glücklich beendigt werden, so muß ein jeder auf dem Standpunkte, wo er sich befindet, das leisten, das unternehmen, was möglich ist und ins Allgemeine mit eingreift, so müssen wir ihn im Geiste Friedrichs des Großen führen.“ Durch seine hohe Selbsteinschätzung, Reizbarkeit und Neigung zum Nörgeln hat Bülow sich mit keinem Vorgesetzten vertragen, am wenigsten natürlich mit dem so ganz anders gearteten Bernadotte, den er für einen Verräter ansah und aus tiefster Seele verachtete. Ihm gegenüber fühlte er sich nicht bloß als General, sondern als Vorkämpfer Preußens, als Verkörperung der Freiheitskriege, und — hier dürfte Friederich recht haben — dieser Widerspruchsgeist machte ihn zeitweise zu einem Vertreter der sogenannten Vernichtungsstrategie, obwohl er innerlich mehr einer methodischen Kriegführung

zuneigte. Chef des Bülowschen Stabes war Gneisenaus jüngerer Freund Boyen, einer der klügsten und fähigsten Offiziere der Armee und überzeugter Anhänger der offenen Feldschlacht. Auf seinen Einfluß wird mancher Entschluß Bülows zurückgehen. Noch ein zweiter beachtenswerter Mann befand sich im Stabe, der Major v. Reiche.

Von Anfang an verstand Bernadotte, für sich Stimmung in Berlin zu machen. Einen Tag bevor der König zum zweiten Male zur Armee abreiste, traf er dort mit großem Gefolge und den vollen Ansprüchen eines Kronprinzen ein. Die stets schaulustige Bevölkerung war in dichten Mengen unterwegs, die Prinzen empfingen den Ankömmling auf den Treppenstufen des Schlosses. Am nächsten Morgen stattete er den Prinzen und Prinzessinnen des königlichen Hauses Besuche ab. In der Oper wurde eine Galavorstellung gegeben, große Diners und eine Truppenschau fanden statt. Die Bürger und der Hof wurden gewonnen, nur die anwesenden Engländer zeigten wenig Zutrauen.

Wesentlich anders stand es im Heerlager. Da trat rasch die grundverschiedene Auffassung des Kronprinzen und der preußischen Generale zutage. Jener lebte der Überzeugung, daß Napoleon ihn als Opferlamm ausersehen habe und sich mit überlegenen Kräften auf ihn werfen werde. Um solcher Gefahr zu begegnen, schien es ihm geraten, eine feste Stellung einzunehmen und in ermüdendem Kleinkriege auf Stralsund zurückzuweichen. Er wollte sich deshalb hinter der Havel aufstellen, die eine treffliche Deckung gewährte. Schon dieser Plan offenbarte sein ganzes Wesen: er dachte nur an sich; die höheren Ziele und Pflichten eines Bundesfeldherrn waren ihm gleichgültig. Wie er früher Hamburg ohne Bedenken preisgegeben hatte, sollte es jetzt mit Berlin geschehen. Als er seine sonderbaren Ansichten in einer Besprechung mit den Generalen zu Oranienburg entwickelte, begegnete er dem entschlossenen Widerspruche Bülows, den Tauentzien und selbst zwei schwedische Generale unterstützten. Dagegen wagte Bernadotte nicht standzuhalten, sondern er beließ die Armee südlich der Hauptstadt und zog sie hier in den schwer gangbaren Sumpfgebieten von Jüterbog und Baruth zusammen. Daß er kein allzu großes Gewicht auf die Behauptung dieser Gegenden legte, ergab sich aus der Herstellung zweier Brücken über die Spree für einen etwaigen Rückzug.

Phot. F. Bruckmann A.-G., München.
Innenhof im Berliner Schloß. Nach dem Gemälde von E. Gärtner.

So erneuerten sich bald die Gegensätze. Die preußischen Generale verlangten einen kräftigen Vorstoß auf den wesentlich schwächer eingeschätzten Feind, der Kronprinz wollte bloßen Verteidigungskrieg. Um sich Sicherheit zu verschaffen, ließ er am 17. August eine allgemeine Erkundung vornehmen, welche ergab, daß Napoleon sich nach Schlesien gewandt habe und die gegenüberstehende, nicht besonders starke Streitmacht von Marschall Oudinot mit dem Auftrage befehligt werde, Berlin zu besetzen. Die Schwäche der Franzosen wurde durch ihr zauderndes Verhalten bestätigt, was Karl Johann endlich veranlaßte, seine Truppen etwas weiterzuschieben. Am 22. sollten sich Bülow, Wintzingerode und Stedingk bei Saarmund vereinigen, um den Feind seitwärts anzufallen, während Thümen, Borstell und Tauentzien ihn vorne festhielten. Letzterer hatte sich nach Kleinbeeren zu begeben, wo die Gefechte schon am 21. begannen.

Nach einem Kohledruck von Braun & Cie. Nachf., Dornach i. E.
Marschall Oudinot.
Gemälde von Robert Le Fevre im Nationalmuseum zu Versailles.

Die französische „Berliner Armee" zählte nur siebzigtausend Mann, bestehend aus den Korps Oudinot, Bertrand und Reynier. Es waren fast ausschließlich italienische und Rheinbundtruppen von kurzer Dienstzeit und geringer Zuverlässigkeit. Der Marschall suchte sich deshalb auch möglichst links zu halten, um sich dem von Magdeburg mit vierzehntausend Mann vordringenden Girard zu nähern oder ihn womöglich ganz an sich heranzuziehen. Da erhielt er am 20. den bestimmten Befehl seines Kaisers, geradeswegs auf Berlin zu marschieren. Er gehorchte, schwerlich mit Zuversicht.

Oudinot galt als einer der besten Generale Napoleons. Erst Kaufmannslehrling, war er als gemeiner Soldat eingetreten, hatte es mit zweiunddreißig Jahren schon zum Divisionsgeneral gebracht, um sich dann bei Wagram den Marschallstab zu holen. Ein Haudegen von unerschütterlicher Tapferkeit, ist er nicht weniger als dreißigmal verwundet gewesen. Bei Friedland sagte der Kaiser zu ihm: „Wo Sie sind, ist nichts zu fürchten, außer für Ihr eigenes Leben." Oudinot war ein geborener Korpsführer, aber kein Feldherr. Ohne seinen Lehrmeister benahm er sich unsicher und übervorsichtig, jetzt um so mehr, als er die Mangelhaftigkeit seiner Truppen, die zahlenmäßige Überlegenheit des Gegners kannte und ihm der Zusammenstoß mit einem Marschall aus Napoleons Schule nicht recht geheuer schien. Schon in Rußland bei Polotzk hatte er derartig versagt, daß der Kaiser ihm das Korpskommando nahm. Er bezeichnete ihn als

Alarmierung eines Landwehr-Kavallerie-Postens. Nach der Originalzeichnung von Ludwig Putz.

mittelmäßigen Kopf und Titularsoldaten. Um so befremdlicher ist, daß er ihm dennoch den Oberbefehl gab und ihn zu dessen Beibehaltung nötigte, obwohl Oudinot im Vorgefühle kommenden

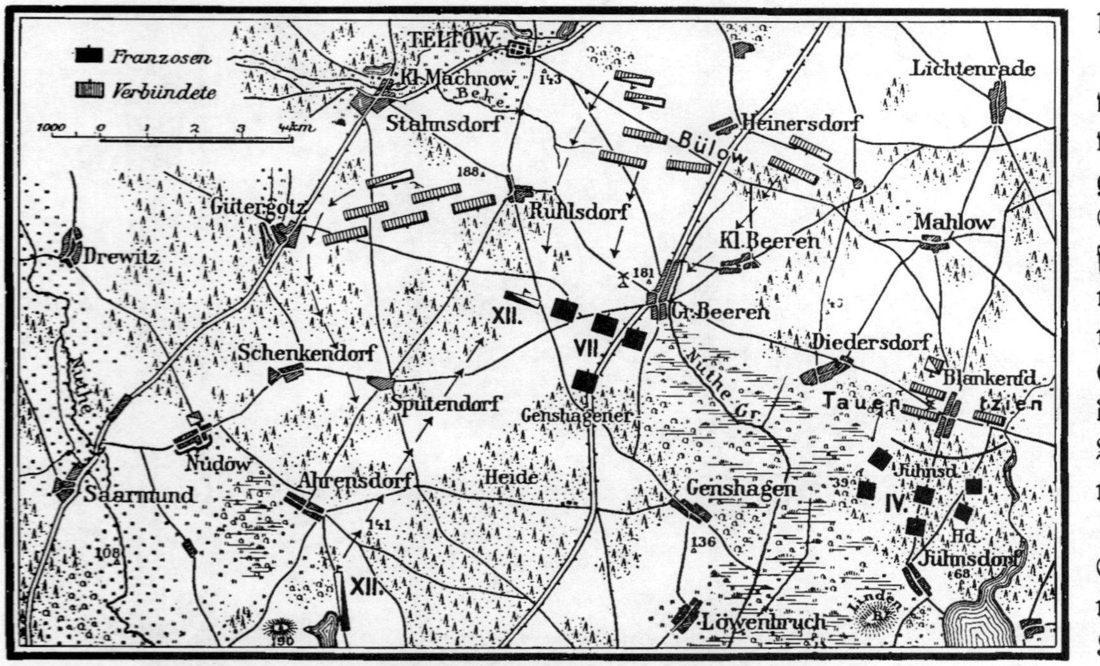

Plan der Schlacht bei Großbeeren.

Unheils um seine Enthebung von der „ehrenvollen" Aufgabe gebeten hatte. Sein Anmarsch führte am 20. und 21. zu mehreren heftigen Gefechten mit den Vortruppen Bülows, die er nicht ohne Mühe zurückdrängte. Seiner Art gemäß wagte der Kronprinz nicht, auf eigene Faust anzugreifen, sondern berief die Generale abermals zu einer Besprechung, diesmal nach Philippsthal. Auch hier scheint er allerlei Schwierigkeiten gemacht zu haben, bis Bülow entschieden für eine Schlacht vor Berlin eintrat, worauf der Kronprinz sich fügte. Da er sich in günstiger Lage befand und Freiheit des Handelns besaß, so ist schon die bloße Tatsache des Kriegsrats bezeichnend. Bernadotte blieb also im Felde und brachte seine Hauptmacht bei Heinersdorf, Ruhlsdorf und Gütergotz südwärts gewandt in Stellung. Den rechten Flügel bei Gütergotz bildete Wintzingerode, mehr nach Ruhlsdorf zu befanden sich die Schweden, auf der linken Seite stand das preußische Korps. In einiger Entfernung vor der Front dehnten sich Wald- und Sumpfstrecken, an deren Ausgang die Dörfer Blankenfelde östlich, Großbeeren in der Mitte und Sputendorf westlich lagen. Nördlich von Großbeeren deckte Bülow die Berliner Straße, dessen Taster weit vorgeschoben waren, während Tauentzien auf Wunsch seines Waffenbruders nach Blankenfelde herankam. Den 22. setzte Oudinot seine Bewegung fort, freilich nicht ungehindert. Hierüber berichtete Bülow: „Den 22. griff der Feind mit sehr überlegener Macht die Vorposten bei Wilmersdorf, Kerzendorf und Wietstock an. Es gelang ihm endlich, nach einem mehrstündigen sehr tapferen Widerstande unserer wenigen dort aufgestellten Truppen die Höhe von Wilmersdorf und das Defilee bei Wietstock mit vieler Bravour zu passieren, wobei er jedoch einen sehr bedeutenden Verlust erlitt. Unsere Kavallerie hieb ein feindliches Karree nieder; sie war jedoch nicht imstande, die währenddessen vorgedrungenen feindlichen Massen zurückzuwerfen." Oudinot befand sich nach diesen Erfolgen in bester Stimmung. Er meinte, die Hauptarbeit sei getan, und schrieb dem Kaiser, daß er wahrscheinlich am 24. in Berlin einziehen werde. Hieraus erhellt, daß er von der wirklichen Sachlage keine Ahnung hatte: das unübersichtliche Gelände, seine mangelhafte Reiterei und die Vorpostenstellungen des Feindes machten jeden Einblick unmöglich.

Den folgenden Tag durchschritt der Marschall das Waldgebiet auf drei Hauptwegen, die nach den bereits genannten Orten: Blankenfelde, Großbeeren und Sputendorf führten. Dabei stieß die rechte Flügelabteilung unter Bertrand morgens um zehn Uhr auf Tauentzien, der Blankenfelde und dessen Seitenhöhen besetzt hielt. Nach mehrstündigem Kampfe sah sie sich abgewiesen. Inzwischen war Reynier mit den Sachsen bei Großbeeren in der Mitte eingetroffen und hatte die dort aufgestellte Vorhut Bülows hinausgeworfen. Er glaubte die Tagesarbeit

vollbracht und bezog sorglos links und rechts vom Dorfe unter strömendem Regen ein Biwak. Noch war dies nicht vollendet, als plötzlich preußische Granaten einschlugen. Bülow hatte bei dem vier Kilometer entfernten Heinersdorf den Gefechtslärm vernommen und beschlossen, über den Feind herzufallen. Er benachrichtigte den Kronprinzen und erbat dessen Unterstützung. Dieser genehmigte den Angriff, ohne freilich etwas zu seiner Unterstützung zu tun. Um sechs Uhr fuhren Bülows Geschütze auf, allmählich achtzig an Zahl, die dem Gegner nach einein=halbstündigem Feuergefechte erhebliche Verluste beibrachten. Dann setzte das Fußvolk ein, stürmte gegen das Dorf samt der daneben liegenden Windmühlenhöhe und eroberte sie nach erbittertem, bisweilen mit dem Bajonette geführtem Widerstande. In Unordnung wichen die Sachsen nach dem Waldrande. Vergebens setzte Reynier zwei neue Divisionen ein. Sie hielten sich schlecht und erreichten nichts, so daß dem französischen Generale nur der Rückzug blieb.

Der Kampf auf dem Kirchhofe von Großbeeren. Nach dem Gemälde von C. Röchling.

Schon begann es zu dunkeln, und Bülow wollte die Truppen lagern lassen, als er sich gegen acht Uhr plötzlich auf seiner rechten Seite angegriffen sah. Die westliche Abteilung Oudinots war einhermarschiert, hatte das Kampfgetöse gehört und von Sputendorf die Richtung ost=wärts geradeswegs auf Großbeeren genommen. Ein preußisches Husarenregiment warf sich dem Feinde in den Weg, wurde aber nach anfänglichem Erfolge von überlegener Reiterei zurück=gedrängt. Vergebens sprengten frische Schwadronen an; in wildem Knäuel jagten schließlich Freund und Feind durcheinander bis Heinersdorf. Inzwischen war die Dunkelheit so groß geworden, daß das französische Fußvolk nichts mehr zu erkennen vermochte und demgemäß nicht ins Gefecht zu treten wagte, sondern umkehrte. Damit waren alle drei Kolonnen überwunden. Eine Erneuerung des Kampfes am nächsten Tage wagte Oudinot nicht, obwohl nur ein Drittel seiner Truppen gefochten hatte. Berlin war gerettet. Der Verlust der Franzosen betrug drei=tausend Mann und dreizehn Geschütze, der der Preußen noch nicht tausend Streiter.

Der Kronprinz hatte sich vom Gefechte ferngehalten, weil er glaubte, die westliche Flügel=abteilung erwarten zu müssen. Am nächsten Tage beritt er das Schlachtfeld und belobte die Sieger. Bülow erließ einen Tagesbefehl, worin er seiner hohen Zufriedenheit Ausdruck verlieh und unter anderem sagte: „Eine rühmliche Erwähnung verdienen auch sämtliche Landwehr=

Gottheil & Sohn, Danzig, phot.
Preußische Leibhusaren im Gefecht mit französischer Reiterei am Abend der Schlacht bei Großbeeren.
Nach dem im Offizierkasino der 1. Leibhusaren zu Danzig befindlichen Gemälde von R. Knötel.

truppen, die an diesem Tage zum ersten Male die Liebe für König und Vaterland bewährten. Kein höheres Lob konnten sie erwerben, als ihren älteren Kameraden es gleichgetan zu haben." — Hätte eine kräftige Verfolgung des stark erschütterten Feindes eingesetzt, würde das Ergebnis noch bedeutender gewesen sein. Aber eine solche fand nicht statt. Der Kronprinz hatte Nachricht vom Vorrücken eines französischen Korps aus der Richtung Magdeburg erhalten, meinte, es sei Davout, und schob ihm einen Teil seines Heeres entgegen. Bülow und Tauentzien erhielten Befehl zur Verfolgung Oudinots. Sie glaubten aber zu schwach für tatkräftiges Handeln zu sein und ließen es deshalb daran fehlen. Nur in Luckau gelang es Tauentzien, am 28. über tausend Sachsen gefangenzunehmen. Den 2. September befanden sich Oudinot bei Wittenberg und Bernadotte nicht weit davon entfernt. Ihn lähmte wieder einmal die Besorgnis vor einem Angriffe Napoleons.

Jenes Seitenkorps, von dem man Meldung erhalten hatte, war nicht das Heer Davouts, sondern die Armeeabteilung Girards, welche von Magdeburg herankam. Sie zählte etwa neuntausend Streiter und bestand aus Franzosen, Westfalen und herzoglichen Sachsen. Ihnen sandte der Kronprinz den preußischen General v. Hirschfeld entgegen, einen Greis von siebzig Jahren, aber noch unternehmend und voll wütenden Hasses auf Napoleon. Er führte zwölftausend Mann, meistens Landwehr und einige Kosakenabteilungen; die kurmärkische Landwehrkavallerie befehligte ein Bismarck. Durch Wald und Regen begünstigt, gelang es Hirschfeld, den unfern Belzig ahnungslos lagernden Feind zu umgehen und mittels eines plötzlichen Reiterstoßes die feindliche Kavallerie teilweise auf ihr eigenes Fußvolk zu drängen. Zwar versagte die Landwehr, doch konnte die Hauptmacht das brennende Lübnitz erobern und Girard über Hagelberg auf Großglien zurücktreiben, wo er, auf einen Hügel gestützt, Stellung nahm und einen Angriff abwies, der mit zu schwachen Kräften unternommen war. Nun ging Girard vor und warf den Feind in wilder Unordnung über den Haufen. Das Gefecht schien für die Preußen verloren zu sein, als der tapfere, knorrige Oberstleutnant von der Marwitz mit drei frischen Bataillonen, vom linken Flügel kommend, dem Feinde in den Weg trat, ihn festhielt und den aufgelösten Verbänden Zeit zum Sammeln verschaffte.

Damit nahte die Entscheidung: Girard nahm, nordwärts gewandt, Stellung nördlich und westlich von Hagelberg, den Ort selber schwach besetzend, in der Front den Mühlberg. Das Dorf war in geringer Entfernung fast ganz von Wald umgeben, der den Preußen zum Schutze diente. Gestützt auf den mit Kanonen besetzten Spitzberg trotzte Marwitz in der Mitte, während sich beide Flügel, den Feind umfassend, in Hufeisenform nach Süden bogen. Südöstlich, fast im Rücken Girards, hielten unbemerkt drei Kosakenregimenter. Zunächst schoben sich zwei neugeordnete Landwehrbataillone auf der Ostseite im Waldgelände vor, nahmen Hagelberg durch plötzlichen Angriff und bedrohten den Feind rechts und von hinten. Aber überlegene Kräfte erschienen und trieben sie wieder bis in den Wald zurück. Da erhielten sie Hilfe von den Kosaken, die seitwärts in die Franzosen sprengten; die Preußen faßten abermals Mut und

Nach einem Kunstblatt aus dem Verlag von F. Hanfstaengls Nachfolger, Berlin.
Die preußische Landwehr bei Hagelberg. Nach dem Gemälde von C. Sellmer.

jagten nun ihrerseits den Feind in die Flucht: zwei seiner Bataillone streckten die Waffen. Schon hatte inzwischen Marwitz die verstärkte Mitte zum Sturme angesetzt; es gelang, den beherrschenden Mühlberg zu nehmen, sich von Norden und Nordwesten her auf Hagelberg zu werfen, hier zwei feindliche Bataillone zu umfassen und gnadelos mit Kolben und Bajonett zu vernichten. Was noch übrig blieb, wurde durch von Osten kommende Truppenteile abgefangen. Der linke Flügel Girards wagte nichts mehr zu unternehmen, sondern wich auf Großglien zurück, bis die Dunkelheit der Verfolgung ein Ziel setzte.

Ein Landwehrmann erzählt über den Sturm auf Hagelberg: „Jetzt kannten weder die Kurmärker noch Neumärker ein Erbarmen. Auch die auf den Knien lagen und um Gnade baten, wurden niedergeschlagen, und sonderbarerweise ganz ohne Lärm und Geschrei. Schießen hörte man gar nicht, hie und da ein Fluch, Todesgestöhn und Röcheln, sonst ging die gräßliche Blutarbeit ganz still, aber desto ingrimmiger vor sich. Unser Leutnant Krause schonte auch nicht und

stach mit seinem Degen drauflos, aber nicht bloß so obenhin, wie die Köchin mit der Spicknadel. Übrigens wehrten sich die, welche in der Mitte aushielten, wie Verzweifelte. Da war besonders ein alter Offizier, es schien ein Kapitän zu sein, der war so wütend, daß er den Schaum vor dem Munde stehen hatte. Er knirschte mit den Zähnen, warf seinen zerbrochenen Degen uns an die Köpfe, riß sich die Uniform auf und gab zu verstehen, daß er sterben wolle. Einer von unsern Offizieren bot ihm Pardon an, der Franzose spie vor ihm aus. Das war denn sein Letztes. In Zeit von kaum drei Vaterunser war vor der ganzen Mauer auch nicht ein einziger Franzos mehr auf den Beinen. Alles lag tot oder schwer verwundet am Boden. Ein Trupp von etwa fünfzig Landwehrmännern schlenderte ganz still, für sich, die blutigen Gewehrkolben über die Schulter gelegt, zurück. Der Adjutant des Bataillons hielt sie an und fragte: ‚Wohin?‘ ‚Feierabend machen!‘ erhielt er zur Antwort, ‚es gibt nichts mehr totzuschlagen.‘ Und das sagten diese gutmütigen Leute mit einer Gleichgültigkeit, als ob sie vom Dreschen nach Hause gingen.“

Die Flucht der Franzosen wurde allgemein. Reiter und Troßknechte jagten in wilder Hast davon, Gepäck und Geschütze im Stich lassend, das Fußvolk warf Tornister und Flinten weg und rannte, so rasch es laufen konnte, bis Magdeburg. Girards Armeeabteilung war nahezu aufgerieben, er selbst durch einen Granatsplitter verwundet, dreitausend Mann lagen tot, ebensoviele wurden gefangen und nur dreitausend erreichten die schützende Festung. Sechstausend Gewehre konnten auf dem Schlachtfelde gesammelt werden.

In dem Gefechte bei Hagelberg haben die Preußen zwei Bürgen des Erfolges auf ihrer Seite gehabt: die Übermacht und die Überraschung, wozu noch geringes Vertrauen des feindlichen Führers zu seinen Truppen kam, das ihn unsicher machte. Zwar gelang es Girard zunächst, das Schlachtenglück an seine Fahnen zu heften, doch besaß er nicht den Siegerwillen, es auszunutzen, sondern ließ sich durch drei Landwehrbataillone und vielleicht die Kosaken in seinem Rücken zum Halten bringen. Damit gab er das Heft aus der Hand, ermöglichte dem Feinde, sich aufzuraffen und seine Übermacht einzusetzen, bis mit der Verwundung des Generals jede Führung aufhörte. Noch minderwertiger erwies sich Hirschfeld als Feldherr. An sich war schwer mit Landwehr in dem unübersichtlichen Gelände etwas auszurichten. Aber er verstand nicht, sie richtig anzusetzen, und schließlich versagte er eigentlich ganz. Der Held des Tages war Marwitz, der eine verlorene Sache rettete. Der Kampf trug des Wesen des Zufalls.

Beachtenswert erscheint das Verhalten der Landwehr. Anfangs benimmt sie sich jämmerlich, ohne Ordnung, ohne Halt, hingegeben der Wirkung des Augenblicks. Es sind zusammengeraffte Leute, denen Disziplin und Selbstbewußtsein fehlen. Aber im Laufe der Schlacht ändert sich das Bild, sie gewöhnen sich an die Gefahr und stürmen schließlich mit Todesverachtung vorwärts, die im Siege dann freilich wieder in Zügellosigkeit ausartet. Zustatten kam ihnen, daß auch Girard durchweg junge Truppen führte, die auffallenden Mangel an Zuversicht verrieten. Das Gefecht bei Hagelberg hat man als den Ruhmestag der märkischen Landwehr bezeichnet; sie zeigte sich dort, wie sie war, mit ihren Schwächen und guten Seiten. Durch den Sieg erlangte sie, was ihr bislang noch gefehlt hatte, das Vertrauen zu sich und ihren Führern; und das wog schwerer als der augenblickliche Erfolg.

Noch kurz sei erwähnt, daß Hirschfeld nach einigem Auseinanderziehen seiner Division am 31. wieder bei der Hauptarmee eintraf und deren rechten Flügel bildete.

Überblicken wir die bisherige Tätigkeit des Kronprinzen. Während die von ihm genehmigten Trachenberg-Reichenbacher Abmachungen vorschrieben, daß der Gegner aufzusuchen sei, was Blücher und Schwarzenberg auch taten, will Bernadotte sich nicht bloß weitab vom Schusse verteidigend verhalten, sondern sogar Berlin preisgeben. Dieser Plan scheitert an dem Widerstande seiner Generale, namentlich Bülows; doch bereitet er den Rückzug durch zwei Spreebrücken vor.

Nun erfährt er, daß Oudinot mit einer wahrscheinlich schwächeren Armee heranrückt; trotzdem ist er geneigt, das Feld aufs neue zu räumen. Da er aber sicher sein kann, daß Bülow und Tauentzien nicht gehorchen, beruft er einen neuen Kriegsrat, der ihn nötigt, standzuhalten. Er trifft dann Maßregeln zur Verteidigung. Bülow wirft sich dreisten Mutes auf den vor ihm erschienenen Feind; der Kronprinz genehmigt dies, versagt aber jede Unterstützung mit dem Hinweise, daß er befürchte, selber angegriffen zu werden. Diese Ausrede ist fadenscheinig, denn durch seine gute und stark überlegene Reiterei ließ sich feststellen, daß die linke Anmarschkolonne der Franzosen sich noch weit zurück befand und schwerlich vor der Dunkelheit eintreffen

Transport französischer Kriegsgefangener. Nach dem im Provinzialmuseum zu Hannover befindlichen Gemälde von E. Frederich.
Eigentum Sr. Kgl. Hoheit des Herzogs von Cumberland, Herzog zu Braunschweig und Lüneburg.

konnte, ja es war anzunehmen, daß sie, nach Art der napoleonischen Heerführung, überhaupt fern bleiben und auf den Kanonendonner, also nach Großbeeren marschieren würde, was sie auch getan hat. Zum Glücke für Bülow stieß er auf einen schwächeren Gegner, dessen linke Kolonne noch zu spät kam. So konnte er allein die Entscheidung erzwingen. An sich ist es in der Kriegsgeschichte ein fast unerhörter Fall, daß ein Feldherr einen Teil seines Heeres vor seinen Augen kämpfen läßt, ohne ihm zu helfen, obwohl er dazu vollauf die Mittel besitzt. Der Obergeneral überließ den Untergeneral seinem Schicksale und hätte vielleicht nicht ungern gesehen, wenn dieser ihm unbequeme Herr zurückgedrängt worden wäre, worauf er dann als Retter erscheinen konnte. Nach dem Siege verhielt sich der Kronprinz derartig, daß der Erfolg unausgenützt blieb. Statt mit seinen unberührten Truppen rechtzeitig und tatkräftig nachzufassen,

A
Nach d
O. Br

blieb er an Ort und Stelle und befahl nur den Preußen die Verfolgung. Damit fanden diese mitgenommenen Leute sich abermals preisgegeben, weil der Kampf bei Großbeeren und Blankenfelde nur einen Teil des feindlichen Heeres betroffen hatte und keineswegs tiefgreifend war. Die Preußen setzten sich also der Gefahr aus, mit Minderheit auf die Hauptmacht Oudinots zu stoßen, die gefährlichen Nuthebrücken im Rücken. – Versagte Bernadotte völlig nach vorn, so ließ seine Seitenbewegung ebenfalls Bedenken zu, denn es war ein starkes Stück, gegen die Linientruppen des vermeintlichen Davout und Girard nur Landwehr mit einigen Kosakenregimentern zu schicken. Eigentlich sprach alles dafür, daß sie geschlagen, die Preußen also eine Schlappe erleiden würden. Wenn dies nicht geschah, so beruhte es, wie wir sahen, auf verschiedenen Umständen, namentlich auch auf leichtfertiger Führung Girards, der nicht seine Gesamtmacht von vierzehntausend Streitern, sondern nur eine Division von neuntausend Mann zur Stelle hatte, die Preußen dadurch unverdient in die glückliche Lage der Überlegenheit brachte. Wohin wir blicken, erkennen wir eine minderwertige Führung des früheren napoleonischen Marschalls; er rechtfertigte vollständig die geringe Einschätzung seines Schlachtenmeisters. Hätte er nur halbwegs so gehandelt, wie fast gleichzeitig Blücher mit der Schlesischen Armee, so wäre Oudinots Heer wahrscheinlich auseinandergetrieben und der neue Vorstoß gegen Berlin unmöglich geworden.

Der Held des nördlichen Teilfeldzuges ist Bülow gewesen. Ohne ihn hätte Oudinot Berlin besetzt und Bernadotte sich nach Stralsund zu in Sicherheit gebracht. Leider bewirkte diese Tatsache einen klaffenden Gegensatz zwischen dem Oberbefehlshaber und der preußischen Heeres-

.
älde von
er.

leitung, welcher schlagend die ganze Ungesundheit des Verbündetenwesens beweist. Äußerlich stand die Sache so, daß der Kronprinz in seiner Eigenschaft als Höchstkommandierender die Erfolge seines Heeres für sich in Anspruch nahm und zur Erreichung dieses Zweckes sich nicht ganz einwandfreier Mittel bediente, wogegen Bülow meinte, daß die Verdienste der Preußen um ihr Vaterland auch dem Ruhme der Preußen zugute kommen müßten. Der Bericht, den der General seinem Könige sandte, ist taktvoll und wahrheitsgetreu. Er beruft sich darin auf den nachträglichen Befehl des Kronprinzen zum Angriffe, und sagt schließlich: „Mit Einschluß der mir zugeteilten russischen Artillerie haben die Truppen Eurer Kgl. Majestät allein gefochten. Nur vier schwedische Kanonen, durch etwas Infanterie und Kavallerie unterstützt, haben einigen, der Entfernung wegen nicht besonders wirksamen Teil genommen."

Anders der Kronprinz. In seinem französischen Schlachtberichte schildert er die Ereignisse derartig, als sei auf seine Anweisung von seinen Truppen gefochten worden, wobei er den Verlust der Schweden und Russen geringer als den der Preußen angab, obwohl sie eigentlich überhaupt keinen erlitten hatten. Dem Großen Hauptquartiere meldete er die von ihm gewonnene Schlacht in der Gegend von Luckau, wobei er Luckau mit Luckenwalde verwechselt zu haben scheint, was aber ebenfalls unrichtig ist. Ihm wurde geantwortet, der Sieg künde im voraus die zukünftigen Taten an, durch die er Deutschland retten werde. „Aber ich wage die Bitte zu wiederholen, die ich Euch in Trachenberg stellte: Übt auf die großen Operationen Euren Einfluß aus, der Eurem Charakter und Euren Talenten zukommt." Wie gründlich hatte man sich in dem schlauen Gaskogner geirrt.

Beim Heere fand sich der Berliner Magistrat ein, um dem Sieger zu danken; er ging an Bülow achtlos vorüber und wandte sich einzig Bernadotte zu, der die Huldigung auch als ihm allein gebührend annahm. Jedenfalls verstand der Kronprinz sich überall vorzuschieben und die Lorbeeren um seine Schläfe zu winden, obwohl er es nicht einmal der Mühe wert erachtet hatte, selber in die Schlacht zu reiten und mit eigenen Augen zu schauen. Natürlich setzte das böses Blut bei der preußischen Heeresleitung. Am einseitigsten und unerfreulichsten wirkt Bernadottes Benehmen in der Presse, die er ebenfalls für seine Zwecke zu benutzen wußte. Gleich nach dem Siege von Großbeeren übersandte er einen Schlachtbericht für die Zeitungen, demzufolge er den entscheidenden Angriffsbefehl gegeben, Bülow also nur in seinem Auftrage gehandelt hatte. Ohne Kenntnis dieses Vorganges schickte letzterer auch einen kurzen Bericht, worin es hieß: „Der Feind drängte den 23. nachmittags unsere Vorposten aus Großbeeren zurück. Der Generalleutnant v. Bülow faßt nun ungesäumt den Entschluß, den Feind anzugreifen und zurückzuwerfen." Dieser Bericht wurde von der preußischen Zensur unterdrückt, weil Bernadotte geschrieben hatte: „Der General v. Bülow erhielt den Befehl", und man keine solche Abweichungen bekannt machen wollte. Es kam deswegen zwischen Bülow und dem die Zensur handhabenden Polizeipräsidenten Le Coq zu einem umfangreichen und gereizten Briefwechsel, der sogar vor Hardenberg und den König gelangte, sich bis zum 7. Oktober hinzog und mit der Abweisung des Generals endete. Dieser hatte auch hier tapfer für das gefochten, was er als sein und seiner Preußen Recht ansah. Er warf Le Coq vor, daß er sich „vielleicht mit tadelnswerter Bereitwilligkeit" den fremden Befehlen unterwerfe. Statt der „unzweckmäßigen Ängstlichkeit" sei es besser, darauf zu achten, daß nicht „höchst lächerliche Nachrichten" über den Krieg in die öffentlichen Blätter gelangten, die des deutschen Charakters unwürdig seien. Bernadotte habe nur die materielle Verfügung über das Korps, aber kein Recht, im Innern des preußischen Staats Bekanntmachungen zu unterdrücken, um so weniger, als er in seinen Bulletins den preußischen Truppen nicht immer Gerechtigkeit widerfahren lasse und er sehr oft gar nicht anwesend sei. Das Volk habe Anspruch darauf, das Verhalten der Seinigen kennen zu lernen, und der preußische Befehlshaber die Pflicht, es namhaft zu machen. Bei der höfisch-bureaukratischen Leisetreterei und Liebedienerei wirken Bülows mannhafte Worte erquickend, aber sie bewirkten nur das Gegenteil. Le Coqs Auffassung drang durch, daß alle „Widersprüche und Kompromittierungen vermieden" werden müßten. — So vollzog sich das unsäglich Kleinliche neben dem Gewaltigen in Wochen, welche das Schicksal der Welt entschieden. Tatsächlich war Bülows Angabe richtig,

Jäger von der hanseatischen Legion (Lübecker Kontingent). Reiter. Scharfschütz Artillerist von der hanseatischen Bürgergarde. Jäger. Infanterist.

1813—1814.

Nach Knötel, Uniformenkunde (Babenzien, Rathenow).

Theodor Körner am Abend des 26. August 181[illegible]

Nach der Originalzeichnun[illegible]

n Lager bei Gadebusch, eine Stunde vor seinem Tode.

on Hans W. Schmidt.

wie wir wissen: er faßte von sich aus selbständig den Entschluß zum Angriffe, meldete dies dem Kronprinzen, der nun den „nachträglichen Befehl“ gab und damit die Handhabe für seine Darstellung gewann. Die preußische Regierung war schwach genug, ihm willfährig zu sein.

Zur Nordarmee gehörte ein gesondertes Korps, welches von dem russischen General v. Wallmoden befehligt wurde mit dem Auftrage, Davout abzuhalten. Dieser Heeresteil zählte ungefähr siebenundzwanzigtausend Mann und umfaßte buntscheckig die russisch-deutsche, die britisch-deutsche und die hanseatische Legion, das Lützowsche und Reichesche Freikorps, die Kavalleriedivision Dörnberg und sonstige sich erst allmählich zusammenfindende Bestandteile. Wallmoden war ein begabter und tüchtiger Führer, neben dem der treffliche Oberstleutnant v. Clausewitz als Generalstabschef wirkte. Aber mit bisweilen noch nicht einmal ausgerüsteten und ausgebildeten Truppen ließ sich nichts Ernstliches unternehmen, um so weniger, als man dem vielleicht tüchtigsten Marschall Napoleons gegenüberstand und die Weisung hatte, jeden ernstlichen Kampf zu vermeiden. Anderseits besaß der Feind in Hamburg einen festen Stützpunkt und ein Feldheer von mehr als dreißigtausend Mann, die freilich von einem gleichzeitigen Kenner als „außerordentlich schlecht“ bezeichnet werden, wogegen er von zwanzigtausend Dänen sagt, sie seien „sehr schöne Leute und gut bewaffnet“. Davout, Herzog von Auerstedt und Fürst von Eggmühl, war durchaus Soldat und übertraf fast alle Marschälle an Begabung und Charakter. Während sie Schätze anhäuften, ist er arm gestorben. Seinem Kaiser fühlte er sich aus Überzeugung und Bewunderung ergeben, auf keinem Posten hat er versagt und stets Hervorragendes geleistet. Soldat vom Kopf bis zur

Lützower Reiter im Hinterhalt. Nach dem Gemälde von G. Lebrecht.

Sohle, von eiserner Ausdauer, tapfer und umsichtig, stolz und herrisch, streng gegen sich und andere. Von vornehmer, menschenfreundlicher Gesinnung, konnte er hart bis zur Grausamkeit werden, wenn die Umstände es erforderten. Als Heerführer war er neben Soult und Massena der begabteste. Seine Stärke lag in zäher Verteidigung. Die Anstrengungen und Aufregungen des russischen Feldzuges scheinen ihn, wie seinen Herrn und Meister, erschüttert und unsicher gemacht zu haben, wenigstens läßt sich zu dieser Zeit nichts von der Kühnheit und dem Unternehmungsgeist früherer Tage bei ihm finden, denn sonst hätte mehr geleistet werden müssen. Erst als er ein festes Ziel in der Verteidigung Hamburgs fand, erreichte er wieder seine frühere Größe. Zunächst sollte Davout das Vorgehen Oudinots von Norden her unterstützen. Aber nur langsam drängte er die Verbündeten bis Schwerin zurück, um sich in guter Stellung einer fast völligen Untätigkeit hinzugeben, fünfunddreißigtausend Taler zu erpressen und sich als Herzog von Mecklenburg anzukündigen. Fortwährend kam es zu kleinen Überfällen und Gefechten mit den Streiftruppen

Ein Kosak. Theodor Körner. Friesen. v. Lützow. Hellfritz. Fischer. Probsthan.

Theodor Körners letzter Abend im Herrenhause zu Gottesgabe (Mecklenburg-Schwerin).
Nach dem Gemälde von F. W. Heine im Körner-Museum zu Dresden.

Wallmodens, der sich bei Ludwigslust festgesetzt hatte. Als für diesen Anfang September Verstärkungen nahten und er in der Richtung auf Hamburg vorging, wich Davout bis Ratzeburg, um hinter den dortigen Gewässern abermals in fast unangreifbarer Stellung haltzumachen. Er befand sich in Sicherheit, hatte aber weder den Befehlen, noch den Erwartungen Napoleons entsprochen.

So belanglos diese Dinge für den Verlauf des Gesamtkrieges gewesen sind, so stark lenken sie dennoch die Augen auf sich, weil in einem der Scharmützel unfern Ludwigslust der Sänger der Freiheitskriege fiel. Am Tage der Katzbachschlacht wollte Major v. Lützow einen beladenen Wagenzug abfangen und legte sich unter Tannen an der Straße, die von Gadebusch nach Schwerin führt, in einen Hinterhalt. Körner verbrachte den Abend heiter im Freundeskreise. Eben graute der 26. August, als der Transport, von Infanterie begleitet, einherkam. Da fielen plötzlich Kosaken und Lützower über ihn her und erbeuteten die Wagen. Aber die Bedeckungsmannschaft warf sich in das Gehölz, von wo aus sie ein wohlgezieltes Feuer eröffnete. Mit jugendlichem Ungestüm sprengen die Lützower gegen sie vor, Graf Hardenberg wird durch die

Theodor Körners Todesritt bei Gadebusch am 26. August. Nach dem Gemälde von R. Trache.

Die Lützower an der Leiche Theodor Körners in Wöbbelin am 27. August.
Nach dem im Körner-Museum zu Dresden befindlichen Gemälde von Otto Donner v. Richter.

Schläfe geschossen, Körner von einer Kugel unterhalb der Herzgrube getroffen. Reiterlos jagt sein Schimmel dahin. Man legt den Sterbenden auf einen der erbeuteten Wagen. „Alle waren sprachlos, bleich vor Schmerz; uns gebrach es an Worten und Tränen." In einem Bauernhause des Dorfes Wöbbelin bahrten sie den Toten auf, bedeckten ihn mit Eichenkränzen und wanden ihm einen Eichenkranz ums Haupt. Seine Brieftasche enthielt, mit Bleistift geschrieben, das Schwertlied:

„Du Schwert an meiner Linken,
Was soll dein heiteres Blinken."

Es war Körners Schwanengesang. Unter gedämpftem Trommelschlag trugen die trauernden Kameraden die geliebte Leiche zur Begräbnisstätte neben zwei alleinstehenden Eichen. Eine Ehrensalve mußte wegen der Nähe des Feindes unterbleiben, doch war General Wallmoden zugegen. Wehmütig erschollen die Töne des Gebetes: „Vater, ich rufe dich!", während die sterblichen Reste in die Gruft sanken, worauf die Tiefergriffenen schieden mit dem Abschiedsgruße: „Das war Lützows wilde, verwegene Jagd". Was Körner vorahnend geschrieben hatte, war geschehen:

„Und sollt' ich einst beim Siegesheimzug fehlen,
Weint nicht um mich, beneidet mir mein Glück."

Der Ruhm des Dichters wurde durch seinen frühen Tod verklärt.

Wenden wir uns nunmehr nach Böhmen. Hier bot es große Schwierigkeit, vielleicht sogar Gefahr, die Russen und Preußen nach dem verabredeten Kriegsplane mit den Österreichern zu vereinigen, weil Napoleon es durch plötzlichen Überfall verhindern oder erschweren konnte. Seit dem 7. August war die Verstärkung unterwegs, der es in der Tat gelang, noch vor Ablauf des Waffenstillstandes die Österreicher zu erreichen, worauf das Gesamtheer über die Elbe ging und sich hinter der Eger aufstellte. Es wurde nach vorn und seitwärts durch zwei Flüsse und die

langen Höhenzüge des Erz-, des Elbsandstein- und des Lausitzer Gebirges gedeckt. Diese Böhmische oder, wie man sie bald nannte, „Hauptarmee“ zählte nun über 250000 Streiter, davon 127000 Österreicher, 82000 Russen (das Korps Wittgenstein, die Garden und Reserven unter dem Großfürsten Konstantin) und 45000 Preußen unter Kleist. Die Kavallerie war stark und gut, an Geschützen besaß man siebenhundert Stück. Den Oberbefehl hatte, wie wir sahen, Schwarzenberg erhalten. In seinem Hauptquartiere befanden sich die drei Monarchen, mit deren Einverständnis er handeln mußte. Dies verlieh ihm eine vorwaltende Stellung, auch den beiden anderen Heeren gegenüber, jedoch nicht mehr. Schwarzenberg zählte zweiundvierzig Jahre, stand also im besten Mannesalter. Einerseits erschien er als gegebener Mann für den Posten, anderseits genügte er dafür nicht, denn er war mehr Diplomat und Weltmann, im besten Falle leidlicher Kriegsminister, aber er war kein Feldherr. Die Anwesenheit der Monarchen mit vielköpfigem Gefolge, die Zusammensetzung des Heeres aus den Truppen dreier verschiedener Staaten je unter nationalen Führern nötigten zu steter Rücksichtnahme und Vermittelung, wofür ihn seine liebenswürdige, ehrenhafte, vornehme und verbindliche Art ungemein geeignet machte. Der Zar nannte ihn deshalb treffend „l'homme de la coalition“. Aber als Befehlshaber einer großen Armee fehlten ihm die nötigen Eigenschaften: ein fester zielbewußter Wille, Kühnheit, Selbstvertrauen, Selbständigkeit des Entschlusses und Mut der Verantwortung, kurz jede vorwärtsdrängende, schlacht- und siegsuchende Triebkraft, jeder Zug zum Großen. Seine Nerven ließen nur einen Halbschlaf zu, der nicht genug erquickte und deshalb Geist und Tatenlust lähmte. Hinzu gesellten sich ungenügende Kenntnis in der Führung von Massen und Angst vor seinem gewaltigen Gegner. Dies alles bewirkte einen Mangel an Rücksichtslosigkeit, an Fähigkeit zum Durchgreifen, wo sie nötig war, veranlaßte ihn, verschiedene Ratgeber zu hören und sich damit mannigfachen Einflüssen auszusetzen. Langsam, unsicher denkend, gelangte er zu keiner klaren Überzeugung, so daß er Befehle gab, die er unvermittelt zurücknahm oder änderte. Seine Kriegführung erhielt den Zug der Schwerfälligkeit, des Übervorsichtigen, Zaghaften und Unsicheren, infolgedessen namentlich der selbstbewußte Zar Alexander bisweilen eigenmächtig eingriff und viele andere mitredeten.

Joseph Graf von Radetzky.
Nach einem Stich von H. Mansfeld.

Alles wäre vielleicht noch gut geworden, wenn Schwarzenberg einen Generalstabschef gehabt hätte, dem er voll vertraute. Es gab einen solchen Mann in dem Generalleutnant Grafen Radetzky, den man geschildert hat: „Rechtlich und ritterlich, von glühender Vaterlandsliebe, von größter Standhaftigkeit, höchst tapfer und kühn, rasch im Entschluß, geschäftsgewandt, ruhig

urteilend und weitblickend, und doch einer, der allzu leutselig sich schieben läßt, der vor der Tat, im Rate, in seiner Bescheidenheit und Anspruchslosigkeit dem dreisten Schwätzer die Vorhand läßt". Immerhin besaß gerade Radetzky manche Eigenschaften, die Schwarzenberg fehlten; aber das Unglück wollte, daß beide nie zu rechtem Einvernehmen gelangten und der Feldmarschall deshalb nur zu gern Leuten sein Ohr lieh, die weit hinter seinem Generalstabschef zurückstanden, wie den Generalen Langenau und Duka. Kurz gesagt, es fehlte der österreichischen Armeeleitung der rechte Nerv; es war eine Parkettheerführung voller Intrigen und Gegensätze, beherrscht von Rücksichtnahme und veralteten Kriegsanschauungen. Nirgends ein ganzer Mann.

Am 17. August tagte ein Kriegsrat zu Melnik, der die volle Zerfahrenheit der vielköpfigen Gesellschaft offenkundig machte. Die Verhandlungen scheinen den König von Preußen so nieder-

Österreichische Husaren. Nach der zeitgenössischen Radierung von J. A. Klein.

drückend beeinflußt zu haben, daß er schon am nächsten Tage in Prag auf einem Festmahle des Kaisers von Österreich offen aussprach, man möge dem Zaren das Oberkommando übertragen, was aber den Österreichern nicht gefiel. Da man Stellung und Absicht Napoleons nicht kannte, meinten einige Teilnehmer der Melnikschen Beratung, die Franzosen würden Böhmen angreifen, andere, sie beabsichtigten sich nordwärts auf Bernadotte zu werfen, wogegen Schwarzenberg geltend machte, Napoleon zöge sich voraussichtlich nach Leipzig zurück, um dort eine Bereitschaftsstellung einzunehmen. Diese Ansicht behielt die Oberhand. Man beschloß, mit der Hauptmacht auf Leipzig vorzugehen und eine Nebenabteilung zur Deckung der rechten Flanke gegen Pirna, also in die Richtung Dresden zu senden. Unter großen Marschanstrengungen wurde bei regnerischem Wetter am 22. die sächsische Grenze überschritten und Pirna besetzt. Der Zar und der König von Preußen befanden sich beim Heere, wogegen Kaiser Franz in Teplitz blieb. Bald kam die Nachricht, die Gegend von Leipzig sei gar nicht, Dresden nur von einem Korps besetzt und Napoleon fern in der Lausitz. Daraufhin machten die Truppen innerhalb des Erzgebirges eine Schwenkung gegen Dresden, wobei sie einige westfälische Schwadronen antrafen, welche sofort

Aus „Otto Richter, Atlas zur Geschichte Dresdens".
Nordwestliche Ansicht der Altstadt Dresden zu Anfang des neunzehnten Jahrhunderts.

übergingen. Das war ein umso verheißungsvollerer Anfang, als man nun erfuhr, daß Napoleon mit den Garden Blücher aufgesucht habe, also weit von Dresden sei. Die Aussicht, Sachsens Hauptstadt einnehmen zu können, ohne mit dem Gefürchteten in Berührung zu kommen, belebte den Mut. Trotz der steilen und schlechten Wege wurde weiter gedrängt, und am Nachmittage des 25. standen in der Tat achtzigtausend Mann vor Dresden. Statt sich aber sofort auf die Stadt zu werfen, erwog man hin und her, bis Zar Alexander durchsetzte, daß der Angriff bis zum nächsten Tage unterbleibe. Die Truppen waren müde und hungrig, noch nicht alle zugegen und Napoleon fern. Deshalb glaubte man Zeit zu haben. In Wirklichkeit erblickten die Verteidiger nach eingebrochener Dunkelheit von Dresdens Türmen schon die Wachtfeuer der herbeieilenden französischen Garde. Der günstige Augenblick war verpaßt.

Napoleon hatte anfangs äußerst ungenügende Nachrichten über den Feind. Er schwankte deshalb zwischen einem Vorstoße nach Böhmen oder nach Schlesien, neigte jedoch letzterem zu, weil er hier die Hauptkräfte der Verbündeten vermutete. Nun hörte er am 16. in Bautzen, daß vierzigtausend Russen nach Böhmen marschiert seien. Um Sicherheit zu erlangen, begab er sich mit Reiterei und leichten Truppen auf österreichisches Gebiet, schlug eine österreichische Abteilung und erfuhr durch Erkundigungen die Richtigkeit der früheren Meldung. Sie lautete dennoch insofern falsch, als es sich nicht um vierzigtausend Russen, sondern um hundertfünfundzwanzigtausend Russen und Preußen handelte. Dieses unrichtige Zahlenverhältnis und die Kenntnis der österreichischen Kriegführung brachten ihn zu der Annahme, daß Schwarzenberg keinen, oder wenigstens keinen raschen Angriff beabsichtige. Da aber inzwischen die Preußen von Schlesien aus vorrückten und seinen Marschall Ney zurückdrängten, so faßte der Kaiser den kühnen Entschluß, sich plötzlich mit Übermacht auf die Preußen zu werfen, sie zu besiegen und durch einen Teil seiner Armee verfolgen zu lassen, um selber nach Dresden zur Ab-

rechnung mit Schwarzenberg zurückzueilen. Bei Löwenberg hoffte er den Feind vermittels hundertachtzigtausend Mann zu stellen.

Unterdessen war die bisherige Hauptarmee bei Breslau durch die Truppenverschiebungen nach Böhmen zu einem Nebenheere hinabgesunken. Es bestand nunmehr aus drei russischen Korps (Langeron, Sacken, später Saint-Priest) und dem preußischen Korps Yorck: aus 66500 Russen und 38500 Preußen, betrug mithin 105000 Mann mit starker Kavallerie und 339 Geschützen. Befehligt wurde es von dem preußischen General Gebhard Leberecht v. Blücher, einem Mann von einundsiebzig Jahren. Schon äußerlich bildete er einen vollen Gegensatz zu Schwarzenberg und Napoleon. Schwarzenberg gab sich behäbig und vornehm, Napoleon machte wenig Figur zu Pferde; bei Blücher war alles schneidig, waffenfroh, und zu Pferde fühlte sich der Reitergeneral in seinem Element. Hochgewachsen, von schlanker, geradezu jugendlicher Gestalt, elastischen Bewegungen, kühnen Gesichtszügen und blitzenden schwarzdunkeln Augen, erschien er auf schnaubendem Schimmel, den Säbel in nerviger Faust, fast wie ein Abbild des Kriegsgottes, durch die Macht seiner Persönlichkeit alles mit sich fortreißend. So wurde der feurige Greis im Silberhaar der Held Preußens, gewissermaßen die Verkörperung der schlachtentschlossenen Volksseele. Auf dem Gefühle der körperlichen Kraft gründeten sich Blüchers seelische Eigenschaften: seine Unerschrockenheit,

Franzö
bringt gefan
Kür
Nach
A.

ekvallerie
eichische
ilde von
.

seine Ausdauer, sein Mut, der mit den Schwierigkeiten wuchs. Tapfer draufgehend, lockte ihn die Gefahr, keine Furcht, keine Blässe des Gedankens wandelten ihn an. Ohne Bedenken stürzte er sich in das Kampfgewühl, sicher, daß ihn keine Kugel treffe; die Reiterei bildete seine Lieblingswaffe. Aber dabei war er kein wüster Haudegen, sondern mit Scharfblick und Geistesgegenwart übersah er klar ein Schlachtfeld und leitete trefflich die Schlacht. Nie übermütig, aber stets unverzagt, war er wie ein Kind des Augenblicks: gleichgültig gegen Verantwortung und fremdes Urteil und felsenfest überzeugt von dem endgültigen, selbstverständlichen Siege der guten Sache, die er verfocht. Deshalb fürchtete er auch Napoleon nicht, sondern fühlte sich ihm völlig gewachsen. Seinen Haß gegen den Zwingherrn, seinen fanatischen Glauben an die Sicherheit des Erfolges übertrug er auf das Heer, welches in seinen Augen noch aus den Soldaten Friedrichs des Großen bestand, den besten Truppen der Welt. Und das Heer dankte ihm mit gleichem Vertrauen, folgte ihm begeistert durch das Grauen der Schlacht bis in den Tod. Scharnhorst hatte Blücher richtig erkannt, als er sagte: „Sie sind unser Anführer und Held, und müßten Sie auf der Sänfte uns vorgetragen werden, nur mit Ihnen ist Entschlossenheit und Glück.“ Ohne kleinlichen Ehrgeiz, ohne Eitelkeit und Mißgunst, wahr und wohlwollend, kannte er das Wesen des gemeinen Mannes, verstand

ihn für große Ziele brauchbar zu machen; heiter bei Schwierigkeiten, rücksichtslos in Gefahr, fand er vor dem Kampfe und nach einem Mißerfolge die herzbewegendsten Worte.

Freilich hatte Blücher auch mancherlei Schwächen. Seine feurige Natur ging in der Schlacht nicht selten mit ihm durch; er konnte nur schwer abwarten und drängte zur raschen Entscheidung. Sein offenes Wesen äußerte sich bisweilen barsch und dadurch für empfindliche Naturen abstoßend, seine Ausdrucksweise war humorvoll, aber derb und unfein. Als echter Soldat liebte er Wein, Weiber, Tabak und Glücksspiel, doch besaß er Selbstbeherrschung genug, hierüber seine Pflichten nicht zu vergessen. Oberst Friederich weist darauf hin, daß Blücher bis zum Einzuge in Paris keine Spielkarte berührt und allen Freuden der Tafel entsagt habe, so daß er in Einfachheit und Bedürfnislosigkeit zum Vorbilde wurde. Als Hauptmangel des Tatenfrohen erwies sich seine ungenügende Schulbildung, die so weit ging, daß er keinen Satz richtig schreiben konnte und nicht Französisch verstand, was besonders ungünstig wirkte, weil seine Untergebenen größtenteils Russen waren, mit deren Führern in französischer Sprache verkehrt werden mußte. Da es auch an Selbststudium fehlte, so hatte er seinen Geist nicht zu umfassendem Denken und verwickelten strategischen Entwürfen erzogen; hier versagte er vollkommen. Doch eignete ihm genug gesunder Menschenverstand, um solche Dinge, richtig und klar vorgetragen, rasch in sich aufzunehmen und wie Eigenerzeugnisse ausführen zu können. Ferner besaß er die Gabe des Vertrauens, freilich nur für Ratgeber, die sich bewährt hatten und die er für unternehmend hielt. War eine Sache von ihm gebilligt und anerkannt, so ließ er sich durch nichts davon abbringen, durch keine fremde Vorstellung und durch keine Gefahr.

Zum Glück gab es in Deutschland zur Zeit der Befreiungskriege überreichlich erlauchte Geister, die für das geschaffen waren, was Blücher fehlte, und gerade die besten traten ihm zur Seite: Scharnhorst und Gneisenau. Als Scharnhorst seiner Wunde während des Waffenstillstandes erlag, schrieb Blücher an Gneisenau: „Landwehren Sie man tüchtig darauf los, aber wenn die Fehde beginnt, dann gesellen Sie sich man wieder zu mich: es ist in aller Hinsicht notwendig, daß wir zusammen sind.“ Ein andermal meinte er: „Wir beide gehören einmal zusammen.“ Diese gegenseitige Unentbehrlichkeit bezeichnet das Wesen, welches die zwei Männer zur Einheit geradezu verurteilte, so grundverschieden sie innerlich sein mochten.

Gneisenau erscheint als Pfadfinder des Sieges, als Hauptvertreter der neuen Schule, die auf der napoleonischen Kriegsweise beruhte. Durch ein schweres Leben früh gereift, durch ernstes Bücherstudium geschult, durch mehrere dienstliche Stellungen mit den verschiedensten Waffen und allen Armeeanforderungen vertraut, durch Aufenthalt in Amerika und England mit politischen und sozialen Erfahrungen ausgestattet, hat Gneisenau als einer der gebildetsten, tiefsten und vielseitigsten Offiziere zu gelten, dessen Glück wollte, daß er nicht in theoretischen und literarischen Gedanken stecken blieb, sondern dessen Wesen alles in die praktische Tat umsetzte. Dabei war er geborener Stratege und als solcher der genialste und gefährlichste Gegner Napoleons. Weitschauend, umsichtig, richtig die eigenen und die feindlichen Kräfte berechnend, entwarf er seine Pläne. Überzeugt, daß der Mutige auch Mutige schaffe, neigte er stets zum kühnen Angriffe und zu rascher Benutzung der Umstände. Zäh im Unglück, rastete er nie auf dem frischen Lorbeer, bevor er das Endziel erreicht hatte. Leidenschaftlich und schöpferkräftig, entschlossen, tatenfroh und zuverlässig, war er ausgezeichnet durch Sachlichkeit des Denkens und eiserne Selbstzucht. Seine Geradheit und aufrechte Gesinnung, seine Verachtung des Scheins und des Nebensächlichen, sein tiefes Gemüt, sein sittlicher Idealismus, sein Sinn für das Große und Bleibende machten ihn nach Geist und Gemüt zu einer echten Persönlichkeit, zu einem Manne ersten Ranges. Auch äußerlich stattlich, sicher in seinem Benehmen, mit einem Gelehrtengesicht, wirkte er schon durch bloßes Auftreten. Kein Geringerer als Arndt sagte von ihm: „Das Edle,

Faksimile eines Briefes von Blüchers eigener Hand.

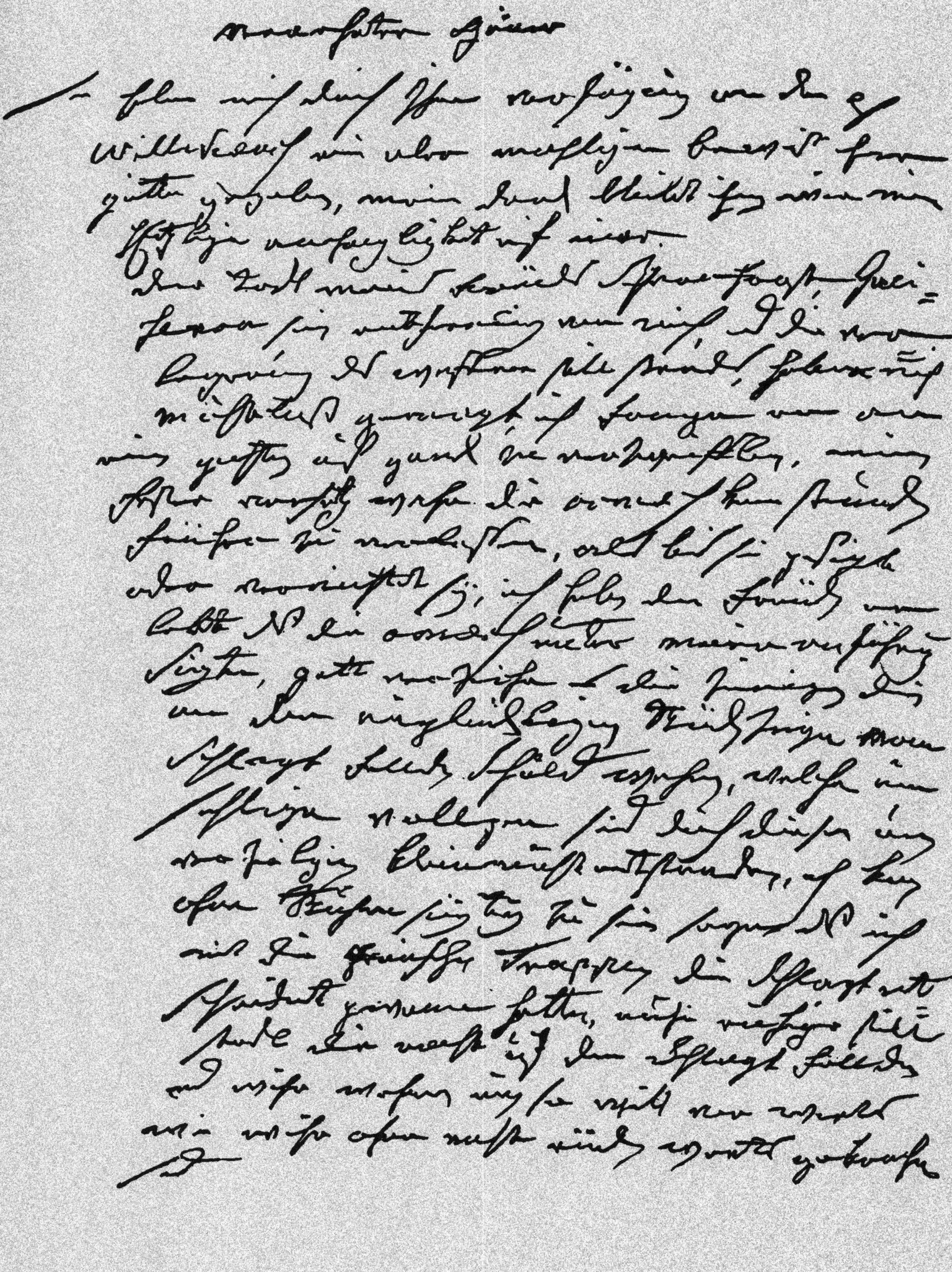

ob ich gleich auf dem Schlachtfelde, durch
und aber früher Lob der beiden Monarchen
[illegible] wurde, so wurde ich doch nicht [illegible]
wenig über [illegible] [illegible] bleiben, versetzt oder [illegible]
zu gehen gegen die König, [illegible] [illegible] [illegible]
und [illegible] die mit König[illegible] [illegible] [illegible]
[illegible], und [illegible] [illegible] [illegible] [illegible] [illegible],
wofür der König bin ich von den Preussischen Gene-
ralen Subalternen [illegible] behandelt worden
man hat mich gleich [illegible] alle Tage [illegible]-
sen wo ich in der Bataillon [illegible] [illegible]
und so [illegible] ich zu [illegible] [illegible] [illegible]
gleich [illegible] [illegible] worden, den ein [illegible]
[illegible] H: Heinrich [illegible] ich seine [illegible]
[illegible], und [illegible] [illegible] [illegible] als einen
gegen die Franzosen [illegible] [illegible]
[illegible] [illegible] [illegible], ich [illegible] [illegible] [illegible]
der König [illegible] [illegible], ich [illegible] [illegible]
[illegible] [illegible] [illegible] [illegible] [illegible]-
den, wo H: ich nicht zu [illegible] [illegible]
[illegible], [illegible] gar nicht meine Revenue oder [illegible]
[illegible] [illegible], alles dieses [illegible] den Gedanken
an mich, Gott weiss nicht [illegible] [illegible]
[illegible] zu [illegible], die meine Glück und mein

wen Sie freindschaft uns verzeihen.
ich fühle mich verbindlich mein leben an Ihren
büsen vergessen zu sehen. kein Sie mich das trüst
bis sagen sie hoffe so bin, ich bereue sehr
schändig auf Niemanden, wie ich wieder mein
bauer zu verliren, die verwahrung gewohnt und
die gesundheit die in mein alter selten
ist. dieser Scharnhorster aber ist es nicht wür-
ten zu kriegen, sie dachten warum ich gestlich
Remint, mein Etat ist so erbarmlich, daß
Scharnhorst, und Gneisenau sich selbsten über-
zeugt haben, auch ist der Gj beschufen krieg, der König
hat mich nach den 30 Thor sehen und haupt-
quartier geschickt die ich alle hatten
muß, und ich erhalten 1000 rtl Zulage mehr
als der Generall v Yorck und 1000 rtl
weniger als der Feld marschall Kalk-
reutt, nun denken sie der verschiedenung
ich und Yorck sind 2 adjudanten, und
Kalkreuth ist nicht sein kollegen
L'Estocq, und sie wollend frühe nichsen

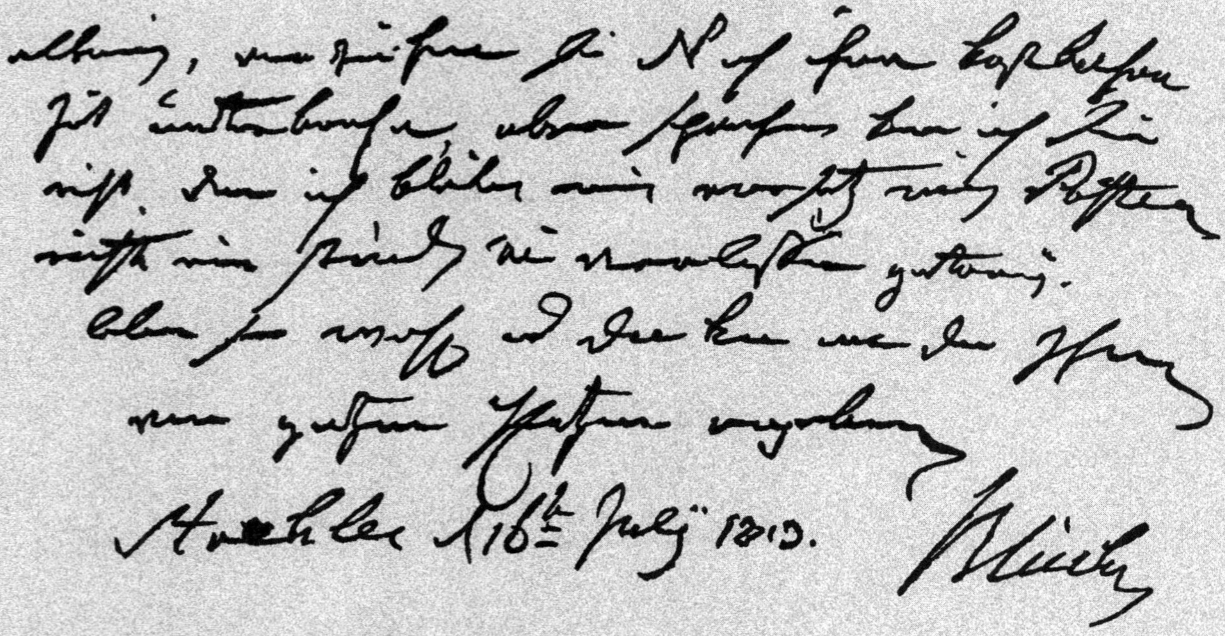

Brief des Fürsten Blücher vom 16. Juli 1813.

Verehrter Göne:

Sie haben mich durch Ihre Verfügung an den p. Will . . . . einen abermahligen Beweiß ihrer Gütte gegeben, mein Dank bleibt ihnen wie meine Hertzlige anhänglichkeit auf imer.

Der Todt meines Freundes Scharnhorst, Gneisenau seine entfernung von mich und die verlängerung des waffen still standes, haben mich muhtloß gemagt, ich fange an an an einen günstigen außgank zu verzweifflen, mein fester vorsatz wahr die armeh keine stunde früher zu verlassen, als bis sie gesigt oder vernichtet sey, ich habe die Freude erlebt, daß die armeh unter meiner anführung sigte, gott verzeihe es diejenigen die an den unglückligen Rückzug vom Schlagt Fellde Schuld wahren welche unsehlige vollgen sind durch diesen unverzeiligen kleinmuht entstanden, ich kann ohne Ruhmsügtig zu sein sagen, daß ich mit die preusche Truppen die Schlagt entscheident gewonnen hette, nuhr ruhiger stillstand die nacht auf dem Schlagt Fellde und wihr wahren um so viell vor werts wie wihr ohne noht rück werts gekrochen sind.

ob ich gleich auf dem Schlagt Felde Dank und über häufftes Lob der beiden monarchen ein erndte, so wurde ich doch nicht gewürdiget meine meinung über unser stehen bleiben, vorwerts oder rückwerts zu gehen, sagen zu können, junge unbährtige leutte und menschen, die mit kriegwidriger gesinnung geboren und ins Felld marchirt sind, hatten vortrag, während des Krieges bin ich von die Russischen Generalle Subaltern mäßig behandelt worden, man hat mich gleich sahm alle Tage angewiesen wo ich iedes Battallion hinschicken sollte, und so bin ich für iedem unternehmen gleich sahm gelähmt worden, den einzigen Tag bei Hainau habe ich freie Hende gehabt, und da hat es sich bewiesen, waß man gegen die Francosen mit entschlossenheit auß Führen kann, ich muß befürchten, daß wenn der krig wider beginnt, ich wider in diese unglückligе verhäldnisse gesetzt werde, wobey ich nichts zu unternehmen befugt bin, nichts gewinne, mein Renomé aber . . . . kann, alles dieses erregt den gedanken in mich, gott weiß mit wehmuht eine lauffbahn zu verlassen, die mein Glück und meine zu Friedenheit auß magten.

ich Fühle mich erleigtert meinen kumer in ihren bußen ergossen zu haben, können Sie mich waß Tröstliges sagen, so tuhn Sie es ia, ich brauche wahrhafftig auf munterung, um nicht under meinen kumer zu erligen, die vorsehung gewährt mich eine gesundheit die in meinem allter sellten ist, desto Schmerzhaffter aber ist es, nicht wirken zu können, zu dehm werde ich gentzlig ruinirt, mein Etat ist so erbermlig, daß Scharnhorst und Gneisenau sich selbst überzeugt, daß ich nicht da by bestehen kann, Der König hat mich mehr als 30 Persohnen ins Haupptquartier geschickt, die ich alle Füttern muß und ich erhalte 1000 Thlr. jährlich mehr als der General v. York und 2000 Thlr. weniger als der Feldmarschall Kalkreut, nun denken Sie den verschiedenen auff wand York hat 3 adjudanten und Kallkreuht ist mit sein knappen LEstok und sein . . . . allein, verzeihen sie, daß ich ihre kostbahre Zeit unterbreche, aber sprechen kann ich sie nicht, den ich bleibe mein Vorsatz meinen Posten nicht eine stunde zu verlassen getreu.

leben Sie wohl und denken an den Ihnen von gantzem Hertzen ergebenen

Strehlen den 16ten July 1813. Blücher.

Aus dem Corpus Imaginum der Photographischen Gesellschaft, Berlin.

Gebhard Leberecht v. Blücher. Nach dem Gemälde von P. E. Gebauer.

Stolze, Hochherzige leuchtete aus allen seinen Bewegungen und Zügen. Man konnte in seinen glücklichen Augenblicken ordentlich wie in Freude und Verehrung vor dieser erhabenen Erscheinung stillstehen und sich zurufen: ‚Sieh! hier ist einmal ein ganz wohlgeborener, harmonischer Mensch.'" Im Geiste der Zeit zeigte sich seine reiche Natur bisweilen empfindsam, schwermütig

und leicht verletzbar. Viel zu bedeutend und sittlich rein, konnte er kein Hofmann sein, aber auch in der Behandlung von Menschen erwies er sich nicht immer als Meister. Die sachliche Art seines Denkens machte ihn bisweilen herb, bestimmt und wenig rücksichtsvoll auf fremde Eigenart und Wünsche, weshalb sich sein Verhältnis zu den Korpsführern, zu Knesebeck und Wellington nicht besonders günstig gestaltete. Hier war ihm der joviale, freudige Blücher überlegen.

Obwohl Gneisenau den brennenden Ehrgeiz zur tätigen Befehlsführung besaß, machten die Umstände ihn zum Berater Blüchers, dem er in Vaterlandsliebe und Franzosenhaß gleichkam. Mit feinem Takte wahrte er als jüngerer Offizier derartig das Ansehen des Führers, daß lange Zeit nur wenige seine wahre Tätigkeit kannten und er den Mannschaften fast fremd blieb. Alle diese Eigenschaften machten Gneisenau zum Begründer des preußischen Generalstabes, wofür ihm seine leichte Federhandhabung zustatten kam. Er schrieb in klaren Zügen rasch und mühelos vortreffliche Berichte und massenhaft Briefe. Was er umsichtig und kühn erdachte, verwandelte Blücher in die dareinwetternde, niederschmetternde Tat.

Preußischer Garde du Corps 1813.
Nach der Originalzeichnung von A. Hoffmann.

Wie alle Reformer waren Blücher und Gneisenau dem Könige unsympathisch; er hat später eingestanden, daß man ihm Gneisenau als verkappten Jakobiner geschildert habe. Schon im Frühjahrsfeldzuge hatte sich die Heerführung bisweilen sehr selbständig benommen. Friedrich Wilhelm sagte deshalb dem zum Oberquartiermeister (Generalstabschef) ernannten Gneisenau bei der Vorstellung: „Von nun an bitte ich mir aber den strengsten Gehorsam meiner Befehle aus.“ In Wirklichkeit blieb es beim alten, wenngleich man sich in der Form möglichst vorsichtig verhielt.

So günstig sich das Miteinander von Blücher und Gneisenau gestaltete, so hat das Nebeneinander doch nicht ganz gefehlt, zumal in seiner Wirkung nach außen. Die kommandierenden Generale, an sich schon trotzige, selbstbewußte Männer, fühlten sich durch die Machtstellung des rangjüngeren Gneisenau beeinträchtigt und gehorchten nicht selten nur ungern. Das große Gewicht, welches der Generalstab durch Gneisenaus machtvolle Persönlichkeit erhielt, wirkte auf dessen Mitglieder zurück und machte sie bisweilen zu Eigenmächtigkeiten geneigt. Hinzu kamen noch allerlei Reibereien zwischen russischen und preußischen Offizieren, so daß es dem Blücherschen Hauptquartiere nicht gelang, jene Einheitlichkeit im Gehorsam zu erzielen, die namentlich Wellingtons Befehlsführung auszeichnet.

Herzog Karl von Mecklenburg-Strelitz.
Nach der Zeichnung von Franz Krüger lithographiert von Hübner.

Neben Gneisenau wirkte Oberst v. Müffling als Quartiermeister: ein kluger Offizier der neuen Schule, von großer Arbeitskraft, schriftstellerischem Geschick und gutem strategischem Blicke; ehrgeizig, kenntnisreich, diplomatisch und weltmännisch veranlagt, bildete sich bei ihm eine Art Eifersucht gegen Gneisenau aus, die er freilich verbarg, obwohl er zeitweise Blücher geschickt zu „umgarnen“ verstand. Dann befanden sich im Hauptquartiere Rühle v. Lilienstern, ein gebildeter, geistvoller Offizier, der sich trefflich für Unterhandlungen eignete, der spanische Held v. Oppen und vor allem der Generalkriegskommissar Ribbentrop, der das Verpflegungs- und Munitionswesen mit Tatkraft, Findigkeit und unermüdlicher Umsicht zu leiten wußte. Selbst einige Zivilisten waren zugegen, welche Blücher scherzweise „die Schriftgelehrten“ nannte: der Naturforscher und Pädagoge Karl v. Raumer, der schwärmerische Steffens und der ruhige, überlegene, staatsmännische Jurist Johann Albrecht Friedrich Eichhorn.

Zustatten kam Blücher, daß er sich nicht wie Schwarzenberg durch Monarchen und Hofwürdenträger beengt fand. Doch hatte dies auch seine Schattenseiten. Die russischen Offiziere waren verdrießlich, daß sie einer Nebenarmee angehörten und gar dem Generale eines fremden, kleinen Staates unterstanden, der sein Dasein, ihrer Meinung nach, nur dem Zaren verdankte. Erträglich blieb das Verhältnis zum General Baron v. d. Osten-Sacken, einem tapferen, persönlich empfindlichen Draufgänger, der seinem Wesen nach zwar zum Ungehorsam neigte, aber doch die ihm zusagende schneidige Art Blüchers anerkannte. Dagegen trat die russische Stimmung mit voller Schroffheit bei dem Marquis v. Langeron hervor, einem französischen Emigranten, der in Rußland seine zweite Heimat gefunden und früher bereits selbständig kommandiert hatte. Unerschrocken und ehrenwert, liebte er eine vorsichtige Kriegführung. Lag es ihm deshalb schon nahe, von der Tollkühnheit des preußischen Hauptquartieres nichts als Unheil zu erwarten, so kam ferner seine Zugehörigkeit zum französischen Hochadel in Betracht, seine vornehme und weltmännische Erziehung, die sich durch das derbe soldatische Wesen und den Franzosenhaß Blüchers abgestoßen fühlte. Zum Überfluß war er noch vertraulich mit der Blücherschen Geheiminstruktion bekannt

Friedrich Georg Ludwig v. Sohr, Generalleutnant.

gemacht und glaubte sich deshalb zur Überwachung der Heerführung berufen, was ihn in ein unerfreuliches, gereiztes Verhältnis brachte.

Unter solchen Umständen erlangte das preußische Korps eine erhöhte, fast entscheidende Bedeutung. Aber da wollte das Verhängnis, daß es gerade von York befehligt wurde, der für die Rolle, die ihm zufiel, keineswegs paßte. An sich schon ein unbequemer Untergebener, fühlte er sich zurückgesetzt, weil nicht ihm, dem erfahrenen und bewährten Führer, der Oberbefehl gegeben war, sondern einem minderwertigen, tollköpfigen „Husarengeneral“ samt einem „Kraftgenie“ und Theoretiker, den er persönlich nicht leiden konnte und von dem er sachlich nur himmelschreiende Torheiten erwartete. Und dieses gallige Mißtrauen, dieses übertriebene Schwarzsehen stützte sich auf eine hochbedeutende Persönlichkeit, „scharf wie gehacktes Eisen“, felsenfest, gerechtigkeitsliebend, ehrfurchtgebietend, tatkräftig, ernst, streng und herrisch, von unerschütterlichem Mute, bedeutenden Fähigkeiten und glühender Vaterlandsliebe, es beruhte aber bisweilen doch auch auf gesuchter Absichtlichkeit. Für seine Soldaten sorgte York wie für seine Kinder, und diese dankten ihm mit unbedingtem Vertrauen. — Der Gegensatz zwischen Blücher und York bewirkte auch einen solchen der beiderseitigen Hauptquartiere, der schroff schon in der verschiedenen Geschäftsführung zutage trat. Im Blücherschen war man genial und tatenfroh, voll kühner Entwürfe, frei im gegenseitigen Verkehr und geneigt, die Selbständigkeit anzuerkennen; im Yorckschen hingegen herrschten strengste Regel und schweigender Gehorsam. Während man dort nicht selten die leibliche Leistungsfähigkeit etwas übersah, dachte man hier an „Füße und Magen, an Flintensteine und Hufeisen“. Blücher meinte leutselig von seinem Generale: „York brummt, aber wenn er kommt, dann beißt er auch.“

Generalleutnant L. v. Wahlen-Jürgaß.

An der Spitze der preußischen Brigaden standen hervorragende Männer: der umsichtige Steinmetz, der schlachtenfrohe Horn, welcher nach französischem Urteile ihren Bayard an Tapferkeit übertraf, der gediegene Herzog Karl von Mecklenburg, wozu sich die besten Reiterführer gesellten: Katzeler, Sohr, Jürgaß und der tolle Platen. Man darf sagen, im Blücherschen Hauptquartiere und Yorckschen Korps befand sich die Blüte des preußischen Volkes in Waffen.

Freilich anfangs wurden dadurch die Reibungen und Gegensätze eher vermehrt als gemindert. Und doch sind sie überwunden, erzielte die Schlesische Armee die höchsten Leistungen, erwuchs sie zur Triebkraft des ganzen Krieges, zur stählernen Spitze in dem schwerfälligen Eisenkeile der Koalition. Sie verdankte dies neben ihrer Tüchtigkeit der Unverdrossenheit, der nie erlahmenden, frischen Zuversicht des greisen „Vater Blücher“, des „Marschall

Aus dem Corpus Imaginum der Photographischen Gesellschaft in Berlin.

Neithardt von Gneisenau.

Nach dem Gemälde von P. E. Gebauer.

Vorwärts", und dem großen gemeinsamen Ziele. — Welchen Schwierigkeiten Gneisenau gegenüberstand, erhellt aus einem Schreiben vom 3. September an Hardenberg: „Ich stehe zwischen einem Oberfeldherrn, der mich stets vorwärts führen will, um zu schlagen, und zwischen zwei Untergeneralen, denen der geistige Mut ganz abgeht und die mich für einen Verwegenen halten, der, um seinen Ehrgeiz zu befriedigen, die Armee in Gefahr bringt. Dabei hat unsere Armee eine schwer zu lösende Aufgabe erhalten. Ohne Glück getraue ich mir nicht aus dieser schwierigen Lage mich zu retten. Das Glück aber kann mich verlassen, und dann fallen alle Vorwürfe auf mich. Höflich muß ich mich über den General York beklagen. Er ist feindselig gegen mich gesinnt. Noch in Jauer bot ich die Hand zur Aussöhnung. Vergebens! Was er über mich persönlich ausspeit, will ich mit Gleichmut tragen. Aber er tut alles, um die Dinge schlecht gehen zu machen, und dieses kann ich ihm nicht vergeben. Er drückt den Mut aller nieder. Gegen den General Blücher beträgt er sich höchst strafbar: 'Sie ruinieren die Truppen; Sie lassen sie Märsche machen ohne Zweck', sagte er in Jauer den Tag vor der Schlacht dem General Blücher vor den versammelten russischen Generalen und unsern Offizieren des Hauptquartiers."

Preußische Infanteriefeldwache und Husarenpatrouille.
Nach dem Gemälde von Fritz Neumann.

Kein Wunder, daß sich der Feldzug zunächst nicht besonders glücklich gestaltete, um so weniger, als Blücher die Geheimweisung hatte, den Feind nicht aus den Augen zu lassen, ihn stets zu beschäftigen, sich aber keinem Unfalle auszusetzen, oder mit anderen Worten: sich zwar dicht am Widersacher zu halten, aber jede Schlacht zu vermeiden, selbst wenn er bis hinter die Oder zurückweichen müsse. Hiermit war Blücher etwas zugemutet, was seinem Wesen von Grund aus widersprach, sich tatsächlich kaum durchführen ließ und das Vertrauen der Truppen nur erschüttern konnte. Blücher lehnte den Oberbefehl unter solchen Umständen ab; erst als die Überbringer Barclay und Diebitsch ihm versicherten, daß er auch angreifend vorgehen, kämpfen und siegen dürfe, wurde die Weigerung zurückgenommen.

Tatsächlich stand der Feind mit Übermacht, mit hundertdreißigtausend Mann, den Korps Ney, Macdonald, Lauriston, Marmont und Sebastiani, gegenüber an der Katzbach. Den 15. August

ernannte Napoleon den Marschall Ney zum Oberbefehlshaber dieser „Boberarmee". Französischerseits überschätzte man die Truppenzahl der Verbündeten, während umgekehrt diese den Feind unterschätzten. Wesentlich daraus erklären sich die folgenden Ereignisse.

Tatendurstig, „wie ein Marder, der auf seinen Fang lauert," stand Blücher auf der preußischen Seite der Abgrenzungslinie. Kaum erfuhr er, daß feindliche Patrouillen und Verpflegungstruppen in das neutrale Gebiet eingerückt seien, als er sich schon vor Ablauf des Waffenstillstandes in Bewegung setzte, die Franzosen überraschte, sie durch mehrere Gefechte zur Räumung der Katzbachlinie und zum Aufmarsch hinter dem Bober zwang. Blücher wollte sie auch hier angreifen, als bedenkliche Vorgänge in der Korpsführung seine Pläne kreuzten. Um möglichst rasch vorwärts zu kommen, hatte er gewaltige Märsche selbst nachts machen lassen, die ungünstig auf die noch jungen, wenig geübten Mannschaften einwirkten. Yorck und Langeron wurden tief verstimmt und glaubten sofort das Zutrauen zu einer, wie sie meinten, kopflosen Heeresleitung verlieren zu sollen, um so mehr, als Langeron in einem Gefechte bei Lähn sechzehnhundert Mann einbüßte. Dies machte tiefen Eindruck auf ihn. Er warf sich vor, die Befehle des alten Draufgängers zu bereitwillig ausgeführt zu haben, und wollte künftig vorsichtiger sein. Als das Hauptquartier nun für den 20. bei Löwenberg einen großen Schlag plante, mit kühnem Flankenmarsch und Verlegung der Rückzugsstraße, da versagten Langeron und Sacken. Blücher dachte an sein Vaterland und stellte den Ungehorsam als ein Mißverständnis dar, hielt sich in Zukunft aber möglichst beim Langeronschen Korps auf.

Am 20. berichtete er aus dem Biwak bei Löwenberg an Hardenberg: „Ich habe ihnen in meinem letzten Schreiben gesagt, daß ich die Hände nicht in den Schoß legen wollte und ich hallte Wort." Schließlich meint er: „Ich denke Schlesien nun balde zu säubern. Der Feind hat viele Menschen verloren. Unsern Verlust kann ich noch nicht angeben. Aber in Hinsicht der errungenen Vortheile ist er nicht groß. Die Russen haben aber mehr als zweitausend Tote und Blessirte bei dem Langeronschen Corps. Was Sacken verlohren, weiß ich nicht. — Ich bin zu müde und kann nicht mehr schreiben."

Schon am folgenden Morgen, den 21., traf Napoleon bei der Boberarmee ein. Unterwegs ließ er seinen Wagen halten und zeigte Murat die Stelle, wo der treue Duroc die Todeswunde erhalten hatte. Dem Bauern, in dessen niederer Stube der Großmarschall gestorben war, überwies er zwanzigtausend Livres, von denen viertausend für ein Grabmal des Toten verwendet werden sollten. Bald nachher erfuhr er, daß sein alter Widersacher, General Moreau, sich über Berlin zum Kaiser Alexander begebe. Da auch der befähigte General Jomini, der Generalstabschef Neys, zu den Verbündeten übergegangen war, so kann es nicht wundernehmen, wenn der Kaiser sich übellaunig und erregt zeigte. Sofort eröffnete er den Angriff. Zwar hatte Blücher das Eintreffen Napoleons mit der Garde erfahren, vermochte aber nicht mehr kampflos zu entrinnen. Es kam zu heftigen Zusammenstößen bei Löwenberg, durch die es den Preußen und Russen gelang, Zeit für einen geordneten Rückzug zu gewinnen. Immerhin kostete der Tag den Verbündeten über zweitausendeinhundert Mann. Blücher hielt sich meistens bei der Nachhut Langerons und lobte laut die Ordnung und Kaltblütigkeit der Russen. Damals kam auch die Landwehr zuerst ins Feuer. Trotz seiner mangelhaften Bekleidung und Bewaffnung warf das Schweidnitzer Landwehrbataillon den Feind mit dem Bajonette zurück und hielt selbst im Kartätschenfeuer zusammen. Erst nachdem es sich verschossen hatte, wurde es aus der Front genommen. Es heißt, der grimme Yorck habe die Linientruppen, bei denen die Braven vorüberkamen, antreten und Ehrenbezeugung machen lassen. Blücher meinte später: „Mit die Landwehr-Patteljons gings z'erst man so so; als sie aber mal tüchtig Pulver geschmeckt hatten, ging's mit ihnen so gut wie mit die Linien-Patteljons." Anders Napoleon. Als er einige gefangene

Landwehrleute vorgeführt sah, meinte er: „Das feindliche Fußvolk ist äußerst miserabel; dies gereicht mir zur Beruhigung."

Seiner Weisung entsprechend, wollte Blücher weiter weichen, aber nur vor überlegenen Kräften, dies um so mehr, als man bereits von der Bedrohung Dresdens durch Schwarzenberg wußte, die Verfolgung also vielleicht abgebrochen wurde. Sobald er nun Nachricht erhielt, daß französische Truppen kehrtgemacht hätten, und er von einem Hügel erkannte, daß der Feind tatsächlich nicht besonders stark sei, beschloß er, am 22. standzuhalten. Diesen Plan vereitelte der eigenmächtige Abmarsch Langerons, infolge dessen die ganze Armee auf Goldberg zurückfallen mußte. Sie wurde nur mäßig bedrängt, und Blücher befahl für den 23. abermals den

Nach einem Kohledruck von Braun & Cie. Nachf., Dornach i. E.

Das Treffen bei Goldberg am 23. August. Gemälde von L. Royer.

Angriff. Da zeigte sich aber, daß der Gegner noch in der Verfolgung begriffen sei und mit breiter Front nachrückte. Es kam zu drei blutigen Gefechten nebeneinander, welche viertausend Mann kosteten und mit dem Rückzuge der Verbündeten endeten, der in der Dunkelheit große Verwirrung und neue Verluste bewirkte. Das Yorcksche Korps kam auseinander. An Standhalten ließ sich nicht denken. Den 24. mußte die Gesamtbewegung fortgesetzt werden.

Der Zustand der Armee gestaltete sich äußerst ungünstig. Durch die steten Märsche, oft bei Nacht und strömendem Regen auf schlechten, durchweichten Wegen, durch nasse Biwaks, mangelhafte Verpflegung, ungenügende Bekleidung und die vielen verlustreichen Gefechte war die Stimmung gedrückt, die Ordnung gelockert und der Abgang groß, zumal der der Landwehr. Langeron war ärgerlich und Yorck wütend. Dieser geriet sogar heftig mit Blücher zusammen und reichte sein Abschiedsgesuch ein. Blücher gelangte zu der Überzeugung, daß die Armee bei Fortsetzung der ihm aufgedrungenen Kriegsweise verloren sei, und faßte gegen den Willen des Stabes kühn den Entschluß, sich durch eine Schlacht aus der Not zu retten: den Feind anzugreifen, wo er ihn finde.

Die Schlacht an der Katzbach: Flucht der französischen Reiter

Nach der Originalzeichnung von Hans W. Schmidt.

Die Verhältnisse hatten sich hierfür ohne sein Zutun günstig gestaltet, denn am 23. August war Napoleon mit den Garden, dem Korps Marmont und einem Kavalleriekorps nach dem bedrohten Dresden umgekehrt, wohin auch Ney sich wenden sollte. Den Befehl über die zurückbleibende Boberarmee, die teilweis aus Rheinbündlern bestand, erhielt Marschall Macdonald. Dieser entstammte einem altadligen schottischen Herrengeschlechte und trug etwas das düstere Wesen seiner nordischen Heimat in sich. Er war ein verdienstvoller General, ein ehrenhafter, verständiger Mann, bei Soldaten und Offizieren beliebt, aber ohne besondere Gaben. Von ihm sagte der große Menschenkenner Napoleon: „Er ist gut, er ist tapfer — aber er hat kein Glück." Zu seinen Unterbefehlshabern gehörten der fähige und zähe Graf Gérard, der tapfere Lauriston, der rauhe Souham und der unternehmende Reitergeneral Sebastiani.

Macdonald hatte die Weisung, vor allem seinem Kaiser den Rücken zu decken. Deshalb beabsichtigte er, vorerst den Feind noch weiter zurückzutreiben, um sich dann wieder am Bober aufzustellen. Durch ein Mißverständnis konnte er am 25. nicht viel unternehmen. An diesem Tage schrieb Blücher seiner Frau: „Daß Blatt hat sich wider gewendet der Kaiser Napoleon hat mit seiner gantzen macht mich 3 tage an gegriffen und alles versucht, mich zur Schlacht zu bringen ich habe alle seine Projecte glücklich vereithellt. gestern abend ist er umgekehrt ich vollge ihm sogleich und hoffe daß nun Schlesien gerettet ist. In Berlin segnet man uns ich bin gesund und sehr vergnügt daß ich dem großen man eine nasze angedreht habe, er soll wüttendt sein, daß er mich nicht zur Schlacht hat bringen können."

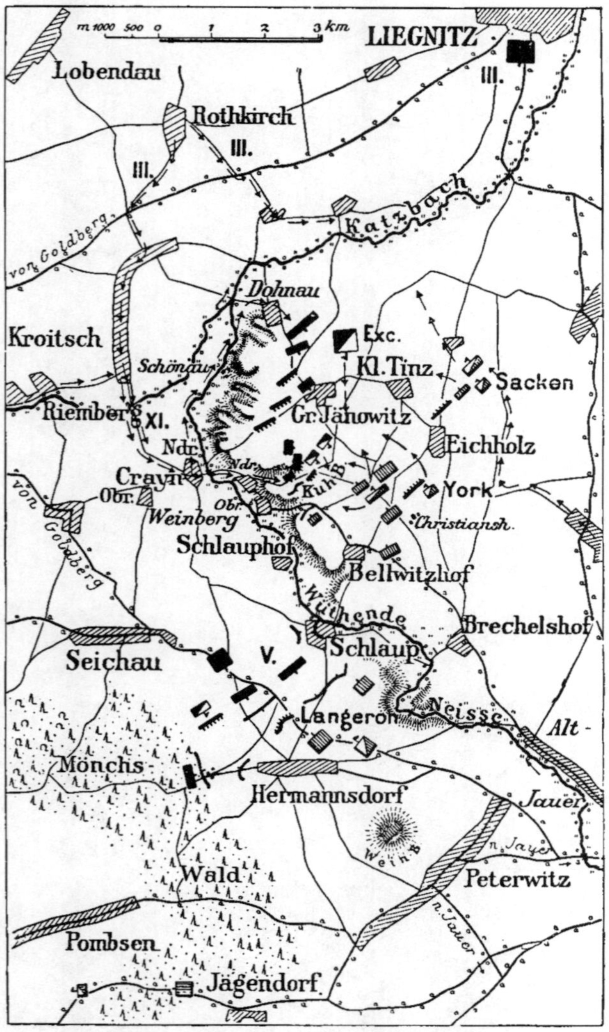

Plan der Schlacht an der Katzbach.

Man erkennt, wie Blücher die Sachlage schon an diesem Tage vollkommen übersah und seinen Entschluß fertig hatte. Macdonalds Verhalten kam ihm zustatten. Am 26. ging dieser auf Jauer in zwei Heersäulen vor. Die kleinere, etwa vierunddreißigtausend Mann (Souham), sollte nördlich auf der Liegnitzer Straße, die größere, siebenundsechzigtausend Mann unter Gérard und Lauriston, weiter südwärts marschieren, während das Kavalleriekorps Sebastiani beide Gruppen verband. Da nun auch Blücher kehrt gemacht hatte, so stießen beide Heere zusammen. Es regnete in Strömen, Boden und Wege waren aufgeweicht, die Bewegungen beschwerlich, das Pulver vielfach durchweicht, so daß die Flinten nicht losgingen. Blücher beabsichtigte einen umfassenden Angriff der Hauptabteilung durch Sacken und Yorck, den Langeron nach Goldberg hin decken sollte. Er vermutete den Feind noch jenseits der Katzbach und erteilte dementsprechende Befehle. Aber wieder stieß er auf den Widerstand Langerons und Yorcks. Langeron sagte dem Leutnant v. Gerlach, der die Weisungen überbrachte: „Ihr General ist ein guter Haudegen, aber auch nicht mehr. Wir brauchen die richtige Einsicht, aber diese ist nicht gerade der Fehler Blüchers."

Schließlich gehorchte er dann, zwar voller Mißmut und ohne Hoffnung auf Erfolg. Noch widerborstiger benahm sich Yorck, bis auch er sich fügte. So ging es denn allgemach vorwärts: rechts Sacken, in der Mitte Yorck und links Langeron. Schon hatte man Nachricht, daß französische Truppenteile entgegen kämen. Namentlich der weit vorgeschobene Oberst Katzeler beobachtete das Erscheinen starker Feindesmassen. Als der Kampf begann, hatten die Verbündeten die Front nach Nordwesten, ein Stück vor sich die Katzbach, in die spitzwinklig die Wütende Neiße mündet, welche die Schlachtlinie zwischen dem Yorckschen und Langeronschen Korps durchschnitt. Letzteres befand sich also links des angeschwollenen Gewässers, Yorck und Sacken standen rechts davon auf einer Hochfläche, welche abschüssige Ufer deckten.

Blücher gab die Befehle zum allgemeinen Angriff. Sein Adjutant meldete Yorck, er möge nur so viel Feinde herauflassen, als er glaube, schlagen zu können. Da soll Yorck übelgelaunt erwidert haben: „Nun, so reiten Sie hin und erzählen Sie; ich kann bei dem Regen meine eigenen Finger nicht zählen.“ Anders der Russe Sacken. Er rief aus: „Ich antworte mit Hurra!“ Langeron, der die Franzosen als stark erkannt hatte, glaubte, daß nach den Geheimweisungen nicht Vorstoß, sondern Rückzug eintreten müsse, und traf demgemäß seine Maßregeln.

Marschall Macdonald.
Nach einem Stich von Carl Mayer.

Wie die Dinge lagen, verlor derjenige die Schlacht, der den Fluß überschritt: dies tat Macdonald. Bei dem Regen konnte er nichts sehen, als die preußische Vorhut, um so weniger, als Blücher seine Truppen zunächst verdeckt hielt. An der Spitze der Franzosen bewegte sich das Korps Sebastiani über die Wütende Neiße. Mehr von Norden über die Katzbach kam die Division Souhams. Langsam und mühevoll wurden die Uferhöhen erklommen. Diesen augenblicklichen Schwächezustand galt es zu benutzen, um die Eintreffenden in die Täler der Katzbach und Neiße hinunterzuwerfen. Noch befanden sich Sacken und Yorck im Anmarsche. Einige Batterien des rechten Flügels eröffneten das Feuer. Als Yorcks Infanterie sich aufgestellt hatte, ritt Blücher ihre Front ab, ermunterte sie und riet, bei dem Regen keine Zeit mit Schießen zu verlieren, sondern sofort mit dem Bajonette draufzugehen. Noch hatten sich die ermüdeten Franzosen auf der Höhe nicht recht entwickeln können, als die Preußen über sie herfielen. Von beiden Seiten griffen immer neue Truppenkörper in den Kampf ein, der sich zunehmend erbitterter gestaltete: Kanonen, Infanterie und Reiterei durcheinander. Hin und her wogte das Getümmel, hoch häuften sich die Leichen, die Franzosen wehrten sich tapfer. Inzwischen ist Sacken eingetroffen, wuchtig wirft er seine Kavallerie auf den Feind, die preußische Reservereiterei schließt sich ihr an, und auch das Fußvolk stürmt vor, den furchtlosen Yorck an der Spitze. Zunächst wird die französische Reiterei über den Haufen die Höhe hinunter geschleudert, besser bewährt sich die Infanterie, sie vermag zwar nicht dauernd standzuhalten, zieht sich aber in ziemlich guter Ordnung ohne besondere Verluste über Neiße und Katzbach zurück. Dagegen gehen alle Geschütze verloren, sie bleiben im Kot oder in den Hohlwegen

Blücher in der Schlacht an der Katzbach. Nach dem Gemälde von G. Lebrecht.

stecken. Die Verfolgung der Sieger stockt, sie sind todesmatt, durcheinander geraten, und weiter rechts gehen zwei neue Divisionen Souhams über die Katzbach. Aber schon ist der Höhenrand seitens der Verbündeten besetzt, deren Geschütze Tod und Verderben sprühen. Ohne ernstlich anzugreifen, weichen auch hier die feindlichen Abteilungen und bleiben ebenfalls unverfolgt. Sie waren zu spät eingetroffen.

Inzwischen hatte auch Langeron auf dem linken Neißeufer gefochten. Der Russe war, wie wir sahen, keineswegs kampflustig und wurde von den Korps Lauriston und Gérard mit Übermacht stark bedrängt, infolgedessen er eine Stellung nach der anderen verlor. Erst als Blücher die preußische Brigade Steinmetz über den Fluß dem Feinde in den Rücken sandte, und Müffling die Kunde vom Waffenglück auf der Hochfläche gebracht hatte, setzte Langeron ein zu wuchtigem Gegenstoße. Langsam wurde Boden gewonnen, bis die Nacht herabsank. Über den Ausgang schrieb Gneisenau: „Die Schlacht hatte ganz das Aussehen einer antiken. Das Feuer schwieg gegen Ende des Tages ganz. Nur das Geschrei der Streitenden erfüllte die Luft; die blanke Waffe entschied.“ Von zwei Uhr mittags bis eine Stunde nach Dunkelwerden hatte man gefochten. Den Verbündeten fielen sechsunddreißig Geschütze, hundertzehn Munitionswagen und vierzehnhundert Gefangene in die Hände. Ihre Verluste waren nicht groß. Von den Franzosen erlag nur das Zentrum auf der Hochfläche: eineinhalb Infanterie- und zwei Kavalleriedivisionen. Der rechte Flügel war im wesentlichen siegreich geblieben, der linke kaum ins Gefecht getreten. In der Aufregung wurde die unerwartete Schlacht beiderseits überschätzt; erst die Verfolgung gestaltete sie zu einer entscheidenden Niederlage. Die Verbündeten jubelten und hielten das Höchste für möglich; die Franzosen und Rheinbündler eilten fassungslos in zwei Heerhaufen auf Bunzlau und Löwenberg zurück.

Im Hauptquartier zu Brechtelshof begrüßten sich Blücher und Gneisenau. Die Räume lagen voll von Verwundeten und Sterbenden; der Stab mußte mit einem kleinen Zimmer vorlieb nehmen. Da sah man den alten Feldherrn bei flackernder Kerze an einem schlechten Tische sitzen, neben sich Gneisenau, eine Weinflasche, ein Tintenfaß. Das erste, was die beiden abfaßten, war der Befehl zu tatkräftiger Verfolgung; sie sollte „ohne Zögern begonnen werden".

Nachts ein Uhr kündete Gneisenau an Hardenberg den Sieg. Er meinte: „Morgen werden wir dem Feind mit der Armee folgen. Um zwei Uhr nach Mitternacht wird uns schon ein Teil derselben vorangehen. Sacken hat sich abermals auf eine vortreffliche Art gezeigt. Dagegen betrug sich Langeron als ein Elender. Er wollte sich nicht schlagen. Seine Generale verachten ihn höchlich. Unser Sieg hat ihn von einer Niederlage gerettet." Bereits vorher hatte Blücher seiner Frau aus Kreutsch geschrieben: „Heute wahr der tag den ich so sehnlich gewünscht habe, wir haben den Feind völlig geschlagen, es war den gantzen tag ein Regen so daß ich nicht einen trockenen Bissen behillte. In Eill und mühde und matt."

Blücher und Gneisenau im Hauptquartier zu Brechtelshof am Abend der Schlacht an der Katzbach. Nach der Zeichnung von Th. Rocholl

aus „Rehtwisch, Schlachtenbilder der Befreiungskriege". Bd. 4. An der Katzbach. M. 1.—. Turm-Verlag, Leipzig.

Wie der Tag war auch die Nacht furchtbar. Noch immer goß es in Strömen, ein kalter Wind strich über die Fläche. Die Truppen sanken völlig durchnäßt, todmüde unter freiem Himmel zu Boden, die Wachtfeuer wollten nicht brennen, es fehlte an Nahrung und Stroh, und die arme Landwehr hatte keine Mäntel, vielfach nicht einmal Schuhe, während ihre dünnen Leinenhosen an den Beinen klebten. Viele der Tapferen sind an den Folgen des furchtbaren Biwaks zugrunde gegangen. So ließen sich denn auch die Befehle Blüchers nur äußerst schwer ins Werk setzen. Namentlich Yorck glaubte, seinen abgehetzten Leuten Ruhe gönnen zu müssen. Mehr leistete Langeron, der am weitesten westwärts stand. Er holte die feindliche Nachhut bei Pilgramsdorf ein, sprengte sie auseinander und machte zwölfhundert Gefangene, wozu noch tausend Mann kamen, die sich bei Goldberg ergaben. Auch am 28. gelangte man nicht so weit, wie Blücher wünschte.

Bei Sturm, Kälte und Regen ging es vorwärts auf grundlosen Wegen; wo es keine Brücken gab oder der Feind sie zerstört hatte, mußten die angeschwollenen Flüsse von den Truppen oft bis über die Hüften im Wasser durchwatet werden. Dabei versagende Kräfte, nagender Hunger und durchnäßtes Pulver. Immerhin war man siegreich und trieb den Feind vor sich her, so daß die Stimmung gehoben blieb, was die Mühen erleichterte. Gneisenau

schrieb: „Zerrissen und zerlumpt geht die brave Armee einher, aber sie mag stolz sein auf die Anstrengungen und die Tapferkeit, womit sie diesen blutigen Feldzug eröffnet und binnen wenigen Tagen entschieden hat.“

Weit ungünstiger sah es bei den Feinden aus. Da herrschte tiefste Verzagtheit. Viele warfen Waffen und Gepäck weg oder gaben sich absichtlich gefangen, andere brachen ermattet oder krank zusammen. Um sich rascher bewegen zu können, ließ man Geschütze, Munitionswagen und Feldschmieden stehen, die bis an die Achsen im Boden staken. Ganze Truppenteile lösten sich auf und irrten mut- und ziellos umher, so daß Gneisenau die Bauern gegen sie aufbot.

Kreuz des russischen St. Andreas-Ordens.

Aber auch die Schlesische Armee war nahe daran, aus den Fugen zu gehen, Bataillone der Preußen schmolzen auf hundert Mann und weniger zusammen. Größere Widerstandskraft zeigten die wetterharten, besser gekleideten und ausgerüsteten Russen. Endlich in der Nacht zum 29. hörte der Regen auf; bei Tage klärte sich die Luft und die Sonne brach durch. Nun vergaß man rasch seine Leiden und steigerte die Leistungsfähigkeit voller Freude über den Erfolg. In der Gegend von Bunzlau stockte die Verfolgung; der Feind vermochte den hochgehenden Bober nicht schnell genug zu überschreiten und wurde von der preußischen Vorhut eingeholt. Hätte Yorck jetzt alles vorwärts geworfen, was möglich gewesen, so wären die noch diesseits des Flusses befindlichen Franzosen wohl ins Wasser gedrängt. Doch der eigensinnige General versagte: der Zustand seiner Truppen schien ihm zu ungünstig zu sein. Nun wurde Langeron der Held des Tages. Bei Löwenberg war eine gewaltige Anhäufung von Truppen entstanden, weil die Brücke über den reißenden Bober zerstört lag. So vermochte der Russe bei dem diesseits gelegenen Plagwitz eine ganze Division zu stellen. Entschlossen griff er sie an, machte alles nieder, jagte in den Fluß und nahm über viertausend Mann gefangen. Die Division soll mit nahezu zwölftausend Mann ausgerückt und mit nur zweihundertvierundfünfzig zurückgekehrt sein!

Stern des österreichischen Maria-Theresia-Ordens.

Im übrigen gelang es Macdonald, am 29. den Bober hinter sich zu bringen und jenseits Front zu machen, wobei Bunzlau auf dem rechten Ufer noch besetzt blieb. Hier kam es am 30. August mit Sacken und Yorck zu einem heftigen Gefecht, welches bis in die Nacht dauerte und den Erfolg hatte, daß die Verbündeten die Brücken eroberten und sich den Übergang erzwangen. Die Boberarmee fiel nun auf den Queis zurück, hinter ihm Stellung nehmend, nachdem sie die Brücken zerstört hatte. Der Sieger rückte nach. Der Queis trennte die Gegner. Inzwischen hatte Blücher die Nachricht von der Niederlage Schwarzenbergs bei Dresden erhalten, was eine völlig veränderte Sachlage schuf, weil zu erwarten stand, daß Napoleon der Boberarmee zu Hilfe eilen werde. Deshalb beschloß die preußische Oberleitung, den Feind nur noch mit der Vorhut zu drängen, das Hauptheer aber am Queis zu lassen. Macdonald vereinigte seine Truppen hinter der Neiße bei Görlitz.

Gneisenaus Bericht über die Schlacht an der Katzbach an den Staatskanzler Hardenberg.

(Nach dem Original im Geh. Staatsarchiv zu Berlin.)

Nun erst kann ich Ew. Excellenz eine etwas genauere Übersicht des Sieges der Schlesischen Armee geben. Es sind einige und funfzig Stück Geschütz genommen, zweihundert Munitionswagen, 8 Feldschmieden, über 5000 Gefangene. Fast eine ganze Division irrt jezt in den Wäldern des Hirschberger Kreises herum. Ich habe so eben dem dasigen Landrath befohlen, die Bauern gegen diese Flüchtlinge aufzubieten und sie todtschlagen oder gefangen nehmen zulassen. Stündlich werden noch Gefangene, Munitionswagen, Geschütze eingebracht. Alles flieht in der wildesten Flucht. Der Weg den wir heute von Eichholz (: bei Liegnitz :) hieher genommen haben ist voll Munitionswagen, zum Theil auch Geschütz, todter Pferde und menschlicher Leichname, die die über selbige hinziehenden Fuhrwerke in den Schlamm begraben haben. Unsere Cavalerie ist dem Feinde gefolgᵗ, und die übergetretenen Wäßer halten dessen Flucht auf. Den Grafen von St. Priest zu Schmiedeberg lassen wir über Greifenberg vorgehen. Er wird daselbst noch auf Feinde stoßen und den größten Theil derselben höchst wahrscheinlich zu Gefangenen machen. Wir hatten 4 Armeekorps gegen uns, und das Cavalerie-Corps Sebastiani. Von dieser Macdonaldschen Armee soll Nichts organisirtes mehr die feindliche Hauptarmee erreichen, wenn unsere Anordnungen ausgeführt werden.

Das Wetter ist abscheulich; die Wege grundloß; der Soldat kämpft mit Entbehrungen; viele Landwehrmänner sind baarfuß. Durch die angeschwollenen Gewässer muß der Soldat biß über die Hüften im Wasser gehen. Dennoch ist er wohlgemuth und erträgt alles ohne Murren. Die Infanterie hat mit blanker Waffe zum Theil gefochten, weil des Regens wegen die Gewehre nicht loßgingen. Landwehrbataillone sind von feindlicher Reuterei umringt gewesen und haben sich mit dem Bajonet gegen selbige gewehrt. Am Ende der Schlacht stand die Infanterie auf den hervorspringenden Punkten in viereckigen Massen wohl geordnet. Keinen Umherzügler wurde man gewahr. Ein herzerhebendes Schauspiel für einen General. Diese brave Armee hat in den wenigen Tagen des Wiederausbruchs der Feindseligkeit, viel, sehr viel geleistet. Fast täglich hat sie sich mit dem Feind geschlagen. 7 große Gefechte, die man in andern Zeiten wohl Schlachten genannt hätte, hat sie binnen wenigen Tagen geliefert und am Ende dieser heißen Tage eine entscheidende Hauptschlacht. Zerrissen, zerlumpt geht sie einher, aber sie mag stolz seyn auf die Anstrengungen und die Tapferkeit womit sie diesen blutigen Feldzug eröffnet und binnen wenig Tagen entschieden hat. Solche Truppen werden einen wankenden Thron wohl neu gründen, dafür ist mir nicht bange.

Gott erhalte Ew. Excellenz

Goldberg d. 28ten August 1813. N. v. Gneisenau.

Ew. Excellenz Fuchs hat mich in dieser Schlacht abermals getragen. Der breiartige Boden wich oft unter seinen Füßen, aber seine Kräfte ließen nicht nach. Die Schlacht dauerte von 2 Uhr nachmittags biß eine Stunde in die Nacht hinein.

Faksimile des von Gneisenaus eigener Hand geschriebenen Berichts über die Schlacht an der Katzbach an den Staatskanzler Hardenberg.

(Nach dem Original im Geh. Staatsarchiv zu Berlin.)

Nun erst kann ich Euer Excellenz eine etwas genauere Übersicht der Siege der schlesischen Armee geben. Es sind einige und funfzig Stück Geschütz genommen, zweihundert Munitionswagen, 3 Feldschmieden, über 5000 Gefangene. Daß eine ganze Division irrt jetzt in den Wäldern des Hirschberger Kreises herum. Ich habe es aber dem dortigen Landrath befohlen die Bauern gegen diese Flüchtlinge aufzubieten und sie todtschlagen oder gefangen nehmen zu lassen. Stündlich werden noch Gefangene, Munitionswagen, Geschütze eingebracht. Alles flieht in der wildesten Flucht. Der Weg den wir heute von [illegible] (bei Liegnitz) hieher genommen haben ist voll Munitionswagen, zum Theil auch Geschütz, todter Pferde und menschlicher Leichname, die die über selbige hingehenden Fuhrwerke in den Schlamm begraben haben. Unsere Cavalerie ist dem Feinde gefolgt, und die übrigen Waffen halten dessen Flucht auf. Den Grafen von St. Priest zu Schmiedeberg lassen wir über Greiffenberg vorgehen. Er wird daselbst auch auf Feinde stoßen und den ersten Theil derselben höchst wahrscheinlich zu Gefangenen machen. Wir hatten 4 Armeekorps gegen uns, und das Cavalerie-Corps Sebastiani. Von dieser Macdonaldschen Armee soll nichts organisirtes mehr die feindliche Hauptarmee erreichen, wenn unsere Anordnungen ausgeführt werden.

Das Wetter ist abscheulich; die Wege grundlos; der Soldat kämpft mit Beschwerden; viele Landwehrmänner sind barfuß. Durch die angeschwollenen Gewässer muß der Soldat bis über die Hüften im Wasser gehen. Dennoch ist er wohlgemuth und erträgt alles etc.

nennen. Die Infanterie hat mit blanker Waffe zum Theil gefochten, weil das Regenwetter die Gewehre nicht losgehen ließ. Landwehrbataillone sind von feindlicher Kavallerie umringt gewesen und haben sich mit dem Bajonett gegen selbige gewehrt. Am Ende der Schlacht stand die Infanterie auf dem hervorspringenden Thalrande in viereckigen Massen wohl geordnet. Keine Nachzügler wurde man gewahr. Ein herzerhebendes Schauspiel für einen General. Die schlesische Armee hat in den wenigen Tagen des Wiederausbruchs der Feindseligkeiten viel, sehr viel geleistet. Fast täglich hat sie sich mit dem Feind geschlagen. 7 große Gefechte, die man in andern Zeiten wohl Schlachten genannt hätte, hat sie binnen wenigen Tagen geliefert und am Ende dieses heißen Tags eine entscheidende Hauptschlacht. Zerrissen und zerlumpt geht sie einher, aber sie mag stolz seyn auf die ~~Anstr~~ Anstrengungen und die Tapferkeit womit sie diesen blutigen Feldzug eröffnet und binnen wenig Tagen entschieden hat. Solche Truppen werden einen wankenden Thron wohl neu gründen, daher ist mir nicht bange.

Gott erhalte Euer Excellenz

Goldberg d. 28ten August 1813.

NvGneisenau

Euer Excellenz Glück hat mich in dieser Schlacht abermals getragen. Das bösartige Pferd warf mich oft unter seine Füße, aber seine Hufe trafen mich nicht. Die Schlacht dauerte von 2 Uhr nachmittags biß eine Stunde in die Nacht hinein.

Am 1. September erließ Blücher einen Tagesbefehl, der mit den Worten begann: „Schlesien ist vom Feinde befreit. Eurer Tapferkeit, brave Soldaten, eurer Anstrengung und Ausdauer verdanke ich das Glück, eine schöne Provinz den Händen eines gierigen Feindes entrissen zu haben.“ Als erbeutet nannte er hundertunddrei Kanonen, zweihundertfünfzig Munitionswagen und achtzehntausend Gefangene. In der Tat, die Boberarmee war fast zusammengebrochen, sie hatte dreißigtausend Mann verloren, überall herrschten Mutlosigkeit, Groll und Zuchtlosigkeit. Macdonald hielt die Gegenwart des Kaisers für die einzige Rettung.

Aber auch die Schlesische Armee mußte einen Abgang von über zweiundzwanzigtausend Mann verzeichnen, von denen fast dreizehntausend allein auf das Yorcksche Korps entfielen. Am 1. September besaß man nur noch einundsiebzigtausend Streiter. Der König verfügte für Blücher: „Ich eile, Ihnen und der braven Armee unter Ihrem Befehl für die Anstrengung und Ausdauer, durch welche Sie den Sieg errungen, zu danken und Ihnen Mein ganzes Wohlwollen auszudrücken.“ Der General erhielt das Großkreuz des Eisernen Kreuzes, Yorck und Sacken den Schwarzen Adlerorden. Kaiser Alexander schrieb: „In dem Augenblicke, wo wir unserseits einen schönen Sieg (Kulm) erfochten, habe ich von meiner Uniform die Insignien des Andreasordens genommen, mit welchen ich Sie geschmückt habe.“ Kurz darauf erhielt Blücher von Österreich den Maria-Theresia-Orden.

Marschall Saint-Cyr. Nach einem Stich von Fremy.

Dies sind äußere Beweise, wie hoch man die Erfolge der Schlesischen Armee einschätzte. Sie hatte sich in den Vordergrund der Handlungen und damit der Entscheidung gerückt. Das Selbstgefühl der Soldaten und Offiziere, das Vertrauen zur Oberleitung war gewaltig gestiegen. Die erst so widerspenstigen Russen wurden zuverlässige Untergebene, und selbst das Verhältnis zum Eisenfresser Yorck besserte sich, wenngleich es nie zu völligem Einklange gelangte. Alles in allem durften Blücher und Gneisenau vertrauensvoll der Zukunft entgegenschauen; sie hatten ihre schwerste Probe bestanden. Den 4. September schrieb Blücher: „Ich bin noch immer im verfollgen des Feindes begriffen, in 2 tagen denke ich vor Dresztsen zu sein.“

In dem kurzen Feldzuge stand die preußische Heerführung noch nicht auf der Höhe, zeigte aber bereits ihre leitenden Grundsätze, die schließlich den Sturz Napoleons bewirkt haben: rascher Entschluß, rücksichtsloses Einsetzen der Kräfte, Ineinandergreifen aller Waffenarten, starke Verwendung der Reiterei und Ausnutzung des Sieges.

Kehren wir jetzt nach Dresden zurück. Vor der Stadt stand die verbündete Hauptarmee, in derselben Saint-Cyr mit nur drei Divisionen. Er hatte Napoleon schon am 22. den Anmarsch des Feindes gemeldet und auf die Gefahr für die Stadt hingewiesen. Sofort brach der Kaiser die Verfolgung Blüchers ab und kehrte um mit seinen besten Fußtruppen und einem Kavalleriekorps. Zunächst beabsichtigte er, nur das Korps Vandamme, etwa vierzigtausend Mann, zur Verstärkung der Dresdener Besatzung zu senden, und selber den Verbündeten über Pirna und Königstein in Flanke und Rücken zu fallen. Unterwegs zog er noch Victor heran. Innerhalb dreier Tage befand er sich mit hundertzwanzigtausend Mann bei Stolpen auf dem Wege nach Königstein. Da erhielt er am Abend des 25. die Mitteilung, daß Schwarzenberg vor Dresden eingetroffen und Widerstand ohne Unterstützung des Kaisers hoffnungslos sei. Hiermit schien ihm sein schöner Plan hinfällig zu werden. Um aber doch Vorteil aus den bisherigen

Bewegungen zu ziehen, befahl er Vandamme, am 26. bei Pirna über die Elbe zu gehen und dem Feinde den Rückzug zu verlegen. Der Marschallstab sollte der Preis dieses Unternehmens sein, von dem Napoleon sich viel versprach. Er selber eilte mit der Hauptmacht nach Dresden, wo er um neun Uhr morgens anlangte. Am Nachmittage fand sich die Besatzung bereits auf neunzigtausend Mann verstärkt. Napoleon hatte damit das Sichere dem weniger Sicheren vorgezogen, aber auch sein Hauptziel, die völlige Vernichtung des Gegners zugunsten eines bloßen Sieges mit starker Rückzugsschädigung aufgegeben. Friederich meint, die Furcht vor dem moralischen Eindruck, den ein auch nur vorübergehender Verlust der sächsischen Hauptstadt bewirken mußte, habe Napoleon zu seiner Handlung bewogen, so daß der „Staatsmann“ hier die bessere Einsicht des „Feldherrn“ zurückdrängte. Ist dies der Fall, so beweist es eben nur, daß dem Kaiser die frühere nachtwandlerische Sicherheit des Genies, das rücksichtslose Vertrauen auf den kriegerischen Erfolg nicht mehr innewohnten. Hätten die Verbündeten inzwischen rasch und entschlossen noch am Spätnachmittage des 25. oder auch nur in der Frühe des 26. gehandelt, so wäre Napoleons umgestalteter Plan gescheitert und er zu spät gekommen. Aber im Hauptquartiere der Verbündeten herrschte Uneinigkeit. Gegen Schwarzenbergs bessere Einsicht setzte der Zar Aufschub des Angriffes durch. Dies bewirkte, daß der Oberfeldherr für den 26. eine allgemeine Vorwärtsbewegung auf Dresden anordnete, ohne ihr das Wesen eines wirklichen Sturmes zu geben. Somit blieb alles halb und ging schließlich das Ganze verloren, obwohl die Dinge für die Verbündeten günstig lagen. Dresden befand sich nämlich in der Entfestigung; Saint-Cyr hatte deshalb seine Truppen wesentlich über die Vorstädte verteilen müssen, die möglichst in Verteidigungszustand gesetzt waren. Aber die Ausdehnung dieser Linie betrug acht Kilometer, also viel zu viel für geringe Streitkräfte, wozu sich noch eine Umgebung gesellte, die dem Angreifer zustatten kam.

Das erste Zusammentreffen russischer und französischer Vorposten unweit Dresden.
Nach einem kolorierten zeitgenössischen Kunstblatt.

Am Morgen des 26. begann das Gefecht auf drei Stellen, wurde aber so wenig nachhaltig geführt, daß es Saint-Cyr gelang, die Stadt zu behaupten. Napoleon weilte, wie wir sahen, seit neun Uhr in Dresden, er stellte sich an der Elbbrücke auf, um den eilends, bisweilen im Laufschritt eintreffenden Bataillonen ihre Stellungen anzuweisen. Sein Anblick wirkte wunderbar ermunternd auf die abgehetzten, hungernden Truppen, die ihn mit lautem „Vive l'empereur!“ begrüßten. Zweimal sprengte er nach der Front, um sich vom Stande der Dinge zu überzeugen.

Angriff französischer Husaren in der Schlacht bei Dresden.

Nach dem Gemälde von A. Lalauze.

Österreichische Jäger erstürmen eine Schanze am Moschinskyschen Garten bei Dresden am 26. August.
Nach einer kolorierten Lithographie.

Über einen dieser Ritte berichtet der westfälische Kapitän v. Borke, daß Napoleon den bekannten unscheinbaren, grauen Uberrock mit der Gardejägeruniform und dem kleinen gestutzten Hute getragen und einen Schimmel geritten habe. „Seitwärts hinter ihm befand sich Berthier, so daß er, leicht gewendet, mit diesem sprechen konnte. Nun folgten viele Generale und Höflinge, alle in großer Uniform, und der ganze Zug bewegte sich in abgemessenem Spazierritte um die äußeren Feldbefestigungen. Die feindlichen Kugeln pfiffen Napoleon und seinem Gefolge um die Ohren, Kanonenkugeln flogen über ihre Köpfe. Einzelne aus dem Gefolge wurden getroffen, was der Kaiser gar nicht bemerkte; aber für ihn war keine Kugel da, und er schien die Gefahr nicht zu ahnen. Auf seinem Marmorangesicht lagen unveränderlicher Gleichmut, Ruhe und ein eigentümlicher, nur ihm eigener kalter und teilnahmloser Ernst. Um ihn herrschte, trotz der ihn begleitenden Menschenmenge, eine tiefe, feierliche Stille. Nur er sprach, indem er sich leicht umwandte, zuweilen einige Worte, meist zu Berthier, welcher fast ununterbrochen den Hut in der Hand hielt; oder des Kaisers Worte galten einer Bemerkung, einem Befehl für einen andern der Großen, der sich dann auf einen unmerklichen Wink, eine Bewegung, die jedem andern entging, den Hut in der Hand haltend, mit Unterwürfigkeit nahte und, wenn er wieder abritt, aus Gewohnheit und Sklavensinn oft noch minutenlang unbedeckten Hauptes blieb. Im Anschauen konnte ich mich des Gedankens nicht erwehren, Napoleon sei nicht Mensch, wenn meine Einbildungskraft auch keinen Gott, sondern ein anderes noch nicht dagewesenes unbegreifliches Wesen in ihm zu sehen glaubte."

Das Hauptquartier der Verbündeten hatte längst bemerkt, wem man gegenüberstehe, und beschloß deshalb den Rückzug, dem der König von Preußen jedoch widersprach. Schwarzenberg

wagte nicht, dieser Auffassung offen zuzustimmen, ließ aber den Angriff um vier Uhr wieder beginnen. Er war von vornherein aussichtslos, um so mehr, als auch jetzt eine einheitliche Leitung fehlte und alle Vorbereitungen zum Überwinden des Festungsgrabens und der Stadtmauer unterblieben. Dennoch arbeiteten die Verbündeten mit hingebender Tapferkeit sich teilweis bis an die Stellung der Verteidiger heran, die sie zugleich durch ihre Kanonen beschossen. Zielbewußt hatte inzwischen Napoleon seine Anordnungen getroffen und die Reserven geschickt auf Plätze und Straßen verteilt. Ruhig wartete er seiner Zeit. Als der Feind sich abgemattet hatte, schickte er plötzlich um fünf Uhr dichte Massen allerseits vor, welche die Überraschten nach mehr oder minder heftigem Widerstande über den Haufen warfen. Bei Anbruch der Nacht war für die Verbündeten nichts gewonnen, wohl aber Raum verloren, wogegen Napoleon seine Kräfte entwickelt und eine nachhaltige Verfolgung eingeleitet hatte. Immerhin zählten die Verbündeten noch 160 000 Mann, die im Laufe des nächsten Tages auf 180 000 anwachsen mußten, während Napoleon nur 145 000 Streiter besaß. Aber die Überlegenheit an Zahl wurde mehr als ausgeglichen durch die Siegeszuversicht auf französischer und die gedrückte Stimmung auf der andern Seite. Die Truppen der Verbündeten waren hungrig, ermattet, litten unter strömendem Regen und hatten alles Vertrauen zur Führung verloren. Dennoch entschloß man sich nicht für den Rückzug, sondern blieb stehen, wieder wesentlich auf Wunsch Friedrich Wilhelms. War dies an sich schon ein planloses Unterfangen, so gestaltete es sich geradezu gefahrvoll, weil Truppen Vandammes elbaufwärts bei Königstein die Elbe überschritten hatten und die Rückzugslinie bedrohten. Zwar hielt sie die Tapferkeit weit schwächerer russischer Streitkräfte unter Herzog Eugen von Württemberg zunächst fest, doch mußten diese in der Nacht das Feld räumen. Die Hoffnungslosigkeit im Hauptquartiere steigerte sich dadurch noch mehr. Und nun kam gar die Nachricht, daß die anrückende Verstärkung wegen der schlechten Wege erst nachmittags eintreffen könnte. Trotzdem harrte man aus; ja in einigen Köpfen spukte gar noch der Gedanke einer Eroberung Dresdens.

Infanterist. Jäger. Reitender Artillerist. Infanterie-Trommler. Donischer Kosak. Baschkir. Kürassier. Ulan.

Das russische Heer 1812—1814. Nach der Zeichnung von R. Knötel.

Anders Napoleon. Klar und sicher beschloß er einen umfassenden Angriff auf die beiden Flügel des Feindes, während er dessen Mitte festhielt. So hoffte er ihn von seinen besten Rückzugstraßen ab auf schlechte Gebirgswege zu drängen. Die Verbündeten hatten ihr Zentrum südlich von Dresden besonders stark gemacht. Ihr linker Flügel von einundzwanzigtausend

Mann unter dem Fürsten Liechtenstein stand südwestlich und westlich der Stadt. Er wurde durch den tief eingeschnittenen Plauenschen Grund mit dem Weißeritzbache tatsächlich von der Hauptmacht abgetrennt und erschien deshalb unter Umständen schwer gefährdet. Der Regen hatte den Boden völlig aufgeweicht, hinderte die Übersicht, verminderte die Wirkung der Geschütze und machte den Gebrauch der Gewehre fast unmöglich. Schon um sieben Uhr früh griffen die Franzosen an, und bald tobte ein heftiger Kampf längs der ganzen Linie, der sich überall wenig günstig für die Verbündeten gestaltete. Um elf Uhr war ihr linker Flügel von Murat umfaßt, bald darauf ging rechts die wichtige Pirnaer Straße verloren, während die Österreicher in der Mitte ihre Stellung behaupteten.

Um sich Luft zu verschaffen, schlug General Jomini vor, die Mitte des Feindes zu beschäftigen und mit Gewaltmacht gegen dessen linken Flügel vorzubrechen. Auf solche Weise ließ sich die

Angriff des sächsischen Kürassierregiments Jung-Zastrow auf österreichische Infanterie in der Schlacht bei Dresden am 27. August. Nach einer anonymen Lithographie.

Pirnaer Straße wiedergewinnen, ja der ganze Gang der Schlacht konnte eine andere Wendung erhalten. Leider befehligte kein unternehmender Mann wie Blücher den rechten Flügel, sondern der bedenkliche Barclay, der den um ein Uhr erhaltenen Befehl nicht ausführte. Unterdessen wurde der linke Flügel der Verbündeten durch geschicktes Zusammenwirken der französischen Infanterie und Reiterei auseinandergesprengt und großenteils gefangengenommen. Da auch Vandamme im Rücken weiter vordrang, so gestaltete sich die Sachlage geradezu gefahrvoll.

Im Hauptquartiere strebten die Ansichten noch immer auseinander. Der König von Preußen forderte Fortsetzung der Schlacht am nächsten Tage, wogegen Schwarzenberg erklärte, daß der Mangel an Brot, Schuhzeug und Schießbedarf die österreichische Armee zum Rückzuge nach Böhmen nötige. Hiermit war auch das Schicksal der beiden Bundesgenossen entschieden. Freilich innerhalb Dresdens konnte man anderer Meinung sein. Dort erzählte ein Augenzeuge:

„Ein Platzregen von Kugeln und Granaten ergoß sich über die unglückliche Stadt. In mehreren Gegenden der Vorstädte wirbelten Rauchwolken empor. Bald waren die Straßen leer von Einwohnern. Das Zerplatzen der Granaten auf dem Steinpflaster, das Herabstürzen der Dachziegel und Fensterscheiben, das Krachen des Geschützes von den nahen Wällen, das Schlagen des Generalmarsches in allen Straßen, das Alarmblasen der Flügelhörner, das Wutgeschrei der angetrunkenen Soldaten erfüllte den an Ordnung und Ruhe gewöhnten Bürger mit Angst und Schrecken.“

Fürst Schwarzenberg (auf dem Schimmel).

In Wirklichkeit hatte Napoleon die Schlacht bereits gewonnen. Seitens der Verbündeten ergingen um vier Uhr die Befehle zum Rückzuge in drei Heerhaufen. Der linke und mittlere sollte aus Österreichern, der rechte aus Russen und Preußen bestehen. Letzteren wurde die Richtung über Dohna nach Teplitz gewiesen, was so viel bedeutete als Kampf mit Vandamme. Den Umständen gemäß verließen die Truppen abteilungsweise das Schlachtfeld bis zum nächsten Morgen. Der Verlust der Verbündeten betrug zehntausend Mann an Toten und Verwundeten nebst dreizehntausend Gefangenen; durchweg Österreicher. Besonders schwer wog der Tod des Generals Moreau, den Kaiser Alexander eigens als Berater von Amerika hatte kommen lassen. Er hielt neben dem Zaren auf dem Feldherrnhügel von Räcknitz. Um besser sehen zu können, ritten beide etwas vor, als plötzlich Moreau von einer Kanonenkugel getroffen wurde. Sie schlug ein unterhalb des linken Knies, ging durch das Pferd und zerfleischte auch noch die Wade des rechten Beins. Kaum eine halbe Pferdelänge hinter ihm befand sich der Zar. Hätte ihn

Tödliche
Generals Mo

Nach dem
zu Pots
von

das Geschoß ereilt, würde die altrussische Partei mit dem Großfürsten Konstantin zur Herrschaft gelangt und dann wohl auch die russische Kriegslust zu Ende gewesen sein. Jetzt stand der Zar tief ergriffen neben dem Bewußtlosen. Als dieser wieder zu sich kam, sagte er: „Ich bin verloren, aber es ist ruhmvoll zu sterben für einen so edlen Zweck unter den Augen eines solchen Fürsten.“ Auf einer Bahre trug man Moreau zu einem Arzte, der ihm beide Beine abnahm. Während der Operation blieb Moreau bei voller Besinnung und rauchte eine Zigarre nach der andern. Wenige Tage später ist er gestorben. Sein Fuß wurde auf der Höhe von Räcknitz beigesetzt, den Rumpf brachte man nach Petersburg. So starb dieser einst starre Republikaner, der Frankreichs Heere in Deutschland zum Siege geführt hatte, im Fürstendienste, fechtend gegen sein Vaterland, getroffen von französischer Kugel. Die Geschichte liebt keine Überläufer. Napoleon schrieb den Todesfall seinem Stern und dem göttlichen Schutze zu.

König Wilhelm III. Zar Alexander.
General Moreau.

dung des
r Schlacht
den.
Stadtschloß
lichen Gemälde
chneider.

Er hatte sich seit fünf Uhr früh bei der vierten Lünette befunden. Neben Toten und Verwundeten ließ er ein Zelt aufschlagen und ein großes Feuer anzünden. Der ununterbrochene Regen durchnäßte ihn bis auf die Haut, so daß seine Kleider am Feuer dampften und trockneten. Ihm zur Seite stand ein Tisch mit einer Karte von Dresdens Umgegend. Wegen des Nebels mußte er nach dem Kanonendonner und den eintreffenden Meldungen die Ereignisse beurteilen. Als die Schlacht entschieden war, ritt er zurück, von den Truppen mit brausendem Jubel begrüßt. Heiter gestimmt, hoffte er, früher als die Verbündeten Böhmen zu erreichen. —

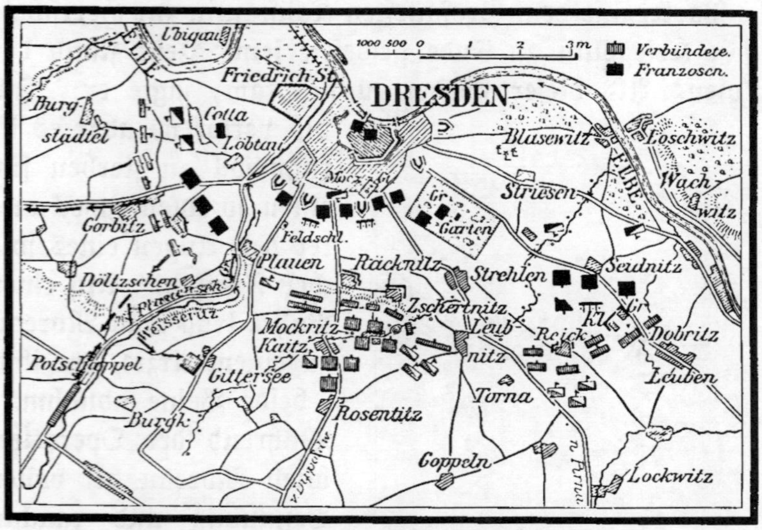

Plan der Schlacht bei Dresden (zweiter Tag).

Alles kam anders, die Schlacht von Dresden ist der letzte große Sieg des Kaisers gewesen.

In stockfinsterer Nacht, unter strömendem Regen, auf schlechten, oft durch Proviantfuhrwerke verstopften Gebirgswegen zogen die dichten Massen der Hauptarmee einher, ermüdet, ausgehungert, entmutigt. Die Oberleitung versagte, jeder Führer suchte seine Leute in Sicherheit zu bringen, so gut es ging. Dadurch geschahen schwere Versehen, vor allem war die mittlere Abzugsstraße viel zu überlastet. Bei planmäßiger, kräftiger Verfolgung mußte der Untergang ganzer Heeresteile gewiß sein. Aus dem Hauptquartier schrieb man schönfärbend an Bernadotte: „Der mißglückte Versuch auf Dresden, das schlechte Wetter, welches die Wege grundlos machte, die Furcht vor Mangel an Lebensmitteln in den unbewohnten Berggegenden haben den Oberfeldherrn veranlaßt, sich ein bißchen nach Böhmen hinzuziehen, um sich Nahrungzufuhr zu sichern." Aber trauernd hüllte der Dichter Fouqué sich in seinen Mantel und betete still:

„Herr Gott, Dein Wille soll ergehn!
Ich sünd'ges Menschenkind,
Ich kann ihn leider nicht verstehn,
Ich bin zu blöd und blind.

Doch heb' ich zu Dir auf in Müh'
Das schmerzbeladne Haupt,
Und denke spät und denke früh,
Dort schaut, wer diesseits glaubt."

In Dresden erkannte Napoleon am nächsten Morgen den Abmarsch. Kräftig sollte der Erfolg ausgenützt werden. Erst gedachte er, dem Feinde auf der Pirnaer Straße mit starker Heeresmacht zuvorzukommen, um ihn beim Austritt aus dem Erzgebirge abzufangen, dann aber verlegte er das Schwergewicht der Verfolgung auf die Westseite, wo Murat die Österreicher von seitwärts und hinten fassen konnte. Die Alte Garde ließ Napoleon sogar nach Dresden zurückmarschieren und die Junge bei Pirna halten. Eigentlich überall machte sich die Ermattung nach den Überanstrengungen geltend. Die Befehle trafen teils verspätet ein, und die Verfolgung blieb ohne Nachdruck, so daß es nur zu einigen schwachen Zusammenstößen kam. Saint-Cyr, der sich an die Preußen heften sollte, verlor die Fühlung und stieß auf Marmont statt auf Kleist. Dennoch waren die Verluste der Verbündeten groß, weil die völlig erschöpften Leute unterwegs massenhaft umfielen und sich das Heer in einem Zustande bedenklicher Auflösung befand. Noch fünf- bis sechstausend Gefangene brachte man nach Dresden.

Feldsessel Napoleons,
benützt in der Schlacht bei Dresden.

Bloß auf der Ostseite entwickelte sich am 28. ein heftiges Gefecht mit den Russen unsern

Aus: Otto Richter, Dresdener Bilderchronik.

Napoleon während der Schlacht bei Dresden auf der Strehlener Anhöhe am 27. August 1813. Nach dem Gemälde von Fr. A. Schneider.

Pirna, wo Eugen von Württemberg, die Gefahr erkennend, Vandamme erst tapfer aufhielt und dann mit dem Bajonette nach Peterswalde durchbrach. Hier faßten ihn am Morgen des 29. abermals die Vortruppen Vandammes, doch behauptete er sich, bis alles nach Nollendorf abgerückt war. Da die Franzosen weiter nachdrängten, kam es hier und bei Kulm zu heftigen Rückzugsgefechten, durch welche der Austritt aus den Gebirgsengen erzwungen wurde. Zwar befand sich General Ostermann mit der russischen Garde bei dem tapfer ringenden Herzoge, wollte aber seine kostbare Truppe nicht einsetzen, was er auch nach Teplitz meldete, wo Kaiser Franz und König Friedrich Wilhelm weilten. Letzterer erkannte die Wichtigkeit des Augenblicks und sandte noch in der Nacht einen Adjutanten und schließlich einen eigenhändigen Brief an Ostermann, worin er die bedenkliche Lage der Hauptarmee im Gebirge schilderte, bei der sich noch der Zar befinde. Er forderte ihn auf, dem Feinde so lange wie irgend möglich den Weg zu verlegen. Daraufhin wagte Ostermann in der letzten halbwegs verteidigungsfähigen Stellung bei Priesten den ungleichen Kampf. Zustatten kam ihm, daß die Adjutanten des Königs nach allen Richtungen jagten, um Unterstützung herbeizurufen, und auch Kleist den Befehl überbrachten, so schnell wie möglich in das Gefecht einzugreifen. Ähnlich wirkte Zar Alexander, der, aus den Bergen kommend, von einer Höhe das Gefecht bemerkte und die österreichischen Divisionen Colloredo und Bianchi veranlaßte, auf Priesten zu marschieren. Man durfte hoffen, am nächsten Tage genügend Streitkräfte zur Abdämmung Vandammes zu besitzen. Während des 29. freilich blieb Ostermann mit fünfzehntausend Mann Kerntruppen auf sich allein angewiesen.

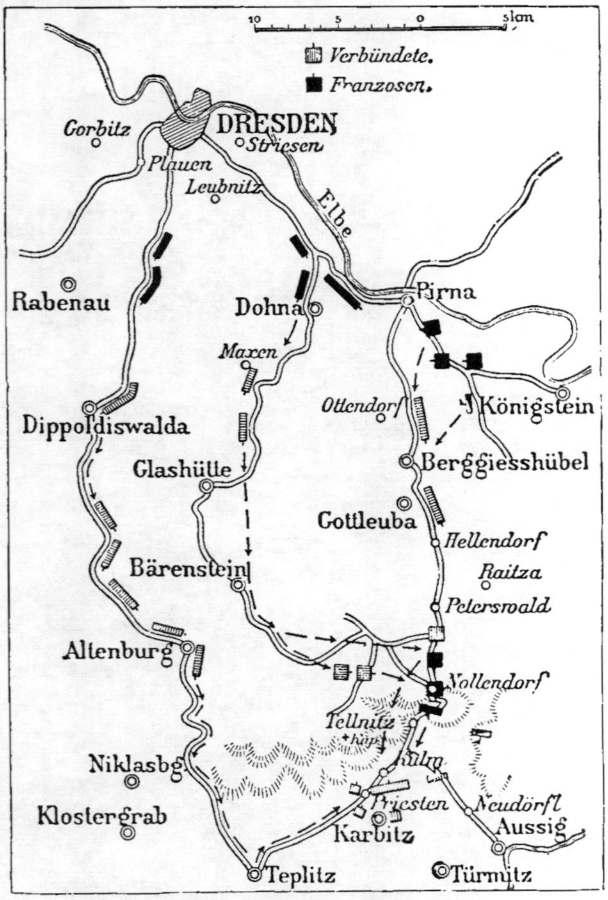

Plan der Schlacht bei Kulm.

Die Russen stellten sich quer über den Weg, das Dorf Priesten in der Mitte, so daß der Feind nicht weiter konnte. Zunächst ohne Ahnung von der veränderten Sachlage, zog dessen Vorhut einher und drängte die des Feindes zurück, eröffnete dadurch aber einen Kampf, der sich mit wachsender Stärke der Franzosen immer erbitterter gestaltete. Priesten wurde zweimal verloren und erobert, Ostermann selber schwer verwundet, so daß der Herzog von Württemberg die Führung übernahm. Um fünf Uhr nachmittags holte Vandamme aus zum entscheidenden Stoße gegen die allmählich stark erschütterten Russen; da warf ihm der Herzog die Gardereiterei schräge in die Flanke, welche teils die Franzosen niederhieb, teils in wilder Unordnung vor sich her jagte. Rasch ordnete sich die russische Infanterie, Verstärkungen trafen ein: Vandamme wagte keinen neuen Angriff mehr, sondern verschob ihn auf den folgenden Tag, wo der Rest seiner Streitkräfte eingetroffen sein mußte und, wie er glaubte, Saint-Cyr oder Mortier hinter ihm her kam. Beiderseits war mit größter Tapferkeit und Ausdauer gefochten und demgemäß verloren die Russen sechstausend Mann, also fast die Hälfte ihres Bestandes, der Verlust der Franzosen wird nicht viel geringer gewesen sein. Jedenfalls hatten die Russen standgehalten und hiermit ihre Aufgabe gelöst.

Die russischen Garden unter dem Befehl des Generals Grafen von Ostermann-Tolstoi am 29. August.
Nach einer zeitgenössischen Lithographie.

Im Laufe des Nachmittags fanden sich fünfzigtausend Mann bei den Verbündeten zusammen, unter ihnen Barclay, Schwarzenberg, der Zar und der König von Preußen. So beschloß man mit einer gewissen Zuversicht den Angriff für den nächsten Tag. Nur um das preußische Korps Kleist hegte man große Besorgnis, weil es noch weiter zurück im Gebirge steckte, dort mithin abgefangen werden konnte. Freilich dieser Umstand ließ sich vielleicht zum Guten wenden. Deshalb sandte der König dem Generale die Weisung, seinen Marsch möglichst in den Rücken Vandammes zu richten. Auch an Colloredo und Bianchi, deren Truppen haltgemacht hatten, erging der Befehl zu eiligem Anmarsche. Alles geschah, um den Erfolg für den nächsten Tag zu sichern. Ja, die immer noch gedrückte Stimmung wich fast völlig, als der an Kleist geschickte Oberst in der Nacht mit der Meldung zurückkehrte, daß er den Wunsch des Königs ausführen würde.

Vandamme stand vor Kulm südwestlich gewandt, die Straße nach Teplitz beherrschend an das Gebirge gelehnt. Sein letzter Truppenkörper links befand sich auf dem Westabhange des bewaldeten steilen Striesowitzer Berges. Die Verbündeten, von Barclay befehligt, beabsichtigten in der Front ein hinhaltendes Gefecht zu führen, um den Gegner von rechts, bei dem genannten Berge mit Übermacht zu umfassen. Erschien Kleist dann noch von hinten, so war Vandamme verloren.

Die Schlacht begann morgens um sieben Uhr. Zunächst suchten die Franzosen den linken Flügel der Verbündeten zu überholen, wurden aber abgewiesen und zurückgedrängt. In der Mitte beschränkte man sich hüben und drüben auf Geschützfeuer, während rechts die Österreicher einen kühnen Reiterangriff machten, mit ihrem Fußvolk den Striesowitzer Berg von Osten ziemlich unbemerkt erstiegen und den weit schwächeren Feind vertrieben. Vergebens bemühten sich die Franzosen, das Gefecht zum Stehen zu bringen. Sie wurden von der Höhe mit Kanonenkugeln

überschüttet, seitwärts immer weiter umgangen und langsam, trotz tapfersten Widerstandes, nach hinten gegen die Berglehne geschoben. Das Gefecht stand also schon ziemlich ungünstig für Vandamme, als unerwartet um zehneinhalb Uhr die ersten preußischen Geschütze in seinem Rücken zu donnern begannen.

Da die Hauptmasse der Großen Armee sich in endlosem Zuge über Dippoldiswalde nach Teplitz bewegte, hier den Weg also sperrte, beschloß Kleist, am 28. eine weiter östliche Richtung über Fürstenwalde einzuschlagen, was auch durch einen beschwerlichen Nachtmarsch erreicht wurde. Am 29. lagerte das Korps bei Fürstenwalde auf dem Kamme des Gebirges. Unter den Anwesenden befand sich Graf v. d. Groeben, der höchst anschaulich erzählt: „Kaum waren die Feldwachen ausgesetzt, als Bauern erschienen und berichteten, der Feind sei schon im Teplitzer Tal. Preußische und russische Offiziere sprengten heran und bestätigten die Aussage: ‚Ostermann-Tolstoi und Prinz Eugen von Württemberg hätten den Paß von Nollendorf nicht halten können und Vandamme sei ihnen ins Tal von Kulm gefolgt. Ein furchtbarer Kampf habe begonnen, die Preußen sollten eilen zu helfen und sich selbst zu retten.‘ Kleist erwiderte ruhig: ‚Ich werde dem Feinde über Nollendorf in den Rücken gehen, sagen Sie das dem Könige und dem Kaiser.‘ Oberstleutnant v. Grolman schrieb als stellvertretender Chef des Generalstabes die Disposition nieder: ‚Das Korps bricht um halb vier Uhr auf und geht rechts abmarschiert über Nollendorf auf der Chaussee nach Teplitz weiter. Der zehnten Infanteriebrigade folgt die Reservekavallerie, alsdann die elfte und zwölfte Infanteriebrigade; alles dicht aufgeschlossen. Die Arrieregarde ist nach Zurücklassung eines Beobachtungspostens bei Glashütte um vier Uhr bei Fürstenwalde, beobachtet die Dresdener Straße und folgt langsam dem Hauptkorps. Oberstleutnant v. Blücher hat mit seinem Husarenregiment die Avantgarde und sucht den feindlichen Artilleriepark zu überraschen. Am Breitenauer Kreuzweg ist der Sammelpunkt.

Prinz August von Preußen am 30. August: „Wer ein preußisches Herz hat, folge mir!“

Kein mutloser Blick, kein finsterer, der am Boden wurzelte, in heiterer und doch feierlich ernster Stimmung genoß Kleist mit seinem Gefolge das einfache Nachtmahl. Alle Generale waren zum Paroleempfange befohlen, und die Führer sprengten zu ihren Truppen in die finstere Nacht. Ein müder Tag ruhte in den Armen des Schlafs, nur hin und wieder gab ein naher, dunkler Tannenwald das lange ‚Wer da?‘ der Lagerwachen wieder. Man hörte den Atem von Tausenden leise flüsternd über die Heide wehen: ‚Gott über uns, Gott mit uns, gute Nacht ihr alle‘. Soeben hatte ein treuer Bergmann die Anzeige von Oberstleutnant v. Schöler überbracht, daß der Paß vom Feinde noch nicht erreicht und von aller verfahrenen Bagage gereinigt sei. Da wandte sich Kleist an Grolman mit der Frage: ‚Was nun? ‚Ich denke, es bleibt beim alten‘, entgegnete dieser in seiner gewöhnlichen Ruhe.

Die Verteilung der Reserveartillerie hielt auf, Oberstleutnant v. Blücher hatte sich verspätet. Ein dicker Nebel lag auf Gebirg und Tal, und die Sonne mochte schon lange herauf sein, als der Abmarsch begann. Erst vor Nollendorf brachen die Wolken. Dreißig Munitionswagen mit hundert Mann Bedeckung wurden daselbst überrascht und ohne Widerstand genommen. Unterhalb noch weithin dicker Nebel. Als auch dieser gefallen, lag das schöne Tal von Teplitz vor unseren Blicken, von einem glänzenden Tage beschienen. Die Franzosen sah man ruhig in

König Friedrich Wilhelm III. fordert in der Schlacht bei Kulm ein österreichisches Dragonerregiment zum Vorrücken auf. Nach einer Lithographie von F. Hofbauer.

ihren Lagern, unsere Nähe in ihrem Rücken keineswegs ahnend, dann aufbrechen und gegen Teplitz marschieren. Nachdem das Korps enge aufgerückt und die erbeuteten Wagen zerschlagen, wandte sich der Zug die lange schmale Straße ins Tal hinab. Da blitzten die Geschütze der einander gegenüberstehenden russischen und französischen Linien schon jenseits Kulm auf. Die Schlacht begann. Wenige Minuten darauf hörte man mehrere Lagen aus kleinem Gewehr kurz unten im Tal. Unsere Husaren waren auf den feindlichen Artilleriepark gestoßen und hatten drei Kanonen und drei Haubitzen genommen."

Diesem überraschenden Auftreten der Spitze folgte ein unerwartet kräftiger Gegenstoß, bei dem Oberstleutnant Blücher schwer verwundet wurde und der Feind die sechs Geschütze zurückeroberte. Die anrückende Vorhut der zehnten Brigade stellte das Gefecht wieder her und gelangte bis Arbesau, zwei Kilometer vor Kulm. Hier rechts auf den Höhen entfaltete Kleist einen mächtigen Halbkreis von Geschützen, während sich links des Dorfes die Reservekavallerie entwickelte und die elfte Brigade rechts von der zehnten die Verbindung mit dem linken russischen Flügel suchte. Die zwölfte Brigade steckte noch weiter hinten im Gebirge.

Auf dem Horkaberge bei Kulm, der eine gute Fernsicht gewährte, hielt Vandamme. Er erkannte die furchtbare Gefahr seiner Lage, statt Mortier — die Preußen! Kaltblütig faßte er die notwendigen Entschlüsse. Es galt, seine Streitmacht bei Kulm zusammenzuballen und die Preußen zu durchbrechen. Die Bataillone machten kehrt, während die Artillerie stehen blieb und die Russen und Österreicher durch vermehrtes Feuer so lange aufhielt wie irgend möglich. Aber die Feinde hatten die rückwärtige Bewegung bemerkt, stürmten vor, und bald drängte alles so wirr durcheinander, daß zwei französische Divisionen bei Kulm die Waffen strecken mußten.

Inzwischen ordnete Vandamme seine Hauptmacht gegen die Preußen, in der Mitte auf der Chaussee die Reiterei, links und rechts das Fußvolk. Mit zunehmender Wucht warf er diese Truppen, etwa zwanzigtausend Mann, dem Feinde entgegen und schob nach erbittertem Widerstande die beiden vorderen Brigaden bergeinwärts. Vergeblich suchte Kleist persönlich seine Leute wieder vorzuführen. Die hinterste Brigade, welche aus der Wegenge herauszutreten beginnt, kommt nicht mehr voll zur Entwicklung. Die Schlesische Landwehr versagt und bringt auch die Linie in Unordnung. Prinz August von Preußen ergreift die Fahne eines Bataillons, um seine Leute zum Stehen zu bringen, umsonst; er wird in die rückflutende Bewegung hineingerissen. Die französische Reiterei unter Corbineau benutzt die Verwirrung, stürmt auf der Hauptstraße einher längs der dort festgefahrenen preußischen Artillerie, haut deren Mannschaft nieder, zerreißt das preußische Korps in zwei Teile und erkämpft glücklich aufwärts den Ausweg. Unterdessen ist das österreichische Korps Colloredo rechtseitig bis in die Nähe von Arbesau gelangt. Auf dringendes Ersuchen eines preußischen Offiziers sendet der General sieben Bataillone den Franzosen in Flanke und Rücken. Zwar wird der führende österreichische General La Chiesa tödlich verwundet, aber schon befinden sich die Bataillone mitten im Feinde und töten oder nehmen gefangen, was ihnen entgegentritt, durch preußisches Fußvolk und Geschütz unterstützt. Von den Franzosen sucht alles die steilen Abhänge zu erklimmen oder sonst dem Verderben zu entrinnen. Auch preußischerseits versagte jede Leitung. Der tapfere Kleist war bis zum letzten Augenblick bei seinen Geschützen geblieben, sah sich von dem Ansturm der feindlichen Reiterei aber mit fortgerissen und bis zur Höhe von Nollendorf versprengt. Hier nahm ihn die seitwärts unter General von Zieten eintreffende Nachhut auf und tat den vorbeijagenden Feinden noch schweren Abbruch. Den Fliehenden folgte der russische General v. Diebitsch mit den russischen Gardehusaren. Auf der Höhe fand er Kleist in dem Glauben, daß die Schlacht verloren sei, doch jubelnd begrüßte er ihn als Sieger.

General Kleist von Nollendorf.
Original im Besitze des Herrn Generalinspekteurs v. Kleist zu Berlin.

Das Korps Vandamme hatte aufgehört zu bestehen; seine geringen versprengten Reste brachten sich meistens bei dem anmarschierenden Saint-Cyr in Sicherheit. Etwa zehntausend Franzosen blieben gefangen, darunter drei Generale, nachdem zwei gefallen waren, ferner gingen verloren zwei Adler, zweiundachtzig Geschütze, das gesamte Gepäck und über zweihundert Munitionswagen. Unter den Gefangenen befand sich Vandamme; bis zuletzt hatte er die Schlacht unerschüttert vom Horkaberge aus geleitet, dann versuchte er zu entkommen, fiel

Gefangennahme des Generals Vandamme in der Schlacht bei Kulm.

Nach dem Gemälde von Fritz Neumann.

aber russischen Jägern in die Hände. Er und die Seinigen gingen unter mit Ehren. — Während der Schlacht waren im Hauptquartiere der Verbündeten die Nachrichten von dem Siege an der Katzbach und bei Großbeeren eingetroffen. Dankerfüllt sank König Friedrich Wilhelm mit seinem Stabe in offenem Felde auf die Knie. Am 2. September fand ein Tedeum und große Parade der österreichischen Armee statt. Knesebeck schrieb: „Gottlob, es geht nun von allen Seiten gut, und der Himmel wird uns nun auch ferner den Sieg geben.“ Der Dichter Fouqué sang:

Der Sieg schwang seine goldnen Flügel
Durchs Kampfestal,
Und wie Altäre glühn die Hügel
In seinem Strahl.

Der hohen Berge Wipfel wallen
Voll Opferpracht,
Derweil noch einz'le Donner schallen:
Echo der Schlacht.

Hart habt Ihr schwer und hoch gerungen
Manch heißen Tag,
Nun ist's, Ihr Brüder, ist's gelungen,
Der Sieg ist wach.

Vor Dem durchbebt dich heil'ges Zittern,
Der kann und will;
Knie nieder unter Furchtgewittern
Und bete still.

Als Held des Tages galt Kleist. Schon auf dem Schlachtfelde suchte ihn der König, um ihm seinen persönlichen Dank auszusprechen. In Erinnerung an seine glückliche Heeresleitung erhielt er den Beinamen v. Nollendorf. Wäre er den Franzosen nicht in den Rücken gekommen, würden sie voraussichtlich in das Gebirge gedrängt sein und hätten die Schlacht gehalten, bis Saint-Cyr zu ihrer Unterstützung eintreffen konnte. Nun gestaltete sich das Ereignis von Kulm zum erfolgreichsten aller bisherigen Kämpfe, welches die Niederlage bei Dresden aufwog. Kleist selber ist vielleicht die anziehendste Heerführererscheinung des ganzen Krieges. Seine

Österreichische Infanterie erstürmt die Höhen von Striesswitz am 30. August. Nach einer kolorierten Lithographie.

hervorragende militärische und persönliche Begabung brachte ihn schon mit achtundzwanzig Jahren in das, was wir heute Generalstab nennen; 1793 zeichnete er sich durch Tapferkeit und Umsicht bei der Rheinarmee aus, 1803 erhielt er die einflußreiche Stellung eines Generaladjutanten, die er vortrefflich ausfüllte und die ihm die dauernde Zuneigung und Hochachtung seines Königs sicherte, weshalb dieser ihm in der schweren Zeit von 1809 den heiklen Posten eines Kommandanten von Berlin übertrug. 1812 wurde er Brigadeführer unter York, als solcher sich wieder tadellos benehmend. Das erste siegreiche Gefecht gegen Napoleon bestand er bei Halle, ebenso focht er bei Bautzen mit solcher Auszeichnung, daß er ein Korps bekam. Da er als der am meisten diplomatisch beanlagte und persönlich gewinnendste General Preußens galt, überwies man ihn und sein Korps der Großen Armee. Kleist war eine durch und durch vornehme Natur, wohlwollend, edelmütig, zuverlässig, gerecht, fleißig, tapfer, unterrichtet und doch bescheiden. Die Soldaten blickten mit einer Art Andacht zu ihm empor, die Offiziere verehrten ihn, während alle Fürsten ihn schätzten. Weniger Gnade fand der dem Hofe Nahestehende in den Augen der volkstümlichen Heerespartei, welche namentlich aus Mitgliedern des Tugendbundes bestand; sie sprach ihm die höhere Feldherrnbegabung ab. Das einzige Mal, wo er sie selbständig zeigen konnte: die Schlacht bei Kulm, spricht gegen jene Annahme. „Als Führer ging er auf der Bahn der Ehre und Pflicht mit unerschütterlicher Sicherheit voran.“ In jeder Stellung hat er sich bewährt.

Nach einem Kohledruck von Braun & Cie. Nachf., Dornach i. E.

General Vandamme.
Gemälde von J. S. Rouillard im Nationalmuseum zu Versailles.

Von völlig anderem Schlage war sein Gegner, Graf Vandamme. Napoleons Kriegsminister Clarke, Herzog von Feltre, schilderte ihn: „Gepeinigt vom Verlangen nach der Marschallwürde, ist ihm nichts zu teuer, um sie zu erlangen, obwohl er im Herzensgrunde Bonaparte verabscheut. Ziemlich groß und recht korpulent, erweist er sich äußerst tätig, von unerschütterlicher Festigkeit, starker Eigenliebe und ohne jegliche Großmut. Er haßt alle Kameraden und sie hassen ihn, doch läßt er sich die Bedürfnisse des Soldaten sehr angelegen sein, wird von ihm aber wegen seiner Wildheit gefürchtet. Kriegserprobt erscheint er als Mann des Handwerks, aber nicht als Mann großer Gesichtspunkte. Er ist eigentlich Vorhutoffizier, verwegen und zu jedem Handstreich geneigt.“ Bei Kulm hat er als Führer umsichtig, mutvoll und geschickt geleitet und seinen Soldaten die finstere Entschlossenheit einzuflößen verstanden, welche ihn selber auszeichnete.

Suchen wir die Hergänge von Dresden bis Kulm im ganzen zu beurteilen. Während der Schlacht bei Dresden zeigt sich Napoleon voll auf der Höhe, seine Heeresleitung ist zielbewußt und genial. Auch noch nach dem Siege arbeitet sein Geist kühn und umfassend in früherer Weise. Am Morgen des 28. faßt er den großartigen Plan, dem Feinde mit drei Korps auf

Faksimile des I. Bulletins vom 31. August 1813 über den Sieg bei Kulm, gedruckt im Hauptquartier Teplitz.
(Aus der Sammlung des Herrn Juwelier Dasch in Teplitz.)

Extra = Blatt.

Hauptquartier Teplitz den 31. August 1813.

Der Feind hatte sich über die Ursachen unserer rückgängigen Bewegungen getäuscht, und unternahm es, uns einzelne Corps aus den Defileen des Erzgebirges nach Böhmen nachzusenden. General Vandamme, Befehlshaber des ersten Armeecorps, mußte mit 52 Battaillons und 4 bis 5000 Pferden von Königstein über Peterswalde vorrücken. Ihm entgegen stand nichts als das kaum 8000 Mann starke Corps des tapfern Rußischen Generals Ostermann, welches mit dem ausgezeichnetsten Muthe jeden Fuß breit Landes streitig machte. Den 29. gegen Mittag trafen nach einem der beschwerlichsten Märsche die Rußisch-kaiserlichen Garden zur Unterstützung ein; auch sandte der kommandirende General dem Chef eine rußische Grenadier = Brigade von Eichwald aus zur Verstärkung hin; sie griffen den Feind mit Löwenmuth an, und warfen ihn nach ungeheuren Anstrengungen bis Karwitz. Das Gefecht war durch diese glückliche Haltung der Russen hergestellt, und die Ausführung der Disposition zum Angriff des Feindes für den folgenden Tag möglich.

Der kommandirende General F. M. Fürst von Schwarzenberg ertheilte dem General Barclay de Tolly den Auftrag zum Angriff, den dieser General mit jener Geschicklichkeit ausführte, die man von ihm erwarten durfte. Die Divisionen Collvredo und Bianchi, nebst der Rußischen Brigade des General Knorring, umgingen am 30 Morgens den Feind in seiner linken Flanke, während die Russen seinen rechten Flügel beschäftigten, General Kleist aber im Rücken des Feindes auf den Paß von Nollendorf marschirte, und ihm dadurch jeden Rückzug unmöglich machte General Knorring stürmte mit seiner vortrefflichen Kavallerie die erste Batterie des Feindes und nahm 3 Kanonen. Die Kolonne des Feldmarschall = Lieutenant Colloredo stürmte auf die ausgezeichnetste Weise die Höhen des feindlichen linken Flügels, und vertrieb ihn aus Karwitz und Neudorf; nach der tapfersten Gegenwehr wurde der Paß von Nollendorf durch den General Kleist forcirt; dem Feinde blieb nichts als die Wuth der Verzweiflung; von allen Seiten umgangen, in der Fronte aber unausgesetzt von den Russen nach den Defileen gedrängt, glückte es nur einem kleinen Rest der feindlichen Kavallerie sich durchzuschlagen; alles übrige ward niedergemacht oder gefangen Das Schlachtfeld ist mit Todten bedeckt; gegen 8000 Gefangene sind bis jetzt eingebracht. Der Ueberrest wird in den Wäldern aufgesucht und jeden Augenblick vermehrt sich ihre Zahl. 81 Kanonen, 2 Adler und 2 Fahnen fielen in unsere Hände; auch nicht ein Geschütz des Feindes entkam. General Vandamme, der Divisions-Genie-General Haxo, die Brigade, Generale Guyot und Heimbrodt sind gefangen. Die Generale Dumonceau, Montesquiou = Fezensac und Prinz Reuß blieben auf dem Platz, alle übrigen sind zerstreut und blessirt. Das erste Armeekorps des General Vandamme hat aufgehört zu seyn.

Die Folgen unserer frühern Offensiv = Demonstrationen bewähren sich in diesem Augenblick. General Blücher hat die Korps von Macdonald, Ney, Lauriston und Sebastiani am 26. August bei Jauer angegriffen, und nach der heftigsten Gegenwehr geschlagen. Der Feind ist in der größten Unordnung; 80 Kanonen und gegen 6000 Gefangene waren nach den letzten Nachrichten bereits eingebracht; die Anzahl der Gefangenen würde noch größer seyn, wenn nicht mit so großer Erbitterung gefochten, und größtentheils das Bajonett gebraucht worden wäre.

Der Oberste Menzdorf operirte mit dem besten Erfolge im Rücken des Feindes, hob Kuriere auf, machte Gefangene, zerstreute mehrere gegen ihn ausgesandte Kavallerie-Abtheilungen, und hielt sogar die 8000 Mann starke Besatzung von Leipzig in so großer Ehrfurcht, daß sie es nicht wagte, ihm aus der Stadt etwas entgegen zu schicken.

Der Kronprinz von Schweden schlug den Feind am 23. zwischen Teltow und Trebbin und nahm ihm eine bedeutende Anzahl Geschütz. Die in dem Hauptquartier des Kronprinzen von Schweden, und des Generals Blücher erschienenen Bülletins enthalten die näheren Umstände über diese Gefechte.

Die vereinigten Armeen setzen ihre Operationen im vollkommensten Einverständniß fort.

Hauptquartier Teplitz

den 1 September 1813 6 Uhr Abends.

In diesem Augenblicke trifft ein Kurier des General Blücher mit neuen Sieges-Nachrichten ein.

Von der 80,000 Mann starken französischen Armee, welche gegen Schlesien aufgestellt war, sind kaum 10,000 in Ordnung; alles Uibrige ist aufgelöst. 15,000 Gefangene, 92 Kanonen, 300 Munitionswägen und 4 Adler sind in den Händen der Sieger. Alles Uibrige ist todt, blessirt und zerstreut; bloß das ausgetretene Wasser des Bobers hinderte die gänzliche Vernichtung des Feindes.

Zugleich fand die ganze Division Puthod vor Löwenberg ihr Ende; sie fiel, ihren General und alle Offiziere seines Generalstabs an der Spitze, dem General Langeron in die Hände; was nicht gefangen war, ertrank in dem Bober.

Die Armee des Marschall Macdonald ist so gut als vernichtet.

der Teplitzer Straße zuvorzukommen. Verschiedene Umstände brachten ihn hiervon ab, doch was er nun befahl, und mehr noch was er selber tat, zeigt einen förmlichen Zusammenbruch seiner Willens- und Feldherrnkraft. Der ungemeine Erfolg der Schlacht, die weitgehende Auflösung des feindlichen Heeres, welche man aus Tausenden von Anzeichen erkannte, wurde nirgends genügend ausgenutzt. Wie der Kaiser versagten seine beiden verfolgenden Hauptgenerale: Murat und Marmont, und begnügten sich mit untergeordneten Ergebnissen. Der einzige, welcher die Größe seiner Aufgabe voll erkennt und mit rücksichtsloser Tatkraft durchzusetzen sucht, ist Vandamme. Er treibt die Russen vor sich her, um den aus den Bergen heraustretenden gebrochenen und marschmüden Verbündeten den Weg zu verlegen. Hiervon war Napoleon unterrichtet, und die Pflicht hätte erfordert, entweder den General zurückzuberufen, oder ihm den Rücken zu decken, denn daß er vereinzelt jenseits des Erzgebirges in schwere Bedrängnis vor einer allseitig eintreffenden Übermacht geraten konnte, war sonnenklar. Aber verspätet sandte Napoleon Saint-Cyr ab und auch noch in falsche Richtung, nicht in Eilmärschen geradeswegs hinter Vandamme her, sondern auf eine mehr westliche Straße, um namentlich Marmont zu unterstützen. Sein Befehl wies auf Maxen oder nach allen Richtungen, wobei Vandammes Lage als günstig hingestellt wurde. Damit fehlte Saint-Cyr ein bestimmtes Ziel, was ihn leicht ablenken konnte. Aus allem erhellt, daß Napoleon sich über die Sachlage täuschte und tatsächlich den einzigen General, der entschlossen seine Pflicht tat, aus den Augen verlor. Vandamme machte den Fehler, daß er seine ganze Aufmerksamkeit nach vorne auf den Feind richtete und hierüber die rückwärtigen Verbindungen vernachlässigte. Freilich tat er es, weil er sich nach hinten durch den Kaiser gesichert glaubte. Sein Unglück wollte ferner, daß die

Dankgottesdienst der Verbündeten anläßlich des Sieges von Kulm bei Teplitz am 2. September.
Nach einem zeitgenössischen Stich aus der Sammlung des Herrn Juwelier Dasch in Teplitz.

Russen vor seiner Front eisern standhielten, während hinten die Preußen noch in den Gebirgen steckten und von einem so mutigen und umsichtigen Manne wie Kleist geführt wurden, der kühn die Verantwortung auf sich nahm, nicht bloß von vorn überrannt zu werden, sondern auch zwischen Vandamme und ein inzwischen zu Hilfe eilendes Korps zu geraten. Das Glück lächelte ihm, denn Mortier blieb müßig bei Pirna, und Saint-Cyr, der hinter Kleist herzog, bemerkte nicht dessen Abbiegen nach Osten.

U…
Nach d…
L.…

Unseres Erachtens trafen mehrere Zufälligkeiten zusammen, wie sie sich aber auf die eine oder andere Weise ereignen konnten. Die Hauptschuld bleibt auf Napoleon haften. Wir sehen hierin wieder ein Zeichen seiner zeitweisen Ermattung. Die steten körperlichen Anstrengungen und Anforderungen schwächten seine Widerstandskraft, welche gerade jetzt durch unvorhergesehene Umstände auf eine besonders harte Probe gestellt wurde. An ein und demselben Tage, am 28., erhielt Napoleon die Nachricht von den Niederlagen Oudinots und Macdonalds. Sie müssen eine tiefe, niederdrückende Wirkung auf sein Gemüt geäußert zu haben, denn plötzlich erschien die gesamte Lage des Krieges geändert. Ein Vordringen sowohl Bernadottes wie Blüchers oder gar beider stand zu befürchten. Diese Sorgen machten ihn unsicher und lenkten seine Gedanken ab von dem geschlagenen Feinde und damit zugleich von Vandamme. Die Erfolge der beiden verbündeten Nebenheere haben augenscheinlich zugunsten des Hauptheeres gewirkt. Drei Siege waren erfochten, von denen der Kulmer als der wichtigste galt, der drei Völker in treuer Waffenbrüderschaft vereinigte. Das Vertrauen zu einander, zur eigenen Kraft und gemeinsamen Sache begann sich zu beleben, selbst bei dem zaghaften Schwarzenberg und dem unzuverlässigen Metternich.

Freilich, Schwarzenbergs Heerführung bewährte sich schlecht; nach Hardenbergs Tagebuch erregte sie die Unzufriedenheit Friedrich Wilhelms, und Metternich wußte nach der Dresdener Niederlage nichts Besseres, als spornstreichs wieder mit Napoleon diplomatisch anzuknüpfen. Dann ließ er sich freilich die Tage von Kulm zur Warnung dienen und hielt sich in Zukunft fern von dem Schwiegersohne seines Kaisers.

gs.
mälde von
e.

Alle drei Siege wurden wesentlich von Preußen gewonnen. Der bislang als etwas minderwertig eingeschätzte Staat Friedrichs des Großen bekam hierdurch frischen Ruhm und Ansehen. Das war neu und wichtig.

Umgekehrt wie bei den Verbündeten lagen die Dinge auf seiten Napoleons. Innerhalb acht Tagen hatte er von vier Schlachten drei verloren und achtzigtausend Mann eingebüßt; er befand sich in demselben Dresden, von dem aus er den Feldzug begonnen hatte, und wußte, daß der Glaube an seine Unbesiegbarkeit schwinde. Dumpf fühlte er, sein Stern sei im Sinken, weshalb er unsicherer zu werden anfing und tatsächlich auf den Krieg in großen Schlägen verzichtete, wenn er auch theoretisch darin weiterlebte.

Ein Unternehmen nach Böhmen konnte schwere Gefahren bewirken, dagegen versprach ein Angriff auf der Nordseite Erfolge, weil Bernadotte sich augenscheinlich nicht vorwagte. Am 30. setzte Napoleon sich mit einem Teile seines Heeres nordwärts in Bewegung. Aber die Meldungen Macdonalds über den Zustand seines Heeres und die jetzt eintreffende Nachricht von der Niederlage bei Kulm änderten die Sachlage. Der Kaiser durfte sich nun nicht mehr allzuweit von Dresden entfernen, weil es von Osten und mehr noch von Süden bedroht schien. An seiner Statt bestimmte er den Marschall Ney, um Oudinot zu ersetzen und Berlin zu erobern. Er selber wollte eine Mittelstellung bei

Hoyerswerda beziehen, die ihm ermöglichte, Blücher anzugreifen, Ney zu unterstützen und Dresden zu schützen, wo Saint=Cyr wieder den Oberbefehl erhielt. Noch hatte er die geplante Bewegung nicht ausgeführt, als eine Anzeige Macdonalds eintraf, daß seine Armee sich in der Auflösung befinde. Sofort zog Napoleon möglichst starke Kräfte zusammen und setzte sich gegen Blücher in Marsch. Am 4. erreichte er Bautzen. Noch an demselben Tage schritt er zum Angriff und warf die feindlichen Vortruppen nach heftigem Widerstande zurück. Durch die plötzlich veränderte Haltung der Franzosen und verschiedene Meldungen erkannte Blücher die Anwesenheit des Kaisers. Sofort beschloß er, dem gefährlichen Tatzenschlage schleunigst auszuweichen. Noch während der Nacht begann er den Rückzug. Wütend drängte Napoleon hinterdrein, sah aber bald, daß der Feind sich absichtlich einer Schlacht entziehe und glücklich entkomme. Damit schien eine weitere Verfolgung bedenklich. Die Boberarmee wurde stark genug gemacht, um ein abermaliges Vordringen Blüchers aufzuhalten, während sich Napoleon selber nach Hoyerswerda begeben wollte. Da erfuhr er von Saint=Cyr, daß sich die Böhmische Armee wieder gegen Dresden in Marsch setze und die südlich vorgeschobenen Truppen schwer durch Hunger und Entbehrungen litten. So blieb nur, abermals den Plan zu ändern. Am 6. abends befand sich der Kaiser in Dresden; er beabsichtigte, nach der böhmischen Grenze zur Verstärkung Saint=Cyrs zu eilen, der langsam vor Schwarzenberg zurückwich.

Die Hauptarmee hatte sich nach dem Siege bei Kulm wieder zusammengefunden, ihre sehr bedeutenden, ungefähr fünfundvierzigtausend Mann betragenden Verluste möglichst ersetzt und es wieder auf fast zweihunderttausend Streiter gebracht. Zugleich faßte Habsburg den Mut, das Reichenbacher Übereinkommen durch den Teplitzer Vertrag endgültig zu gestalten. Darin war die volle Gemeinsamkeit des Handelns festgesetzt: Österreich sollte den Umfang von 1805, Preußen den von 1806, das englische Herrscherhaus Hannover und Braunschweig erhalten, der Rheinbund aufhören, seine Staaten unabhängig werden und Napoleon Norddeutschland räumen. Aber trotz alledem gelangte man zu keinem tatkräftigen Handeln, sondern wußte nichts Besseres, als die Truppen sich erholen zu lassen und am 4. September einen Kriegsrat in Teplitz abzuhalten, der dem Reichenbacher Plane gemäß an dem Grundsatze der Schlachtvermeidung festhielt. Als die Kunde kam, Napoleon wende sich gegen Blücher oder Bernadotte, begann man eine Bewegung in seinem Rücken, was am 5. zu einem Erfolge über Vorderabteilungen Saint=Cyrs führte. Zur Entlastung Blüchers sollten sechzigtausend Österreicher nach der Lausitz marschieren, um Napoleon von seitwärts zu bedrohen, während die übrige Truppenmacht ihre Bewegung fortsetzte. Dies bewirkte eine Reihe siegreicher Gefechte im Erzgebirge. Kaum aber erfuhr man die Heimkehr Napoleons, als überall Halt oder gar Rückzug angeordnet wurde. Ein neuer Kriegsrat in Teplitz am 9. entschied für eine Angriffsbewegung auf Chemnitz und Heranholung Blüchers nach Böhmen. Ihn sollte Bennigsen mit der aus Polen nahenden russischen Reservearmee ersetzen.

Inzwischen traf Napoleon am 8. in der Front ein, warf eine preußisch=russische Abteilung zurück und unternahm einen kühnen Umgehungsversuch, den die Verbündeten aber rechtzeitig erkannten. Überall drangen nun die Franzosen bis in die Gebirgsausläufer vor. Eine Schlacht schien bevorzustehen. Schon zog Schwarzenberg seine Truppen dafür zusammen, als der Feind sich langsam wieder entfernte. Während der Kaiser am Abend des 9. in Dohna bei Tische saß, hatte er die Nachricht einer neuen Niederlage erhalten, derjenigen Neys bei Dennewitz. Äußerlich nahm er sie mit Gleichmut hin, geheim aber befahl er dem Kriegsminister in Paris, Maßregeln zum Schutze der französischen Grenze zu treffen; dann begab er sich wieder nach Dresden, Saint=Cyr auf dem Kamme des Erzgebirges belassend.

Ney hatte die Weisung, am 4. September in der Richtung nach Jüterbog abzumarschieren, um den 9. oder 10. gemeinsam mit dem Kaiser Berlin anzugreifen. Am 3. September erreichte

Schreiben Metternichs an Hardenberg vom 2. September 1813.

(Nach dem Original im Geheimen Staatsarchiv zu Berlin.)

Des nouvelles du Capitaine du Cercle de Bidichow portent l'entrée du Gl. York dans Bunzlau le 30 du mois d'après une affaire trés chaude et qui aurait durée 5 heures. Les mêmes rapports disent que la retraite du françois a été tellement précipitée qu'ils n'ont pu bruler un second pont qu'ils avoient établis sur le Bober et qui aurait facilité aux alliés le passage de la rivière.

Ignorant si V.E. a déja cette nouvelle je m'empresse de la lui douner comme venant d'une source qui jusqu'à présent ne nous avoit jamais induite en erreur.

Recevez, mon cher Baron, l'assurance de tons mes sentiments

E. 2. Sept. 13 10h. du soir. Metternich.

Faksimile eines Schreibens des Grafen Metternich an den Staatskanzler Hardenberg vom 2. September 1813.

(Nach dem Original im Geheimen Staatsarchiv zu Berlin.)

Les nouvelles du Capitaine du Comte de Bidrikow portent l'entrée du Gl. York dans Bunzlau le 30 du mois d. qu'il y a eu une affaire très chaude et qui aurait durée 5 heures. Les mêmes rapports disent que la retraite des françois a été tellement précipitée qu'ils n'ont pû bruler un second pont qu'ils avoient établi sur le Bober et qui aurait facilité aux alliés le passage de la rivière.

Ignorant si V. E. a déjà cette nouvelle je m'empresse de la lui donner comme venant d'une source qui jusqu'à présent ne nous avoit jamais induite en erreur.

Recevez mon cher Baron les assurances de mes sentimens

Metternich

Le 2 7bre 13. 10 h. de Töplitz

er die Armee auf dem rechten Elbufer bei Wittenberg, die sich, ungefähr achtundfünfzigtausend Mann stark, in üblem Zustande befand. Über den Feind wußte man wenig. Tatsächlich muß der Befehl Napoleons auf Unkenntnis der Sachlage oder auf verstörtem Denken beruht haben, denn er verlangte von Ney, daß er fast mit denselben Truppen eine Aufgabe lösen sollte, an der Oudinot gescheitert war. Ja, er sollte unter erschwerten Umständen handeln. Seine Armee litt schwer an den Folgen ihrer Niederlage, wogegen sich der Feind siegreich und zahlenmäßig stark überlegen fühlte. Trotzdem galt es, durch einen Flankenmarsch an ihm vorbeizukommen. Wäre Ney mehr Feldherr als gehorsamgewohnter General gewesen, so würden ihm schwere Bedenken gekommen sein; aber er hatte den Auftrag erhalten und wollte ihn ausführen, obwohl seine Hoffnung nur gering sein konnte.

Marschall Ney. Nach einer Originalzeichnung von Maurin lithographiert von F. S. Delpech.

Am 5. brach er auf und warf die Preußen Tauentziens in verlustreichen Gefechten bis Jüterbog zurück. Der Gegner merkte, was vorging, und suchte die verschiedenen Anmarschwege zu verlegen. Schon in der Nacht zum 6. zog der Kronprinz seine weitverstreuten Truppen dichter zusammen, befahl Tauentzien, sich dem ihm zunächst stehenden Bülow zu nähern, während dieser ihn gegebenenfalls unterstützen sollte. Schon in derselben Nacht schob sich Bülow seinerseits mehr dem bedrohten Kameraden entgegen, wodurch er schließlich nur eine halbe Meile von dem IV. feindlichen Korps (Bertrand) lagerte, ohne daß es eine Ahnung davon hatte.

Am Morgen des 6. stand Tauentzien westlich von Jüterbog, seitwärts von ihm Bülow und am weitesten westlich bei Lobbese der Kronprinz mit den Russen und Schweden. Als Tauentzien in der Frühe das erneute Vorrücken des Feindes bemerkte, setzte auch er sich mit seiner Hauptmacht, etwa neuntausend Mann, in Bewegung, um dichter an Bülow heranzukommen. Aber schon unterwegs bei Dennewitz fand er sich von links bedroht, weshalb er auf dem Höhenzuge nördlich des Dorfes Front machte. Ney vermutete offenbar keinen ernsten Kampf an diesem Tage. Der Aufklärungsdienst seiner Reiterei muß völlig versagt haben, und er selber war nicht der Mann der Vorsicht. Demgemäß brachen seine drei Korps zu so verschiedenen Zeiten auf und befanden sich dermaßen auseinander, daß sie von zehn Uhr vormittags bis vier Uhr nachmittags gebrauchten, um das Schlachtfeld zu erreichen.

Die Umgebung von Dennewitz ist hügelig. Namentlich im Norden erhebt sich ein Landrücken mit flachen Kuppen. Der Ort selbst liegt an dem Ahebache, der, von Westen nach Osten fließend, sumpfige Ufer bildet, die sich nur bei Dennewitz und weiter östlich bei Rohrbeck auf Brücken überschreiten ließen. Der Bach durchkreuzte also die französische Anmarschrichtung und die ihr entlang sich gegen Nordwesten entwickelnde französische Schlachtlinie.

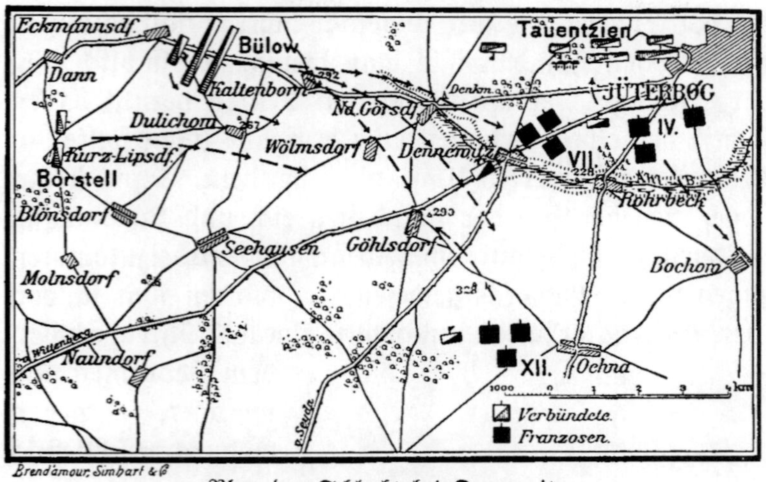

Brend'amour, Simhart & Co.

Plan der Schlacht bei Dennewitz.

Zerfiel diese somit schon in zwei getrennte Teile, so wurde die Gefechtsleitung noch mehr erschwert durch den ungemein sandigen Boden, dem dichte Staubwolken entstiegen.

Als Bertrand das Dorf hinter sich hatte, begann er um elf Uhr den Angriff auf den vor ihm aufmarschierten Tauentzien und brachte dessen Landwehr nach einstündigem heftigen Feuergefecht zum Weichen. In seiner Not warf Tauentzien die Reiterei gegen den Feind, deren Tapferkeit diesen entweder zurückdrängte oder lange genug hinhielt, bis Bülow von rechts her eingreifen konnte. Dadurch sahen die Franzosen sich genötigt, einen Teil ihrer Front von Norden mehr nach Westen zu wenden und sie in dieser Richtung zu verlängern, wodurch sich Dennewitz eine Zeitlang im Zentrum des Kampfes befand. Der erste Ansturm von Bülows vorderster Brigade scheiterte vollkommen. Doch Verstärkungen rückten an. Hin und her wogte das Ringen, bis die Preußen eine wichtige Höhe, die heutige Denkmalshöhe, eroberten und dort vierunddreißig Geschütze auffuhren. Noch einmal kam das Gefecht zum Stillstande; schließlich gelang es, Bertrand links zu umfassen und aus seiner Stellung vor Dennewitz zu vertreiben. Wütend stürzte er sich auf den Feind, prallte jedoch vor dem heftigen Geschützfeuer bis nach Rohrbeck zurück. Hiermit war die Schlacht auf der Nordseite des Ahebaches für die Preußen entschieden. Vergeblich suchte der inzwischen eintreffende Reynier Dennewitz wieder zu erobern; er sah sich gezwungen, seine Hauptmacht südlich vom Bache gegen eine neue Brigade der Preußen, die Brigade Krafft, Front machen und das von ihr schwach besetzte Dorf Göhlsdorf durch seine Sachsen angreifen und nehmen zu lassen. Reynier erlangte dadurch eine feste Stellung längs eines Höhenzuges, links auf Göhlsdorf gestützt, welche er stark mit Geschützen besetzte. Hiergegen stürmte Bülow wuchtig an, wobei es nach der Bachseite hin zu einem entscheidungslosen Feuern, in Göhlsdorf aber zu einem heftigen Nahkampfe kam, der das Dorf wieder den Preußen überlieferte.

Graf Tauentzien von Wittenberg. Nach dem Stich von C. Schule.

Beide Teile erhielten Verstärkung, Bülow durch die Brigade Borstell, Bertrand durch das Korps Oudinot, welche sich südwestlich von Göhlsdorf als Verlängerung der Schlachtlinie entgegentraten. Die Übermacht war jetzt französischerseits so erdrückend, daß Göhlsdorf abermals verloren ging und auch Borstell weichen mußte. Nun würde Bülow von rechts aufgerollt worden sein, wenn Ney nicht das Korps Oudinot nach Dennewitz hinüber befohlen hätte. Er beging damit den entscheidenden

Fehler. Kaum hatte Oudinot den Kampf abgebrochen und sich hinter den Sachsen Reyniers nach dem Bache zu in Bewegung gesetzt, als Bülow nochmals alle Kräfte anspannte, nach blutigem Handgemenge Göhlsdorf zum dritten Male eroberte und die gefährliche Batteriestellung erstürmte. Die abfahrenden Geschütze reißen die Truppen der zweiten Linie mit sich, die Preußen drängen nach und lassen sich erst durch tapfer einhauende feindliche Reiter etwas aufhalten. Reynier konnte nicht mehr festen Fuß fassen, sondern mußte das Schlachtfeld räumen.

Inzwischen war Bertrand noch einmal aus Rohrbeck vorgegangen, aber nach anfänglichem kurzem Erfolge auf das Dorf zurückgesunken, wo er in das Kartätschenfeuer einiger soeben angelangten russischen Batterien geriet. Rohrbeck brannte; die Verbände der Franzosen und Italiener waren völlig aufgelöst; in wilder Flucht stoben sie schließlich nach Süden. So kam der einhermarschierende Oudinot in ein doppeltes Gedränge: in das der Bertrandschen und Reynierschen Truppen. Seine Versuche, die Schlacht wiederherzustellen, scheiterten. Es blieb schließlich nur ein eiliger Rückzug der ganzen Armee auf Torgau. Über diesen berichtet der württembergische General v. Franquemont: „Der Feind beschoß die zurückgehenden Korps mit einem heftigen Artilleriefeuer und machte von allen Seiten Angriffe mit seiner zahlreichen Kavallerie. Ein panischer Schrecken ergriff die Truppen; der Rückzug artete in eine allgemeine Flucht aus. Die Infanterie lief im Trab, die Kavallerie suchte Schutz beim Fußvolk und drängte sich in seine Haufen; Equipagen, Artilleriemunitionswagen fuhren in verschiedenen Richtungen in Karriere auseinander, die Fuhrleute schnitten die Stränge ab und ließen ihre Wagen, Caissons und Kanonen stehen, alles suchte Rettung in der Flucht. Die einbrechende Nacht nahm die Fliehenden in Schutz, indem sie den Feind an der Verfolgung hinderte." Der württembergische General Stockmayer bildete mit zwei Regimentern Karree, in das sich Ney und Bertrand hineinflüchteten. Diese geschlossene Truppe wies mehrere Angriffe der verfolgenden Reiter ab und schützte tapfer die französischen Führer gegen die deutschen Landsleute.

Gottheil & Sohn, Danzig, phot.

Preußische Leibhusaren im Kampfe mit polnischen Ulanen in der Schlacht bei Dennewitz.
Nach dem im Offizierkasino der 1. Leibhusaren zu Danzig befindlichen Gemälde von R. Knötel.

Noch abends zehn Uhr schrieb Major v. Eisenhart vom Schlachtfelde an Hardenberg: „Wir haben einen herrlichen Sieg über achtzigtausend Mann unter Feldmarschall Ney erfochten.

Der Feind ist vollkommen geschlagen. Durch ein geschicktes Manöver ist er von Wittenberg abgeschnitten. Er muß seine Flucht nach Torgau nehmen, wohin er aufs Lebhafteste verfolgt wird. Die Landwehren haben wie Helden gefochten, es sind aber auch viele als solche gefallen. Der Kronprinz sagte: ‚Die Preußen haben heute ihren Ruhm aufs Höchste gebracht.' Generalleutnant v. Tauentzien hat sich sehr exponiert. Gott hat ihn sichtbar erhalten. Er soll Blücher zu Hilfe eilen."

Der Erfolg erwies sich gewaltig, freilich erst nach dem schweren Opfer von zehntausendfünfhundert Kriegern. Aber was wollte das bedeuten gegen einen Verlust von rund zweiundzwanzigtausend Mann auf französischer Seite, unter denen sich dreizehntausend Gefangene befanden, dazu dreiundfünfzig Kanonen, vier Fahnen und über vierhundert Fahrzeuge. Tote und Schwerverwundete erwiesen sich ungemein zahlreich, weil kein Pardon gegeben wurde. Am nächsten Tage nahm General v. Wobeser, der von Luckau herbeieilte, noch weitere dreitausend Mann gefangen. Der Zusammenbruch des französischen Heeres war vollkommen. Erst jenseits der Elbe bei Eilenburg vermochte Ney seine

General v. B

Nach

G. Bleit

Mit Genehmigung der Firma Rud. Schuster, Berlin.

r Schlacht
newitz.
nung von
graphiert von
alier.

Trümmer zu sammeln. Dem Kaiser schrieb er: „Ich bin gänzlich geschlagen.“

Tatsache blieb, daß preußische Streitkräfte einen weit überlegenen Gegner unter dem glänzendsten Marschall besiegt hatten. Suchen wir uns die Gründe zu vergegenwärtigen: zunächst bewies Ney wieder einmal, daß er für selbständige Befehlsführung unbrauchbar war. Bei größerer Vorsicht hätte er sich über die Stellung und Stärke des Feindes wenigstens einigermaßen unterrichten können, unterrichten müssen. Ungewollt und doch mit zwingender Notwendigkeit stieß er auf die Preußen. Als sie die Stirn boten, bewiesen sie damit klar, daß ihre Heeresleitung sich stark genug zum Widerstande fühlte, das heißt also, daß Ney wahrscheinlich mit der ganzen Nordarmee zu rechnen habe. Da er dieser gegenüber zu schwach war und sich nicht einmal in guter Stellung befand, wäre das Richtige gewesen, den Kampf abzubrechen. Er tat es aber nicht, sondern führte seine Truppen weiter ins Gefecht, je nachdem sie eintrafen. Hierdurch gewann er keine günstige Front und verlor immer mehr Zeit, die dem Anmarsch des Feindes zustatten kommen mußte. Wenn dieser nicht in der Weise geschah, wie

möglich gewesen wäre, so kann das nicht als Verdienst des französischen Marschalls gelten. Immerhin gewann er den Vorsprung, denn mit Oudinots Erscheinen hatte er die Mehrheit. Es kam nun alles darauf an, diese rasch und kraftvoll einzusetzen. Oudinot tat das auch, als der Oberbefehlshaber ihn abberief und hiermit die Schlacht verlor. Ney hatte bei Dennewitz gehalten und den Überblick in den dichten Staubwolken verloren. So war ihm entgangen, daß sich die Entscheidung völlig von der Nord- nach der Südseite des Baches verschob. Nun ließe sich vermuten: auf dem linken Flügel würde Oudinot dem Kronprinzen entgegen gesiegt haben. Doch erscheint keineswegs ausgeschlossen, daß Bülow durch die Überflügelung völlig abgedrängt und abgetan wurde, bevor Hilfe kam, und daß der Schwede dann eine Erneuerung der Schlacht schwerlich gewagt hätte. Neys Führung trug nicht die einzige Schuld an der Niederlage. Hinzu gesellte sich die Unstimmigkeit zwischen ihm und Oudinot, die gerade hier von nachteiligster Wirkung gewesen ist. Ferner muß das Soldatenmaterial in Betracht gezogen werden. An sich waren die Truppen schon durch den Tag von Großbeeren verstimmt und irre geworden, weiter drängte auf sie ein die Kunde von der Niederlage an der Katzbach und bei Kulm. Schließlich wollte das Verhängnis noch, daß dem kaiserlichen Heere die innere Einheitlichkeit fehlte, daß es neben Franzosen viele Rheinbündler, Italiener und Polen aufwies, welche keine feste Anhänglichkeit an die kaiserlichen Fahnen besaßen; ja bei Sachsen, Bayern und Württembergern hatte der Gedanke des Befreiungskrieges schon bedenklich Wurzel gefaßt. Dennoch fochten sie pflichtgetreu und tapfer. Als aber der Rückschlag einsetzte, war kein Halten mehr; da brachen die Sachsen so auseinander, daß ein ganzes Regiment zu den Preußen überging, während die bayerische Division Raglowich bis auf ein Drittel ihres Bestandes, bis auf elfhundertfünfzig Mann vernichtet wurde. Aber alle diese Dinge vermindern den Ruhm der Preußen in keiner Weise, um so weniger, als sie großenteils aus Landwehr bestanden und sie die höchsten Soldatentugenden zeigten: Siegeswillen, Opfermut, einträchtiges Zusammenwirken aller Unterführer und zielbewußte Oberleitung.

Denkmal des Grafen Bülow v. Dennewitz. Mit dem I. Preis gekrönter Entwurf von Victor Seifert.

Erstaunt fragt man, wo blieb denn der Höchstbefehligende, wo blieb Bernadotte mit seinem Heere? Die Antwort lautet: außer einer schwedischen Batterie griffen am Ende der Schlacht einige russische Batterien und etwas russische Reiterei ein, freilich erst, als sie schon entschieden war und das französische Heer größtenteils abmarschierte. Hier taten sie ihre Pflicht und trugen dazu bei, den Rückzug zur Flucht zu gestalten. Das erscheint lobenswert, aber wohlbemerkt, der Sieg war gewonnen ohne sie, allein durch die Preußen.

Zunächst fällt die Ähnlichkeit der Schlachten bei Großbeeren und Dennewitz auf: in beiden greifen die Preußen den Feind an und schlagen ihn, ohne daß sich die mehr oder weniger in der Nähe befindliche Hauptarmee des Kronprinzen erheblich beteiligt, ja ohne daß der Befehlshaber überhaupt anwesend ist. — Aus Wittenberg führen nach Nordosten bis Nordwesten fächerförmig mehrere Straßen; davon kamen für Berlin zwei in Betracht, die eine über Treuenbrietzen, die andere über Jüterbog. Weiter westlich ging eine nach Belzig und in der Nähe der Elbe eine nach Magdeburg. Sobald man erkannte, daß der Feind sich gegen Berlin in

Gefangennahme des Obersten Le Clouet, ersten Adjutanten Neys, durch den Rittmeister v. Egloff von den schwarzen (Totenkopf-)Husaren in der Schlacht bei Dennewitz. Nach dem Gemälde von Werner Schuch.

Die bayerische Division Raglowich in der Schlacht bei Dennewitz. Nach der Originalzeichnung von E. Zimmer.

Bewegung setzte, konnte man sicher sein, daß dies auf einer der zuerst genannten Straßen geschehen würde. Jede andere bedeutete einen Umweg, und wollte Ney sich gar durch die Magdeburger Besatzung oder einen Teil derselben verstärken, so wäre es Hirnverbranntheit gewesen, die Verbindung mit ihr neben der Elbe zu suchen, weil eine Niederlage die Armee dann in den Fluß getrieben hätte, sondern die Vereinigung mußte sicher und verschwiegen auf dem linken Elbufer stattfinden. Demnach war für Bernadotte gegeben, die beiden Anmarschstraßen mit seiner Hauptmacht zu verlegen und diese etwa zwischen ihnen zusammenzuziehen. Er tat das jedoch nicht, sondern stellte sich bei Lobbese zwischen der Treuenbrietzener und Belziger Straße auf. Dadurch beherrschte er den Zugang nach Treuenbrietzen, befand sich von Jüterbog aber vierundzwanzig Kilometer entfernt, ohne andere als schlechte Sandwege zur Verfügung zu haben.

Immerhin ließ sich auch von Lobbese aus bei ernstem Willen manches erreichen. Um zehn Uhr bekam der Kronprinz die sichere Nachricht, daß sich der Feind auf Jüterbog bewege, daß also ein Gefecht mindestens mit einem Teil der Preußen sicher sei. Hätte er seine Armee nun sofort aufbrechen lassen, so konnten Reiterei und reitende Artillerie im Eilmarsch um eineinhalb bis zwei Uhr, das Fußvolk um dreieinhalb, spätestens um viereinhalb Uhr eintreffen. Die Schlacht dauerte bis gegen sechs Uhr und, wie wir sahen, machte sich erst an ihrem Ende etwas verbündete Reiterei und Artillerie geltend. So viel ist damit unseres Erachtens sicher, daß der Kronprinz nicht leistete, was in seinen Kräften stand, und dies wiegt um so schwerer, als seit elf Uhr der Kanonendonner immer mahnender zu Hilfe rief.

Kein Wunder deshalb, wenn Vorwürfe erhoben sind. Daß sie nicht ganz ungerechtfertigt gewesen, erhellt schon aus unserer Darstellung. Wir verstärken sie durch den Hinweis auf den Bericht Pozzo di Borgos, des russischen Bevollmächtigten im schwedischen Hauptquartier. Dieser scharfsehende Mann war mit wohlwollenden Aufträgen vom Zaren versehen, hatte bisher die

mancherlei Fehler des Kronprinzen in günstigem Lichte dargestellt, schrieb nun aber am 7. September aus Jüterbog, also einen Tag nach der Schlacht, hochvertraulich über die „Inkonsequenzen“ (das sei der mindest harte Ausdruck), welche sich der Prinz habe zuschulden kommen lassen. Der Feind kannte die Stärke der Nordarmee nicht, und so befand sich nie ein Heer in einer abenteuerlicheren und mehr verzweifelten Lage, als das des Marschalls Ney. Als zum ersten Male ein preußischer Offizier eintraf und Bericht seitens des Generals Bülow von der Lage des Feindes und dem Beginn des Kampfes erstattete, habe der Prinz nur das Verhalten jenes Generals in Gegenwart seiner Umgebung kritisiert. Zwar erfolgten Befehle zu seiner Hilfeleistung, aber in Wirklichkeit blieb die preußische Armee ihrem Schicksal überlassen. Man schien höchstens bereit zu sein, sie aufzunehmen, wenn sie geschlagen würde. Fast beständig verweilte der Prinz bei den schwedischen Truppen, mit denen verschiedene Bewegungen gemacht und die eine Meile von der Entscheidung mehrmals aufgehalten wurden. Auch die Weisungen an General Wintzingerode lauteten unbestimmt, weshalb er sich wiederholt bei Pozzo beklagte. Inzwischen wurde der Kampf heftiger und der Erfolg zweifelhafter. Es schien, daß den Preußen der Garaus gemacht würde im Anblick von vierzigtausend Verbündeten, die darauf brannten, ihnen zu helfen. Über eine Stunde lang verlor man den Prinzen aus dem Gesicht. Er verschwand in einer Staubwolke, um die letzten schwedischen Truppen zu sehen, welche nachfolgten. Die Generale, die Offiziere, welche Bülow sandte, selbst sein eigener Generalstabschef suchten ihn vergebens. Endlich erschien er, und jeder zeigte ihm die Notwendigkeit zu marschieren. Eine Abteilung russischer Kavallerie war inzwischen vorgerückt, und etwas Infanterie und Artillerie, die ihr folgten, brachten die erste Hilfe. Die schwedische Armee erreichte das Schlachtfeld erst, als die Franzosen vertrieben und die sie verfolgenden Preußen nicht mehr zu sehen waren.

Pozzo erlaubt sich keine Vermutungen über die Gründe, welche den Prinzen bei dieser Gelegenheit bestimmt haben. Seine innere Überzeugung und die aller Generale, mit denen er gesprochen, sei, daß der Prinz um drei Uhr mit seinen vierzigtausend Mann ankommen und die Franzosen vernichten konnte, daß nach menschlicher Berechnung der allein gelassene Bülow geschlagen werden mußte, und daß nur dessen Unerschrockenheit und die seiner Truppen die Verbündeten vor einem Unglück bewahrt habe. Er, Pozzo, habe nichts unterlassen, um den Prinzen zu einem anderen Verhalten zu bestimmen.

Aus diesen Angaben des denkbar verantwortlichsten Mannes ergibt sich, daß dem Kronprinzen weniger daran lag, den um ihr Dasein ringenden Preußen zu helfen, als seine Armee geschlossen vorwärts zu bringen, wenn auch noch so langsam. Statt auf das Schlachtfeld zu eilen und mit eigenen Augen zu schauen, ritt er zurück zur Nachhut, um sie aufschließen zu lassen, wodurch allein eine Stunde verloren ging. Wie bei Großbeeren überließ er den Preußen den Kampf, schonte seine Schweden und sicherte sich davor, nicht etwa selber von einer überlegenen Macht gefaßt zu werden. So soll und darf kein Feldherr eines verbündeten Heeres handeln.

Noch größere Wirkung versprach eine Bewegung des Kronprinzen, von Lobbese geradeaus nach der Wittenberg-Jüterboger Straße, wo man nur zwölf Kilometer zurückzulegen brauchte. Dann würde er der feindlichen Armee in Flanke und Rücken gekommen sein, etwa wie Ney bei Bautzen, und diese hätte vielleicht bis auf den letzten Mann niedergemacht und gefangengenommen werden können. Freilich setzte Bernadotte sich damit einem Durchbruchsversuche aus, wie Kleist bei Nollendorf, und das widersprach seinen Absichten.

Eine Verfolgung des Feindes fand nicht statt. Die Preußen waren zu ermüdet und die schwedisch-russischen Truppen noch nicht genügend zur Stelle. Überdies wagte Bernadotte diese auch jetzt noch nicht einzusetzen, weil er glaubte, aus einer erbeuteten Depesche entnehmen zu müssen, daß sich Napoleon irgendwo in der Nähe befinde.

Dennoch sind die Folgen der Schlacht bei Dennewitz bedeutend gewesen. Sie bewirkte den Abfall Bayerns von Napoleon und die Räumung des rechten Elbufers. Bülow wollte die errungenen Erfolge ausnutzen und auf die linke Flußseite gehen, um Ney zu einer zweiten Schlacht zu zwingen und Napoleon möglichst die rückwärtigen Verbindungen abzuschneiden. Aber der Kronprinz dachte nicht daran, sich einer Gefahr auszusetzen, sondern malte sich allerlei Bedenken aus, wie die, daß Davout sich über Magdeburg mit Napoleon vereinigen, daß dieser die Nordarmee angreifen könne und so weiter. So lehnte er Bülows Vorschlag ab und überwies ihm die Belagerung Wittenbergs, während Tauentzien Torgau beobachten sollte. Auf diese Weise wurde die kostbare Zeit vergeudet. Bei der erfolglosen Belagerungstätigkeit kam der Gegensatz zwischen Bülow und dem Kronprinzen offen zum Ausbruch und konnte selbst vom König nur notdürftig überdeckt werden.

Inzwischen hatte das Hauptquartier der Böhmischen Armee, wie wir sahen, Blücher zu Hilfe gerufen. Als er ausblieb und man die Angelegenheiten ruhiger betrachtete, ging man zögernd vor, sah sich jedoch von Napoleon zurückgedrängt. Die Dinge schleppten sich entscheidungslos hin, bis am 11. September die Stimmung des allmählich dauernd in Teplitz tagenden Kriegsrats wieder derartig niedergeschlagen war, daß der Zar den Befehl zum Marsche Blüchers nach Böhmen erneuern ließ. Doch dieser machte Einwendungen, blieb in Schlesien und setzte schließlich eine andere Bewegung durch: die seines Heeres nach der Mittelelbe. Das Hauptquartier hatte schon früher den Plan einer Linksschiebung auf Chemnitz und Leipzig erwogen, welche sich nun zu einer Ergänzung des Blücherschen Unternehmens gestalten ließ, so daß der Feind gleichzeitig von Südosten und Nordosten im Rücken gefaßt werden konnte. Man trat dem Gedanken des Linksabmarsches näher. Vorerst sollte ein Teil der Hauptarmee noch zur Deckung Böhmens stehen bleiben, bis die russische Reservearmee unter Bennigsen eintreffe.

Baron von Wintzingerode. Nach einem Stich von Zschoch.

Unternehmungslustig wagte man am 14. einen Vorstoß nach dem Erzgebirge, der Nollendorf und einige andere Orte mit verhältnismäßig leichter Mühe in die Hände der Verbündeten brachte. Schon begannen die Truppenbewegungen nach links, als man durch einen Angriff Napoleons überrascht wurde. Es entspannen sich mehrere heftige Gefechte, namentlich mit Kleist bei Nollendorf, infolge deren die Verbündeten zurückwichen und bei Kulm eine starke Verteidigungsstellung einnahmen. Kaum hatte sich am 17. der Nebel gesenkt, als die Franzosen erschienen, die Vortruppen vertrieben und gegen Kulm und Deutsch-Neudörfel andrängten. Hier kam es zu hartnäckigem Ringen, das mit der Abweisung des Feindes endete. Das Gefecht war französischerseits unentschlossen und nur mit einem Teil der Truppen geführt worden, während das Korps Saint-Cyr weiter hinten untätig stehen blieb. Der nächste Tag schien die Entscheidung bringen zu sollen. Deshalb zog Schwarzenberg weitere Verstärkungen heran und erwartete den Angriff. Als dieser ausblieb, tastete man sich vorwärts, bis im Gebirge starke feindliche Massen bemerkt wurden, worauf man langsam wieder zurückfiel und am 19. den Linksabmarsch endgültig festsetzte. Schon tags zuvor

Fahnenträger der Garde.
Nach einem Stich von A. M. Raffet.

hatte Napoleon die Garden nach Pirna zurückgeführt. Sein letztes Unternehmen gegen Böhmen war gescheitert, gescheitert mehr an seiner Unentschlossenheit als an Schwierigkeiten.

Wie ein gehetztes Wild sah der Kaiser sich gestellt: die drei feindlichen Armeen drohten in der Nähe Dresdens und hemmten seine Bewegungen. Dabei hatten die anstrengenden Märsche und Biwaks teilweise bei Regenwetter seine Truppen weiter geschwächt und entmutigt. Trotz alledem vermochte er sich immer noch nicht von Sachsens Hauptstadt zu trennen, sondern warf sich noch einmal auf Blücher.

Kaum erfuhr dieser am 7. September den Abmarsch Napoleons, als er wieder angriffsweise vorging; es kam zu einer Reihe mehr oder weniger heftiger Gefechte, doch fand Blücher sich stark durch die Ungewißheit der feindlichen Maßnahmen gelähmt, und außerdem bedurften seine ebenfalls übermüdeten Leute dringend der Erholung. Freilich konnte er ihnen nicht viel gewähren. Am 5. September teilte Ribbentrop, der schon genannte Chef der Militärverwaltung, Hardenberg mit: „Die Geldnot steigt mit jedem Tage, und wenn nicht bald eine schleunige Hilfe erfolgt, bin ich nicht mehr imstande, den Truppen zur Bestreitung der dringendsten Bedürfnisse Zahlungen zu leisten.“ Um etwas zu erlangen, legte er dem damals noch sächsischen Görlitzer Kreise eine Kriegssteuer von dreihunderttausend Talern auf und forderte von Breslau hundertfünfzigtausend Taler als Anleihe. Am 14. September waren von dem Görlitzer Gelde erst vierzigtausend Taler eingegangen. Die Sachsen, in deren Land man sich befand, erwiesen sich durchaus widerspenstig und hielten mit allem zurück, während es zugleich unmöglich blieb, auch nur geringe Vorräte zusammenzubringen, weil sich die Kosaken jegliches, was sie auf den Straßen ohne starke Bedeckung antrafen, als gute Beute aneigneten. Die Klagen über die von ihnen verübten Gewalttätigkeiten nahmen kein Ende. Es sollte deshalb ein Kavallerieregiment schlesischer Landwehr im Görlitzer und Bautzener Kreise zur Deckung der Transporte verwendet werden, aber man befürchtete, daß es zwischen ihnen und den räuberischen Russen zu Mord und Totschlag käme. Die Kosakenwirtschaft trug auch die Schuld, daß Schlesien für die Armeebedürfnisse fortwährend herangezogen werden mußte.

Immerhin traten etwas ruhigere Zeiten für die Schlesische Armee ein, während deren die Truppen sich in ihren Biwaks etwas erholten, aber zugleich über Bischofswerda hinaus bis in bedenkliche Nähe von Dresden gelangten. Blüchers Absicht erhellt aus einem Brief an Hardenberg vom 16. September aus Bautzen, worin er sagt: „Mein Tichten und Trachten geht nun da hin den HErn Napoleon an die Hauht zu komen, wen nuhr der Kronprintz von Schweden dran geht, wie ich ihm instendig gebeheten, so soll die Sache wohll gehen.“ Leider versagte Bernadotte jetzt wie immer. Die Sache zog sich in die Länge, und plötzlich brachen am 22. starke Feindesmassen über die Schlesische Armee herein.

Musiker und Sappeur
des 1. und 2. Grenadierregiments zu Fuß der Alten Garde (1804–1814).
Nach einem Stich von A. M. Raffet.

Brief Blüchers an den Staatskanzler Hardenberg.

(Nach dem Original im Geheimen Staatsarchiv zu Berlin.)

Bautzen d. 16ten Septemb. 1813

Hertzligen und innigen Dank vor alle das guhte so sie mich in Ihrem güttigen Schreiben vom 15t. sagen.

Ich werde von Gnaden und ordres gleichsahm erdrückt, daß ich alle diese hohe bekleidung angemessen leben kan, davor werden Sie mein verehrter schon sorgen.

Mein Tichten und Trachten geht nun dahin den HErn Napoleon an die Hauht zu komen, wen nuhr der Kronprintz von Schweden dran geht, wie ich ihm instendig gebehten, so soll die Sache wohll gehen, gestern erhillte ich die Nachricht daß 50000 Man nach Großen Hain marchirt wehren, und nuhr die Garden in Dressen gebliben, heutte wird mich gemelldet, daß alles wider nach Dressen zu rück gehe, der Fürst Auersberg geht dieser halb gleich zu rück da mit die große armeeh da von unter richtet wird. Napoleon um uns zu teuschen geht vor sein Persohn balde hir ballde da hin mit Gotts Hüllffe soll ihm daß alles nicht hellffen er ist ein mahl unter wegens und muß fort

Bleiben sie ferner gewogen dem Ihnen so gantz von HErtzen Ergebenen

Blücher

Faksimile eines Briefes von Blücher an den Staatskanzler Hardenberg.

(Nach dem Original im Geheimen Staatsarchiv zu Berlin.)

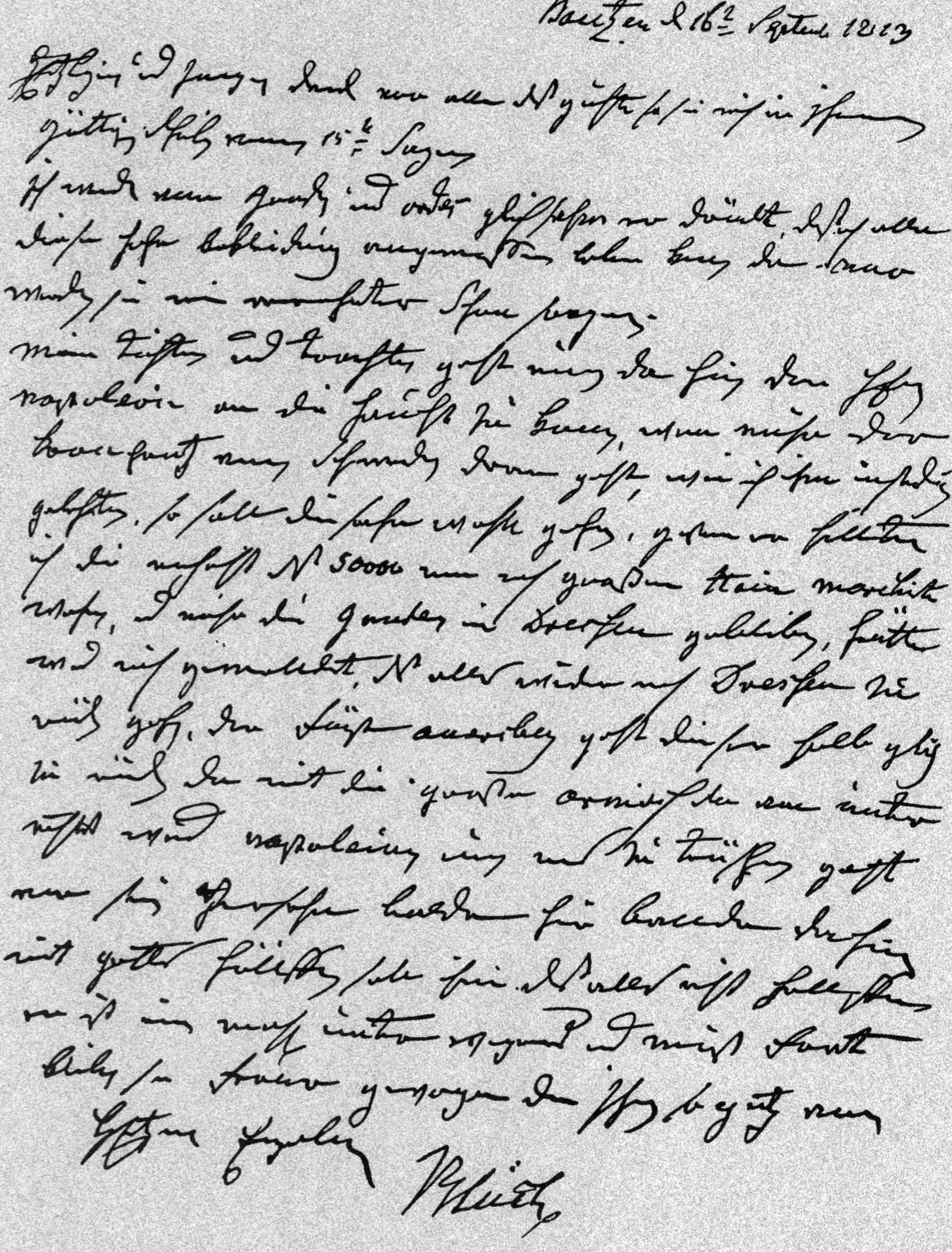

Bautzen d 16t Septbr 1813

[illegible]

Blücher

Blücher erkannte, daß er wieder Napoleon gegenüberstehe, und wich fechtend auf Bautzen. Schon am 23. erlahmte die Verfolgung, weshalb die Preußen abermals bis Bischofswerda nachdrängten. Napoleon hatte sich rasch nach Dresden zurückbegeben, ohne weitere Entfernung oder ernsten Angriff zu wagen. Der innere Halt seiner Truppen versagte zusehends mehr: dreihundert Westfalen mit zwölf Offizieren und hundert Franzosen ließen sich gefangennehmen; unterwegs wurden Hunderte von Gewehren weggeworfen.

Ergrimmt spähte der Kaiser nach allen Seiten aus. Seine Stellung war tatsächlich unhaltbar geworden, aber mit zähem Eigensinn klammerte er sich fest, bis er am 1. Oktober den Linksabmarsch der Böhmischen Armee erfuhr und am 4., daß Blücher bei Mühlberg über die Elbe setzen wolle. Längst überwogen die Verbündeten an Zahl, an Halt, an Siegeszuversicht.

Die Junge Garde: „Sire, Sie können auf uns zählen, wie auf die Alte Garde!" Nach einer Lithographie von A. M. Raffet.

Nichts hätte näher gelegen, als diese Gunst der Umstände zu benutzen und in vereintem Angriffe der drei Heere, zu dem sich als viertes die russische Reservearmee gesellte, geschlossen auf den Feind loszugehen. Wenn es etwa in der Weise erfolgte, daß die Böhmische und die Nordarmee ihn von hinten faßten, die Reservearmee ihm in die rechte Flanke ging und Blücher sich auf Dresden-Neustadt warf, so war Napoleon verloren, selbst wenn es ihm gelingen sollte, einen der Feinde vorübergehend zurückzudrängen. Nichts Derartiges geschah, hauptsächlich weil sowohl Schwarzenberg wie Bernadotte keine offene Feldschlacht mit Napoleon wagten. Statt zu kämpfen, gaben die russischen Garden der preußischen am 27. September ein großes Fest, an dem die drei Souveräne teilnahmen. Da natürlich auch Napoleon zurückhielt, so trat eine für die Verbündeten lähmende Untätigkeit ein. Zwar schädigte man hierdurch auch den Gegner, verschleppte aber unnötig den Gang der Ereignisse. Niemand war ungehaltener darüber als Blücher. Er wollte dem Feldzuge neues Leben einhauchen, was sich am besten durch Verlegung des Kriegsschauplatzes auf das linke Elbufer bewirken ließ.

Als Hauptgrund gab er an: „daß man von dem Kronprinzen wegen seiner Politik keine Tätigkeit zu erwarten habe, solange er allein stehe und auf ein abgesondertes Kriegstheater angewiesen sei. Es gelte, sich rechts zu wenden und ihn mit sich über die Elbe zu ziehen.“ Ja, Blücher hoffte, nach der Überschreitung des Stromes würden sich beide Hauptheere dieser Bewegung anschließen, wozu man sich, wie wir sahen, im Hauptquartiere bereit zeigte. Als er nun bemerkte, daß Napoleon auf Dresden zurückgesunken und ein neues russisches Korps zur Verteidigung Schlesiens eingetroffen sei, begann er sofort die Ausführung des bislang geheim gehaltenen Planes. Am 26. September marschierte er ab, um bei Mühlberg das jenseitige Ufer zu erreichen. Schon traf man hierzu die Vorbereitungen, als Major v. Rühle meldete, er lasse weiter elbabwärts die Brücke bei Elster herstellen; dies sei nicht bloß der beste Ort für die Weiterbewegung, sondern der Kronprinz von Schweden werde sie auch möglichst unterstützen und selber in einigen Tagen folgen.

Husaren vom 2. Leibhusaren-Regiment 1813.

Bernadotte hatte an drei Stellen, bei Elster, Roslau und Aken Brücken über die Elbe bauen und einige Truppen auf das linke Ufer gehen lassen, welche, weithin schweifend, die Zufuhr Napoleons schädigten oder unmöglich machten und sogar Kassel und Braunschweig eroberten. Fast überall wurden sie von der Bevölkerung als Befreier begrüßt. Ney verhielt sich inzwischen ziemlich untätig. Er hatte seine Armee auf das linke Flußufer gezogen und hier eine dringend notwendige Neuordnung vorgenommen. Nunmehr zählte er fünfunddreißigtausend Mann in den zwei Korps Bertrand und Reynier. Sobald die Truppen wieder einigermaßen gebrauchsfähig geworden waren, sandte er einen Teil gegen das von Bülow besetzte Wartenburg. Hier kam es an zwei Tagen zu erbitterten Kämpfen, die mit dem Rückzug der Preußen über die Brücke bei Elster endeten. Um allem gewachsen zu sein, erschien Ney selber mit der Hauptmacht. Da befiel den Kronprinzen die Angst. Er ließ die Verbindung zum großen Ärger Bülows abbrechen, der sich nach Wittenberg begeben mußte und nur wenig Mannschaften bei Elster zurücklassen durfte. Hierdurch erhielt Ney freie Hand zu ferneren Unternehmungen. Er besetzte Dessau und bestürmte den festen Brückenkopf bei Roslau, den letzten Punkt, den Bernadotte auf dem linken Elbufer besaß. Aber der Angriff scheiterte, so daß nur eine richtige Belagerung Erfolg versprach. Noch damit beschäftigt, erfuhr er den erneuten Brückenbau bei Elster und sandte das Korps Bertrand nach Wartenburg zurück.

Die Angaben Rühles hatten Blücher bewogen, Mühlberg zu verlassen und nach Elster zu marschieren, wo am Morgen des 3. Oktober zwei Brücken verfügbar standen. Über den Feind war er völlig ungenügend unterrichtet, doch wird er über die Schwierigkeiten des jenseitigen Geländes von den noch anwesenden Bülowschen Offizieren aufgeklärt worden sein. Offenbar meinte er, Wartenburg sei nur schwach besetzt und deshalb durch Überraschung leicht zu nehmen. Traf Bertrand doch erst ziemlich gleichzeitig mit ihm ein.

Da dies nun aber geschah, so gestaltete sich die Sachlage wesentlich anders und zwar äußerst schwierig für die Preußen. Die Elbe bildet in jener Gegend nämlich einen ziemlich engen Bogen,

an dessen Mitte östlich Elster mit seinen beiden Brücken, an dessen Sehne westlich Wartenburg lag, nach vorn durch Sumpf und einen breiten Wassergraben geschützt, der in Windungen und allerlei Verzweigungen den Lauf der Elbe begleitet. Wartenburg bildete somit eine von Elster aus unzugängliche Festung. Nur auf der äußersten Südostseite bei dem unmittelbar am Flusse gelegenen Dorfe Bleddin konnte ein Angreifer, freilich unter größten Schwierigkeiten, eine Umgehung bewerkstelligen. Bertrand führte etwa vierzehntausend Mann mit zweiunddreißig Geschützen, die er in und bei Wartenburg, gedeckt durch Seen und die Verzweigungen des Wassergrabens, aufstellte. Das abseits befindliche Bleddin nebst Umgegend besetzte er nur mit

Kosaken finden willkommene Beute. Nach der zeitgenössischen Radierung von J. A. Klein.

fünfzehnhundert Mann und sechs Geschützen, weil er es für unzugänglich hielt und nicht ahnte, daß er Blücher mit der Schlesischen Armee vor sich habe.

Das Korps Yorck war bestimmt, die schwere Aufgabe zu lösen. Schwarzseherisch wie immer meinte sein Befehlshaber, der von der schlechten Führung Gneisenaus überzeugt war und blieb: „Ein so unüberlegtes Stück dieses großen Strategen, als es nur eins geben kann. Wird schlecht ausfallen!“ Gegen sieben Uhr überschritten drei Bataillone die Elbe und arbeiteten sich, von wiederholten Verstärkungen gefolgt, durch Sumpf und Gestrüpp gegen Wartenburg vor. Aber bald sahen sie sich von einem so mörderischen Feuer empfangen, daß sie nicht weiter konnten und Yorck sich entschloß, durch eine Umgehung über Bleddin nachzuhelfen. Hierhin sandte er den Rest seiner Armee, der hinter dem Elbdamm auf Württemberger stieß, die trotz tapferster Widerstandes von ein Uhr an durch die preußische Übermacht langsam unter schweren Verlusten zurück- und schließlich gar seitwärts abgedrängt wurden. So gestaltete sich der Kampf

Erstürmung der Dämme bei Wartenburg durch die Preußen unter General v. Horn.
Nach der Originalzeichnung von C. Becker.

hier siegreich, kostete aber zugleich auch viel Zeit, weshalb sich der Druck des Seitenerfolges erst spät geltend machen konnte; fast zu spät, denn inzwischen hatte die vor Wartenburg kämpfende Hauptmacht den denkbar schwersten Stand gehabt; die Verluste waren so furchtbar, daß ein Bataillon schließlich nur noch sechzig Mann zählte. Doch unerschrocken hielten die Tapferen aus, langsam Raum auf der Südseite gewinnend, bis General v. Horn an der Spitze der Seinigen Wasser und Morast durchwatete und wuchtig zwei besetzte Dämme bezwang. Als eben der Sturm begann, brach dem Führer das Pferd unter dem Leibe zusammen. „Herr Jesus, da ist der General gefallen!" rufen die Zunächststehenden. Er aber flucht: „Hat sich was zu herrjesussen, zum Donnerwetter, helft mir vom Gaul!" Einige Landwehrleute ziehen ihn unter dem Pferde hervor. Da ergreift Horn die Flinte eines Toten und sagt: „Dem Ding muß ein Ende gemacht werden! Ein Hundsfott, wer noch einen Schuß tut! Das Gewehr zur Attacke rechts! Marsch! Marsch!" Allen voran wirft sich der Ungestüme in den Morast, und mit lautem Hurra waten ihm sein Leibbataillon und seine Landwehr nach. Einer Schar gelingt es, in Wartenburg einzudringen und den Feind großenteils hinauszuwerfen. Eben flutet er zurück, als er von zwei Bleddiner Umgehungsbataillonen mit Geschützen gefaßt und über den Haufen geworfen wird. Bertrand blieb nichts, als den Ort völlig zu räumen und auch seinen bisher noch ungebrochenen linken Flügel abrücken zu lassen. Bei den Sandbergen hinter dem Dorfe flammte der Kampf noch einmal auf, ohne ein anderes Ergebnis zu bewirken, als daß die Franzosen in ziemlicher Ordnung entkamen. Die Preußen hatten sechzehnhundert Mann, die Feinde zwar weniger, doch tausend Gefangene verloren. Am schlimmsten war es den Württembergern ergangen, denn sie zählten nur noch elfhundert Streiter und mußten alle Geschütze dem Feinde überlassen. Augenscheinlich focht man preußischerseits mit weit größerem Siegeswillen als der Feind.

Das Gefecht bei Wartenburg bildet den Höhepunkt der militärischen Leistung Preußens. In unerschütterlicher Hingabe hatte die Landwehr mit der Linie gewetteifert. Fehler in der Führung sind auf beiden Seiten gemacht worden. Blücher brachte nur zwölftausend Mann heran, denen vierzehntausend Franzosen in fast uneinnehmbarer Stellung entgegentraten. So wäre wohl aller Heldenmut „der Yorckschen" vergebens gewesen, wenn Bertrand sich umsichtiger erwiesen und namentlich Bleddin stärker besetzt hätte. Die preußische Heeresleitung verbiß sich zu sehr in den Frontalstoß gegen Wartenburg, statt den Feind hier bloß festzuhalten, um unterdessen mit bedeutenderer Macht bei Bleddin durchzubrechen. Immerhin — der Elbübergang war gelungen und mit ihm die vielleicht folgenschwerste Tat des ganzen Feldzuges. Yorck erhielt den Ehrennamen „v. Wartenburg".

Der Sieg bewirkte, daß Ney weiter zurückging und Blücher sein gesamtes Heer über die Elbe zog. Die Feinde befanden sich in größter Nähe, was natürlich Zusammenstöße veranlaßte. Am 4. sahen sich die Franzosen bis vor Düben verfolgt und verloren achtzig Gefangene, meistens Rheinbündler. Am 5. wichen sie früh über die Mulde, beschossen nachmittags aber die Stadt. Erst am Mittag des nächsten Tages verließen sie das Muldeufer und bewegten sich auf der großen Straße nach Leipzig, sofort von Kosaken umschwärmt, welche sächsische Reiter gefangen einbrachten. Den 7. gelangten Kosakenabteilungen gar bis auf zwei Stunden vor Leipzig. Da inzwischen auch die Böhmische Armee ihren Linksabmarsch begonnen hatte, so erschien das gesamte Kriegsbild verändert.

Immer augenscheinlicher sah Napoleon sich in Dresden von rückwärts, Norden und Süden bedroht. Dies bot Gefahren und Vorteile. Die Hauptgefahr war, daß die Gegner sich etwa bei Leipzig vereinigten; der Hauptvorteil, daß die Kriegslage vereinfacht wurde und der Kaiser die

Vorbeimarsch des II. Bataillons Leibregiments vor General v. Yorck am Tage nach dem Kampfe bei Wartenburg.
Nach einer Zeichnung von W. Camphausen.

innere Linie mit Vollkraft auszunutzen vermochte. Sein nächstes Ziel mußte also sein, die Vereinigung zu verhindern. Das ließ sich am besten bewirken, wenn er alle habhaften Truppen zusammenzog, sich mit Übermacht auf die vereinzelten Feindesheere warf und sie nacheinander besiegte. Alles in allem besaß er noch 265000 Streiter, womit er jedem Heere der drei Verbündeten überlegen war. Bei der Unschlüssigkeit und Langsamkeit Schwarzenbergs und Bernadottes durfte er sich getrost auf den gefährlichsten Gegner, auf Blücher, werfen, der nur fünfundsechzigtausend Mann führte. Wollte Napoleon nicht alles auf eine Karte setzen, so konnte er seine Kräfte teilen: die geringeren zur Verteidigung seiner bisherigen Stellungen, die stärkeren zum Angriffe benutzen. Er tat weder das eine noch das andere, sondern ist einen verderblichen Mittelweg gegangen.

General Y
Nach
von G. Bleib

Die Lage seines Heeres hatte sich inzwischen reißend verschlechtert. Seit Beginn des Feldzuges waren hundertfünfzigtausend Mann, über dreihundert Geschütze und massenhaftes Kriegsgerät verloren. Seine Truppen verminderten sich zusehends an Zahl und an Güte. Die

Mit Genehmigung der Firma Rud. Schuster, Berlin.

Wartenburg.
hnung
graphiert von
alier.

Zufuhr gestaltete sich immer schwieriger und ungenügender, weshalb die Verpflegungsportionen verkleinert werden mußten und sich bisweilen nichts als Kartoffeln verabreichen ließ. In einem Berichte an Hardenberg vom 30. September glaubte man, daß Dresden sich wegen Mangel an Lebensmitteln nur noch wenige Tage halten könne. Ende September waren die dortigen und Torgauer Lazarette mit zwölftausend Mann, die Leipziger mit zwanzigtausend Kranken und Verwundeten belegt und überfüllt. Kein Wunder, daß unter solchen Umständen der Glaube an Napoleons Unbesiegbarkeit schwand, daß Zuchtlosigkeit und Fahnenflucht alltäglich wurden. Zu Tausenden strömte französische Infanterie truppweise aus Dresden hinaus, um sich in die umliegenden Dörfer zu verteilen. Hinzu kamen: eine gesteigerte Unsicherheit durch kühne Streifkorps der Böhmischen Armee in seinem Rücken, und das Anwachsen des nationalen Geistes der Rheinbundstaaten. Überall begann die deutsche Bevölkerung schwierig, sogar feindlich zu werden. König Jérôme verließ eiligst seine Hauptstadt Kassel,

wobei ein Teil seines Gepäcks den Kosaken in die Hände fiel. Militärische und politische Fragen wirbelten durcheinander. Napoleon erkannte, daß er das rechte Elbufer räumen müsse. Vom 26. September bis zum 4. Oktober traf er hierfür die Vorbereitungen. Er befahl, alle Leichtverwundeten über Leipzig nach Mainz zu bringen, erließ Dekrete zu Neuaushebungen von zweihunderttausend Mann und verfügte, daß alle festen französischen Grenzplätze, auch die der Schweiz und Südfrankreichs, in Verteidigungszustand gesetzt würden. Augenscheinlich dachte er an Rückverlegung des Krieges an die Saale oder gar an den Rhein. Aber innerlich blieb er unsicher und kam nicht über halbe Feldzugspläne hinaus, ja er fühlte sich so niedergeschlagen, daß er einen seiner Adjutanten absandte, der am 26. September bei den österreichischen Vorposten mit einem Schreiben für Kaiser Franz erschien, worin der Friede angeboten wurde, „weil die Fortsetzung des Krieges das Unglück Frankreichs und Deutschlands herbeiführen müsse“. Was vorauszusehen war, geschah, die Antwort lautete ablehnend. Hardenberg bezeichnete die Friedensvorschläge als „sehr allgemeiner Art“. Nachdem auch dieses Mittel fehlgeschlagen, beschloß Napoleon, Dresden durch Saint-Cyr behaupten zu lassen, ein Nebenheer von siebenundsechzigtausend Mann unter Murat gegen die Böhmische Armee zu senden, um selber mit hundertfünfzigtausend Streitern Blücher aufzusuchen, der bei Düben stand, während Bernadotte seine Streitkräfte wohlbedacht weiter rückwärts hielt. In der Nacht vom 6. zum 7. Oktober verließ ein Hauptteil der Armee Dresden mit der Richtung zum Freiberger Schlage. Am Morgen um sieben Uhr reiste der Kaiser ab, dem der König von Sachsen und die Prinzen im Wagen folgten. Tagsüber rückten die Truppen nach, welche sich meistens vor der Neustadt und dem Pirnaer Tor befanden. Napoleon hoffte, Blücher überraschend abzufangen.

Nach einem Kohledruck von Braun & Cie. Nachf., Dornach i. Els.

Marschall Bertrand.
Gemälde von Paul Delaroche im Louvre-Museum zu Paris.

Dieser hatte ein Einvernehmen mit dem Kronprinzen gesucht, hatte am Abend des 7. eine persönliche Besprechung mit ihm gehabt und ihn zu der Zusage einer gemeinsamen Bewegung auf Leipzig bewogen, um den Anmarsch der Böhmischen Armee zu erleichtern. Kaum aber wurde das Nahen Napoleons ruchbar, als Bernadotte sofort versagte und Rückzug verlangte, womöglich bis über die Elbe. Da Blücher sich allein einem Tatzenschlage des Korsen mit sicherlich weit überlegenen Mitteln nicht aussetzen konnte, so brach er auf und zog weiter östlich, ohne Ahnung einer unmittelbar drohenden Gefahr. Eben hatte er Düben verlassen, als seine Nachhut sich von französischer Reiterei gefaßt sah. Wie durch ein Wunder war er Napoleon entgangen. Es glückte ihm, die Mulde hinter sich zu bringen und bis in die nächste Nähe des Kronprinzen zu kommen.

Die Absicht des Korsen, den Feind zu einer Schlacht zu zwingen, war gescheitert. Sorgenvoll blickte er in die Zukunft. Was sollte geschehen? Die gegnerischen Absichten kannte er nicht, Murat meldete ein weiteres Vordringen der Hauptarmee auf Leipzig, Saint-Cyr einen Angriff auf

Das Muldtor in Dessau. (An den Säulen sind noch die Kugelspuren aus den Kämpfen um Dessau sichtbar.)
Nach der Zeichnung von F. Warnecke.

Dresden. Vergebens suchte er Blücher noch irgendwo zu packen, doch überanstrengte er dadurch nur seine Truppen. Immerhin hatte er den Erfolg, daß Bernadotte sich mit Blücher überwarf, wie vorher mit Bülow. Zunächst hielt der Kronprinz sich so dicht wie möglich bei den rettenden Elbbrücken und überließ Blücher, einen Stoß des Feindes auszuhalten, höchstens von Bülow unterstützt. Eine neue Zusammenkunft der beiden Heerführer zeigte beide in ihrer vollen Eigenart und verlief dementsprechend ungünstig. Der Kronprinz wollte unter allen Umständen eine Schlacht vermeiden und deshalb die Saale zwischen sich und den gefürchteten Meister bringen. Umgekehrt Blücher: er verlangte weitere Annäherung an die Hauptarmee, selbst unter dem Wagnis einer Waffenentscheidung, etwa bei Halle. Das erschien dem Kronprinzen weitaus zu waghalsig, und er lehnte ab. Schließlich gingen die Armeen auseinander, Blücher überschritt die Saale bei Halle, während der Kronprinz weiter zurück bei Alsleben vorsichtig dem Beispiele des Verbündeten folgte. Blücher war so erbittert auf Bernadotte, daß er sich Bülows Unterstützung im Falle der Not sicherte. Dem Großen Hauptquartier sandte er die Meldung, die drei Heere befänden sich jetzt so nahe beieinander, daß ein gemeinsamer Angriff auf Napoleon erfolgen könne.

Dieser war, wie so oft, schlecht unterrichtet, und meinte, der Gegner stehe bei Dessau. Hierauf baute er einen kühnen Plan. Er ließ drei Korps bei Wittenberg über die Elbe gehen und flußabwärts marschieren. Augenscheinlich wollte er das nunmehr schutzlose Berlin bedrohen und den ängstlichen Bernadotte wieder auf das östliche Ufer ziehen oder, wenn dies fehlschlug, ihm den Rückmarsch verlegen und ihn bei Dessau festkeilen. Den Rest seiner Truppen behielt er bei sich, um ihn nach Bedarf zu verwenden. Ney schickte er gegen Dessau, der die Stadt nach einigen Gefechten mit leichter Mühe besetzte. Es war ein Erfolg, der einer Niederlage entsprach, weil der Kronprinz nicht gefaßt wurde, sondern, wie Napoleon meinte, über die Elbbrücken

entkam. Da änderte sich wieder das Bild. Murat meldete den Anmarsch der Hauptarmee auf Leipzig und die Unmöglichkeit ausreichenden Widerstandes. Napoleon sah das Unheil hereinbrechen, doch ließ es sich vielleicht noch abwenden, wenn es gelang, mit Murat vereint Schwarzenberg gesondert zu packen und zu besiegen. Demgemäß gab er Befehl, daß die rechtselbischen Truppen sich rasch sämtlicher Brücken bemächtigten und die ganze Armee in Eilmärschen nach Leipzig komme. Schon am 13. erfolgte der Aufbruch. Doch erwies sich die Übermüdung der Leute so groß und der Weg durch Regen derartig schlecht, daß das Ziel erst am 15. erreicht wurde.

Immerhin war die Besetzung Dessaus nicht erfolglos geblieben, weil sie niederschmetternd auf den Kronprinzen wirkte, der sofort kehrtmachte, um keinen Feind im Rücken zu haben. Dann aber wagte er doch wieder nicht, die Bewegung allein auszuführen, und als er gar erfuhr, der feindliche Vorstoß längs der Elbe sei nicht gefährlich, sondern schon wieder zu Ende, gab er dem Drängen Blüchers nach und blieb diesseits des Flusses. Dieser hatte unbeirrt bei Halle ausgehalten und war in zunehmend engere Fühlung mit der Hauptarmee getreten. Als nun der Kronprinz nicht abrückte, schien sich alles zum Guten wenden, eine Vereinigung der beiden Heere eintreten zu können. Da verdarb die Hinterhaltigkeit Bernadottes und dessen Wunsch, jeder Hauptentscheidung fernzubleiben, wieder alles. Er schlug die Richtung nach Halle ein, als sich die Dinge schon auf eine große Schlacht bei Leipzig zuspitzten. Vergeblich ersuchte Blücher ihn, den veränderten Umständen Rechnung zu tragen. Der Kronprinz lehnte ab, ja er ging nicht einmal bis Halle, sondern machte schon zwei Meilen vorher unfern Wettin halt. Damit befand er sich zwar in Sicherheit, verriet aber das gemeinsame Beste, denn für eine Beteiligung an der in Aussicht stehenden Entscheidung war er zu weit entfernt. Dies muß als besonders tadelnswert hingestellt werden, weil eine Anweisung des Großen Hauptquartiers ausdrücklich eine andere Marschrichtung forderte. Selbst hier hatte man den Kronprinzen durchschaut, um so mehr, als die Berichte Pozzos ungünstig blieben. Man entschloß sich deshalb, den englischen Bevollmächtigten Stewart an ihn zu senden, von dem sich hoffen ließ, daß er einen gewissen Einfluß besitze. Am 20. Oktober reiste er ab und machte sich, wie wir sehen werden, sehr verdient. Blücher handelte anders: der erhaltenen Mitteilung gemäß setzte er die Schlesische Armee am 15. längs des rechten Elsterufers in Bewegung. Am Abend lagerte Yorck bei Schkeuditz, nur noch dreizehn Kilometer von Leipzig entfernt.

Napoleon hatte gehofft, mit Ausnutzung der inneren Linien die Heere seiner Gegner vor ihrer Vereinigung einzeln zu schlagen. Diese Absicht blieb bisher unerreicht. Er war es, der schließlich auf Leipzig zurückweichen mußte, gegen das der Feind von Süden und Norden andrängte. Tatsächlich stand damit die lange gesuchte Schlacht bevor, freilich in anderer Weise, als er sie gewünscht und erstrebt hatte. Jetzt brach er an, der „große Tag des Weltgerichts", von dem Metternich schon am 8. Oktober zu schreiben wußte. Nicht ohne Zuversicht sah Napoleon ihm entgegen, denn er glaubte, es zunächst nur mit der Hauptarmee zu tun zu haben und sie über den Haufen werfen zu können, bevor Blücher oder der Kronprinz erschienen; für diese meinte er mit einigen abgesonderten Truppenteilen auszukommen. Hierauf dürfte auch beruhen, daß er keineswegs alle Streitkräfte heranzog, deren er habhaft zu werden vermochte, nicht die Korps Lobau und Saint-Cyr und nicht die Besatzungen der nahegelegenen Festungen Torgau, Wittenberg und Magdeburg, die ihn um fünfzigtausend Mann verstärkt hätten. Er dachte wohl, ohne sie zu siegen und durch sie nicht bloß feindliche Streitkräfte festzulegen, sondern noch eine Stellung im Rücken des Gegners zu behalten. Dies würde eine Unterschätzung der Wichtigkeit des bevorstehenden Ereignisses beweisen, vielleicht ebenfalls ein Nachlassen des alten Wagemutes, alles auf eine Karte zu setzen.

Betrachten wir nun die Hauptarmee. Wir haben sie an der sächsischen Grenze verlassen,

als Bennigsen mit dem russischen Ersatzheere ankam, welches am 1. Oktober in Parade vorgeführt werden konnte. Es zählte zweiundvierzigtausend Mann und brachte die versammelten Armeen auf fast zweihundertvierzigtausend Streiter, eine Masse, die schlechterdings nicht länger untätig bleiben durfte. Man beschloß demnach, einen Teil des Bestandes an Ort und Stelle zur Bedrohung Dresdens zu lassen, mit der Hauptmacht sich aber gegen Leipzig zu wenden. So blieben der Russe Bennigsen und der Österreicher Colloredo in Böhmen, um langsam auf die Hauptstadt Sachsens vorzurücken, während Schwarzenberg sich seit dem 26. September ebenso langsam in Bewegung setzte. Die Monarchen hielten sich zunächst noch zurück: am 10. Oktober weilte der König von Preußen zu Peterswalde im Erzgebirge,

Nächtlicher Alarm. Nach dem Gemälde von R. Knötel.

und Metternich reiste erst am 12. nach Altenburg ab, wo sich das Hauptquartier seit dem 9. befand. Die Führung ließ vieles zu wünschen; so wurde die starke Reiterei nicht vorgetrieben, sondern hinten behalten, die Heeresteile gerieten auseinander und vermochten dadurch ihre Kraft nicht geltend zu machen. Schwarzenberg fürchtete, ebenso wie Bernadotte, mit Napoleon selber zusammenzustoßen. Er vermied deshalb möglichst eine Entscheidung und suchte durch

unblutige Bewegungen zu wirken. Das alles war verfehlt. Trotz seiner erdrückenden Übermacht gelang es nicht, oder doch nicht genügend, den Schleier zu zerreißen, den der Feind zur Verhüllung seiner Unternehmen gezogen hatte. Es geschah also kaum etwas, um eine Niederlage der nördlichen Verbündeten zu verhindern, und wesentlich Blüchers Verdienst ist es geblieben, daß man eine Entscheidungsschlacht mit vereinten Kräften liefern konnte.

Wider die Hauptarmee stand Murat im Felde. Er war Gaskogner wie Bernadotte, der Sohn eines Gastwirtes, sollte Priester werden, trat aber bei Beginn der Revolution in die Armee, brachte es rasch zum Befehlshaber eines Reiterregiments, eröffnete Beziehungen zu Napoleon, heiratete dessen Schwester Karoline, wurde Großherzog von Berg und König von Neapel. Als geborenen Reiterführer verwendete ihn Napoleon oft; tapfer und ungestüm wirkte er fortreißend auf die Truppen. Man hat ihn als Achill und beau sabreur, als schönen Draufgänger bezeichnet. Seinem Wesen nach war er gutmütig, oberflächlich, eitel und unzuverlässig, ohne wahres Ehrgefühl und sittlichen Halt. Neben waghalsigem Heldenmute barg er die Ängstlichkeit untergeordneter Geister. So benahm er sich als Heerführer sehr verschieden. Im Herbst 1813 raffte er alle Kräfte und Kriegserfahrung zusammen, wodurch er Napoleons Vertrauen in vollem Maße rechtfertigte. Innerlich standen sich die beiden Schwäger nicht nahe. Napoleon urteilte auf St. Helena über ihn: „Wenn ich Murat befahl, viertausend bis fünftausend Mann in einer gegebenen Richtung über den Haufen zu werfen, so war dies das Geschäft eines Augenblicks; wenn ich ihn dagegen sich selbst überließ, war er ein Schwächling ohne Urteil. Es ist mir unbegreiflich, wie ein so tapferer Mann so feig sein konnte. Er war nur vor dem Feinde brav, in diesem Fall aber vielleicht der tapferste Mensch der Welt. Sein ungestümer Mut trug ihn mitten in die Gefahr; dabei war er mit Gold und Federn bedeckt, die sich auf seinem Kopf wie ein Turm erhoben. Nur durch ein Wunder kam er jedesmal durch, so leicht machte ihn seine Kleidung erkennbar. Im Felde war er ein Paladin und schließlich ein Don Quixote."

Murat erhielt nur drei schwache Korps mit ungefähr 40000 Mann. Ihm war Schwarzenberg also vierfach überlegen; er hätte nur fest zuzugreifen brauchen, um den Feind zu erdrücken. Aber das Umgekehrte geschah. Die eigene Keckheit und die Entschlußlosigkeit des Großen Hauptquartiers ermöglichten dem Franzosen, seine Aufgabe zu lösen, die Verbündeten aufzuhalten und damit dem Kaiser Zeit und Möglichkeit zur Abrechnung mit Blücher und Bernadotte zu gewähren.

Fast täglich kam es im südlichen Sachsen zu kleineren und größeren Gefechten. Wiederholt sahen sich die Verbündeten empfindlich geschlagen, was sie sich freilich leisten durften, denn allgemach brachte ihre Übermacht sie doch langsam weiter. Schon war Murat etwas abgedrängt, als es ihm gelang, sich am 10. geschickt vor Leipzig zu schieben. Statt nun sofort kräftig nachzufassen und ihn über den Haufen zu werfen, fürchtete Schwarzenberg die Ankunft Napoleons und verlegte sich deshalb möglichst auf Manöverieren, diesmal nordwestwärts, der Saale zu. Überall gebrach es an Tatkraft und Unternehmungsgeist. Immerhin ballte sich eine solche Macht gegen Murat zusammen, daß er am 12. in die Gegend von Markkleeberg und am 13. in die von Wachau und Liebertwolkwitz zurücksinken mußte.

Für diesen 13. hatte Schwarzenberg eine gewaltsame Erkundung befohlen, die aber nicht zustande kam. Um so günstigere Nachrichten gelangten von auswärts nach Altenburg, wie die vom Abschlusse des Bündnisses mit Bayern, und diejenige, daß Blücher bei Halle und unfern von ihm der Kronprinz stehe. Das Schreiben Blüchers schloß mit den Worten: „Die drei Armeen sind jetzt so nahe, daß ein gleichzeitiger Angriff gegen den Punkt, wo der Feind seine Kräfte konzentriert, stattfinden könnte." Wie immer erwies sich Blücher als die treibende Kraft. Zunächst vergebens. Schwarzenberg wagte keinen entschlossenen und umfassenden Stoß gegen Leipzig, sondern blieb bei dem Bestreben, eine offene Schlacht mit Napoleon zu vermeiden, ihn

Leutnant v. Lippe, im Begriff, den König Murat im Gefecht bei Liebertwolkwitz gefangenzunehmen, wird von dessen Stallmeister erstochen.

Nach dem Gemälde von W. Camphausen im Stadtschlosse zu Potsdam.

vielmehr links in großem Bogen noch weiter zu umgehen. Dies war das Verkehrteste, was geschehen konnte. Trotz der Gunst der Umstände gab man die Gesetze des Handels aus der Hand, so daß der Feind sich auf einzelne Teile der Verbündeten zu werfen oder sich rechtzeitig der Umklammerung zu entziehen vermochte. Gegen solchen Unfug machte sich der russische Einfluß geltend, der endlich den Marsch auf Leipzig durchsetzte; freilich etwas spät, denn schon hatte die Kopflosigkeit Schwarzenbergs das Heer in drei Teile zerrissen, die nun einzeln, fast ohne die Möglichkeit gegenseitiger Unterstützung, ihre Bewegungen antraten: rechts der Pleiße, zwischen Pleiße und Elster und links der Elster.

Die schon am 13. befohlene Erkundung sollte am 14. wirklich ins Werk gesetzt werden, und zwar durch die Flügelabteilung rechts der Pleiße unter Wittgenstein. Dies führte zu dem Gefechte bei Liebertwolkwitz, der größten Reiterschlacht des ganzen Feldzugs und der Einleitung der Leipziger Völkerschlacht.

Graf Hieronymus Colloredo.
Nach dem Gemälde von P. Krafft gestochen von J. G. Mansfeld.

Murat verfügte nach Abgängen und Verstärkungen über ungefähr 32000 Mann Fußtruppen, 10000 Reiter und 156 Geschütze. Diese verteilte er auf dem hügeligen Gelände südlich von Leipzig derart, daß Wachau das Zentrum, Liebertwolkwitz den linken und Markkleeberg den rechten Flügel bildeten. Rechts war die Stellung durch die Pleiße mit ihrer sumpfigen Niederung, links durch ein Gehölz und einen Hügel gedeckt. Die besetzten Höhenzüge überragten das südliche Gebiet und hatten im Galgenberge zwischen Liebertwolkwitz und Wachau ihren sichtbarsten Punkt. Sie gestatteten also, sich vor einem von Süden kommenden Feind ungesehen aufzustellen, und verliehen ihm gegenüber eine gewisse Stoßkraft.

Da die Verbündeten Murats Aufmarsch nicht zu übersehen vermochten, meinten sie, er bewege sich weiter auf Leipzig. Infolgedessen ging Wittgenstein verfrüht und mit zu geringen Kräften vor. Dreitausend russische Reiter sprengten einher, wurden aber zurückgedrängt, bis preußische Kavallerie eingriff, die Franzosen über den Haufen warf und mit wuchtigem Ungestüm bis in die feindlichen Geschütze gelangte. Hin und her wogte der Kampf; auf beiden Seiten geriet man in Unordnung, so daß eine Pause eintreten mußte, um die Verbände wieder zu ordnen. Diese Zeit benutzte Murat zur Beschaffung weiterer Kavalleriemassen, die in unbehilflicher Kolonne gegen die vor Güldengossa gesammelten Reiter der Verbündeten heranbrausten. Es würde letzteren schlecht ergangen sein, wenn nicht der preußische General v. Röder mit vier frischen Schwadronen erschienen wäre, die so wuchtig von seitwärts einhieben, daß die Franzosen wichen. Die Preußen stürmten hinterdrein; da brach eine neue Übermacht vor und schleuderte sie mit schweren Verlusten zurück. Erst ein tapferer Gegenstoß der Neumärkischen Dragoner gebot der feindlichen Verfolgung wuchtig halt. Das Gefecht löste sich auf in zusammenhanglose Einzelgefechte, bis Murat um zwei Uhr einen nochmaligen Gesamtangriff in großer Tiefkolonne versuchte, die unerwartet aus den

Pulverwolken auftauchte. Nach anfänglichem Erfolge verfiel sie einem niedermähenden Kartätschenhagel; sie stutzte, die verbündeten Reiter machten kehrt, ein wildes Handgemenge entstand. Plötzlich hieben von rechts frische österreichische Schwadronen ein, welche die ganze Feindesmasse zum Galgenberge und weiter trieben.

Bei diesem Durcheinander wäre Murat fast gefangen worden. Der Leutnant v. d. Lippe vom Neumärkischen Dragonerregiment erkannte ihn und sprengte mit einigen Reitern auf ihn los, indem er rief: „Halt, König, halt!“ Das Gefolge stob auseinander, nur ein Bereiter blieb, der den in blinder Verfolgungswut hinter Murat herjagenden Offizier niederstieß.

Aus ...
Liebertwolk...
Schlesi...
französische ...
in ...
Nach ...

Inzwischen hatte österreichisches Fußvolk in erbittertem Häuserkampfe den größten Teil des Dorfes Liebertwolkwitz erobert, konnte aber wegen des feindlichen Geschützfeuers nicht darüber hinaus gelangen. Auch bei Wachau wurde ergebnislos gefochten.

Um der Schlacht eine andere Wendung zu geben, ließ Murat etwas nach vier Uhr seine Infanterie mit Unterstützung der Kanonen vorgehen. Aber es war zu spät, denn die verstärkenden Heersäulen des Feindes hatten sich inzwischen eingefunden. So brachen die Franzosen ihr Unternehmen ab. Nur noch um Liebertwolkwitz wurde wütend weitergerungen. Erst abends räumten die Österreicher das heißumstrittene Dorf.

Bis nach zwei Uhr fochten die Verbündeten in der Minderheit; erst dann glich sich das beiderseitige Zahlenverhältnis aus und gestaltete sich schließlich zugunsten der Angreifer. Abends befanden sich die Heere in der nämlichen Stellung wie am Morgen. Murat behauptete die Höhen und sicherte damit seinem Kaiser ein vorteilhaftes Gelände für die Entscheidungsschlacht. Aber zwei Ereignisse wirkten ungünstig: die französische Reiterei hatte viel von ihrer Schlag=

fertigkeit verloren, und das Große Hauptquartier zu Altenburg faßte einen bisher unerhörten Mut: es beschloß auf Leipzig und damit vermutlich auf Napoleon selber loszugehen. Der kommende Tag sollte den Vorbereitungen dienen, um am 16. eine große Schlacht zu liefern. An Blücher erging die Aufforderung, heranzukommen und bei Markranstädt mit einer österreichischen Abteilung zusammenzutreffen, während die Hauptarmee in die südlichen Stellungen rückte, welche für den 16. als Ausgangspunkt ihrer Bewegungen dienen mußten.

…ergefecht bei … 14. Oktober: …assiere jagen …re zu Pferd …cht. …mälde von …hling.

Bereits am 14. war Napoleon in Leipzig eingetroffen, so daß er vollauf Zeit fand, seine Maßregeln zu treffen. Sollte er eine Entscheidungsschlacht wagen? Mancherlei Gründe sprachen dagegen. Seine Truppen waren durch die vielen Märsche, Anstrengungen und Gefechte stark verbraucht. Die Generale erwiesen sich kampfesmüde, die Reiter erschüttert und die Rheinbündler widerwillig, bereits auf Abfall sinnend. Nirgends herrschte Zuversicht. Wenn der Kaiser dennoch standhielt, so geschah es im Vertrauen auf seine überlegene Kriegskunst und sein Glück, in dem Gedanken, endlich die heiß ersehnte Schlacht vor sich und ein bedeutendes Heer in guter Stellung verfügbar zu haben. Über Blücher blieb er ganz mangelhaft unterrichtet und meinte, derselbe würde garnicht oder höchstens zu spät kommen, so daß Schwarzenberg vorher vernichtet werden könnte. Hierin täuschte er sich, und an diesem Irrtum ist er zugrunde gegangen. Der Truppenzahl nach durfte er einer Entscheidung getrost entgegensehen. Er besaß 190000 Mann mit ungefähr 700 Geschützen. Und diese gewaltige Streitmacht gehorchte einem einheitlichen Befehle, wurde von einem Napoleon geführt.

Die Heere der Verbündeten zählten im ganzen über 300000 Streiter mit 1335 Geschützen,

doch fehlten von ihnen am ersten Tage noch 100000 Krieger, denen nur 18000 auf französischer Seite entsprachen. Die Stimmung der Truppen war durchweg gut, teilweise sogar siegessicher. Namentlich die Böhmische Armee begrüßte den abschließenden Marsch auf Leipzig mit Jubel. Nach all' den Mühen hatte man den Unheilbringer gestellt und konnte mit ihm abrechnen: Auge um Auge, Zahn um Zahn. Weniger Hoffnungsfreudigkeit waltete im Hauptquartiere; Schwarzenberg schien durch den Gedanken geradezu gelähmt zu sein, sich mit dem größten Feldherrn messen zu sollen. Seine Anordnungen blieben deshalb auch von zweifelhaftem Werte.

Das Schlachtfeld bildete eine weite Fläche mit geringen Senkungen, flachen Höhenzügen und platten Einzelhügeln. Nach Westen zu begrenzte es die Elster und die Pleiße, zwei Flüsse, die von Süden nach Norden träge nahe nebeneinander und bei Leipzig zusammenfließen. Von hier aus wendet sich der Hauptfluß, die Elster, nach Nordwesten, wieder mit einigen Nebenarmen. Dieses ganze Flußtal erwies sich durch Sumpf, Gehölz und Gestrüpp so gut wie ungangbar. Bei der Stadt mündet, von Nordosten kommend, ein dritter Fluß, die Parthe, deren Ufer weniger sumpfig sind, dessen Lauf aber tief, also schlecht zu überschreiten ist. Das damalige Leipzig lag in dem Winkel, welchen Pleiße und Parthe bewirken. Es war eine alte Stadt von dreißigtausend Einwohnern, mit engen Straßen und vier Toren: dem Grimmaischen, Peters-, Ranstädter und Hallischen Tor; ersteres im Osten, letzteres im Norden. Um das Weichbild führten Reste der früheren Befestigung, außerhalb deren sich Vorstädte mit vielen Villen, Gärten und Mauern dehnten und in weiterer Entfernung eine Menge festgebauter Dörfer erhob. Letztere samt den umliegenden Höhen boten Napoleon eine vortreffliche Verteidigungsstellung, welche noch durch Gräben, Teiche, Sümpfe und ferner durch regenaufgeweichten Boden unnahbar gemacht wurde. Über die Unwegsamkeit des Pleiße- und Elsterbruchs führte nur ein Straßendamm von Leipzig nach Lindenau. Dieser Damm bildete zugleich die einzige Verbindung nach Westen, mußte bei einem etwaigen Rückzuge also eine entscheidende Wichtigkeit erlangen und wurde deshalb auch an seiner Ausmündung bei Lindenau von Napoleon befestigt und mit dem Korps Bertrand von zehntausend Mann besetzt. Eine andere Truppenmacht, die sich auf fünfzigtausend Mann belief, wenn alles beisammen war, unter Marschall Ney sollte die Nordseite von Leipzig schützen. Da der Gegner hier aber noch weitab zu sein schien, so mußte sie sich gewärtig halten, in die Hauptentscheidung einzugreifen. Man erwartete sie im Süden und Südosten zwischen Pleiße und Parthe, wo Napoleon ungefähr 138000 Streiter mit 500 Geschützen in die bisherige Stellung Murats verteilte, die er nordöstlich bis Klein-Pößna erweiterte. Sie umfaßte einen flachen Halbkreis, dessen Innenseite nach Leipzig wies. Der Kaiser plante, durch die bisherigen Truppen Murats den Feind zu voller Entfaltung zu zwingen, ihn vorne festzuhalten, links zu umgehen, zu einer Hakenstellung und damit Schwächung seiner Front zu nötigen, in welche dann die verborgen hinter Liebertwolkwitz befindlichen Garden einbrechen konnten.

Standarte des 1. preußischen Kürassier-Regiments (jetzt Leib-Kürassier-Regiment Großer Kurfürst [Schlesisches] Nr. 1), geführt von 1722—1906.

Immer dichter zogen sich die Verbündeten gegen Leipzig zusammen. Schwarzenberg

beabsichtigte, den Hauptangriff von Westen zu führen, um dem Feind den Rückzug zu verlegen; hierfür sollte auch Blücher gegen Lindenau mitwirken. Deshalb schob er 124000 Mann in das Sumpfgebiet westlich der Elster und Pleiße. Sie mußten völlig untätig bleiben, wenn es ihnen nicht gelang, über die Flüsse zu kommen, welche sich mit wenigen tausend Mann verteidigen ließen. Für die Hauptentscheidung östlich der Pleiße blieben auf diese Weise nur 72000 Mann verfügbar. Der Plan war dermaßen töricht, daß er auf den stärksten Widerstand der Russen stieß. Aber Schwarzenberg hatte sich so in ihn verbissen, daß es erst des entscheidenden Einspruchs Alexanders bedurfte, um eine Änderung insofern zu bewirken, daß die Russen und Preußen rechts der Flußniederung Aufstellung nahmen, ein Teil der Österreicher sich zwischen Elster und Pleiße vorarbeiten mußte, um bei Connewitz und Dölitz die Pleiße zu überschreiten, während ihre zweite Abteilung Lindenau angreifen sollte. Von Nordwesten war Blücher angewiesen, auf Möckern zu marschieren.

Eintreffen des Königs von Sachsen mit seiner Eskorte auf dem Schlachtfelde bei Leipzig.
Nach dem Gemälde von W. Syrutschöck.

Noch in der Nacht schrieb Schwarzenberg einen Brief aus Pegau an seine Frau, der bezeichnend ist und beweist, wie wenig der Fürst mit dem vornehmen Namen und fast spießbürgerlicher Gesinnung der Mann war, dessen man benötigte. „Wenn ich zu meinem Fenster hinaussehe und die zahllosen Wachtfeuer zähle, die sich vor mir ausbreiten, wenn ich bedenke, daß mir gegenüber der größte Feldherr unserer Zeit, einer der größten aller Zeiten, ein wahrer Schlachtenkaiser steht, dann, meine liebe Nani, ist es mir freilich, als wären meine Schultern zu schwach und müßten unterliegen unter der Riesenaufgabe, welche auf ihnen lastet. Blicke ich aber empor zu den Sternen, so denke ich, daß der, welcher sie leitet, auch meine Bahn vorgezeichnet hat. Eben unterbricht mich ein Adjutant des wackern Blücher, der mir verkündet, er habe sich verabredetermaßen in Bewegung gesetzt und würde zur bestimmten Stunde erscheinen. Der Kronprinz (Bernadotte) wird mitwirken oder nicht — das steht in weitem Felde. Nun trenne ich mich von Dir. Mir ist so wohl, mit Dir ein paar Stunden gelebt zu haben. Nun denn, meine Nani, an Dich will ich denken und emporblicken gegen den Himmel.“

Durch die Verranntheit des sonst so nachgiebigen Schwarzenberg war glücklich bewirkt, daß statt einer großen Schlacht im Süden drei getrennte Teilgefechte stattfinden mußten: bei Lindenau, Connewitz und Wachau-Liebertwolkwitz, und zwar so, daß den 138000 Streitern Napoleons im Süden von 200000 Verbündeten erst knapp 80000 entgegentraten, die sich während des Nachmittags möglicherweise auf 100000 vermehren ließen. Man hatte also glücklich fertig gebracht, die Hauptentscheidung, trotz seiner Übermacht, mit bedeutender Minderheit ausfechten zu müssen. Da Schwarzenberg sich zu seinen Österreichern begab, erhielt Barklay den Oberbefehl auf der Südfront, der aber mit den Garden und Reserven noch nicht heran war, weshalb Wittgenstein die Angriffsverfügungen bestimmte. Die Monarchen von Rußland und Preußen wählten den „Wachtberg", südlich von Wachau, als Standort. Kaiser Franz blieb in Altenburg. Napoleon hielt bei Wachau. Auch jetzt noch durfte er hoffen, die vor ihm befindliche Hälfte der Hauptarmee abzutun; und siegte er, so konnte sich „das Angesicht Europas" umgestalten. Selbst die unwahrscheinliche, im äußersten Falle verspätete Ankunft Blüchers ließ sich ertragen, weil er durch Ney und Marmont abgewiesen oder doch hingehalten wurde, bis die Würfel bei Wachau fielen.

Fürst Schwarzenberg.
Nach einem Stich von M. Steinla.

Fröstelnd und trübe dämmerte der 16. Oktober. Regen und Nebel verhüllten teilweise die Bewegungen. Erst gegen neun Uhr klärte es sich einigermaßen auf.

Der Angriff auf die Stellung Napoleons erfolgte in vier Heerhaufen. Ihn eröffnete um acht Uhr der Herzog Eugen von Württemberg mit Russen und Preußen gegen das Zentrum. Wachau fiel nach leichter Mühe. Die Verbündeten fuhren vierundzwanzig Geschütze auf und drangen weiter vor. Da plötzlich änderte sich das Bild: Napoleon traf auf dem Schlachtfelde ein, erkannte rasch die Zersplitterung des Feindes und machte sich diesen Fehler sofort zunutze. Die Franzosen gewannen in blutigem Handgemenge Wachau zurück und brachten hundertsiebenundsiebzig Kanonen zur Wirkung, die ein sinnverwirrendes Feuer eröffneten und einen Teil der in die Ebene geworfenen Russen massenweise niedermähten. Eugens Adjutant äußerte: „Jetzt war zu meiner Rechten die Hölle in ihrer ganzen rasenden Wut entfesselt. Wahrlich, kaum glaubte man, daß es zwischen den die Luft durchheulenden und pfeifenden Kugeln noch eine freie Stelle geben könne. Ich dachte jedoch: Mit Gott vorwärts! Eine Bekreuzigung für mich und den Kantschu für meinen Kalmückenschimmel, so ging es die ganze Feuerlinie herunter mit verhängtem Zügel." Unerschütterlich hielten die Russen aus, während es den Preußen sogar gelang, in Gemeinschaft mit zwei russischen Regimentern Wachau noch einmal zu nehmen. Vergebens; vor der Wucht des Feindes mußte das Dorf doch wieder geräumt werden. Zitternd schwankte das Zünglein an der Wage: Wachau blieb in Händen der Franzosen, davor standen die Verbündeten fest, trotz schwerer Verluste.

Fast gleichzeitig mit Eugen hatte Kleist sich gegen Markkleeberg in Bewegung gesetzt und es nach stundenlangem Häuserkampfe nahezu bezwungen, obwohl seine Truppen rechts auf den Feldern nach Wachau zu sich nur mühevoll festklammerten. Auch der äußerste rechte Flügel bei

Angriff österreichischer Kürassiere auf sächsische und französische Reiterei am 16. Oktober. Nach einer kolorierten Lithographie.

Liebertwolkwitz fand blutige Arbeit. Hier führte der Russe Gortschakoff erst ein hinhaltendes Gefecht, bis Klenau gegen zehn Uhr mit einem österreichischen Korps und einer preußischen Brigade eintraf. Er warf sich sofort auf das Dorf und eine beherrschende Höhe, eroberte diese und den größten Teil der Häuser, bis er sich durch neu ankommende Feindesmassen wieder zurückgeworfen sah. So hatten die Verbündeten bis gegen elf Uhr eigentlich nichts erreicht. Anfangs erfochten sie Erfolge durch Überraschung, verloren sie aber bald vor den nachrückenden Verstärkungen. Nur Kleist behauptete sich jetzt und während der nächsten Stunden in Markkleeberg; sonst hielten sich die Verbündeten mühsam auf freiem Felde.

Über Napoleon berichtet ein Augenzeuge: „Er sah finster, verschlossen, gewissermaßen starr aus. Als aber der Kanonendonner zu rollen begann, öffnete sich gleichsam das verschlossene Gesicht. Er ward gesprächig, beweglich, seine Miene nur blieb herrisch ernst und änderte sich auch bei dem kurz hingeworfenen Gespräch fast so wenig, wie die Züge einer Maske. Dies Feststehende, ich möchte sagen Gefrorene, zusammen mit dem Unruhigen, beinahe Krampfhaften in seinem Greifen nach der Tabaksdose, dem Taschentuche, dem Opernglas, oft nach nichts, und mit dem Hastigen, etwas Eckigen seiner Bewegungen hatte etwas Außermenschliches, daß einem unheimlich, grauenvoll dabei zumute ward.“ Er begab sich nach dem Hügel nahe der Schäferei Meusdorf, wo ein Tisch stand, auf dem eine Karte festgenagelt lag, daneben sah man einen Stuhl und ein loderndes Wachtfeuer.

Auf der andern Seite war inzwischen Zar Alexander eingetroffen, umgeben von großem Gefolge in glänzenden Uniformen. Als die ersten Kanonenschüsse herüberdröhnten, sagte der ebenso gewandte wie tapfere General Miloradowitsch: „Der Feind salutiert die Ankunft Eurer Majestät.“ Alexander lächelte. Auf der Höhe des Wachtberges links neben Güldengossa nahm er Stellung. Sofort beunruhigten ihn die schwarzen Massen der Franzosen, welche grell gegen die kleinen Haufen der Verbündeten abstachen. Die Gefahr lag nahe, daß diese vom Feinde überrannt würden, und zwar ohne sie unterstützen zu können, denn die russischen und preußischen Garden befanden sich noch zurück bei Rötha, während die österreichische Hauptarmee durch

die Pleiße abgetrennt war. Voller Besorgnis sandte der Zar einen Offizier an Schwarzenberg, um ihm die Sachlage vorzutragen und ihn in seinem Namen zu ersuchen, die österreichischen Reserven zur Hilfeleistung abzuschicken. Der Offizier fand eine Furt durch die Pleiße und erreichte gegen halb elf Uhr Schwarzenberg mit Radetzky bei Gautzsch. Der Fürst hatte bereits eingesehen, daß er bei Connewitz schwerlich durchdringen werde, vermochte sich aber nicht vor zwölf Uhr zu entschließen, seine Reserven fortzugeben, die nun frühestens um drei Uhr bei Kleist eintreffen konnten. Auch die russischen und preußischen Garden erhielten Befehl, ihren Marsch zu beschleunigen.

Napoleon hatte längst bemerkt, daß die Verbündeten ihm gegenüber immer mehr ins Gedränge gerieten. Er beschloß deshalb, bei Wachau mit Gewaltmacht durchzubrechen und den feindlichen rechten Flügel von dem eintreffenden Macdonald umfassen zu lassen. Etwas nach elf Uhr entwickelte sich sein Angriff. Macdonald vertrieb die Österreicher Klenaus von ihrer Höhenstellung und drängte heftig nach, während gleichzeitig Sebastianis Reiterei die österreichische Kavallerie zurücktrieb; auch Liebertwolkwitz ging, wie wir sahen, verloren. Erst allmählich kam der Kampf wesentlich durch eintreffende preußische und russische Reiterei zum Stehen.

Als die Schlacht sich siegreich zu gestalten schien, sandte Napoleon Botschaft an den König von Sachsen mit dem Ersuchen, die Glocken der Stadt läuten zu lassen. Dies geschah; alles rannte auf den Straßen durcheinander, Adjutanten und Eilboten schrien unaufhörlich die Siegeskunde aus mit Lebehochs auf den Kaiser und erhielten von Franzosen und Franzosenfreunden tausendstimmige Antwort. Anders die Patrioten: sie zogen sich trauernd zurück mit Tränen in den Augen; jede Hoffnung entschwand, das Fremdenjoch drohte dauernd zu lasten.

Während die Glocken dumpf aus der Ferne ertönten, sammelte der Kaiser seine Kraft zum letzten entscheidenden Stoße, der die Linien der Verbündeten auseinander sprengen sollte. Aber er konnte nicht so rasch, wie er wollte, weil er warten mußte, bis sich der Druck Macdonalds auf dem Flügel geltend machte und Marmont, womöglich auch Ney, zur Verstärkung ankamen. Als beide ausblieben, setzte er um zwei Uhr mit Nachdruck ein. Kleist hatte nach heftigstem Widerstande nur noch in dem südlichen Teile von Markkleeberg auszuharren vermocht, während seine rechts in freiem Felde stehenden Truppen zurücksanken. Auf diese warfen sich dichte Kavalleriemassen, denen aber österreichische Reiter entgegensprengten; hin und her wogte das Handgemenge, bis schließlich beide Teile ihre Stellung behaupteten. Inzwischen waren dicke Angriffskolonnen von Wachau vorgegangen, unterstützt durch vierundachtzig Geschütze und Reiterei. Diese brausten einher, schleuderten die völlig erschütterten und erschöpften Russen Eugens über den Haufen, eroberten sechsundzwanzig Kanonen, zersprengten russische Gardekavallerie und gelangten bis nahe an den Wachtberg, auf dem die Monarchen hielten. Da aber gerieten die Tapferen in einen Sumpf, wurden vorn und seitwärts von feindlichen Geschwadern gepackt und von russischen Gardebatterien beschossen. Der Durchbruch begann zu stocken, Reserven kamen nicht zu Hilfe, ein wirres Gewoge, bis der ineinander verkeilte Knäuel zurückrollte und die französischen Kanonen wahllos in Freund und Feind hineinfeuerten. Ähnlich erging es dem linken Flügel Napoleons. Auch hier war der Todesstoß anfangs erfolgreich gewesen, begegnete dann aber solchem Widerstande, daß er teilweis scheiterte. Ebensowenig vermochte das französische Fußvolk bei Wachau und Markkleeberg dauernde Lorbeeren zu erringen, nun gar, als in der Front die russisch-preußischen Reserven und seitwärts österreichische Verstärkungen eintrafen. Diese durchwateten die Pleiße, erstürmten Markkleeberg und die dicht dabei gelegene Schäferei Auenhain. Hier namentlich ging es blutig her, doch gelang es schließlich, die wenigen Gebäude festzuhalten. Abends sechs Uhr endete der erbitterte Kampf mit einer gewaltigen Kanonade.

Angriff preußischer Dragoner bei Wachau.
Nach dem Gemälde von C. Becker.

Inzwischen arbeitete sich Schwarzenberg in den Sümpfen und Büschen links der Pleiße unter schweren Verlusten fast vergebens ab. Bei den am Flußufer liegenden Dörfern (Dölitz, Lösnig und Connewitz) erfolgten Angriffe, aber überall stieß man auf die doppelte Schwierigkeit der Bodengestaltung und der günstigen Aufstellung des Feindes. Nur das Schloß von Dölitz konnte durch Überraschung nach erbittertem Widerstande genommen werden. So erkannte der Fürst schließlich seinen Irrtum und leistete der Aufforderung Alexanders Folge, seine Reserven nach dem Hauptkampfplatze zu senden. Um diesen zu erreichen, mußten sie freilich das hochgehende Gewässer durchwaten. Auch Schwarzenberg folgte ihnen und begab sich auf den Wachtberg.

Noch kläglicher als an der Pleiße verlief das Gefecht auf dem äußersten linken Flügel der Verbündeten an der Elster bei Lindenau und Plagwitz. Hiergegen rückten die Österreicher freilich schon um acht Uhr in drei Abteilungen vor, doch nur der einen gelang es, kurze Zeit in Lindenau einzudringen. Als Bertrand Unterstützung heranführte, wichen sie wieder zurück; ja die Franzosen gingen schließlich sogar zum Angriffe über, der allerdings an dem Feuer der Österreicher abprallte.

Herzog Eugen von Württemberg. Nach dem Gemälde von R. Lauchert.

Das Ergebnis der Schlacht war, daß die Franzosen überall ungefähr ihre Stellungen behauptet, sie die Verbündeten abgewiesen, aber doch keinen eigentlichen Sieg erfochten hatten. Dieser erschien sicher, wenn Ney und Marmont, welche nördlich von Leipzig standen, eingreifen konnten. Napoleon rechnete auch auf sie und rief sie herbei; doch Marmont sah sich von Blücher festgehalten, und Ney, der schon abmarschiert war, ließ sich durch die gefährdete Lage seines ihm unterstellten Kameraden zur Umkehr bewegen. Gerade als der Reitersturm bei Wachau seine Höhe erreichte, erscholl nordwärts dumpfes Rollen. Berthier hielt es für ein fernes Gewitter, aber Napoleons geübtes Ohr erkannte sofort fernen Kanonendonner. Er klang ihm wie Grabgeläute, denn nun hatte ihn sein Geschick in Gestalt des alten Blücher ereilt.

Bereits in der Frühe ließ der preußische Feldherr aufklären und starke Infanteriemassen des Feindes feststellen. Bald kündete dumpfes Getöse leise aber deutlich die Schlacht: das so lang ersehnte Eingreifen der Hauptarmee. Da duldete es den greisen Feuerkopf nicht länger. Freilich der Kronprinz versagte wie immer; der englische Militärbevollmächtigte, General Stewart, brachte Blücher hiervon die Botschaft. Als der Brite den Ernst der Lage sah, sprengte er ins schwedische Hauptquartier zurück, aber vergebens. Es blieb Blücher nur das Vertrauen auf die eigene Kraft, nur die Pflicht, so viele Franzosen auf sich zu ziehen, wie möglich, um die Verbündeten im Süden zu entlasten. Allerdings auch Vorsicht galt geboten, denn man fand sich im Bestande zurückgegangen und kannte die Stärke des Feindes nicht, den man aufsuchte. Der stets zunehmende Ruf der Geschütze beschleunigte die Schritte, bis man Marmont erreichte, der mit zwanzigtausend Mann eine günstige Bodenanschwellung zwischen Möckern und Eutritzsch

besetzt hielt. Bei den Verbündeten marschierten Yorck rechts und die russische Streitmacht unter Langeron links. Diese traf zuerst auf den Feind, kam aber nur langsam vorwärts, weshalb Yorck beschloß, mit seinen zwanzigtausend Preußen das durch vierzig Geschütze gedeckte Möckern anzugreifen. Dreimal stürmten die Vortruppen vergebens; erst nachdem sie verstärkt waren, gelang es, in das Dorf einzudringen und es in wütendem Häuser- und Straßenkampfe zu erobern. Als sie aber weiter wollten, prallten sie vor einem mörderischen Kartätschenfeuer zurück und glitten schließlich trotz verzweifelter Gegenwehr wieder aus Möckern hinaus. Marmont hatte allmählich fast sein ganzes Korps hierhin zusammengezogen, während die rechts eingetroffenen Polen und Württemberger die Russen abdämmten. Um sie anzuspornen, ritt Blücher zeitweise zu ihnen hinüber. Langeron suchte auch seinen Weg mit dem Bajonett zu bahnen, erreichte aber wenig. Erst abends wichen die Verteidiger langsam nach Eutritzsch. So mußte Yorck allein sehen, wie er sich mit Marmont abfinde.

Das alte Schloß in Dölitz (überall die Kugelspuren sichtbar). Nach einem Stich von Krause.

Unter dem Schutze von achtundachtzig Kanonen setzte er wieder ein in breiter Front. Heldenhaft wird das Dorf zum fünften Male genommen und bis an die feuersprühenden Batterien vorgedrungen. Da aber finden sich die Durcheinandergerüttelten seitwärts gefaßt und wieder zurückgeschleudert, während in Möckern selbst ein erbarmungsloses Handgemenge tobt. Schließlich wirft Yorck seine letzte Brigade auf den Feind, namentlich gegen dessen Geschützstellung. Alles umsonst. Haufenweis werden die Tapferen niedergemäht, bis sie abprallen und zurückfluten. Die Schlacht scheint verloren zu sein, die letzte Reserve ist zertrümmert. In dieser Not greift Yorck zu seiner Reiterei. Der Boden donnert unter den Hufen der einhersprengenden Rosse. Längst ist auch der Feind erschüttert; er stutzt, er schwankt, Lanzen und Säbel arbeiten gegen Bajonett und Kanonenwischer. Mit verzweifelter Anstrengung werden die Franzosen auseinandergerissen; das preußische Fußvolk faßt nach, soviel es noch vermag. Die Trompeten schmettern, die Trommeln rollen, alles stürzt vorwärts, wirft feindliche Kavallerie über den Haufen und treibt das Fußvolk in dickem Knäuel vor sich her. Der Sieg ist errungen, heiß, unter furchtbaren Opfern. Hoch gehäuft lagen sie da, Deutsche und Franzosen: Verwundete, Sterbende, Tote. Der Kampf bei Möckern gilt als der blutigste des ganzen Krieges.

Stolz und doch traurig schrieb Gneisenau seiner Frau: „Die Tapferkeit der Truppen unterstützte auf das Herrlichste unsere Anordnungen. Wir hatten uns in Bataillons-Massen aufgestellt. Das feindliche Geschütz wüthete darinn sehr. Unsere Landwehrbataillone thaten herrlich. Wenn

Blücher bei Möckern am 16. Oktober. Nach der Originalzeichnung von E. Zimmer.

eine feindliche Kugel 10—15 Mann danieder riß, riefen sie: Es lebe der König! und schlossen sich wieder in den Lücken über die getödteten zusammen. Das Schlachtfeld ist mit Todten und Verstümmelten bedeckt, wie selten. Gott lob, viel mehr Franzosen als der unsrigen." Hauptmann Stosch, Gneisenaus Adjutant, berichtete: „Am 19. ritten wir über das Schlachtfeld von Möckern, wo die Leichen der am 16. gefallenen Soldaten, vorzüglich der schlesischen Landwehr, so dicht nebeneinander lagen, daß die Pferde nur in Schlangenlinien ausweichen konnten. Ich sah Gneisenaus ernstes Gesicht, und indem er mir sagte: ‚Der Sieg ist durch deutsches Blut theuer, sehr theuer erkauft!' entfiel seinem Auge eine Thräne; die einzige, welche ich ihn weinen sah."

Die Preußen haben in und bei Möckern über fünftausend Mann, also mehr als ein Viertel ihres Bestandes verloren, darunter unverhältnismäßig viele Offiziere: ein Beweis ihres Opfermutes. Todesmatt sanken die Überlebenden auf dem Schlachtfeld zur Ruhe nieder. „Am nächsten Morgen wurde ein ergreifender Feldgottesdienst gefeiert. Fast ohne Offiziere, mit zersplitterten und zerfetzten Fahnen kamen die Truppen dazu anmarschiert. Nach dem Gottesdienst mußte das Korps in zwei Divisionen formiert werden, deren Führung die Generale v. Horn und Hühnerbein übernahmen." Aber der Erfolg krönte den Heldenmut. Nicht bloß, daß fünfunddreißig Geschütze, zwei Fahnen genommen und vierhundert Gefangene gemacht waren, auch der tapfere Feind büßte siebentausend Mann und hundertvierundachtzig Offiziere ein, Marmont und zwei Divisionsgenerale wurden verwundet. Wichtiger als alles erwies sich die Tatsache, daß die Blutarbeit bei Möckern die Entscheidung der Völkerschlacht bedeutete, und wieder hatten die Preußen der Schlesischen Armee sie gebracht.

Den Teilverlusten entsprachen die der Gesamtheit des denkwürdigen Tages. Man hat die der Verbündeten auf achtunddreißigtausend Tote und Verwundete nebst zweitausend Gefangenen berechnet und die der Franzosen mit dreiundzwanzigtausend Gefallenen und zweitausendfünf=

hundert Gefangenen eingeschätzt. Demnach kostete die Völkerschlacht am 16. Oktober sechzigtausend Mann. Sie ist also nach der bei Borodino die verlustreichste der neueren Kriegsgeschichte gewesen. Aber die Opfer der Verbündeten wurden mehr als ersetzt durch die eintreffenden Verstärkungen. Zunächst ließen sich schon alle Reserven in die Schlachtlinie bringen; dann befand sich Bennigsen mit der Polnischen Armee von fünfunddreißigtausend Bajonetten nur noch wenige Meilen entfernt; der Österreicher Graf Bubna führte zehntausend Streiter und Graf Colloredo deren zwanzigtausend von Dresden heran, so daß im Laufe des nächsten Tages fünfundsechzigtausend Mann frischer Truppen allein auf der Süd- und Westseite des Schlachtfeldes erwartet werden durften.

Major v. Sohr. Prinz v. Preußen. Major Schack. General Yorck.

General … Reitera…

Kgl. Nat… befind…

Über die Stätten des Schreckens und des Elends breitete die Nacht ihre dunklen Fittiche. Weithin loderten die Flammen brennender Dörfer und unzähliger Wachtfeuer. Überall lagen Tote, wimmerten Verwundete, röchelten Sterbende. Zwar wurden die noch Lebenden emsig nach Leipzig und in alle verfügbaren Häuser gebracht, aber dennoch gingen Tausende an Entbehrungen und Kälte zugrunde. Entsetzliche Vorgänge spielten sich ab. Unsäglich war die Not.

Die verbündeten Monarchen ritten in ihre Hauptquartiere zurück, um sich unter Dach und Fach zur Ruhe zu begeben. Anders Napoleon. Er übernachtete bei seiner Garde. In einem trockengelegten Teiche bei Meusdorf ließ er einige Zelte aufschlagen. Da saß er nachdenklich über Karten gebeugt. Zum Abendessen lud er den gefangenen österreichischen General Merveldt, mit dem er sich freundlich und lebhaft unterhielt.

Beurteilen wir den Gang der Schlacht. Schon aus der Darstellung haben sich die schweren Fehler der Verbündeten ergeben. Als schlimmster von allen gilt, daß die österreichische Armee sich ein völlig ungangbares Gelände aussuchte, auf dem sie durch einen Fluß abgesperrt wurde. Nur die Abteilung, welche bei Lindenau focht, besaß die Möglichkeit, schnell zuzugreifen und damit das zunächst schwach besetzte Dorf zu nehmen. Aber sie ließ sich zu sehr hinhalten, bis es zu spät war. Die Neigung Schwarzenbergs, zu manövrieren, statt auf den Feind loszugehen, entzog den Verbündeten fast die Hälfte ihrer Truppen für die Hauptschlacht und bewirkte, daß sie hier in der Minderzahl kämpften. Sie wären auch sicher erlegen, wenn Zar Alexander nicht in richtiger Erkenntnis der Sachlage noch alles herbeigerufen hätte, dessen er habhaft zu werden vermochte. Um den Fehler Schwarzenbergs noch zu vergrößern, nahm Wittgenstein keine Rücksicht darauf, sondern focht, als ob er ganz allein sei. Er legte das Schwergewicht auf den Kampf bei Wachau, statt zu versuchen, möglichst rasch und kühn bei Markkleeberg längs der Pleiße mit Gewaltmacht durchzustoßen, um dadurch den Österreichern den Flußübergang zu erleichtern, ja, ihn überhaupt zu ermöglichen. Auf diese Weise hätte er eine Flankenstellung gegen Wachau erlangt und Napoleon durch Überflügelung zusammendrücken können. Aber auch hiervon abgesehen, fehlte es dem Wittgensteinschen Angriff an einer Hauptbedingung des Erfolgs: an der Gleichzeitigkeit. Seine linken Kolonnen setzten zu früh und zu vereinzelt ein, während die rechten noch zurück standen. So verzettelte er seine Kraft und gab dem Gegner Gelegenheit, die einzelnen Vorstöße abzuwehren und Verstärkungen heranzuführen. Selbst die Blücher-Gneisenausche Heer-

Prinz Brandenburg. Brandenburgisches Husarenregiment.

den letzten
Röckern.
r
e zu Berlin
lde von

führung befand sich nicht auf der Höhe. Sie fürchtete, von Düben aus angegriffen zu werden, und verwandte zwei ihrer Korps in dieser Richtung, wodurch die ganze Schwere des Kampfes auf den beiden anderen, zumal auf Yorck, lastete. Alles hätte sich anders gestaltet, wenn Bernadotte zur Stelle gewesen, um die etwaige Gefahr von Düben her auf sich zu nehmen. Aber auch so mußte Blücher früher das Irrige seiner Besorgnis erkennen und sich sagen, daß er gegen die etwaige Flankenbedrohung mit weniger als zwei Korps auskomme. Die Entscheidung fiel und mußte fallen in der Richtung von Leipzig.

Ebensowenig wie die Generale der Verbündeten leistete der große Schlachtenlenker Napoleon Bedeutendes. Er trat in eine Entscheidungsschlacht, ohne genügend über den Feind unterrichtet zu sein, in der Erwartung, Schwarzenberg abseits von Blücher besiegen zu können. Billig sollte er sich sagen, der ganze Schlachtplan der Verbündeten laufe auf Einkreisung hinaus, und wenn ein Mann wie Blücher nur dreißig Kilometer entfernt stünde, so würde er sicherlich nicht beim Kampfe fehlen. Das Glück zeigte sich dem Kaiser noch insofern hold, als fast die Hälfte des Blücherschen Heeres unterwegs blieb und der unzuverlässige Bernadotte jede Mitwirkung verweigerte. Hätte dieser seine Pflicht getan und Blücher mit Vollkraft eingesetzt, so wäre Napoleon schon am 16. von Norden her überrannt worden.

Da ihm dort sein alter Stern leuchtete, so vermochte er der feindlichen Hauptarmee fast mit Vollmacht entgegen zu treten, und als sie ihm gar noch den Gefallen tat, sich zur Hälfte in den Pleißesümpfen festzusetzen, so konnte er seine Übermacht voll zur Geltung bringen. Wie wir sahen, geschah dies nicht. Zunächst ließ er sich vom Feinde überraschen und dadurch die Gesetze des Handelns aufzwingen. Bei der Schwäche der Verbündeten aber gewann er naturgemäß die Oberhand und befand sich um elf Uhr in der Lage, durch Einsatz seiner Gesamtstreitmittel den Sieg an seine Fahnen zu heften. Augenscheinlich hat er die Gunst der Umstände garnicht erkannt, denn sonst ist sein Verhalten unverständlich. Statt einfach vorzustoßen und alles mit Elefantentritten zu zermalmen, hielt er hin, um die Ankunft des heranbefohlenen Ney, die Korps Macdonald, Marmont und Souham abzuwarten. Von diesen kam, wie wir sahen, nur Macdonald und zwar verspätet. Inzwischen hatten sich auch die Verbündeten verstärkt, und weitere Massen eilten von verschiedenen Seiten herbei. Hiermit war der günstige Zeitpunkt für den Hauptangriff verpaßt; überdies fehlte ihm die gewaltige Stoßkraft, das Fußvolk unterstützte die Reiter nicht rechtzeitig und geschlossen genug und verzettelte seine Wirkung in Einzelkämpfen. Die Schlacht befand sich in voller Entfaltung: von Dölitz, Connewitz, Lindenau und immer lauter von Möckern dröhnte es dumpf herüber. Die Menge der Aufgaben und Gefahren scheint die Tatkraft des Schlachtenlenkers gelähmt zu haben, die schon seit Wochen zu wünschen ließ. Statt Hilfe durch die nördlichen Korps zu erhalten, glaubte er gar noch eine Division nach Dölitz abgeben zu müssen; und von ferne erkannte er deutlich das Eintreffen der feindlichen Hilfskräfte. So wagte er nicht mehr seine letzte Reserve: neuntausend Mann Alter Garde vorzuschicken, und der Kampf endete unentschieden aus Mangel an Truppen.

Die Soldaten und Unterführer schlugen sich fast überall heldenhaft, am besten die Preußen Kleists und Yorcks, die Russen Eugens und die Franzosen Marmonts. Jedermann wurde durchzittert von dem Gedanken: es gelte die Zukunft Europas, und setzte deshalb sein letztes Können ein.

Napoleon hatte die Hauptschlacht gehalten, doch auch nicht mehr. Ein halber Gewinn aber bedeutete für ihn einen Mißerfolg, nun gar, als das Marmontsche Korps zertrümmert war und er sich in seinem Rücken bedroht fühlte. Dann mußte er sich eingestehen, daß er nur das Korps Reynier als frischen Zuzug erwarten dürfe, welches zum größten Teil aus Sachsen bestand, die sich schon bei Dennewitz nicht mehr ganz zuverlässig erwiesen hatten und deren Stimmung inzwischen unmöglich besser geworden sein konnte. Anderseits war damit zu rechnen, daß Blücher

Die Preu

Nach dem Gemälde von Robert Haug im

i Möckern.

ufeum der bildenden Künste zu Stuttgart.

Das Rathaus und der Marktplatz zu Leipzig. Nach der Natur gezeichnet von G. Täubert, lithographiert von C. W. Arldt.

schon am nächsten Tage stärker auftreten, daß Bernadotte eintreffen, die Russen und Österreicher alles irgend Verfügbare heranziehen, und letztere nicht töricht in den Pleißesümpfen stecken bleiben würden. Dies alles erwogen, konnte ein schleuniger Rückzug als richtig erscheinen, denn noch besaß Napoleon die Möglichkeit, sich aus der Schlinge zu befreien und das Waffenglück anderwärts unter günstigeren Umständen zu versuchen. Freilich viele, zumal politische Gründe widersprachen dem Abbruche des Riesenkampfes, aber was bedeuteten sie gegen das Schwergewicht der militärischen Sachlage. Wollte der Kaiser nicht weichen, so mußte er die Schlacht ohne Zögern fortsetzen, um die Vorteile auszunutzen, welche er errungen hatte. Der Kriegsgewaltige hat keines von beidem getan. Finster und entschlußlos brütete er vor sich hin. Wie seinerzeit in Moskau mußte er sich endgültig entscheiden, und beide Male vermochte er nicht, sich selbst zu überwinden, nicht auf eine liebgewordene Hoffnung zu verzichten. Deshalb stellte er die militärische Erwägung zurück und suchte sein Heil in diplomatischer Verhandlung, — hier wie dort erfolglos. Er sandte den gefangenen General Merveldt ins feindliche Hauptquartier mit dem Anerbieten eines Waffenstillstandes und weitgehenden politischen Zugeständnissen. Nicht einmal eine Antwort ist ihm erteilt worden, während sein Auftraggeber inzwischen mit Hoffen und Harren kostbare, unwiederbringliche Stunden verlor. Auf diese Weise verging der 17. Oktober.

Furchtbar sah es in Leipzig aus. Es regnete stark. Ununterbrochen kamen Verwundete. Alle Lazarette und sonst vorgesehenen Räume waren überfüllt. Die Schwerverwundeten lagen hilflos auf den Straßen, während die leichter Verletzten Unterkunft und Ärzte suchten. Viele starben auf dem Pflaster und in den Marktbuden. Die noch Lebenden flehten tränenden Auges um ein Stückchen Brot, verzehrten mit hastiger Gier, was sie in den Kehrichthaufen fanden, oder nagten mit letzter Kraft an fleischlosen Knochen. Überall Wimmern, Seufzen und Geschrei. Kuriere und Offiziere sprengten einher, Kanonen und Munitionswagen rasselten über das Pflaster, während die Bürger sich scheu in den Häusern versteckten. Die Franzosen blickten

finster und besorgt, die Rheinbündler bezeugten laut ihr Mißvergnügen und ersehnten die Stunde der Erlösung. Einige verkauften sogar schon ihre Gewehre. Bei Beginn der Dunkelheit erblickte man rund um Leipzig einen breiten Kranz von Wachtfeuern, welcher zeigte, daß der Kriegsschauplatz den Mauern näher gerückt war.

Das österr…
regiment „He…
der Sch…
am …
Nach d…
F…

Draußen verharrte die französische Armee am 17. in ihrer Stellung, ebenso die verbündete, keine griff an. Nur der unternehmende Blücher ruhte nicht, sondern warf den Feind bei Gohlis noch weiter nach Leipzig zurück. Als sich auf der Südseite alles still verhielt und die Nachricht aus dem Großen Hauptquartiere von einem Aufschub des Angriffs eintraf, machte auch er halt. Nachmittags bekam Napoleon Kenntnis von den schweren Verlusten, von starkem Mangel an Schießbedarf, von der gedrückten Stimmung der Franzosen und der zunehmenden Unsicherheit der Rheinbündler; er erfuhr, daß das russische Reserveheer Bennigsens herankomme, und durch Merveldt, daß die Bayern abgefallen seien und ihm den Rückzug zu verlegen trachteten. Um sich diesen auf alle Fälle offen zu halten, sandte er Bertrand ab zur

Besetzung der Saaleübergänge, während er Mortier mit der Jungen Garde den wichtigen Engpaß von Lindenau anvertraute. Eine fast noch wichtigere Vorbedingung für den Rückzug unterblieb: die Herstellung mehrerer Brücken über die vielen Wasseradern. Nur einige Laufbrücken wurden über die Pleiße gebaut, die aber keine Fortsetzung bei der Elster erhielten. Ob das zermarterte Gehirn Napoleons jene wichtigen Maßnahmen vergessen hat, ob dahin zielende Befehle in dem allgemeinen Wirrwar nicht ausgeführt wurden, oder ob der Trotz des Kaisers immer noch nicht ernstlich mit Niederlage und Flucht rechnete — es läßt sich nicht mehr ergründen. Er war entschlossen, die Schlacht fortzusetzen. In der Nacht zog er sein Heer dichter um Leipzig zusammen und verlieh ihm dadurch größere Festigkeit. In weitem Halbkreise umschloß es die Stadt auf der Süd-, West- und Nordseite: südlich bei Connewitz und Lößnig an die Pleiße, nördlich bei Gohlis an die Elster gelehnt, wozu westwärts das besetzte Lindenau kam. Diese Aufstellung erschien fast von der Natur gegeben, denn in einer Entfernung von ungefähr vier Kilometern liegt ein

Kunstverlag D. J. Deutsch, Wien.

Infanterie-
nburg" in
Leipzig
ober.
nälde von
mann.

Kranz gut verteidigungsfähiger Dörfer um Leipzig, die vortreffliche Stützpunkte gewähren. Verhältnismäßig schwach wurde die Nordostseite in der Gegend von Paunsdorf besetzt, weil es Napoleon an Truppen mangelte und er nicht an das Eingreifen der Nordarmee glaubte. Immerhin galt der 18. Oktober dem abergläubischen Korsen als Unglückstag, denn vor einem Jahre hatte der Rückzug aus Moskau begonnen. Er befand sich vollständig in der Verteidigung, und die Streitkräfte zeigten sich sehr zu seinem Nachteile geändert. Sie betrugen für ihn 600 Kanonen und 150000 kampffähige Mannschaften, von denen 5000 Sachsen und Württemberger abfielen. Dem gegenüber brachten die Verbündeten es im Laufe des Tages auf fast 300000 Streiter mit 1360 Geschützen, darunter über 100000 altgediente Soldaten. Der Gegner focht also schließlich mit doppelter Übermacht und weniger verbrauchten Kräften.

Schwarzenberg ließ nur eine schwache österreichische Abteilung auf dem linken Pleißeufer. Somit stand die Hauptarmee im Süden, Blücher im Norden. Die Lücke zwischen beiden sollten links Bennigsen, in der Mitte Bubna mit einem österreichischen Korps und rechts die Nordarmee je nach ihrem Eintreffen ausfüllen.

Wie immer wünschte Bernadotte sich der Gefahr zu entziehen; erst die Drohung des britischen Militärbevollmächtigten, ihm die englischen Hilfsgelder nicht auszuzahlen, brachte ihn näher an Leipzig heran. Da jedoch der Platz links von Blücher zu gefährlich schien, suchte er sich auf dessen rechten Flügel zu verkriechen, und als der Preuße dies ablehnte, stellte Bernadotte das Ansinnen, ihm für den Marsch auf Paunsdorf dreißigtausend Mann abzutreten, also die größere Hälfte der Schlesischen Armee. Es war eine unverschämte Zumutung. Aber der greise Blücher bewilligte sie selbstverleugnend für die heilige Sache, obwohl er die eigene Streitmacht dadurch nahezu ausschaltete, denn ihm blieben nur die zusammengeschmolzenen Preußen Yorcks und Sackens Russen.

In grauer Frühe des 18. berichtete Gneisenau seiner Frau: „Ich schreibe Dir am Morgen einer Schlacht, wie sie in der Weltgeschichte kaum gefochten ist. Wir haben den französischen Kaiser ganz umstellt. Diese Schlacht wird über das Schicksal von Europa entscheiden. Eine halbe Million Menschen stehen jetzt auf einem engen Raum zusammen gedrängt, bereit, sich wechselweise zu vertilgen."

Nach langen Regentagen leuchtete wieder die Sonne. Ihre Strahlen verklärten eine furchtbare Blutarbeit der Menschen dort unten auf der Erde. Die Verbündeten jubelten ihr zu als frohe Verheißung, obwohl der durchweichte und zertretene Boden keineswegs günstig für den Angriff war. — Schwarzenberg bildete drei Heersäulen aus der Haupt- und russischen Reservearmee. Die erste übergab er dem Prinzen von Hessen-Homburg. Sie sollte in Anlehnung an den früheren österreichischen Plan die Franzosen über Connewitz und Markkleeberg vom Pleißeflusse abdrängen. Die zweite hatte unter Barclay durch Wachau, die dritte unter Bennigsen rechts daneben auf Holzhausen vorzurücken. Hinzu kamen: die verstärkte Nordarmee, welche die Parthe hinter sich bringen und in der Gegend von Paunsdorf, die zwei Korps der Schlesischen Armee, die bei Gohlis, und Gyulai, der bei Lindenau anpacken mußten. Der Plan verlangte gleichzeitigen Angriff der ersten drei Kolonnen um sieben Uhr. Verspätet erschien Bennigsen und erst nachmittags der Kronprinz auf dem Schlachtfelde. Außerdem sparte man trotz der Überzahl die Reserven. Diese Umstände und der Mangel eines wirklichen Oberbefehls ermöglichten Napoleon, sich zu behaupten. Für ihn stand alles auf dem Spiele. Schon in dunkler Morgenfrühe besuchte er die wichtigsten Punkte: Probstheida, Reudnitz, Lindenau und Stötteritz, um sich dann nach einer Mühle hinter Probstheida zu begeben, von wo aus er die Seinen zu befehligen gedachte.

Die Schlacht begann. Auf dem linken Flügel der Verbündeten eroberten die Österreicher mehrere Dörfer und gelangten bis Lößnig bei Connewitz. Hier aber wurden sie von der Jungen

Die Division Curial der Garde, von Napoleon zur Wiedergewinnung Probstheidas herbeigeführt.
Teilansicht aus Otto Sindings Rundgemälde im Panoramagebäude zu Leipzig.

Garde unter Oudinot und den Polen Poniatowskis gefaßt und in erbittertem Ringen zurückgeschoben. Erst neu eintreffende Regimenter bewirkten eine Wendung, bis der Kampf schließlich zum Stehen kam und wesentlich nur noch durch Geschütz- und Flintenfeuer fortdauerte. Connewitz zu nehmen gelang nicht. In seiner zeitweisen Bedrängnis hatte Schwarzenberg Gyulai heranbefohlen und dadurch die Rückzugsstraße über Lindenau freigegeben. Sehr nachteilig für die Österreicher erwies sich, daß ihr Nachbar zur Rechten nicht gleichzeitig, sondern erst wesentlich später den Kampf aufnahm.

Etwas nach acht Uhr setzte sich Barclay in Bewegung. Er fand Wachau und Liebertwolkwitz leer, geriet aber vor Probstheida in starkes Kanonenfeuer und machte deshalb halt, um die Erfolge seiner seitlichen Verbündeten abzuwarten. Das Dorf lag da wie eine Festung, gedeckt durch eine Mauer, die von Infanterie stark besetzt war, während links und rechts zahlreiche Geschützmündungen drohten. Endlich um zwei Uhr sah Barclay sich durch unmittelbaren Befehl des Zaren vorwärts getrieben. Mit Todesmut nahmen die Preußen Probstheida, wurden aber wieder hinausgeworfen. Bald griffen auch Russen an; hin und her wogte das schreckliche Getümmel, mehrmals wurde das Dorf ganz oder teilweis erstürmt und verloren. Alle Anstrengungen bleiben umsonst, denn hier befehligt Napoleon. Mitten im Getöse trifft er seine Anordnungen, setzt sogar eine Division der Alten Garde ein, reitet bis in die vordersten Reihen, ist überall zugegen. Nicht eher kehrt er zur Tabakmühle zurück, bis der Ort gesichert ist. Äußerlich zeigt er steinerne Ruhe, aber verstohlen wetterleuchtet tiefer Unmut durch seine Züge. Schließlich sind die Gassen durch Tote und Verwundete geradezu versperrt. Um dem fruchtlosen Gemetzel ein Ende zu machen, werden die Angreifer etwas zurückgenommen und die Häuser durch Kanonen bearbeitet. Man durfte erwarten, daß der Gang der Schlacht das Dorf schließlich von selber zu Fall bringe. Immerhin blieb es zunächst im Besitze der Franzosen.

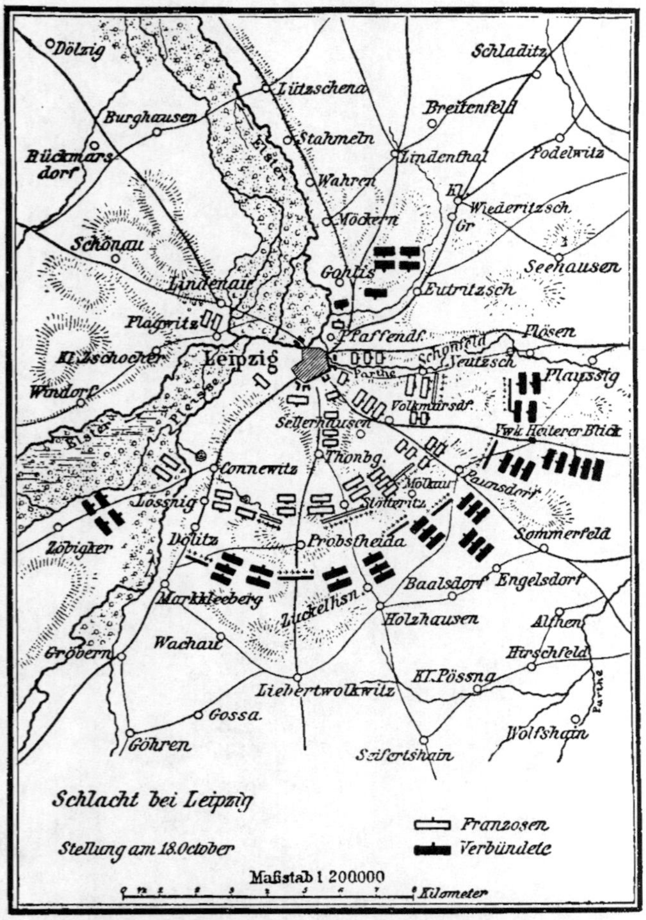

Plan der Schlacht bei Leipzig. Nach Marbot, Memoiren.

Da der Kronprinz von Schweden noch fehlte, erhielt Bennigsen die Aufgabe, den großen Raum zwischen der Haupt- und der Schlesischen Armee zu schließen. Bennigsen war ein Deutscher und einer der Mörder Kaiser Pauls. Ehrgeizig, selbständig und intrigant, besaß er Kriegserfahrung und -begabung. Er wußte, was er wollte, was er konnte. Jetzt vor Leipzig führte er eine erdrückende Übermacht gegen Macdonald heran. Freilich hatte erst ein Teil derselben das Schlachtfeld erreicht, und die Sachlage zwang ihn, weit auszuholen, um in breiter Front einzuschwenken, wodurch sein rechter Flügel gegen den linken zurückblieb. Anderseits bedurfte Barclay dringender Hilfe. Um ihn zu entlasten, warfen sich die Österreicher unter Klenau und die Preußen unter Zieten auf die Probstheida benachbarten Dörfer Zuckelhausen und Holzhausen, welche nach heftigem Widerstande bezwungen wurden. Es gelang sogar, noch weiter vorzudringen,

den wichtigen Steinberg zu nehmen und mit Geschützen zu besetzen, die weithin Verderben sprühten. Links von Macdonald stand Reynier in und bei Paunsdorf. Auf ihn warf sich Bennigsens rechter Flügel unter Graf Bubna mit österreichischen Truppen. Diese bezwangen in schwerem Ringen den Ort, freilich ohne ihn behaupten zu können. Hier war es auch, wo die württembergischen Reiter und dann die Sachsen zu den Verbündeten übergingen.

Unerschütterlich fest stand Reynier, bis etwas nach zwei Uhr die Nordarmee ins Feuer zu treten begann, voran die Preußen Bülows, welche unter den Klängen des „Heil Dir im Siegerkranz" gemeinsam mit den Österreichern das brennende Paunsdorf eroberten, dann stockten sie eine Weile, weil die Hauptmassen Bernadottes noch immer fehlten. Inzwischen verstärken sich die Franzosen, drängen an und nehmen das Dorf abermals. Endlich gegen fünf Uhr kommt die Hauptmacht der Nordarmee und mit ihr eine erdrückende Überzahl. Nun geht auch Paunsdorf nebst mehreren anderen Ortschaften endgültig verloren. Vergebens sprengt französische Reiterei den Siegern entgegen. Sie vermag das Unheil nicht mehr abzuwenden. Um das feste, schon weit innerhalb des Verteidigungshalbkreises liegende Stötteritz entbrennt noch einmal ein blutiges Handgemenge. Tapfer greifen Klenaus Österreicher an, werden aber durch Kartätschen derartig zugerichtet, daß die Franzosen nachdrängen können. Bei der Windmühle lagen die Toten zuletzt haufenweise: Gesicht gegen Gesicht gewendet, Mann gegen Mann, wie sie sich wechselseitig niedergestochen hatten.

Nördlich des geschilderten Schlachtgebietes erhebt sich das Dorf Schönfeld unmittelbar an der Parthe. Es bildete den Schlüssel des französischen linken Flügels und wurde von dem zähen Marmont verteidigt. Langsam rückte hier Langeron einher, der von Blücher dem Kronprinzen zugeteilt war. Er vertrieb die feindlichen Vortruppen und eröffnete um zwei Uhr, nach der Eroberung des seitlich gelegenen Paunsdorf, den Sturm auf die zur Festung gewandelte Ortschaft. Bald entspinnt sich ein hin und her schwankendes Ringen, das zu den wildesten Kämpfen des blutigen Tages gezählt werden muß. Schließlich setzt der siegeszuversichtliche Russe sein ganzes Korps ein. In und bei Schönfeld kommt es zu einem rasenden Gemetzel, dem erst die zunehmende Überflügelung von links ein Ende bereitet. Die seitlich aufgefahrenen Geschütze schmettern Tod und Verderben, das völlig durcheinander gerüttelte Fußvolk stürzt sich todesverachtend in dichten Klumpen mit dem Bajonette vorwärts, Marmont vermag die brennenden Häuser nicht mehr zu halten, sondern sinkt langsam auf Leipzig zurück. Nun aber ballt Ney zusammen, was er noch besitzt, und nimmt nochmals den Trümmerhaufen. Umsonst, die Verbündeten sind übermächtig: achtzig Geschütze eröffnen ihr Feuer, und unter ihrem Schutze werfen sich die Russen todverachtend und unermüdlich auf den Feind. Dieser wehrt sich verzweifelt bis gegen sechs Uhr, dann ist seine Kraft zu Ende; nur Einzelkämpfe rasen fort in der Dunkelheit. Zehntausend Tote und Verwundete decken die Stätte des Schreckens.

Unterdessen hat Bülow hinter Paunsdorf weitere Fortschritte gemacht und Sellerhausen und Stünz bezwungen, letzteres erst nach heftigster Verteidigung. Als der Abend dämmerte, war die Nordarmee um einige Kilometer unter furchtbaren Verlusten vorgedrungen, mehr aber nicht.

Nun bleibt noch die Tätigkeit Blüchers im Norden zwischen Parthe und Elster und die Gyulais im Westen von Leipzig. Dort eröffnete Sacken das Gefecht, während Yorck die Nachhut bildete. Anfangs kämpften die Russen nur gegen eine Minderheit von Polen und folglich mit Glück. Als aber ein Teil der Jungen Garde zur Verstärkung eintraf, ging Gohlis verloren, so daß die Preußen helfend eingreifen und das Dorf wiedergewinnen mußten. Das unmittelbar vor Leipzig liegende Pfaffendorf verblieb schließlich den Franzosen.

Schon in der Frühe hatte sich Bertrand auf Gyulai geworfen, begünstigt von dichtem Talnebel und drängte ihn vorn zurück. Die Österreicher zogen sich nach rechts zusammen, womit

der Durchbruch als gelungen galt. Erneuerte Gyulai den Kampf mit ganzer Kraft, so hätte sich die Straße wohl wieder sperren, vielleicht selbst Lindenau erobern lassen. Aber da erhielt er die Weisung Schwarzenbergs zum Abmarsch nach Süden, um nötigenfalls in die Hauptschlacht einzugreifen. Es war ein ebenso verhängnisvoller wie unsinniger Befehl, denn er öffnete endgültig die Rückzugsstraße, ohne daß Gyulais Truppen noch Verwendung fanden.

Bis zum Einbruch der Dunkelheit hielten bei Probstheida auf einer Anhöhe, die seitdem der Monarchenhügel genannt wird: der Zar, der König von Preußen und Schwarzenberg. Nachmittags kam auch Kaiser Franz aus Altenburg, blieb jedoch nicht lange.

Als eigenartigster Vorgang an dem ereignisreichen Tage hat der Übertritt der Sachsen zu gelten. Sie wurden von ihren bisherigen Gegnern freudig empfangen, doch meinte Friedrich Wilhelm nicht mit Unrecht: „Die Herren Sachsen kommen etwas spät, hätten uns viele Leute ersparen können."

Noch am Abend hieß es, daß die Franzosen westwärts abmarschierten. Das war eine Kunde von größter Tragweite, welche die Österreicher freilich zu keinen weiteren Maßnahmen als zur Beobachtung durch etwas Kavallerie veranlaßte. Anders Blücher. In richtiger Erkenntnis der veränderten Sachlage suchte er die Bewegung Napoleons möglichst zu verhindern. Aber er hatte nur das äußerst mitgenommene Korps Yorcks zur Verfügung. Dies verstärkte er rasch durch einige Reiterregimenter und sandte es bis Halle, wo es nach anstrengendem Nachtmarsche morgens sieben Uhr eintraf.

Pulverdampf und Qualm verdüsterten die Luft als die Sonne zur Rüste ging. Zuletzt brüllten an fünfzehnhundert Geschütze; eine Viertelmillion Kanonenschüsse waren abgefeuert, die Menschen durch Lärm, Aufregung und Entbehrung wie von Sinnen. Auf jeder Seite betrug der Verlust etwa fünfundzwanzigtausend Mann; bei den Franzosen etwas weniger, bei den Verbündeten etwas mehr. Dort fand man zwei Marschälle, einen Korps-, fünf Divisions- und achtzehn Brigadegenerale verwundet und zehn der letzteren getötet. Napoleon leitete die Schlacht wesentlich von der erhöht hinter Probstheida liegenden Mühle, begab sich aber wiederholt ins Kampfgewühl. Wie wenig Zutrauen er zu seiner Sache besaß, beweist der Umstand, daß er schon gegen elf Uhr Anweisungen für den Rückzug erteilte. Am Wachtfeuer auf einem Schemel sitzend, übermannte ihn nachmittags für kurze Zeit der Schlaf. Etwas vor sieben Uhr verließ er das Schlachtfeld und ritt mit Murat nach Leipzig.

„Die größte Schlacht der Weltgeschichte war geschlagen. Zwölf Stunden hatte sich eine halbe Million Krieger fast aller europäischen Nationen in hartnäckigstem Kampfe gegenüber gestanden." (Friederich.) Die Verbündeten fochten schließlich fast mit doppelter Übermacht und erzielten dennoch keinen vollen Erfolg. Auf dem rechten Flügel hatte Napoleon alle Angriffe abgewiesen, im Zentrum bis zur Parthe freilich eine Reihe von Dörfern verloren, sich jedoch im Felde behauptet; nur nordwärts war Blücher fast unmittelbar an die Vorstadt von Leipzig gelangt, wogegen bei Lindenau die Rückzugsstraße offen blieb. Siegesfreude herrschte deshalb auch keineswegs bei den Verbündeten, sondern sie erwarteten am nächsten Morgen die Fortsetzung der Schlacht. Demgemäß erteilte Schwarzenberg seine Weisungen. Besser beurteilte Blücher die Sachlage.

Wie immer ließ die Oberleitung klares Verständnis und festen Willen vermissen. Man mußte sich sagen, die Hauptmacht des Feindes stehe gegen Süden und Norden gewendet, wogegen die Ostseite nur dünner besetzt sein konnte. Hier war der schwache Punkt, wo es so rasch und kräftig wie möglich anzugreifen galt. Es hieß, Bennigsen früh in Bewegung zu setzen, damit er richtig in die Front rücke, und vor allem, den Kronprinzen rechtzeitig aufs Schlachtfeld zu bringen. Da man seine Abneigung gegen entschlossene Taten kannte, und deshalb

zu erwarten stand, daß er erst eintreffe, wenn der Feind schon möglichst erschüttert, für ihn also vorgearbeitet sei, so hätte man vom Hauptquartier eine maßgebende Persönlichkeit an ihn senden sollen, welche die Schlachtbedürfnisse darlegte und ihn zur Eile aufforderte, im Notfalle einen Befehl des Zaren brachte. Aber nichts Derartiges ist geschehen. Man gab dem Kronprinzen freie Hand, und so kam seine Hauptmacht erst zwischen vier und fünf Uhr an, während sie um elf Uhr bereits eintreffen konnte. Wäre dies geschehen, so würde Ney mit fast dreifacher Übermacht auf Leipzig zurückgeworfen sein, oder Napoleon mußte von seiner Südstellung aus starke Truppenmengen nach Osten abgeben, wodurch er deren Front dergestalt geschwächt hätte, daß sie sich schwerlich zu behaupten vermochte. Nun setzte die Nordarmee zu spät ein und befand sich nicht mehr in der Lage, ihre gegen Abend immer mehr steigenden Erfolge auszunutzen. So ist Bernadotte das Unheil der Verbündeten geworden. In seiner Hand lag die Entscheidung, in der unzuverlässigsten, die sich denken ließ.

Freiherr von Bennigsen. Nach einem zeitgenössischen Stich.

Auf die vielen sonstigen Fehler kann hier nicht eingegangen werden. Jedenfalls begann man den Angriff zu früh, zu vereinzelt und stoßweise, ohne genügenden Zusammenhang. Die Verbündeten hatten ja Zeit. Ihre Lage verbesserte sich durch das Eintreffen der Verstärkungen, während die des Gegners sich in demselben Maße verschlechterte. Fast nirgends bereitete man die Unternehmungen auf die Dörfer genügend durch Artilleriefeuer vor, fast nirgends wurden sie mit voller Verwendung aller verfügbaren Kräfte planmäßig durchgeführt, sondern bloß neue Massen in das Kampfgewoge geworfen. Nicht weniger wie hunderttausend Mann und hundert Geschütze der Verbündeten blieben unbenutzt, also müßig für die Entscheidung. Namentlich die weit überlegene, durchweg vorzügliche Reiterei fand ganz mangelhaft Verwendung. Am kopflosesten erscheint das Abberufen Gyulais wegen eines augenblicklich ungünstigen Rückschlags. Hätte er Befehl erhalten, Lindenau zu erstürmen, koste es, was es wolle, wer weiß, ob es nicht gelungen und Napoleon damit in Leipzig wie in einer Mausefalle eingesperrt, mithin gnadelos verloren gewesen wäre. Es ließ sich dann ein Sedan großen Stils erwarten. Benahm Bernadotte sich als bewußter Zauderer, der ausschließlich an seine selbstsüchtigen Ziele dachte, so erwies Schwarzenberg sich nur zu oft als militärischer Schwachkopf und Angstmeier. Anders Napoleon. Er raffte sich am 18. Oktober tatkräftig empor, stand taktisch auf der Höhe und zeigte eine volle Beherrschung des Schlachtfelds, die um so bewunderungswürdiger dasteht, als er übermüdet und abgespannt war. Seine Artillerie wirkte vorzüglich, die abgehetzte, munitionsarme Infanterie handhabte meisterhaft das Dorfgefecht, und selbst die minderwertige Reiterei griff geschickt und tapfer ein.

Während der Nacht strömte alles, was irgend vermochte, nach Leipzig hinein. Je mehr man sich der Stadt nahte, desto deutlicher äußerte sich der Rückzug. Reiterei, Artillerie, Train, Equipagen, Marketender, Menschen und Vieh schoben sich wirr durcheinander. Bei den Toren herrschte wildes Gedränge. Infanteriebataillone erzwangen sich den Eintritt und marschierten auf den Straßen nebeneinander her, fortwährend durch Fuhrwerke, gefallene Pferde und Geschütze

aufgehalten. Rings Geschrei, Fluchen und Jammern. Schließlich hatte selbst der einzelne Mühe, vorwärts zu kommen. Auf dem Schlachtfelde fehlte es an Aufsicht, Ordnung und Beförderungsmitteln. So mußten die Verwundeten und Kranken selber sehen, wie sie sich halfen. Massenhaft erreichten sie die Stadt: hinkend, kriechend, geführt, getragen, meistens nicht oder nur notdürftig verbunden. Sämtliche Räumlichkeiten und Gelasse waren überfüllt; die Ärmsten erhielten fast nirgends Unterkunft und Pflege, sondern sanken nieder auf das kalte, erbarmungslose Steinpflaster, ohne Stroh und ohne Decke, gemartert von Durst und Hunger. Flehentlich baten und wimmerten sie um Wasser und Nahrung. Da es am Notwendigsten gebrach und jeder genug mit sich selber zu tun fand, endete ihre Leiden nur zu oft vorzeitig — der Tod.

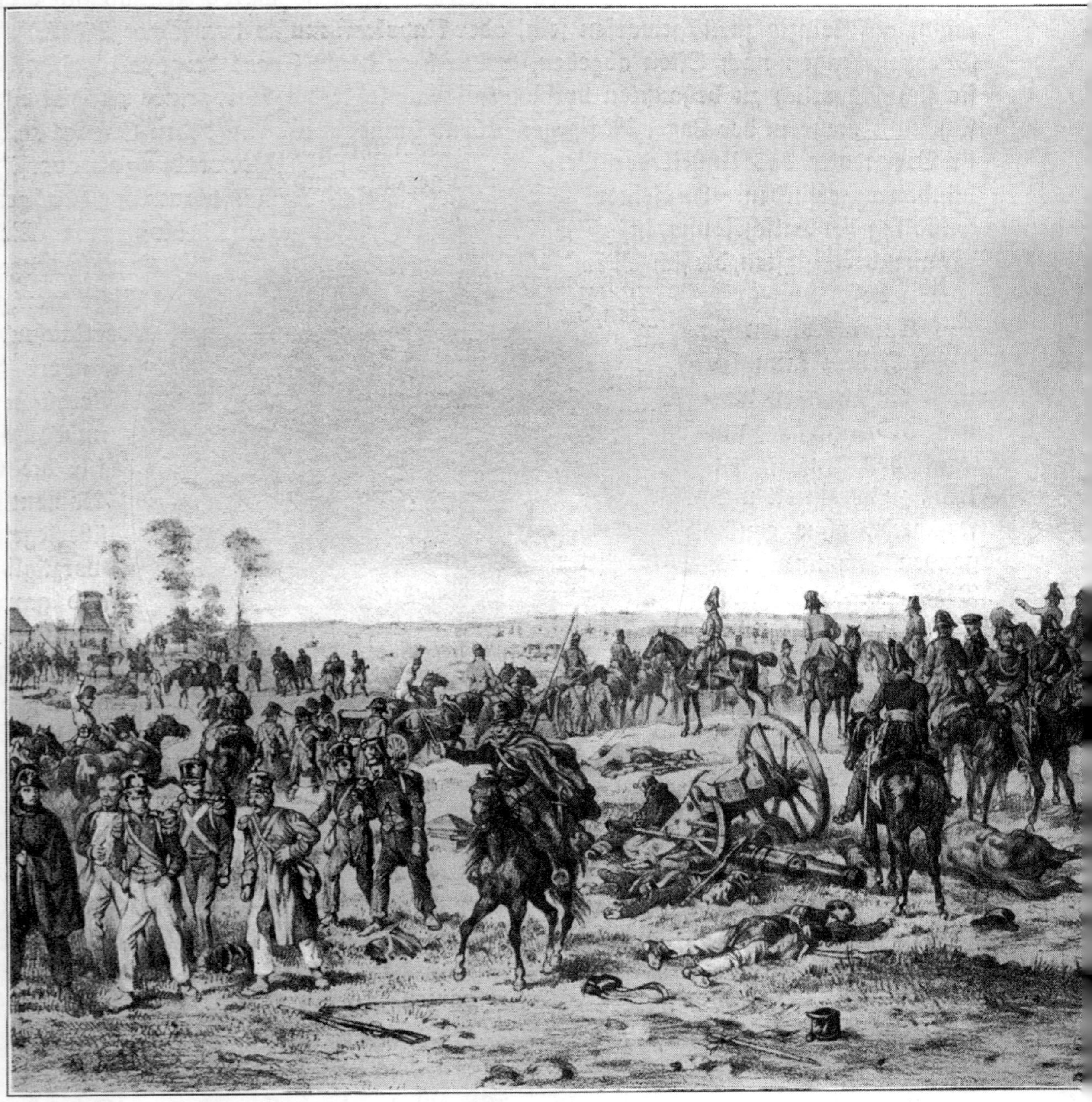

Die drei ve…
beobachten…
hügel" aus…
A…
Nach e…
S. L'Allem…
von …

Auch die noch zusammenhaltenden Truppen bekamen Befehl zum Rückzuge; sie huschten schweigend durch das Dunkel nach Leipzig. Drei Tore nahmen sie auf, aber nur durch eines konnten sie wieder hinaus. Napoleon hatte erkannt, daß die Schlacht sich nicht mehr halten lasse. Deshalb sollten die Vororte und die Stadt so lange von einem Teil des Heeres verteidigt werden, bis die Hauptmacht abgezogen und in Sicherheit sei. Dann wollte der Kaiser die Brücke bei Lindenau in die Luft sprengen, um den Feind am Nachdrängen zu verhindern. Zugleich sorgte er für möglichste Sicherung des Rückzugs und erteilte den Kommandanten der

Festungen bestimmte Anweisungen. Finster, aber unverdrossen diktierte er dem Generalstabschef Berthier seine Befehle.

Wie schon gesagt, stand den Hereinflutenden nur ein einziger Ausgang, der über Lindenau zur Verfügung. Bitter rächte sich jetzt, daß keine weiteren Brücken geschlagen waren. Immer dichtere Massen ballten sich zusammen, welche sich die engen Straßen entlang wanden. Die Verwirrung erreichte den höchsten Grad, fortwährende Kreuzungen und Verstopfungen, die Reiter und Geschützpferde warfen alles vor sich nieder, um Raum zu schaffen; wer zu Boden fiel, wurde zertreten oder überfahren. Die getroffenen Maßregeln ließen sich nicht durchführen: alles ging drunter und drüber. Die Verwundeten, Entkräfteten und Toten lagen schließlich zu Tausenden auf den Plätzen und längs der Häuser Inzwischen wurden die Vorstädte zur Verteidigung hergerichtet und besetzt: zum großen Teile durch Rheinbündler, Polen und einige Italiener. Ihre Stellung war im ganzen gut, aber was bedeuteten kaum dreißigtausend entmutigter Leute gegen mehr als zweihunderttausend Angreifer.

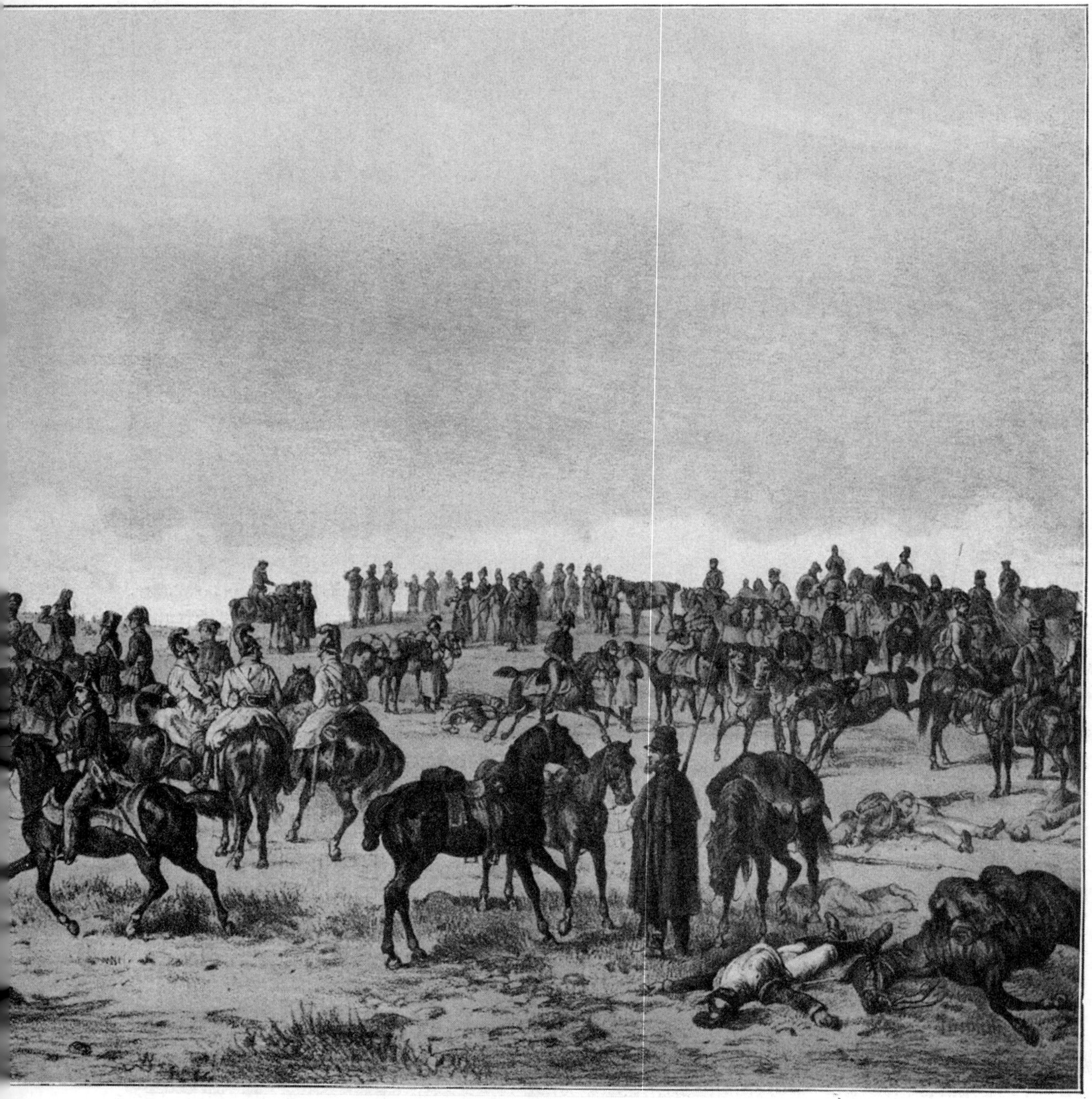

n Monarchen
narchen-
riff auf
1.
)nung von
graphiert
ermann.

Als es am 19. tagte, bemerkten die Verbündeten zu ihrer Freude, daß das Schlachtfeld leer, der Sieg also erfochten sei. Jubelnd und singend marschierten sie nach der Stadt, welche bald der Schauplatz des Endkampfes werden sollte. Bevor er voll entbrannte, nahte eine Abordnung

Mit Genehmigung der Photographischen Union in München.
Napoleon diktiert Marschall Berthier in der Nacht vom 18. auf 19. Oktober seine Befehle. Nach dem Gemälde von J. A. Meunier.

des Magistrats und des Königs von Sachsen, um zu unterhandeln. Alexander und Friedrich Wilhelm zeigten sich bereit, Leipzig möglichst zu schonen, und schickten zwei Offiziere zum Könige. Doch dieser war inzwischen von Napoleon beeinflußt und verwies sie an den französischen Gouverneur. Es sollte sein Verhängnis werden, denn er verscherzte damit seine letzte Aussicht. Napoleon hatte die Verhandlungen wesentlich nur einleiten lassen, um Zeit zu gewinnen. Als er seine Sache verloren sah, begab er sich zum Könige von Sachsen, dem er augenscheinlich allerlei Vorspiegelungen machte, dann stieg er zu Pferde und brach auf mit seiner Umgebung. Verstört dreinschauend, nahm er die Richtung nach dem Ranstädter Tore. Da er hier nicht durchkam, ritt er innerhalb der Stadt herum zum Peterstore, wo er ebenfalls keinen Ausgang fand. Deshalb kehrte er nochmals um, schloß sich dem Hauptstrome der Fliehenden an und gelangte nach Lindenau. Unweit der Elsterbrücke machte er halt; sein Haar war wirr, seine Kleidung in Unordnung, wie geistesabwesend pfiff er die Melodie von Marlboroughs „s'en va-t-en guerre“.

Inzwischen nahm das Verhängnis seinen Lauf. Blücher eroberte nach wiederholtem Mißerfolge Pfaffendorf, vermochte die Parthebrücke jedoch erst zu bezwingen, als sie von rückwärts durch Bülow bedroht wurde. Nun ging es in die Stadt hinein, während ein Teil der Streitkräfte auf die Lindenauer Rückzugstraße drückte. Zwischen Bernadottes Vortruppen und den Leuten Marmonts entspann sich in den Gärten ein blutiges Handgemenge. Schließlich mußten die Verteidiger weichen. Bülows Preußen stürmten in die Straßen hinein und brachen sich blutig Bahn, sahen sich aber noch einmal hinausgeschoben. Langsam erfochten sie neuen Boden, namentlich seitdem es den Russen gelang, durch das unbesetzte Hospitaltor vorzudringen. Plötzlich sprengte Reiterei einher und hieb die Erfolgreichen nieder. Umsonst, das Schwergewicht der Übermacht

Kampf der ostpreußischen Landwehr in der Nähe des Grimmaischen Tores von Leipzig am 19. Oktober 1813.

Nach dem Gemälde von Fritz Neumann.

kam erdrückend zur Geltung und warf jegliches über den Haufen. Von Süden her nahte Bennigsen, der nur teilweis heftigem Widerstande begegnete und deshalb leichter Boden zu fassen vermochte. Der wildeste Kampf tobte auf der Seite des Grimmaischen Tores, welches fest verrammelt drohte. Ein preußisches Linienbataillon rannte todesmutig dagegen an, vermochte jedoch erst nach schweren Verlusten und schier übermenschlichen Anstrengungen durch die Seitenpforten einzudringen. Aber dahinter fand es neue Feinde. Von beiden Seiten eilten Verstärkungen herbei; namentlich Hessen und Badener wehrten sich mit verzweifelter Tapferkeit. Hin und her wogte das Getümmel, blutig arbeiteten Bajonett und Kolben, bis die Besatzung zurücksank oder die Waffen streckte.

Es war Mittag geworden. In wilder Hast drängten die Geschlagenen dem rettenden Ranstädter Tore zu. Poniatowski mit seinen Polen und einige französische Abteilungen opferten sich, um die Nachdrängenden abzudämmen. Auf der Ranstädter Brücke herrschte fürchterliches Gedränge, das sich zum Handgemenge steigerte, als die Russen Sackens erschienen und die Fliehenden beschossen. Da erscholl plötzlich ein lauter, dumpfer Knall: die Brücke flog mit allem, was sie trug, vorzeitig in die Luft. Hierdurch fanden sich die noch auf der Stadtseite Befindlichen vom Rückzug abgeschnitten und vor die traurige Wahl zwischen Untergang oder Gefangenschaft gestellt. Trotzdem verteidigten sich die Polen und Franzosen mit Löwenmut, bis ihnen preußische Truppen in den Rücken gelangten. Nun war alles verloren. Die meisten gaben sich gefangen, andere suchten schwimmend das jenseitige Ufer zu erreichen: unter diesen Macdonald und Poniatowski. Jener entkam, dieser ertrank. Auf dem Fleischerplatze südlich vom Ranstädter Tore keilten sich dichte Massen zusammen. Von allen Seiten mit Kugeln überschüttet, versuchten sie, auf Laufbrücken die Pleiße hinter sich zu bringen, stürzten und warfen sich ins Wasser oder ergaben sich dem Sieger. Damit ging der letzte, verzweifelte Widerstand zu Ende. Die Uhr hatte inzwischen eins geschlagen. Unter den Gefangenen erblickte man die Generale Reynier, Lauriston und Bertrand.

Marschall Macdonald wurde von den Seinigen unter feindlichem Feuer mit knapper Not das abschüssige Ufer emporgezogen. Er erzählt: „Triefend von Wasser, rieselte zugleich der

Straßenkampf in Leipzig am 19. Oktober. Nach dem Gemälde von R. Haug.

Schweiß an mir herunter. Ich war so überanstrengt, daß ich kaum Atem zu fassen vermochte. Marmont, der sich schon seit dem Morgen auf dem linken Ufer befand, bemerkte mich und gab mir ein Pferd. Jenseits des Flusses dauerte das Schießen noch fort. Bis an den Rand des Wassers getrieben, standen unsere ratlosen Truppen in dichten Haufen. Hundertweis warfen sie sich in die reißende Flut, doch nur wenigen gelang es, sie zu durchschwimmen, die übrigen ertranken. Und durch allen Lärm tönte deutlich zu mir herüber: ‚Herr Marschall, retten Sie Ihre Soldaten! Retten Sie Ihre Kinder!‘ Ach Gott, ich brach ja selbst fast zusammen. Körperlich und geistig gebrochen, traten mir bittere Tränen in die Augen, und ich verließ die Stätte des Entsetzens. Ich traf den Kaiser von seinem Hauptquartiere umgeben. Er saß, den Kopf in die Hand gestützt, an einem Tische, auf dem eine Karte ausgebreitet lag. Mit furchtbarer Erregung stattete ich meinen Bericht ab. Der Kaiser hörte stumm und unbewegt zu. Ich schloß mit den Worten, es sei keine Zeit zu verlieren, man müsse sich sofort bis zum Rheine zurückziehen. Der Kaiser blickte mich einen Augenblick starr an, dann erwiderte er barsch: ‚Gehen Sie, ruhen Sie sich aus!‘“

Wesentlich anders drüben bei den Verbündeten. Noch tobte der Kampf, noch knatterten die Schüsse und erscholl wildes Getöse, als Blücher und Gneisenau in die Stadt ritten, begrüßt von den Freudenrufen der Einwohner und dem Hurra der siegenden Truppen. Lange Reihen von Gefangenen wurden ihnen vorgeführt. Eine Stunde später, zur Mittagszeit, hielten Zar Alexander und König Friedrich Wilhelm ihren Einzug, ebenfalls jauchzend empfangen. In den Fenstern und auf den Dächern regte es sich; man schwenkte Hüte, Tücher und Fahnen und streute herbstliche Blumen. Auf dem ehrwürdigen Marktplatze standen die Truppen in Paradeaufstellung, dahinter dichtgedrängt Bürger und Einzelkrieger. Immer mehr hohe Würdenträger erschienen: Kaiser Franz, Bernadotte, Schwarzenberg, Bennigsen und andere. Unter brausendem Jubel stieg Blücher vom Pferde. Der Zar eilte ihm entgegen und umarmte ihn vor aller Augen. Frohlockend schrieb der greise Held seiner Frau: „Die größte Schlacht ist geliffert die ni uf der erde stadt gefunden hat. Sechshunderttausend man kempfften mit einander. Die ganze Feindlige armee ist verlohren. Der Kaiser von Rußland hat mich in Leipzig uf öffentlichen margt geküszt und den befreier Deutschlands genannt, auch der Kaiser von Oestreich überhäufte mich mit lob und mein könig dankte mich mit tränen in den augen.“ Vom russischen Kaiser erhielt er einen brillantenbesetzten goldenen Degen, von Friedrich Wilhelm die Ernennung zum Feldmarschall, was die Soldaten in „Marschall Vorwärts“ umgestalteten. Blücher meinte bald darauf: „Mit die ordens weisz ich mich nun kein Raht mehr ich bin wie ein allt kuttsch Pferd behangen, aber der gedanke lohnt mich über alles dasz ich derjenige wahr der den übermüthigen tihrannen demütigte.“

Weniger zufrieden mit dem Empfange auf dem Marktplatze war Gneisenau. Da sagten der Zar, Kaiser Franz und Schwarzenberg ihm die „schönsten Dinge“, während der König ihm seiner Art gemäß nur „einige kalte, doch etwas freundliche Worte der Zufriedenheit mit der Schlesischen Armee“ aussprach, ohne den General persönlich zu erwähnen. Er empfand dies als schwere Zurücksetzung, äußerte sich aber doch: „Wie glücklich bin ich. Es gibt kein beseligenderes Gefühl als Befriedigung einer solchen Nationalrache. Unaufhaltsam schreiten wir jetzt an den Rhein vor, um diesen vaterländischen Strom von seinen Fesseln zu befreien. Der Staat ist gerettet, der Thron ist befestigt.“ Er und Stein gaben sich das Wort, daß der Krieg nur mit Napoleons Sturz enden dürfe.

Welche Gegensätze: die laute Freude über den Sieg, über die politische Befreiung, neben namenlosem Elende. Der König von Sachsen wurde gefangengenommen und nach Berlin gebracht. Die sächsische Garde samt den übrigen Rheinbundtruppen in der Stadt boten den verbündeten Monarchen ihre Dienste an.

Napoleons Flucht durch Leipzig. Nach dem Gemälde von L. Braun.

Die große Tat war gelungen, der Zwingherr zerschmettert. Mit Sturmesschnelligkeit durcheilte die Kunde weithin die Gefilde. Ganz Deutschland, Österreich und Rußland widerhallten vom Jubel der Leipziger Völkerschlacht. König Friedrich Wilhelm verließ am 22. die Stadt, um sich als Sieger nach Berlin zu begeben. Aber furchtbare Opfer kostete das große Ergebnis. Der Verlust der vier Kampftage vom 14. bis zum 19. Oktober ist auf 125000 Menschen berechnet worden, darunter an Toten und Verwundeten etwa 54000 Verbündete und 37000 Franzosen, wozu sich bei diesen noch über 20000 Verwundete, Kranke, Versprengte und Überläufer gesellten. Ferner verlor Napoleon 325 Geschütze, 28 Adler und Fahnen. Schwerlich mehr als 80000 Mann gelang es, zu entkommen. Die Schlesische Armee, welche zu Beginn des Feldzuges 103000 Streiter zählte, zeigte sich auf ungefähr 40000 zusammengeschmolzen. Am wenigsten hatten die Schweden eingebüßt, nämlich ganze 178 Soldaten und Offiziere; und gerade ihnen wurde die Ehre zuteil, daß die Monarchen noch am 19. Parade über die geringe, fast unbeteiligte Truppenmacht abnahmen. Es erscheint wie ein Hohn auf die Weltgeschichte, auf das wahre Verdienst.

Die Zustände in und um Leipzig überboten jede Vorstellung. Alle Schrecken wüteten: Fieber, kalter Brand und Tod, ungenügende oder völlig fehlende Unterkunft, Hungersnot und pesthauchende Gerüche. Innerhalb der Stadt allein schmachteten ungefähr 20000 verwundete und kranke Krieger. Dort tötete die Stickluft, draußen rieb der Frost die Kranken auf. Fast keiner erhielt ein Hemd, Bettuch, Decke, Strohsack oder gar eine Bettstelle. Der Mangel an Pflege bewirkte eine furchtbare Ernte des Todes, auch unter denen, die sich hätten retten lassen. So starben die meisten, denen Arme oder Beine gebrochen waren. „Ihre Glieder sind, wie nach Vergiftungen, furchtbar aufgetrieben, brandig, und liegen in allen Richtungen neben den Rumpfen," erzählt ein Arzt. Der Kinnbackenkrampf herrschte in entsetzlichem Umfange. Die Amputationen konnten nicht vorgenommen, die meisten Verwundeten nicht alle Tage, ja viele überhaupt nicht bis zum 26. Oktober verbunden werden. Man hat Leichen aus den Särgen genommen, um Verwundete hineinzulegen. Nach fünf Tagen fand man draußen auf dem kalten, feuchten Schlachtfelde noch unverbundene, fast verhungerte, halbverfaulte und doch noch atmende Kadaver.

Den Opfern entsprechend waren die Ergebnisse gewaltig, aber doch keineswegs derart, wie sie sein konnten, eigentlich sein mußten. Die verbündete Heeresleitung verstand die Gunst der Umstände nicht annähernd auszunutzen. Der Höchstbefehlende, Schwarzenberg, erwies sich, wie immer, der Sachlage nicht gewachsen. Noch im vollsten Siege blieb ihm die Angst vor Napoleon. Bereits am Morgen des 18. lag das günstige Ergebnis klar vor Augen, kannte er die große Überlegenheit seiner Zahl, mußte er sich sagen, daß ein Teil der Truppen zur vollen Vernichtung des Feindes genüge. Der andere, kleinere, vermochte südlich bei Dölitz und Connewitz über die Pleiße, nördlich bei Gohlis über die Elster zu gehen, um sich von zwei Seiten auf die Rückzugstraße der Franzosen zu werfen und sie zu sperren, was unfraglich Erfolg gebracht hätte. Aber nichts geschah. Man begnügte sich mit der Freude des Sieges. Nur Blücher blickte weiter und sandte schon um elf Uhr die Hauptmenge seiner russischen Reiter durch Schkeuditz vor; selbst Bennigsen schickte etwas Kavallerie und Infanterie über die Elster, erreichte mit dieser halben Maßregel natürlich nichts.

Schon der eigentliche Angriff auf Leipzig bildete eine bloße Fortsetzung der zusammenhangslosen Unternehmungen, wie sie seit dem Tage von Wachau obwalteten, ohne strategische Überlegung. Man sah vorn den Abmarsch des Feindes auf die Stadt, hinten den endlosen sich nach Lindenau windenden Zug der Fliehenden. Damit war die Taktik gegeben. Es galt im Osten hinzuhalten und mit aller Kraft von Norden und Süden längs der Pleiße vorzudringen, wo die Verhältnisse wegen der breiten Allee, welche sich längs des Flusses hinzieht, noch besonders günstig lagen. Auf diese Weise konnte man das Feindesheer in der Mitte durchstoßen, die

Rückzugstraße beschießen oder gar sperren und den Erfolg unverhältnismäßig steigern. Freilich mußte schnell, früh und entschlossen gehandelt werden. Aber der Gedanke einer solchen Verwertung der Umstände ist offenbar dem militärisch beschränkten Hirn Schwarzenbergs gar nicht gekommen. Ohne Grund ließ er die kostbarsten Stunden verstreichen, setzte erst nach zehn Uhr mit dem Angriffe ein, und zwar an der verkehrtesten Stelle, östlich der Stadt. Und wieder bereitete man nicht durch Geschützfeuer vor, sondern gab jedem Führer freie Hand. Damit erhielt das ganze Tagewerk den Zug des Ziel-, ja des Kopflosen. Ungeheure Verluste erfolgten, und der Gegner fand Zeit zur Flucht. Ja, der verhältnismäßig rasche Erfolg trat nur deshalb ein, weil Napoleon sein Heer verließ, wie er es schon in Rußland getan hatte. Durch seine Flucht versagte die einheitliche Führung der Franzosen, und ihre Planlosigkeit übertraf noch die der Verbündeten.

Der Geschlagene befand sich in verzweifelter Lage, wenn der Feind die ihm zur Verfügung stehenden Hilfsmittel ausnutzte, denn das Land ringsum war feindlich gesonnen und nach dem Rheine zu bewegten sich die Bayern, um ihm den Weg zu verlegen. Auf der Südseite drohte Gyulai, auf der Nordseite York. Von diesen zeigte sich der Österreicher bald ziemlich harmlos, und auch der Preuße leistete keineswegs das Äußerste. York ahnte nämlich nicht, daß er es mit einer aufgelösten Armee, mit einem langen Zuge Fliehender zu tun hatte, sondern meinte, Napoleon befinde sich noch in voller Gefechtsverfassung. Deshalb hielt er sein zusammengeschrumpftes und ermüdetes Korps zurück. Ein Angriff vorgeschobener Reiterei prallte ab.

Erstürmung des Grimmaischen Tores in Leipzig. (Links im Hintergrund die Johanniskirche.)
Nach der Originalzeichnung von Ludwig Putz.

Inzwischen faßte das Hauptquartier glücklich den Entschluß, Napoleon zu verfolgen, und zwar mit der Schlesischen Armee nördlich und der Hauptarmee südlich, während Bernadotte und Bennigsen hinterdrein drängen sollten. Der Plan erschien ganz annehmbar, bewirkte aber bei der inzwischen eingetretenen Sachlage kein Ergebnis mehr, denn rastlos eilten die Franzosen über Weißenfels und Naumburg nach Erfurt, rückwärts gedeckt durch Oudinot mit zwei Divisionen Junger Garde; die Munitionswagen, welche sich nicht fortbringen ließen, sprengten sie in die Luft. Bei Kösen kam es zu einem hartnäckigen Kampfe mit Gyulai, anderseits befreite York einen Gefangenentransport von mehr als viertausend Mann, wobei ihm noch vierhundert Franzosen in die Hände fielen. Über die angeschwollene Unstrut waren zwei Notbrücken geschlagen. Während ihrer Benutzung traf York ein und nahm die eine bei Freyburg unter Feuer, vermochte jedoch nicht mehr, als den Marsch des Feindes um einige Stunden zu verzögern und seine Angst zu vergrößern. Napoleon brachte tatsächlich die Saale und Unstrut hinter sich, womit das Schwerste geleistet war. Ungehemmt konnte er nun weiter entkommen. Vergeblich stürmte Blücher in Gewaltmärschen herbei; die Wegschwierigkeiten erwiesen sich zu groß; er vermochte die Franzosen nicht mehr einzuholen. Am 24. erreichten sie Erfurt, zogen aber schon am 25. wieder ab, nunmehr mit Mortier als Befehlshaber der Nachhut. Fortwährend verloren sie Gefangene, welche die Verbündeten sammelten und durch die benachbarten Städte abführten.

Verfolgung und Rückzug der Franzosen nach der Schlacht bei Leipzig. Nach der Zeichnung von R. Knötel.

Schwarzenberg glaubte, Napoleon werde unter den Mauern der Festung Erfurt noch eine Schlacht wagen. Als sich dies unrichtig zeigte, bestimmte er einen Truppenteil zu Belagerungszwecken und gliederte die Hauptmacht in drei Heersäulen, welche sich auf verschiedenen Straßen ungefähr nebeneinander her bewegten. Auch Blücher erzielte nichts mehr, weil seine Leute zu abgehetzt waren. Für sein Leben gern hätte er mit dem verhaßten Feinde noch einmal persönlich abgerechnet. Umsonst. So benachrichtigte er sein „liebes Malchen“: „Den Kaiser Napoleon jage ich täglich vor mich hehr, zu Recht ernsthafte gefegte wird's uf dieser seitte des Reins nicht mehr kommen.“ Freilich: „Der Jubell wo mit man mich aller ohrten Emfengt ist groß.“ Die Franzosen marschierten schnell, hinten gut geordnet und mit Seitendeckung. Eine Überraschung bei Eisenach mißlang; es blieb dem Feldmarschall nur, sich den Fliehenden an die Fersen zu heften, und auch dies mußte unterbleiben, als er Befehl erhielt,

Rückzug der Franzosen durch Erfurt am 24. und 25. Oktober. Nach einem zeitgenössischen kolorierten Kunstblatt.

nach Gießen und Wetzlar abzubiegen, um einen etwaigen Rheinübergang des Feindes bei Koblenz zu verhindern. Blücher gehorchte. Am 4. November schrieb er: „Es hat ein großes versehen stadt gefunden, sonst wehre der große Napoleon mit den Rest seiner ungeheuren armeeh vernichtet worden. Ich vollgte den Francoischen Kaiser bestendig auf der Chause und kahm täglich in das quartir waß er verliß hette man mich uf diesen wege gelassen, so wahr ich am Feinde und griff ihm im Rücken an wie er sich mit Wrede angagirte."

Während Blücher rechts abbog, eilte Napoleon geradeaus weiter auf Mainz zu, wo ihm freilich auch Gefahr drohte: das bayerische Heer. Der größte süddeutsche Staat hatte sich, wie wir sahen, durch den Vertrag von Ried auf die Seite der Verbündeten gestellt. Seine Streitmacht erhielt dafür eine Verstärkung durch österreichische Truppen, so daß sie auf zweiundfünfzigtausend Mann mit hundertvierunddreißig Geschützen anwuchs. Den Oberbefehl über diese Armee führte General Graf Wrede. Der bayerische General war Pfälzer und ursprünglich Jurist, der durch Empfehlung des Erzherzogs Karl in die bayerische Armee eintrat, in der er es bis zum Generalfeldmarschall und Fürsten brachte, und zwar durch Zuverlässigkeit, Tatkraft und militärische Begabung. Er sorgte für Soldaten und Offiziere und genoß das Glück, von den Herrschern geschätzt zu werden. Verkörperte Graf Montgelas die politische Seite des jungen Königreichs, so Wrede die militärische, und zwar in noch höherem Maße. Er bildete geradezu die kriegerische Vertretung des Vollbayerntums. Nur seine und seines Landes Größe vor Augen, blieb es ihm gleichgültig, ob er die Tiroler niederwarf, ob er für oder gegen Napoleon focht, ob er mit Blücher übereinstimmte oder Preußen auf dem Wiener Kongresse bekämpfte. Leidenschaftlich, hochfahrend und herrisch in seinem Auftreten, eignete ihm noch von seiner Juristenzeit her eine gewisse Liebe zu schriftlichen Darlegungen und politischem Wirken. Als Lieblingsgedanken hegte er längere Zeit den Plan eines Süddeutschen Bundes mit Bayern als Vormacht. Wrede war ein tapferer, umsichtiger General, aber kein bedeutender Feldherr.

Er hatte vom Großen Hauptquartiere den Auftrag erhalten, die rückwärtige Verbindung

Napoleons abzuschneiden. Nach anstrengenden Märschen erreichte er am 24. Oktober Würzburg. Statt nun seinen ermüdeten Truppen Ruhe zu gönnen, verlor er drei Tage mit der Belagerung dieser Stadt, um sich schließlich mit halbem Erfolge zu begnügen. Dann zog er nach Aschaffenburg, wo am 26. die Meldung eintraf, daß die französische Armee in langer Heersäule Fulda durcheile. Leider wurde Wrede an dieser richtigen Auskunft durch allerlei Dinge beirrt und zu der Meinung gebracht, daß Napoleon nicht über Frankfurt, sondern über Koblenz die Heimat zu gewinnen trachte. Hierbei blieb er, als es gelang, bei Hanau dreitausend Franzosen abzufangen. Es veranlaßte ihn sogar zu verschiedenen Entsendungen, bis er nur noch dreißigtausend Mann zur Verfügung behielt. Mit ihnen sperrte er den Weg nach Frankfurt, doch so ungeschickt, daß er die Kinzig nicht nur im Rücken hatte, sondern sie auch seinen rechten Flügel durchschnitt. Vor seiner Front dehnte sich ein Wald, der dem Feinde ermöglichte, dicht heranzukommen. Noch immer hielt Wrede starr an der Auffassung fest, daß sich ihm nur ein schwacher Teil des napoleonischen Heeres gegenüber befände. Er sollte bald eines anderen belehrt werden.

Am 29. wurde er von seinem großen Gegner gefaßt, freilich bloß mit sechzehntausend Mann und sechzig Geschützen. Als Wrede durch das Auftreten der Kaisergarde und die Rufe „Vive l'empereur!“ Gewißheit erlangte, wer sich mit ihm messe, soll er gesagt haben: „Jetzt ist nichts mehr zu ändern, wir müssen als brave Soldaten unser Möglichstes tun“, was nicht gerade vertrauensvoll klingt. Demgemäß gestaltete sich die Schlacht. Sie wurde durch den linken Flügel der Franzosen eröffnet, welcher den Wald eroberte, aber wieder verlor. Unterdessen kamen die Batterien gedeckt auf einer Straße rechts heran und entwickelten wirkungsvoll eine

Donische Kosaken und französische Gefangene vor dem Rathause zu Artern am 26. Oktober.
Nach einer Lithographie von M. Hoffmann.

lange Linie von fünfzig Kanonen, welche rasch die bayerischen Feuerschlünde zum Verstummen brachte. Sofort sprengte die Reiterei einher und warf die feindliche über den Haufen. Damit war die Schlacht entschieden. Die Bayern mußten eilends die rückwärtigen Brücken überschreiten, wobei mehrere hundert Mann ertranken.

Napoleon hatte die alte Meisterschaft bewährt und sich seinen Weg freigemacht, der nördlich der Kinzig entlang führte, während Wrede eine Stellung südlich des Flusses einnahm, die Front der Straße zu. Da er hierdurch den Marsch der langen französischen Linie seitlich bedrohte, ließ Napoleon die Brücken samt der Stadt Hanau besetzen. Auf diese Weise gelang es, fast das ganze Heer vorbeizubringen. Erst am 31. nachmittags faßte Wrede den Mut zum

F. Bruckmann A.-G., München, phot.
Gefecht zwischen französischer und bayerischer Reiterei bei Hanau. Nach dem Gemälde von W. v. Kobell.

Angriffe, um wenigstens die Nachhut abzufangen. Seine sämtlichen Geschütze eröffneten das Feuer, eine Abteilung stürmte gegen die Hauptbrücke, wurde jedoch geschlagen, die zweite stürzte sich auf das von Bertrand verteidigte Hanau, vermochte aber ebensowenig auszurichten, so daß der Feind während der Nacht ungefährdet von dannen ziehen konnte.

Die Führung Wredes befand sich keineswegs auf der Höhe; sie steht weit hinter der Blücher-Gneisenauschen zurück. Trotz stets erneuter Meldungen, das Hauptheer des Feindes sei nahe, glaubte der hartköpfige Bayer nicht daran. Er unterließ, den gefährlichen Paß bei Gelnhausen zu sperren, blieb sorglos bis zuletzt und stellte sich in einer Weise auf, die sein Heer dem Untergang aussetzte, wenn Napoleon stärkere Machtmittel zur Hand gehabt, überhaupt um Sieg und nicht um Rückzug gefochten hätte. Auch in der eigentlichen Schlachtleitung leistete Wrede wenig. Er suchte sie durch persönlichen Mut zu ersetzen, stellte sich an die Spitze der Hanau Bestürmenden und wurde durch einen Schuß in den Bauch schwer verwundet. In Bayern bereitete man sich das billige Vergnügen, einen „Sieg bei Hanau" zu feiern; anders Napoleon,

der in Mainz äußerte: „Es war der Fußtritt eines Esels, aber der Löwe ist noch nicht tot. Ich kam, um über die Leiber der ganzen bayerischen Armee hinwegzuziehen."

In den Gefechten vom 28. bis 31. Oktober verloren die verbündeten Bayern und Österreicher fast neuntausenddreihundert Streiter, hierunter nahezu zweihundert Offiziere. Dafür nahmen sie dank der Auflösung im feindlichen Heere über zehntausend Mann mit fünf Generalen gefangen. Seine Aufgabe hat Wrede nicht gelöst. Am 2. November ging Napoleon bei Mainz über den Rhein. Planlosigkeit und Willensschwäche der Verbündeten retteten seine dem Untergange geweihte Armee, ermöglichten den weiten Marsch von Leipzig bis Mainz. Immerhin waren die Einbußen unterwegs so groß geworden, daß er kaum mehr als sechzigtausend Mann nach Frankreich brachte, von denen Tausende bald nachher dem Typhus erlagen oder sonst krank und gebrochen dahinsiechten. Noch am 5. November konnte Hardenberg aus Fulda berichten: „Der Weg ähnelt fortwährend einem Schlachtfelde. Napoleon hatte ein zweites großes Heer verloren. Wie im Spätherbst des Vorjahres, so schleppten sich auch jetzt tausende halbverhungerter, kaum bekleideter, mit allem Jammer des Krieges beladener Männer hinter den kläglich zusammengeschmolzenen Kolonnen der französischen Regimenter einher und trugen Mißmuth, Krankheit und Elend in die Heimat."

Die Zustände, welche Napoleon in Mainz fand, waren schrecklich und erinnerten ganz an die der Völkerschlacht. Alle Häuser und Straßen zeigten sich mit Menschen überfüllt. Hilflos, halbtot durch Mangel und Überanstrengung lagen die Soldaten bei Kälte und Regen auf dem harten Steinpflaster, starben täglich zu Hunderten und blieben oft tagelang unbegraben. Am 7. November verließ Napoleon die Rheinstadt und erreichte am 9. St.-Cloud.

Innerhalb eines Jahres waren zwei Heere von einer halben Million Streiter zugrunde gegangen.

Über die weiteren kriegerischen Bewegungen können wir uns kurz fassen. Die verbündete Hauptarmee bezog Quartiere in den unteren Maingegenden. Weniger gemütsruhig zeigte sich Blücher. Er schrieb seiner Frau am 11. November: „Nun bin am Reihn und bescheftige mich damit diesen Stoltzen Strohm zu Passieren, den ersten briff den ich dich schreibe will ich vom ienseitigen uffer Datiren, was sagst du nun du ungläubige, ich hoffe dich noch aus Paris zu Schreiben und Schöne sachen zu schicken." Der Unermüdliche wollte die augenblickliche Verwirrung und Widerstandslosigkeit des Feindes benutzen, wollte den Rhein überschreiten und sich des reichen Belgien bemächtigen. Aber er wurde angewiesen, zu bleiben. So schlug er sein Hauptquartier in Höchst auf, während Yorck nach Wiesbaden ging, Langeron nach Frankfurt, St.-Priest nach Ehrenbreitstein und Sacken nach Darmstadt, zugleich Kastel belagernd, das die Franzosen noch besetzt hielten. Ein Teil der Hauptarmee begab sich mehr rheinaufwärts.

Napoleon weilte nun jenseits der Grenze, aber die Franzosen hatte man damit keineswegs aus Deutschland entfernt, sondern sie behaupteten sich noch in sechzehn Festungen und befestigten Plätzen von Erfurt, das Kleist einschloß, bis nach Polen. Die wichtigsten Orte lagen an der Elbe, nämlich Hamburg, Magdeburg, Wittenberg, Torgau und Dresden. Von diesen war Hamburg besetzt mit fünfundzwanzigtausend Franzosen und elftausend Dänen unter Davout, Dresden durch Saint-Cyr mit dreißigtausend Mann, während in Torgau sechzehntausend Mann, in Wittenberg dreitausend und in Magdeburg achtzehntausend standen, zusammen also über neunzigtausend Streiter, abgerechnet die Dänen. Demnach drohten ganz ansehnliche Streitkräfte im Rücken der verbündeten Heere, wenn es gelang, sie zusammenzubringen. Dies schien bei planmäßigem Handeln nicht schwer zu halten, weil sich die Belagerungstruppen durchweg unzureichend erwiesen. Vereinigte man die Truppen hingegen nicht, so war ihr Untergang, war der Verlust der vereinzelten Festungen ohne Hilfsmittel mitten im Feindeslande nur eine

Am Typhus erkrankte französische Soldaten in Mainz. Nach dem Gemälde von A. M. Raffet lithographiert von E. Le Roux.

Frage der Zeit. Aus solcher Erwägung hätte Napoleon tunlichst bald nach der Schlacht bei Leipzig den Befehlshabern genaue Weisungen erteilen sollen, etwa, daß Saint-Cyr, der in Dresden am meisten gefährdet erschien, nach Norden aufbrechen müsse, um eine Besatzung nach der andern bis Hamburg an sich zu ziehen, oder daß Davout ihm bis Magdeburg entgegenkomme, worauf sie unter einheitlichem Oberbefehle durch das politisch noch rheinbündlerische oder französische Nordwestdeutschland bis an und über den Rhein gelangen konnten. Vielleicht ließen sich rechtzeitig auch noch die achttausend Mann von Stettin heranbringen.

Doch die Vorbedingung versagte. Napoleon sandte keinen Befehl. Saint-Cyr war vor der Schlacht bei Leipzig anheimgegeben, nach Torgau zu marschieren, falls er sich dazu genötigt sehe, und Davout hatte von früher her den Auftrag, Hamburg unter allen Umständen zu behaupten. Nach der alles verändernden Niederlage verlautete nichts. Da Saint-Cyr sich unmöglich lange zu halten vermochte, würde sich eine selbständige Ausführung und Weiterbildung seiner Weisung empfohlen haben. Am 20. Oktober machte er einen Ausfall aus Dresden und trieb die Russen etwas zurück. Aber damit gewann er wenig. Den schwerwiegenden Entschluß des Abmarsches von Dresden wagte er nicht zu fassen, sondern erwartete weitere Willensäußerungen seines Kaisers. Darüber verging die Zeit, während der sich das Belagerungsheer verstärkte und der Zustand im Innern der Stadt reißend schnell verschlechterte. Statt nun alles zusammenzuraffen und nach Torgau durchzubrechen, wurde dies nur mit einem Teile der Truppen versucht, den die Verbündeten abwiesen. So blieb nichts als Übergabe am 11. November. Hiermit nahm das Unheil seinen Weg. In Torgau befehligte der tapfere Graf Narbonne. Er widerstand trotz Hungers und feindlicher Geschosse. Aber ansteckende Krankheiten wüteten dermaßen, daß

täglich über dreihundert Menschen starben, unter ihnen Narbonne selber. Schließlich mußte sein Nachfolger sich und den Rest seiner Tapferen am 26. Dezember dem belagernden Tauentzien überliefern. Nur noch etwas über viertausend Mann zogen kampffähig in Gefangenschaft. Wittenberg verteidigte sich trotz seiner kleinen Besatzung nachdrücklich, bis es in der Nacht vom 12. zum 13. Januar von Tauentzien erstürmt wurde. Magdeburg hielt sich sogar bis zum ersten Pariser Frieden.

Am wichtigsten sollte Hamburg werden. Dessen Schicksale und die seines Verteidigers Davout hingen anfangs eng mit den Plänen Bernadottes auf Norwegen zusammen. Sofort nach der Schlacht bei Leipzig zeigte sich das Auseinanderklaffen der Wünsche des Schweden und der Verbündeten. Während der Zar Bernadottes fernere Anteilnahme am Kriege gegen Frankreich begehrte, dachte dieser an Bedrängung Dänemarks, was er Ende November auch durchsetzte. Schon vorher hatte er sich nicht mit an den Mittelrhein bewegt, sondern sich in die Gegend von Hannover und Braunschweig begeben, wo er, ziemlich untätig bleibend, das nordwestliche Deutschland von den Franzosen säubern ließ. Infolgedessen gelangten Bülow und Wintzingerode bis an die alte holländische Grenze, welche erst die leichten russischen Truppen überschritten, denen die Preußen bald folgten. Schon am 16. November brach in Amsterdam ein Aufstand aus, der sich rasch über die größeren Städte verbreitete. Man ernannte eine provisorische Regierung, erklärte das Land für unabhängig und bat den Prinzen von Oranien, die Regierung anzutreten. Die französischen Truppen vermochten der Bewegung gegenüber um so weniger auszurichten, als sie durch die verbündeten Streitkräfte unterstützt wurde. Schon am 24. November rückten Kosaken unter brausendem Jubel in Amsterdam ein. Nun erschien auch Prinz Wilhelm von Oranien am 2. Dezember und rief als „souveräner Fürst der vereinigten Niederlande" das Volk zu den Waffen, zugleich ein englisches Hilfskorps von sechstausend Mann unter Sir Thomas Graham in Aussicht stellend. Bülow übertrug Borstell die Beobachtung von Wesel, zog mit achtzehntausend Streitern ins Land und besetzte Doesburg, Zutphen, Arnheim und Utrecht. Wütend erhob Napoleon den General Decaen zum Befehlshaber in den Niederlanden, den er durch einige Verstärkungen leistungsfähig zu machen suchte. Dieser aber fand das ganze Land in Aufruhr und mußte sich mit der Besetzung Antwerpens und der übrigen festen Plätze begnügen, die noch im Besitz der Franzosen waren. Doch weiter und weiter drangen die Verbündeten: Breda, Gertruidenborg, Willemstad und die wichtige Insel des Boemler Waard fielen ihnen in die Hände, ja ihre Reiter schweiften schon kühn bis in die Nähe von Antwerpen, Mecheln und Löwen.

Korporal der holländischen freiwilligen Jäger.
Nach dem Gemälde von W. B. van der Kooc gestochen von A. Canelle.

Da die Verbündeten sich am Rheine ruhig verhielten, glaubte Napoleon, daß er die Hauptgefahr von den Niederlanden zu erwarten habe und traf demgemäß seine Anordnungen. Selbst

die Garden, seine einzigen wirklich verwendbaren Truppen, bekamen Befehl, nach Belgien zu marschieren. Die Festung Gorkum sollte äußersten Widerstand leisten. Decaen wurde abgesetzt, und General Roquet schritt zur Belagerung von Breda, das nur fünfzehnhundert Russen und Preußen verteidigten. Aber bald nahte Hilfe von der Wasserseite, auch preußische Kolonnen kamen heran, so daß die Franzosen am 23. Dezember ihr Unternehmen aufgeben und sich zurückziehen mußten. Inzwischen erkannte Napoleon, daß er sich über die Absichten der verbündeten Hauptarmee im Irrtum befunden; er behielt seine Garden und erteilte dem General Maison, der ein I. Korps bildete, den Oberbefehl über die Streitkräfte der Niederlande. Bülow hatte viel erreicht. Er stand hinter dem Waal und der Maas mit Breda als vorgeschobenem Posten. Aber seine Lage erwies sich nicht ungefährlich, denn noch behaupteten die Franzosen eine ganze Anzahl von Festungen und vermehrten sich zusehends, während seine geringe Macht durch Entsendung von Besatzungstruppen abnahm, die Holländer nicht das geringste zu eigener Verteidigung taten und Graham, der Führer der englischen Landungstruppen, erklärte, daß er unter den obwaltenden Umständen nicht mit den Preußen gemeinsam handeln könnte.

Eleonore Prochaskas Tod im Gefecht an der Göhrde den 16. September.
Nach der Zeichnung von E. Zimmer.

Inzwischen wartete Marschall Davout noch immer bei Ratzeburg. Obwohl Bernadotte nichts gegen ihn unternahm, fühlte er sich doch durch die Streifkorps auf dem linken Elbufer beeinträchtigt, weil sie ihm die Verbindung mit Magdeburg und Frankreich störten. Um unter ihnen aufzuräumen, schickte er den General Pécheux mit dreitausend Mann nach Lüneburg, der von dort südwärts durch die Göhrde vorrückte. Zu seinem Unglück erfuhr Wallmoden die Sendung, der nun rasch mehr als zwölftausend Mann zusammenzog, bei Dömitz über die Elbe ging und am 16. September bei Lüben umfassend über ihn herfiel. Die Franzosen wehrten sich mutig, durchbrachen den nur lose gefügten Angreifer und gelangten mit der Hälfte ihrer Mannschaft nach Hamburg zurück. Am Kampfe beteiligten sich auch die Lützower. Während

sie gegen feindliche Kanonen vordrangen, ergriff der freiwillige „Jäger Renz" eine Trommel und schlug Sturm; ein Kartätschensplitter zerschmetterte ihm den Schenkel, da rief er aus: „Ich bin ein Mädchen!" Er war Eleonore Prochaska, die Tochter eines Unteroffiziers in Potsdam. Für ihre Ersparnisse hatte sie sich ausgerüstet. Wenige Wochen später erlag sie dem Wundfieber und wurde militärisch begraben.

Für den Gang der Ereignisse blieb das Gefecht an der Göhrde belanglos. Mitte November verließ Davout seine Stellung und zog sich langsam auf Hamburg zurück. Wallmoden folgte ihm, vermied jedoch jeden Kampf. Endlich, Ende November, setzte sich auch Bernadotte wieder in Bewegung, überschritt die Elbe und vereinigte sich mit Wallmoden. Als Davout aber das freie Feld räumte, ließ der Kronprinz nur ein Beobachtungskorps vor Hamburg und wandte sich mit seiner Hauptmacht nach Holstein gegen die Dänen, deren schwache Kräfte er mit leichter Mühe zurückdrängte. Ohne jede Aussicht auf französische Hilfe unterzeichnete König Friedrich VI. von Dänemark am 14. Januar 1814 den Frieden von Kiel, wonach Norwegen an Schweden, Helgoland an England fiel. Bernadotte hatte sein Ziel glänzend mit dem Verluste von nur achtzig Mann erreicht; er hatte seine Stellung als Kronprinz in Schweden gesichert und zugleich in Frankreich keinen Unwillen erregt. Metternich freilich äußerte, er habe nicht eine Flintenkugel für die gemeinschaftliche Sache geopfert. Die schwedischen Geschichtschreiber mögen ihn loben, die deutschen können nur sagen: ein Feldherr der Verbündeten gegen Napoleon im eigentlichen Sinne des Wortes ist Bernadotte niemals gewesen.

Auf die nebensächlichen Vorgänge bei den kleineren Festungen brauchen wir nicht einzugehen. Bemerkt sei nur, daß die Oderfestungen, zumal Glogau, durch ihre Garnisonen zeitweise recht lästig wurden, weil sie weithin „den größten Unfug" trieben und die Poststraßen nach Berlin unsicher machten. Kurz sei noch auf die heldenmütige Verteidigung Danzigs verwiesen. Hier befehligte der Elsässer General Rapp, einer der tapfersten, umsichtigsten und zähesten Führer der französischen Armee. Seine ursprünglich fünfunddreißigtausend Mann starke Garnison, bunt gemischt aus Franzosen, Rheinbündlern und Italienern, sank durch Krankheiten so herab, daß er bei Beginn des Herbstfeldzuges nur noch fünfzehntausend kampffähige Leute zur Verfügung hatte. Ihm gegenüber stand der russische General Herzog Alexander von Württemberg, zunächst bloß mit zwölftausend Streitern, die im Laufe der Zeit freilich ebenso zunahmen, wie sich die Franzosen verminderten. Als auf der Seeseite russische und englische Kriegschiffe erschienen, eröffnete man die regelrechte Belagerung, die aber trotz größter Anstrengungen nur wenig fortschritt, bis eine Hochflut die Festungswerke schwer beschädigte und ein Sturmangriff nach hartnäckigstem Widerstande die hinter Danzig liegenden Höhen in die Hände der Russen brachte. Nun wurde von hier ein wochenlanges Feuer auf die Stadt und ihre Befestigungen eröffnet, unterstützt von kräftigen Angriffen. Am 22. November gelangten die Verbündeten bis zur letzten Verteidigungslinie. Die Besatzung war zu Tode ermattet und nahezu verhungert, doch immer noch ungebrochen. So bewilligte der Herzog ihr einen Waffenstillstand, den Zar Alexander aber nicht anerkannte. Damit blieb nur die Übergabe, welche am 29. Dezember erfolgte. Die Belagerung hatte am 15. Januar 1813 begonnen, also fast ein Jahr gedauert; an zwanzigtausend Krieger Napoleons sollen dabei zugrunde gegangen sein.

Über wenige Vorgänge in der Geschichte streben die Urteile so auseinander wie über den Herbstfeldzug 1813. Tatsache ist, daß der größte Schlachtendenker seiner Zeit einem nicht viel stärkeren, in manchen Beziehungen nachstehenden Gegner vollständig erlag. Eigentlich mußte Napoleon siegen. Auf seiner Seite befanden sich eine gleichartige Soldatenerziehung, der einheitliche Oberbefehl und die Macht des Gehorsams, er besaß die mittlere Linie und den Schrecken

Das Treffen an der Göhrde: Angriff der britisch-deutschen Bataillone von Bennigsen und Langreh
gegen die Karrees des französischen Genera

Nach der Heliogravüre im Verlage von Georg Büxenstein & Comp., Berlin SW 48.

er Oberstleutnant Hugh Halkett, sowie des Lützower und des 3. britisch-deutschen Husarenregiments cheux. Nach dem Gemälde von C. Röchling.

Abzug der französischen Besatzung aus Danzig in die Kriegsgefangenschaft. Nach dem Gemälde von C. Röchling im Danziger Rathaus.

seines Namens; während der Gegner sich durch Vielköpfigkeit, Mangel an innerem Halt und Unterordnung gelähmt sah und in drei weit auseinander befindliche Heeresgruppen zerfiel, von denen zwei unter dem Befehle minderwertiger Führer standen, — und doch das befremdliche Ergebnis.

Man hat die Gründe dafür in den verschiedensten äußeren Dingen gesucht, unseres Erachtens lagen sie im Innern des Kaisers selber.

Die Leistungsfähigkeit seines Heeres erwies sich hochbedeutend. Obwohl die meisten Mannschaften jung waren, haben sie ungeheure Anstrengungen bestanden und pflichttreu ausgehalten bis zuletzt, was um so höher eingeschätzt werden muß, als sie meist erfolglos fochten. Selbst die süddeutschen und sächsischen Rheinbündler schlugen sich gut, bis sie bei Dennewitz und Wartenburg von den Preußen furchtbar zusammengehauen wurden und die allgemeine patriotische Volksstimmung auch sie ergriff. Der schließliche Abfall der ursprünglich zuverlässigen Truppen beruhte also auf Vorgängen, die gewaltsam an sie herantraten: auf dem Versagen der napoleonischen Heerführung, auf dem deutlichen Zusammenbruche der von ihnen vertretenen fremden Sache.

Bei den Verbündeten sind es allein die Preußen gewesen, welche sich durch Opferwilligkeit und vaterländisches Heldentum überlegen erwiesen, was aber guten Teils die erschreckende Armut des Staates, der Mangel am Notwendigsten wieder ausglich. Die Russen, Schweden und Österreicher fühlten natürlich nichts von Begeisterung, doch trugen namentlich die beiden ersteren bessere Schuhe und ausnahmslos wärmende Mäntel. Störend wirkten die verschiedene Bewaffnung und Ausbildung und der Mangel an Überlieferung und Vertrauen. Das Meiste galt es hier erst neu zu schaffen, ließ sich erst durch Leistungen und gemeinsame Erfolge erwerben.

Man hat die Verpflegungsschwierigkeiten des französischen Hauptheeres bei Dresden hervorgehoben. Da läßt sich aber fragen, warum setzte Napoleon sich ihnen aus, warum blieb

er stets in derselben Gegend, warum warf er sich nicht in den Bewegungskrieg, dem er bisher seine Lorbeeren verdankte? Es war der größte Fehler, sich an das strategisch schlecht gelegene und nahezu entfestigte Dresden zu klammern. Ein Fehler ist aber keine Entschuldigung oder Rechtfertigung. Wollte Napoleon die Elbelinie halten, so hätte sich Magdeburg besser geeignet. Zunächst deckte es sich selber durch Wälle, Gräben und Geschütze, gewährte dem Kaiser also fast völlige Bewegungsfreiheit. Von Magdeburg ließ sich Berlin erreichen; um dorthin zu gelangen, mußte der zaghafte Schwarzenberg in die Ebene hinaus, mit Dresden, Torgau und Wittenberg in der Flanke, wogegen die Böhmischen Berge ihn fast unangreifbar machten.

Napoleon erlitt derart gewaltige Verluste durch Schlachtentod, Verwundungen und Krankheiten, daß Anfang Oktober achtzig- bis neunzigtausend Mann darnieder lagen. Aber bei den Verbündeten stand es nicht viel anders; der Abgang in der Schlesischen Armee zeigte sich sogar

Ansicht von Magdeburg. Nach einem zeitgenössischen Stich.

verhältnismäßig noch größer. Die Massenerkrankungen des französischen Heeres beruhten nicht einmal auf dem Zwange der Umstände, sondern entstanden durch das überlange Verweilen in ein und derselben Gegend. Schon sie und die wachsenden Verpflegungsschwierigkeiten drängten den Kaiser zum Angriffskriege.

Demnach beschwor der Korse selber das Unglück herauf. Er erscheint nicht mehr als der alles wagende und alles gewinnende Jugendheld der Republik, sondern als der in Rußland Geschlagene, als ein gealterter, abgenutzter Mann, den der Zweifel und des Gedankens Blässe lähmten. Kaum ein zweiter Feldzug schrieb so gebieterisch klar die zu ergreifenden Maßnahmen vor. Es galt einfach, nach altnapoleonischem Rezepte zu verfahren: mit starken Bataillonen auf den entscheidenden Punkt, das heißt hier mit Übermacht gegen eines der drei schwächeren Feindesheere vorzustoßen und es nicht eher loszulassen, bis es vernichtet oder zersprengt war. Am besten würde Napoleon den unternehmenden Blücher gepackt haben, den anfangs sogar die Widerspenstigkeit seiner Unterführer lähmte. Nach seiner Niederlage konnte der Kaiser sich Schwarzen-

berg zuwenden, der schwerlich noch eine Schlacht gewagt hätte, oder, wenn er es tat, sicher erlag. Nach solchen Erfolgen wäre Bernadotte überhaupt nicht mehr im Felde geblieben.

Statt aber selbst zu handeln, hielt Napoleon sich verhältnismäßig zurück und schickte seine Marschälle vor. Diese wurden geschlagen, während er Luftstöße nach Osten und Süden machte, ohne sie durchzuführen.

Die Last der Aufgaben scheint ihn zeitweise so abgestumpft zu haben, daß er den tapferen Vandamme eigentlich geradezu vergaß und dadurch den einzigen Sieg des Feldzugs, den bei Dresden, in die Niederlage von Kulm umwandelte. Je länger der Krieg dauerte, desto un-

Das unbezähmbare Pferd. Allegorisches Gemälde von E. B. Debat-Ponsan.

sicherer und nervöser erwies sich der Kaiser, desto halber sein Beginnen. Viel zu spät schnellt er empor und eilt nach Düben; doch auch da vermag er nichts zu erreichen. Caulaincourt berichtet von diesem Aufenthalte, der Kaiser habe die Zeit in „apathischer Untätigkeit“ verbracht. Und ein anderer Beobachter weiß: „Weder militärische noch geographische Gegenstände boten ihm die geringste Zerstreuung, und seine Umgebung wußte in ihrer Verlegenheit nicht, was sie zur Beruhigung Seiner Majestät tun sollte.“

Natürlich entging den Truppen die Wandlung nicht. Ein gefangener Offizier äußerte damals: Die augenblickliche Kriegführung Napoleons sei auffallend verschieden von der früheren; seine ehemalige Tätigkeit habe ihn verlassen; er zeige ein großes Bedürfnis nach Bequemlichkeit,

zumal nach Schlaf, und sei mürrischer wie je. Auch darin trat das Wesen eines Nervengeschwächten zu Tage, daß er viel schrieb und drohte, ohne zu handeln, ja daß er zeitweise emporschnellt, zumal in der Erregung des Augenblicks, und dann Gewaltiges leistete, namentlich vor und während der Schlacht, so bei Dresden und am 18. Oktober bei Leipzig.

Wie die Dinge lagen, erscheint der Zusammenbruch natürlich, fast notwendig. Die Ereignisse schoben Napoleon nach Leipzig, wobei er die Gefahr nicht genügend erkannte. Unter falschen Voraussetzungen, ohne alle Hilfsmittel heranzuziehen, kämpfte er am 16. Oktober. Trotz der Gunst der feindlichen Fehler vermag er keinen Sieg zu erzwingen, hauptsächlich, weil seine Führung nicht auf der Höhe steht und weil er nicht etwa Mangel an Kräften hat, sondern aus Kräftemangel an entscheidender Stelle. Den folgenden Tag versagt er völlig. Unter den denkbar ungünstigsten Umständen erneuert er am 18. den Kampf, rafft sich wieder zu voller Größe auf, vermag das Schicksal jedoch nicht mehr zu meistern. Nur die Kopflosigkeit Schwarzenbergs ermöglicht ihm schließlich die Flucht, auf der er sich abermals als Meister zeigt; für ihn leider zu spät.

Oft hat sich Napoleon über den Mangel an Selbständigkeit seiner Marschälle beklagt und geäußert, wo er nicht selbst zugegen gewesen, seien die Dinge unglücklich verlaufen. Die Denkabhängigkeit der Generale beruhte auf dem napoleonischen System. Da er sie kannte, hätte er ihr keine so schwere Gewichtsproben zumuten dürfen, wie es in Wirklichkeit geschah. Ja, man darf Napoleons Urteil nicht ohne Prüfung annehmen, denn es zeigt sich, daß die selbständigen Marschälle keineswegs niedrig eingeschätzt werden können. Vandamme führte bis Kulm und Murat bis Leipzig geradezu vortrefflich, Macdonald tat Blücher und Saint-Cyr der Hauptarmee gegenüber vollauf seine Pflicht. Weniger ist Oudinot und am wenigsten Ney zu loben. Aber auch bei ihnen sollte man bedenken, daß ihre Unternehmungen eigentlich von vornherein wegen der feindlichen Übermacht und sonstiger ungünstigen Umstände als gescheitert gelten mußten. Napoleon gab seinen Unterführern eben nicht die Gewähr, fast nicht die Möglichkeit des Sieges.

Die Frage mag betrachtet werden, von welcher Seite man will, stets erscheint Napoleon als ein gelähmter Titane, dessen Leistungen nicht mehr den Erwartungen, oft nicht einmal dem Durchschnittsmaße entsprechen. Der Kaiser äußerte: „Das Glück ist eine Eigenschaft." Ihm war sie verloren gegangen, und folglich verließ ihn das Glück. Seufzend gestand der Entthronte auf St. Helena ein: „Ich sah das Nahen der Entscheidung und fühlte die Zügel meinen Händen entgleiten. Mein Stern erblich."

Über Napoleons Gegner fassen wir uns kurz. Schwarzenberg sowohl wie Bernadotte vollbrachten so wenig wie möglich; dieser absichtlich, jener, weil er sich trotz seiner Übermacht nicht zu helfen wußte. Es ist fast beschämend, daß dem hochgeborenen österreichischen Herrn schlechterdings alle Fähigkeiten fehlten, welche die Befreiungskriege erforderten. Bezeichnend, daß gerade Friedrich Wilhelm dies erkannte und ihm nach Hardenbergs Tagebuch den Schwarzen Adlerorden nicht verleihen wollte. Anders Blücher, er bewährt sich als geborener Führer eines vorwärts drängenden Volksheeres. Schwarzenberg und Bernadotte hätten sicherlich den Krieg zu keinem Ende geführt, sondern ihn im besten Falle versumpfen lassen und einen faulen Frieden erzielt. Erst die weitschauende und doch heldenkühne Leitung Blüchers und Gneisenaus war erforderlich, um den Sieg zu erringen. Die Befreiung Deutschlands ist also weitaus in erster Linie Preußens Verdienst. Voll richtiger Ahnung schrieb Gneisenau: „Durch die Schritte, die unsere Armee gethan hat, und durch die Ratschläge, die von unserem Hauptquartiere ausgegangen sind, hat selbige zur vortheilhaften Wendung des Krieges so ungemein viel beigetragen. Die Nachwelt wird erstaunen, wenn dereinst die geheime Geschichte des Krieges erscheinen kann."

Brief Johann Gottlieb Fichtes an Julius Eduard Hitzig, geschrieben zu Ende des Jahres 1813.

(Aus der Sammlung des Herrn Rittergutsbesitzers Lessing in Berlin.)

Herrn Buchhändler Hitzig
Wohlgeboren.

Ich billige höchlich Fouqués Entschluß, den Sie mir melden, werther Freund, bei Seiner so sehr angegriffenen Gesundheit seinen Abschied zu nehmen, und sich der Welt zu erhalten.

Früher, als das Ganze den Krieg wohl wünschte, aber nicht eigentlich ihn wollte, weil es kein rechtes Vertrauen zu dem Erfolge hatte, war es die theure Pflicht jedes rechtlichen durch seinen öffentlichen Beitritt die Masse des wirklichen Kriegsbeschlusses zu verstärken; damals mußte jeder sein Leben an dieses Eine, was damals Noth that, setzen, und Fouqué am allerwenigsten konnte sich ausschließen und etwas anderes bedenken außer diesem Einen; und er that es auch nicht. Dieser Zustand dauerte fort in der Epoche vor dem Waffenstillstande, während des Waffenstillstandes ganz besonders. Seitdem aber, seit unseren glänzenden Siegen, besonders seit dem letzten entscheidenden, fehlt es nicht mehr am Wollen des Krieges: Dieses Ziel ist erreicht, und das sittliche Gewicht, welches Fouqué und andere dafür in die Wagschaale legten, hat nun gezogen. Jetzt wird Fouqué ein Lieutenant, wie andere. Aber daß er sein Leben im Lazarethe wage, auf die Hoffnung hin, noch einmal mit der Hand tapfer dreinzuschlagen, oder andere zum tapfer dreinschlagen zu ermahnen, dazu ist sein Leben zu theuer. Dazu werden sich andere finden, welche entweder mehr Aussicht haben, dieses Dreinschlagen in guter Gesundheit zu erleben, oder, bei denen es auch nicht so viel verschlägt, ob sie eben leben, oder nicht leben.

Erführe ich, daß man sich F. Rath bediente, und daß er an der Leitung irgend bedeutender, und allgemein eingreifender Angelegenheiten stände, so würde ich rathen, daß er selbst mit Gefahr seiner Erhaltung bleibe: denn dazu ist das Leben da, daß es dran gesetzt werden soll, für einen würdigen Zweck nemlich.

Ist dies nicht der Fall, so sehe ich so vieles andere besser, das F. thun kann, und thun wird, wenn er jenes Dienstes entledigt ist. —

Der Krieg ist mit der Schlacht bei Leipzig nicht zu Ende: wolle Gott nicht, daß er es sey! Er muß fortgesetzt werden; er sollte viel verständiger fortgesetzt werden, als er bis jetzt geführt worden, besonders sittlicher, bildend, nicht verbildend, und neuerdings tiefer verwildernd. Alles dieses sieht F. ohne Zweifel sehr gut ein, und er kann es sich zu einem eigenen Geschäft machen, über alle diese Gegenstände öffentlich seinen Rath abzugeben, da man privatim ihm denselben kaum abverlangen wird. Dient er dann nicht besser der öffentl. Angelegenheit des Deutschen Krieges, als ob er mit eigener Hand einige Dutzend Franzosen erlegte?

Leben Sie wohl, und wenn Sie Fouqué schreiben, grüßen Sie ihn herzlich von mir

Der Ihrige
Fichte.

Faksimile eines Briefes Johann Gottlieb Fichtes an Julius Eduard Hitzig, geschrieben zu Ende des Jahres 1813. Originalgröße.

(Aus der Sammlung des Herrn Rittergutsbesitzers Lessing in Berlin.)

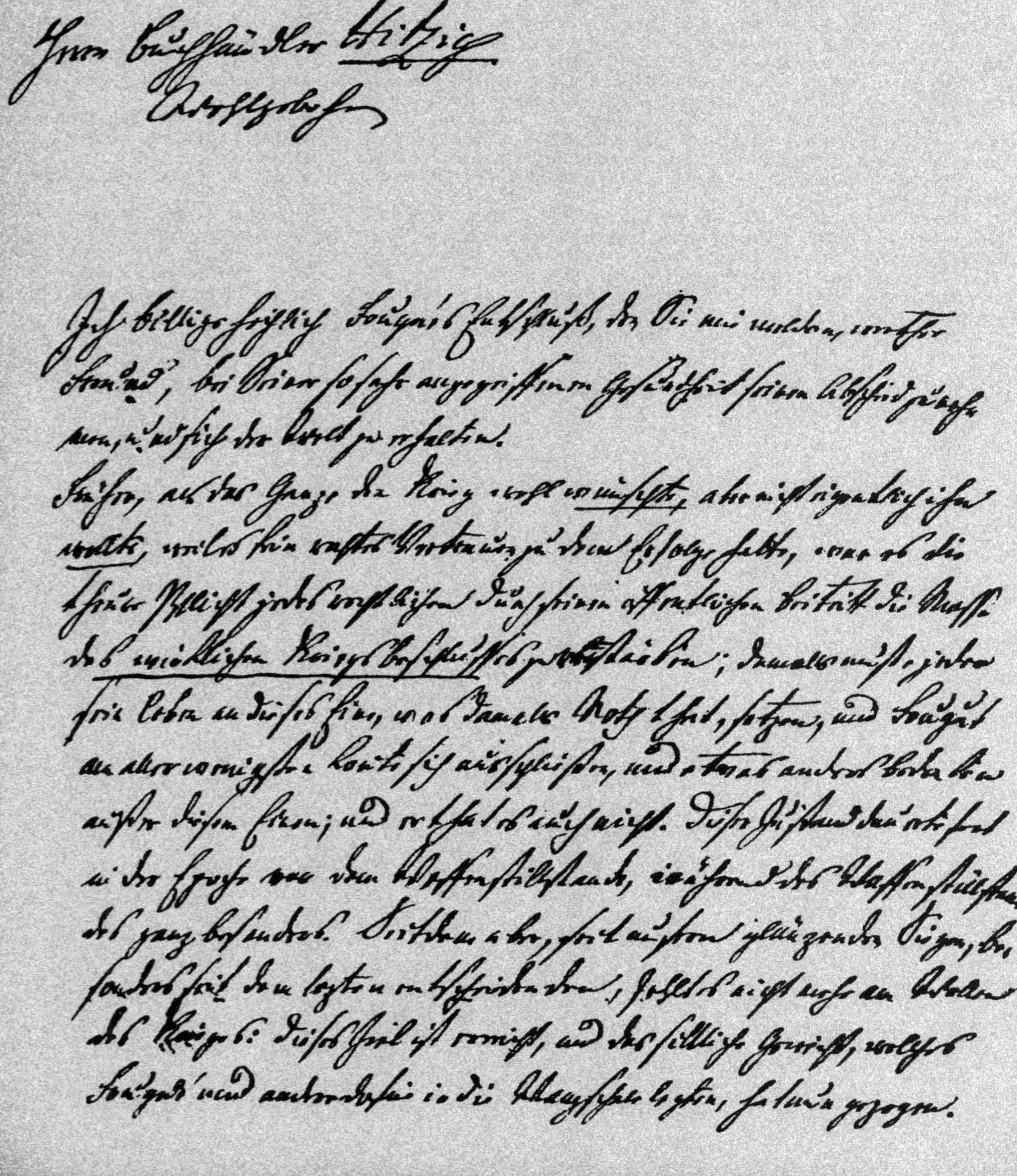
Herrn Buchhändler Hitzig
Wohlgeboren

[illegible] ein [illegible], wie andere. Aber [illegible] sein
Leben an Lazareths wegen, auf die [illegible], verschiedenartig die
Hand dafür [illegible] zu schlagen, oder anderen zu [illegible] dreinschlagen zu
[illegible], dazu ist sein Leben zu [illegible]. Dazu werden sich andere finden,
welchen [illegible] Aussicht haben, dieses Dreinschlagen [illegible]
[illegible], oder, bei denen es auch [illegible], ob sie
leben, oder nicht leben.
[illegible] ist, daß [illegible] des Volks bedient, und dessen an der [illegible]
[illegible], und [illegible] allgemein [illegible], so
[illegible], daß er [illegible] bleibe:
[illegible] ist das Leben [illegible], daß es [illegible] soll, für einen [illegible],
[illegible]. Ist dies nicht der Fall, so [illegible]
[illegible], der [illegible], und [illegible], [illegible]
[illegible]. — Der Krieg [illegible] der Schlacht bei Leipzig nicht zu [illegible]:
wolle Gott [illegible], daß [illegible] fortgesetzt werden; er sollte [illegible]
[illegible] fortgesetzt werden, aber bis jetzt gelesen werden
besonders sittlicher, bildend, nicht verbildend, und [illegible]
[illegible]. Aber [illegible]

[illegible], und der denn es sich je zu einem eigenen Geschäfte machen, über alle diese
Gegenstände öffentlich seinen Rath abzugeben, da man privatim ihn
desselben [illegible] würde. Würde er dann nicht besser die öffentl.
Angelegenheiten des deutschen Reichs, als ob er mit eigener Hand auf einige
Dutzend Bauern[illegible] [illegible]?

Leben Sie wohl, und wenn Sie [illegible] schreiben, grüßen Sie ihn
herzlich von mir.

Der Ihrige

Fichte

Einzug der Preußen in Paris. Nach dem Relief am Blücherdenkmal zu Berlin.

Die Diplomatie. Frankfurt und Châtillon.

Das einzige, was wir zu fürchten hätten, wäre die elende Nichtswürdigkeit der federlesenden Kabinettspolitik, welche uns durch den Kongreß von Châtillon beinahe zerstört hätte. — Viele blutende Wunden wird das deutsche Herz behalten; aber wir müssen uns damit trösten, Gott habe es so gewollt, weil er die Werkzeuge also gestellt hat. (E. M. Arndt.)

Die Völkerschlacht bei Leipzig war eines der wichtigsten und entscheidendsten Ereignisse, sie war das Weltgericht, dem fast alle Kräfte Europas zudrängten. Für Deutschland bildete sie die Gipfelung der Patriotenbestrebung, welche von da an abflaute. Wollten die Vaterlandsfreunde ein einheitliches Nationalreich, so schoben sich nun die bisher mit ihnen verbundenen alten Staatsgewalten in den Vordergrund, und zwar als Sondergebilde, geführt von Österreich. Die Diplomatie, welche bisher gegen die Bajonette zurücktreten mußte, machte sich anspruchsvoll geltend, innerhalb der Großmächte mit Gleichgewichtsbestrebungen, nach außen als politische Fortsetzung des Herbstfeldzuges. Der Krieg verlor seinen heimatlichen Boden, sein volkstümliches Gepräge; ja dies trat stärker bei den Franzosen hervor, während es sich auf seiten der Verbündeten mehr in einen Kampf der Kabinette verwandelte.

Militärische und politische Gründe bewirkten am Rheine das Ende der Verfolgung. Die Heere der drei östlichen Großmächte befanden sich in schlechtestem Zustande, die der übergetretenen Rheinbundfürsten hieß es erst einzugliedern; mit England, der einzigen Geldmacht, dem Bankier Europas, sollte erst Abmachung getroffen und über die Weiterführung des Feldzuges Beschluß gefaßt werden. Anfang November wählte man die alte Kaiserstadt Frankfurt als Ort für die vielerlei Erwägungen und Entscheidungen. Bald zog, wie schon oft, eine glänzende Versammlung in ihre Mauern ein. Da erblickte man den Zaren Alexander mit Nesselrode, Wolkonsky, Pozzo di Borgo und Anstett, den Kaiser Franz mit Metternich, Duka und Stadion. Von preußischer Seite kamen: Hardenberg, Humboldt und Knesebeck; von englischer: Cathcart, Aberdeen und Stewart, der Bruder Lord Castlereaghs, des britischen Ministers des Äußeren. Später, am 13. November, erschienen noch König Friedrich Wilhelm und der Freiherr vom Stein, welcher in russischem Dienste die Zentralverwaltung der eroberten Länder leitete. Gelegentlich betätigten sich auch die Generale Gneisenau, Schwarzenberg und selbst der abwesende Bernadotte. Als Hauptpersönlichkeiten galten Metternich und Alexander.

Schon während des Herbstfeldzuges waren das Große Hauptquartier und das nahegelegene Prag ein Sammelplatz der Diplomaten gewesen, welche die verschiedensten Fragen besprachen, namentlich auch die polnische. Doch verschwanden alle zunächst noch vor den kriegerischen Angelegenheiten, unter denen sich das Verhältnis zu den größeren Rheinbundstaaten, besonders zu Bayern, am wichtigsten erwies, dessen Politik neuerdings durch Doeberl trefflich beleuchtet ist.

Der Römer in Frankfurt a. M. Nach Radl, gestochen von W. Gury.

Bayern genoß anfangs bedeutende Vorteile seitens Napoleons: es erhielt Länderzuwachs, die Königskrone und zeitgemäße Verfassungsformen nach französischem Vorbilde, ja, er erhob es zu einem formell unabhängigen modernen Mittelstaate. Aber diese Segnungen bekamen durch das Bündnis mit dem Bringer des Heils und seine stets steigenden Anforderungen mehr und mehr einen herben Beigeschmack, so daß schon 1806 ein Umschwung in der Stimmung erfolgte, welche besonders in der „brausenden Deutschtümelei" des Kronprinzen zum Ausdruck gelangte. Dies hinderte aber nicht, daß die Regierung gewissenhaft ihre Bundespflichten erfüllte. Für den russischen Feldzug stellte sie über dreißigtausend Mann. Das Mißlingen des Riesenunternehmens machte tiefen Eindruck, doch glaubte man noch an den endgültigen Sieg des Korsen. Freilich die Ereignisse bewegten sich deutlich in entgegengesetzter Richtung: die Heere der Verbündeten näherten sich der bayerischen Grenze, und im Innern griff die deutsch-nationale Erhebung um sich. Diese Bedrängnis veranlaßte den leitenden Staatsmann, Grafen Montgelas, mit Österreich anzuknüpfen, wie es Sachsen und Württemberg schon getan hatten. Auch in Österreich waren neue Auffassungen eingezogen. Das Wiener Kabinett begann eine selbständigere Haltung einzunehmen; seine Kriegserklärung drohte als eine bloße Frage der Zeit. Die Lage der Rheinbundstaaten gestaltete sich damit bedrohlich. Montgelas fürchtete den Verlust der neuerworbenen Gebiete, selbst die Truppen schienen nicht mehr ganz zuverlässig zu sein. Der Kronprinz sagte dem Minister: „Wir stehen am Rande des Abgrundes."

Da griff Preußen ein. Es beruhigte den Münchener Hof wegen der fränkischen Besitzungen, wenn Bayern sich offen für die gemeinsame Sache erkläre. Der Gesandte brachte das vorsichtig und eingeschränkt zur Sprache. Man hoffte das beste Einvernehmen zu erzielen, denn Bayern zeigte sich der Neutralität geneigt. Als die Regierung jedoch erkannte, daß es sich um sofortigen bewaffneten Anschluß an die Verbündeten handle, brach sie die Verhandlungen schroff ab, weil ihres Erachtens die Dinge dafür noch nicht reif waren und der Staat sich in der militärischen Gewalt Napoleons befand. Sein Sieg hätte den Untergang Wittelsbachs bedeutet. Die Wendung der Münchener Politik beeinflußte den nationalen Gedanken durchaus ungünstig, denn nun erlosch

jede Einwirkung Preußens, und der süddeutsche Hauptstaat geriet in das Fahrwasser Österreichs, das seine Sonderbestrebungen und Empfindlichkeiten trefflich zu schonen verstand. Metternich gab die Gewähr des bayerischen Besitzstandes sowohl wie der bayerischen Eigenhoheit und betonte die Pflege guter Nachbarschaft. Zunächst wünschte Österreich nur, daß man in München seine Friedensbemühungen unterstütze und möglichst viele Truppen für den eigenen Bedarf zurückhalte. Dies entsprach den Absichten Montgelas'; eine politische Übereinstimmung war also erreicht. Zwar lenkte Metternich bald in mehr kriegerische Bahn, begnügte sich aber mit der bewaffneten Neutralität des Nachbarn. Sachsen verpflichtete sich, seine Truppen von der französischen Armee abzuberufen, und auch Württemberg neigte zu einer Verständigung mit Österreich. Bayerns Finanzen standen schlecht, die Altbayern widersetzten sich vielfach der Aushebung — jeden Augenblick konnte Napoleon das Heer in Anspruch nehmen. Man wußte sich nicht besser zu helfen, als möglichst wenig zu rüsten, wodurch man sich aber die eigene Macht zu selbständigem Handeln nahm und je nach den Umständen haltlos hin und her schwanken mußte. So bedeutete die Neutralitätserklärung vom 25. April eigentlich nichts, nun gar als Napoleon bei Großgörschen siegte. Bedrückt erklärte sich der König am 12. Mai für Österreich, wagte aber nicht, den Kurier mit der entscheidenden Botschaft nach Wien zu schicken, denn inzwischen hatte in Sachsen und Württemberg wieder eine franzosenfreundliche Stimmung eingesetzt. Die Schlacht bei Bautzen

Rast eines Rekrutentransportes in Bayern. Nach einer Zeichnung von K. Nachtmann.

und der Waffenstillstand zu Pläswitz erfolgten. Wollend oder nicht, Wittelsbach fand sich wieder auf Napoleons Seite gebannt und führte ihm Truppen zu, freilich nur eine Division: so wenig wie möglich.

Rasch verschlechterte sich die Sachlage. Österreich trat zu den Verbündeten über und sandte ein Heer an die bayerische Grenze. Ihm gegenüber bezog Wrede eine Stellung am Inn; doch hegte man beiderseits die Absicht, sich kein Leid anzutun. Der bayerische Gesandte Graf Rechberg blieb sogar in Wien. Damit besaß man eine Brücke für Vereinbarungen, die um so näher lagen, als Metternich den Rheinbündlern volle Selbständigkeit zugestand und sich mit bloßem Einflusse Österreichs zu begnügen gedachte. Preußens geschlossene nationale Politik konnte hiergegen nicht aufkommen, weshalb es der Hofburg schließlich freie Hand zu Verhandlungen mit den Rheinbundstaaten ließ. Auch Alexander drängte am 31. August durch ein Schreiben vorwärts, worin er den Anschluß Bayerns an die österreichische Donauarmee betonte. Wrede entschied sich für die Verbündeten. Aber ein wirklicher Übertritt bot allerlei Bedenken, denen erst die Schlacht bei Dennewitz ein Ende bereitete, in der zwei Drittel der bayerischen Division zugrunde gingen. Nun erklärte der österreichische Unterhändler in München: „Man sieht, was die insurgierte preußische Nation leistet und also fordern kann und wird, wenn Bayern den Zeitpunkt versäumt.“ Die Angst vor Preußen schlug durch. Aber vorsichtig suchte man immer noch mit halben Maßregeln hinzuhalten, bis die Verbündeten unumwunden sofortige Teilnahme am Kriege verlangten, wofür vierundzwanzigtausend Österreicher dem bayerischen Oberbefehle überwiesen werden sollten. Erst am 2. Oktober gelang es Montgelas, dem ängstlichen Könige die Vollmacht für den Bündnisvertrag abzuringen. Es war höchste Zeit, denn schon erhob Habsburg erweiterte Forderungen. Sie bewirkten nochmaligen Aufschub, worauf der Kaiserstaat mit Abbruch der Verhandlungen drohte.

Endlich am 8. Oktober kam in dem Städtchen Ried der Vertrag bayerischerseits durch Wrede zum Abschlusse. Er bestand aus elf offenen und ebensovielen geheimen Artikeln. Demnach sagt Bayern sich los von den Verpflichtungen des Rheinbundes, beteiligt sich am Kriege der Verbündeten gegen Frankreich und unterstellt seine Feldarmee von mindestens sechsunddreißigtausend Mann als besonderen Truppenteil der Oberleitung der Hauptarmee, wofür es die Gewähr seines ganzen Besitzstandes mit voller Landeshoheit erhält. Bei etwaigen Gebietsabtretungen wird ein gleichwertiger, wohlgelegener Ersatz verbürgt. Die Übereinkunft bedeutete eine Ausdehnung des Teplitzer Vertrages auf Bayern, freilich mit dem wichtigen Unterschiede, daß es sich dort um eine selbständige Großmacht, hier um einen bisher von Napoleon abhängigen Mittelstaat handelte, um ein Glied des Rheinbundes.

König Maximilian hatte, wie wir sahen, lange geschwankt, trotz aller Bemühungen Montgelas', der schon seit Anfang des Herbstfeldzuges die Trennung von Frankreich befürwortete. Der beschleunigte Übertritt war wesentlich Wredes Werk, und das Ganze bedeutete einen Erfolg Österreichs, welches sich gewandt an die Stelle Preußens, des früheren Retters und Freundes des Hauses Wittelsbach, zu setzen wußte. Dies barg weitgehende Folgen: die Souveränität Bayerns und mittelbar die der übrigen süddeutschen Staaten erschien nunmehr festgelegt und die Zukunft Deutschlands samt der neuen Reichsverfassung nach Österreichs Wunsch entschieden. Napoleon wurde über den Abfall durch geschicktes Benehmen des bayerischen Hofes getäuscht, obwohl der eifersüchtige König von Württemberg ihn wiederholt warnte. Verspätet, erst am 16. Oktober, traf ihn die Kunde von dem Vorgange. Wütend schäumte er auf und beschuldigte Bayern des feigen Verrats.

Der König rief seine Untertanen auf, „kräftig mitzuwirken zur Vollendung des großen Werkes, zur Befreiung Deutschlands vom fremden Joche“. Am 12. Oktober, am Namenstage

Im Posthof. Nach dem Gemälde von P. F. Messerschmitt.

Maximilians, herrschte unbeschreiblicher Jubel im ganzen Lande. „Überall kriegerische Musik, Freude und frohe Menschen.“ Der Oberpfälzer Andreas Schmeller sang:

„Zur Wehr, was deutsch ist, auf zur Wehr!
Wer Büchs' und Keule führen kann
Und jetzt nicht führt, der ist kein Mann.
Jetzt Deutschland oder nimmermehr!“

Ähnlich wie Bayern verhielten sich Württemberg und Baden, deren Fürstenhäuser sich durch Verschwägerung mit der Familie Bonaparte verwandt fühlten. Sie lieferten Napoleon Truppen, übten weidlich freundnachbarliche Eifersucht und deckten sich den Rücken durch gleichzeitige Unterwürfigkeit und Geheimverhandlungen in Wien. König Friedrich von Württemberg

Die Rückkeh[…] vertriebenen […] nach Kassel. […] von F. […]

war ein starrer Selbstherrscher von solcher Abneigung gegen die deutsche Sache, daß er erklärte: er fordere von seinen Dienern nur Sinn für ihren König und sein Reich. Jedes allgemeine Interesse enthalte eine strafbare Einmischung in die Absichten des Gouvernements. Er zögerte deshalb so lange wie möglich. Erst als die Schlacht bei Leipzig keinen Zweifel mehr ließ, beeilte er sich, seine Sache am 2. November durch den Vertrag von Fulda mit Österreich unter Dach und Fach zu bringen. Dort hieß es gleich im ersten Geheimartikel: „S. M. der König von Württemberg wird, von jedem fremden Verfassungsbande befreit, seine volle Souveränität genießen unter dem Schutze der politischen Beziehungen, welche eintreten werden als Folge der Anordnungen, welche beim künftigen Frieden im Sinne der Wiederherstellung und Sicherung der Unabhängigkeit Deutschlands zu treffen sind.“ An demselben 2. November vereinbarte Hessen-Darmstadt eine ähnliche Übereinkunft zu Hanau. Noch später erfolgte der Beitritt der kleineren Rheinbundstaaten. — Nur König Jérôme von Westfalen und Friedrich August von Sachsen blieben von der Gunst der Umstände ausgeschlossen. Ersterer hatte seinen Bruder trotz der tiefen Erschöpfung des Landes nach besten Kräften unterstützt

Napoleon
.en Wilhelm
: Gemälde
valier.

Er hob neue Regimenter aus und sandte sie an die Elbe zur Verstärkung Eugens. Geheim wurde ihm der Vorschlag gemacht, im Lande zu bleiben und sich den Verbündeten anzuschließen; er lehnte es ab, fühlte sich aber durch feindliche Streifkorps und die deutsch-patriotische Gesinnung seiner Untertanen so bedroht, daß er Kassel am 26. Oktober endgültig verließ und über den Rhein entfloh. Am 21. November zog Kurfürst Wilhelm wieder in seine Hauptstadt ein und trat am 2. Dezember dem großen Bündnisse bei. Sofort erhielt er seine Gebiete zurück und die Gewährleistung voller Landeshoheit, wofür er zwölftausend Mann Linie und ebensoviel Landwehr aufbringen sollte. Auch die übrigen Fürsten erschienen wieder in ihren Residenzen: Herzog Friedrich Wilhelm in Braunschweig, Herzog Peter in Oldenburg, der Herzog von Cumberland in Hannover und so weiter.

Besonders schwer sollte König Friedrich August seine zähe Anhänglichkeit und sein blindes Vertrauen zu Napoleon büßen. Am 26. und 27. August durchlebte er in Dresden die Schrecken der Schlacht, dann folgte er am 7. Oktober mehr wie ein Gefangener denn als Verbündeter dem Kaiser auf dem Rückzuge nach Leipzig. Der ehrenhafte Reynier stellte ihm frei,

die sächsischen Truppen nach Torgau zu schicken, aber der König vermochte sich nicht zu diesem rettenden Entschlusse aufzuraffen und verwies selbst noch während der Leipziger Schlacht das längst schon wankende Heer auf seine Pflicht. Bis zuletzt von Napoleon hintergangen, lehnte er doch ab, das Land mit ihm zu verlassen. Überzeugt, daß der Kaiser zurückkehre und Österreich ihn schütze, versäumte er sogar noch am dritten Schlachttage den Anschluß, als die Monarchen ihm den General v. Toll und den Oberstleutnant v. Natzmer sandten. Dann freilich mußte er rasch die Veränderung der Sachlage erkennen. Die Sieger besuchten ihn nicht nach dem Einzuge, sondern übermittelten am 19. Oktober bloß die Ankündigung seiner Kriegsgefangenschaft. So sah er sich am 23. mit seiner Familie nach Berlin abgeführt, von wo er sich später nach dem nahen Friedrichsfelde begab. Im Gefühle seiner angestammten Herrscherrechte hegte er keine ernstlichen Besorgnisse. Er sollte sich hierin um so mehr irren, als der Zar das Land zum Tauschgegenstande für das von ihm erstrebte Polen erkoren hatte. Sachsen erhielt zunächst russische, dann preußische Verwaltung.

Kurz sei noch bemerkt, daß Dänemark, wie wir schon sahen, durch Bernadotte zum Abfall von Napoleon gezwungen wurde und sich am 14. Januar in Kiel den Frieden erkaufte. Besser erging es Murat. Er hielt sich durch rechtzeitigen Anschluß an Österreich (11. Januar) und die Zusage von dreißigtausend Mann auf dem Throne von Neapel. Man versprach ihm sogar noch einen Streifen römischen Gebietes. — In Spanien bewirkte Napoleon selber das Ende der französischen Herrschaft, als er sich am 8. Dezember bereit erklärte, das Königtum des Bourbonen Ferdinand unter der Bedingung eines Friedensschlusses anzuerkennen. Die Ausführung zog sich dann freilich durch die Schuld des Korsen in die Länge.

Die politische Luft lastete schwül. Alles befand sich im Werden, rings drohten Gegensätze. In Frankfurt wollte man sich vereinbaren. Hier traten rasch zwei Haupterscheinungen in den Vordergrund: das Verhältnis zu Frankreich, wovon die Neueröffnung des Krieges abhing, und die Nebenbuhlerschaft zwischen Rußland und Österreich, welche in der polnischen Frage gipfelte. Rußland wünschte ausgiebige Entschädigung für seine Siege und Aufwendungen durch Land und Einfluß, zumal durch das Großherzogtum Warschau, das heißt durch Gebiete, die früher Preußen und Österreich gehörten. Erschien dies schon bedenklich, so kam hinzu, daß sich das polnische Land wie ein gewaltiger Keil weithin zwischen die Nachbarstaaten hineinschob und die Gefahr nahelegte, es könne an die Stelle der französischen eine russische Oberhoheit treten. Die Besorgnis hiervor hat Metternichs Politik von Anfang an beeinflußt, bis sie auf dem Wiener Kongresse zum schweren Zerwürfnisse führte. Anders Friedrich Wilhelm; er fand sich allgemach mit dem Gedanken ab, wenn man ihn sonstwie, zumal durch Sachsen, entschädige, was der Zar zusicherte.

Denkmünze auf Hardenberg. (Kgl. Münzkabinett zu Stuttgart.)

Im Vertrage zu Reichenbach (Juni 1813) hatte Metternich erlangt: Aufteilung des Großherzogtums Warschau unter Österreich, Preußen und Rußland, doch schon der Vertrag von Teplitz (9. September) brachte die Bestimmung, daß die drei Mächte sich über das Schicksal des Großherzogtums einigen möchten. Da Rußland Polen besetzt hielt, so fühlte es sich in der glücklichen Lage des Besitzers. Immerhin drängte eine Entscheidung hier keineswegs, wogegen Napoleon zwar besiegt, aber nicht vernichtet war.

Die politische Behandlung dieser Frage lag zunächst in Metternichs Händen. Er beabsichtigte eine Vorherrschaft Österreichs, gestützt auf Preußen und England mit Zurückdrängung Rußlands und Frankreichs. Da man die kriegerischen Wünsche des Kaiserstaates erreicht sah und dessen Stellung sich gegenwärtig günstig ausnahm, so dachte er an Frieden. Unter diesen Umständen zeigte er sich bereit, dem Schwiegersohn des Kaisers Franz entgegenzukommen. Menschlichem Ermessen zufolge konnte also bald Ruhe in Europa einziehen, denn Napoleon mußte Gott danken, nach zwei beispiellosen Niederlagen einer günstigen Auffassung zu begegnen.

Siegel eines russischen Staatsvertrags.
Nach dem Original im Geh. Staatsarchiv zu Berlin.

Bereits in den Teplitzer Verträgen bezeichnete Metternich geschickt den Rhein als Ziel des Feldzuges, denn für Österreich bot es keinen Nutzen, darüber hinauszugehen. Demgemäß schrieb er am dritten Schlachttage von Leipzig: „Am Rhein werde man auf Merveldts Sendung antworten; er gedenke in vier Wochen dort zu sein und dann werde Frieden." Seine Politik lag klar vor Augen: er beabsichtigte Napoleon auf dem Throne Frankreichs mit der Rheingrenze zu lassen, oder mit anderen Worten: der Kaiser der Franzosen sollte sich znm König von Frankreich wandeln. Ungemein geschickt ging der Vielgewandte in der Weise ans Werk, daß er jene Merveldtsche Sendung Napoleons an Kaiser Franz im Auftrage der Mächte beantwortete, sich mithin als deren Vertreter hinstellte. Zu dem Zwecke sicherte er sich Englands und Rußlands Zustimmung, der Preußen nicht entgegentrat, um den Baron v. St.-Aignan nach Paris abzuordnen. Dieser durfte Napoleon anbieten: Beschränkung Frankreichs auf seine „natürlichen Grenzen", Rhein, Alpen und Pyrenäen, und Verzicht auf jede Art Oberherrschaft in den Nachbarländern, wofür England bereit sei, große Opfer samt Anerkennung der freien Schiffahrt zu bewilligen. So glänzend diese Eröffnungen sein mochten, so zweifelte Metternich dennoch, ob Napoleon sie annehmen werde. Und in der Tat, der Korse überging sie in einem kurzen Schreiben Marets und verlangte einen Vergleich auf Grundlage der Unabhängigkeit der Nationen. In dieser Art der Beantwortung erkennen wir Napoleon so, wie er bis zu seinem Sturze geblieben ist; er wollte nichts aufgeben, wollte keinen ehrlichen Frieden, sondern nur Zeitgewinn für Rüstungen und Krieg.

Da Metternich nun aber den Frieden begehrte und seine Bemühung beim Kaiser der Franzosen fehlgeschlagen war, so versuchte er das französische Volk zu gewinnen, um dadurch den Kaiser lahmzulegen. Eine Kundgebung erschien, worin es hieß, daß die Mächte den Krieg nicht gegen Frankreich führten, sondern gegen das Übergewicht des Kaisertums, unter dem es selber leide. Trotz ihrer Siege hätten die Verbündeten Frieden angeboten, bemerkten aber

nur kriegerische Maßnahmen. Sie seien erbötig, das Land größer zu machen, als es unter den Königen gewesen. In der Tat erwies sich die öffentliche Meinung derartig, daß Napoleon einlenkte und sich am 2. Dezember mit den allgemeinen Grundlagen einverstanden erklärte. Diese Auskunft dünkte Metternich um so erfreulicher, als des Zaren Streben nach Eroberung von Paris, Beseitigung Napoleons und Ersetzung desselben durch Bernadotte immer deutlicher hervorzutreten begann. Alexander hoffte, auf diese Weise einen dankbaren Helfer für seine polnischen Pläne und dauernden Rückhalt im Westen zu finden. Demgegenüber wußte Metternich sich Hardenbergs zu versichern, welchem er am 8. Januar den Besitz Sachsens zusagte, wenn er sich Rußlands Ansprüchen widersetze. Mit Napoleon sollte rasch ein Vergleich herbeigeführt werden. Dieser hatte nach dem erfolgreichen Vormarsche der Verbündeten erkannt, daß sich die Volksstimmung von ihm abwende und sein Thron wanke. Deshalb sandte er Caulaincourt, um eine Einigung zu erzielen; doch inzwischen verschlechterten sich die Aussichten. Wie der Zar verlangte jetzt auch England die Entfernung Napoleons und dazu noch Beschränkung Frankreichs auf seine alten Grenzen. Metternich hielt zurück und unterrichtete Schwarzenberg, daß er eine glückliche Fortsetzung des Krieges nicht für wünschenswert erachte: er möge demgemäß nicht weiter vordringen. Da dies den eigenen Wünschen des Heerführers entsprach, so machte er in Langres halt. Unterdessen einigte sich Metternich mit Lord Castlereagh über das Seerecht und die Einrichtung des Königreichs der Niederlande in dem von England begehrten Umfange, wofür dann Napoleon bleiben könne, wenn das französische Volk ihn nicht stürze. Selbst der siegreiche Friedrich Wilhelm ersehnte ängstlich den Frieden; folgte er doch überhaupt den Verbündeten nur verdrossen nach Frankreich. Anders der Zar, Gneisenau und Blücher, denen Pozzo und Stein zur Seite standen. Diese, als „Exzentrische" gekennzeichneten Männer drängten auf raschen Angriff, weil der Erfolg und in Paris der Friede sicher seien. Hiergegen betonte Metternich die Grundsätze der Mäßigung, Gerechtigkeit und Friedensliebe; er verlangte bestimmte Aufstellungen, wenn man über die Wiedereinrichtung der Verhältnisse vor 1805 hinausgehen wollte. Es war ein Einspruch, der wesentlich auf Rußlands Pläne in Polen abzielte. Den 16. Januar verzeichnete Hardenberg: „Am Abend beim Kaiser Alexander wegen Polen, Sachsens und Danzigs."

Lord Castlereagh.
Nach einem Stich von Hüllmann.

Alle diese Dinge wirbelten in dem Hauptquartier zu Langres durcheinander, bis man sich schließlich zusammenfand in: Fortsetzung der kriegerischen Unternehmungen, Weiterführung der politischen Verhandlungen mit Frankreich und Zurückstellung des Ausgleichs der Mächte untereinander. Erzürnt reisten Alexander und Friedrich Wilhelm ab, während die Bevollmächtigten beschlossen, Caulaincourt anzuzeigen, daß sie den 3. Februar in Chatillon für „Präliminarkonferenzen" zur Erzielung des allgemeinen Friedens anwesend sein würden. Sie sollten die Grenzen Frankreichs von 1792 mit wechselseitigem Ausgleiche anbieten.

So erschienen in dem kleinen, langweiligen französischen Städtchen für Österreich Graf Stadion, für Rußland Graf Rasumowsky, für England Cathcart, Stewart und Aberdeen, für

Reise eines Kongreßbevollmächtigten unter militärischer Bedeckung. Nach dem Gemälde von P. F. Messerschmitt.

Preußen W. v. Humboldt. Von ihnen hatte Rasumowsky Befehl, nichts ohne die Zustimmung des Zaren zu unterschreiben und jegliches nach Kräften zu verschleppen. Als Wortführer galt Stadion. Frankreichs Sache führte Caulaincourt, ein Mann, der ehrlich den Frieden begehrte. Da sich aber die treibenden Kräfte nicht auf dem Kongresse, sondern auswärts befanden, so mußten sie ihn zu einem Spiegelbilde der wechselnden Ereignisse in Krieg und Politik machen.

Noch Mitte Januar verlangte Napoleon die natürlichen Grenzen und allerlei darüber hinaus. Nach der Niederlage bei La Rothière brach er dann aber derartig zusammen, daß er Caulaincourt völlig freie Hand gab. Doch in demselben Maße, wie der Franzose sich kleinlaut zeigte, wuchsen die Ansprüche der Verbündeten, welche überdies meinten, der Kaiser vermöge die von ihm unterzeichneten Bedingungen beim französischen Volke nicht mehr durchzusetzen. Das Ende stünde bevor. Deshalb: hinhalten, abwarten.

Unter solchen Umständen ließ sich kaum ein vernünftiges Ergebnis erwarten. Vergebens wünschte Caulaincourt klare Grundlagen für den Frieden. Schon am 5. Februar konnte Stadion schreiben: „Es ist ausgemacht, daß unsere Tätigkeit den Charakter einer schlechten Komödie gewinnt.“ Die Scheinverhandlungen dauerten fort. Einer der Franzosen rief aus: „Für den Frieden habt ihr die Waffen ergriffen, und nun verweigert ihr ihn!“ Caulaincourt sandte geheim einen Brief an Metternich mit dem Anerbieten der Grenzen von 1792, wenn Frankreich sogleich einen Waffenstillstand erhalte. Da wurden auf Antrag Rasumowskys die Besprechungen ganz unterbrochen. Sein Gebieter fürchtete, durch sie in den kriegerischen Maßnahmen gehindert zu sein. Hardenberg sagte am 9. Februar: „Der Zar will die Verhandlungen in die Länge ziehen, inzwischen Paris erreichen und dort den Frieden machen.“ Alexander plante: Sturz Napoleons und Ernennung des Nachfolgers in offener Versammlung.

Ungefähr zu gleicher Zeit berief Metternich zu Troyes die Minister, um sich über die

Unterhandlungen zu besprechen, welche ungestört fortgehen sollten wie der Krieg. Er meinte, ohne Blutvergießen könne man nicht nach Paris gelangen, deshalb verzichte man besser darauf und bewillige den Frieden, den Caulaincourt am 9. angeboten habe. Ebenso wünschten Friedrich Wilhelm und die preußischen Staatsmänner raschen Abschluß, um so mehr als die Finanzlage ihres Staates sich ungemein schlecht gestaltete. Am 12. Februar fand die große Konferenz statt, wo sich Hardenberg zustimmend äußerte; umgekehrt der Russe Nesselrode: er bezeichnete Paris als Endziel, dort solle ein russischer Gouverneur ernannt und die Thronbesetzung geordnet werden. Dies hieß, daß Alexander die letzte Entscheidung beanspruche. Demgegenüber trat Metternich geschickt für Abschluß des Friedens mit Napoleon ein; wenn die Nation sich gegen den Kaiser erkläre, so sei Habsburg für den Bourbonen Ludwig XVIII. Diesem Gutachten schloß sich Castlereagh im wesentlichen an. Fournier faßt das Ganze dahin zusammen, daß Österreich, Preußen und England über einen Waffenstillstand mit sicherstellenden Bedingungen einverstanden waren, den dann der Kongreß in Châtillon zum endgültigen Frieden führen sollte. — Nun erfolgte aber der Umschwung des Kriegsglückes. Gerade damals erfocht Napoleon seine Siege in der Champagne über Blücher. Sie machten den drei Mächten einen schnellen Abschluß noch begehrenswerter, doch verharrte Rußland in seinem Widerstande. So blieb nur, diese Macht zur Fortsetzung der Verhandlungen in Châtillon einzuladen auf Grundlage des Waffenstillstandes mit den Grenzen von 1792. Vergeblich suchte man Alexander hierfür zu gewinnen; er verlangte, das Äußerste für die Zerstörung der feindlichen Armee und den Sturz Napoleons aufzubieten. Die Gegensätze spitzten sich derartig zu, daß Metternich den Preußen und

Napoleon ni… die Meldu… entgegen. … von

Engländern vorschlug, sich von Rußland zu trennen. Aber Friedrich Wilhelm wies ein solches Ansinnen ab. Nun drohte der Österreicher, einen Sonderfrieden einzugehen und seine Truppen zurückzuziehen. Das lautete sehr bedenklich, denn Blücher bedurfte einer seitlichen Unterstützung der Hauptarmee. Unter dem Drucke dieser Sachlage genehmigte schließlich der Zar, daß man in Châtillon weiter, aber gleich um einen gesicherten Vorfrieden verhandle. Die Gefahr war abgewandt, die Metternich als „eine der außerordentlichsten Epochen der Welt" bezeichnete. Verärgert verließ Alexander am 14. Februar mit Friedrich Wilhelm Troyes und begab sich nach Pont-sur-Seine in das Hauptquartier der Armee. Kaiser Franz blieb zurück und billigte die Wiedereröffnung des Kongresses. Auch England schloß sich der Neuordnung an, freilich nicht ohne sich Vorteile zu sichern. Hardenberg schrieb am 15.: „Castlereagh ist diese Nacht nach Châtillon zurückgekehrt, nachdem er alles mit uns geregelt hat."

rwegs
s Kuriers
Gemälde
varreur.

Der Boden, auf dem man nun stand, bedeutete: Fortsetzung des Krieges durch Schwarzenberg und Wiedereröffnung des Kongresses von Châtillon, der nach den Beschlüssen der Ministerkonferenzen voraussichtlich rasch zu einem günstigen Ergebnisse führen mußte. Aber man hatte die Rechnung ohne den Wirt gemacht. Die Siege berauschten Napoleon derart, daß er wähnte, ihm gehöre wieder die Zukunft, er könne seine Ansprüche steigern.

Als die Bevollmächtigten der Verbündeten am 17. Februar in der ersten Sitzung ihre Forderungen vorbrachten, begann Caulaincourt hinzuhalten, um erst eine Willensäußerung seines Auftraggebers abzuwarten. Vergeblich drängte Metternich auf Beschleunigung. Das „Wort" des Kaisers kam und lautete: Aufhebung der unbegrenzten Vollmacht vom 5. Februar

und die „natürlichen Grenzen" als Friedensgrundlage. Die Anerbietungen von Frankfurt erklärte er für das „Mindestmaß der Bedingungen". Dieser Umschwung wurde nicht gleich in ganzem Umfange bekanntgegeben, trat aber doch deutlich in die Erscheinung. Stadion äußerte, alles sei verfahren, man müsse entweder den Frieden diktieren oder erbetteln. Deshalb dachte er an eine unmittelbare Verhandlung der Kabinette. Die Dinge im Felde gingen so schlecht, daß der Zar dem Könige von Preußen riet, sich mit ihm von den Österreichern zu trennen, und um das Übel voll zu machen, warf auch die polnische Frage wieder ihre Schatten. In Châtillon geschah nichts, weil Napoleon die Anfragen Caulaincourts unbeantwortet ließ. Die Bevollmächtigten der Verbündeten drohten mit Aufhebung des Kongresses, selbst Kaiser Franz ersuchte seinen Schwiegersohn, die nötige Erklärung zu geben. Als alles Drängen nichts nützte, wurden die Sitzungen bis zum 10. März geschlossen. Auch unmittelbare Waffenstillstandsverhandlungen, welche Schwarzenberg eröffnet und in Lusigny geführt hatte, mußte man am 3. März abbrechen.

Unter solchen Umständen konnte der Krieg noch lange dauern und schwere Opfer erfordern. Um sich hierfür zu festigen, schlossen die vier Mächte ein neues Kriegsbündnis zu Chaumont, demzufolge jede 150000 Mann stellte und England fünf Millionen Pfund Unterstützungsgelder zahlte; keine durfte ein Sonderabkommen mit Frankreich treffen. Die Vereinbarungen sollten zwanzig Jahre gelten und andere Mächte nach Umständen zum Beitritt eingeladen werden. Über Deutschland verlautete, es bestehe aus souveränen Fürsten, welche ein föderatives Band der Unabhängigkeit vereinige. Holland erhielt auf Englands Betreiben Belgien und eine „passende" Grenze zugesagt. Nach dem Friedenschluß mit Frankreich hätten noch gemeinsame Streitkräfte eine Zeitlang im Felde zu bleiben. Wie so oft erforderten die Schwierigkeiten, welche England machte, Sonderverhandlungen. Die Unterzeichnung des „Defensiven Allianzvertrages" geschah am 9. März, aber man datierte ihn schon vom 1. des Monats. Höchst unangenehm berührte, daß eine belgische Abordnung in Chaumont eintraf, welche die alte österreichische Regierung zurückerbat, weil man von den Holländern nichts wissen wollte. Dazu gesellte sich ein solches Mißtrauen der Verbündeten gegeneinander, daß Alexander und Friedrich Wilhelm einen Verrat Österreichs befürchteten. Erst der Sieg der Schlesischen Armee bei Laon brachte wieder Vernunft in die Heerführung.

Unter der Last dieser Umstände wünschten Kaiser Franz und Metternich dringend ein Ende. Als österreichischer Vertrauensmann setzte Graf Esterhazy am 4. März Caulaincourt auseinander, der Friede sei für Napoleon geboten, zögere er, so gereiche es ihm zum Unglück, denn Niederlagen ließen die Verbündeten ebenso unberührt wie Siege. Ohne Österreich hätten die Verbündeten schon längst jede Rücksicht hintangesetzt, welche wegfiele, wenn Napoleon hartnäckig bliebe. „Gibt es", rief er aus, „denn kein Mittel, ihn über seine wahre Lage aufzuklären? ihn zu retten, wenn er darauf besteht, sich zu vernichten?" Schließlich meinte der Abgesandte, er sei nicht gekommen, um Politik zu machen, denn er bemühe sich nur als Freund. Unseres Erachtens enthüllt sich hier das Wesen der habsburgischen Umtriebe. Sie sind verständlich, aber zu beklagen, denn mit einem Manne wie Napoleon ließ sich überhaupt kein halber Krieg, kein Feldzug mit Vorbehalt führen. Wäre Österreich von vornherein mit voller Schärfe vorgegangen, so konnte es sich nachher gnädig zeigen. Jetzt glaubte Napoleon nicht an den Ernst seines Schwiegervaters, hoffte dort schließlich immer noch Rückhalt zu finden und ist darüber zugrunde gegangen.

Wie gern hätte Caulaincourt den Kaiser gewonnen. Er schrieb ihm, die glücklichen Umstände wären seinerzeit in Frankfurt versäumt, die Sendung Esterhazys erscheine als letzter Versuch der Verwandtschaft, als Wink in letzter Stunde. Man müsse Opfer bringen; wenn

die verlangten Gegenvorschläge nicht gemacht würden, gehe alles verloren. Selbst Napoleons Bruder, König Joseph, wies auf die Notwendigkeit des Friedens hin: sei er wie er wolle, stets bleibe er eine Wohltat.

Umsonst. Am 2. März erhielt Caulaincourt die Anweisung: die Frankfurter Vorschläge als einzig wahre Richtschnur zu betrachten. Was sollte der Minister damit machen? Richtig urteilte Stadion am 9.: „Der gute Herzog will wahrhaft den Frieden, aber er vermag nichts über seinen Herrn." Drohend nahte der Verfalltag: der 10. März. Erst am letzten Nachmittage kam ein Schreiben Marets, die Gegenvorschläge seien durch den Brief vom 2. erledigt, die Verbündeten möchten mitteilen, was ihnen daran nicht passe. Nur geringe Zugeständnisse erfolgten, um die Unterhandlungen überhaupt in Fluß zu halten. Da Napoleon aber recht wohl ihre Wertlosigkeit kannte, so erklärte er sich noch an demselben Tage bereit, auf seine deutschen und italienischen Ansprüche zu verzichten, falls man den Vizekönig Eugen in Italien ausstatte, doch betrachte er dies noch nicht als letztes Wort. Natürlich genügte es nicht, um „auch nur die Verhandlungen fortzufristen".

Johann Philipp Graf von Stadion. Nach dem Gemälde von Joh. Ender gestochen von Fr. Fleischmann.

Anderseits scheute Metternich den Abbruch. Er wies Stadion an, die Bevollmächtigten möchten auf Caulaincourts Eröffnung nur erwidern, daß sie jedes an ihre Höfe berichten würden, selbst dann, wenn er keine Erklärung abgäbe. Damit verschob der Minister den Kongreß wieder ins unbestimmte, hoffte aber, die Angelegenheit in die eigene Hand zu bekommen, weil Alexander neue Pläne mit der französischen Thronbesetzung zu haben schien, nämlich einen jüngeren bourbonischen Prinzen zu erheben und ihn mit einer russischen Großfürstin zu vermählen. Für solche Absichten bot Napoleons Person das beste Hindernis.

Spät am Abend des 10. März traten die Bevollmächtigten zusammen. Caulaincourt hielt einen geschickten Vortrag nach Napoleons Anweisungen, der damit endete, daß Frankreich zwar das Bedürfnis nach Frieden fühle, aber seine Ehre höher als das Dasein stelle. Die Verbündeten gingen hierauf nicht ein, sondern forderten Annahme oder Ablehnung des Vorvertrags, worauf Caulaincourt erwiderte, Frankreich lehne überhaupt nichts ab. Stadion hob die Sitzung mit der Erklärung auf, die Verbündeten hätten nichts weiter zu entgegnen. Dennoch zog sich die Sache auf Metternichs Wunsch und durch die zähe Gewandtheit des napoleonischen Geschäftsträgers bis zum 19. hin. Schließlich kam es zu heftigen Enderörterungen, die in wechselseitigem Bedauern ausklangen, daß nicht mehr erreicht worden. Der Kongreß von Châtillon hatte sein ruhmloses Ende erreicht.

Trotz alledem schrieb Metternich dem Gesandten: „Die Wünsche Österreichs gelten noch immer einer Dynastie, mit der es eng verbunden ist. Noch hängt der Friede von Ihrem Herrn ab. Binnen kurzem wird dies nicht mehr der Fall sein." Caulaincourt hegte entsprechende Gedanken, aber in Wirklichkeit war es bereits zu spät. Hardenberg erlangte vom Zaren Zu-

geständnisse, welche Habsburg beruhigten. Die königstreue Stimmung in Paris nahm zu, und die Bourbonen boten den Frieden an unter den von den Verbündeten geforderten Bedingungen. Eine Ministerkonferenz trat zusammen, die sich der alten Regierung günstig zeigte, und ein abgefangener Brief Napoleons ließ keinen Zweifel, daß ein endgültiges Abkommen mit ihm überhaupt nicht möglich sei. Von nun an lag die Entscheidung bei den Waffen.

Napoleon I. Nach der Büste von L. Posch.
Mit besonderer Erlaubnis des Goethe-Nationalmuseums in Weimar.

Neben diesen verwickelten Unterhandlungen beschäftigte sich die hohe Politik mit anderen Dingen, namentlich mit der Zugehörigkeit Belgiens und mit der polnischen Frage. Noch am 17. April konnte Hardenberg verzeichnen: „Ich habe mit dem Kaiser von Rußland wegen der Einrichtungen in Polen gesprochen, um die Eifersucht Österreichs zu beschwichtigen. Er bevollmächtigte mich, in diesem Sinne möglichst auf den Kaiserstaat einzuwirken.“ Am 29. sprach Metternich über die polnischen Dinge. Man sieht, die Wetterwolken wollten nicht weichen.

Überblickt man den Verlauf der politischen Vorgänge, welche Fournier meisterhaft geschildert hat, so läßt sich erkennen: der Kongreß war von vornherein zum Scheitern verurteilt, weil der Krieg fortdauerte und ihn durch allerlei Wechselfälle fortwährend in seine Wirbel riß. Das machte Stetigkeit unmöglich und schloß ein festes Ziel aus. Je nach den Waffenerfolgen wandelten sich die Verhandlungen. Solange sich die Verbündeten im Vorteil sahen, hielten sie zurück; als sich das Blatt zu wenden schien, verschleppte Napoleon den Gang der Dinge und stellte unerfüllbare Forderungen. Auf diese Weise fristete der Kongreß ein bloßes Scheindasein ohne tieferen Gehalt, ohne selbständigen Wert. Seine Einwirkung auf die militärischen Maßnahmen stand deshalb auch weit gegen das Umgekehrte zurück. Das Ganze vollzog sich wesentlich zugunsten Napoleons, der kostbare Zeit gewann und die Vorgänge auch nur unter diesem Gesichtspunkte betrachtete. Er blieb der er war. Österreich benahm sich weniger als ein Verbündeter von Preußen und Rußland, wie als Begünstiger des habsburgischen Schwiegersohnes. Es schadete damit nicht nur der gemeinsamen Sache, sondern gereichte auch Napoleon zum Verderben. Um ihn vollends zu Fall zu bringen, lächelte ihm eine Zeitlang das Glück der Waffen. Er gestaltete sich dies selbstmörderisch zum politischen Verhängnis. Am richtigsten urteilte der Zar, der, dem ganzen Handel abgeneigt, den Frieden nicht bei den Diplomaten zu Châtillon, sondern auf dem Schlachtfelde suchte, in der Hauptstadt des Feindes — in Paris.

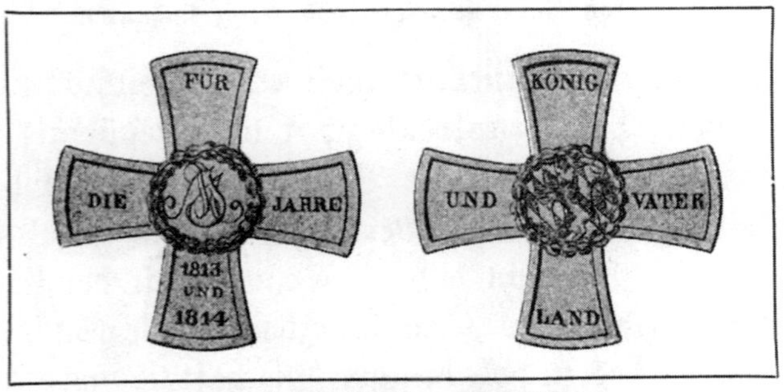

Bayerisches Militär-Ehrenkreuz
für den Feldzug gegen Frankreich 1813 und 1814.

Auszug der Freiwilligen des Bergischen Landes. Nach dem Gemälde von Cl. Meyer im Schloß Burg a. d. Wupper.

Der Winterfeldzug 1814.

Der Hauptkriegschauplatz.

Nun übern Rhein die laute Jagd
In 's Feindes eignes Land gebracht,
Daß er vertilget werde
Auch jenseits deutscher Erde.
Dann brause deutsche Siegesflut,
Paris, an deine Mauern,
Dann lerne frecher Übermut,
Mit Schlangenkünsten lauern.
In Flammen laßt das Satansnest
Der ganzen freien Welt zum Fest.
E. M. Arndt. 1814.

Mit den politischen Verhandlungen in Frankfurt verquickten sich eng die Gedanken über Fortführung oder Einstellung des Krieges. Österreich fühlte sich nach Erreichung der Rheinlinie gesättigt und deshalb nur wenig geneigt, sie zu überschreiten. Zukünftige Niederlagen erschienen ihm ebenso nachteilig, wie neue Erfolge, weil solche nur Rußland und Preußen Vorteil brächten; dazu kam der schlechte Zustand des Heeres, verbunden mit Geldmangel. Man hatte massenhaft Kranke, die leichte Reiterei war auf ein Drittel hinabgesunken und die Artillerie nur noch ungenügend bedient. Wie die Lenker des Kaiserstaates dachte anfangs Friedrich Wilhelm von Preußen. Auch er wollte nichts von Überschreitung des Rheines wissen, weil das linke Ufer außerhalb der Berechnung liege und man sich erst wieder kriegsfertig machen müsse. Für diese Auffassung wirkte namentlich wohl Ancillon, doch fand sie sich zugleich überreichlich in den Verhältnissen begründet, denn Preußen litt unter drückendster Not und tiefer Erschöpfung; seine Truppen waren abgerissen und furchtbar zusammengeschmolzen. Die Soldaten der Linie trugen teilweise noch die Kleidung von 1811, es fehlte an Mänteln, Stiefeln und wollenen Hosen, weshalb ein großer Teil des Fußvolkes barfuß und mit leinenen Beinkleidern ging. Geradezu jämmerlich blieb die Ausstattung der Landwehr. Überall waren die Waffen verrostet und die Schießbedürfnisse verbraucht; es trafen Nachschübe ganz ohne Gewehre ein. Die Pferde machten einen abgetriebenen und verwahrlosten Eindruck; von hundert Geschützen gelangten nur vierzig, von achtunddreißigtausend Mann bloß zwölftausend, von der Landwehr nur ein Sechstel ihres Bestandes an den Rhein. Wenn man diese erschreckenden Tatsachen bedenkt und erwägt, daß der König wenig Unternehmungsgeist besaß, so versteht man, daß er lieber das Erreichte festzuhalten, als es neu aufs Spiel zu setzen wünschte. Bestärkt sah er sich in seinen Bedenklichkeiten durch Knesebeck, der Preußen damals diplomatisch und militärisch vertrat.

Noch kriegsüberdrüssiger äußerte sich ein großer Teil der russischen Generale und Staatsmänner. Ihres Erachtens hatte Rußland schon viel zu viel für fremde Völker geleistet und sich Opfer auferlegt, die in keinem Verhältnisse zum eigenen Nutzen standen. Alle diese Dinge mußten sich auf französischem Boden steigern, wo eigentlich nichts mehr für sie zu gewinnen, wohl aber große Anstrengungen und Wechselfälle zu gewärtigen waren. Ebenso neigte England zur Niederlegung der Waffen, da ihm der Peninsularkrieg ungeheure Kosten verursachte, es die Ostmächte noch

obendrein mit seinem Gelde unterstützte, und sein Handel nicht zur Ruhe kam. Selbst der Einfluß des Kronprinzen von Schweden, der die eigenen Geschäfte in Holstein besorgte, wirkte anfangs zu Frankfurt in der Weise, daß er „mit geschickt vorgetragenen Gründen dringend vom Betreten des Bodens seines alten Vaterlandes abriet". Hiermit brachte er die Scheu der meisten Heerführer zum Ausdruck. Ihnen allen dünkte unheimlich, sich in das geheiligte Frankreich hineinzuwagen, dessen revolutionäre und militärische Kraft Europa seit fast einem Vierteljahrhundert erschütterte.

Ein durchaus anderer Geist herrschte im Hauptquartiere der Schlesischen Armee. Da drängte die kriegerische Verkörperung der preußischen Volksseele vorwärts mit ungebrochener Kraft, voll der Überzeugung, daß ein Friede mit Napoleon nur einen Waffenstillstand bedeute, den der Gewaltmensch breche, sobald Macht und Umstände es gestatteten. Überdies lebte dort der Arndtsche Gedanke, der Rhein sei Deutschlands Strom, nicht Deutschlands Grenze. Mache man westwärts keine neuen Eroberungen, so könne Preußen schwerlich seine alte Machtstellung durch entsprechenden Gebietszuwachs wiedererlangen. Dem Kriege nicht abgeneigt erwies sich Zar Alexander. Er wäre für sein Leben gern in Paris eingezogen, um die Eroberung von Moskau zu rächen. Doch fühlte er sich nach den Aufregungen von eineinhalb Jahren, unter dem Drucke seiner Generale und der österreichischen Friedenspolitik etwas kampfesmüde. Als entschiedene Vertreter des Kriegsgedankens durften somit nur Gneisenau, Blücher, Pozzo, Stadion und Stein gelten, deren Stimmen wenig ins Gewicht fielen. Klug hielt Metternich zunächst letzteren und, soweit er konnte, auch Hardenberg fern.

Bei dem Widerstreite der verschiedenen Meinungen geschah zunächst nichts, doch wurde die Zeit benutzt, um die Heere wieder möglichst in Ordnung zu bringen, sie mit Kleidung und sonstigem Bedarf zu versehen und Nachschübe, vor allem die süddeutschen Truppenteile, heranzuziehen. Immerhin überzeugte man sich bald, daß eine Fortsetzung des Krieges unvermeidlich sei. Nun erhoben sich viele Stimmen für Aufschub bis zum Frühjahr, zumal die Friedrich Wilhelms; andere dagegen verlangten so schnell wie möglich zu handeln, damit man Napoleon mitten in seinen Rüstungen überrasche. Der österreichische General Duka befürwortete eine verschanzte Aufstellung an der rechten Rheinseite, um sich im Frühjahr für Eröffnung der Feindseligkeiten freizumachen. Als Radetzky sofortigen Angriff begehrte, wußte jener den Kaiser Franz zu bestimmen, dem Tollkühnen standrechtliche Behandlung anzudrohen. Schließlich überwog doch die Meinung, den Feldzug bereits im Winter zu erneuern. Aber sie bewegte sich noch in engen Grenzen. Man wollte Napoleon in seinen Vorbereitungen stören und dem Frieden geneigt machen, wollte ihn besiegen, nicht aber stürzen.

Bayerischer Tambour 1813. Nach der Originalzeichnung von A. Hoffmann.

Bereits auf der ersten Konferenz am 7. November forderte Gneisenau die sofortige Weiterführung des Krieges, um die augenblickliche Schwäche des Feindes zu benutzen. Deshalb müßte die Schlesische Armee schon am 15. November in der Gegend von Köln über den Rhein gehen, um, von Teilen der Nordarmee unterstützt, die Niederlande zu besetzen, die nordfranzösischen Festungen zu beschäftigen und die wesentlichsten Streitkräfte Napoleons auf sich zu lenken. Inzwischen vermöge sich die Hauptarmee von Mainz bis Straßburg zu

Rheinübergang der Schlesischen Armee bei Caub am 1. Januar 1814. Nach dem Gemälde von W. Camphausen.

betätigen, während eine schwächere Macht sich durch die Schweiz zur Besetzung der Franche-Comté entsenden lasse. Anders ein österreichischer Antrag, welcher Schwarzenberg das Schwergewicht überwies. Demnach verlangte er: kurze Erholung der Truppen, dann Unterwerfung

der Schweiz durch die Hauptarmee, um von dort in das Innere Frankreichs einzudringen. Das Schlesische Heer überschreitet den Rhein bei Bonn und Köln und erobert Holland gemeinsam mit der Nordarmee. Deckung Deutschlands durch süddeutsche Truppen unter Wrede, die sich am Mittelrheine sammeln und die Verbindung zwischen dem nördlichen und südlichen Kriegschauplatze herstellen. Bei günstiger Sachlage können auch sie vorrücken und italienische Streitkräfte von Piemont aus Frankreich aufsuchen zur Entlastung des Oberfeldherrn.

Zwischen der preußischen und österreichischen Auffassung wäre wohl eine Einigung erzielt, wenn nicht Knesebeck alles durch die Forderung in Unordnung gebracht hätte, daß die Unterwerfung Hollands dem Kronprinzen von Schweden zugeteilt und der Marsch auf Paris konzentrisch gestaltet werden müsse, wobei das Schlesische Heer wesentlich nur als rechte Flankendeckung der Hauptarmee dienen sollte.

Diesen Gedanken machte sich der Zar zu eigen und ließ ihn von sich aus schon am nächsten Tage folgendermaßen aufzeichnen: 80000 Mann der Nordarmee unter dem Kronprinzen von Schweden begeben sich bei Köln auf das westliche Rheinufer und schneiden Holland ab, Blücher überschreitet mit 52000 Mann Preußen und Russen in erster Linie, mit 80000 Mann bisheriger Rheinbundtruppen und Preußen in zweiter den Mittelrhein, um in mäßigem Vordringen den rechten Flügel der Hauptarmee zu decken. Letztere, 200000 Mann stark (Österreicher, Russen, Bayern und so weiter), beobachtet den Oberrhein und dringt durch die Schweiz ein, während die italienische Armee mit 68000 Mann sich links neben sie stellt und die Lücke bis zur Peninsulararmee ausfüllt. Die Festungen in Deutschland werden weiter belagert, um Truppen frei zu bekommen.

Das Beste deutete unseres Erachtens Wellington an, welcher meinte, man möge von Mainz vorgehen und die Erhebung der Niederlande ausnutzen. Auch Gneisenau dachte ähnlich so. Als er sich durch die Ankunft Steins gestärkt fühlte, entwarf er am 25. November einen neuen Plan: baldigste Eröffnung des Krieges, die Haupt- und die Schlesische Armee marschieren über Metz auf Paris, die russischen und preußischen Streitkräfte der Nordarmee unterwerfen die Niederlande. Aber Alexander und Friedrich Wilhelm lehnten diese einfachen und sachgemäßen Darlegungen ab. Nun brachte Schwarzenberg einen Vermittlungsvorschlag zur Sprache. Demgemäß sollten alle Kosaken und Streifkorps dem Feinde sofort möglichst vielen Schaden zufügen, auch Blücher hätte einzusetzen und die französischen Truppen zu beschäftigen, bis Schwarzenberg weit genug herankäme. Für letzteres machte sich der Gedanke geltend, daß der Besitz der Schweiz unentbehrlich und das Plateau von Langres ungemein wichtig sei. Es müsse als Stützpunkt dienen, weil man von dort aus Frankreich weithin beherrsche. So gelangte Schwarzenberg am 7. Dezember auf Grundlage Radetzkyscher Entwürfe zu folgenden Darlegungen: Die Hälfte der Armee des Kronprinzen von Schweden, in der Stärke von ungefähr 55000 Mann, geht bei Düsseldorf und Köln über den Niederrhein zur Eroberung der Niederlande. Blücher rückt am Mittelrheine vor, hält den Feind fest und deckt Deutschland. Das Gebiet der Hauptarmee ist der Oberrhein. Sie dringt wesentlich von Basel und Schaffhausen in die Schweiz und Frankreich ein, marschiert auf Langres, sucht auf die südlichen Heeresteile Napoleons zu drücken und mit dem Wellingtonschen und italienischen Heere Verbindung herzustellen. Den Schutz ihrer rechten Flanke übernehmen Wrede und der Kronprinz von Württemberg.

Von den Beratungen zur Tat, zur Heeresbewegung, kam man gutenteils durch das Benehmen der Schweiz, welche an ihrer „Neutralität“ festzuhalten erklärte. Da diese aber, im französischen Sinne gehandhabt, für die Verbündeten gefährlich sein mußte, so hätte nichts näher gelegen, als ihre Hauptplätze zu besetzen. Hiergegen aber erhob der Zar Einspruch. Unentschieden schleppten sich die Dinge hin, bis die Eidgenossen selber ihre Zwietracht dartaten, Radetzky sich aufraffte und vom Kaiser Franz die Genehmigung zur Unterstützung Berns erlangte.

Bevor wir auf die nun beginnenden Feindseligkeiten eingehen, gilt es, sich die beiderseitigen Streitkräfte zu vergegenwärtigen. Es war den Verbündeten gelungen, während der kurzen Ruhezeit bedeutende Truppenmengen heranzuziehen, die sich folgendermaßen verteilten: Die Armee des Kronprinzen von Schweden im Norden zählte 102000 Mann mit 316 Geschützen, die Schlesische Armee unter Blücher betrug 82000 Bajonette mit 315 Geschützen, die Hauptarmee des Fürsten Schwarzenberg 200000 Streiter mit 682 Geschützen, die österreichisch-italienische Armee 50—60000 und die des Herzogs von Wellington ungefähr 100000. Dazu kamen etwa 100000 Mann für die Belagerung der deutschen Festungen in französischen Händen, welche freilich noch nicht beisammen waren. Alles in allem rechnete man auf 700000 Bajonette. Was vermochte ein einheitlicher Wille mit solchen Machtmitteln zu erreichen!

Ganz anders stand es mit Napoleon. Von seinen 400000 Kriegern hatte er nur etwa 60000 gesund über den Rhein gerettet, die übrigen waren gefallen, krank, zum Feinde übergegangen, oder saßen fest in deutschen und polnischen Festungen. Er befand sich also Ende 1813 in einer ähnlichen Lage, wie Ende 1812, nur daß Frankreich inzwischen einen bedeutend größeren Verbrauch betrauerte. Trotzdem hieß es: innerhalb dreier Jahre das vierte Heer aufzubringen. Von vornherein zerfielen die Streitkräfte in zwei ganz verschiedene Gruppen: in die der alten Truppen und die der neuen Aushebungen. Jene betrugen nur noch ungefähr 53000 Bajonette, weil im Laufe des Dezember gegen 50000 Mann dem Typhus erlagen. Mit so geringen Mitteln sollte man die Rheinlinie, eine Strecke von fünfhundert Kilometer, verteidigen. Eine frische Armee ließ sich nur durch rücksichtsloseste Maßnahmen schaffen, wobei auf jüngere und ältere Jahresklassen zurückgegriffen werden mußte. Das erwies sich aber schwierig wegen der Friedenssehnsucht und Widerspenstigkeit der Bewohner, welche sich vielfach der Aushebung widersetzten.

Die Verlegenheiten des Kaisers wurden vermehrt durch die Nebenkriege, besonders in Italien und Spanien, durch Mangel an Geld, Gewehren, Munition und Pferden, durch das Erlahmen seiner Marschälle und schließlich durch eine Überzahl von Festungen diesseits und jenseits der Grenze. Am meisten fürchtete Napoleon für die Niederlande, zumal für die großen Gewehrfabriken in Belgien. Er vereinigte deshalb seine Hauptmacht im Luxemburgischen und am Unterrheine bis Nimwegen. Ganz ungenügend blieben der Oberrhein und die schweizerische Grenze

Rheinübergang der Russen unter General Wintzingerode bei Düsseldorf. Nach einem kolorierten Stich.

gedeckt, nämlich nur durch 10000 Mann gegenüber 200000 der Hauptarmee. Den Befehl über den Nordabschnitt bis Köln erhielt Marschall Macdonald, den für den südlichen Marschall Marmont, während Marschall Victor an der Schweizer Grenze stand.

Im stillen hoffte der Kaiser, daß der Feind ihn bis zum Frühjahr in Ruhe lassen würde. Doch darin irrte er sich. Die Verbündeten drangen schon im Januar so weit vor, daß sie den dritten Teil des Landes den Rüstungen entzogen oder diese doch erschwerten, was um so nachteiliger wirkte, als sich das neue Heer noch in den Anfängen befand. Naturgemäß entwickelten sich die Ereignisse in Frankreich anders als in Deutschland. Hatte es sich hier wesentlich um einen von Preußen bestimmten Volkskrieg gehandelt, so leiteten die Gesamtverhältnisse und Österreichs Diplomatie ihn nun in die Bahn eines Kabinettskrieges. Ja, durch das Eindringen feindlicher Heere konnte sich der Feldzug für die Franzosen zu einer Nationalsache gestalten, was auch teilweise geschah. Die Rollen waren also bis zu gewissem Grade vertauscht.

Am 20. Dezember gab Schwarzenberg den entscheidenden Befehl zum Beginne der Feindseligkeiten. Darin hieß es: „Die österreichischen Truppen passieren heute bei Basel, Laufenburg und Schaffhausen den Rhein." Der Eintritt in die Schweiz erfolgte am 21. Dezember ohne Kampf. Alles ging gut. Eine Züricher Tagsatzung erklärte die Mediationsverfassung von 1803 für erloschen. Am 22. begann Wrede mit den Bayern die Belagerung von Hüningen. Wittgenstein arbeitete an einem Stromübergang weiter nördlich. Die österreichische Division Rechberg umfaßte Belfort am 24., und denselben Tag marschierte das Korps Frimont über Basel gegen Mülhausen. Kurz nachher drang der Kronprinz von Württemberg bei Märkt ins Elsaß ein. Überall rückte man vorwärts, so daß die Hauptarmee am Jahresschlusse weit ausgedehnt ungefähr von Genf bis Besançon, Belfort und jenseits Mülhausen stand. Nun setzte sich auch die Schlesische Armee bei Lahnstein, Caub und Mannheim in Bewegung. Blücher selbst eröffnete das Unternehmen mit der Hauptmacht in der Neujahrsnacht bei Caub. Gut vorbereitet, bot es doch mancherlei Schwierigkeiten, weil Eis im Wasser trieb. Seine Frau benachrichtigte er vergnügt am 1. Januar: „Der frühe neujahrsmorgen wahr vor mich erfreulich da ich den Stoltzen Rhein Passirte, die uffer ertöhnten vor Freudengeschrey, und meine braven Truppen Empfingen mich mit Jubel." Bald wurde es auch in den Gegenden des Unterrheins durch die abgezweigten Heeresteile der Nordarmee lebendig. Das Korps Wintzingerode betrat am 13. Januar bei Düsseldorf das linke Ufer und besetzte Aachen, während der bereits voraus befindliche Bülow an demselben 13. gemeinsam mit dem englischen Generale Graham vor Antwerpen erschien. Die Verhältnisse hatten sich in den Niederlanden gebessert und ein Zusammenarbeiten von Engländern und Preußen ermöglicht. Immerhin war Antwerpen unterdessen derartig vom Feinde verstärkt und ausgerüstet, daß nur noch eine wirkliche und langwierige Belagerung es bezwingen konnte. Die russischen und preußischen Garden erreichten Basel erst am 13. Januar, um nach Frankreich weiterzuziehen.

Bei der ungeheuren Übermacht der Verbündeten blieb den Franzosen zunächst nur eine „Scheinverteidigung". Am tatkräftigsten erwies sich Blücher. Er eroberte Koblenz, schloß Mainz auf der Westseite ein, versuchte Marmont bei Kaiserslautern abzufangen, überschritt die Saar und kam mit der Vorhut unter York am 13. bis vor die Mauern von Metz. In langer Front schoben sich demgemäß die Verbündeten von Genf bis Antwerpen nach Frankreich hinein. Leicht und rasch wäre das erste Ziel, wäre Langres von der Hauptarmee einzunehmen gewesen. Aber allerlei Bedenken wirkten hemmend. Als am 7. Januar gar verlautete, Napoleon sammle 80000 Mann, meinte man erst recht behutsam sein zu müssen, obwohl sich nirgends ernster Widerstand regte, so daß die Truppen am 14. glücklich bis in die Gegend von Langres gelangten. Nur eine Meile hatten sie täglich zurückgelegt. Dieser Schlendrian ermöglichte dem gegnerischen

Blüchers Vortrab erblickt den Rhein bei Caub

Photographieverlag von Franz Hanfstaengl, München.

Nach dem Gemälde von Robert Haug.

Befehlshaber Mortier, die befestigte Stadt zu besetzen. Schwarzenberg befürchtete eine Schlacht und zog möglichst starke Kräfte heran. Doch ein feindlicher Angriff blieb aus. So beschloß der Fürst, seinerseits vorzugehen — zu spät. Ein Parlamentär fand am Abend des 17. die Festung leer. Mortier hatte erkannt, daß er der Übermacht nicht widerstehen könne, und war unbemerkt abmarschiert, um nach Chaumont und weiter zurück zu weichen, wobei er sein Heer allmählich auf 20000 Mann vermehrte. Da Schwarzenberg immer noch hinhielt und seine Truppen erst in Stellung bringen wollte, so trat eine Ruhepause ein.

Inzwischen räumten die Franzosen vor der nachdringenden Schlesischen Armee die Mosel ohne Kampf. Blücher ließ Yorck bei Metz und wandte sich gegen die Maas. Man lebte voller Zuversicht. Schon am 9. Januar schrieb Gneisenau an Hardenberg: „Es ist nichts gewisser,

Nach einem Kohledruck von Braun & Cie. Nachf., Dornach i. E.

Französische Truppen auf dem Rückzug. Gemälde von E. Charpentier.

als daß wir unaufhaltsam gegen Paris vordringen können, wenn wir wollen. In Paris können wir einen Frieden vorschreiben, wie wir ihn bedürfen." Wenige Tage später riet er der Oberleitung, keine Truppen am Rheine zu lassen, sondern die gesamten Streitkräfte konzentrisch auf die Hauptstadt in Bewegung zu setzen. Er wußte, daß die schulgerechten Generale über diesen Vorschlag erschreckt sein würden. Auch Blücher meinte am 13. Januar: „Ballde wird es nun wider am Schlagen gehn, noch eine derbe Schlagt die wihr gewinnen müssen und werden, dan wird der Fride ervollgen. hir in Frankreich ist alles mit Napoleon un zu friden, aber er magt doch wasz er will." Fünf Tage später berichtete er: „Hir bin ich in nanci eins der schönsten stätte von Frankreich, morgen marschire ich uf Tuhll und so immer weitter nach Paris, wenn alles geht wie es gehn soll und muß so wird in kurtzer zeit der Fride vollzogen, der Kaiser Napoleon ist nun mürbe und kan nicht lenger wider stehn." In dieser Stimmung versuchte er, Schwarzenberg ebenfalls zur „Völkerwanderung auf Paris" zu bewegen. Er erhoffte eine Entscheidungsschlacht hinter Châlons, wofür ihm die Mitwirkung seines Nachbarn zur Linken, des

Generals Wrede, lieb gewesen wäre. Umsonst; im Großen Hauptquartier blieb es beim alten und damit die geschwächte Schlesische Armee auf sich allein angewiesen, während die ihr gegenüberstehenden Marschälle Ney, Marmont und Victor ihre Truppen bis auf 42000 Mann vermehrten. Blücher ließ sich dadurch nicht beirren, sondern gewann die Maaslinie am 22., wieder fast ohne Kampf, und drückte dann hinter dem Gegner her, um ihn zu fassen, ehe er sich vereinigte. Er warf ihn bei Ligny zurück und setzte die Verfolgung nach der Marne fort, welche bereits am 23. von Truppen Sackens bei Joinville überschritten werden konnte. In den letzten neun Tagen hatte die Schlesische Armee trotz Hochwassers, Eisganges und Aufenthaltes durch den Feind drei Ströme und eine Strecke von hundertzwanzig Kilometern bewältigt. Der Anschluß an die Hauptarmee war nicht nur erreicht, sondern sie war bereits überholt.

Schwarzenberg verharrte inzwischen untätig auf dem als beherrschend gepriesenen „Plateau von Langres". Als er weiterzog, traf seine Vorhut am 24. Januar mit Mortier bei Bar-sur-Aube zusammen. Es kam zu einem blutigen, aber unentschiedenen Gefechte, welches den Marschall bewog, seine Stellung in der Nacht zu räumen und sich dem Feinde abermals geschickt und unbemerkt zu entziehen. Er fiel auf Troyes zurück. Das Hauptquartier der Monarchen war inzwischen in Langres geblieben, wo die verschiedenen Ansichten hart aufeinanderstießen. Hardenberg verzeichnete am 27. in seinem Tagebuch: „Ankunft in Langres, den König und den Kaiser von Rußland gesehen. Beratungen über den Operationsplan und Mißverständnisse. Intrigue Steins, die Armee geradeswegs auf Paris marschieren zu lassen, was der Zar will. Die österreichische Partei ist entgegengesetzter Ansicht. Andere wissen nicht, was sie wollen."

Endlich am 29. gelangte Schwarzenberg mit seinem Stabe bis Chaumont. Der Zar ermahnte ihn, gegen Troyes nachzudrängen. Vergebens: der österreichische Feldherr fürchtete für seinen rechten Flügel. Da erhielt er die unerwartete Nachricht, daß Blücher sich vor ihn lege. Im Schlesischen Hauptquartiere hatte man, wie es scheint unter Mitwissen des Zaren, den Plan gefaßt und ins Werk gesetzt, sich mit einem Korps an die Spitze der Hauptarmee zu stellen und sie hierdurch auf Paris hinter sich her zu ziehen. Von Brienne schrieb Blücher dem Fürsten, man müsse geradeswegs auf Frankreichs Hauptstadt vorrücken. Der Augenblick sei da, Napoleon zu stürzen. Er erwartete die Mitwirkung des Verbündeten. Selbst ein Angriff auf seine Nachhut bei St.-Dizier machte ihn nicht irre. Schwarzenberg blieb stehen, statt eiligst heranzukommen, und erteilte nur den zunächst befindlichen beiden Korps Befehl, den Feldmarschall im schlimmsten Falle aufzunehmen. Seiner Gemahlin gegenüber meinte er: „Blücher und mehr noch Gneisenau treiben mit einer so wahrhaft kindischen Wut nach Paris, daß sie alle Regeln des Krieges mit Füßen treten." Bei solcher Denkweise waren schlimme Ereignisse zu erwarten, denn jener Vorstoß auf St.-Dizier bildete den Beginn der Offensive Napoleons.

Medaille auf Napoleon und Marie Louise. Abreise von Paris, 25. Januar 1814.
(Kgl. Münzkabinett in Berlin.)

Bisher hielten politische Dinge, die Neuaushebung von Truppen und vieles andere, wohl auch nervöse Entschlußlosigkeit, den Kaiser in Paris zurück. Erst am 25. Januar verließ er die Hauptstadt und schon folgenden Tages weilte er im Lager von Châlons. Hier unter seinen Soldaten erfaßte ihn wieder der kriegerische Geist. Unfern St.-Dizier hatte er etwa 42000 Mann, Macdonald befand sich mit deren 10000 im Anmarsche, und Mortier hielt mit 20000 Bajonetten

Erläuterungsblatt zu dem Bilde:
Die Württemberger in der Schlacht bei La Rothière.

1 Kronprinz Wilhelm von Württemberg, Befehlshaber des 4. Korps der Hauptarmee, mit Gefolge
2 Oberst v. Brand, Kommandeur der Artillerie
3 General der Infanterie Graf v. Franquemont, Kommandeur des württ. Armeekorps, mit seinem Stab
4 Oberstleutnant v. Bangold
5 Hauptmann v. Gaisberg
6 Second-Leutnant Scheele von der Pionier-Kompanie
7 Stabshauptmann v. Arand
8 Flügeladjutant Oberst Graf v. Sontheim
9 Ordonnanz-Offizier Kavallerieleutnant Diener
10 Stabsrittmeister Graf v. Grävenitz

in der Gegend von Troyes. Ohne Zaudern warf sich Napoleon auf die nächste feindliche Abteilung bei St.-Dizier, trieb sie zurück und drohte damit zwischen Yorck und Blücher. Schnell wandte er sich gegen diesen, um seine Verbindung mit der Hauptarmee zu verhindern. Der Marschall Vorwärts fühlte sich voller Zuversicht. Seine Frau benachrichtigte er am 28. Januar: „Mit gottes hülffe denke ich daß der Krig balde zu ende geht, wihr sind nun wider nahe am Feinde, und eine haupt-schlagt muß alles entscheiden, ich bin mit meiner armeh völlig dazu vorbereitet, zwingen wihr sie, wie nicht zu bezweiffeln ist, so sind wihr in 8 Tagen vor Paris.“ Schon am 29. erfolgte der Zusammenstoß bei Brienne, durch den Blücher solche Einbußen erlitt, daß er nachts das Feld räumte und sechs Kilometer weiter auf Schwarzenberg zurücksank. Zwischen La Rothière und Trannes nahm er eine gute Stellung ein, in der er sich den Ereignissen gewachsen fühlte.

Die Württemberger in der Schlacht bei La Rothière.
Nach dem Gemälde von J. J. v. Schnizer im Kgl. Residenzschloß zu Stuttgart.

Unbenutzt ließ Napoleon den 31. Januar verstreichen. Die Feinde zogen sich übermächtig um ihn zusammen; er bangte um Troyes und befürchtete ein Unternehmen geradeswegs auf Paris. Tatsächlich standen seinen 45000 Mann mehr als 125000 gegenüber. Wären diese in der Hand Blüchers vereinigt gewesen, so würde der Kaiser vernichtet worden sein, aber der größte Teil gehörte zum Heere Schwarzenbergs, und damit fehlten Einheit und Willenskraft; denn der österreichische Feldherr sah sich nicht nur durch eigene Schwerfälligkeit, sondern auch noch durch die österreichische Politik gelähmt. Die Gegensätze zwischen dem vorwärtsdrängenden Zaren und dem kriegsüberdrüssigen Kaiser Franz hatten einen solchen Grad erreicht, daß letzterer seinem Feldherrn jeden Weitermarsch untersagte und ihm den Rückzug empfahl, „sofern der Feind erfolgreich gegen einen oder den andern oder gegen beide Flügel der Armee und die Verbindungen vorgehen sollte“. Es hieß dann weiter: „Sollte der russische Kaiser gegen jeden

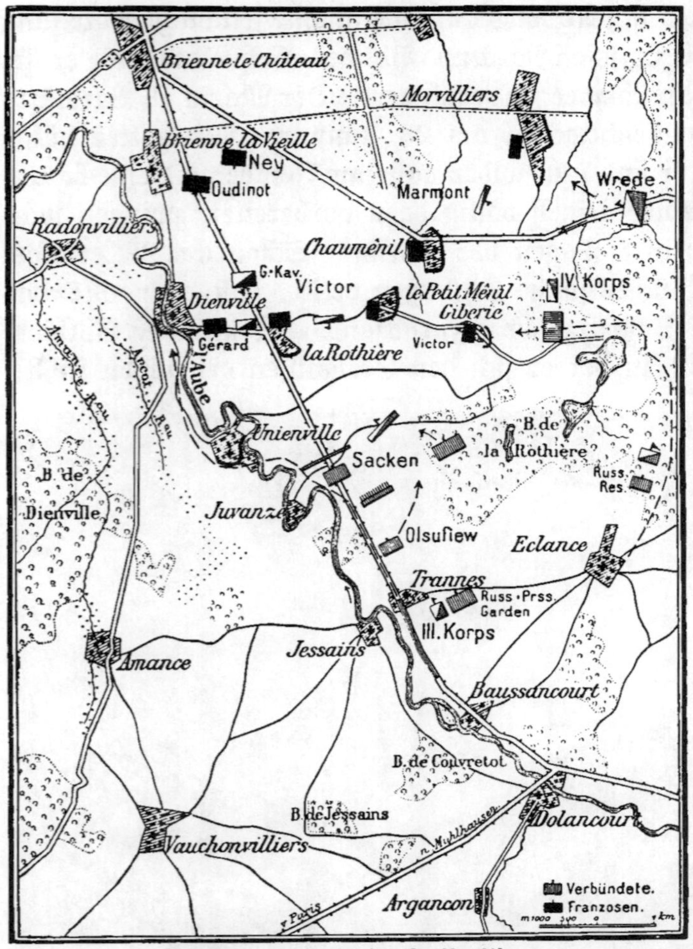

Plan der Schlacht bei La Rothière.

Begriff vernünftiger Operationen vorangehen wollen, so werden Sie auf der Zusammenberufung eines Kriegsrats bestehen. Im Falle Sie aber auch hier überstimmt werden sollten, so haben Sie sich auf meinen Entscheid in Ihrer persönlichen Hinsicht zu berufen."

Hiermit blieb eine Tätigkeit Schwarzenbergs ausgeschaltet und die Hauptschlacht verboten, welche die Umstände forderten. Immerhin erwies sich der Fürst in diesem wichtigen Augenblicke als geschickter Politiker, indem er Blücher vorschob, was auch seinen geheimen Wünschen entsprach. Er übertrug ihm die Wiedereroberung von Brienne, schickte zwei Korps Verstärkung und gab auch Wrede eine Marschrichtung, daß er gegebenenfalls mit einzugreifen vermochte. Napoleon war nur eine Meile über Brienne bis La Rothière gelangt, ohne den Angriff auf Blücher zu wagen. Dort verweilte er unentschlossen zwei Tage. Vorwärts konnte er nicht und rückwärts wollte er nicht, um sich keinen politischen Nachteilen auszusetzen, weil der Kongreß von Châtillon bevorstand. Eben plante er, sich an Mortier heranzuziehen, der zwischen Troyes und Paris die Versammlung neuer Streitkräfte deckte, als er sich durch Blücher gefaßt fand. Dieser hatte die Schwäche Napoleons erkannt, hatte, wie wir sahen, Verstärkungen durch Schwarzenberg erhalten und sich dann dreist in Bewegung gesetzt. Da er selber zufällig nur Russen befehligte, so ereignete sich die eigentümliche Tatsache, daß der preußische Feldmarschall mit Russen, Österreichern, Württembergern und Bayern, aber fast ganz ohne preußische Truppen fechten mußte. Um ein Uhr warf er sich auf La Rothière, wo er stundenlang erbittert kämpfte. Die Wege waren ungangbar, ein heftiger Wind trieb dichte Schneemassen über die Felder. Russen und Württemberger stürmten gegen die feindliche Front, Wrede erschien rechts, Gyulai links. Nach heftigem Widerstande drangen die Bayern vor, denen sich die Württemberger anschlossen. Bei beginnender Dunkelheit bezwangen die Russen endlich das Dorf. Doch noch einmal brachen die Franzosen wuchtig durch bis zur Kirche; die Häuser gerieten in Flammen, welche die finstere Nacht und das blutige Waffenwerk beleuchteten. Blücher selbst beteiligte sich unerschrocken und feuerte die Seinen an zu tapferem Ausharren. Aber erst als frische Truppen eintrafen, gelang es, den Feind endgültig zu überwältigen. Ein Sondergefecht führten die Österreicher Gyulais auf dem äußersten linken Flügel, als sie vom linken Aubeufer bei Dienville nach dem rechten vordringen wollten, ein Unternehmen, welches auf einer einzigen Brücke ausgeführt werden mußte. Um deren Besitz kam es zu stundenlangem blutigem Ringen, bis die Österreicher sie zu später Nachtstunde nach ungeheuer schweren Verlusten bezwangen. Der Sieg war erfochten. Immerhin verhinderten Ermüdung, Mangel an Reserven und ein furchtbares Schneegestöber die Ausnutzung des schwer errungenen Erfolges. Das rettete Napoleon,

denn seine Truppen befanden sich stark in Auflösung. Die Schlacht kostete ihn mehr als sechstausend Mann mit siebzig Geschützen, und seine Junge Garde litt außerordentlich. Es blieb ihm nur, auf Troyes zurückzusinken. Blücher berichtete in die Heimat: „Der große Schlag ist geschehen, gestern traf ich mit den kaiser napoleon zusammen; der Kaiser von Rußland und unser König kamen an wie die Battalie ihren Anfang nahm, beide Monarchen übergaben mich alles, und blieben zu Schauer des kampffs, um 1 Uhr griff ich zu mittag den Feind an erst um 10 Uhr hatte ich ihn ausz allen seinen stellungen vertrieben, die Zahll der toten ist sehr groß, den die erbitterung hatten den höchsten grad erreicht, du kanst denken wie vill dank ich von die monarchen einerndtete Alexander drückte mich die Hand und sagte Blücher heutte haben sie die krone uf alle Ihre sige gesetzt, die Menschen werden ihnen Segnen. Ich wahr bis zum hinsinken ermattet und schliff 5 stunden ohne uf zu wachen, heutte früh mußte ich meinen gegner noch einmal angreiffen, und völlig vertreiben, ietzt ist er in völligen Rückzug uf Paris, wir vollgen ihm uf den Fuß, ich zittere so, daß ich nicht mehr schreiben kann." Er hoffte, es sei „gleichsam Alles entschieden".

Man gewinnt den Eindruck, als ob der Korse sich bisher innerlich nicht recht wiedergefunden hatte. Erst jetzt in größter Not schüttelte er die Abspannung von sich und erhob sich zu voller Größe, setzte er an Stelle der unentschlossenen Verteidigung einen kühn geführten Angriffskrieg und errang dadurch eine Reihe ungeahnter Erfolge. Die Verbündeten, namentlich Alexander und die russischen Generale wähnten Napoleons Macht derartig gebrochen, daß bis Paris kaum noch nennenswerter Widerstand zu erwarten sei. Sie glaubten also, unbehelligt nachrücken zu

Bestürmung der Brücke von Dienville durch die Österreicher während der Schlacht bei La Rothière.
Nach einer kolorierten Lithographie.

können, bis die Friedensverhandlungen, welche in dem benachbarten Châtillon angeknüpft waren, das weitere brächten. Blücher sollte sich wieder von Schwarzenberg trennen und rechts von ihm über Châtillon nach Paris marschieren, wogegen das Hauptheer die Richtung auf Troyes beibehielt. Am 7. Februar wurde dieser Ort besetzt, dann folgten zwei Ruhetage.

Hier zu Troyes traten die verschiedenen Meinungen und Wünsche innerhalb des Hauptquartiers wieder grell zutage. Für rasche und entschlossene Fortsetzung des Krieges stimmte Alexander. Er drängte durchaus nach der französischen Hauptstadt, um dort Napoleon zu stürzen. Einem aus der Gefangenschaft entlassenen feindlichen Generale äußerte er: „Wir sind sicher noch vor Ihnen in Paris.“ Von Blücher meinte man, er treffe dort in wenigen Tagen ein. Kein Wunder, daß dem Zaren unter solchen Umständen die diplomatischen Verhandlungen lästig, ja sogar gefährlich bedünkten. Faßte er die Dinge zu leicht, so die Österreicher zu schwer. Das Heer befand sich durch die Unbilden des Winters in derartig schlechtem Zustande, daß die Hauptarmee an fünfzigtausend Kranke zählte, die Unzuträglichkeiten der Verpflegung nahmen zu. Dabei wuchsen die Kräfte des Feindes fortwährend, weil die Neuaushebungen sich geltend machten; seine Südarmee verstärkte sich, von den spanischen Heeren konnten gute Truppen herangezogen werden, kurz eine Verzweiflungsschlacht unter den Mauern von Paris drohte mit vielen Gefahren und vermochte die Verbündeten in höchste Bedrängnis zu bringen. Da das Haus Habsburg überdies Napoleon zu schonen wünschte, so schien ein rechtzeitiger Friede die beste Lösung zu sein, der auch Hardenberg zuneigte. Die gegenseitige Gereiztheit gedieh schließlich dahin, daß Österreich drohte, sich vom Bunde zu trennen. Und während man haderte und nicht wußte, was man eigentlich wollte, verlautete seit dem 9. Februar, daß der Kaiser der Franzosen keineswegs abgetan sei, sondern sich gegen die Schlesische Armee wende. Am Nachmittage des 10. hörte man anhaltendes Geschützfeuer, und am 11. sandte Blücher die Meldung, daß eine Übermacht ihn angreife, weshalb er bäte, die Tätigkeit des Feindes durch ein Unternehmen in dessen Rücken zu durchkreuzen. Erst auf Eingreifen Alexanders geschah eine Teilbewegung etwas zum Schlesischen Heere hinüber. Die tüchtigste Leistung der Hauptarmee bestand in der Eroberung von Sens, dessen alte Mauern 1500 Franzosen verteidigten, während drei vereinigte Korps sie angreifen sollten. Aber schon vor Eintreffen dieses Befehls eilte der Kronprinz von Württemberg selbständig voraus und erstürmte die Stadt am 11. Februar nach lebhaftem Widerstande.

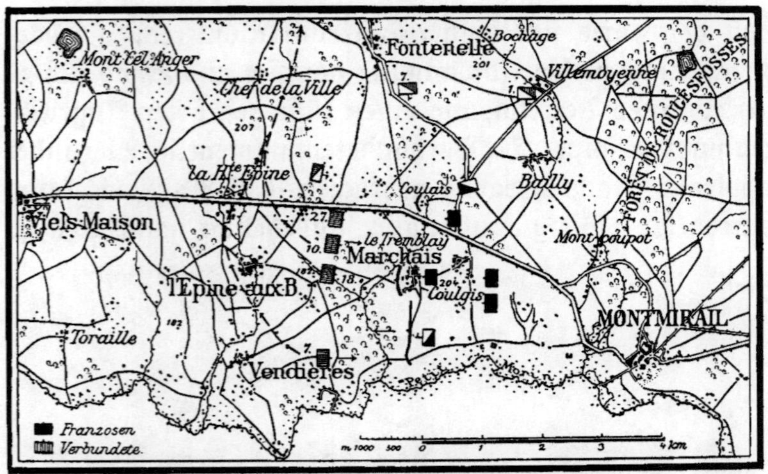

gez. v. F. Klitzke
Plan der Schlacht bei Montmirail.

Siegesgewiß und sorglos war Blücher seines Weges gezogen; Napoleon stand abseits bei Troyes, gefesselt durch die Hauptarmee. Yorck kam von Metz heran, warf unfern von Vitry die Vorhut Macdonalds zurück und focht am 4. Februar um den Besitz von Châlons. Der Kampf fand sein Ende durch einen Vergleich, wonach die Franzosen Châlons und Vitry gegen freien Abzug der französischen Truppen räumten. Am 6. Februar nahte Blücher, gerade als Macdonald sich über Epernay im Marnetal entfernte. Der preußische Führer glaubte die Gelegenheit günstig, um den Marschall abzufangen. Demgemäß beauftragte er Yorck, hinter dem Feinde her marneabwärts nach Château Thierry zu drängen, während Sacken in

Erläuterungsblatt zu dem Bilde:
Die Erstürmung von Sens durch die Württemberger.

1 Kronprinz Wilhelm von Württemberg
2 General der Infanterie Graf v. Franquemont
3 Stabshauptmann v. Arand
4 Oberst Jmhof
5 Oberstleutnant v. Bangold
6 Generalmajor Prinz zu Hohenlohe-Kirchberg
7 Österreichischer Oberst Graf v. Latour
8 Adjutant Oberst v. Wimpfen
9 Französischer Genie-Oberst Allemand
10 Generalstabsarzt v. Köllreuther
11 Generalmajor v. Stockmayer
12 Hauptmann v. Knörzer

Die Erstürmung von Sens durch die Württemberger.
Nach dem Gemälde von J. J. v. Schnizer im Kgl. Residenzschloß zu Stuttgart.

der Mitte den kürzeren Weg auf Paris über Montmirail und Meaux einschlagen und Karpow mit seiner Reiterei sich als Seitendeckung ganz links bei Sézanne halten sollte. Die übrigen Teile des Heeres folgten weiter zurück und befanden sich noch in der Gegend von Châlons. Sachgemäß war die Mehrzahl der Reiter gegen Macdonald vorgenommen, so daß Mangel an sonstigen Erkundungstruppen herrschte, die man auch nicht allzunötig zu haben wähnte. Da gingen am 8. etwas verdächtige Meldungen von Karpow ein, und schon der Abend desselben Tages brachte links bei Sézanne ein Gefecht mit polnischen Lanciers. Im preußischen Hauptquartiere stutzte man, vermutete aber keine ernste Gefahr. Yorck besetzte Château Thierry und bewegte sich langsam weiter flußabwärts. Noch am 10. Februar benachrichtigte Blücher seine Gemahlin: „Wir haben nun noch 15 Meillen bis Paris in 8 tagen sind wihr sicher vor dieser Hauptstadt aller wahrscheinlichkeit nach wird Napoleon die Krohne verlihren, es ist bereits der Graff artois ausz England angekommen, den die verbündeten megte wohl uf den trohn zu setzen gemeint sind, und die französische Nation auch glaube ich gerne nehmen wird. Wo ich jetzt bin, wegst der beste Champagner in gantz Frankreich und er wird hir vom Generall und vom packknecht getrunken mich bekomt er auch ziemlich gut. Nun geht es uf Paris los, es wird druf ankommen, ob Napoleon noch eine Schlacht lifern wird, ich glaube es nicht.“ Bei La Ferté stieß Sacken auf feindliche Streitkräfte, die auffallend starken Widerstand leisteten. Die Nachrichten vom linken Flügel lauteten immer bedrohlicher; es hieß sogar: Napoleon befinde sich mit dreißig- bis fünfunddreißigtausend Mann bei Sézanne. Nun befahl Blücher, daß Yorck, Sacken und Kleist herbeieilten; auch Wittgenstein, der zur Hauptarmee gehörte, bat er um Unterstützung. Aber noch ehe diese Bewegungen zustande kamen, brach das Verhängnis herein.

Napoleon hatte in Erfahrung gebracht, daß Blücher von Châlons in der Richtung Paris marschiere. Dadurch bedrohte er die französische Stellung bei Troyes und konnte vor der Hauptstadt äußerst gefährlich werden. Notgedrungen faßte der Kaiser einen Entschluß, und zwar sein auf siebzigtausend Mann angewachsenes Heer zu teilen, die eine Hälfte zur Beobachtung Schwarzenbergs an der Seine zurückzulassen, um sich mit der andern nach der Marne zu begeben und Blücher zu stellen. Am 9. Februar drohte er mit dreißigtausend Mann bei Sézanne. Sein alter Stern schien zu lächeln, die Umstände lagen unerwartet günstig und ließen sich durch Ausnutzung der inneren Linie und rasche Schläge auf den nicht versammelten Feind verwerten. Also vorwärts! Am 10. Februar, demselben Tage, wo Blücher so vertrauensvoll schrieb, sahen sich die Russen bei Baye gefaßt und dann bei Champaubert umgangen. Erst wiederholte wütende Bajonettangriffe ermöglichten zweitausend Mann mit fünfzehn Geschützen durchzubrechen und die Marne bei Châtillon zu gewinnen. Befehlsgemäß hatten Yorck und Sacken umgewendet und suchten am nächsten Tage (den 11. Februar) ihre Vereinigung zu vollziehen; jener kam vom Nordwesten, dieser von Westen: bei Montmirail mußten sie zusammentreffen. Nun verließ aber auch Napoleon Champaubert und eilte westwärts auf Montmirail. Hier fand er den zuerst eingetroffenen Sacken, den er alsbald angriff. Wären die Preußen ihm rechtzeitig zu Hilfe gekommen, so würde es den Franzosen schlecht ergangen sein. Aber Yorck fühlte sich wieder einmal verstimmt. Statt frisch zu handeln, gelangte er über Bedenken nicht hinaus und unterstützte seinen russischen Kameraden nur ungenügend mit zwei Brigaden, welche als Verlängerung des linken Flügels aufmarschierten. Bald packte feindliche Übermacht die vierzehntausend Mann Sackens in der

Am Vora…

Nach …

Mitte und drängte sie nach blutigem Kampfe zurück, während sie die linke Seite zwischen Russen und Preußen durchriß. Da die Marne hinter den Verbündeten floß, so gestaltete sich der Rückzug äußerst schwierig, doch gelang er, weil eine tapfer vorgehende preußische Brigade ihn unter schweren Verlusten deckte. Die Franzosen drängten hinterdrein, erreichten die Nachhut bei Viffort und warfen sie über den Haufen. Nun schob sich alles nach Château Thierry, um auf zwei frisch geschlagenen Brücken die Marne zu überschreiten. Freilich erschienen auch hier die Franzosen und erzwangen ein heftiges Rückzugsgefecht. Als der Fluß schließlich die Feinde trennte, betrug der Verlust der Verbündeten nahezu sechstausend Mann. Ihr Marsch ging auf Soissons. Inzwischen wurde Blücher durch eine Weisung Schwarzenbergs zu einer nutzlosen Bewegung und dann gar zum Halten veranlaßt. Es geschah auf der Straße, die von Châlons über Etoges nach Montmirail geht. Der Feldmarschall führte fünfzehntausend Mann Preußen (Kleist) und Russen (Kapzewitsch) und blieb zunächst über die letzten Ereignisse völlig ununterrichtet. Erst am Abend des 12. verlautete die Kunde vom Rückzuge Yorcks. Um seinen General zu entlasten, stieß er am 13. vor gegen Etoges, vertrieb die hier befindliche französische Abteilung und begab sich dann weiter, bis er unvermutet auf Napoleon rannte. Dieser hatte Sacken und Yorck nur durch geringere Kräfte verfolgen lassen und sich mit seiner Hauptmacht wieder nach Montmirail gewandt, wo er fünfzigtausend Mann vereinigte, welche er gegen Vauchamps in der Richtung von Etoges führte. Nun wollte gar noch Blüchers Unglück, daß seine Vorhut sich zu weit entfernte. Sie fand sich nach erbittertem Widerstande aus Vauchamps verdrängt und flutete aufgelöst zurück. Der Feldmarschall erkannte die Stärke des Feindes und hörte von Gefangenen,

Nach einem Kohledruck von Braun & Cie. Nachf., Dornach i. E.

Schlacht bei
ail.
nälde von
y.

Napoleon beobachtet in der Schlacht bei Montmirail das Vorgehen seiner Reiterei. Nach dem Gemälde von H. Chartier.

mit wem er zu tun habe. Rasch machte er kehrt, wurde aber von der starken französischen Reiterei umzingelt. Sie sperrte den Rückzug und hieb von allen Seiten ein. Ganze Bataillone mußten sie ununterbrochen abwehren, so daß es erst nach heldenhafter Verteidigung gelang, sich Bahn zu brechen und über Etoges zu entkommen. Das verzweifelte Ringen kostete den Preußen viertausend Mann, die Hälfte ihres Bestandes, die Russen büßten zweitausend Streiter ein, wogegen nur sechshundert Franzosen fielen. Blücher persönlich hatte die denkbar schwerste Schlappe erlitten; die Schlesische Armee war einzeln in allen ihren Teilen besiegt und auseinandergerissen. Da zeigte sich dann aber der sittliche Stahl des greisen Heerführers und seiner Berater; sie verzagten keinen Augenblick. Gneisenau äußerte: „Wir taten, als ob wir nicht geschlagen wären, und nach fünf Tagen ergriffen wir wieder die Offensive."

Welches mochten die Gründe der Unglückstage sein? Der Vormarsch auf Paris war konzentrisch gedacht, büßte diese Art aber immer mehr ein. Die Hauptarmee schob sich zunehmend stärker nach links und blieb dabei noch zurück; die zur Verbindung mit der Schlesischen Armee dienenden Truppen erhielten andere Bestimmung, und so wurde die linke Flanke der Schlesischen Armee entblößt, ohne daß Blücher es wußte. Der Feldmarschall ahnte also die Gefahr nicht, welche ihm drohte; Sorglosigkeit, falsche Befehle, Uneinigkeit und allerlei Zufälligkeiten taten das übrige. Anderseits zeigte Napoleon einen Adlerblick für die Schwächen des Feindes und benutzte sie mit einer Raschheit und Entschlossenheit, welche an seine besten Zeiten erinnerten. Das ungetreue Glück kehrte auf kurze Zeit wieder. Widmete er sich der Schlesischen Armee weiter, so wäre sie im Feindeslande, umgeben von einer aufsässigen Bevölkerung, verloren gewesen und mit ihr wahrscheinlich der Feldzug. Aber Napoleon erkannte diese Tatsache offenbar nicht in ihrer Tragweite und glaubte sich durch bedrohliche Nachrichten von der Seine zum Schutze seiner Hauptstadt berufen. Dadurch gewann Blücher Zeit, seine zerstreuten Heeresteile in Châlons zusammenzuziehen und neu zu ordnen. Er beklagte sechzehntausend Streiter. Doch schon rückten Ersatz und Verstärkungen heran. Bis zum 18. weilte der Feldmarschall in Châlons, dann näherte er sich wieder der Hauptarmee. — Schwarzenberg setzte halb wider Willen langsam seine Bewegung nach Westen fort, wodurch er die Schlesische Armee zu entlasten

Die schlesischen Schützen bei Vauchamps unter Hauptmann v. Neumann am 14. Februar 1814.

Nach dem Gemälde von Richard Knötel.

hoffte. Als er Nachrichten vom beginnenden Mißgeschick Blüchers bekam, schrieb er: „Ich kann nicht früher an eine allgemeine Vorrückung zu einer allgemeinen Schlacht denken, bis E. Excellenz die ganze Masse Ihrer Kräfte vollkommen vereinigt haben und gemeinschaftlich mit mir vorrücken können." Es zeigt dies sonderbare Ansichten gegenüber einem in größter Bedrängnis befindlichen Verbündeten. Seiner Gemahlin teilte er hochmütig mit: „es wäre ein Wunder, wenn Blücher nicht abermals einen Unfall erfahren sollte." Auch sonst legte man im Großen Hauptquartiere die Schuld an den Verlusten ausschließlich Blücher zur Last, selbst Friedrich Wilhelm und Alexander waren dieser Ansicht. Es hieß, er hätte auf gleicher Höhe mit der Hauptarmee bleiben müssen. Als am 19. ein Rechtfertigungsbrief Gneisenaus eintraf, meinte Hardenberg: „Wer sich entschuldigt, klagt sich an. Warum hatte man kleine Packete gemacht, warum sie

Das Gefecht bei Montereau. Nach dem Gemälde von J. J. v. Schnizer im Kgl. Residenzschloß zu Stuttgart.

im Kleinen schlagen lassen. Der König spricht ununterbrochen wie Cassandra." Statt durch Taten das Mißgeschick auszugleichen, wurde geredet, überlegt, gezankt und schließlich der Kriegskamerad preisgegeben. Um doch etwas zu tun, ließ Schwarzenberg seine Untergenerale Wittgenstein und Wrede bei Nogent ein wenig auf die vierzigtausend Mann Victors und Oudinots drücken, was Zar Alexander durch Nachführung weiterer Streitkräfte noch vermehrte. Infolgedessen sanken die Franzosen weiter zurück, so daß die Vortruppen der Verbündeten schon bis Melun und Fontainebleau, also bis in die nächste Nähe von Paris schweiften. In zwei Tagen konnte man dorthin gelangen. Aber da verlautete am 15. die Nachricht von Blüchers Niederlage und seiner Bewegung nach Châlons. Sie wirkte wie ein Donnerschlag, denn nun tauchte die Gefahr auf, daß Napoleon den Feldmarschall völlig vernichte, sich siegreich der Hauptarmee zuwende und sie zu einer Entscheidungsschlacht nötige, die man ängstlich zu vermeiden suchte. Alexander

war für Vereinigung der gesamten Streitkräfte und Weitermarsch, vermochte hiermit jedoch bei einem Kriegsrate am 16. nicht durchzudringen. Hatte doch Schwarzenberg von Metternich die Weisung erhalten, nichts Nützliches zu versäumen, aber auch nichts Wichtiges zu unternehmen, und befahl gar Kaiser Franz, mit der Hauptmacht auf dem linken Seineufer zu bleiben ohne vorzurücken, weil die Verhandlungen von Châtillon rasch die Entscheidung bringen könnten. Richtig urteilt Fournier: „Nirgends ist die Wechselwirkung von Politik und Kriegführung deutlicher zutage getreten als hier." Statt sich durch die Waffen eine achtunggebietende Stellung zu erzwingen, ließ man schwachmütig „der Diplomatie den Vortritt". Es unterliegt keinem Zweifel, daß Schwarzenberg umgekehrt wäre, wenn Napoleon den preußischen Feldmarschall weiter verfolgte. Das Haus Bonaparte durfte dann als gerettet gelten.

Die trostlose Haltung der Hauptarmee ermutigte die gegenüberstehenden Franzosen bis zum Angriff auf eine russische und eine bayerische Abteilung, die sie schlugen. Schwarzenberg verlor geradezu den Kopf in dem Wirrwarr von Politik und Meinungen. Dem erhaltenen Auftrage gemäß rief er alle auf dem jenseitigen Seineufer befindlichen Truppen zurück, ja er erniedrigte sich bis zum Angebote eines Waffenstillstandes. Die Sache erschien so schmachvoll, daß die Geschäftsträger in Châtillon sie ablehnten und Metternich außer sich sofort ins Hauptquartier eilte. Der vom Höchstkommandierenden an Berthier abgesandte Oberst Graf Paar wurde nicht einmal empfangen und mußte drei Tage auf Antwort warten. Kein Wunder, daß die Niedergeschlagenheit fortdauerte und sich noch vermehrte, als der gefürchtete Schlachtensieger gar selber nahte.

Nachdem er eine Armeeabteilung vor Blücher zurückgelassen hatte, blieben ihm noch sechsundfünfzigtausend Mann, doch steigerte seine Rührigkeit die geringe Zahl. Er zog die Veteranen zur Armee, General Maison sollte Bülow in Holland festhalten und Augereau die linke Flanke der Hauptarmee bedrohen. Napoleons Anmarsch führte ihn auf die Spitzen zweier vorgeschobener Korps. Er besiegte sie und traf Anstalten, sich der Seineübergänge von Nogent bis Montereau zu bemächtigen. Eine solche Zuversicht erfüllte ihn, daß er an Caulaincourt nach Châtillon schrieb, nur Bedingungen auf der Grundlage der Frankfurter Vorschläge anzunehmen.

Die gegenteilige Stimmung herrschte nach wie vor im Hauptquartiere der Verbündeten, trotz der Überlegenheit, die man besaß. Das einzige Heil schien ein allgemeiner Rückzug zu bieten. Zu seiner Ausführung mußte der vorspringende Ort Montereau bis zum Abend des 18. durch den Kronprinzen von Württemberg behauptet werden. Aber dieser besaß hierfür nur so geringe Kräfte, daß seine Niederlage im voraus feststand. Schon frühmorgens erfaßte ihn der Feind. Stundenlang wogte ein erbitterter Kampf hin und her, bis Napoleon um drei Uhr mit seiner Garde auftrat, einen Massenstoß in vier Kolonnen machte, die Württemberger über den Haufen warf und mit ihnen gleichzeitig in die Stadt eindrang. Die Verbündeten kostete das Ereignis fünftausend Mann. Es durfte als ausgeglichen gelten durch einen Sieg vom 14. Februar, der am 19. im Hauptquartiere bekannt wurde und worüber Hardenberg etwas übertrieben berichtete: „Gefecht bei Soissons, wo Czernitscheff Erfolg gehabt hat: dreitausend Gefangene, zwölf Kanonen, der französische General gefallen, ein zweiter gefangen."

Trotz alledem glaubte Schwarzenberg, allein nichts unternehmen zu können, sondern der Schlesischen Armee zu bedürfen. Wenn sie rechtzeitig eintreffe und bis zum 21. Méry (bei Troyes) erreiche, so lasse sich wieder vorgehen. Blücher erwiderte, er werde zur Stelle sein. Vereint zählten die Verbündeten alsdann hundertfünfzigtausend Mann. Um die Sache zu fördern, begab sich Gneisenau am 20. ins Hauptquartier. Der Empfang wirkte freilich wenig ermutigend. Friedrich Wilhelm nahm seine Meldung frostig entgegen, und Hardenberg sah ihn überhaupt nicht. Eigentlich nur der Zar zeigte sich bereit, auf die schlesischen Angriffspläne einzugehen. Die Stimmung im ganzen lastete derartig, daß ein Kriegsrat, an dem er teilnahm, den Rückzug

hinter die Seine beschloß. Schwarzenberg empfand es als ein Glück, daß man durch die voreilige Betätigung einiger Unterführer genötigt sei, sich „zeitig genug rückwärts zu concentrieren," und schlug dem Kaiser Franz vor, diese Bewegung fortzusetzen, während der aus Belgien herankommende Bülow mit der Schlesischen Armee vorgehen solle, um Napoleon zur Teilung seiner Streitkräfte zu zwingen. Dabei meinte er, eine Hauptschlacht liege nur im Sinne Napoleons. Es gelte vielmehr, ihn von allen Seiten zu bedrängen und die Provinzen zur Verzweiflung zu bringen. Ein größerer Unfug ist wohl selten von einem Feldherrn geäußert worden, der mit doppelter Übermacht auftreten konnte.

Die geradezu verzweifelte Verzagtheit wurde noch dadurch verstärkt, daß Schwarzenberg die Nachricht erhielt, von Süden her dränge Augereau saôneaufwärts vor, während andere feindliche Streitkräfte gegen Genf marschierten. In Wirklichkeit handelte es sich um ganz ungefährliche Dinge. Unterdessen zog Blücher seinen Weg und erreichte am 22. Méry, auf der rechten Seite der Seine. Hierdurch befand sich der österreichische Feldherr in der Lage, sein Schwergewicht gemeinsam mit Blücher geradeswegs auf Napoleon zu werfen. Doch das wagte er nicht; er blieb vielmehr um Flanke und Rücken besorgt, zweigte eine Armeeabteilung südwärts nach Dijon ab und erzielte am 22. Februar in einem Kriegsrate zu Troyes die Fortführung des Rückzuges. Vergebens begehrte Grolman im Auftrage Blüchers eine Schlacht. Als man ihn abwies, eröffnete er einen Plan, demzufolge die Schlesische Armee von Méry nordwärts gegen die Marne ziehen sollte, um sich durch Bülow, Wintzingerode und den Herzog von Weimar mit den Sachsen zu verstärken und dann wieder gegen Paris zu wirken. Auf diese Weise bekam man, wie schon 1813, drei Armeen: eine Nordarmee unter Blücher, die Hauptarmee und eine Südarmee unter Bubna. Zögernd ging Schwarzenberg auf die Vorschläge ein. Der Waffenstillstand wäre ihm am willkommensten gewesen, weil endlich Graf Paar eine nicht ganz abweisende Antwort erlangte. Freilich nahm Berthier den Mund ungemein voll. Er sagte, Napoleon besitze eine schöne Armee, stärker als die der Verbündeten, Blücher sei vernichtet. Hardenberg hörte sogar, das französische Staatsoberhaupt habe sich an Kaiser Franz gewandt, um ihn vom Bündnis abzulenken. In der Tat schrieb ein Bericht dem Feinde ein Heer von hundertachtzigtausend Bajonetten zu. So übertrieben dies auf den ersten Blick erscheinen mußte, so stimmte es doch friedfertig, nun gar, als man in der Champagne mit Verpflegungssorgen und einer widerspenstigen Bevölkerung kämpfte. Deshalb schlug Schwarzenberg dem Kriegsrate am 23. einen Waffenstillstand vor und erhielt dazu auch die Genehmigung. Er sandte den Fürsten Liechtenstein ab, welcher alsbald berichtete, im französischen Hauptquartiere sei man zu Verhandlungen bereit. Sie fanden am 24. statt, scheiterten aber an den Bedingungen Napoleons. Dieser dachte gar nicht an Einlenken, sondern benutzte alle Besprechungen nur, um den Gegner in seinen Entschlüssen noch mehr zu lähmen und selber Zeit zu weiteren kriegerischen Unternehmungen zu gewinnen. Kräftig drängte er vor, erstürmte Troyes, wo er am 25. als Sieger einzog, umbraust vom Jubel der Bevölkerung. Der Kaiser fühlte sich gehoben und wähnte das Größte für möglich.

Kronprinz Wilhelm von Württemberg. Nach der Natur gezeichnet und gestochen von Müller. (Kgl. Kupferstichkabinett zu Stuttgart.)

Inzwischen wich die Hauptarmee bis Bar-sur-Aube und noch weiter zurück. Doch nun riß dem Zaren die Geduld. Er eröffnete Friedrich Wilhelm einen Gedankengang, den Gneisenau schon Ende Januar durch Stein hatte zum Ausdruck bringen lassen, nämlich daß die Russen und Preußen sich von Österreich trennen sollten, um unbeschwert durch den Kaiserstaat auf Paris zu marschieren. Friedrich Wilhelm wagte nicht, ohne den Rat Knesebecks zu handeln, und dieser beschwor ihn, den Vorschlag abzuweisen, denn sonst ginge Kaiser Franz voraussichtlich nach Wien. Damit sci die Koalition gesprengt, Napoleon könne seine Macht gesammelt auf die Preußen und Russen werfen und sie zwingen, „gerade die Art Krieg zu führen, die er gerne hat". Knesebeck wünschte Waffenruhe und Frieden. Unter solchen Umständen tagte am 25. ein Kriegsrat in Bar-sur-Aube, wo Alexander verlangte, man müsse sich mit Blücher vereinigen. Friedrich Wilhelm unterstützte diesen Antrag, der aber von der Mehrheit ebenso wie die Forderung eines tatkräftigeren Verhaltens der Hauptarmee abgelehnt, dafür aber Grolmans Plan zum Beschluß erhoben wurde. Demnach bekam Blücher wieder Bewegungsfreiheit und dazu die Korps Wintzingerode und Bülow. Verstimmt äußerte der König seinem Feldmarschall: „Der Ausgang dieses Feldzugs liegt von nun an zunächst in Ihrer Hand." Während Blüchers Streitkräfte sich möglichst westwärts hielten, sollte das Südheer, nunmehr unter dem Erbprinzen von Hessen-Homburg, auf Mâcon vorgehen, zur Entlastung der Hauptarmee, die weiter bis Langres weichen dürfe, um

Aufmarsch
Schlacht
Nach d
W. v. Kobel

dann „nach den Umständen zu handeln". Noch am 25. schrieb Metternich: „Wir werden unsern Rückzug, ohne uns gegen eine Übermacht zu compromittieren, fortsetzen, und sollte er bis an den Rhein gehen." Am Abend des gleichen 25. veranstalteten die Diplomaten eine Konferenz zu Chaumont, wegen der Beratungen zu Châtillon. So erwies man sich im Großen Hauptquartiere nach allen Richtungen hin rührig, nur nicht im Sinne einer zielbewußten Kriegführung. Das diplomatische Korps reiste sogar zurück bis Vesoul, wo Metternich am 26. verhandelte. Stein sprach mit dem preußischen Staatskanzler von der ungemeinen Empfindlichkeit Alexanders. Der Zar fühle sich vernachlässigt und glaube seine Dienste nicht genügend anerkannt; er meine, man vertraue ihm nicht mehr und dergleichen. Am 26. wiederholte Stein diese Ausführungen und fügte hinzu, daß die Erregung und das Mißtrauen des russischen Gebieters gegen Österreich und Metternich ihren Höhepunkt erreicht hätten. Knesebeck erkrankte ziemlich schwer. Gedrücktheit überall.

yern zu der
c=sur=Aube.
nälde von
neemuseum
nchen.

Glücklicherweise herrschte in der Schlesischen Armee ein anderer Geist. Als Grolman seinem greisen Feldmarschall die Nachricht von der rückgängigen Bewegung der Hauptarmee brachte, riet er Alexander dringend davon ab und dankte, daß er ihm die Offensive erlaube: „Ich darf mir alles Gute davon versprechen, wenn Ew. Kaiserliche Majestät die bestimmten Befehle geben, daß die Generale von Wintzingerode und von Bülow meiner Aufforderung genügen müssen. In dieser Verbindung werde ich auf Paris vordringen und scheue so wenig den

Kaiser Napoleon wie seine Marschälle, wenn sie mir entgegentreten." — Blücher war entrüstet über Schwarzenbergs Haltlosigkeit, aber doch froh, daß sie ihn wieder selbständig mache und bedeutend verstärke. Sofort brach er auf, überschritt die Aube nicht weit von ihrer Mündung, focht bei Méry und packte Marmont bei Sézanne, um Napoleon von der Hauptarmee fort auf sich zu ziehen. Die Niederlage seines Marschalls machte den Kaiser in der Tat für Paris besorgt. Erst sandte er einige Generale, um die Fährte Blüchers zu entdecken, am 27. folgte er selber. Die Absicht der preußischen Heeresleitung war geglückt: die Hauptarmee entlastet und zwar so sehr, daß nur unzureichende Truppenteile unter Oudinot, Macdonald und Milhaud ihr gegenüber verblieben. Trotzdem ging sie mißmutig unter wechselseitigen Vorwürfen weiter nach Osten, bis die Garden und Reserven Langres erreichten. Schon offenbarte sich die Wirkung des Rechtsabmarsches. Schwarzenberg erkannte, daß ihm nicht mehr der Schlachtenmeister, sondern bloß noch Marschälle folgten. Eine Meldung Blüchers bestätigte dies. Da faßte der Österreicher wieder etwas Mut, und Friedrich Wilhelm, der für seine Soldaten in der wesentlich preußischen Nordarmee fürchtete, drängte zur Umkehr. Am Abend des 26. erhielt Wrede die Weisung, Bar-sur-Aube zu behaupten. Zunächst gelang dies nicht, doch am nächsten Tage schritten die Bayern, durch Wittgenstein verstärkt, zum Angriff und besiegten Oudinot und Macdonald nach tapferem Widerstande. Hardenberg verzeichnete über das Gefecht: Die Bayern hätten nicht beißen wollen, denn sonst würden viel größere Erfolge erzielt sein. Der mißgestimmte König von Preußen setzte sich stark dem Feinde aus, kam aber glücklich davon, während Schwarzenberg und Wittgenstein leichte Verwundungen erlitten. Hier bestand auch der jugendliche Prinz Wilhelm, der spätere deutsche Kaiser, seine Feuerprobe. Der Sieg hing mit dem allgemeinen Vorrücken der Hauptarmee zusammen, welches der Fürst am 27. verfügte. Es sollte sich zur entscheidenden Wendung des Krieges gestalten. Auch Alexander lenkte jetzt wieder ein. Freilich alles vollzog sich langsam. Den 3. März erlagen die Franzosen bei Laubressel, am folgenden Tage wurde Troyes aufs neue besetzt und am 5. die Seine bei Bray erreicht. Nun machte Schwarzenberg wieder halt, um Blüchers Bewegungen abzuwarten.

Unterdessen dauerten die Scheinverhandlungen über einen Waffenstillstand zu Lusigny fort; Napoleon zog sie absichtlich in die Länge. Als die Verbündeten dann aber einige Vorteile im Felde erzielten, bekamen sie die Sache satt. Am 3. erfolgte eine Konferenz bei Castlereagh, die bis ein Uhr nachts währte und mit der Stellung eines Ultimatums endete. Hardenberg äußerte sich: „Der Waffenstillstand würde ein sehr großes Übel für uns in diesem Augenblicke sein." Endlich hatte man den Standpunkt Alexanders erreicht. Die Antwort Napoleons lautete ungenügend. Am Morgen des 5. verließen die Unterhändler den Schauplatz ihrer fruchtlosen Tätigkeit.

Damit stand endgültig die Entscheidung durch Waffengewalt fest. Die verbündeten Mächte stärkten sich hierfür im Vertrage von Chaumont, der das Weiterwuchern des Mißtrauens jedoch nicht verhinderte. Ebensowenig wirkte das Schwergewicht der diplomatischen Verhandlungen belebend auf die Kriegführung, nun gar, als zwischen dem Zaren und Schwarzenberg wieder einmal ein ernstes Zerwürfnis stattfand. Alexander wünschte, daß man Blücher durch eine Rechtsschiebung unterstütze, wogegen der österreichische Feldherr nur vorwärts auf Paris drücken wollte. So blieb er zunächst in Troyes und verfaßte am 7. März eine Denkschrift, worin er die Seitenbewegung als untunlich und die feindliche Hauptstadt „einzig und allein als gemeinschaftliches Operationsobjekt" bezeichnete. Der Fürst reiste selber nach Chaumont, vermochte Alexander aber nicht umzustimmen, der für richtig hielt, sich erst mit Blücher zu vereinigen, um dann gemeinsam auf Paris loszugehen. Doch der Österreicher verharrte bei seiner Meinung, daß die geschwächte Hauptarmee keinem Angriffe Napoleons ausgesetzt werden dürfe, zumal der Vizekönig Eugen von Italien aus mit Augereaus Südarmee in Verbindung zu treten scheine.

Prinz Wilhelm von Preußen in der Schlacht bei Bar-sur-Aube.
Nach der Originalzeichnung von R. Knötel.

Dabei quälte ihn die Furcht, daß seine Truppen verhungerten. Kurz, vor lauter Bedenken wußte Schwarzenberg nicht aus und ein, ja auch jetzt noch ängstigte ihn die Möglichkeit, über den Rhein zurück zu müssen. Wütend brauste Alexander auf und fragte Metternich, ob Kaiser Franz Befehl gegeben habe, überhaupt nicht zu fechten. Friedrich Wilhelm fürchtete Verrat und meinte, Österreich handle im Einverständnisse mit Napoleon; seine Preußen sollten vernichtet werden, um ihn wehr- und einflußlos zu machen. Wegen dieser Auffassung ergrimmte nun wieder Schwarzenberg. Er wollte Blücher tatsächlich gern helfen, gelangte aber wie gewöhnlich nicht über den Wunsch hinaus und gab damit den Feldmarschall abermals preis. Metternich schrieb: „Ich kann nicht mehr, und der Kaiser Franz ist bereits krank. Sie sind alle verrückt und gehören ins Irrenhaus.“ Sämtliche Wirrnisse entstanden wesentlich deshalb, weil Schwarzenberg den Kampf zwischen Blücher und Napoleon abwarten wollte. Endlich am 13. traf die Nachricht ein, daß der Korse bei Laon geschlagen sei, bald auch die vom Siege Bianchis über Augereau und der Niederlage Soults bei Orthez durch Wellington. Erleichtert wagte sich der Fürst nun ein wenig weiter vor: Troyes nahm abermals das Hauptquartier auf, der Zar beruhigte sich allgemach, und Friedrich Wilhelm beharrte in seiner Kassandrastimmung. Am 19. endete der zwecklose Kongreß von Châtillon, am selben Tage reiste Kaiser Franz mit den Ministern nach Bar-sur-Seine und dann nach Bar-sur-Aube, doch hielten sich Alexander und Friedrich Wilhelm fern.

Den 15. März überschritt Schwarzenberg sorgenvoll die Seine in der Meinung, Napoleon falle auf Paris zurück und komme vor ihn zu stehen. Da erfuhr er wider Erwarten, der Feind habe sich ostwärts gewandt und Reims erobert, ja es hieß sogar, er befinde sich schon in Châlons oder Epernay. Dies verursachte neue Befürchtungen, denn plötzlich schien man im Rücken bedroht zu sein. Der Fürst kehrte also wieder einmal um und begab sich nach der Aube. Aber man erwartete Napoleon vergebens, wußte nicht, was zu tun, und ließ deshalb die Armee von Nogent bis an die Aube auseinandergezogen.

Trotz aller Fehler der Verbündeten, trotz Schwarzenbergs stümperhafter Heerführung erfüllte sich doch Napoleons Schicksal. Seine Streitkräfte verminderten sich schnell. Am 12. März schrieb er seinem Bruder: „Die junge Garde schmilzt wie Schnee; nur die alte hält sich; die Garden zu Pferde vermindern sich ebenfalls stark.“ Man solle den Montmartre bei Paris befestigen. Die Niederlande mit ihren reichen Hilfsmitteln waren verloren, und die dort bisher tätigen feindlichen Generale Bülow und Wintzingerode frei für die Hauptentscheidung. Sie erhielten Befehl zum Anschlusse an Blücher. Dieser sah sich inzwischen von Marmont und Mortier, dann auch von Ney und schließlich selbst von Napoleon bedrängt, ohne daß die überwiesenen Verstärkungen kamen. So marschierte er ihnen entgegen, ging über die Aisne bei Soissons und vollzog die Vereinigung. Sein Heer zählte jetzt hunderttausend Mann, darunter fünfundzwanzigtausend Reiter, erwies sich also dem feindlichen weit überlegen. Am nächsten hätte für den Feuerkopf der sofortige Angriff, die Entscheidung in offener Feldschlacht gelegen. Jedoch mancherlei sprach dagegen. Das Vertrauen des Königs hatte fast die gesamten Feldstreitkräfte Preußens in seine Hand gelegt und ihm hiermit die denkbar schwerste Verantwortung übertragen. Ihm stand Napoleon mit Machtmitteln gegenüber, deren Zahl und Wert er nicht kannte, die er aber überschätzte. Dabei befand sich seine Armee augenblicklich in kaum gefechtsfähiger Verfassung. Aus den Niederlanden trafen gut genährte und verwöhnte Truppen ein, während seine bisherigen Mangel an allem litten. Als Bülow sie erblickte, äußerte er entsetzt: „Die Armee ist beinahe verhungert, alle Disziplin und Ordnung hat aufgehört, und ich gestehe zu unserer Schande, daß sie etwas einer Räuberbande ähnlich sieht.“ Auch York bezeichnete sich gelegentlich als Räuberhauptmann. Die Offiziere getrauten sich kaum noch, Befehle zu geben; der Sohn des Generals Scharnhorst wurde von seinen eigenen Soldaten

fast totgeschlagen. Unter solchen Umständen mußten die beiden verschiedenen Heeresteile sich erst einleben, vor allem die älteren wieder gehoben werden. Dies um so mehr, als man bei etwaigen Unfällen von der Hauptarmee keine Hilfe erwarten durfte. Und Rückschläge blieben bei einem Durchbruche auf Paris, bei einem nationalen Verzweiflungskampfe, keineswegs ausgeschlossen. Jedenfalls mußte sich Blücher für kühne Unternehmungen gesundheitlich auf der Höhe fühlen. Aber das Gegenteil war der Fall; bei ihm befand sich eine schwere Krankheit im Anzuge, die ihre Schatten bereits voraus warf und seine Willenskraft herabsetzte. So entschloß sich die Oberleitung, der Armee einige Ruhe zur Herstellung der Disziplin und geordneten Verpflegung zu gewähren. Von Tatenlosigkeit fühlte sich der greise Feldmarschall weit

In der Umgebung von Soissons. Nach dem Gemälde von J. V. Chelminski.

entfernt. Er meinte: „Ich habe von Napoleon zwar tüchtige Schmiere bekommen, aber ich will sie ihm reichlich zurückgeben.“ Auch Müffling schrieb: „Die Hauptsache ist jetzt, Napoleon zu schlagen.“ Für die Heerführung handelte es sich also nur um vorübergehende Erholung zu erneuter, verstärkter Kraftleistung. Dafür erschien die Gegend von Laon geeignet. Die Stadt liegt fest und hoch auf einem breiten, steilen Hügel, der einen weiten Blick nach dem untengebreiteten Gelände eröffnet, welches die Truppenüberlegenheit, zumal die an Reiterei voll zur Geltung gelangen ließ. Zustatten kam, daß dort bedeutende Vorräte lagerten. Am 8. März konnte die Versammlung der Schlesischen Armee bei Laon als ausgeführt gelten.

Sobald Napoleon die feindlichen Bewegungen sah, vermutete er einen eiligen Rückzug. Kühn überschritt er die Aisne, packte die Abziehenden bei Craonne, erzwang sich in heftigem Kampfe

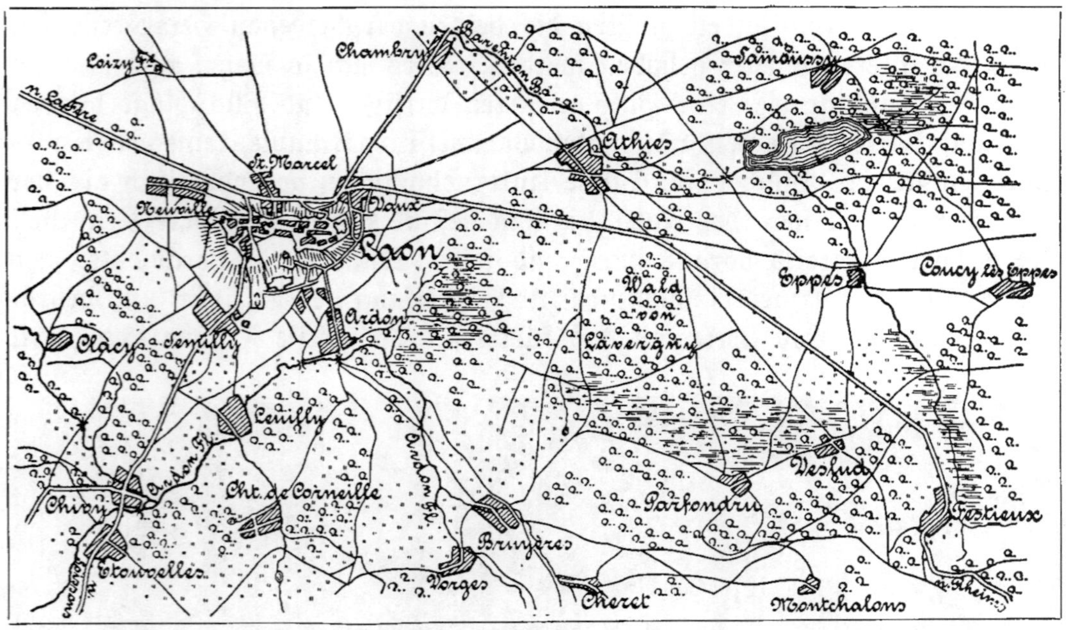

Plan von Laon und Umgebung.

den Zutritt zur Hochfläche, drängte weiter und eröffnete den Angriff auf Blüchers Hauptstellung. Diese war äußerst günstig. Sie lehnte sich, nach Süden gewandt, an den Bergkegel und wurde links durch einen Sumpf gedeckt. Außerdem traten hunderttausend Verbündete fünfundvierzigtausend Franzosen entgegen. Ein nächtlicher Kavallerievorstoß der letzteren mißlang. Der 9. März dämmerte mit dichten Nebelwolken, welche dem Kaiser ermöglichten, seine Streitkräfte ungesehen zu entwickeln. Die Mitte bildeten die Garden unter Ney. Gegen neun Uhr begann das Gefecht um zwei Dörfer am Fuße des Stadtberges. Allmählich senkte sich der Taldunst, und die preußische Heeresleitung erkannte von oben die Schwäche des Feindes. Dennoch verharrte sie in der Verteidigung. Sie glaubte nur ein Nebenheer vor sich zu haben und den Hauptstoß von einer anderen Seite erwarten zu müssen, glaubte auch Kunde zu haben, daß das feindliche Heer eine bedeutende Stärke besitze. So wogte die Schlacht hin und her. Nachmittags kam das Korps Victor, wodurch sie neu aufloderte und bis zur Dunkelheit entscheidungslos fortdauerte.

Während Napoleon im Süden focht, sollte Marmont von Osten anpacken. Beide trennte der vorhin genannte Sumpf. Kämpfend schob der Marschall sich vorwärts, vermochte aber gegen die Übermacht in fester Stellung noch weniger zu erreichen, als der Kaiser. Das eigentliche Ergebnis brachte hier die Nacht. Unter ihrem Schutze überfielen Yorck und Kleist den völlig sorglosen Marmont. Bevor die Franzosen etwas merkten, befanden die Feinde sich schon mitten unter ihnen, zersprengten und jagten sie mit Verlust von viertausend Mann in die Flucht. Die Sieger hinterdrein! Aber da Napoleon standhielt und die preußische Heeresleitung sich ein falsches Bild von der Sachlage machte, rief sie die Verfolger zurück, freilich auf Grolmans Weisung so, daß sie dem Schlachtenkaiser in den Rücken kamen. Yorck gefiel dies; da der Befehl aber nicht von Blücher ausging, sandte er erst nach Laon, um dessen Genehmigung zu erbitten.

Inzwischen war eingetreten, was gedroht hatte. Blüchers Krankheit steigerte sich dermaßen, daß ihn heftiges Fieber mit zeitweisem Irrwahn befiel. Damit fehlte der Feldherr, alle Bewegungen stockten, und eine Stellvertretung mußte erfolgen. Nach preußischer Auffassung gehörte sie dem ältesten Korpsführer, in diesem Falle Langeron. Der verspürte jedoch keine Lust, die schwere Bürde auf sich zu laden, und machte geltend, daß es nach russischer Anschauung Sache des Generalstabchefs sei, den Befehlshaber zu ersetzen. Damit erhielt Gneisenau die Leitung, der, jünger als alle Korpsführer, dem aufsässigen Yorck noch persönlich verfeindet lebte. Unter so mißlichen Umständen lehnte er die Anfrage Yorcks wegen des Rückenangriffs ab. Gneisenau machte damit den schwersten Fehler seiner kriegerischen Laufbahn, denn der Kaiser führte nach

Marmonts Schlappe nur noch dreißigtausend Mann, über welche die hunderttausend Verbündeten herfallen, sie mit ihrer starken Reiterei umstellen und ihnen den Garaus machen konnten. Möglicherweise wäre Napoleon dann gefangen und damit der Krieg zu Ende gewesen. Allgemach bemerkte der Kaiser die Gefahr, in der er schwebte, blieb aber noch am 10. fechtend im Felde, um während der Nacht zum 11., fast unverfolgt, über die Aisne zu entkommen. Die Kämpfe bei Laon kosteten ihm fast siebzehntausend Mann, den Verbündeten nahezu neuntausend.

Endlich gelang der Schlesischen Armee, eine kurze Zeit der Ruhe zu genießen, für deren Verwertung sie ausgedehnte Quartiere bezog. Die militärische Lage gestaltete sich demnach folgendermaßen: Nördlich der Seine stand die Blüchersche Streitmacht, mit weiteren Entsendungen nunmehr hundertdreißigtausend Bajonette zählend, südlich des Flusses die Hauptarmee,

Mit Genehmigung der Photographischen Union in München.

Blücher in Laon. Nach dem Gemälde von R. Eichstädt.

hundertzehntausend Mann stark, „beide etwa vier Tagesmärsche voneinander und von Paris entfernt", wie Delbrück richtig bemerkt. Zwischen ihnen, teilweis nach der Hauptstadt zu, befanden sich die Franzosen, in drei Teile getrennt: das Korps Macdonald zwischen Troyes und Paris, die Marmonts und Napoleons zwischen Aisne und Marne.

Immer deutlicher zeigte sich, daß der alte Blücher die zusammenhaltende und belebende Kraft im Hauptquartiere der Schlesischen Armee gebildet hatte. Gneisenau vermochte ihn nicht zu ersetzen. Er war Stratege, aber kein Taktiker, besaß den älteren Korpsführern gegenüber kein genügendes Ansehen, erwies sich nicht als Meister in der Behandlung von Menschen und litt unter dem Drucke der Halbheit seiner Stellung. Der kühle Empfang, der ihm in Troyes zuteil geworden, wurmte in seiner Seele und wirkte entmutigend. Augenscheinlich wälzte Schwarzenberg alles möglichst ab auf die Schlesische Armee. Jeder Kampf, selbst jeder Sieg verminderte die Zahl der preußischen Truppen; von einem Mißerfolge ganz zu geschweigen.

Und das Heer bildete Preußens einzige Waffe im Kreise der Großmächte, deren man bei den Friedensauseinandersetzungen vielleicht dringend bedurfte. Dabei Schwierigkeiten ringsumher: in den Niederlanden traf Bernadotte ein und begann, sich anmaßend und zweifelhaft zu benehmen, das Verhältnis der Generale zueinander und zum Oberbefehl gestaltete sich derartig ungünstig, daß Yorck sich krank meldete und die Armee verlassen wollte, der Armeequartiermeister Müffling war eifersüchtig auf Boyen, den Quartiermeister Bülows, welchen Gneisenau, altbefreundet, bisweilen zu Rate zog, Blücher blieb aufgeregt und wollte durchaus sein Amt niederlegen. Die Verpflegung der notleidenden Truppen entwickelte sich äußerst langsam, und die Hauptarmee war ein „faules Tier". Gneisenau schrieb an Hardenberg, daß das Schlesische Heer allein den Krieg beenden und Napoleon stürzen könne. „Wenn indessen die Meinungen der Regenten, Minister und Generale noch in solcher Zwietracht sind, als vierzehn Tage früher, so muß ich zum Frieden raten, aber zu einem Frieden, der Frankreich alle gemachten Eroberungen abnehme, selbst Elsaß und Lothringen." Dies klingt fast kleinlaut im Munde des Mannes, dessen unverwandtes Streben auf Paris und auf den Sturz des Tyrannen zielte. Ärger und Aufregung machten ihn sowohl wie Müffling vorübergehend krank, womit die Zügel völlig am Boden schleiften.

So versagten die Verbündeten für einige Zeit. Um so eifriger rührte sich Napoleon. Als am 12. März das ehrwürdige Reims mit viertausend Nationalgarden an Saint-Priest verloren ging, erschien der Kaiser sofort am nächsten Tage, besiegte den Russen unter Einbuße von dreitausend Mann und eroberte Frankreichs alte Krönungsstadt zurück. Erfreut und voller Selbsttäuschung herrschte er seinen Polizeiminister an: „Ich bin heute noch derselbe, der ich in Wagram und Austerlitz war; ich dulde im Staate keine Ränke; ich selber bin der große Tribun." Freilich während er seine Person derartig überschätzte, fiel die französische Rente auf fünfzig Francs.

Es gab für den Korsen zwei Hauptmöglichkeiten zur Fortsetzung des Kriegs, nämlich Vereinigung mit Macdonald, um die feindliche Hauptarmee ungefähr bei Meaux zu stellen und ihr den Weg nach Paris zu versperren. Dies war das näherliegende und sicherere, barg aber den Nachteil, daß man auf eine starke Übermacht stieß, die sich durch die Schlesische Armee verdoppeln konnte. Der zweite Plan nahm sich kühner aus, verhieß aber bei glücklichem Gelingen vollen Erfolg. Schon vor der Schlacht bei Laon beschäftigte er Napoleon und begann allmählich sein ganzes Denken zu erfüllen. Demgemäß wollte er sich ostwärts nach Lothringen und dem Elsaß wenden und die dortige Bevölkerung, welche sich teilweis für ihn erhoben hatte, samt den Besatzungen der Festungen an sich ziehen, um dem Feinde die rückwärtigen Verbindungen abzuschneiden. Der Kaiser hoffte durch dieses kühne Unternehmen die Stimmung Frankreichs wieder zu gewinnen und die Verbündeten von Paris nach dem Rheine zu locken. Wenn letzteres nicht glückte, so sollte die Regentschaft an die Loire verlegt und von dort aus der Krieg fortgeführt werden.

Als Einleitung des neuen Unternehmens schritt Napoleon zu einem Angriff auf Schwarzenberg, den er zu überraschen, stark zu erschüttern und hiermit für den Rückzug geneigt zu machen hoffte, dies um so mehr, als er dessen Furcht vor einer Feldschlacht kannte. So ließ er die Hälfte seiner Armee unter Marmont und Mortier vor Blücher, ließ Macdonald an der Seine vor der Hauptarmee, während er selber mit zweiundzwanzigtausend Bajonetten ihr in den Rücken bei Méry oder Troyes fallen wollte. Tat Macdonald seine Pflicht, so glaubte der Kaiser, mit seiner geringen Streitmacht auszukommen. Aber die Dinge lagen anders, als er annahm. Die Hauptmacht Schwarzenbergs befand sich östlich von Troyes, um Blücher näher zu sein. Durch Kosakenpatrouillen erhielt der Fürst am 18. die Meldung vom seitlichen Auftreten französischer Truppen. Da raffte er sich zu dem Gedanken einer Angriffsschlacht auf, sandte seine wesentlichsten Kräfte jedoch in falsche Richtung, weshalb nur das Korps Wrede bei Arcis-sur-Aube mit dem Feinde zusammenstieß. Wie die Verbündeten vermochte auch Napoleon nicht so

„1814".

Nach dem Gemälde von E. Meissonier.

viele Truppen heranzubringen, als er brauchte, weil Blücher sich in Bewegung gesetzt und Marmont geschlagen hatte. Der Kampf entbrannte mit großer Heftigkeit. Schon schien er für Napoleon verloren zu sein, da faßte er seine Geschütze zusammen und warf seine Garden vorwärts. Schließlich räumte Wrede das Feld, teils durch den Feind gezwungen, teils auf höheren Befehl. Bereits am folgenden Tage vermochte Schwarzenberg die Mehrzahl seiner Streitkräfte zu vereinigen, wodurch er die Macht erlangte, endgültig mit dem Korsen abzurechnen. Aber wieder fehlte der Siegeswille; als die Franzosen dreist anrückten, zauderte der Österreicher, seine Überzahl einzusetzen. Dies veranlaßt Napoleon, in dem Verhalten des Feindes eine Rückzugsbewegung zu vermuten: er stürmt vorwärts. Doch seine Vorhut sieht sich von unerwartet starken Massen gepackt und trotz tapferen Widerstandes nach Arcis geschoben. Auf der Brücke hält Napoleon mit einem kleinen Karree, den Degen in der Hand, und ruft den Fliehenden zu: „Wer will

Angriff österreichischer Husaren auf die Kavalleriedivision Colbert bei Arcis-sur-Aube.
Nach einer kolorierten Lithographie.

eher hinüber als ich?" Er bringt die Seinen zum Stehen, heiß und heißer wogt das Ringen, immer dichter drohen die Reihen der Feinde. Da erkennt des Kaisers geübter Blick die Sachlage, die Gefahr, in der er schwebt. Entschlossen und geschickt macht er kehrt, so daß nur noch die Nachhut ins Gedränge gerät. Richtig urteilt Janson: „Wenige Schlachten sind so eigenartig entstanden und verlaufen: leichtfertig rennt Napoleon gewissermaßen in eine richtig gestellte Falle, aber sie funktioniert mangelhaft; er entkommt, und, wie erstarrt, läßt man ihn ziehen. Zum mindesten psychologisch ist manche Ähnlichkeit mit der Schlacht von Laon vorhanden."

Tatsache blieb: Napoleon war vor Schwarzenberg wie vor Blücher zurückgeprallt, einfach seiner Schwäche wegen, und wieder gingen fast fünftausend Mann verloren. Freiherr vom Stein meinte: „Das ist das beste, was uns begegnen konnte, Alexander hat sich jetzt von Metternich und Österreichern losgemacht und zieht nach Paris. Er wird Freiheit haben zu handeln und alles wird bald zu Ende sein." Für den Korsen drängte die Zeit aufs höchste, dem Feldzuge die geplante Wendung zu geben, von der er durchschlagende Wirkung erhoffte. Jenseits der

Aube entschwindet er dem Auge des Feindes, zieht Macdonald an sich und bringt sein Heer auf etwa vierzigtausend Soldaten. Hiermit marschiert er nicht nach Paris, sondern ostwärts nach Saint=Dizier. Auch Marmont und Mortier sollen sich dem Unternehmen anschließen.

In der Tat rechnete Napoleon nicht ganz falsch. Durch Meldungen und aufgefangene Briefe erfuhr man im Hauptquartiere die veränderte Sachlage und berief einen Kriegsrat nach Pougy, um die Gegenmaßregeln festzustellen. Alsbald verlautbarten Stimmen, welche Angst und Schrecken atmeten und Umkehr forderten. Dagegen wurde eingewendet, man möge die rückwärtigen Verbindungen mit der Schweiz aufgeben und solche nach den Niederlanden eröffnen, sich mit Blücher vereinigen und Napoleon etwa zwischen Vitry und Metz aufsuchen. Aber auch das erachtete Schwarzenberg noch als zu kühn. Immerhin erteilte er die Befehle zu einer Bewegung auf Châlons, gelangte in die Nähe der Schlesischen Armee und entwarf Pläne zur Verfolgung des Feindes. Napoleons Wunsch schien glänzend in Erfüllung zu gehen. Da geschah die Wendung. Neue Briefe gelangten nach dem Hauptquartiere, welche die Zustände in Paris als trostlos schilderten. Ihr Inhalt machte größten Eindruck, namentlich auf Alexander. Er veranlaßte Schwarzenberg zu einer zweiten Beratung unfern Sommepuis, wo, trotz des Widerstandes von österreichischer Seite, die Ansicht durchdrang, daß Napoleon im Osten unmöglich viel erreichen könne, während er den Weg nach vorn freigäbe, man also nur zuzugreifen brauche, um Paris, mit Paris den Sieg und mit dem Siege den heißersehnten Frieden zu gewinnen. Dies schlug durch und erzielte den Beschluß, daß die Haupt= und die Schlesische Armee am nächsten Tage, den 25. März, gegen Frankreichs Hauptstadt vorrückten. Dagegen habe Wintzingerode mit starken Reiterscharen, reitender Artillerie und etwas Fußvolk dem Kaiser zu folgen und ihn möglichst glauben zu machen, daß sich die gesamte Streitmacht der Feinde auf seiner Verfolgung befinde. Klug beabsichtigte man also, den Sachverhalt zu verdunkeln und ihn damit doppelt gefährlich zu gestalten. Wohl um weitere Störungen zu vermeiden, verließen die Diplomaten das Hauptquartier und reisten nach Dijon, wo sie fleißig dinierten.

Die Verbündeten hatten den rettenden Gedanken gefunden. Blücher wurde gerade aufs Ziel gewiesen. Als der genesende Feuerkopf den Befehl in Châlons erhielt, äußerte er frohlockend: Der Krieg nahe dem Ende, denn jetzt sage man nicht nur im Schlesischen Heere, sondern überall: Vorwärts! Auch die Truppen jubelten: endlich, endlich ging es nach Paris.

Zugleich veröffentlichten die Verbündeten eine Kundgebung, in der es hieß, Frankreich solle von nun an die Wohltaten der Freiheit, der nationalen Unabhängigkeit und des Friedens genießen. Nur die eigene Regierung verschulde durch ruhelose Eroberung seine Leiden. Der Friede allein vermöge sie zu heilen. Die Mächte wollten das Land nicht zerstückeln, sondern hegten den Wunsch, ihm die Wohltaten des Friedens zu bringen. — Bei dem leidenschaftlichen Kriegsüberdrusse blieben solche Worte nicht ungehört. „Die nationale Idee drang durch und behielt die Oberhand über den weltbürgerlichen Ehrgeiz," sagt Fournier. Das bedeutete aber die Herrschaft der Bourbonen. Schon am 24. März hißte das wichtige Bordeaux die weiße Fahne.

Befehlsgemäß setzten sich Marmont und Mortier langsam mit sechzehntausendfünfhundert Mann gegen Châlons in Bewegung, um den Kaiser zu erreichen. Hierbei stießen sie, erst Marmont, dann Mortier, am 25. März auf die Vortruppen Schwarzenbergs. In erbitterten Kämpfen wurden beide auf Fère=Champenoise zurückgeworfen. Hierbei verloren die Verbündeten nur vierhundert, die Franzosen jedoch sechstausend Mann; ein Beweis, wie ihre Leistungskraft darniederlag. Ja, sie hätten noch größere Einbußen erlitten, wenn der Feind nicht durch Geschützfeuer in seinem Rücken stutzig gemacht worden wäre. Anfangs wußte man den Lärm nicht zu deuten, bis man erkannte, daß es sich um eine französische Abteilung von sechstausend Mann unter Pacthod handle, die ebenfalls Fère=Champenoise zustrebte, sich aber von Blücherschen Truppen verfolgt

Die badische Leibgrenadiergarde erstürmt den Montmartre in der Schlacht vor Paris. Nach dem Gemälde von F. Dietz in der Großherzoglichen Kunsthalle zu Karlsruhe.

fand. Nun rannte sie nach vorn auf die Hauptarmee und vollendete hiermit ihren Untergang. — Das anmarschierende Schlesische Heer erreichte Montmirail und bedrohte die Marschälle von seitwärts und hinten. Yorck wollte dies ausnutzen, kam aber nur mit schwachen Kräften bis La Ferté=Gaucher, wo sie vor der überlegenen Macht Mortiers zurückprallten. Der Versuch des Marschalls, durchzubrechen, scheiterte an der Haltlosigkeit seiner Leute. Die Gefahr richtig berechnend, bog er unerwartet südwärts ab, entzog sich der Einkreisung und gelangte mit Marmont auf einem Umwege bis zur Hauptstadt.

Am 28. erfolgte die Vereinigung Schwarzenbergs mit der Schlesischen Armee bei Meaux. Der kurze Endmarsch begann. Die Verbündeten zählten nun hundertachtzigtausend Mann und bewegten sich rechts und links der Marne, ohne sich um Napoleon zu kümmern. Schon nahm Alexander seine Garden vor, um mit ihnen zuerst in Paris einzumarschieren. Darüber verlor man einen kostbaren Tag, der den beiden Marschällen ermöglichte, sich rechtzeitig vor den Gegner zu legen.

Paris hatte zwei natürliche Bollwerke, im Norden den Montmartre, im Nordosten die dörferreiche Hochebene, an deren nördlichem Rande die Orte Romainville, Pantin und Belleville liegen. Dorthin brachten die Franzosen alle erreichbaren Streitkräfte zusammen, und zwar so, daß Mortier am Fuße des Montmartre den linken, Marmont den rechten Flügel bildete. Hier vollzog sich denn am 30. März der letzte Kampf, dessen Ausgang im voraus sicher war. Das Gefecht begann bei Romainville, anfangs mit zu geringen Kräften der Hauptarmee. Bald dehnte es sich aus, die Franzosen wehrten sich tapfer, so daß die Verbündeten nur langsam und mit schweren Verlusten Raum gewannen. Dann aber machten sie um zwei Uhr einen heftigen Vorstoß, der Marmont bis an den hintersten Rand der Hochfläche schob. Vergeblich warf er

seine letzten Reserven auf die Übermacht; nur mit knapper Not entging er selber der Gefangenschaft. Ohne Hilfsmittel und ohne Hoffnung auf ferneren Waffenerfolg sandte er einen Offizier zur Unterhandlung.

Währenddessen kämpfte die Schlesische Armee mit Mortier. Dieser wies anfangs die Preußen bei La Villette ab, vermochte aber doch nicht dauernd dem heftigen Drucke und einem von Blücher selbst geführten umfassenden Angriffe standzuhalten. Rechts entwickelte sich Langeron gegen den nur von dreihundertachtzig Mann mit schlecht bedienten Geschützen verteidigten Montmartre. Vincennes fiel, und Charenton zeigte sich bedroht. Trotz tapfersten Widerstandes ging die Schlacht für Frankreich verloren; sie kostete dem Feinde aber immerhin achttausend Mann. „Gegen sechs Uhr standen die Verbündeten auf den Paris beherrschenden Höhen," erzählt von Unger. „Es war ein großer, unvergleichlicher Anblick, als sie das Ziel so vieler Anstrengungen im Strahl der Abendsonne zu ihren Füßen liegen sahen, das Häusermeer, aus dem alles Unheil der letzten beiden Jahrzehnte hervorgegangen war." Das Ende des Tages bedeutete das Ende des Krieges.

Schon am 29. entfloh die Kaiserin mit ihrem Sohne nach Blois. Der Generalstatthalter Napoleons, König Joseph, und sein Bruder Jérôme beobachteten von der Höhe des Montmartre den Kampf. Als sie sahen, es sei nichts mehr zu retten, stiegen sie zu Pferde und jagten davon, einen Befehl hinterlassend, daß die Marschälle mit dem Feinde in Unterhandlung treten dürften und sich mit ihren Truppen nach der Loire zu wenden hätten. Demgemäß kam nachmittags ein Waffenstillstand zustande, der die Räumung der Stadt vorschrieb.

Die Hauptperson, Kaiser Napoleon, drohte allerdings noch im Felde an der Spitze eines zwar ermüdeten und zusammengeschmolzenen Heeres, das aber trotz aller Mißerfolge unentwegt seinem Schlachtengotte anhing. Freilich in den höchsten Offizierskreisen herrschten Mißmut und Hoffnungslosigkeit. Jetzt verzehrte sich der Kaiser abseits zu St.-Dizier in Rettungsplänen. Am Abend des 23. traf Caulaincourt bei ihm ein, der den Friedensgedanken immer noch nicht aufgab und seinen Gebieter zur Wiederaufnahme der längst unmöglich gewordenen Verhandlungen zu bestimmen suchte. Die Generale murrten offen. Es wirkte tief auf Napoleon, so daß er Caulaincourt den 25. an Metternich schreiben ließ. Zu spät! Desselben Tags reiste ein österreichischer Vertreter zum Grafen von Artois, um mit ihm die Rückkehr der Bourbonen zu besprechen.

Dem Kaiser blieben nur noch die Waffen. Da er keine Kenntnis vom Feinde besaß, machte er einige unentschlossene Bewegungen, griff auftauchende Truppen an und besiegte sie. Aber es handelte sich wesentlich um Reiterschwadronen und zwar solche, die nicht Schwarzenberg gehörten, wie man erwarten mußte, sondern Blücher. Was bedeutete das? War die Hauptarmee nicht umgekehrt? Rings gähnende Leere, nirgends sichere Verbindung mit der Hauptstadt. Um der Ungewißheit ein Ende zu bereiten, ging Napoleon nach Vitry zurück. Da traf ihn unterwegs die Schreckenskunde, daß der Feind mit Gesamtmacht auf Paris dränge. Unter der Wucht dieser Tatsache brach er zusammen und tat, was ein zuversichtlicher Feldherr vermeidet, er berief einen Kriegsrat. Naturgemäß strebten die Meinungen auseinander. Berthier und Ney forderten: Umkehr zur Rettung der Hauptstadt. Napoleon wußte, daß die Marschälle nicht mehr zuverlässig seien, und fügte sich. Er gab seine Sache damit verloren, denn der Ort konnte unmöglich mehr rechtzeitig mit genügenden Streitkräften erreicht werden. Nur noch die Ferne bot die Möglichkeit etwaigen Erfolges, zumal Lothringen, wo die kaiserliche Stimmung sich steigerte. Doch der Verängstigte eilte dem Westen zu, fieberhaft hastig, bald ohne Begleitung, nur noch mit wenigen Getreuen im Postwagen, schließlich gar zu Fuß. Schon befand er sich fast am Ziele, als er am 30. März die Ereignisse des Tages und in der Nacht zum 31. den Verlust seiner Hauptstadt vernahm. In furchtbarer Aufregung wollte er weiter, weiter!

Photographieverlag Franz Hanfstaengl, München.

Blücher vor Paris. Nach dem Gemälde von Karl Gampenrieder.

Gottheil & Sohn, Danzig, phot.

Oberstleutnant v. Stoessel nimmt mit den 2. Leibhusaren die große Batterie vor La Villette-Paris: Appellruf zur Sammlung der verfolgenden Husaren. Nach dem im Königsaal des Leibhusaren-Kasinos zu Danzig befindlichen Gemälde von E. Hünten.

Bis er, das Vergebliche seines Bestrebens einsehend, den Vorstellungen seiner Umgebung Gehör lieh und erst Cour de France, dann Fontainebleau aufsuchte.

Hier im kaiserlichen Prunkschlosse sollte sich das Schicksal des Kaisers erfüllen. Zwar trafen seit dem 1. April seine Truppen ein, er konnte noch über sechzigtausend Bajonette gebieten, dachte bald an verzweifelten Angriff auf Paris, bald an Rückzug hinter die Loire, aber die innere Tatkraft fehlte. Er gelangte nicht mehr über Entwürfe hinaus. Inzwischen nahmen Talleyrand und die Marschälle ihm die Entscheidung aus der Hand. Unter dem Einflusse des Herzogs von Benevent verfügte der Senat am 2. April die Absetzung Napoleons und seines Hauses. Der schlaue Diplomat gewann auch Marmont für die Bourbonen, der sein ganzes Korps, zwölftausend Mann, auf denkbar hinterhaltigste Weise zum Abfall vom Kaiser bewog. In Fontainebleau machte der brutale Ney sich zum Vertreter des Marschallwillens. Er verband sich mit Lefebvre, Oudinot und Macdonald, die ihren Kaiser zur Ausfertigung eines Schriftstückes nötigten, worin er zugunsten seines Sohnes und der Regentschaft der Kaiserin dem Throne entsagt. Die Aufsässigen glaubten, auf diese Weise Frieden und Fortdauer des bisherigen Zustandes zu erlangen,

Napoleon hoffte, die Zukunft seines Hauses und damit die eigene zu retten. Aber man befand sich auf einer schiefen Ebene, auf der es kein Halten mehr gab. In Paris wurde die bedingungsweise Abdankung verworfen, und die Marschälle fühlten sich nicht geneigt, für eine verlorene Sache einzutreten und den Bürgerkrieg zu entzünden. Sie erkannten den Senatsbeschluß an und verweigerten den Gehorsam, so daß Napoleon, Wut und Verzweiflung im Herzen, für sich und seine Erben abdanken mußte. In dem Augenblick, als Ney diese wichtige Tatsache in Paris verkündete, erhob der Senat Ludwig XVIII. zum Könige. Nicht ohne Mühe gewährte man dem entthronten Cäsar: den Kaisertitel, die Insel Elba als selbständiges Herrschergebiet, vierhundert Mann der Garde und zwei Millionen Francs jährlicher Einkünfte, welche er nie erhielt. Napoleon verlebte furchtbare Tage; es wurde leer um ihn her, das stolze Schloß verödete. Er konnte das Unfaßbare nicht fassen und wollte die Verhandlungen abbrechen. Zu spät! zu spät! Längst hatte er sich selber verloren: am 12. unterzeichnete er die verhängnisvolle Urkunde. Seine Aufregung durchtobte ihn derartig, daß er wohl in der folgenden Nacht besinnungslos zusammenbrach. Aber rasch erholte er sich und wagte neu zu hoffen. Bald kam die Stunde der Abreise. Am 20. April ließ der einstige Weltgebieter zum letzten Male seine Alte Garde im Hofe aufmarschieren, dankte ihr für ihre Aufopferung und Treue, küßte den Befehlshaber und die gesenkte Fahne, welche dem Siege so oft entgegengeflattert war. Noch ein langer Gruß, dann stieg er in den Wagen und fuhr von dannen, begleitet durch die Wächter der verbündeten Mächte. Ein Teilnehmer schrieb: „Man hörte nur seufzen in allen Reihen, und ich kann sagen, daß auch ich Tränen vergoß, als ich meinen teuren Kaiser scheiden sah."

Bereits in der Frühe des 31. März hatte Schwarzenberg den Befehl zum Einzuge in Paris gegeben. Daran nahmen teil: die russischen und preußischen Garden und die österreichischen Grenadiere. Die weitaus verdienteste Truppe, die Schlesische Armee, blieb draußen und besetzte die Barrieren. Als Yorck das brave erste Korps dem Könige vorführte, wandte er sich verständnislos ab mit den Worten: „Sehen schlecht aus, schmutzige Leute." Blüchers Leiden verschlimmerte sich durch die Anstrengungen und Aufregungen der letzten Tage derartig, daß er den Oberbefehl niederlegte. An seine Stelle trat Barclay mit Müffling als Generalstabschef, während Gneisenau Aufnahme in der Umgebung des Königs fand. Kaiser Franz hielt sich fern, wohl mit Rücksicht auf seine Stellung als Schwiegervater Napoleons.

Dichte Mengen drängten sich durch die Straßen von Paris, vom Faubourg St.-Martin bis zu den Tuileriengärten. Um zehn Uhr begann das Schauspiel: da erschienen der Zar und der König von Preußen mit vollem militärischen Prunk. Trompeten schmetterten, Trommeln rollten, Bajonette blitzten, Fahnen flatterten und Uniformen leuchteten in allen Farben. Gegen Mittag wurde die Porte Saint-Martin erreicht und dann rechts nach den Champs Elysées abgebogen. Bis dahin verhielt das Volk sich ziemlich still, nun erst erschollen laute Rufe: „Vive le roi!" So wenig sie die Gesamtstimmung wiedergaben, sie kennzeichneten doch die Tatsache: die Herrlichkeit der Bourbonen hob sich aus dem Schutte, und für immer beendet zu sein schien der Glanz des Kaiserreichs.

In dem kampfreichen Winterfeldzuge des Jahres 1814 zeigte Napoleon dieselben Eigenschaften, wie 1813. Bisweilen ist er ein fast gebrochener Mann, dann schnellt er empor in der ganzen Feldherrngröße seines unerschöpflichen Genies, aber auch in der Verzerrung eines überreizten Gehirns, dem der Sinn für die Wirklichkeit verloren ging, das Dinge erstrebt, welche sich nimmermehr zurückgewinnen ließen. Das Ringen des untergehenden Titanen müßte als heldenhaft gelten, wenn es nicht so unsinnig, ja unnötig und ziellos gewesen wäre, da man ihm das äußerst Mögliche, die Rheingrenze, in Frankfurt angeboten hatte und Österreich sich fortwährend zu weitem Entgegenkommen bereit zeigte. Napoleon konnte und wollte

sich nicht eingestehen, daß er keineswegs mehr die Verkörperung des Sieges, nicht einmal mehr der uneingeschränkte Gebieter Frankreichs, er in zwei großen Feldzügen unterlegen sei und die Kräfte seiner Gegner anschwollen, während die eigenen Hilfsmittel und das Zutrauen seiner Untertanen sich ständig verminderten. So wandelte sich der große Mann zum verwegenen Spieler um Glück und Zukunft, aber mit ungenügendem Einsatze. Der Widerspruch zwischen persönlichem Wähnen, zwischen gesteigertem Starrsinn, Fatalismus und der Gewalt der Tatsachen gestaltete sich zur Klippe, an der er scheiterte, scheitern mußte. Militärisch und diplomatisch erscheint der Kampf als Wahnsinn. Aus eigener Kraft vermochte Napoleon überhaupt nicht zu siegen, sondern er rechnete auf die Fehler der Gegner. Das ist immer eine zweifelhafte Voraus-

Mit Genehmigung von Piloty & Loehle, München.

„Paris kapituliert!“ Nach dem Gemälde von Hugo Diehl.

setzung, erwies sich freilich insoweit richtig, daß der Waghalsige sich monatelang behauptete und sogar eine ungemein glückliche Wendung erzielte. Aber selbst unter den Waffen verirrte er sich maßlos. Statt alles rechtzeitig für eine Hauptentscheidung heranzuziehen, wollte er auch jetzt nichts aufgeben, was er einmal besaß, und verzettelte dadurch ganze Heere für Nebenzwecke, die geeignet waren, in der eigenen Hand den Ausschlag zu geben.

Seine falsche Einschätzung ergab sich gleich zu Anfang. Trotz aller Gegenbeweise glaubte Napoleon, sich auf die Schwerfälligkeit der Verbündeten verlassen zu dürfen und um den Winter zunächst nicht sorgen zu brauchen; er hoffte dies um so lieber, als sich die Aufbringung seiner eigenen Streitkräfte nur langsam vollzog. Doch schon Ende Dezember und Anfang Januar überschritt der Feind den Rhein. Erst nach Wochen reiste der Kaiser zur Armee, wohl ohne besondere Zuversicht auf Erfolg. Demgemäß blieben seine ersten Maßnahmen unsicher, und

rasch brach das Schicksal herein. Mit der Schlacht bei La Rothière durfte der Feldzug eigentlich als entschieden gelten. Aber der Besiegte raffte sich auf und bewirkte einen völligen Umschwung. Als er das Blüchersche Heer in seinen Bestandteilen geschlagen hatte, war der große Augenblick gekommen. Wurde er richtig benutzt, so konnte das Unmögliche in die Erscheinung treten. Napoleon ließ ihn vorübergehen. Statt alles auf eine Karte zu setzen, folgte er dem Gebote der Vorsicht und verdarb damit das Ganze. Was geeignet schien, die Entscheidung des Feldzugs zu bringen, verflüchtigte sich zu einem kriegerischen Zwischenfalle.

Den Plan, welchen der Korse nach seinen Glückstagen in der Champagne nicht ausführte, nahm er nach den Mißgeschicken bei Laon und Arcis=sur=Aube in etwas anderer Gestalt wieder auf: nämlich Paris nicht von vorn zu decken, sondern es durch Bewegungen im Rücken des Feindes zu entlasten, das heißt den Kriegschauplatz nach Osten zu verlegen. Er übersah hierbei die völlig veränderte Sachlage. Jetzt standen beide feindlichen Heere erfolgreich im Felde, und er war der Geschlagene; jetzt fühlte sich Schwarzenberg nicht vereinsamt und verwaist, sondern er wußte Blücher sich zur Seite: beide brauchten nur zuzugreifen und sie gewannen Paris. So machte Napoleon den denkbar schwersten Fehler, um dann vollständig zu erlahmen.

Nach alledem kann man den Feldzug von 1814 als den Krieg der verpaßten Gelegenheiten bezeichnen. Diplomatisch wurden sie in Frankfurt, Chaumont und den Waffenstillstandsversuchen Schwarzenbergs, militärisch nach den Siegen über Blücher verpaßt. Nur selten noch findet sich bei Napoleon die frühere Großzügigkeit, nirgends sein altes Kriegsideal: das Zusammenballen starker Massen und die offene Entscheidungsschlacht, obwohl sie nie besser am Platze gewesen, als einem Schwarzenberg gegenüber. Statt dessen will er überall sein, er rennt umher, vor und zurück, er marschiert und manövriert, aber zur erlösenden, niederschmetternden Tat im richtigen Augenblicke gelangt er nicht.

In seinem furchtbaren Eigendünkel hatte der Kaiser das Verständnis für sein Volk verloren, und so vermochte er nicht den Schritt vom universalen Kaisertume zum nationalen Königtume zu tun. Zwar bedeutete er Verzicht auf einen Teil seiner Lebensarbeit, aber was half's: er mußte geschehen. Ferner entschwand ihm die Kraft, seine Kriegsleidenschaft durch die Vernunft zu zügeln, und so verlor er auf den Schlachtfeldern die Aussichten, welche die Diplomatie gewährte. Bis zuletzt erscheint der Korse als verkörperte Selbstsucht, gleichgültig gegen das Wohl seines Staates. Die oft von ihm geäußerte Ansicht, daß er als Sohn des Glückes nur siegekrönt Frankreich beherrschen könne, war ein Irrtum oder ein Unfug, den er sich selber einredete. Frankreich verlangte den Frieden; wer ihm diesen in ehrenvoller Form brachte, dem gehorchte es. Wie wir sahen, beruhte Napoleons Hauptkraft in der Geschlossenheit seines einheitlichen Willens. Und gerade der versagte. Er überließ sein Schicksal den Marschällen, deren Kampfesunlust er schon seit 1813 beklagte, von denen er wußte, daß ihr Schicksal nicht mehr dem seinigen entsprach. Kein Wunder, daß sie ihrer selbst und des Landes gedachten und sich als dessen Verteidiger dem Kaiser gegenüber betrachteten. Dies steigerte sich, sobald Napoleon sie den Einflüssen des abfallenden Paris aussetzte. Der hart Bedrohte konnte gar nichts Schlimmeres begehen, als tatenmatt vor der Hauptstadt stillzuliegen. Entschlußlos zog er selber das Verhängnis über sich zusammen.

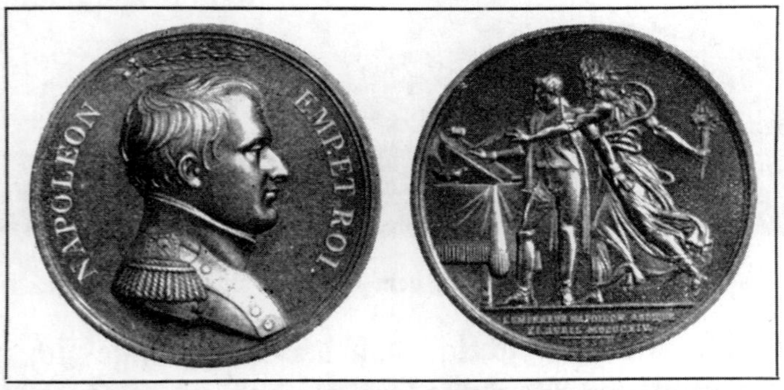

Medaille auf Napoleons Abdankung. Von Depaulie und Brenet.

Abdankungsformel Napoleons I., in eigenhändiger Niederschrift des Kaisers.

Nach einem Faksimile im Geheimen Staatsarchiv zu Berlin.

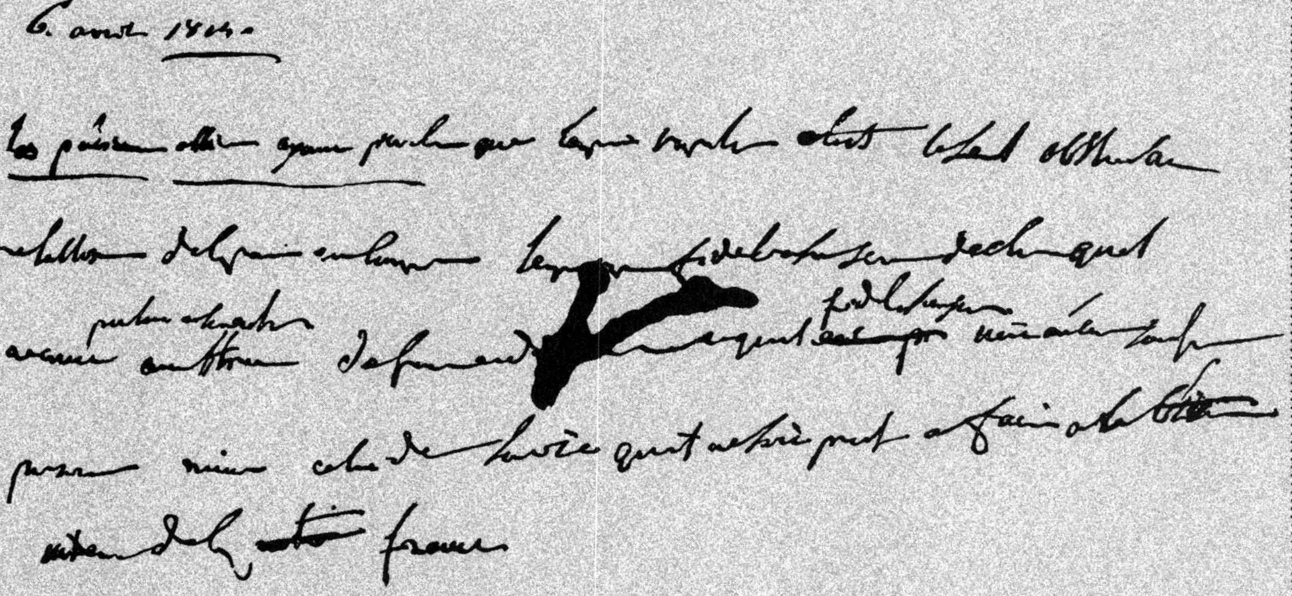

Transcription: 6. avril 1814: Les puissances alliées ayant proclamé que l'empereur Napoléon était le seul obstacle au rétablissement de la paix en Europe, l'empereur, fidèle à son serment, déclare qu'il renonce pour lui et ses enfants aux trônes de France et d'Italie, et qu'il, fidèle à son serment, n'est aucun sacrifice, même celui de sa vie, qu'il ne soit prêt à faire aux intérêts de la France.

Übersetzung: 6. April 1814: Infolge der Erklärung der verbündeten Mächte, daß der Kaiser Napoleon das einzige Hindernis für die Wiederherstellung des Friedens in Europa sei, spricht der Kaiser, getreu seinem Eide, für sich und seine Kinder den Verzicht auf die Throne von Frankreich und Italien aus und versichert, daß es für ihn, getreu seinem Eide, kein Opfer, selbst nicht das seines Lebens, gäbe, das er nicht für das Wohl Frankreichs zu bringen bereit wäre.

Den Soldaten hat der Kaiser 1814 unglaubliche Anstrengungen zugemutet. Mit rührender Treue hielten sie bei ihrem halb unsinnig gewordenen Kriegsgotte aus, der sie alle in Tod und Verderben führte. Und nicht bloß von den Truppen, auch von den Unterfeldherren auf den Nebenkriegschauplätzen verlangte Napoleon oft Unmögliches und zeigte sich ungehalten, wenn sie es nicht leisteten. Zu spät erkannte er die nachteiligen Folgen der fast nutzlosen Abwesenheit vieler altgedienter Leute, während er selber sich mit jungen Mannschaften oder unausgebildeten Rekruten behelfen mußte. Schließlich suchte er sie durch Volksaufstände zu unterstützen, obwohl solche Bewegungen ihm, dem Soldatenkaiser, bis ins Innerste widerstrebten.

Einzug der Verbündeten in Paris am 31. März 1814. Nach einer Zeichnung von L. Wolf gestochen von F. Jügel.

Wenden wir uns den Verbündeten zu, so begegnen wir den Schwächen und Schäden des Bündniswesens in noch viel höherem Maße als 1813. Eine wirkliche Befehlsführung fehlte zeitweise ganz. Die Große Armee beherbergte zwei Hauptquartiere, eines, welches die Oberleitung darstellte, das des Fürsten Schwarzenberg, und ein zweites „der verbündeten Monarchen", welches nicht selten die Entscheidung gab. Jeder der drei Herrscher fühlte sich zu selbständigen Weisungen für seine Streitkräfte berechtigt und erteilte auch solche; am meisten der Zar, dessen hochfliegender Ehrgeiz ihn mit dem Gange der Dinge besonders unzufrieden machte. Zu solchen Übelständen gesellte sich eine ungemeine Schwerfälligkeit, welche die zwei Hauptquartiere und ihre zeitweise räumliche Trennung noch erhöhten, da sie ein Schreiben, Reisen und Aushorchen ohne Ende veranlaßten. So gestaltete sich das „Große Hauptquartier" zu einem wahren Hexenkessel, in dem die Gegensätze bisweilen derartig anschwollen, daß man

an Verrat und Trennung dachte. Daneben nagte der Argwohn, daß Schwarzenberg seine Österreicher absichtlich schone und die Preußen und Russen allen Gefahren preisgäbe, um sie vom Feinde aufreiben zu lassen. Es geschähe, damit das Haus Habsburg später bei den politischen Entscheidungen das größte militärische Schwergewicht in die Wage werfen könnte. Und zu guter Letzt hatte man noch den Kongreß von Châtillon mit seinen Schwankungen und Einflüssen, die wesentlich nur Napoleon zustatten kamen.

Freilich, das größte Unglück blieb die Person des an sich biederen Schwarzenberg, welcher der schwierigen Sachlage in keiner Weise, oder höchstens in der einen gewachsen war, daß er die widerstrebenden Gemüter immer wieder zusammen brachte. Ihm erschien es als etwas Außerordentliches, fast Unfaßbares, daß er sich in der Höhle des Löwen befinde, im Inneren des fürchterlichen, unberechenbaren Frankreich. Aus solcher Grundstimmung blickte er mehr nach hinten, auf seine rückwärtigen Verbindungen, als vorwärts auf den Erfolg: er quälte sich mit steten Sorgen, Nöten und Bedenken. Der Fürst wagte nicht einzusehen, daß er die Überzahl und die besseren Truppen besitze, und wenn er sich zeitweise dazu aufschwang, so verstand er nichts mit ihnen auszurichten. Demgemäß bewegte seine Armee sich auch keineswegs wie eine kraft- und selbstbewußte Streitmacht, „sondern wie ein wehrloser ‚Convoi', der des Schutzes bedarf". Trotz aller Beweise, daß Napoleon längst nicht mehr der verkörperte Sieg sei, lähmte Schwarzenberg die angeborene Angst vor einer Genialität, von der ihm selber so gar nichts innewohnte. Sie bewirkte eine tiefe Abneigung gegen offene und große Feldschlachten, von denen er sich stets wegzumanövrieren und wegzuretirieren suchte.

Denkmünze auf Kaiser Alexanders Aufenthalt in Paris. Von Andrien.

Hatte er sich doch schon bei Leipzig aus Mutlosigkeit hinter der Pleiße aufgestellt, wo der Feind ihm nicht beikommen konnte. Erst als er sicher und zwar ganz sicher wußte, daß der Gefürchtete nach Osten marschiert, daß vorn also die Luft rein sei, erst da faßte er den Mut, auf Paris loszugehen, natürlich in Gemeinschaft mit Blücher. Richtig ist, daß der Fürst sich oft durch die Politik seines Freundes Metternich gehemmt sah oder beeinflußt glaubte. Aber er durfte doch nie seine Stellung als Oberfeldherr der Verbündeten vergessen, nie, daß er Tausende und aber Tausende braver Soldaten um Leben und Gesundheit brachte. Der Trachenberg-Reichenbacher Plan genügt keineswegs zur Beschönigung seines Verhaltens.

Denkmünze auf Friedrich Wilhelms Aufenthalt in Paris. Von Gayard.

Bei solcher Sachlage vermochte die Schlesische Armee nicht in der Weise fördernd zu wirken, wie 1813, um so weniger, als das Große Hauptquartier einen viel stärkeren und unmittelbaren Einfluß ausübte. Wohl oder übel mußte Blücher stets möglichst im Einvernehmen mit den Monarchen handeln. Dies erzeugte allerlei Unzuträglichkeiten, Mängel, Verdrießlichkeiten und Fehler, ja gutenteils die fast minderwertige Führung bei Laon, wo Gneisenau sich nicht auf

der Höhe zeigte. Der Hauptarmee gegenüber trat ein sonderbarer Zustand ein. Das Schlesische Heer bewies ein entschiedenes Bestreben nach Trennung zur Erhöhung seiner Selbständigkeit, Schwarzenberg war einerseits froh, den unruhigen Blücher los zu sein, der ihm seine methodischen Kreise störte, wagte anderseits aber aus Ängstlichkeit die Schlesische Armee nicht zu entbehren. Tatsächlich blieb der Blüchersche Generalstab die vorwärtstreibende Kraft. Barclay äußerte das bezeichnende Bonmot: „Uns fehlen zwei Sachen: ein Strick, um die Schlesische Armee festzuhalten, und eine Peitsche, um die Große Armee anzutreiben."

Für die Verbündeten ist es 1814 noch mehr wie 1813 ein Unglück gewesen, daß nicht Zar Alexander den Oberbefehl führte. Im Großen Hauptquartiere erwies er sich fast als einzigster, der das Endziel: Paris, klar vor Augen hatte und ihm unverdrossen zustrebte. Er besaß auch

Befestigungen am Wassertor in Hamburg. Nach einer kolorierten Lithographie von P. Suhr.

Mut, Selbstvertrauen und äußerte meistens richtige Ansichten. Aber wie die Dinge lagen, vergeudete er seine Kraft und stiftete ebensoviel Unheil als Nutzen. Nur selten vermochte er durchzudringen; wirkte doch neben Schwarzenberg noch Knesebeck, Friedrich Wilhelms Hauptberater, der ebenfalls einer umständlichen und vorsichtigen Kriegführung zuneigte. Bei dem steten Widerstande, den der Zar fand, lag es begreiflicherweise nahe, seine eigenen Wege zu gehen, doch bezwang er sich meistens im Hinblick auf das Ganze. Einem so eitlen, selbstherrlichen Manne fiel das ungemein schwer. Schließlich erreichte er seinen Herzenswunsch und zog prunkvoll mit den sorgfältig geschonten Gardetruppen in Paris ein: die Rache für Moskau!

Alles in allem herrschten in der obersten Heeresleitung der Verbündeten zwar guter Wille, aber gleichzeitig Zerfahrenheit, Kopflosigkeit, Mangel an Mut, an Tatkraft. Wenn sie dennoch siegte, so beruhte es auf dem Schwergewicht der Kräfte, den Fehlern Napoleons und dem zunehmenden Versagen der feindlichen Hilfsmittel. Frankreich war verbraucht, und ihm gegenüber stand halb Europa in Waffen.

Die Nebenkriege.

Vergleicht man den Herbstfeldzug 1813 mit dem Winterfeldzuge 1814, so erkennt man, daß diesem der große Schnitt, die Einheitlichkeit mit dramatischer Steigerung, man möchte sagen, die Plastik fehlt, welche den vorangegangenen auszeichnet; dafür erweist er sich reicher an Bewegung, an Wechselfällen, und vor allem bietet er eine unverhältnismäßig größere Ausdehnung. Während des Herbstes wurde nur in einem Teile Deutschlands, Holsteins und Spaniens gefochten, 1814 hingegen klirrten die Waffen von Dalmatien und Schlesien bis Holland, Südfrankreich und Katalonien. Der Winterfeldzug war also räumlich weit mehr ein europäischer Krieg. Freilich der Verbreitung entsprach nicht die Höhe der Leistung; es handelte sich gewissermaßen um Klein- und Einzelereignisse, denen vielfach das Gepräge des Erzwungenen, der Ermattung anhaftete. Sie erscheinen wie das Nachwehen eines Gewittersturmes.

Bereits die Feldzugspläne, zumal die österreichischen, berücksichtigten die Nebenkriegschauplätze, und unsere Darstellung mußte sich des öfteren mit ihnen beschäftigen. Doch nur ein Eingehen auf die mannigfachen Ereignisse, wenngleich nur ein kurzes, vermag ein Bild ihrer Gesamtheit und Zusammenhänge zu gewähren.

In Deutschland fesselt zunächst der schwedische Kronprinz Karl Johann den Blick, der durch den Frieden von Kiel Norwegen für sein neues Vaterland erworben hatte, wogegen er Schwedisch-Vorpommern an Dänemark abtrat. Dieser Erfolg verwies den Führer der Nordarmee auf weitere Unternehmungen. Um sich solchen zu entwinden, sandte er schon im Spätherbste Bülow und Wintzingerode an und über den Rhein, denen noch weitere Streitkräfte folgten. Bald machte er sich auch durch Entlassung französischer Offiziere und andere Handlungen verdächtig. Wider Hamburg unternahm er nichts, weil er damit in national-französische Verlegenheiten gekommen wäre. Schon zu Beginn des Frühjahrsfeldzuges gab er, wie wir sahen, die Stadt dem Feinde preis, nun verließ er Holstein, durchzog, ohne Hamburg zu berühren, Norddeutschland und gelangte nach Köln. Durch solches Verhalten gewährte er Davout Zeit, die Stadt weitschauend zu einem gewaltigen Festungsbollwerke auszugestalten, welches die Elbinsel Wilhelmsburg vermittels großartiger Brückenbauten und Fähren und selbst den Ort Harburg am linken Elbufer mit umfaßte. Zur Erreichung seines Zieles schreckte der Marschall vor keiner Härte zurück. Auf den Besitz von Waffen und auf alle gegen die französische Herrschaft zielenden Unternehmungen setzte er die Todesstrafe. Die Bäcker erhielten strenge Befehle wegen Mehlverbrauchs. Die Wohnungen und Gerätschaften der Ausgewanderten wurden erbrochen und auch sonst alle für das Heer brauchbaren Gegenstände genommen, ebenso die Beträge der öffentlichen Kassen und vierzehn Millionen Francs aus den Beständen der Hamburger Bank; die Kirchen ließ er zu Pferdeställen einrichten und die gesamten Vororte, an zwölfhundert Gebäude, zerstören. Tagtäglich stiegen qualmende Rauchwolken zum Himmel empor. Bereits im Oktober erfolgte die Weisung, daß jeder Einwohner sich bis zum Juli nächsten Jahres mit Lebensmitteln versehen müsse. Wer es nicht vermochte, sollte die Stadt verlassen. In der Weihnachtsnacht klopfte es barsch an die Türen der Armen, Gendarmen traten ein, trieben die Erschrockenen unter Scheltworten und Kolbenstößen nach der Petrikirche und in der Frühe des nächsten Morgens zu den Toren hinaus. Wochenlang wiederholten sich solche Vorgänge. An zehntausend Unglückliche werden derartig entfernt sein, von denen viele dem Elend erlagen. Hungernde, frierende, verzweifelnde, oft kranke Menschen erfüllten die ganze Umgegend. Seit Neujahr herrschte grimmige Kälte, bis zu zwanzig Grad unter Null.

Freilich das Verhalten des Marschalls beruhte nicht auf Grausamkeit oder Willkür, sondern diente der Verteidigung. Er hatte für vierzigtausend Mann Truppen zu sorgen, und kein

Die Aufnahme der von Marschall Davout vertriebenen Hamburger zu Altona in der Weihnachtswoche 1813.

Nach dem Gemälde von L. Dettmann im neuen Rathaus zu Altona.

Szene auf dem Jungfernstieg in Hamburg während der Belagerung. Nach einer Lithographie von P. Suhr.

Ersatz stand in Aussicht. Trotz aller Maßregeln stieg die Nahrungsnot allmählich bis fast zur Unerträglichkeit. Die Krankenhäuser waren überfüllt, Lazarettfieber und Seuchen wüteten, so daß zeitweise täglich sechzig bis siebzig Menschen starben; das Hospital bedeutete fast den Tod. Auch die Soldaten litten schwer; viele gingen zerlumpt und barfuß, ihrer achttausend sind zugrunde gegangen und fünftausend blieben siech und schwach beim Abzuge zurück.

Lange Zeit machte die Belagerung keine Fortschritte. Obwohl Bernadotte in der Nähe weilte, fiel sie im Herbst 1813 mecklenburgischer Landwehr zur Last, bis der bei Dresden freigewordene General Bennigsen am 24. Dezember mit einundzwanzigtausend Mann und zweiundneunzig Geschützen erschien und die Werke auf der rechten Elbseite einschloß, während erst General Stroganow und dann Wallmoden die Stadt Harburg auf dem linken Ufer zu umfassen suchten. Im Januar und Februar kamen Verstärkungen, so daß sich bis Mitte März etwa fünfundvierzigtausend Streiter ansammelten. Freilich auch sie erwiesen sich noch unzulänglich für die großen Entfernungen, um so mehr, als schwere Geschütze fehlten und Bernadotte jede Unterstützung verweigerte. Kein Wunder, daß die Russen nur langsam vorwärts gelangten. Dennoch arbeiteten sie sich bis in die Nähe des Hauptwalles heran und unternahmen am 9. Februar einen Angriff, der sich hauptsächlich, unter Benutzung des Eises, auf die Elbinseln, zumal auf Wilhelmsburg richtete. Aber die Stürmenden sahen sich hier jetzt und in der Folge abgewiesen, hätten sich auch zwischen den Geschützen der beiden Festungen nicht behaupten können. Mitte Februar marschierte Wallmoden ab und überwies die linke Elbseite schwachen hannöverschen und hanseatischen Truppen, die sich am 4. April ebenfalls entfernten. Die Einschließung lag nun lediglich in russischen Händen. Da sich das Wetter besserte und die Franzosen durch Krankheit bedeutende Einbußen erlitten, so dachte Bennigsen an ernsteres Vorgehen, als die Kunde vom Pariser Frieden eintraf. Ohne Bedenken ließ der Marschall nun am 29. April die weiße Fahne der Bourbonen auf dem weit sichtbaren Michaelisturme hissen und die Truppen dem Könige Ludwig schwören.

Davout hat eine eigentümliche Rolle in Norddeutschland gespielt. Früh erkannte er das sinkende Schicksal Napoleons, und in Bernadotte stand ihm der erfolgreiche Abenteurer vor

Augen. So suchte er für sich aus dem Zusammenbruche des Kaiserreichs möglichst viel und zwar das Herzogtum Mecklenburg zu gewinnen. Wohl wesentlich hierauf beruhte die fast unverständliche Zurückhaltung des sonst unternehmenden Mannes während des Herbstfeldzuges. Als er dann sah, daß sein Ziel nicht zu erreichen sei, fühlte er sich wieder als Marschall von Frankreich und leistete Bedeutendes in der Verteidigung Hamburgs.

Es würde zu weit führen, uns die vielen Belagerungen von Festungen innerhalb Deutschlands und im Rücken der verbündeten Heere zu vergegenwärtigen. Wir bemerken nur kurz, daß die Franzosen östlich des Rheines noch Küstrin, Glogau, die Zitadelle von Würzburg, Magdeburg, Wittenberg, Erfurt und Wesel behaupteten. Von diesen fielen einige Orte noch während des Krieges, andere, namentlich Magdeburg, Glogau und Erfurt, hielten sich bis zum Friedenschlusse.

5=Francs=Stück von 1814 mit dem Bildnis Napoleons.
(Kgl. Münzkabinett in Berlin.)

Eine ganze Reihe von Bollwerken drohte auf bisher französischem Boden im Rücken der verbündeten Heere, so Metz, Luxemburg, Straßburg, Hüningen, Belfort, Besançon und vor allem das starke Mainz. Letzteres war zunächst von Blücher auf deutscher Seite beschossen worden. Bei seinem Abmarsche ließ er Langeron zurück, der nach Verstärkung durch General Saint=Priest am 5. Januar die Gesamteinschließung bewerkstelligte. Da er aber zur Schlesischen Feldarmee abzugehen wünschte, begann der Herzog von Koburg hervorzutreten, der Befehlshaber des VI. deutschen Armeekorps, welches sich freilich ungemein langsam und unvollkommen zusammenfand. Unter solcheu Verhältnissen vermochte sich der Herzog erst seit Anfang Februar ernstlicher an den Unternehmungen zu beteiligen, worauf sich Langeron am 12. und Saint=Priest am 15. zur Vereinigung mit Blücher entfernten. Von nun, vom 16. an übernahm Koburg den Oberbefehl. Aber es mangelte an Belagerungsmaterial und schwerem Geschütz, so daß er sich beschränken mußte, obwohl niemals volle Ruhe eintrat und die Werke samt den Kasernen teilweis beschädigt wurden. In der Stadt befehligte der entschlossene General Morand fünfzehntausend meistens junge Soldaten, darunter nur wenige Artilleristen.

10=Centimes=Stück von 1814
mit dem Hoheitszeichen Ludwigs XVIII.
(Kgl. Münzkabinett in Berlin.)

Diese Truppenzahl genügte nicht für die volle Besetzung der ausgedehnten Werke, welche fünfundzwanzigtausend Mann erforderte. So griff Morand wie Davout mit der ganzen Rücksichtslosigkeit französischer Kommandanten in die Privatverhältnisse der Bewohner ein, welche er für Verteidigungszwecke und Ergänzung der Widerstandskräfte in Anspruch nahm. Verhängnisvoll wirkte, daß ältere Verwundetentransporte und die aus Deutschland geflohene Hauptarmee schwere und ansteckende Krankheiten eingeschleppt hatten, welche derartig um sich griffen, daß Ende Januar fünf= bis sechstausend Mann darniederlagen und die Sterblichkeit täglich zwanzig bis fünfundzwanzig betrug. Weil die meisten Truppen bei den Bürgern einquartiert waren, so litten auch sie furchtbar, bis ihre Zahl schließlich auf kaum noch zwanzigtausend hinabsank. Rings Not und Verarmung! Dennoch ermöglichten die gezwungene Untätigkeit der Belagerer und der feste Wille Morands die Behauptung des Ortes. Erst am 17. April schloß er einen Waffenstillstand, und nicht vor dem 4. Mai durfte

Koburg in die Mauern einziehen, weil man einen Befehl Ludwigs XVIII. zur Räumung abwartete.

Die Belagerung, Einschließung und Beobachtung der vielen Plätze im Rücken der verbündeten Heere erwiesen sich äußerst lästig und schwächten die Feldtruppen. Blücher klagte bitter, daß er sechs feindliche Festungen im Zaume halten müsse, „während die entscheidenden Schläge vor Paris stattfinden“.

Innerhalb Frankreichs verschlimmerte sich die Sache noch durch eine aufständische Bewegung der Bewohner, zumal der Bauern. Anfangs sahen die Franzosen die verbündeten Heere nicht ungern, weil der Steuerdruck und die Aushebungen Napoleons sie schwer belasteten. Längst hatten sie die Blutopfer der steten Kriege satt bis zum Überdrusse und begrüßten deshalb die Fremden als Bringer des Friedens. Allmählich aber änderte sich diese Auffassung. Die Eingedrungenen handelten bisweilen gewalttätig, trieben Vieh weg und verübten allerlei oft durch Hunger und Not gebotene Ausschreitungen. Selbst Hardenberg meinte: „Unsere größten Feinde sind Unordnung und Plünderungen.“ Statt Ruhe fand man die Leiden des Krieges. Brüder und Söhne fochten unter den napoleonischen Adlern, der Feldzug entfachte die nationalen Leidenschaften, namentlich in den östlichen Gegenden, wo der Aufruhr weite Strecken ergriff. Er erhielt Rückhalt an den Besatzungstruppen mehrerer Festungen, besonders an denen von Verdun und Longwy, welche durch die Verbündeten aus Mangel an Streitkräften nicht eingeschlossen waren.

Ansicht von Mainz. Nach einem kolorierten Stich von G. Adam.

Um der Bewegung in Lothringen entgegenzutreten, verlieh man dem Prinzen Biron von Kurland den Befehl über die eintreffenden Nachschübe, welche er wesentlich in Nancy sammelte. Aber die Erhebung nahm nicht ab, sondern dehnte sich aus bis zur oberen Maas; fortwährend kam es zu kleinen Zusammenstößen. Biron schloß Verdun ein, mußte aber nach Nancy zurück, als Durutte den Belagerungsring von Metz sprengte und aus den Besatzungen eine Armeeabteilung von mehr als zehntausend Mann bildete. Doch bald verstärkte sich der Prinz und drängte ihn fechtend wieder bis unter die Kanonen von Metz. Abseits solcher Bewegungen von regulären Truppen gingen allerlei Unternehmungen der aufständischen französischen Bauern, die namentlich das Transportwesen der Verbündeten schädigten und Schwarzenberg um die rückwärtigen Verbindungen besorgt machten. Schließlich sind es diese Vorgänge gewesen, welche stark auf Napoleon für seine Bewegung nach Osten einwirkten. Dort schien der Boden bereitet zu sein, um starke Kräfte zusammenzuraffen und den Feind von hinten zu fassen und abzuschneiden. Voran marschierte Oudinot nach Bar-le-Duc und setzte sich mit

den Befehlshabern von Metz und Verdun in Verbindung. Durutte brach wieder durch, vertrieb die Einschließungstruppen von Diedenhofen und erreichte Luxemburg. Mächtig loderte die Empörung in Lothringen empor. Da stürzte alles durch Napoleons Verhalten zusammen. Der Marschall äußerte ganz richtig, es sei unbegreiflich, daß man von dem Bauernaufruhr keinen Vorteil zöge. Man solle die Begeisterung des Volkes, die nur Rache atme, nicht erkalten lassen.

In den Niederlanden standen Ende Januar der preußische General von Bülow bei Breda und der englische Graham bei Oudenbosch, wogegen sich der französische Führer Maison zwischen Brüssel und Antwerpen befand. Letzteres drohte als Hauptwaffenplatz der Franzosen. Seinen Hafen hatte Napoleon schon früher ausgebaut, mit Batterien und Kriegschiffen versehen und noch in der letzten Zeit Außenwälle erneuert oder verstärkt. Hiergegen wandten sich die Verbündeten und begannen am 3. Februar die Beschießung. Zu ihrem Unglück erhielt der alte Republikaner Carnot den Oberbefehl über die Festung, der sich Napoleon zur Verfügung stellte, als er das Vaterland in Gefahr sah. Carnot war ein Mann von ungewöhnlicher Umsicht und eiserner Tatkraft. Er leistete tapferen Widerstand. Bald gebrach es den Belagerern an Pulver und Kugeln, während zugleich Bülows Pläne weitab schweiften. Als sich das III. deutsche Korps näherte, überwies er Graham die Einschließung, besetzte Brüssel und drängte Maison nach Tournay. Am 7. ergab sich das wichtige Gorkum, so daß Bülow für den Hauptkriegschauplatz frei wurde, auf dem er tätig zu sein wünschte. Den 15. rückte er nach Frankreich ab, den General Borstell zur Beobachtung Maisons zurücklassend. Leider führte das Verhalten Bülows zu erregten Äußerungen des Herzogs von Sachsen-Weimar.

Dieser war vom Zaren kraft eigener Machtvollkommenheit als russischer General zum Befehlshaber des III. deutschen Bundeskorps und dann gar zum Oberbefehlshaber der in den Niederlanden befindlichen Truppen ernannt worden. Da sein Korps ihm erst teilweise zur Verfügung stand, so fühlte er sich durch Bülows Eigenmächtigkeit unangenehm berührt und an Streitkräften geschwächt. Er fürchtete, seinen Aufgaben nicht entsprechen zu können, besonders, weil die Niederländer sich immer noch möglichst wenig an ihrem eigenen Befreiungswerke beteiligten. Nur der Kleinkrieg schien übrigzubleiben. Freilich zählte auch das „Heer" Maisons noch keine fünftausend Bajonette, weshalb er ebenfalls nichts auszurichten vermochte und am 17. Februar auf Lille zurückfiel. Die Folge hiervon bildeten einige Vorteile der Verbündeten. Doch bald setzte der Franzose sich wieder in Bewegung und eroberte Courtray. Auf stetes Drängen Napoleons wagte er sogar am 5. März einen weiteren Vorstoß gegen Oudenarde, der aber scheiterte. Allerseits durch Übermacht bedroht, wich er nach Roncq. Aber auch sein Widersacher, der Herzog, befehligte weitaus nicht Streitkräfte genug, um größere Erfolge zu erzielen; ja die Besatzungen mehrerer festen Plätze durchbrachen die schwachen Einschließungslinien. Wie der deutsche Heerführer wähnte Graham sich zu schwach für ernstes Vorgehen gegen Antwerpen. Er versuchte deshalb Bergen op Zoom durch Überraschung zu bezwingen, fing das Unternehmen jedoch derartig ungeschickt an, daß er viertausend Mann dabei einbüßte, während die Franzosen noch keine sechshundert verloren. Endlich am 12. März traf General von Thielmann mit Verstärkungen ein, so daß der Herzog nunmehr über dreißigtausend Mann und fünfundvierzig Kanonen verfügte. Das veranlaßte ihn, mit Heranziehung der schweren Geschütze Grahams eine Bezwingung von Maubeuge zu versuchen, welches Oberst Schouler mit zweitausend Franzosen verteidigte. Aber alles erwies sich ungenügend. Die Beschießung brachte so wenig Erfolg, daß die Angreifer froh waren, das Belagerungsgeschütz zu retten, und sich mit einer Einschließung in achtungsvoller Entfernung begnügten. Auch Maßnahmen gegen Lille mißlangen. Anderseits machte Carnot Ausfälle aus Antwerpen, freilich ebenfalls ohne Nutzen. — Rings Planlosigkeit und Zerfahrenheit!

Da schien sich alles ändern zu sollen, denn Anfang März erreichte Bernadotte mit der schwedischen Armee Lüttich und Wallmoden den Rhein bei Düsseldorf. Jener führte dreiunddreißigtausend Mann bester Truppen, besaß mithin die Möglichkeit für entscheidendes Eingreifen. Doch Karl Johann blieb, der er war. Er benahm sich nicht als Feldherr der Verbündeten, sondern wie ein Vertreter Frankreichs. Schon auf dem linken Rheinufer verbot er die dort begonnene Aushebung von Landwehrleuten, weil sie in einem vertragsmäßig dem Feinde gehörigen Lande dem Völkerrecht widerspräche. In Lüttich erfand er allerlei Ausflüchte, leistete nichts, sondern vergeudete die kostbare Zeit mit der Forderung, daß Bülow und Wintzingerode unter seinen Befehl zurückträten. Gleichzeitig suchte er mit allen Parteien Frankreichs Fühlung zu gewinnen, selbst mit Napoleon und Ludwig XVIII. Kein Wunder, daß solch fast verräterisches Benehmen den Herzog von Weimar verdroß, der überhaupt nicht sonderlich hoch von

Feldmarschall Graf Bellegarde in der Schlacht am Mincio. Nach dem Gemälde von Albrecht Adam.

dem früheren Marschall dachte. Er brauste auf und warf ihm seine Untätigkeit offen vor; natürlich vergebens. Karl Johann entzog sich schließlich sämtlichen Weiterungen durch eine Reise ins Große Hauptquartier. Einzig und allein die Engländer hatten einen gewissen Einfluß auf ihn, weil sie Subsidien zahlten und als Seemacht für Skandinavien in Betracht kamen. So willfahrte er Grahams Bitte, daß Wallmoden nach Mecheln vorrücke.

Nun rührten die Franzosen sich lebhafter, ermutigt durch die Unfähigkeit und Tatenunlust ihrer Gegner. Von Lille setzte sich Maison und von Antwerpen Roguet in Bewegung, die sich in Gent vereinigten, wo alsbald über zehntausend Mann standen. Das erregte bei den Verbündeten Furcht um Brüssel, weshalb sie zwanzigtausend Bajonette dorthin schickten. Aber Maison wandte sich nicht gegen die Hauptstadt Belgiens, sondern in die Ebene von Courtray, wo er Thielmann am 31. März faßte und mit Verlust von nahezu zweitausend Mann besiegte. Als dann stärkere Feindesmengen vor ihm auftraten, sank er wieder auf Lille zurück.

Allmählich drohte der niederländische Krieg mit dem lothringischen zusammenzuwachsen, und zwar durch Verbindung der hier herausgezogenen Festungsbesatzungen mit Maison. Der Herzog

von Weimar sammelte demgemäß seine Streitkräfte bei Mons und Tournay, selbst Wallmoden und eine schwedische Brigade fanden sich ein. Doch gerade, als es endlich Ernst zu werden schien, ergab sich Paris, worauf Maison am 9. April einen Waffenstillstand annahm und Carnot am 18. das zähe verteidigte Antwerpen der neuen bourbonischen Regierung überwies.

Ein nicht unbedeutender Nebenkriegschauplatz war der italienische. Hier befehligte der Vizekönig Eugen ein franko-italienisches Heer von vierzigtausend Mann. Ihm gegenüber hielt der österreichische Feldmarschall Bellegarde mit etwa siebenundvierzigtausend Bajonetten an der Etsch, während noch zwölf- bis dreizehntausend die feindlichen Festungen belagerten und König Murat von Neapel sich nordwärts bewegte, bereit, von Napoleon abzufallen und sich den Österreichern anzuschließen. Er besetzte Rom und Ancona, schloß am 17. Januar einen Vertrag mit dem bisherigen Feinde und verkündete am gleichen Tage seine Besitznahme Italiens bis zum Po. Anfang Februar befanden sich fünfzehntausend Neapolitaner, von Murat selber befehligt, zwischen Reggio und Bologna. Unter diesem doppelten Druck begann Eugen zu weichen. Bellegarde folgte ihm und wollte den Mincio überschreiten, als ihn sein Widersacher plötzlich faßte. Ein heftiger Kampf entbrannte, der beiderseits große Verluste verursachte, jedoch unentschieden endete. Die Italiener behaupteten das rechte Ufer des Flusses, und die Österreicher verharrten auf dem linken. Mehrere Male befahl Napoleon dem Vizekönig, Italien zu räumen. Er sollte nur die Festungen behaupten lassen, und zwar ausschließlich mit italienischen Truppen, sollte die französischen über die Alpen führen, sich mit Augereau vereinigen und die Verbindungen der feindlichen Hauptarmee bedrohen. Aber Eugen gedachte der harten Vorwürfe, die er im Winterfeldzuge 1813 wegen Räumung der Weichsel und Oder erhalten hatte, und blieb im Felde. Er handelte hiermit tatsächlich im Sinne des Kaisers, der ihm nach seinen Erfolgen über Blücher anwies: Italien so lange als möglich zu verteidigen. Eugen glaubte keine Veranlassung zu größeren Unternehmungen zu finden, um so weniger, als ein Vorstoß über den Po gegen Reggio nach anfänglichem Erfolge scheiterte. Auch Bellegarde verhielt sich ruhig. Nur insofern trat eine Veränderung ein, daß der Engländer Lord Bentinck mit achttausend englisch-sizilianischen Truppen am 9. März bei Livorno landete, sich des wichtigen Hafens von Spezia bemächtigte und längs der Riviera über Rapallo vordrang. Gerade als Bellegarde sich wieder in Bewegung setzen wollte, kam die Kunde von der Abdankung Napoleons. Damit stand dem Friedenschlusse nichts mehr im Wege. Am 17. April erfolgte ein Waffenstillstand und am 24. zu Mantua eine Übereinkunft, welche den Franzosen die Räumung Italiens vorschrieb.

Schlüssel der Stadt Lyon, am 21. März 1814 dem General Erbprinzen von Hessen-Homburg übergeben.
(Aus dem K. u. K. Heeresmuseum, Wien.)

Der italienische Feldzug hat wegen seiner räumlichen Entfernung und der geringen Unternehmungslust aller Beteiligten keine Wirkung auf die Hauptentscheidung geäußert. Anders entwickelten sich die Vorgänge im Südosten und Südwesten Frankreichs. Nach dem ursprünglichen österreichischen Kriegsplane beabsichtigte man einen näheren Zusammenhang zwischen

Gefecht zwischen Österreichern und Franzosen.
Nach dem im Besitz des Fürsten von und zu Liechtenstein befindlichen Gemälde von J. N. Hoechle.

den Bewegungen der Hauptarmeen in der Mitte mit den Flügelheeren in Belgien und der Schweiz, gelangte dann aber zu anderen Gedanken und sandte den General Bubna mit einem Korps nach Genf. Die Österreicher ließen sich dort nieder, sperrten die Alpenpässe gegen Italien und rückten in Frankreich ein, um Lyon zu bedrohen. Als Bubna jedoch die Nachricht vom Nahen bedeutender Streitkräfte zuging, wich er wieder etwas rückwärts. Seine Langsamkeit und Unsicherheit ermöglichten den Franzosen, Verteidigungsmaßregeln zu ergreifen. Marschall Augereau erhielt vom Kaiser den Befehl, eine Truppenmacht zur Deckung von Lyon aufzubringen, wozu auch eine Division aus Katalonien und das Massenaufgebot der Montblanc-Gegend bestimmt wurden.

Immerhin erforderte die Sammlung eines geordneten Heeres Zeit, weshalb die Weisung Napoleons unausgeführt blieb, sich in den Rücken der Verbündeten auf Mâcon und Châlon-sur-Saône zu werfen. Wie in Italien handelte man wenig, suchte sich aber beiderseits zu verstärken. Am 13. Februar erreichte der Erbprinz von Hessen-Homburg die Stadt Dôle mit den österreichischen Reserven, doch auch Augereau bekam nicht unbeträchtlichen Zuzug aus Spanien und Südfrankreich. Damit hielt man sich wieder die Wage. Alle Aufforderungen des Kaisers und des Kriegsministers verklangen zunächst erfolglos, daß Augereau sich in Bewegung setze, um den Feind bei Dijon und Besançon von hinten zu fassen.

Endlich am 17. Februar rückte der Marschall befohlenermaßen vor, während die noch in den Alpengegenden stehenden Abteilungen Chambéry einnahmen. An verschiedenen Punkten gingen die Österreicher zurück, und im Hauptquartiere begann man alsbald für den Fürsten Liechtenstein zu fürchten, der Besançon einschloß; ja man ängstigte sich sogar um die eigenen

Verbindungen mit der Heimat und glaubte die linke Flanke der Hauptarmee bedroht. Liechtenstein meinte, ein Erfolg der Belagerung sei unmöglich, und brachte seine schweren Geschütze nach Basel in Sicherheit. Schwarzenberg erkannte eine bessere Zusammenfassung der im Süden stehenden Truppen und deren Verstärkung für geboten. Er schickte weitere Streitkräfte, um ein eigenes Südheer unter dem Oberbefehle des Erbprinzen von Hessen-Homburg zu bilden, welches bald nahezu vierzigtausend Bajonette zählte. Der Erbprinz sollte den linken Flügel der Hauptarmee decken, den Feind mit Nachdruck zurückweisen und alle Volksaufstände im Entstehen vernichten.

Die Besorgnisse des Hauptquartiers erwiesen sich, wie so oft, übertrieben. Augereau führte nur siebenundzwanzigtausend Mann, und seine Unternehmungen nahmen sich gefährlicher aus, als sie waren. Statt tatkräftig nach Norden vorzudringen oder sich entschlossen auf Bubna zu werfen, zersplitterte er seine Kräfte von Lyon bis Annecy in Savoyen und über Mâcon hinaus, ohne irgendwo Nachhaltiges zu erreichen. Erst am 27. Februar gab er dem Drängen seines Kaisers nach und entfaltete eine etwas lebhaftere Tätigkeit. Er setzte seine Truppen derartig in Marsch, daß sie Bubna in Genf von allen Seiten einschlossen. Dieser wäre wohl verloren gewesen, wenn Augereau nicht einen Teil der Bedränger zum Entsatze von Besançon abberufen und den Gegner dadurch entlastet hätte. Mehr und mehr überholte der Anmarsch der Südarmee saôneabwärts die planlosen Unternehmungen Augereaus. Er zog sich langsam zurück, zugleich seine Streitmittel möglichst sammelnd. In einem Treffen bei Saint-Georges besiegt, stellte sich der Marschall am 20. März bei Limonest zur Schlacht, unterlag abermals, mußte Lyon räumen und sich hinter die Isèrelinie begeben. Nunmehr vermochten sich auch jene abgetrennten Heeresteile nicht mehr zu behaupten, welche Bubna bedrohten. Auch sie marschierten südwärts, hinter ihnen her die Österreicher.

Trotz aller Erfolge blieb der Erbprinz eine Zeitlang fast untätig, dann drängte er gegen die Isère, welche Augereau aufgab. Das nächste Ziel der Österreicher sollte Grenoble sein. Schon rückten sie dahin vor, als man die Ereignisse von Paris erfuhr, in deren Folge der Erbprinz jede weitere Unternehmung abbrach und am 12. April mit dem Marschall einen Waffenstillstand vereinbarte.

Es darf kein Zweifel obwalten, daß Augereau bei ernsterem Willen hätte mehr erreichen und den Kaiser besser unterstützen können. Aber er wollte nicht, denn im Herzensgrunde war er dessen überdrüssig und ihm abgeneigt. Am 16. April erließ er eine öffentliche Kundgebung für die Bourbonen, in der sich nach Jansons Ansicht „die Gemeinheit seiner Seele enthüllte".

Als letzter Kriegschauplatz ist der südwestfranzösisch-spanische zu betrachten, auf dem der Engländer Lord Wellington das Auge fesselt. Dieser überschritt nach dem Siege bei Vitoria die Pyrenäen und die Grenze Südfrankreichs mit hundertfünfzigtausend Mann englisch-iberischer Truppen. Vor ihm standen siebenundsiebzigtausend Bajonette unter Soult, einem der hervorragendsten Männer des Kaiserreichs. Von niederster Herkunft, trat Soult 1788 als gemeiner Soldat in die Armee und arbeitete sich durch Begabung und Tapferkeit bis zum Marschall und Herzoge von Dalmatien empor. War Davout der beste Taktiker Napoleons, so Soult dessen tüchtigster Stratege, ein Vertreter des Krieges im großen Zuschnitt. Wie der Meister galt er als geborener Feldherr. Napoleon nannte ihn seinen einzigen militärischen Kopf und ließ sich nach der Schlacht bei Austerlitz zu der Äußerung hinreißen: „Sie sind der erste Manöverierer meines Reiches, Sie verstehen so viel wie ich." Rasch, kühn, klug und zähe, besaß Soult stets eigene Gedanken, erwies er sich ebenso unerschöpflich als Organisator, wie unermüdlich als Heerführer. Ihn schildert Bleibtreu: „Von Person imposant, vereinigte er mit einer martialischen

Gestalt den stolzen Gang, die gebietende Haltung und den strengen Ton, den man durch die Gewohnheit des steten Befehls erwirbt.“ Im Gefühl seines Wertes benahm er sich hochfahrend und neigte zu Eigenmächtigkeiten. Wie an Geist übertraf er fast alle Marschälle an Habsucht, und das wollte etwas besagen. Während seines Oberbefehls in Spanien erhob er das Erpressungswesen derart zum System, daß er das größte Vermögen aus dem Schiffbruche des Kaiserreichs retten konnte. Napoleon liebte ihn nicht, aber er achtete und fürchtete ihn, ja würdigte ihn gelegentlicher Eifersucht. Kaum verbreitete sich die Kunde, daß Soult die Oberleitung wieder über die spanische Armee erhalten habe, welche durch die Niederlage bei Vitoria und den Rückzug mutlos und zerrüttet war, so richtete sie sich kampfesmutig wieder auf.

Nach einem Kohledruck von Braun & Cie. Nachf., Dornach i. E.

Marschall Soult. Gemälde von L. de Laval.

In Wellington fand der Marschall einen ebenbürtigen Gegner, den Davout der Verbündeten, zugleich einen Verstand, der, allem Abenteuerlichen abgeneigt, nur dem Vorteil des eigenen Landes folgte. Ein Blücher hätte wahrscheinlich die Gunst der Umstände benutzt, um im Bunde mit den königstreuen Franzosen den schwachen Soult über den Haufen zu werfen, auf Paris zu marschieren und dort den Frieden zu gebieten. Er hätte damit nicht einmal viel gewagt, denn Napoleon weilte fern in Deutschland, und bei etwaigem Mißgeschicke blieben stets die britischen Schiffe erreichbar. Aber solche Hingebung für die allgemeine Sache lag dem kühlen Briten fern. Er wählte das Sichere und Gefahrlose, und das wies auf die Küste Südfrankreichs, unter steter Verbindung mit England und dem freilich verachteten Spanien. Hinzu kam, daß er in insularer Unwissenheit und persönlichem Hochmute die Leistungskraft der Verbündeten vollständig unterschätzte und es für ausgeschlossen erachtete, daß sie ihrerseits Paris erreichten. Ein etwaiges Zusammenwirken mit ihnen verweigerte er; hieß es dann doch, die Meeresküste zu verlassen. Demgemäß unternahm er während des Winters fast nichts, sondern wartete den Gang der Ereignisse ab. Dadurch fand Soult Zeit, sich am Adour zu verschanzen, einem Flusse, der sich bei Bayonne in die Biskayasee ergießt. Aber alle Mühen scheiterten, weil der Marschall ununterbrochen Truppen an die Haupt- und die Augereausche Armee abgeben mußte, bis er kaum noch fünfundvierzigtausend Mann besaß. Damit ließ sich einem Wellington gegenüber nichts ausrichten, und richtig belehrte er den Kriegsminister, daß das wichtige Bordeaux verloren sei, wenn der Feind sich in Bewegung setze. Und dies geschah Mitte Februar. Der Brite erzwang den Adourübergang und schob Soult bis Orthez zurück, wo es zur Schlacht kam.

Die Franzosen kämpften mit größter Tapferkeit, sahen sich aber schließlich umgangen und zum Weichen gezwungen. Unter wiederholten Rückzugsgefechten wandte sich der Marschall nun ostwärts nach Tarbes am Fuße der Pyrenäen, von wo aus er den Weitermarsch des Feindes seitlich bedrohte und mit Marschall Suchet in Verbindung treten konnte, der sich noch in Kataloniens Nordostecke behauptete. Da Wellington nur langsam folgte, trat am 3. März Ruhe ein, welche Soult für die Aufrichtung und Verstärkung seines gelichteten Heeres benutzte.

Inzwischen belagerten die Engländer Bayonne und gewannen Bordeaux. Diese wichtige Handelstadt litt lange und schwer unter der Kontinentalsperre und war deshalb der napoleonischen Herrschaft abgeneigt. Sie erhoffte bessere Zeiten von der alten Regierung. Als nun Lord Beresford am 12. vor ihren Toren erschien, erklärte sich die Bevölkerung gegen den Kaiser, so daß der Engländer die Stadt ohne Widerstand besetzte. Der Maire veröffentlichte einen Aufruf im bourbonischen Sinne.

Vergebens hatte Soult einen Vorstoß gemacht, um die Engländer von Bordeaux abzuziehen, er mußte sich sogar vor Wellington aus der Gegend von Tarbes nach Toulouse entfernen, wo er am 23. März ankam. Soult schlug diese Richtung ein, um sich Suchet zu nähern und ihm den Marsch über die Pyrenäen nach Narbonne zu erleichtern. Aber durch die vielen Abberufungen für die französischen Kriegschauplätze war auch dessen Truppenbestand auf zwölf schwache Bataillone gesunken, und er selbst sah sich durch Verhandlungen über die Festungsbesatzungen im Lande zurückgehalten. So blieb Soult auf sich allein beschränkt. Er befestigte sich, so gut er vermochte, wurde aber am 10. April von Wellington mit erdrückender Übermacht angegriffen und nach heftigem Widerstande besiegt, infolgedessen er auf Carcassonne ausbog. Die Schlacht kostete achttausend Menschen das Leben. Sie fielen umsonst, weil Napoleon bereits abgedankt hatte.

Noch kurz mag bemerkt werden, daß es sich zeitweise auch auf dem Meere regte, freilich fast ausschließlich durch britische Krieg- und Transportschiffe. Die Überlegenheit Englands erwies sich so vollständig, daß sie fast an allen Küsten Europas zur Geltung gelangte. Napoleon fühlte sich dagegen machtlos, obwohl er seine Flotte nie aus den Augen verlor. Noch im Februar 1813, als schon der Kampf ums Dasein bevorstand, erklärte er, daß die Flotte nicht in Material und Ausrüstung zurückgehen dürfe, weshalb er trotz seiner Geldverlegenheit hundertsiebenundsechzig Millionen Francs für sie bestimmte. Aber die Gesamtlage entzog allen Seerüstungen den rechten Nerv; es mangelte überall, zumal an tüchtigen Admiralen. Kein Wunder, daß der Kaiser nach der Schlacht bei Leipzig jede Ausgabe für Marinezwecke unterließ und an Abrüstung aller Linienschiffe dachte. Was wollten, was konnten sie gegen hundertachtzehn Linienschiffe und sechshundertsiebenunddreißig Kreuzer des Feindes ausrichten.

Unbehindert betätigte sich die britische Seemacht. Im Adriatischen Meere eroberte sie sämtliche Inseln und Küstenplätze der dalmatinischen und istrischen Küste, bisweilen von österreichischen Landtruppen unterstützt. In Holland sperrte sie Antwerpen von der Seeseite, in Deutschland beschoß sie Cuxhaven und Glückstadt. Nur bei Toulon stießen die Engländer auf seemännischen Widerstand. Dort lief ein kleines Geschwader von drei Linienschiffen und drei Fregatten am 12. Februar aus, wurde jedoch schon am folgenden Tage von der englischen Mittelmeerflotte gesichtet, welche mit fünfzehn Linienschiffen an der Küste kreuzte. Sofort machten die Franzosen kehrt und erreichten, hart verfolgt, den bergenden Hafen, nachdem das Flaggschiff hundertachtzig Mann durch feindliche Kanonenkugeln verloren hatte.

Rings dasselbe Bild: eine erdrückende Übermacht der Verbündeten.

Wien zu Anfang des neunzehnten Jahrhunderts, vom „Belvedère“ aus gesehen.
Nach einem kolorierten Stich von J. C. Zoller.

Der Wiener Kongreß.

»Der gute Wiener Kongreß gleicht einem Jahrmarkt in einer kleinen Stadt, wo ein Jeder sein Vieh hintreibt, es zu verkaufen oder zu vertauschen.« (Blücher.)

Willig gewährten die Bourbonen, was Napoleon verweigert hatte. Am 30. Mai unterzeichnete Talleyrand jene Vereinbarungen für Frankreich, die man als ersten Pariser Frieden zusammenfaßt und am 4. Juni bekanntgegeben wurden. Er regelte auf Antrag Metternichs alle eigentlich französischen Angelegenheiten, wogegen die des europäischen Gleichgewichts auf einem Kongresse in Wien ihre Entscheidung finden sollten. Die siegreichen Verbündeten behandelten den bisherigen Feind großmütig, um das nunmehrige Herrscherhaus nicht von vornherein unmöglich zu machen. Der Störenfried brauchte keine Kriegsentschädigungen zu zahlen und nicht einmal die zusammengeräuberten Kunstschätze auszuliefern. Aber er sollte keine gefährliche Vorherrschaft auf dem Festlande oder in den Kolonien wiedererlangen. Deshalb erhielt er die Grenzen der alten Bourbonenzeit von 1792 zurück, freilich mit Erweiterungen, wie Chambéry, Annecy, Avignon, Mömpelgard und einigen anderen „Enclaven“, wodurch er tatsächlich hundertfünfzig Quadratmeilen mit vierhundertfünfzigtausend Einwohnern gewann. Am Mittelrheine galt der Talweg als Grenze gegen Deutschland. Von französischem Kolonialbesitz behielt England Ile-de-France, Tabago und Santa Lucia. Da die Verbündeten befehlen konnten, so mußten ihre Zugeständnisse als bedeutend und dankenswert erscheinen, aber die verwöhnten Franzosen betrachteten den Frieden als eine Demütigung.

Auch für die bevorstehenden Gesamtabmachungen wurden bereits einige Linien in Paris gezogen und zwar auf Grundlage des Vertrages von Chaumont. Ein Geheimartikel gewährleistete die Unabhängigkeit der deutschen Staaten und deren Zusammenschluß in einem Bunde. Ferner bestimmte gleich der erste Satz die Absicht der Mächte, die Ruhe in Europa aufrecht zu halten, sowohl untereinander als mit den übrigen Staaten Europas. Zur Erreichung dieses Zieles sollten zeitweise Zusammenkünfte stattfinden, womit das neue System von Kongressen der Großmächte zur Überwachung des Friedens Eingang fand, als deren erster und bedeutendster der Wiener zu gelten hat.

Auch noch in Paris und zwar am 3. Juni erfolgte die Auseinandersetzung Österreichs mit Bayern durch Metternich und Wrede. Der Kaiserstaat erhielt Tirol und Vorarlberg, Salzburg,

das Innviertel und das Hausruckviertel zurück, dafür bekam Bayern das Großherzogtum Würzburg, das Fürstentum Aschaffenburg und das Versprechen zur Unterstützung der Erwerbung von Mainz, der alten Rheinpfalz und eines Landstrichs zwischen dieser und dem Hauptlande. Als dann noch die Vertreter der vier Großmächte am 14. Mai den Prinzen von Oranien zum Antritt der landesherrlichen Verwaltung der nunmehr vereinigten Länder Holland und Belgien eingeladen hatten, gingen die amtlichen Geschäfte der Verbündeten an der Seine zu Ende.

Frohgemut kehrten die verbündeten Truppen heim:

Und jedes Heer, mit Sing und Sang,
Mit Paukenschlag und Kling und Klang,
Geschmückt mit grünen Reisern,
Zog heim zu seinen Häusern.

Auch die Herrscher suchten ihre Hauptstädte wieder auf, wo froher Jubel und lautes Festgepränge ihrer harrte. Zur Herbeiführung persönlicher Annäherung begaben sich Zar Alexander und Friedrich Wilhelm erst nach London. Der alte Blücher hatte nach den aufreibenden Ereignissen des Winterfeldzuges eine Art Kräftezusammenbruch zu beklagen. Doch raffte er sich bald wieder auf und reiste ebenfalls nach England, wo er sich unter den allgemein freudigen Eindrücken erholte und verjüngte. Am 7. August zog Friedrich Wilhelm mit der Garde in Berlin ein, umgeben von den Prinzen und kommandierenden Generalen, an ihrer Spitze den Marschall Vorwärts. Bei dieser Gelegenheit fiel auch die Verhüllung des Viergespanns auf dem Brandenburger Tore, welches Napoleon 1806 nach Paris entführt hatte, nun aber wieder zurückgebracht war. Es galt als Wahrzeichen des Sieges.

Der furchtbaren Anstrengung der Völker folgte allgemein Abspannung und zeitweise Tatenlosigkeit, welche zu einer bedeutenden Verminderung der Streitkräfte führte. Nur Preußen gab sich der Zeitströmung nicht hin. Im Gegenteil: hier benutzte der Kriegsminister Boyen die reinigende Wirkung der Befreiungskriege, „um den größten militärisch-politischen Gedanken der Reformzeit, die allgemeine Wehrpflicht, die bisher nur für die Dauer des Krieges gegolten hatte, endgültig unter Dach und Fach zu bringen". Es geschah durch das Wehrgesetz vom 3. September 1814, welches die dreijährige Dienstpflicht im stehenden Heere, mit zweijähriger Reservezeit, eine Landwehr ersten und zweiten Aufgebots und das Einjährigenwesen anordnete. „So wurde eine nationale Wehrverfassung von großartiger Einheitlichkeit, Kraft und Biegsamkeit geschaffen." Sie gestaltete sich zur Grundlage fast aller modernen Heereseinrichtungen.

Europa atmete auf. Endlich fühlte man sich wieder frei, wieder als Herr seiner eigenen Bestimmung. Die Tage der verachteten „Ideologen" schienen gekommen zu sein, die Gedanken eines Stein, Gneisenau, Humboldt, Arndt, Grimm u. a. sich zu Taten gestalten zu sollen. Schenkendorf sang:

Wie mir deine Freuden winken
Nach der Knechtschaft, nach dem Streit,
Vaterland, ich muß versinken
Hier in deiner Herrlichkeit.

Wo die hohen Eichen sausen,
Himmelan das Haupt gewandt,
Wo die starken Ströme brausen,
Alles das ist deutsches Land.

Der einflußreiche Görres meinte im August 1814: es sei bewundernswert, wie tief die Wurzeln der vaterländischen Anstrengungen, welche bisher mehr oder weniger in der Luft schwebten, nun Wurzel in aller Herzen geschlagen hätten. Man träumte von weitgehender bürgerlicher Freiheit, von einflußreicher Volksvertretung, von Abrüstung, von Humanität, freiem Handelsverkehr, dem Gleichgewichte der europäischen Staaten und einem internationalen Gerichtshofe.

Freilich die leitenden Staatsmänner dachten an andere, zunächst mehr drängende Dinge: an die Art der Einrichtung des Kongresses und an den Ausgleich des Landbesitzes. Anfang August wollte man an der Donau zusammenkommen, doch verschiedene Umstände verzögerten

Verlag von Jos. Albert, München.

Der Einzug des Kaisers Franz in Wien am 16. Juni 1814.
Freskogemälde von Carl Blaas im Museum des k. k. Arsenals zu Wien.

den Beginn der Sitzungen um zwei Monate, worauf sie dann freilich dreiviertel Jahre dauerten und sich noch länger fortgesponnen hätten, wenn Napoleon nicht plötzlich erschienen wäre und Beschleunigung, ja Überstürzungen der Arbeiten bewirkte.

Seit Mitte September fanden sich die leitenden Staatsmänner in Wien zusammen. Am 25. kamen die Herrscher von Preußen und Rußland, und am 29. wurde die erste Konferenz abgehalten, die den Kongreß gewissermaßen eröffnete. Gewöhnlich besprachen sich die Souveräne des Vormittags in zwangloser Form, was viele Schwierigkeiten beseitigte. Zeitweise griffen einzelne persönlich ein, vor allem Kaiser Alexander, aber die Hauptarbeit leistete eine Gruppe von Fachpolitikern: Wessenberg, Humboldt, Gentz, Dalberg, Clancarty und La Besnardière.

Kaiser Franz spielte die Rolle des liebenswürdigen Wirts und ehrwürdigen Patriarchen unter dem hohen Adel. Er ging davon aus, daß man sich die Sache etwas kosten lassen müsse, um möglichst viel zu erreichen. So soll er über dreißig Millionen Gulden für die Unterhaltung

seiner Gäste ausgegeben haben, und das zu einer Zeit, wo der Staat kaum die laufenden Ausgaben zu bestreiten vermochte und die hungernden Invaliden auf der Straße betteln gingen. Das Wesen des Kaisers entsprach wenig seiner Aufgabe, aber die alte Hofüberlieferung und die Ansprüche seines Hauses trieben seinen engen Geist und die Schwerfälligkeit seines Wesens vorwärts. Was ihm fehlte, ersetzte Österreichs leitender Staatsmann in vollstem Umfange. Gewandt und verbindlich, verstand Metternich stets zu blenden, zu überstrahlen, zu gewinnen und die führende Rolle zu spielen. Wie sein „erhabener Souverain" trieb auch er gewaltigen äußeren Aufwand. Dabei blieb er aber sparsam bis zum Geize und vergaß nie, im Gewirr der geselligen Zerstreuungen seine politischen Pläne mit zäher Ausdauer zu verfolgen. Den demokratischen und patriotischen Gedanken stellte er mit verbindlichem Lächeln eine konservative Politik entgegen, wonach den Bewegungen des Völkerlebens feste Schranken gesetzt werden mußten. In der Tat verlieh Metternich dem Kongresse das Gepräge seines Geistes, weshalb er ihn auch als eigenstes Werk betrachtete. Und das alte feudale und elegante Europa, es feierte in der Person des Grandseigneurs und dem Glanze der Versammlung frohlockend seine Auferstehung. Bissig meinte

Das 1806 n[…]
Viergespa[…]
Tor wird v[…]
kehrenden Trupp[…]
zur[…]
Nach de[…]

ris geschleppte
m Brandenburger
siegreich heim-
ch Berlin
ührt.
mälde von
hstnedt.

der Herzog von Ligne: „Der Kongreß tanzt, aber er marschiert nicht," und grollend äußerte Stein: „Es ist jetzt die Zeit der Kleinheiten, der mittelmäßigen Menschen." Hübsch schildert Treitschke: „Die Helden des Schwertes verschwanden vom Schauplatze, mit ihnen die große Leidenschaft, die unerbittliche Wahrhaftigkeit des Krieges. Wie Würmer nach dem Regen krochen die kleinen Talente des Boudoirs und der Antichambre aus ihrem Versteck hervor und reckten sich behaglich aus. Die vornehme Welt war wieder ganz ungestört, ganz unter sich." Aber man fühlte sich doch nicht recht geheuer, denn der demokratische Zug der Zeit ließ sich nicht wegleugnen: man benahm sich freier und formloser, die großen Prunk- und Feiertage des Kongresses erhielten ein militärisches Gepräge, selbst der waffenscheue Kaiser Franz erschien bisweilen in Uniform. Um wenigstens ein Gegengewicht zu haben, erhob man die äußere Kirchlichkeit zur Modepflicht. An den vornehmen und vornehm geltenden Stätten drängte sich ein buntes Gewimmel von Fürsten und Prätendenten, Staatsmännern und Offizieren, Priestern und Gelehrten, Abenteurern, Gaunern und Bittstellern, „unterthänigst angestaunt und unterthänigst ausgebeutelt von den gemüthlichen Wienern, die sich an den hohen Herrschaften gar nicht satt sehen konnten". Neben Staatsgeschäften

walteten Tändelei, Ränke und Klatsch, Sittenlosigkeit und lächelnde Verlogenheit. Rings eine „ungeheure Fadheit", der man durch flache Vergnügungen, durch Maskenzüge und Praterfahrten, Bälle und Schmausereien in eintönigem Wechsel entgegenzuarbeiten suchte.

Ganz Europa war in Wien vertreten, außer dem Sultan. Da begegnete man neben den drei Monarchen mit manchen ihrer nächsten Verwandten und glänzender Umgebung dem Könige Friedrich VI. von Dänemark, dem Könige Maximilian I. Joseph von Bayern, dem Könige Friedrich I. von Württemberg, dem Großherzoge Karl von Baden, dem Kurfürsten von Hessen, dem Erbgroßherzoge von Hessen-Darmstadt und vielen anderen. Dazu gesellte sich eine Menge früherer Landesfürsten und Reichsunmittelbarer (Mediatisierter), Thronprätendenten, Bevollmächtigter von Ländern, Ständen und Städten. Die katholische Kirche Deutschlands, die Katholiken von Frankfurt und selbst die Juden von Frankfurt, Bremen, Straßburg und Lübeck sandten Abordnungen. Es fehlten der König von Sachsen, der noch in Friedrichsfelde saß, und der Kronprinz Karl Johann von Schweden (Bernadotte). Letzterer hatte eine zu sonderbare Rolle gespielt, um sich anständigerweise sehen zu lassen.

Sachlich traten die Diplomaten in den Vordergrund. Der gewandte Metternich berief tüchtige Gehilfen: den Baron Johann von Wessenberg, einen klugen, klaren Kopf von unerschöpflicher Arbeitskraft, den Generalstabschef Grafen Radetzky und den Publizisten Pilat, den Herausgeber des „Österreichischen Beobachters", durch den die öffentliche Meinung bearbeitet wurde. Gewissermaßen als Abbild Metternichs durfte der frühere Journalist Friedrich Gentz gelten, der seit 1814 das volle Vertrauen des leitenden Ministers besaß, der alles wußte und alles konnte. Bei den russischen Diplomaten entsprach die Bedeutung nicht immer ihrer Stellung, und alle überragte der bewegliche und weitplanende Zar. Erster Geschäftsträger war der Fürst Andreas Rasumowsky, es folgten der Graf Stackelberg und vor allem Graf Nesselrode, der Staatssekretär für auswärtige Angelegenheiten, ein rastloser Gegner Napoleons und Förderer der Bourbonen. Großen Einfluß auf den Zaren hatten der Freiherr vom Stein und der liberalisierende Grieche Graf Capodistrias; letzterer seit 1813 Chef der diplomatischen Abteilung des russischen Hauptquartiers. Stein kam als Vorsitzender der Zentralkommission für die Verwaltung der besetzten Länder, besaß unter den Diplomaten also keine recht klare Stellung und mußte sich wesentlich durch seine geistige Bedeutung und sein Verhältnis zu Alexander Gehör verschaffen. Unter den Preußen zogen Hardenberg und Humboldt das Auge auf sich. Beides hervorragende Männer, die aber nicht selten die nötige Klarheit der Ziele, Kühnheit und Festigkeit des Auftretens und Sicherheit des Willens vermissen ließen. Ihnen unterstanden Arbeitskräfte zweiten Ranges. Von Militärs war General von dem Knesebeck zugegen, der ebenfalls nicht an übertriebener Tatkraft litt. Man kann sagen: „Preußens Diplomatie stand nicht auf der Höhe seiner Feldherrnkunst." Doch dürfen nicht die Ungunst der Gesamtverhältnisse und die Schwäche des Staates übersehen werden, die ihn gebieterisch auf seine Verbündeten hinwiesen. Ein Mann, der viel nützen konnte: Gneisenau, fehlte. Die englischen Geschäftsträger dürfen kaum als große Diplomaten gelten, und ihre Tätigkeit fand sich noch durch das Parlament erschwert. Als erster erschien Lord Castlereagh, der Staatssekretär für auswärtige Angelegenheiten, der aber am 15. Februar 1815 Wien verließ, um durch den geistig überlegenen Herzog von Wellington ersetzt zu werden. Ferner sah man die Grafen von Clancarty und Cathcart nebst Lord Stewart, dem späteren Marquis von Londonderry, welcher namentlich Preußen gegen Frankreich verteidigte. Die bourbonischen Hoffnungen ruhten auf dem Fürsten von Talleyrand, wohl dem geistreichsten, erfahrensten, ränkevollsten und gewandtesten Diplomaten des ganzen Kreises. Er sah sich anfangs kühl behandelt, verstand aber rasch, großen Einfluß zu gewinnen. Aus vornehmem Hause war er fast allein von den Zeitgenossen des alten

Regimes obenauf geblieben und hatte sie alle kommen und gehen sehen, die Eintagshelden einer wirrenreichen Zeit. Im Herzensgrunde eingefleischter Aristokrat, wünschte er einen Bund mit den alten Mächten Österreich und England, wogegen ihm der russische Emporkömmling verächtlich und vollends die bürgerlich-soldatische Schlichtheit des preußischen Staates widerwärtig erschienen. Nebenbei haßte er letzteren in richtiger Witterung als gefährlichsten Feind seines Landes. Außer ihm kamen wesentlich noch in Betracht der Herzog von Dalberg und der Gesandtschaftssekretär La Besnardière: geschäftskundig, zurückhaltend und von nimmer rastendem Fleiße. Spanien sandte Don Pedro Gomez Labrador, einen steifen Granden, der wie sein sizilianischer Kollege eigentlich immer mit Talleyrand ging. Schwedens und Norwegens Angelegenheiten führte Graf Loewenhielm, Gesandter in Wien, die der Kurie der zähe, liebenswürdige Kardinal Ercole Consalvi, die der Niederlande Baron van Spaen und namentlich Baron Hans von Gagern, ein liberaler Föderalist und unsteter Kopf, der vielgeschäftig seinen Anteil an der Politik Europas geschildert hat. Von deutschen Geschäftsträgern nennen wir nur den Feldmarschall Grafen Wrede, der anmaßend und großsprecherisch sich Metternich anschloß, den Grafen Münster für Hannover, welcher das volle Vertrauen des englischen Prinzregenten besaß und oft als schroffer Welfe auftrat, schließlich den nassauischen Gesandten Freiherrn von Marschall, einen guten Beobachter, aber Gegner Preußens und Anhänger der holländisch-oranischen Begehren. Auch der König von Sachsen hielt Vertreter.

Fürst Andreas Rasumowsky.
Aus: De la Garde, Wiener Kongreß.

Die deutschen Kleinfürsten bis hinab zu Heinrich XLIV. von Reuß bildeten den zahlreichsten und buntesten Teil der obersten Klasse. Ihrer hatte sich insofern ein demokratischer, gleichmacherischer Geist bemächtigt, als sie alle, ob mächtig oder ohnmächtig, die angemaßte Souveränität als ein unantastbares Heiligtum betrachteten. Mit wenigen Ausnahmen umwarben sie die Gnade fremder Herrscher. Die eigentlichen Geschöpfe Napoleons, die Fürsten der Mittelstaaten, zeichneten sich überdies noch aus durch Haß und Neid gegen Preußen, welches sich herausgenommen hatte, den Deutschen wieder Selbstgefühl zu geben und gar einen festeren Zusammenhang auf Kosten ihrer Eigenhoheit erstrebte. Diesen anmaßlichen Staat zu schwächen, hielten sie für ein Gebot der jungen Freiheit. Es lagerte wie ein Fluch über der Mittel- und Kleinstaatenwelt, daß sie einen ehrenhaften Nationalstolz und vernünftiges deutsches Gemeingefühl nicht aufkommen ließen.

So schwirrten also die mannigfachsten Gedanken, drängten sich die verschiedensten Menschen und Nationalitäten durcheinander. Die Leitung einer derartigen Vielköpfigkeit war ungemein schwer, besonders wegen der Gegenwart der Fürsten.

Zunächst suchte man sich kennen zu lernen und Fühlung miteinander zu nehmen, was unter allerlei Festlichkeiten geschah. Auch herrschte anfangs noch völlige Unklarheit über Teilnahme der einzelnen und Geschäftsführung; es konnte weder eine förmliche Eröffnung des Kongresses stattfinden, noch eine Sitzung aller Mitglieder, noch eine Prüfung der Vollmachten.

Um etwas Ordnung zu erreichen, traten die Minister der vier verbündeten Großmächte seit dem 16. September zu einem „Komitee der Vier" zusammen. Preußen verlangte strenge Ausführung des Geheimartikels, der Frankreich von allen Gebietsverhandlungen ausschloß; dies sollte auch mit den kleineren Staaten bei wichtigen Beratungen der Fall sein. Humboldt entwarf einen dahin zielenden Plan der Geschäftsordnung, dem aber Österreich lebhaft widersprach. Metternich wünschte im geheimen Frankreichs Wohlwollen und fand demgemäß dessen Fernhalten unbillig. Er gewann Castlereaghs Zustimmung, bei dem ähnliche Gedanken obwalteten. Nur Rußland hielt zu Preußen. So ging aus den Gegensätzen eine Geschäftsordnung hervor: alle europäischen Angelegenheiten werden von den vier verbündeten Großmächten und den beiden Bourbonenstaaten (Frankreich und Spanien) bearbeitet, während die Einleitung der deutschen Verfassungssachen den fünf deutschen Königshöfen (mit Ausschluß Sachsens) zusteht. Der Plan der Gebietsverteilung bleibt nach der Pariser Abrede zunächst dem Viererausschuß vorbehalten, der seine Beschlüsse den beiden Bourbonen und dann den kleinen Höfen zur Äußerung mitzuteilen hat.

Am 24. traf Talleyrand ein, gewillt, Frankreich der Vereinzelung zu entreißen und ihm die durch die letzten Niederlagen verlorene Ebenbürtigkeit mit den übrigen Großmächten zurückzuerobern. Er glaubte dies am besten durch Betonung des Grundsatzes der Legitimität erreichen zu können, denn dadurch ließ sich der König von Sachsen retten, den sizilischen Bourbonen der Thron von Neapel zurückgewinnen und zugleich ein starker Rückhalt bei solchen Rheinbundfürsten finden, die sich benachteiligt glaubten. Im Legitimitätsgedanken fand er Anklang bei Metternich, mit dem er bereits von Paris aus Verbindungen besaß. Als er durch München reiste, beteuerte ihm König Max seine Anhänglichkeit und äußerte: „Ich habe Frankreich zwanzig Jahre gedient, so etwas vergißt sich nicht." Da auch der spanische Gesandte sein Anhänger war, vermochte Talleyrand in Wien mit Sicherheit aufzutreten und sich den herrschenden Zwiespalt meisterhaft zunutze zu machen. Mit „unvergleichlicher Dreistigkeit" verlangte er die Teilnahme aller Staaten an sämtlichen Verhandlungen des Kongresses. Freilich lag hier die Absicht gar zu offenkundig, weshalb diese Forderung nicht durchging; doch erreichte er, daß ein leitender Ausschuß aus den acht Mächten des Pariser Friedens gebildet wurde (also von Frankreich, England, Rußland, Österreich, Preußen, Schweden, Spanien und Portugal). Aber drei dieser Mächte bedeuteten nicht viel, und Frankreich betrachtete man noch als tatsächlich nebenhergehend, folglich lag das Schwergewicht nach wie vor bei den vier, dann, nachdem Talleyrand sich völlig eingedrängt hatte, bei den fünf Großmächten.

Das „Komitee der Acht" trat seit dem 12. Oktober in Kraft, erklärte den 1. November als Tag der wirklichen Eröffnung des Kongresses, erwählte am 30. Oktober Metternich zum Präsidenten und Gentz zum Sekretär des Kongresses und setzte eine Anzahl Sonderausschüsse ein, deren Beschlüsse es verarbeitete und nach Umständen vortrug.

Am wichtigsten erschienen zunächst die Besitzverhältnisse, die kunstvolle Verteilung von Ländern und Leuten. Keine Schwierigkeiten drohten in Oberitalien, den Niederlanden, den linksrheinischen Strecken, der Schweiz und so weiter. Wesentlich anders aber verhielt es sich mit den Sonderabmachungen einzelner Großmächte, vor allem mit der Kalischer Konvention vom 28. Februar 1813 zwischen Rußland und Preußen. Ihr zufolge überließ letzteres seinem Nachbarn einen großen Teil der eigenen polnischen Ansprüche, wofür Rußland Ersatz in Deutschland

gewährleistete, bis zu einer Gebietsausdehnung wie vor dem Jahre 1806. Mehr und mehr trat hervor, daß der Ausgleich in der Angliederung des Königreichs Sachsen bestehen solle. Soweit es ging, suchten sich die Machthaber von vornherein zu sichern. Demnach standen Engländer in den Niederlanden, Preußen bei Aachen, Österreicher in Italien, Russen in Polen, während Sachsen durch einen russischen Gouverneur im Auftrage der Verbündeten verwaltet wurde, der sich aber bereit hielt, zu Preußens Gunsten zurückzutreten. Als man nun zusammenkam, zeigte sich nur die Grenze Frankreichs durch den Pariser Frieden bestimmt, während die Wünsche der übrigen Großmächte stark auseinanderstrebten. Am einfachsten lag es mit England; es hatte seine Vorteile bereits zur See in Sicherheit gebracht und legte sein Hauptgewicht auf Schaffung und Ausstattung des Königreichs der Niederlande. Daneben kam Hannover in Betracht, mit dem es durch Personalunion zusammenhing. Weit schwieriger gestaltete sich die Sachlage für Österreich. Metternich sah Frankreich glücklich nach Westen gedrängt, nun galt es, Rußland möglichst nach Osten zu schieben, Preußen nicht zu stark werden und sich nicht zu nahe kommen zu lassen, und schließlich selber möglichst viel zu schlucken. Er freute sich, Belgien los zu sein und hoffte dafür die Lombardei und Venetien, etwa auch noch Stücke von Süddeutschland und Polen zu erhalten. Dieser Gedankengang widersprach in manchen Beziehungen den Wünschen Rußlands und Preußens. Der Zar hielt für selbstverständlich, daß Rußland seinen Ersatz in Polen, Österreich in Italien und Preußen in Norddeutschland finde. Ähnlich dachte Friedrich Wilhelm. Für Preußen entsprach der augenblickliche Landbesitz weitaus nicht den kriegerischen Leistungen; jetzt nahte der Augenblick, wo es sich auch territorial zur Großmacht ausweiten konnte, ja mußte. Hierbei begegnete es freilich bedeutenden Schwierigkeiten: Hannover verlangte das früher preußische Ostfriesland, was zugleich Abdrängung von der Nordsee bedeutete, und hegte noch sonst allerlei Hoffnungen auf Ausdehnung nach Süden. Ferner mußte Preußen rechnen mit Hessen, Braunschweig, Nassau und anderen Grenzstaaten. Ohne besondere Bedenken ließen sich überweisen: ein Stück linksrheinischen Gebietes, Teile von Westfalen, das napoleonische Großherzogtum Berg und Ausgleichungen mit Nassau. Natürlich genügte dies nicht, und überdies zerfiel das Reich nun in zwei getrennte Hälften. Hardenberg beantragte, sie mittels eines „Göttinger Isthmus" zu verbinden, vermochte diesen bescheidenen Plan jedoch nicht durchzusetzen. So verlangte Preußen: Schwedisch-Pommern und vor allem Sachsen für seine Verluste in Polen. Allgemach verwob sich dadurch die russisch-polnische mit der preußisch-sächsischen Frage zu einer untrennbaren Gesamtheit und steigerte sich bis zu einer europäischen Angelegenheit.

Großes französisches Staatssiegel aus der Regierungszeit Ludwigs XVIII.
Nach dem Original im Geh. Staatsarchiv zu Berlin.

Hätten die vier Verbündeten allein zu entscheiden gehabt, so würden sie sich wahrscheinlich verständigt haben, da Alexander sich einer vernünftigen Militärgrenze für Österreich und Preußen

nicht abgeneigt zeigte. Ebenso schien es anfangs, daß sich die Angliederung Sachsens ohne besondere Schwierigkeit erreichen lasse. Der russische Gouverneur des Landes, Fürst Repnin, übergab die Verwaltung am 8. November an Preußen, womit er dessen König als zukünftigen Herrscher bezeichnete. Die Patrioten waren dafür, voran Stein, Gneisenau und Boyen. Aber anderseits regte sich lebhafter Widerspruch. Die Sachsen selber erklärten sich in weit überwiegender Mehrheit leidenschaftlich für ihr angestammtes Fürstenhaus. König Friedrich August erhob Einspruch gegen die Besetzung seines Landes; die Sachsen-Ernestinische Linie trat für das bedrohte Wettiner Gesamthaus ein; Österreich empfand eine Vergrößerung des norddeutschen Verbündeten längs der böhmischen Grenze lästig, nun gar, wenn sie das habsburgische Gebiet von zwei Seiten umfaßte; der Neid der deutschen Mittelstaaten, zumal Bayerns, machte sich geltend, und England hegte Hannovers wegen Bedenken, zugleich ein überstarkes Anwachsen Rußlands fürchtend. Vor allem aber kam Frankreich in Betracht, weil Talleyrand die Gegensätze geeignet fand, sich als Vertreter der kleineren Staaten aufzuspielen und sich in den europäischen Ausschuß einzudrängen. So entbrannte ein lebhafter Kampf in Wort und Schrift, der durch allerlei persönliche Dinge noch verschärft wurde: Metternich und Kaiser Franz wollten dem unglücklichen Friedrich August wohl, wogegen der Zar und Metternich sich gegenseitig abstießen, während Alexander und Friedrich Wilhelm sich eng verbunden fühlten. Rußland bestand auf Erwerbung von fast drei Vierteln des Großherzogtums Warschau. Das widersprach den Wünschen der Hofburg. Ränkevoll suchte Metternich die preußische Diplomatie zu gewinnen, knüpfte aber zugleich mit Rußland an. Das Ende war, daß Friedrich Wilhelm seinen Staatskanzler beauftragte, mit den österreichischen und englischen Bevollmächtigten außer Verkehr zu treten. Als Metternich noch weiter intrigierte, wollte auch Alexander nur noch unmittelbar mit Kaiser Franz verhandeln. Er ließ am 15. Dezember eine Denkschrift überreichen, wonach sich kein anderer Ausgleich für Preußen als ganz Sachsen finden ließ und Friedrich August dafür mit einem Gebiete von siebenhunderttausend Einwohnern auf dem linken Rheinufer entschädigt werden sollte. Ein Aufruf des Großfürsten Konstantin in Warschau an die Polen zur Verteidigung ihres Vaterlandes gegen Zerstückelung unterstützte die russische Note. Nun erhob sich Talleyrand und forderte die Wiederherstellung Friedrich Augusts nach dem Grundsatze der Legitimität. Die meisten deutschen Kleinstaaten schlossen sich ihm an, England und Österreich standen auf seiner Seite. Vergebens suchte man auf Besprechungen der vier Mächte am 29. Dezember und 3. Januar ein Übereinkommen zu erzielen. Man entfernte sich nur noch mehr. Österreich, England und Frankreich schlossen am 3. Januar ein streng geheimes Bündnis, wonach jede Macht sich zur kriegerischen Unterstützung der andern verpflichtete, wenn sie wegen der Pariser Vorschläge angegriffen würde. Ein Unternehmen gegen Hannover oder die Niederlande sollte wie ein solches gegen England betrachtet werden. Jene beiden Mächte und Bayern wurden zum Beitritte eingeladen, Sardinien und Hessen-Darmstadt folgten, während sich der großsprecherische Wrede als Gegner Preußens besonders bemerkbar machte.

Ein neuer Weltkrieg schien zu drohen. Die drei neuen Verbündeten ließen schon einen Feldzugsplan für den Fall entwerfen, daß ein russisches Heer auf Wien marschiere. Die Russen und Preußen kannten die Geheimabmachungen nicht, merkten aber was vorging und trafen ebenfalls ihre Maßnahmen. Gneisenau, Grolman und Boyen verfaßten Kriegsentwürfe; sie dachten sogar an einen deutschen Nationalkampf, in dem man die Völker gegen die Fürsten entfesseln müsse.

Schließlich bemerkte man denn doch den baren Unfug, dem man entgegensteuerte, womit die Vernunft über die Leidenschaft zu siegen begann. Da die Verhandlungen glücklicherweise fortdauerten, besaß man die Mittel zur Umkehr. Talleyrand benahm sich seit seinem Eintritt

in den Mächterat wesentlich gemäßigter, und am 28. Januar lenkte auch Metternich ein. Er und Frankreich konnten keinen Krieg gebrauchen, und England war längst der ewigen Subsidienzahlungen müde.

Metternich erklärte, daß Österreich bereit sei, mit Preußen eine zufriedenstellende militärische Grenze in Polen zu erzielen unter der Bedingung, daß der größte Teil von Sachsen seinem bisherigen Könige verbleibe. Hardenberg ging auf den Ausgleich ein, infolgedessen Österreich seine polnischen Besitzungen zurückerhielt und Krakau zur freien Stadt erklärt wurde. Preußen bekam Posen mit Thorn. Von Sachsen begnügte Preußen sich mit etwa zwei Fünfteln des nördlichen Gebietes, so daß die beiden wichtigsten Städte, Leipzig und Dresden, dem wettinischen Hause verblieben. Am 11. Februar billigte der nunmehrige Fünferausschuß diese Übereinkunft. Aber es fehlte noch die Zustimmung des heftig widerstrebenden Königs Friedrich August. Um ihn dem Kongresse näher zu bringen, wies man ihm Preßburg als Wohnsitz an, wo er sich am 4. März niederließ. Hier erschienen Metternich, Talleyrand und Wellington, vergebens. Der König wies alles ab und verlangte von sich aus unter Österreichs Vermittlung zu verhandeln. Um vorwärts zu kommen, bevollmächtigten die fünf Mächte Preußen, sich den ihm zugesprochenen Teil von Sachsen sofort einzuverleiben und den anderen vorläufig zu besetzen. Noch immer verharrte der König in seiner Hartnäckigkeit, was einen Aufstand der sächsischen Truppen in Lüttich bewirkte. Erst als er sah, daß er seine Lage verschlechtere, gab er am 6. April seine vorläufige Einwilligung, die er dann am 18. Mai durch einen Staatsvertrag endgültig bestätigte.

Fürst von Talleyrand.
Nach dem Gemälde von David gestochen von Hyrtl und Fr. Stöber.

Die eigentümlichste Rolle in der ganzen Angelegenheit hat Talleyrand gespielt. Der Herzog von Benevent war ein so kluger Mann, daß selbst Napoleon sich vor ihm hütete. Hier aber hat ihn sein Scharfsinn im Stiche gelassen und der Wunsch, Frankreichs Einfluß wieder emporzubringen und das verhaßte Preußen zu ärgern, in eine völlig falsche Bahn gebracht. Für Frankreich konnte es nichts Günstigeres geben, als wenn Friedrich August oder sonst ein Herrscher einen Kleinstaat auf dem linken Rheinufer erhielt, weil dies eine Fortdauer französischen Einflusses bedeutete. Das half Talleyrand durch die Zweiteilung Preußens verhindern. Hiermit aber wurde der gefährlichste deutsche Staat zum Nachbarn und Grenzwächter Frankreichs, wurde er unlösbar mit dem Wohl und Wehe des Gesamtvaterlandes verflochten und ihm die politische Notwendigkeit aufgezwungen, seine beiden Stücke bei halbwegs günstiger Gelegenheit zu vereinigen. Talleyrand ärgerte Preußen für den Augenblick, steckte ihm aber für die Zukunft große, ja notwendige Ziele und schadete seinem Vaterlande aufs schwerste.

Neben der polnisch-sächsischen war die schwierigste Frage: Was sollte aus Deutschland als Ganzes werden, inwiefern sollte es eine Verfassung und was für eine erhalten? Die verschiedensten Ansichten und Bestrebungen arbeiteten hier gegen- und durcheinander. Tatsächlich gab es kein Deutsches Reich, nicht einmal bestimmte deutsche Grenzen. Seit Friedrichs des Großen

Zeit blickten Österreich und Preußen eifersüchtig aufeinander. Die übrigen deutschen Staaten folgten ausschließlich dem Triebe der Selbsterhaltung und Gebietsvergrößerung und hatten sich deshalb unschwer unter Napoleons Oberhoheit im Rheinbunde zusammengefunden. Als der Sturm losbrach, rief Friedrich Wilhelm sein preußisches Volk zu den Waffen. Dies bildete den Ausgangspunkt einer nationalen Strömung, welche die Schaffung eines „deutschen Vaterlandes“ verlangte. Durch glänzende Siege der preußischen Heere getragen, verbreitete sie sich auch über Süddeutschland und selbst in Österreich, freilich nur langsam und wesentlich unter den Gebildeten. Stein, Arndt und andere erhoben ihre Stimme. Die deutschen Bundesheere kehrten nach erfochtenem Siege mit dem frohen Bewußtsein heim, sich mit ihrem Blute ein gemeinsames, starkes Vaterland erkämpft zu haben. Freilich, wie sich das gestalten solle, darüber herrschten die verschiedensten und verschwommensten Ansichten. Noch erachtete man allerseits die Einfügung der beiden Großmächte als selbstverständlich, für den Gedanken eines „Kleindeutschland“ ohne Österreich fand sich in der gehobenen Stimmung noch kein Raum; er hätte sich tatsächlich auch nicht durchsetzen lassen. Und doch barg die Zweiheit von vornherein den Keim des Unterganges. Die andere Hauptschwierigkeit bildete die Landeshoheit, „die Souveränität“, getragen von dem ausgeprägten Sondergeiste einzelner Länder und Stämme. Die Dinge lagen so, daß der sonst zuversichtliche Gneisenau schon am 15. Mai 1814 seufzen konnte: „Eine gute deutsche Konstitution zu entwerfen, die auf die Dauer durchgesetzt werden könnte, halte ich für unmöglich.“

Im patriotischen Heerlager machten sich zwei Strömungen geltend. Die eine vertrat der Freiherr vom Stein: es war die mehr ethische; die andere verfochten die Häupter der eigentlich preußischen Bewegung: sie darf als mehr politisch gelten. Stein, noch Weltbürger des 18. Jahrhunderts, verlangte Verkoppelung Österreichs und Preußens, Freiheit im Innern und Wehrhaftigkeit nach außen, das Ganze wesentlich zum Schutze des freien, sittlich-bürgerlichen Lebens gegen Fürsten-, Beamten- und fremdländischen Druck. Natürlich erstrebten die Wortführer Preußens, voran Hardenberg, eine stärkere Betonung der Sonderbedürfnisse ihres Staates, vermochten sich dem Gedanken aber auch nicht zu entwinden, daß es sich in gedeihlichem Zusammenwirken der beiden Großmächte erreichen lasse. Durchweg zeigte sich selbst in den besten Köpfen noch große Unklarheit, noch viel Unstaatliches und Überstaatliches, Mangel an Selbstbescheidung und wirres Durcheinander der Ziele. Wie eine Warnung des Himmels kam die Wiederkehr Napoleons. Da wandten sich die Blicke selbst der bisherigen Rheinbundstaaten hilfesuchend auf das wehrhafte Preußen, von dessen Vorherrschaft allein Sicherheit, Heil und Freiheit zu erwarten schien, um so mehr, als Friedrich Wilhelm am 22. Mai 1815 seinem Volke eine Verfassungsurkunde und eine Volksvertretung verhieß. Aber Preußen fand sich doch zu sehr an Rußland und Österreich gebunden und fühlte sich zu schwach für eine eigenherrliche Politik im Stile Friedrichs des Großen. Die geringen Anläufe verschwanden im gemeinsamen Waffenlärm gegen den auswärtigen Feind.

Der volkstümlichen, man möchte sagen, der Idealansicht der gebildeten völkischen Kreise widerstrebten von vornherein die Einzelkräfte. Zu tief steckte man noch im Gedanken des Gottesgnadentums und der sonderstaatlichen Gegensätze. Kein Wunder also, daß diese Richtung die Oberhand gewann, sie besaß die wirklichen Kräfte hinter sich und sollte Tatsächliches schaffen. Namentlich Österreich verabscheute jede festere Zusammenfassung, weil sie nur Preußen zugute kam; es beabsichtigte, den Klein- und Mittelstaaten ihre volle Unabhängigkeit zu lassen und sie höchstens diplomatisch für gewisse Zwecke zu vereinigen, wie Verteidigung nach außen und dergleichen. Geschah dies, so konnte Metternich sicher darauf rechnen, daß die bisherigen Rheinbundfürsten sich wesentlich ihm wider „den höchst gefährlichen Gedanken der deutschen Einheit“

Erläuterungsblatt zu dem Bilde: Eine Sitzung des Wiener Kongresses.

anschließen würden. In Bayern und Württemberg fand er Verbündete. Letzteres mahnte: „Man werde doch nicht aus verschiedenen Völkerschaften sozusagen eine Nation bilden wollen.“ Da nur die Herrscher und ihre Diplomaten in Wien zu Worte kamen, so kann nicht wundernehmen, wenn die Beratungen über das Verfassungswerk nach kurzem Anlaufe ins Stocken gerieten.

Zu Anfang der Bewegung 1813 waren die zunächst liegenden kriegerischen Bedürfnisse in den Vordergrund getreten. So gewährleisteten sich Österreich und Preußen in ihrem Bündnisvertrage nur den alten Umfang ihrer Länder. Doch schon der Vertrag von Ried trug ein wesentlich anderes Gepräge, weil er einem bisher halb abhängigen Staate volle Landeshoheit gewährleistete. Er kam den übrigen Rheinbundfürsten zugute und machte eine starke einheit-

Eine Sitzung des Wiener Kongresses. Nach dem Gemälde von J. B. Isabey.

liche Reichsverfassung unmöglich. Diese Richtung gelangte dann 1814 im Vertrage von Chaumont und im Pariser Frieden zum Ausdrucke, denn hier hieß es bereits: „Deutschland wird aus unabhängigen Staaten bestehen, die durch ein Föderativband vereinigt sind.“ Vergebens suchten namentlich preußische Staatsmänner den Hoffnungen und Wünschen der Vaterlandsfreunde Geltung zu verschaffen.

Schon zur Zeit der Teplitzer Verträge überreichte Stein den Monarchen eine Denkschrift, worin er die Notwendigkeit einer nationalen Neuordnung dartat. Er wünschte: Verkleinerung der gemeinschädlichen Mittelstaaten, Erneuerung des Kaisertums, Österreichs Vorherrschaft im Süden, Preußens im Norden, ein deutsches Parlament und Landstände der Einzelstaaten. Österreich gestand er ein Übergewicht zu und begründete dessen Verhältnis gegenüber Deutschland auf Vorteil und Pflicht. Diesen Anschauungen widersprach Humboldt. Er meinte, Preußen könne sich solch einem Kaiser nicht unterwerfen, den überdies die Mittelstaaten nicht wünschten.

Österreich werde stets den eigenen Vorteil demjenigen Deutschlands vorziehen. Da eine wirkliche Verfassung nicht erreichbar erscheine, möge man sich mit einem Staatenvereine, mit einem Bunde begnügen. Nur die feste Übereinstimmung der beiden Großmächte könne den Schlußstein des ganzen Gebäudes bilden. Von diesen Gedanken beeinflußt, verfaßte Stein am 10. März 1814 einen neuen Verfassungsentwurf. Demnach sollte Deutschland einen Bundesstaat bilden unter gemeinsamer Leitung von Österreich, Preußen, Bayern und Hannover. Dann überreichten Stein und Hardenberg am 13. September Metternich den Plan, daß Österreich und Preußen nur mit einem Teile ihrer Länder in den Bund einzutreten hätten, seine Leitung den beiden Großmächten und der Vorsitz in der Versammlung Österreich zustände. Diese Darlegungen dienten als erste Grundlage. Ein Ausschuß trat für die deutschen Angelegenheiten zusammen, den Österreich, Preußen, Bayern, Württemberg und Hannover bildeten. Am 14. Oktober eröffnete er seine Sitzungen.

Einbanddecke eines Staatsvertrages Napoleons I.
Nach dem Original im Geh. Staatsarchiv zu Berlin.

Alsbald erhoben Bayern und Württemberg Einspruch gegen die Vormachtstellung der beiden Großmächte und die Unterordnung souveräner Fürsten unter eine Bundesgewalt. Doch lenkte Bayern ein und erklärte sich wesentlich bereit, dem deutschen Bunde beizutreten. Nun beriet man über Krieg und Frieden, Bündnisse, diplomatische Vertretung, Bundesgesetzgebung und dergleichen. Aber man kam nicht recht vorwärts, besonders weil Bayern und Württemberg möglichst wenig von ihren Landeshoheiten aufgeben und über bloße Verteidigung nach außen nicht hinausgehen wollten. Umgekehrt die Mehrzahl der schwächeren Mittel- und Kleinstaaten. Sie hielten sich auf Verringerung ihrer Rechte gefaßt und neigten deshalb zu einer Wiederaufrichtung des Reiches in modernen Formen. Einerseits fürchteten sie Übergriffe der größeren Mächte und anderseits die Machenschaften der früher selbständigen Standesherren, der „Mediatisierten". Überhaupt fanden sie ihre Bedürfnisse im Fünferausschusse nicht genügend vertreten. Auf Antrieb Steins unter Führung von Gagerns erhoben sie am 16. November die Forderung auf Teilnahme an den Beratungen. Sie verlangten ein Bundeshaupt, eine Vollstreckungsgewalt nebst einer gesetzgebenden Volksvertretung in den Einzelstaaten.

Diese Anschauungen widersprachen den Wünschen Bayerns und namentlich Württembergs. Beide fürchteten, wenn sie angenommen oder auch nur ernstlich berücksichtigt würden, so leide ihre Hoheit. Das weniger überspannte Bayern hielt sich zurück, aber Württemberg erklärte am Tage der Kleinstaateneingabe, es könne nicht weiter an der Ausarbeitung einer deutschen Verfassung teilnehmen. Unterstützung fand es bei den Großherzogen von Baden und Hessen,

die freilich nachher den anderen Staaten beitraten. Sechs Tage später, am 22., beantwortete Metternich nach Übereinkunft mit Preußen die württembergische Note dahin, daß es einem einzelnen Fürsten nicht zustehe, sich dem Grundsatze eines deutschen Bundes zu widersetzen, über den man im Namen Europas verhandle. Umsonst. Württemberg verharrte in ablehnender Haltung, und sein König verließ entrüstet und geräuschvoll die Kaiserstadt. Die Folge war, daß sich der Fünferausschuß am 24. November vertagte, gerade als er anfing, etwas Ernsthaftes zu leisten. Eine geharnischte Note von neunundzwanzig „souveränen Fürsten und freien Städten Deutschlands" donnerte hinter ihm her. Fünf Monate dauerte die Zwischenzeit, begünstigt durch den polnisch-sächsischen Streit.

Einbanddecke eines Staatsvertrages Ludwigs XVIII. Nach dem Original im Geh. Staatsarchiv zu Berlin.

Am weitesten rechts standen die „Mediatisierten". Sie konnten durch Souveränität und Landeshoheit nichts gewinnen, wohl aber noch weiter hinabsinken. Der Kongreß bot ihnen die letzte Möglichkeit für politische Geltung. Deshalb befanden sie sich auch rührig zuerst auf dem Platze. Schon am 22. Oktober baten ihre Vertreter den Kaiser Franz, die deutsche Kaiserwürde wieder anzunehmen. Gegenüber den württembergischen und badischen Ansprüchen vom 16. November verlangten sie am 16. Dezember die Wiederherstellung ihrer Hoheitsbefugnisse und behaupteten, das deutsche Volk besitze das Recht, nicht nur eine Verfassung, sondern auch ein Oberhaupt einzusetzen. Stein sah hier seine Gedanken aufleben und richtete das Auge auf den König von Preußen, weil der österreichische Kaiser versagte. Aber er fand nur Rückhalt bei einem Teile der Vaterlandsfreunde.

In diesen Kreisen gingen die Wogen hoch, doch fehlte es an Einigkeit. Die öffentliche Meinung war noch schwach entwickelt und vermochte nicht zum leidenschaftlichen Volkswillen anzuschwellen, wuchtig genug, um die Eigensucht der Fürsten zu brechen. In Zeitungen und Flugschriften gab man seine Wünsche und Meinungen kund, die nur zu oft der Zensur verfielen. Die verschiedensten und sonderbarsten Hoffnungen wirbelten planlos durcheinander. Was half der Traum einer politischen Reform Deutschlands, die sich über die Welt verbreiten werde, wie die kirchliche Reformation im 16. Jahrhundert, was die Sehnsucht nach Wiederherstellung von Kaiser und Reich in neuer Herrlichkeit, was die Zusammenstellung eines habsburgischen Kaiser- mit einem hohenzollerischen Königtume, oder die Forderung, beide Großmächte ganz auszuscheiden, womit der Rheinbund in vollendeter Hilflosigkeit aufgelebt wäre, oder der Plan einer Wiederherstellung des habsburgischen Kaisertums mit Ausschluß der altpreußischen Lande? Ein Dichter sang:

Ach, das Sehnen wird so laut:
Wollt ihr keinen Kaiser küren?
Kommt kein Ritter, heimzuführen
Deutschland, die verlaßne Braut?

Unverhohlen predigte man sogar als unumstößliche Wahrheit, Deutschlands Zierde sei die Kleinstaaterei, sie sei der Fruchtboden deutscher Kultur. Die alte unselige Verwechslung von Freiheit und Vielherrschaft kehrte in den mannigfachsten Formen wieder.

Großen Einfluß besaß der kernig deutsche Arndt, der den Volkston traf wie kein zweiter und dessen unscheinbare kleine Schriften in Hunderttausenden von Abzügen durch die Welt flatterten. Arndt war bis zum Beginn der Freiheitskriege kaiserlich-österreichisch gesonnen. Erst Preußens gewaltige Erhebung führte ihn als Rufer im Streite mit der Schrift: „Das preußische Volk und Heer" auf die norddeutsche Seite und machte ihn schließlich geradezu zum Gegner Habsburgs, namentlich seit es 1814 als Schutzwehr der deutschen Westgrenze völlig versagte. Schon während Napoleon 1808 auf der Höhe stand, dachte Arndt an eine Verfassung für das deutsche Volk, mit einem Kaiser an der Spitze, den er gewöhnlich König nannte. Zunächst schwebte ihm ein Herrenhaus deutscher Fürsten vor. 1810 befürwortete er, wohl unter dem Gewichte der Stein-Hardenbergschen Reform, eine ständische Verfassung, bis er 1812 zu den ganz modernen Anschauungen des Zweikammersystems gelangte: ein dauernder Reichsrat von Vertretern der ihrer Macht entkleideten Fürstlichkeiten, daneben ein jährlich frei vom Volke erwählter Reichstag, ferner: ein Auswärtiges Amt, ein Reichsgericht und ein Reichsheer. Vorahnend zeichnete der Dichterpatriot damit die späteren Errungenschaften der Bismarckschen Zeit. Diese 1812 verfaßte Schrift erschien erst 1814, als Arndt unter dem Einflusse Steins wieder mehr einer ständischen Vertretung zuneigte.

Aus dem Ringen der Geister vermochte keine bestimmte Grundlage zu entstehen. Eine tiefe Mißstimmung ergriff die Männer der Tat. Yorck klagte, alles sei unzufrieden, Gneisenau ging aufs Land oder lebte zurückgezogen in Berlin, Blüchers Unmut wuchs derartig, daß er seinen Oberbefehl niederlegte. Eine Verwirklichung ließ sich nur vom Kongresse erwarten. Und hier eröffnete die Beilegung des sächsisch-polnischen Streites neuen Raum. Österreich und Preußen traten wegen der deutschen Frage wieder in Erwägungen, wobei letzteres sich mit der allgemeinen Zulassung der Fürsten und Stände einverstanden zeigte. Am 10. Februar legten die preußischen Bevollmächtigten zwei Entwürfe vor, worin sie die Notwendigkeit einer starken Militärmacht und eines Reichsgerichts betonten, mit gewährleisteter Verfassung der Einzelstaaten und Grundrechten für alle Staatsbürger, dazu ein kleinerer Vollziehungsrat, bestehend aus den Geschäftsträgern der fünf größeren Staaten und einem zweiten Haus mit bloß gesetzgeberischen Befugnissen, das alle Staaten bildeten.

Endlich war man zu einer endgültigen Beratung der Bundesverfassung bereit. Da erfolgte eine neue unerwartete Hemmung, die alles wieder in Frage stellte. Stein forderte plötzlich die Wiederaufnahme des Kaiserplanes, was erst nach unwiederbringlichem Zeitverluste erfolglos blieb. Zugleich entwickelte sich abermals ein scharfer Streit mit Württemberg wegen der Landesverfassung, und schließlich kehrte gar Napoleon von Elba zurück, wodurch der ganze Kongreß erschüttert wurde. Es ließ sich bezweifeln, ob man die deutsche Angelegenheit nicht am besten auf spätere Zeit verschiebe; aber da dies doch zu gewagt erschien, ging man an möglichst rasche Erledigung noch vor Schluß des Kongresses. Anfang Mai teilte Metternich den drängenden Vertretern Preußens eine Darlegung mit, die im wesentlichen einer Arbeit Wessenbergs vom Dezember entsprach. Im Gegensatze zu der Auffassung, wie sie namentlich Hardenberg hegte, begann er gleich mit den Worten: „Die souveränen Fürsten und freien Städte." Der dritte Artikel lautete: „Die Glieder des Bundes genießen gleiche Rechte: keines unter ihnen hat ein Übergewicht über das andere." Die Entscheidung sollte bei einer Versammlung liegen, auf der

Österreich den Vorsitz bekäme und die übrigen Staaten entweder eigene oder Sammelstimmen besäßen. Man hatte hier die langgehegten Wünsche Habsburgs: fast völlig selbständige Staaten unter Oberleitung der Hofburg. Aus den Verhandlungen erwuchs ein Endentwurf, den Metternich im Namen von Österreich und Preußen den Vertretern der gesamten deutschen Fürstenschaft eröffnete. Hierin handelte es sich um eine Bundesversammlung mit fünfzehn Stimmen, von denen Österreich und Preußen je nur eine besitzen sollten, unter Vorsitz Österreichs. Die Bundesglieder erhielten gleiche Rechte, sie durften keine Vereinbarungen mit fremden Mächten gegen den Bund oder eines seiner Glieder schließen. Dem Bundesrat stehe auch das Bundesgericht zu, welches Streitigkeiten zwischen Bund und Einzelstaaten sowie zwischen Einzelstaaten untereinander zu entscheiden habe, die Rechte der Mediatisierten erhielten genaue Regelung.

Der Graben in Wien zu Anfang des neunzehnten Jahrhunderts. Nach einem Stich von B. Wigand.

Jeder Staat muß Landstände berufen und die katholische Kirche in ihren natürlichen Rechten und Bedürfnissen schützen.

Man tagte in elf Sitzungen vom 23. Mai bis zum 10. Juni. Von der dritten an fanden alle Bevollmächtigten Zulaß. Württemberg nahm keinen Teil, und Baden zog sich in der sechsten Sitzung zurück. Bestimmt erklärte Metternich, der Wiener Kongreß werde nicht eher geschlossen, bis die Grundlagen eines deutschen Bundes geschaffen seien, dessen Einzelentwicklung der Bundesversammlung vorbehalten bliebe. Man redete so viel, und die Verhandlungen verzögerten sich derartig, daß Hardenberg und Humboldt, entmutigt, Metternich zu einer Art Ultimatum drängten, welches alle weiteren Zusätze zum Entwurfe ausschloß. In der Tat erfolgten auch nur wenige Veränderungen, vor allem die, daß zu dem ständigen Bestande des Bundestages, der auf 17 Stimmen ausgedehnt wurde, eine größere Versammlung treten solle mit 70 Stimmen, verhältnisweise auf die Staaten bis zu einer hinab verteilt. Dieses Plenum bekam die Befugnis zur Beratung von Änderungen an den Grundgesetzen und der Einsetzungsakte. Die von Sachsen beantragte Einstimmigkeit für alle Beschlüsse des Plenums gelangte teilweise zur

Annahme. Den Einzelstaaten verblieben ihre eigene Diplomatie und das Recht der Bündnisschließung außer gegen den Bund und seine Glieder. Dann brachte die Schlußsitzung noch eine wichtige Neuerung auf Antrag Bayerns, nämlich, daß der Satz: „In allen deutschen Staaten soll eine landständische Verfassung stattfinden“ die Form erhielt: „wird stattfinden“.

So konnte Metternich am 5. Juni erklären, daß die Bundesakte eine Fassung erhalten habe, welche den Ansichten der meisten Höfe zu entsprechen scheine, sie sei unter den Schutz der europäischen Mächte zu stellen. Österreich erkläre hiermit seinen Beitritt zum Deutschen Bunde und bitte die übrigen Staaten, ein gleiches zu tun. Irgendein Zwang zum Eintritt dürfe gegen keinen deutschen Souverän, nicht einmal mittelbar, angewendet werden. Er setzte sich hiermit in Widerspruch zu den weitergehenden Wünschen der Kleinstaaten, Preußens und Hannovers. Dem Vorgehen Österreichs schlossen sich zunächst nur an: Preußen, Hannover, Holstein und einige Kleinstaaten; Nassau und Luxemburg unter der Bedingung, daß die übrigen deutschen Fürsten Mitglieder würden. Bayern und Sachsen behielten sich ihre Entscheidung vor. Im letzten Augenblicke noch schien das Gebäude auseinander zu fallen. Da bewog Metternich Bayern am 8. Juni zum Beitritt unter Zugeständnissen auf dem Gebiete des Bundesgerichts und der katholischen Kirche. Für Streitigkeiten von Bundesgliedern untereinander sollten eigens zum Zweck erwählte Sondergerichtshöfe zusammentreten und Bayern von der gemeinsamen Verfassung der katholischen Kirche befreit sein. Es hieß, die Verschiedenheit der christlichen Bekenntnisse begründe keinen Unterschied in dem Genusse der bürgerlichen und politischen Rechte.

Endlich nach Zugeständnis auf Zugeständnis konnte die Bundesakte als Ganzes von sechsunddreißig Regierungen am 10. Juni unterzeichnet und besiegelt, doch auf den 8. zurückdatiert, werden. Baden und Württemberg verharrten im Widerspruche, bis der abermalige Sturz Napoleons entschieden war, worauf sie sich am 26. Juni und 1. September ebenfalls fügten. Hessen-Homburg erlangte nachträgliche Aufnahme zum Dank für die von seinen Fürsten im Befreiungskriege geleisteten Dienste und wegen seiner Beziehungen zur englischen Königsfamilie.

Die nunmehrige deutsche Verfassung oder Unverfassung bedeutete einen vollständigen Sieg der österreichischen und mittelstaatlichen Diplomatie über die preußische und die kleinstaatliche. Sie war eine „Lebensversicherung“ der Souveränität durch Österreich, gewährte den mittelbar gewordenen ehemaligen Reichsständen schwerwiegende Vorrechte und enthielt einige Bestimmungen für die Untertanen.

Im letzten Augenblick kam das Werk zustande, denn schon am 9. Juni unterzeichneten die Bevollmächtigten von sieben Großstaaten die Wiener Kongreßakte, welche die Ergebnisse der unendlichen Mühen zusammenfaßte. Sie enthielt auch die Verfassungen der schweizerischen und Krakauer Republik samt den grundlegenden Artikeln der deutschen Bundesakte, welche dadurch unter die Gewähr Europas gestellt wurden, den europäischen Mächten ihrerseits aber fortwährende Einmischungen ermöglichte. Schweden machte Bedenken gegen die Schlußakte geltend, während Spanien und das Papsttum offenen Einspruch erhoben. Vergebens. Der Kongreß besiegelte den Grundsatz, daß die Verfügung über die Angelegenheiten Europas den Großmächten zustehe und daß den übrigen Staaten nichts bleibe, als Abschluß oder Widerspruch; zugleich schuf er eine neue Karte Europas. Rußland bekam den größten Teil des Großherzogtums Warschau als Königreich Polen. England behielt die Inseln Helgoland, Malta, seine Kolonien, die Schutzherrschaft über die Jonischen Inseln und erwirkte eine Erklärung gegen den Sklavenhandel. Die Niederlande wurden ein Königreich, bestehend aus Holland und dem früher österreichischen Belgien unter der Herrschaft des Oraniers Wilhelm I., der auch das Großherzogtum Luxemburg in Personalunion erhielt. Schweden vereinigte sich mit Norwegen ebenfalls in Personalunion, wogegen Dänemarks schmale Entschädigung im Herzogtum Lauenburg bestand. Die

Schweiz sah ihre Bundesverfassung erneuert und wuchs durch Genf, Wallis und Neuenburg von neunzehn auf zweiundzwanzig Kantone. In Spanien, Portugal und Sardinien wurden die alten Herrscherhäuser, im Kirchenstaate die Herrschaft des Papstes wiederhergestellt, Sardinien durch die frühere Republik Genua vergrößert, während Toskana und Modena zu österreichischen Nebenfürstentümern hinabsanken. Murat blieb König von Neapel. Österreich umfaßte Tirol, Kärnten, Krain, Triest, Galizien, Mailand, Venezien und das 1805 erworbene Erzbistum Salzburg. Die größte Veränderung blieb Preußen vorbehalten. Von seinen früheren polnischen Besitzungen erhielt es zurück die Provinz Posen nebst Danzig, dazu seine alten westlichen Besitzungen am Rhein, in Westfalen und das schweizerische Neuenburg. Es überließ Ansbach und Baireuth an Bayern, Ostfriesland, Goslar und Hildesheim an Hannover, wurde aber durch bedeutende Stücke in Westfalen, der Rheinprovinz, durch Schwedisch-Pommern und die Hälfte von Sachsen vergrößert.

An die Stelle des zerfallenen Deutschen Reiches trat ein Deutscher Bund, bestehend aus fünfunddreißig souveränen Fürsten und vier freien Städten, mit dem Bundestage zu Frankfurt a. M. als oberster Behörde, gebildet aus einer Versammlung von Gesandten der Bundesstaaten unter Vorsitz Österreichs. Das Bundesheer sollte auf Kontingenten der Einzelstaaten beruhen und mehrere Bundesfestungen eingerichtet werden, unter denen Mainz und Luxemburg als wichtigste erschienen. Österreich und Preußen gehörten dem Bunde nur mit den vor 1806 zum Deutschen Reiche gerechneten Provinzen an, so daß also einerseits die Länder der Stephanskrone, Galizien, die Lombardei und Venezien, andererseits Ost- und Westpreußen samt Posen außerhalb des Bundesgebietes lagen. Zu den Königreichen Bayern, Sachsen und Württemberg gesellte sich das bisherige Kurfürstentum Hannover, welches mit England in Personalunion blieb. Dazu kamen sechs Großherzogtümer, ferner Herzogtümer, Fürstentümer und freie Städte. Dänemark beteiligte sich mit Holstein und Lauenburg, die Niederlande mit Luxemburg am Bunde. Bedenkt man, daß an der Maas wichtige Grenzgebiete verloren gingen und Frankreich Elsaß und Lothringen behielt, so konnte Arndt zwar fragen: „Was ist des Deutschen Vaterland?", vermochte aber nur zu antworten:

Großes Siegel von einem Staatsvertrage Napoleons I.
Nach dem Original im Geh. Staatsarchiv zu Berlin.

Soweit die deutsche Zunge klingt
Und Gott im Himmel Lieder singt.

Suchen wir uns die gesamten Ergebnisse des Kongresses zu vergegenwärtigen, so muß vor allem bedacht werden, daß er beschränkt in seinen Aufgaben war und die widerstrebendsten Wünsche ausgleichen sollte, er also wohl oder übel ununterbrochen auf Vergleiche angewiesen blieb. Am meisten leistete er für die Länderverteilung. Frankreich sah sich in seine Grenzen von 1792 zurückgedrängt, Rußland sich an Macht und Umfang vermehrt, Preußen aufs neue

zur Großmacht erhoben, während Österreich sein Schwergewicht in Deutschland wiederherstellte und es in Italien begründete, und schließlich England unwidersprochen die See beherrschte. Der Kongreß setzte eine Anzahl Fürsten oder doch ihre Häuser in ihr altes Besitztum ein, befreite Staaten, die bisher abhängig gewesen, verlieh Deutschland eine Bundesverfassung, stärkte die der Schweiz, eröffnete einer Reihe von Völkern die Aussicht auf ein Verfassungsleben und fast für alle einen neuen Abschnitt des Völkerrechts, eine menschlichere Zeit mit verstärktem internationalem Zusammenhang und einem internationalen Privatrechte voll sachlichen Inhalts. Er schuf ein bestimmtes Staatensystem, politische Stetigkeit und ein europäisches Gleichgewicht wenigstens insofern, daß nicht eine Einzelmacht oder ein Zusammenklang von Mächten ohne weiteres den Frieden stören dürfe, wodurch namentlich für Mitteleuropa Bürgschaft gegen Übergriffe Rußlands und Frankreichs geboten wurde. Der Begriff von Staat und Nation vermochte sich nunmehr dem lastenden Schwergewichte der Regierungsmaschine zu entwinden und Helle, Wärme, Lebenskraft zu gewinnen.

Freilich erwies das Werk sich in vielen Hinsichten als unvollkommen, ja geradezu fehlerhaft, so die Verkoppelung des evangelischen Holland mit dem katholischen Belgien, die Einfügung des preußischen Neuenburg in die schweizerische Eidgenossenschaft, eines Teils von Italien in Österreich, die Belassung Finnlands unter Rußland und Abtrennung Norwegens von Dänemark zugunsten Schwedens, wozu nach Murats Sturz noch kam die Niederbeugung Neapels unter das verderbliche Joch von Sizilien. Das große nationale Unrecht der Aufteilung Polens blieb bestehen wesentlich zugunsten Rußlands. Die östlichen Fragen der Balkanstaaten ließ man ebenfalls unerledigt wie die des spanischen Amerika. Allerlei politische Hoffnungen wurden angeregt, aber nicht erfüllt, was zu fortwährenden inneren Wirrnissen bis 1848 führte. Die Einrichtung einer dauernden gegenseitigen Sicherung und internationaler Übereinkommen an Stelle der vorübergehenden Bündnisse berührte man, ohne sie durchzusetzen.

Am wenigsten befriedigten die Leistungen für Deutschland und Italien, denn für diese beiden Kulturvölker bedeuteten sie eine Fortdauer der Zersplitterung und Ohnmacht unter der Last einer mittelbaren, geschickt verhüllten Herrschaft Österreichs, welche ungleich fester stand als das napoleonische Weltreich. Man erkünstelte ein europäisches Gleichgewicht mit einer unheilbaren Schwäche der Mitte. Die Bundesakte nennt Treitschke die unwürdigste Verfassung, welche je einem großen Kulturvolke von eingeborenen Herrschern auferlegt ward, das Werk einer kurzlebigen, in sich selbst verliebten Diplomatie, die alle Erinnerung des eigenen Volkes vergessen hatte. Die alten Gegner Österreich und Preußen sahen sich zusammengekoppelt und beiderseits geschwächt. Da Österreich überlegen war, blieb für Preußen nur, sich zu fügen oder, wenn es nicht wollte, zu den Waffen zu greifen. Der Keim der alten Nebenbuhlerschaft fand sich also wohlweislich gepflegt. Dabei bewirkte der Souveränitätsdünkel eine unsinnige Stimmenverteilung mit solcher Bevorzugung der kleinen Bundesglieder, daß im Plenum die sieben größten Staaten, welche mehr als fünf Sechstel des deutschen Volkes umfaßten, nur siebenundzwanzig Stimmen, die übrigen dagegen ihrer dreiundvierzig besaßen. Das hieß, die Großen schlechterdings zur Vergewaltigung der Kleinen auffordern, nun gar bei der Einstimmigkeit für wichtige Beschlüsse. Durch sie vermochte der Geringste die Gesamtentwicklung mit einem liberum veto zu hindern, wie einst jeder Adlige auf dem polnischen Reichstage. Hemmte dies schon jede gesunde Fortbildung, so vollends die emporwachsenden landständischen Verfassungen. Und solch eine vielköpfige Versammlung trug keine Verantwortlichkeit, weil sie aus Gesandten bestand, die jeden Tadel von sich abwälzen konnten, ja sie kannte nicht einmal ein deutsches Volk, sondern nur Einzelstaaten. Erst wenn ein Fürst einen Bundesbeschluß zum Landesgesetze machte, mußten seine Untertanen gehorchen. Die Nation war aufgelöst durch einen Fürstenbund. In dem

Gebietshandel erreichte Preußen dank der Festigkeit des Königs einen halben Erfolg, in den Bundesverhandlungen vermochten Hardenberg und Humboldt nichts von ihren Absichten gegen Metternichs hinterhaltige Politik und die Meute der Souveränitäts- und Legitimitätskläffer durchzusetzen. Sie fügten sich schließlich, weil eine unvollkommene Verfassung ihnen besser als gar keine dünkte. „Preußen trat dem Bunde schließlich nur bei, um die Mittelstaaten an erneutem Landesverrate zu hindern, während diese und Österreich in der Bundesverfassung nur ein Bollwerk gegen den preußischen Ehrgeiz sahen."

Zeitgenössisches allegorisches Transparent, das Zusammenwirken der Monarchen von Österreich, Preußen und Rußland darstellend.

Die Mehrheit des deutschen Volkes nahm das traurige Werk mit bedientenhafter Gleichgültigkeit hin, sie suchte und fand die Wurzeln ihrer Kraft in den Landtagen. Die Vaterlandsfreunde trauerten. Selbst der Zar äußerte seinen Unwillen, und sogar Gentz hatte ein so lächerliches Machtwerk nicht erwartet.

Immerhin darf man nicht zu stark verurteilen. Der Deutsche Bund bedeutete in manchen Beziehungen einen entschiedenen Fortschritt gegen das alte Reich oder gar gegen den von Frankreich abhängigen Rheinbund. Aus tiefer Erschöpfung erhob sich der Frieden als Grundlage für die Zukunft. Man fand „für den freundnachbarlichen Verkehr der Staatengesellschaft neue Formen und Regeln". Die Menschen und Staaten rückten sich gewissermaßen näher, was von selber eine Abschwächung des übertriebenen Sondergeistes und des krankhaften Hoheitsdünkels bewirkte. An die Stelle des alten theokratischen Wesens trat die gesunde Luft weltlichen Staatslebens, ein neuer Rheinbund wurde erschwert und die innere Entwicklung der Einzelgebiete ermöglicht, ohne daß der Bund besonders störend eingreifen konnte. Dies erwies sich besonders wichtig für Preußen, welches erst in schwerer Beamtenarbeit die neugewonnenen, größtenteils bisher fremden Erwerbungen verdauen und ein gemeinsames Staatsbürgerempfinden herstellen mußte. Als dies geschehen war, besaß es die Macht und bald auch den Willen, über den Bund hinauszuwachsen und dem deutschen Volke eine würdige Ordnung zu schenken: ein deutsches Kaiserreich.

Der Wiener Kongreß bedeutet die größte Diplomatenarbeit der Neuzeit. Sein Ergebnis beruhte auf unendlichen Mühen. Am meisten leisteten Humboldt und Wessenberg mit ihren fleißigen Untergebenen, doch bleiben auch der Takt und die Gewandtheit Metternichs samt seines Beraters Gentz hoch anzuschlagen, denn es war keine Kleinigkeit, die Riesenmaschine in Gang zu bringen und sie darin zu erhalten. Ebenso sollte man die hochherzigen Gedanken des Zaren würdigen, der doch der eigentliche Urheber von Napoleons Sturz gewesen ist und dessen Ansprüche kaum als übertrieben bezeichnet werden können, wenn man die Leistungen und Opfer Rußlands betrachtet. Während die Nachwelt dazu neigt, ihn zu unterschätzen, konnte der Zeitgenosse Arndt ihn 1813 mit den Worten preisen:

Führe, hoher Choraget,
Führe kühn des Tages Reigen,
Daß die Völker all sich neigen
Deiner Tugend Majestät.

Weltbefreier, Stifter, Retter,
Nimm den Klang und nimm die Tat!
So zum Strahlensitz der Götter
Wandle stolz den Flammenpfad.

Abfahrt Napoleons von der Insel Elba am 1. März 1815. Nach dem Gemälde von J. Beaume im Museum zu Versailles.

Der Sommerfeldzug 1815.

Nur Eisen, nur Eisen!
Gebt mir ein Schwert!
Ich will mich beweisen
Vaterlands wert.
(Schenkendorf 1815.)

Während man in Wien disputierte, intrigierte, hofierte und dinierte, traf am 5. März 1815 plötzlich die Kunde ein, Napoleon habe Elba verlassen, und zwei Tage später, er sei an der Küste Südfrankreichs gelandet. Die Nachricht wirkte wie ein Schlag in den Ameisenhaufen. — Vom nahen Elba hatte der gestürzte Titan scharfen Auges die Vorgänge in Frankreich beobachtet, hatte er die Schwierigkeiten und die Schwäche der bourbonischen Regierung, den stets steigenden Unwillen weiter Kreise erkannt. Da glaubte er seine Zeit gekommen. Am 1. März betrat er mit elfhundert Mann das Ufer seines früheren Reiches bei Fréjus, stürzte den morschen Thron und hielt seinen Einzug in die Tuilerien, ohne einen Schuß zu tun. Aber bald zeigte sich, daß Frankreich sich leichter erobern als behaupten lasse. Im Innern erhoben zahlreiche Gegner das Haupt, freilich ohne viel zu bedeuten, denn der Korse besaß Macht genug, um die Widerstrebenden zu bändigen. Die Gefahr lag auf einer anderen Seite. Das Volk lechzte nach Frieden, und das Kaisertum bedeutete den Krieg. Alles kam auf die Haltung des Auslandes an. Und gerade dessen Lenker benahmen sich so feindlich, wie denkbar.

Noch einmal erhob sich das Schreckgespenst, das legitime Europa könne durch den großen Scheindemokraten und Plebejer zusammenbrechen. Das galt es zu verhindern. Schnell rafften die bedrohten Fürsten und Staatsmänner sich auf. Schon am 11. März fand auf Befehl der Herrscher von Österreich, Rußland und Preußen eine militärische Sitzung statt, worin man über die Versammlung und Aufstellung des preußischen Heeres beriet: des preußischen, weil es das einzige war, welches einigermaßen zahlreich und schlagfertig bei Aachen nahe der französischen Grenze stand; die Truppen in den Niederlanden unter dem Erbprinzen von Oranien und mehr noch die österreichischen und bayerischen Streitkräfte südlich der Mosel blieben unbedeutend. Kaum begannen die Waffen zu klirren, und der durch die Diplomatie so vielfach

Napoleons Rückkehr von Elba unter dem begeisterten Empfang durch die Truppen.

Nach dem Gemälde von Charles Steuben.

schlecht behandelte Staat Friedrichs des Großen trat wieder in den Vordergrund. Am 13. März erklärte das Komitee der acht Mächte (Österreich, Rußland, England, Frankreich, Preußen, Spanien, Portugal und Schweden) auf Metternichs Antrag den Störenfried Europas in die Acht. Und am 25. erneuerten die vier Großmächte den Vertrag von Chaumont zur Aufrechterhaltung des Gleichgewichtes, zur Sicherung der Ruhe und Unabhängigkeit und zum Widerstande gegen alle Angriffe auf diese Errungenschaften. Jeder Teilnehmer stellte dafür 150000 Mann. Auch die deutschen Kleinstaaten bewiesen sich eifrig. Schon am 22. brachten ihre Bevollmächtigten eine Note zur Kenntnis, in der es hieß, daß sie zur endlichen Wiederherstellung der Ruhe und Ordnung in Europa und zur Sicherung der Unabhängigkeit Deutschlands mit aller Anstrengung teilnehmen wollten, und zwar durch eine der Bevölkerung ihrer Staaten und ihren sonstigen Kräften angemessene Leistung. Lebhaft wurden die kriegerischen Maßregeln und die der Militärverwaltung erwogen. Am 31. März tagte der Militärausschuß und beschloß, drei große Heere zu versammeln: eines am Oberrhein, eines am Mittelrhein und eines in den Niederlanden, jedes unter einem besonderen Feldherrn. Die Führung des ersteren fiel Österreich zu, die des zweiten Preußen, des dritten England. Russische Streitkräfte kamen zunächst noch nicht in Betracht, weil sie sich zu entfernt befanden.

Weitaus am rührigsten zeigte sich die preußische Heeresleitung, sowohl bei Hofe, am Kongresse, als im Kriegsministerium zu Berlin und im Hauptquartiere zu Aachen. Von Wien aus widerrief Friedrich Wilhelm bereits am 7. März die Entlassung der Landwehr. Die maßgebende Verfügung erging dann den 18. März an den Kriegsminister v. Boyen. Demnach sollten alle Beurlaubten der Armee und der Landwehr, auch die Offiziere, sogleich zu ihren Regimentern zurückkehren. Zugleich bestimmte der König die Bildung von drei Armeekorps durch das Generalkommando am Rhein und die Vorbereitung eines vierten, dessen Teile sich ebenfalls gleich nach Westen begeben mußten. Boyen führte die Befehle gewissenhaft aus und ergänzte sie allseitig. Trotz der Armut des Staates beschaffte er genügend Gewehre, Geschütze, Patronen, Pulver und Kugeln; umsichtig füllte er die Magazine mit Kriegsbedarf und Nahrungsmitteln.

Sir Arthur Wellesley, Herzog von Wellington.
Nach dem Leben gemalt zu London 1814, gestochen von F. Fleischmann.

Das preußische Heer in den Rheinlanden zählte nur wenig mehr als 30000 Mann unter dem General v. Kleist, wozu sich noch 14000 Sachsen gesellten. Sofort zog der Befehlshaber die weit verstreuten Truppen enger zusammen und schob sie mehr an die Grenze; die vielen Mängel suchte er zu beheben, um die Soldaten gebrauchsfähig zu machen. Mit dem preußischen Kommandanten von Mainz und dem bayerischen Feldmarschall Wrede setzte er sich in Beziehung. Wesentlich minderwertiger erschien die buntscheckige Streitmacht in den Niederlanden, welche aus 39000 Engländern, Deutschen, Holländern und Belgiern bestand. Anfangs befürchtete

man, Napoleon werde im ersten Rausche des Erfolges vorwärtsstürmen und sich auf das unzuverlässige Belgien werfen. Die niederländische Heeresleitung traf hiergegen mit der preußischen allerlei Vereinbarungen. Sobald sich aber zeigte, daß der Gefürchtete genug im eigenen Lande zu tun habe und Paris nicht verlasse, benahm sich die niederländische Regierung wenig entgegenkommend. Jetzt und in Zukunft schwankte der demnächstige König Wilhelm I. zwischen Souveränitätsdünkel und Furcht hin und her. Er wollte alleiniger Herr im Lande sein, fühlte sich aber weitaus zu schwach, es behaupten zu können. Deshalb überließ er dies wesentlich den Engländern und Preußen, wobei stets seine Abneigung gegen letztere durchblickte.

Inzwischen rüstete man sich für den Ernstfall: man setzte die Festungen in Verteidigungszustand, hob neue Truppen aus und verstärkte die stehenden Heere durch ununterbrochene Zuzüge, verbunden mit einer Umwandlung in der Oberleitung. An Kleists Stelle trat der nunmehrige Fürst Blücher mit Gneisenau als Generalstabschef, während der Herzog von Wellington den Befehl in den Niederlanden übernahm. Blücher hatte die letzten Monate in trüber Stimmung und gelegentlichen Unpäßlichkeiten verbracht. Ihn bedrückten häuslicher Kummer und die elende Politik in Wien. Kaum aber erfuhr er die Rückkehr Napoleons, als alles Leid vergessen war, und er sich sofort in den Gedanken eines neuen Feldzugs unter seiner Führung einlebte. Als ihn dann tatsächlich das Vertrauen des Königs auf den verantwortungsvollen Posten berief, hielt er sich überzeugt, mit dem Säbel wieder gutzumachen, was die Federfuchser seiner Meinung nach auf dem Kongresse verdorben hatten. Er sollte einen Kriegsgefährten finden, wie die Verbündeten keinen zweiten besaßen. Wellington ist neben Marlborough der bedeutendste Feldherr Englands gewesen. Ein ungemein klarer und praktischer Verstand in einem gesunden, abgehärteten Körper; erfahren, vorsichtig, weitblickend, voll Selbstbeherrschung, entschlossen, zuverlässig und tatkräftig, dabei gewohnt zu befehlen, stets korrekt, stets Gentleman. Er gehörte zu den wenigen Leuten, die wirklich wußten, was sie wollten, was sie konnten, die nicht bloß zu handeln, sondern geduldig abzuwarten verstehen. Seine kriegerischen Unternehmungen pflegte er sorgfältig vorzubereiten und sich in gut gewählter Stellung angreifen zu lassen. In der Verteidigung erreichte ihn von den Befehlshabern seiner Zeit nur Davout. Darf Gneisenau unter Napoleons Gegnern als bedeutendster Stratege gelten, so Wellington als bester Taktiker. Je wilder die Schlacht, desto größer wurde seine unerschütterliche, überlegene Ruhe, desto glänzender bewährte sich seine angelsächsische, bulldoggenhafte Zähigkeit neben dem Geschick und dem Mute, sofort die Schwäche des Feindes vorstürmend zu benutzen. Genau kannte er die Eigenschaften und das Kräftemaß seiner Soldaten, für deren körperliches Wohl er eifrig sorgte. Zwar verlangte er viel, doch eigentlich nie zu viel, und schonte sich selber am wenigsten. Die Gewalt, welche Wellington auf seine Umgebung und seine Armee ausübte, war ungleich größer, als die Blüchers im preußischen Heere. Kein General, auch nicht der höchste, wagte zu murren oder gar eine Widerspenstigkeit. Niemand liebte den Gestrengen, aber jeder gehorchte schweigend und blind. Damals zählte er sechsundvierzig Jahre, stand also mit Napoleon in gleichem Lebensalter; aber während die Gesundheit des Weltgebieters gelitten hatte, befand der Brite sich auf der Höhe seiner Leistungskraft.

Medaille auf Napoleons Rückkehr von Elba. Von Andrien.
(Kgl. Münzkabinett in Berlin.)

Kaiser Franz I. in Begleitung des Kronprinzen Erzherzogs Ferdinand und der Generalität mit den verbündeten Heeren, beim Einmarsche in Frankreich die Vogesen überschreitend.
Nach dem Gemälde von J. N. Hoechle d. J. in der Wiener Gemäldegalerie.

Wie die Feldherren erwiesen sich ihre Truppen verschieden. Das preußische Heer beruhte auf einem einheitlichen, norddeutschen Volkstume, freilich mit vielen provinziellen Eigenarten. Neben zuverlässigen Altpreußen und gediegenen Westfalen bewegten sich halb französisch gesonnene Rheinländer, neben altgedienten, siegbewußten Linientruppen ungeübte Ersatz- und mißmutige Landwehrleute. Aber schließlich ging doch alles auf in dem freilich noch frischen Gefühle der Gemeinsamkeit und Zusammengehörigkeit. Schwer drückte der Geldmangel. Er bewirkte dürftige Verpflegung, ungenügende Ausrüstung und ein vielfach minderwertiges Pferdematerial. Ganz ungünstige Folgen zeitigte eine Neuformation, die der König zur Unzeit angeordnet hatte. Sie brachte Unruhe, ja Unordnung in die Reihen. Der Mehrzahl nach waren die Truppen jung, und namentlich die Reiterei stand der der früheren Kriegsjahre nach. Dagegen erschien das Offizierkorps als ausgezeichnet; an Bildung und Kenntnissen übertraf es weit das englische und französische. Nicht Hochmut und Leidenschaft, sondern Pflichttreue und Hingebung geleiteten das Heer zur Schlacht. In manchen Beziehungen mußte das sächsische Korps als beste und meistgeschlossene Truppe gelten. Aber leider wurde es wegen der Teilung seines Landes in die politischen Wogen des Wiener Kongresses hineingezogen. Das vornehmste Regiment, das der Gardegrenadiere, meuterte gegen die preußische Führung. Diese griff gewalttätig durch und verpflanzte damit den Geist der Aufsässigkeit und Verbitterung über die gesamte Mannschaft, so daß sie aus der Front genommen werden mußte und während der Entscheidungstage zum großen Schaden Preußens fehlte.

Das englische Heer bestand aus einem Völkergemisch, welches nur die Persönlichkeit Wellingtons zusammenhielt und dessen überragendes Organisationstalent und die vorhandenen Geldmittel schlagfertig machten. Da sah man gutgedrillte englische Söldner, schwerfällige Holländer, kampfesunlustige Belgier, brave, wenig geübte hannöversche Landwehrmänner, kriegskundige deutsche Legionäre, junge tapfere braunschweigische Rekruten und zuverlässige Nassauer. Den Kern bildeten die schottischen Brigaden, die englischen Garden, die deutsche Legion und eine ausgezeichnet berittene Kavallerie; fast wertlos dagegen blieben die Belgier.

Da mehr als drei Monate bis zum Beginne der Feindseligkeiten verflossen, so fanden die Verbündeten Zeit, bedeutende Massen an die bedrohte Grenze zu schieben und dort Stellungen einzunehmen. Wellingtons Heer verteilte sich in Westbelgien bis Charleroi, mit Brüssel als Hauptquartier. Es zählte ungefähr 95000 Mann, darunter etwa 40000 Deutsche, mancher mit englischer Uniform in britischen Reihen, 30000 Engländer und 25000 Niederländer. Gestützt auf die Flußläufe der Sambre und Maas mit ihren Städten Charleroi, Namur und Lüttich drohten 117000 Preußen, denen strategisch das schwache norddeutsche Bundesheer von 17000 Mann unter Kleist im Luxemburgischen und Trierschen zuzurechnen ist.

Nun folgten die Massen Schwarzenbergs: 210000 Österreicher und Süddeutsche. In den südlichen Rheinlanden begannen die Russen mit weit über 100000 Mann einzutreffen. Hinzu gesellten sich eine Armee in Oberitalien und eine für Neapel. Hier hatte König Murat die Partei seines Schwagers Napoleon ergriffen und Italien für seine Unabhängigkeit zu den Waffen gerufen. Am 18. April erklärte ihm Österreich den Krieg, besetzte am 23. Mai siegreich Neapel und zwang Murat, sich durch die Flucht in Sicherheit zu bringen. Damit wurde auch hier die verbündete Streitmacht für den Einmarsch in Südfrankreich frei.

Wie wir sahen, erwartete man anfangs einen Vorstoß Napoleons; als dieser ausblieb, traten die verbündeten Heerführer erst für die Verteidigung, dann für den Angriff in Beziehung. Besonders wichtig erwies sich das Einvernehmen zwischen Blücher und Wellington, wonach der Nachbar stets dem Nachbarn sofort Hilfe leisten müsse. Für den Angriff entwarfen Wellington, Gneisenau, Schwarzenberg, Wrede und andere Generale ihre Pläne, von denen der Gneisenausche als der weitaus klarste und bedeutendste gelten darf. Danach sollten drei Armeen in Frankreich einrücken und geradeswegs auf Paris losgehen, rückwärts in der Mitte gedeckt durch ein starkes Reserveheer. Je mehr Zeit verstrich, desto ungeduldiger drängte Blücher zum Angriff, doch Wellington bevorzugte die Verteidigung, wenigstens so lange, bis Schwarzenberg vollständig kriegsbereit sei, wofür man die zweite Hälfte des Juni annahm. Aber bevor dies eintrat, erschien Napoleon auf dem Plane.

Der Korse hatte seinen Thron in Frankreich möglichst gefestigt und vergebens Frieden vom Auslande zu erhalten gesucht. Ende April sah er sich genötigt, die Rüstungen anzufangen, welche der nunmehrige Kriegsminister Davout sofort mit solcher Umsicht und Tatkraft betrieb, daß die Linie am 1. Juni 244000 Mann, die Reserve deren 222000 aufwies. Das Hauptheer, 124000 Streiter stark, bildete die Nordarmee, die übrigen Truppen wurden an den Grenzen, in Festungen und Lagern verteilt.

Die Marschälle weilten mit dem Könige fern von Frankreich oder fanden keine Verwendung außer Ney, Grouchy und Soult, letzterer auch nicht als Befehlshaber, sondern als Generalstabschef, wofür er weit weniger paßte als der unersetzliche Berthier. Die Leitung der Korps vertraute Napoleon erprobten Generalen an, die den Marschallstab ersehnten. Das Offizierkorps und die Soldaten bestanden größtenteils aus besten Veteranen, während die Rekruten vor Verlangen brannten, es den „Alten" gleichzutun. Die Gemeinen und Offiziere folgten voll Feuer und Zuversicht ihrem angebeteten Gotte der Schlachten. Sie lechzten nach Vergeltung, nach

Rache. Hohl, fast wahnsinnig gellte ihr „Vive l'empereur!“ Anders die höheren Führer; sie überschauten zu sehr die Schwierigkeiten und Gefahren, neigten zu Ungehorsam und hegten kein rechtes Vertrauen zur Sache des Kaisers. Mancher von ihnen trug verschwiegen die weiße Kokarde der Bourbonen in der Tasche. Immerhin als Ganzes war das französische Heer an Leistungskraft und Leistungswucht überlegen: es war furchtbar, aber zerbrechlich.

Alles kam auf den Kaiser an. Er hatte sich in der gesunden Luft und der Ruhe Elbas erholt, aber die Züge von 1813 und 1814 blieben haften: seine Genialität, sein weiter und klarer Feldherrnblick, doch auch das Schwinden der Willenskraft und vor allem der Glaube an seinen Stern.

Er beabsichtigte, den Krieg in dem halb französischen Belgien zu eröffnen. Freilich drohten dort zwei Heere, jedes fast ebenso stark wie das eigene, befehligt von den bedeutendsten Feldherren des Auslandes. Aber bei der Güte seiner Truppen fühlte er sich jedem Feinde einzeln gewachsen, verbunden freilich durfte er nicht auf Sieg rechnen. Damit fand sich die Art seiner Kriegführung gegeben. Er mußte die Gegner angreifen, bevor sie sich vereinigen konnten, das heißt zugleich, er mußte sie überraschen und gesondert schlagen. Diesen Gedanken hat der Korse richtig erkannt. Unerwartet wollte er sich erst auf das gefährlichste Heer, auf das preußische, werfen, dann Wellington fassen und Brüssel erobern. Auf diese Weise wäre ein großer kriegerischer und moralischer Erfolg erzielt, der voraussichtlich auf die politische Lage Europas einwirkte.

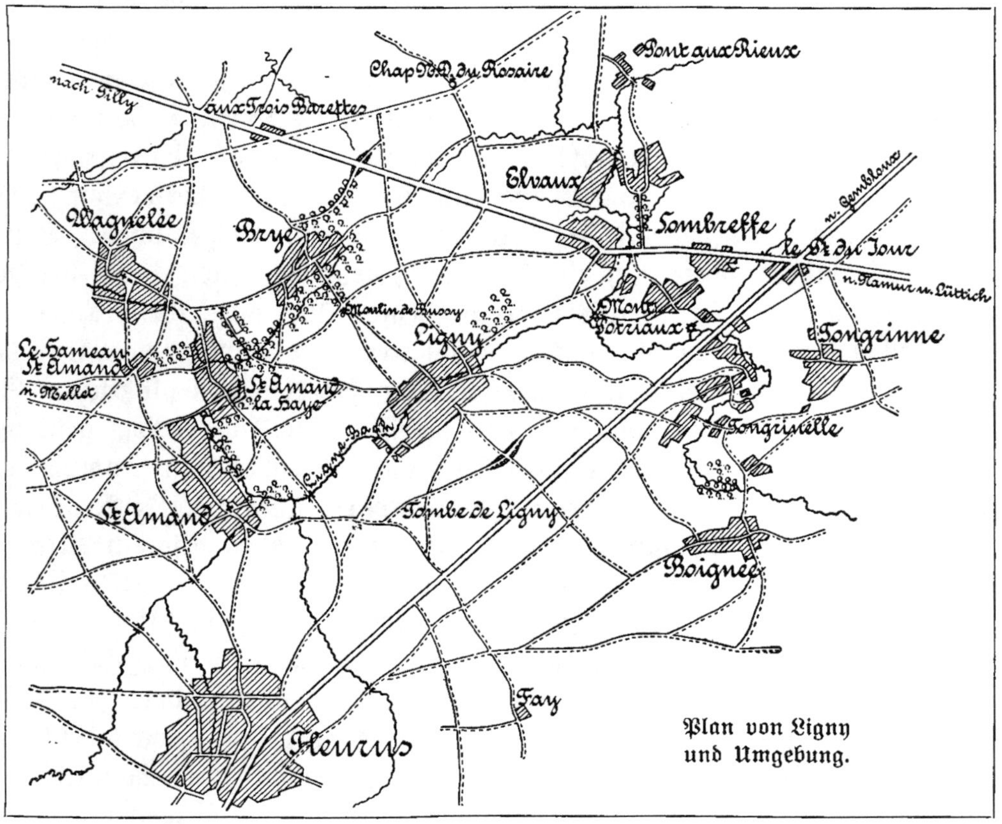

Plan von Ligny und Umgebung.

In der Tat glückte die Vorbedingung des Sieges. Es gelang Napoleon, seine Streitkräfte unter dem Schutze der nördlichen Grenzfestungen und einer plötzlichen Grenzsperre zu versammeln. Innerhalb zehn Tagen, am 14. Juni, stand er schlagfertig bei Beaumont, während die Preußen vor ihm noch in weitläufigen Quartieren von Bierge bis hinter Lüttich zerstreut lagen. Wohl erfuhr das Blüchersche Hauptquartier zu Namur schon seit dem 9. von starken Bewegungen des Feindes, es wußte schließlich sogar vom Anmarsche, Gneisenau setzte sich mit Wellington ins Einvernehmen und erteilte entsprechende Befehle. Aber die Zeit erwies sich zu kurz, weshalb sie sich nicht mehr ausführen ließen. Kaum graute der Morgen des 15. Juni, als um dreieinhalb Uhr die ersten Schüsse auf die an der Sambre bei Lobbes aufgestellten preußischen Vorposten fielen. Bald tobte ein lebhaftes Gefecht bei dem nahen Thuin, wo sich

ein Landwehrbataillon tapfer eine Stunde lang wehrte. Unwiderstehlich drängten die Franzosen in drei Heersäulen einher, rasch die geringen Vortruppen des Feindes zersprengend, deren Reste auf Charleroi zurückeilten. Hier erwartete Napoleon ernsten Widerstand. Die Sambre bot eine treffliche Deckung und ermöglichte dem dort befindlichen General Zieten ein hinhaltendes Gefecht. Er beabsichtigte es auch zu führen, doch veranlaßten ihn verschiedene Umstände, seine gute, freilich zunächst schwach besetzte Stellung vorschnell aufzugeben, nordöstlich auf Fleurus zu weichen und hier weiter hinten seine Streitkräfte heranzubefehlen.

Zieten machte damit einen leicht erklärlichen, aber schweren Fehler. Wenn Napoleon ihn schnell benutzte, so konnte er die einzelnen Teile des preußischen Heeres schlagen, bevor es möglich war, sie zu vereinigen. Aber die Ausführung des Anmarsches entsprach nicht der Absicht. Es kam zu Irrungen, Verzögerungen und Unordnung. Die Mannschaften fühlten sich überanstrengt; erst gegen elf Uhr erreichten stärkere Mengen von Fußvolk die Gegend von Charleroi. Links bei Marchienne geschah der Flußübergang ungemein langsam, rechts blieb das IV. Korps (Gérard) völlig aus, erst abends um zehn Uhr vermochte General Vandamme das Eintreffen seiner Geschütze zu melden, und das Korps Lobau mußte sogar vier Kilometer diesseits des Flusses übernachten. So konnte der Kaiser das große Glück, welches Zietens Verhalten ihm bereitete, aus Mangel an Kräften nicht verwerten. Die Fehler der Preußen wurden durch entsprechende der Franzosen nahezu ausgeglichen. Seit Mittag überschritten diese die Sambre. Hinter Charleroi ließ Napoleon sich einen Stuhl bringen und die Regimenter vorbeimarschieren. Trunken von Kampfsbegier übertönte ihr brausendes „Vive l'empereur!“ das Rollen der Trommeln und das Schmettern der Trompeten. Aber der, dem dieser tobende Jubel galt, er saß in sich zusammengesunken, befallen von plötzlichem Schlaf.

Unfern des Ortes gabelt sich die Chaussee. Ihr linker Arm geht nordwärts über Quatre Bras nach Brüssel, ihr rechter nordöstlich durch Fleurus nach Sombreffe, wo sie in eine Querstraße mündet, welche von Namur fast westwärts über Quatre Bras nach Nivelles führt. Die drei Orte Charleroi, Sombreffe und Quatre Bras bilden also ein durch Chausseen verbundenes Dreieck, an dessen Spitze sich die Franzosen, an dessen Endpunkten sich die Preußen und Engländer befanden. Eine Vereinigung dieser beiden konnte zunächst nur auf dem Querwege erfolgen. Gelang es dem Kaiser, Sombreffe und Quatre Bras in seine Hände zu bekommen, so stand er zwischen den Verbündeten und hielt ihre Heere auseinander. Zu diesem Zwecke zerlegte er seine Streitkräfte in zwei Teile, in ein Nebenheer von etwa 40000 Mann für die nördliche Richtung, während er sich selbst mit der Hauptmacht auf Sombreffe bewegte. In früheren Jahren pflegte Napoleon die Truppenführer in seine Absichten einzuweihen. Aber jetzt gab er argwöhnisch und verschlossen nur kurze Anweisungen, wodurch er den Unterfeldherren das Zielbewußtsein ihres Handelns nahm. Zum Befehlshaber des Nebenheeres bestellte er Ney, der etwas nach drei Uhr eintraf. Der Kaiser sagte ihm kurz, er solle den Feind auf der Brüsseler Straße zurückwerfen und Quatre Bras besetzen. Unverzüglich begab sich der Marschall zu seinen bereits marschierenden Truppen. Bei dem Dorfe Gosselies stieß er auf eine Brigade des I. preußischen Korps, die nach kurzem Widerstande ihren Weg seitwärts auf Fleurus nahm. Ney drängte weiter, hatte sein Heer aber so wenig beisammen, daß er nur mit einer verhältnismäßig geringen Abteilung ernstlich vorgehen konnte. Bei dem Dorfe Frasnes vor Quatre Bras trat ihm die äußerste linke Flügelabteilung Wellingtons entgegen, ein Bataillon Nassauer mit einer niederländischen Batterie, und wich, heftig feuernd, langsam bis vor Quatre Bras, wo Verstärkungen sie aufnahmen.

Ähnlich erging es dem Hauptheere. Auch hier blieb die Spitze so schwach, daß es der zweiten preußischen Brigade bei Gilly vor Fleurus gelang, sie stundenlang fast ohne Kampf

aufzuhalten. Als größere Truppenmengen eintrafen und sich zum Angriffe anschickten, zogen sich die Verteidiger fechtend ohne namhafte Verluste zurück, worauf Dunkelheit und Ermüdung die Franzosen an weiteren Unternehmungen verhinderten. Das Ergebnis des Tages erwies sich günstig für Napoleon, doch keineswegs als voller Erfolg. Die beiden Knotenpunkte Quatre Bras und Sombreffe waren nicht erreicht. Bei dem westlichen begannen sich Wellingtonsche Truppen einzufinden, östlich stand das ganze I. preußische Korps bei Fleurus, und das II. nebst dem III. eilten herbei.

Aber was die Umstände dem Kaiser am 15. versagt hatten, glückte voraussichtlich am 16. Die eintreffenden Nachrichten lauteten günstig. Die Preußen schienen sich in vollem Rückzuge zu befinden. Mit einem großartig angelegten Plane hoffte Napoleon die Entscheidung zu erzwingen: sofort mit seinem rechten Flügel die Preußen anzupacken und vollständig nach Osten zu drängen, sich dann auf der Straße Sombreffe—Quatre Bras mit Ney zu verbinden, übermächtig auf Wellington zu werfen, ihn nordwärts zu schieben und Brüssel zu erobern. Im Besitze von Belgiens Hauptstadt, zwischen den beiden Verbündeten stehend, konnte er nach Gutbefinden dem einen oder dem andern völlig den Garaus machen. Vorbedingung für das Ergebnis war schnelles und entschlossenes Handeln. Doch schon am Morgen des 16. zeigte sich, daß die Umstände nicht so günstig lagen, wie der Kaiser erwartete, denn von Grouchy kam die Mitteilung, daß sich die preußischen Streitkräfte vor Sombreffe, dicht hinter Fleurus, versammelten, während Ney berichtete, der Feind entwickle stärkere Massen bei Quatre Bras.

Sobald Blücher am Morgen des 15. von dem Angriffe Napoleons erfuhr, gab er Befehle

Nach einem Kohledruck von Braun & Cie. Nachf., Dornach i. E.

Die letzten Sonnenstrahlen (Napoleon während der Schlacht bei Ligny). Gemälde von G. Weiß.

zur Vereinigung seiner vier Korps bei Sombreffe, mit denen er am Nordufer des Lignybaches Stellung nehmen wollte. Wenn alles richtig eintraf, vermochte er am 16. mit Gesamtmacht aufzutreten. Aber seine Hoffnung erfüllte sich nicht. Am Mittage des 16. befanden sich erst drei Korps einigermaßen zur Stelle. Das entfernteste IV. Korps, dasjenige Bülows, blieb aus; durch Mängel in der Berichterstattung und durch eigensinnig vorgefaßte Meinung des Generals. Damit fehlten an 30000 Bajonette. Dennoch beschloß Blücher die Schlacht. Wenn es nur gelang, sie am 16. hinzuhalten, so mußte Bülow am Morgen des 17. ankommen, womit man eine starke Übermacht besaß. Der Fürst handelte hiermit eigenmächtig, ohne Befragung Wellingtons, augenscheinlich aus Freude, den gehaßten Feind vor der Klinge zu haben, mehr aber wohl noch durch eine politische Erwägung Gneisenaus bewogen. Glückte es den Preußen, Napoleon zu schlagen, so hatten sie, und zwar sie allein den Feldzug entschieden und durften als Sieger beim Friedenschlusse Forderungen stellen, deren Gewicht schwer in die Wagschale fiel. — Durch allerlei Zufälligkeiten erfuhr Wellington erst am Nachmittage des 15. von dem feindlichen Angriffe. Doch auch jetzt hielt er noch zurück, weil er befürchtete, daß die Franzosen ebenfalls auf einer zweiten, mehr westlichen Straße gegen Brüssel vordrängen würden. Erst als er sich hierüber sicher fühlte, erteilte er spät abends und in der Nacht die Weisungen zu einer Verschiebung seiner Truppen nach dem linken Flügel, und zwar nach Nivelles, das

Blüchers
Nach d
P. F. Me

zweieinhalb Stunden westwärts von Quatre Bras liegt. Letzteres hoffte er noch durch die Preußen gedeckt. An demselben Abend gab die Herzogin von Richmond einen glänzenden Ball in Brüssel, an dem der Herzog teilnahm. Lustig drehten sich die Tänzer, während ungeahnt das Unheil nahte. Plötzlich erscholl Alarm, die Truppen marschierten ab, und mancher Offizier mußte in Seidenstrümpfen und Schnallenschuhen hinterdrein eilen. Wellington ritt in der Frühe des 16. nach Quatre Bras, wo er gegen zehn Uhr eintraf. Er fand den Ort bereits von einer Division besetzt, da einige Unterführer mit richtigem Verständnisse auf eigene Verantwortung gehandelt hatten. Aber was bedeutete solch geringe Streitmacht gegen die Überzahl der Franzosen? Griff Ney am Vormittage zu, so gewann er Quatre Bras mit leichter Mühe und folglich die Straße nach Sombreffe. Dies geschah nicht. Der Marschall zauderte unentschlossen; noch fehlte ein großer Teil seines Heeres, er wußte nicht, wie stark der ihm gegenüberstehende Feind sei, und Napoleon weilte zu fern für etwaige rasche Unterstützung. Ebenso fühlte sich Grouchy bei Fleurus zu schwach zum Angriffe, denn noch fehlte das ganze IV. Korps (Gérard), und er überschätzte die aufmarschierenden Preußen. So verstrichen unwiederbringliche Stunden. Als Napoleon eintraf, fand er die Sachlage keineswegs günstig. Mit Blücher stand augenscheinlich ein schwerer Kampf bevor. Die verwendbaren Streitkräfte mochten vielleicht genügen, um ihn zu besiegen, niemals aber, ihn zu vernichten, oder auch nur ihn aus dem Felde zu schlagen. Darauf aber kam

Photographieverlag von Franz Hanfstaengl, München.

l bei Ligny.
emälde von
mitt.

es an. So schrieb der Kaiser seinem Marschall, er werde die Schlacht in einer halben Stunde beginnen. Ney solle die vor ihm befindliche Macht über den Haufen werfen, dann kehrtmachen und sich gegen die Preußen wenden, um sie im Verein mit dem Hauptheere zu umfassen.

Ununterbrochen gestalteten sich die Verhältnisse nachteiliger für Frankreich. Zieten machte sich mit seinem Korps gefechtsfertig, das II. und III. Korps kamen an, ihn im Laufe des Vormittags und Mittags verstärkend. Die Stellung der Preußen war fest, jedoch rein auf Verteidigung berechnet. Nach Süden gewandt, stützte sie sich der Länge nach auf den Lignybach, der hier die Gestalt eines liegenden lateinischen S bildete. In der Mitte befand sich das große Dorf Ligny, zur Rechten Saint-Amand, während sich jenseits des Baches schräg gegenüber das Dorf Fleurus erhob. Von dessen Windmühle beobachtete Napoleon den Feind, Blücher und Gneisenau taten das gleiche von der bei Brye. Die preußischen Heerführer erkannten deutlich ihren großen Gegner mit seinem Stabe und ebenso seine starken Streitkräfte. Deshalb sandten sie den englischen Militärbevollmächtigten Oberst Hardinge nach Quatre Bras zu Wellington. Da dieser zweifelte, ob er nicht selber den Kaiser vor sich habe, sprengte er kurz entschlossen zu seinem Verbündeten nach Brye hinüber. Hier sah er denn bald ein, daß nicht er, sondern Blücher bedroht sei. Daraufhin beantragte Gneisenau, die britischen Streitkräfte sollten sich hinter den preußischen sammeln; doch der Herzog lehnte dies ab und bevorzugte eine mittelbare Hilfeleistung, indem er auf der Straße nach Charleroi vordringe, um dann dem napoleonischen Heer in die Seite zu fallen. Man meinte, bei Quatre Bras stünden nur schwache Truppenteile des Feindes. Hüben und drüben hegte man also dieselbe Absicht eines Flankenstoßes.

Napoleon wies Ney noch des genaueren an, sein Verhalten so einzurichten, daß er die Preußen rechts und hinten umfassen könnte. Als der Marschall eine Stunde später erklärte, ihm gegenüber befänden sich etwa 20000 Mann, stimmte dies die Hoffnungen seines Gebieters zwar etwas herab, erschütterte sie aber keineswegs, denn nun änderte er seinen Plan dahin, daß Ney die Engländer mit einem Korps hinhalten, das andere Korps (Erlon) aber gegen Blücher abgeben solle. Im Gedränge der Zeit sandte er einen Offizier geradeswegs an Erlon mit dem Auftrage, auch Ney zu verständigen. Vermochte man den Befehl richtig auszuführen, so waren die Preußen in der Tat verloren. Ganz anders aber lagen die Dinge, wenn Erlon ausblieb, denn dann fochten ungefähr 88000 Preußen in selbstgewählter Stellung gegen kaum 82000 Franzosen.

Das Korps Zieten hielt die Dörfer Ligny und Saint-Amand besetzt, mit dem II. Korps als Rückhalt hinter einem Höhenzuge, auf dem starke Geschützreihen drohten, welche das Gelände weithin beherrschten. Den linken Flügel bildete das III. Korps (Thielmann). Napoleon ließ Vandamme vor Saint-Amand, den lange vergebens erwarteten Gérard vor Ligny und die Reiterei Grouchys vor dem feindlichen III. Korps aufmarschieren, während er die Garde bei Fleurus zurückbehielt. Um zwei Uhr begann er die Schlacht. Stundenlang wogte ein wechselvolles, furchtbar erbittertes Ringen um die beiden Dörfer, ohne daß es den Angreifern gelang, wesentliche Vorteile zu erzielen. Wiederholt sprengte Blücher in die Front und führte die Seinigen vor, den Säbel in der Faust. Plötzlich kam ein banger Augenblick: von Westen nahte eine Truppenmacht, die man auf 20—30000 Mann schätzte. Waren es Engländer? Waren es Franzosen? In jedem Falle bedeuteten sie dem Feinde Verderben. Sie erwiesen sich als das Korps Erlon. Aber wie? Kaum erschienen, verschwand es wieder nach Hinterlassung eines schwachen Beobachtungsrestes. Damit standen die Dinge wie zuvor. Der Himmel umdüsterte sich schwarz. Ein schweres Gewitter prasselte nieder. Die Preußen glaubten die Arbeit des Tages beendet. Anders ihr großer Gegner. Unter Sturm und Regen ballte er seine Garde zusammen und durchstieß die Ostseite von Ligny, ohne besonderem Widerstande zu begegnen. Augenscheinlich

Die Schlucht bei Waterloo.

Nach dem Gemälde von U. Checa.

war sie in der Leidenschaft des Kampfgewoges und der Unübersichtlichkeit der Häuserreihen von Truppen stark entblößt. Der Feind hat die preußische Aufstellung zerrissen! In fliegender Hast jagt Blücher herbei, rafft die Reservereiterei zusammen und wirft sie in wiederholten Gewaltstößen auf die Vorgedrungenen. Umsonst. Sie prallt ab. Blüchers Schimmel sinkt getroffen zu Boden und begräbt fallend den Reiter. Ein Adjutant setzt gefahrtrotzend den halb ohnmächtigen Feldherrn auf ein anderes Pferd, das dem Wirbel der Fliehenden folgt.

Die Schlacht ist verloren. Zwar halten noch der linke und der rechte Flügel, und auch hinter Ligny treten dem Sieger geschlossene Truppenkörper entgegen, aber sie vermögen das Schicksal des Tages nicht mehr zu wenden und müssen sich der Rückzugsbewegung anschließen. Es geschieht widerwillig unter stetem Feuer, während die Franzosen auf dem Schlachtfelde übernachten. Die Einbußen der Preußen erwiesen sich gewaltig. Sie betrugen fast ein Drittel ihres Bestandes, nämlich 26000 Mann, wozu sich noch 2000 Mann vom Tage zuvor gesellten, so daß die drei Korps nur noch etwa 62000 Mann zählten. Freilich war nur der kleinere Teil gefallen oder verwundet, an 16000 mußten als gefangen oder versprengt gelten, die sich später teilweise wieder einfanden. Immerhin fehlten sie bei der Entscheidung. Die Franzosen verloren nur 10000 Streiter.

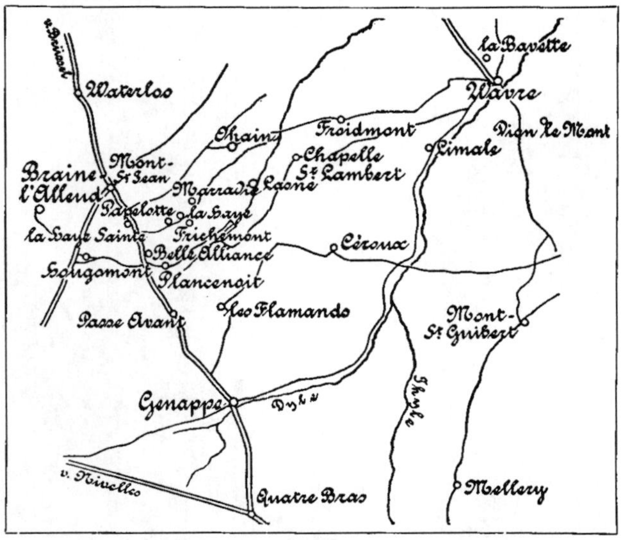

Plan der Umgebung von Waterloo.

Napoleon führte bei Ligny ausgezeichnet. Er beabsichtigte, wie wir sahen, die Preußen durch die Seitenbewegung Neys oder Erlons zu vernichten. Daß es mißlang, trifft nicht ihn, sondern beruht auf den gelockerten Verhältnissen. Immerhin errang er einen glänzenden Sieg und damit die Heerstraße, welche Wellington in die Flanke führte. Preußischerseits ist die Schlacht kein Ruhmestag gewesen. Ein großer Teil der Truppen schlug sich todesmutig, aber andere, zumal Ausgehobene der neuen Provinzen, liefen massenweis davon. Auch die Heeresleitung läßt sich nicht loben. Es fehlten die Kräfte an den entscheidenden Stellen, wogegen der linke Flügel erst mit vier, dann gar mit fünf Brigaden ihrer zu viele besaß, die sich überdies durch Grouchys Reiter fast untätig hinhalten ließen. Wären sie einfach auf Fleurus losgegangen, so hätten sie den Feind in der Flanke getroffen und wahrscheinlich den Tag für Preußen gewonnen. Aber Thielmann hatte keinen Befehl, und das Hauptquartier verlor ihn gewissermaßen aus den Augen. Statt das Ganze zu übersehen und zu berücksichtigen, ließ Blücher sich vorn durch die Schwere des Kampfes fesseln und von seiner Leidenschaft wiederholt hinreißen; auch Gneisenau hielt sich kaum genügend in Schranken. Man wartete den Feind nicht ruhig und gedeckt ab, sondern wehrte sich im vorstürmenden Geiste des Feldmarschalls. So fehlte es an zielbewußter Ordnung in dem unübersichtlichen Gelände, die Front nutzte sich zu stark ab, die Reserven wurden nicht immer richtig, oft zu spät eingesetzt, und zuletzt versagte die Oberleitung eigentlich ganz, was Napoleon meisterhaft für einen plötzlichen und leichten Sieg benutzte. Die preußische Infanterie stand den Franzosen im Dorfkampfe nach, die an sich nicht erstklassige Reiterei litt viel zu sehr im Kanonenfeuer, nur die Gesamttapferkeit und die hochstehende Artillerie haben das Gefecht so lange gehalten, wesentlich einen Heldenkampf des viel zu schwachen I. Korps. Es zeigte sich: Blücher war ein Angriffs-, aber kein Verteidigungsgeneral.

Während derselben Stunden, wo Napoleon mit Blücher rang, fochten Ney und Wellington bei Quatre Bras. Um zwei Uhr eröffnete der Marschall den Angriff und bedrängte die 8000 Mann des Prinzen von Oranien. Als Wellington um drei Uhr von der Zwiesprache bei Brye zurückkehrte, standen die Dinge höchst bedrohlich. Doch gerade jetzt kamen die ersten Verstärkungen von Brüssel, die das Gefecht sofort aufnahmen; andere Truppen folgten hüben und drüben, so daß der Kampf sich zunehmend steigerte, ohne eine Entscheidung zu bringen. Ney wollte sie mit dem Korps Erlon bewirken. Da erfuhr er, daß es vom Kaiser abberufen sei. Wütend brauste er auf und schickte Erlon Befehl zu sofortiger Umkehr. Das verstieß nicht bloß gegen die höhere Weisung, sondern war auch insofern unklug, als sich der General schon zu weit entfernt befand, um noch rechtzeitig eintreffen zu können. Vergebens warf Ney die Kürassiere Kellermanns vorwärts. Wellington hatte seine Truppen allmählich auf 32000 Mann gebracht, mit denen er ruhig und sicher zum Angriffe überging. Die Franzosen wehrten sich verzweifelt, mußten aber langsam weichen, so daß sie sich abends wieder am Orte des Aufbruchs befanden.

Verteidigu
La Ha
Nach d
A. N
im Provinz
Han

Auf beiden Seiten verlor man ungefähr 4500 Mann. Taktisch unterlag Ney, strategisch aber zog er das britisch-deutsche Heer auf sich und hielt es von einer Hilfeleistung Blüchers fern. Sein Benehmen Erlon gegenüber ist menschlich zu verstehen, denn dessen Abmarsch machte einen Sieg unmöglich, ja setzte ihn sogar einer Niederlage aus. Militärisch bleibt er aber schwer zu tadeln, denn er handelte gegen den Befehl und gegen die Absichten seines Kriegsherrn. Selbst eine Niederlage hätte leicht gegen die Vernichtung der Preußen gewogen, welche Ney durch seine Eigenmächtigkeit unmöglich machte. Erlon erhielt den bestimmten Gegenbefehl, kehrte um und traf zu spät beim Marschall ein. Nutzlos pendelte er zwischen zwei Schlachten hin und her, während sein Eingreifen

hier wie dort die Entscheidung gebracht hätte. Anderseits tat Wellington, was er vermochte. Er hielt nicht bloß das eine Korps fest, sondern bewirkte durch den Druck seiner zähen Standhaftigkeit auch die Zurückberufung des andern. Hiermit gewährte er Blücher die Möglichkeit, sich allein mit Napoleon zu messen, ja sogar die des Sieges. Wenn dieser ausblieb, so lag die Schuld nicht an dem Briten. — Im ganzen war das Kriegsglück seinem Lieblinge treu geblieben. Die Preußen schienen zunächst beseitigt zu sein, die Querstraße befand sich im Besitz des Kaisers und mit ihr die Möglichkeit, Wellington zu überrennen. Doch abermals verlor Napoleon unwiederbringliche Stunden. Augenscheinlich erkannte er nicht die volle Tragweite seines Erfolges. Der tapfere Widerstand mehrerer preußischer Bataillone dauerte bis in die Nacht; die Ermüdung seiner Leute und wahrscheinlich auch die eigene Abspannung taten das weitere. In Wirklichkeit war sein Sieg so vollkommen, daß kundige Männer in preußischen Reihen ein zweites Jena befürchteten. Hätte der Kaiser sofort mit der Verfolgung eingesetzt, so konnte er den Gegner tatsächlich kampfunfähig machen. Schon die Unsicherheit der Rückzugslinie mußte den Preußen verhängnisvoll werden, denn ihre Verbindungslinien gingen nach Osten, die natürliche Fluchtrichtung aber und die Nähe Wellingtons wiesen nach Norden. Hierdurch entstand anfangs ein böses Durcheinander, dem selbst der Befehl Gneisenaus nach Norden, auf Tilly und Wavre, erst allmählich Einhalt tat.

Phot. F. Bruckmann A.-G., München.

s Meierhofes
ainte.
emälde von
ien
useum zu
er.

Als Napoleon sich am nächsten Morgen seinen Truppen zeigte, wurde er mit brausendem Jubel begrüßt. Immer mehr lebte er sich in den Gedanken ein, daß die Preußen sich ostwärts nach Deutschland entfernten. Da er aber unter allen Umständen mit Wellington allein abrechnen wollte, so zerlegte er gegen elf Uhr sein Heer in zwei Teile; mit dem einen wandte er sich links

wider die Engländer, den anderen von 33000 Mann übergab er dem Marschall Grouchy zur Verfolgung Blüchers.

Ney hatte Befehl, Quatre Bras zu nehmen. Zu diesem Zwecke rief er Erlon zurück, womit sich seine ganze Armee beisammen befand. Pflichtgemäß mußte er also frühmorgens den Angriff erneuern, um entweder zu siegen oder die Engländer festzuhalten. Doch wie am Vormittage des 16. blieb er untätig, und hiermit dürfte auch Napoleons Verhalten zusammenhängen, der eben keinen Kanonendonner hörte, welcher ihn herbeirief. Inzwischen aber erfuhr Wellington das Unglück der Preußen, erkannte er die Gefahr, in der er nunmehr schwebte. Um sich ihr zu entziehen, begann er von zehn Uhr an geschickt seine Truppen unter dem Schleier einer starken Reiterei auf der Brüsseler Straße zurückzunehmen. Ney mußte das nicht bemerkt haben, oder er war übelgelaunt, denn auch jetzt unternahm er nichts. Aber da eilte der Kaiser von seitwärts herbei. Zu spät: er vermochte nur noch hinterdrein zu stürmen und die feindliche Reiterei zu bedrängen, bis sie bei Genappe einen kräftigen Gegenstoß machte. Abends gegen sieben Uhr gewahrte Napoleon die geschlossenen feindlichen Reihen auf einem Höhenzuge bei Mont Saint-Jean den Weg nach der Hauptstadt sperren. Am liebsten hätte er sich sofort auf den verhaßten Engländer geworfen, aber hierfür besaß er zu wenig Truppen. Notgedrungen mußte er warten. Schon am Nachmittage hatte es heftig gewittert, jetzt regnete es ununterbrochen. Eine schreckliche Nacht senkte sich herab, die Einleitung eines schrecklichen Tages.

Unterdessen war es der preußischen Oberleitung unter größten Mühen gelungen, die völlig aufgelöste Ordnung wieder einigermaßen herzustellen und unangefochten das Städtchen Wavre an der Dyle zu erreichen. Erst am Abend kam das III. Korps dort an, und noch später, seit zehn Uhr, nahte Bülow mit dem IV. Grouchy verfolgte die Preußen zwar eifrig, täuschte sich jedoch anfangs in der Richtung und vermochte dann auf den grundlosen Wegen nicht rasch genug vorwärts zu gelangen. Er übernachtete in Gembloux, etwa fünfzehn Kilometer vom Feinde entfernt.

Schon am Morgen des 17. brachte ein preußischer Offizier dem englischen Herzoge den Antrag einer gemeinsamen Angriffsbewegung. Es war dies eine mehr politische als militärische Forderung, welche von Gneisenau ausging, denn die Preußen befanden sich derzeit in einer Lage, wo sie Gott dankten, wenn sie nicht selber gefaßt wurden. Die Blüchersche Heeresleitung wollte andeuten, daß sie sich nicht geschlagen fühle und unter allen Umständen die Entscheidung vor Brüssel wünsche. Hierauf beruht auch der beiderseitige Rückzug. Wavre und Mont Saint-Jean liegen nämlich in einer Linie, nur ungefähr fünfzehn Kilometer voneinander entfernt. Rasch mußte man sich verständigen und gemeinsam handeln. Deshalb eröffnete Wellington dem preußischen Hauptquartiere, daß er gesonnen sei, die Schlacht in seiner Stellung anzunehmen, wenn die Preußen ihm mit zwei Korps zu Hilfe kämen, andernfalls müßte er bis hinter Brüssel weichen. Die Antwort verzögerte sich. Noch war das preußische Heer nicht wieder vereinigt, es fehlte ihm an Schießbedarf und Nahrung; man wußte nicht, ob und wann ein abermaliger Angriff der verfolgenden Franzosen bevorstehe; überdies mißtraute Gneisenau dem Herzoge, der sich auf dem Wiener Kongresse wenig preußenfreundlich gezeigt hatte und bei Ligny ausgeblieben war. Wenn er irgendwelcher Gründe wegen das Feld räumte, während die bereits erschütterten Preußen zu ihm hinüberzogen, so gab man sie dem Untergange preis. Erst als das Heer sich beisammenfand und ein großer Teil des Schießbedarfs herbeigeschafft war, ließ Gneisenau seine Bedenken fallen und kühn antworten, daß sich das IV. Korps mit Tagesanbruch in Marsch setzen, das II. demselben folgen und die beiden anderen sich bereit halten würden, ebenfalls nachzurücken. Dieses Schreiben gelangte früh um zwei Uhr in Wellingtons Hände.

Er hatte nichts anderes erwartet und alles auf diesen Fall vorbereitet. Jetzt konnte er das Wagnis der Schlacht auf sich nehmen, denn um zehn oder elf Uhr mußten die Preußen

Attacke schottischer Dragoner bei Waterlo

Photogravüre im Verlag von S. Hildesheimer & Co., Ltd., London E.C.

Nach dem Gemälde von E. Butler.

Nach einem Kohledruck von Braun & Cie. Nachf., Dornach i. E.

Marschall Ney bei Waterloo. Gemälde von E. Chaperon.

eintreffen, und bis dahin fühlte er sich stark genug zu erfolgreichem Widerstand. In Wirklichkeit täuschte er sich; da traten die Preußen erst um halb fünf Uhr nachmittags in den Kampf ein und nicht mit zwei Korps, sondern bloß mit zwei Brigaden. Aber der Herzog vermochte zunächst nur mit dem Wortlaute der Blücherschen Meldung, nur mit der Unterstützung am Vormittage zu rechnen, und demgemäß faßte er seine Pläne. Da er keine Kenntnis von der Abzweigung Grouchys besaß, fühlte er sich links durch die Nähe der Preußen gedeckt, anders rechts, wo eine festungslose Straße über Hal nach Brüssel führte. Wenn Napoleon ihn vorne festhielt, um ihn

seitwärts zu umgehen, so erschien seine Lage äußerst gefährdet. Zur Vorbeugung dieser Möglichkeit sperrte Wellington die Seitenstraße durch ein Nebenkorps von 17000 Mann. Hiermit fühlte er sich hüben und drüben gesichert und hatte in der Mitte freie Hand.

Die Gegend, in der sich das Schicksal Europas entscheiden sollte, besteht aus zwei Hochflächen, aus der von Belle-Alliance und der von Mont Saint-Jean. Sie erstrecken sich ziemlich gleichmäßig nebeneinander in westöstlicher Richtung, werden durch eine Talmulde getrennt und überqueren die Brüsseler Straße. Längs des nördlichen Höhenzugs, auf engem Raume, wählte der Engländer eine jener festen Verteidigungsstellungen, wie er sie von Spanien her liebte. Sie erwies sich nach Süden zu dreifach begünstigt: durch Bodensenkung, durch einen tief eingeschnittenen, von Hecken eingefaßten Querweg und durch drei Vorwerke: rechts das Schloß Hougomont mit ummauertem Park, in der Mitte an der Landstraße das Gehöft La Haye-Sainte und links die weißen Häusergruppen von Papelotte und La Haye. Mit großer Sorgfalt benutzte Wellington die Vorteile des Geländes. Die dichte Front seines Fußvolkes stellte er möglichst gedeckt hinter dem Querwege auf, davor Schützen und Kanonen, während die Gehöfte großenteils deutschen Kriegern überwiesen wurden, die also den ersten Sturm auszuhalten hatten. Die Reserven befanden sich hinter der Hochfläche, unsichtbar für den Feind. Wellingtons Streitkraft betrug 68000 Mann. Er beabsichtigte, den Angreifer durch Gewehr- und Geschützfeuer zu erschüttern, um ihm dann die geschonte Hauptmacht von oben wuchtig entgegenzuwerfen. Auch Napoleon rechnete zunächst auf die Wirkung überlegener Batterien, bis die Entscheidung in der Mitte fiel, welche er mittels schwerer Frontalstöße durchreißen wollte. Schon um neun Uhr sollten sich die französischen Korps in Schlachtordnung kampfbereit halten, aber nach der furchtbaren Regennacht ließ sich das nicht bewerkstelligen. Der Boden war so aufgeweicht, daß die Geschütze bis zu den Achsen in den schweren belgischen Lehm versanken und deshalb nicht in Stellung gebracht werden konnten. Die Soldaten zeigten sich abgespannt, ihre Kleidung durchnäßt, Waffen und Pulver feucht. Ganze Heeresteile hatten die Kampfgelände überhaupt noch nicht erreicht, andere sich stark aufgelöst, weil die Leute abseits übermüdet niedersanken. Dies alles galt es auszugleichen, und dazu brauchte man Zeit. So mußte Napoleon warten. Er glaubte dies ungefährdet tun zu können, weil er nichts von Blüchers Nähe wußte. Langsam erfolgte der Aufmarsch. Links der Brüsseler Straße sammelte sich das Korps Reille, rechts das Erlons, beide an den Enden von Reitergeschwadern überflügelt. Dahinter drohten in zweiter Linie Infanterie und Kavallerie, und als Reserve die Garden. Die Gesamtmacht betrug 74000 Mann mit 246 Geschützen, erschien also der des Feindes an Zahl etwas, an einheitlichem Wert bedeutend überlegen. Den Oberbefehl in der Front erhielt Ney. Es war ein Sonntag.

Um halb zwölf Uhr fiel der erste Kanonenschuß. Reille ging gegen den rechten feindlichen Flügel vor, doch löste sich sein Angriff allmählich auf in ein langwieriges Gefecht, dessen Mittelpunkt das von Nassauern und englischen Gardisten zäh verteidigte Schloß Hougomont bildete. Inzwischen bearbeiteten achtzig Geschütze den linken Flügel, worauf Erlons Fußvolk dicht geschlossen sich in Bewegung setzte. Eine belgische Brigade stäubt auseinander, doch immer stärker kracht das niedermähende Feuer. Es vermag die Franzosen nicht aufzuhalten. Schon sind sie dicht heran, da stürmen die englischen und hannöverschen Fußtruppen auf sie nieder, unterstützt von Reiterbrigaden. Ein verzweifeltes Ringen! Bajonett und Säbel, Kugel und Pferdehufe wüten widereinander. Die Wucht des Gegenstoßes wirkt überwältigend. In wildem Gewirre wogen die Geworfenen zurück, verfolgt von den erbitterten Reitern, die geradeswegs auf den geschützgekrönten Höhenzug losrasen. Hier freilich prallen sie ab.

Ein englischer Offizier schilderte den Hergang: „Wüstes Durcheinander, eingehüllt in dichten Qualm; Menschen und Pferde über- und untereinander, in Todeszuckungen und Todeskampf;

der Boden so bedeckt mit Toten und Sterbenden, daß wir beim Rückmarsch in Kolonnen nur mit Mühe vermeiden konnten, über ihre Leiber dahinzuschreiten. Einige Augenblicke darauf stürzte eine große Menge feindlicher Soldaten, von unserer Reiterei gejagt, auf uns los, warf Waffen und Gepäck weg und gab sich unter lautem Rufen gefangen."

Der erste große Angriff ist gescheitert. Beide Teile nehmen ihre Stellungen wieder ein, während das trennende Tal mit Verwundeten und Leichen übersät ist, darunter zwei englische Generale. Weiter tobt der Kampf um La Haye-Sainte und Hougomont. Neue Batterien verstärken die französische Front und eröffnen ein mörderisches Feuer. Schon geraten die vordersten englisch-deutschen Reihen so durcheinander, daß Wellington sie zurücknehmen muß und neue Regimenter einrücken läßt. Ney bemerkt diese Bewegung, verkennt sie und meint, sie bedeute den beginnenden Rückzug. Um ihn zu vollenden, schickt er seine Schwadronen vor.

Es ist vier Uhr geworden. 5000 Reiter brausen einher gegen das linke feindliche Zentrum zwischen La Haye-Sainte und La Haye, sie überrennen die Kanonen und stürzen sich auf die Vierecke des Fußvolks. Wie mit eisernen Klammern halten die Glieder zusammen, während die Pferde in wilder Jagd durch heulende Salven und knatterndes Schnellfeuer die Wälle starrender Bajonette umjagen. Ney befindet sich inmitten der Stürmenden, kotbedeckt, Schaum vor dem Munde. Trotz wahnsinnigen Todesmutes gelingt es nur wenige Karrees zu sprengen. Jetzt haut auch englische Kavallerie ein. Hin und her wogt das Getümmel, eine volle Stunde lang; schließlich sinken die Franzosen zurück. Um den Tapferen zu helfen, läßt Napoleon seine Reservekavallerie anreiten: abermals 5000 Mann bester, altgedienter Soldaten. Erneut flammt der Kampf auf. Das Durcheinander wiederholt sich in gesteigertem Maße, bis es sich in Einzelkämpfe um die verschiedenen Vierecke auflöst. Überall tapferer Ansturm und unerschütterlicher Widerstand, gleich einem tosenden Meere am Felsengestade. Pferde- und Menschenleichen häufen sich zu Hügeln, mehrere Karrees werden über den Haufen geworfen. Die Schlacht brandet so furchtbar, daß Wellington fast seine gesamten Reserven einsetzen muß. Wo immer sie können, feuern französische Kanonen und Schützen, welch letztere dicht an die Gegner herankriechen. Doch die Unordnung wächst, und die Wucht der Stöße erlahmt. Eine rückläufige Bewegung beginnt. Wellington erspäht sie sicheren Blickes und schleudert einige sorgsam geschonte Schwadronen auf den weichenden Feind. Ein

Jäger von der deutschen Legion. — Niederländischer Infanterist. — Kavallerist. — Nassauischer Infanterist. — Braunschweigischer Infanterist. — Hannöverscher Landwehrmann.

Typen aus dem verbündeten Heere unter Wellington 1815. Nach einer Zeichnung von R. Knötel.

letztes Emporflackern versagt. Der doppelte Reitersturm ist gescheitert; zwei furchtbare Stunden hat er gedauert.

Nun setzt die französische Infanterie wieder ein und bezwingt La Haye-Sainte nach mörderischem Kampfe. Der Rest der deutschen Verteidiger, zweiundvierzig Mann, schlägt sich durch mit dem Bajonette. Mit der Eroberung dieses Bollwerks gewinnt Ney endlich einen Stützpunkt in der Mitte. Schnell bewehrt er ihn mit Kanonen und treibt das Fußvolk weiter vor. Der Widerstand der Verbündeten ermattet, Pulver und Blei sind verbraucht, die Geschütze guten Teils unbemannt und die Verluste so furchtbar, daß die Brigade Colin Halkett von einem Leutnant geführt wird. Man bringt die Fahnen mehrerer Regimenter nach hinten in Sicherheit, die Drückebergerei einiger Truppenteile gestaltet sich fast zu einer Rückwärtsbewegung. Der Adjutant Kennedy berichtet: „Die Mitte war durchbrochen, wir befanden uns in größter Gefahr.“ Finster soll Wellington auf die Uhr geblickt und gemurmelt haben: „Blücher oder die Nacht!“

Ney erkennt die Erschütterung des Feindes. Freilich auch seine Kraft ist zu Ende; nur wenn er neue Truppen erhält, läßt Erfolg sich erhoffen. Rasch meldet er es dem Kaiser; doch der wagt nicht, den Rest seiner Reserve, vierzehn Bataillone Garde, aus der Hand zu geben. Daß er in diesem entscheidenden Augenblicke zaudert und dadurch die Schlacht verliert, ist das Verdienst der Preußen.

Seiner Zusage gemäß erteilte Gneisenau in der Nacht vom 17. zum 18. Bülow die Weisung, frühmorgens westwärts aufzubrechen. Aber derselbe Sturzregen, der Napoleon nötigte, den Beginn der Schlacht zu verschieben, wirkte auch nachteilig auf die Preußen. Übermüdet war das IV. Korps erst während der Nacht eingetroffen und vermochte nur verspätet abzumarschieren. Außerdem lagerte es ziemlich entfernt östlich von der Dyle, am weitesten ab von Wellington. Der nächste Weg nach Belle-Alliance führte südlich den Fluß entlang. Doch ihn wagte Gneisenau wegen der Nähe Grouchys nicht zu benutzen. So mußte man sich in langem Zuge erst über eine einzelne Brücke und dann durch die Hauptstraße von Wavre winden. Hier brach Feuer aus und nötigte zu stundenlangem Halten. Nur langsam kamen die Truppen vorwärts, gerieten auseinander und mußten sich unterwegs erst wieder zusammenfinden. Auch die übrigen Korps zeigten sich noch abgespannt, teilweis schlecht geordnet und hungrig. Es fehlte an Schießbedarf, dessen Reste sich erst im Laufe des Vormittags soweit verteilen ließen, daß man notdürftig fechten konnte. Nun traten aber Erwägungen ein, die weitere Verzögerungen bewirkten. Auf Wellingtons Seite blieb alles ruhig, kein Kanonendonner scholl herüber. Man durfte also bezweifeln, ob er heute überhaupt noch fechte. Dafür aber schien man selber bedroht zu sein, denn die Meldung traf ein, daß Grouchy sich in Anmarsch befinde. Es hieß, die eigene Sicherheit zu bedenken, bis man erkannte, daß Grouchy sich ebenfalls stark verspäte und gegen Mittag dumpfes Rollen zur Hilfeleistung nach Westen rief. Ziemlich gleichzeitig begann das II. Korps dem IV. zu folgen. Doch es lag ebenfalls auf dem rechten Dyleufer, mußte die eine Brücke überschreiten und fand sich teilweis noch durch Grouchys Vortruppen in ein Gefecht verwickelt. Mit alledem ging Zeit verloren. Nun erhielten auch das I. und III. Korps Befehl zum Aufbruch. Die Heeresleitung gab die Richtung auf Napoleons rechte Flanke, mußte unterwegs aber mit etwaigen Angriffen abgezweigter französischer Truppenteile rechnen und marschierte deshalb umsichtig mit Seitendeckung auf nur zwei Feldwegen. Vorne tobte der Gefechtslärm von Belle-Alliance, hinten dröhnte Kanonendonner bei Wavre. Der Boden war grundlos, namentlich die Geschütze ließen sich nur mit äußerster Mühe weiterbringen. So befanden sich nachmittags erst zwei marschmüde Brigaden zur Stelle, obwohl Wellington seit vier Uhr wiederholt und stets eindringlicher Unterstützung erbat.

Blücher auf dem Marsche nach Waterloo

Photographie im Verlag der Photographischen Union in München.

Nach dem Gemälde von R. Eichstaedt.

Napoleon entging die Annäherung der Preußen nicht. Sein ganzer Schlachtplan geriet dadurch ins Wanken. Eilends schickte er Grouchy den Befehl, sich sofort an das Hauptheer heranzuziehen und über den neuen Feind herzufallen. Traf der Marschall rechtzeitig ein, so wog er die Gefahr auf. In der Front ließ der Kaiser noch leidenschaftlicher arbeiten, um die Entscheidung zu erzwingen, bevor der Seitendruck sich geltend machte. Doch die Dinge zogen sich in die Länge, und die Preußen kamen näher. Es blieb nichts, als zehntausend Mann zu ihrem Empfange abzugeben, womit die französische Aufstellung einen rechten Winkel bildete. Blücher brannte vor Verlangen, seinen Freund Wellington zu entlasten, aber von seiner Höhenstellung erkannte er die Ungunst der Sachlage: seine zwei Brigaden sollten zehntausend ausgeruhten Feinden entgegentreten, hinter denen noch unberührt die Bataillone der Kaisergarde hielten. Schließlich wurde die Not so groß, daß er nicht mehr warten durfte. Um viereinhalb Uhr eröffnete er das Feuer. Es wirkte längs der beiderseitigen Schlachtlinien wie ein Donnerschlag, hier Freude bereitend, dort Enttäuschung — statt Grouchy kam Blücher! Nach kurzem Erfolge sahen sich die Preußen zurückgedrängt, bis die zwei nächsten Brigaden eintrafen. Nun ging es mit 25000 Bajonetten wieder zum Angriffe. Langsam wichen die Franzosen; nach heftigem Widerstande räumten sie sogar den größten Teil des wichtigen Dorfes Plancenoit, von wo aus die Preußen auf Belle-Alliance vorstoßen konnten. Gerade zu dieser Zeit erhielt Napoleon die Bitte Neys. Bei der dringenden Gefahr zur Rechten glaubte er sich hier erst wieder freimachen zu müssen. Zu dem Zwecke sandte er acht Gardebataillone.

Sturm der Preußen auf Plancenoit in der Schlacht bei Waterloo. Nach dem Gemälde von Adolf Northen in der Kunsthalle zu Hamburg.

Unter dumpfem Trommelschlag zogen sie einher und säuberten das Dorf wie im Fluge mit dem Bajonette. Dieser Seitenerfolg befreite vorn den Kaiser; die unüberwindliche Garde sollte dort die Entscheidung bringen. Nur drei ihrer Bataillone behielt er als letzten Rückhalt, die übrigen warf er auf Wellington. Der Brite hatte die kurze Erlahmung des Feindes benutzt, um den Höhenrand wieder möglichst zu besetzen. Von Osten her nahte das preußische Korps Zieten und begann auf die Hakenecke der französischen Stellung zu drücken. Des Kaisers scharfes Auge erkannte die wachsende Bedrängnis; aber zurück konnte er nicht mehr, also vorwärts, vorwärts in Tod und Verderben! Die Artillerie erhielt Befehl, ihr Feuer zu verstärken, die Reiterführer, Reille und Erlon wurden angewiesen, die Bewegung zu unterstützen. In breiter Front ging es stolz zum Sturm. Die Garde bildete Vierecke, augenscheinlich um ihre Wirkung zu erhöhen und sich gegen die furchtbare englisch-deutsche Reiterei zu decken. Dicker Pulverdampf lagerte über der Fläche und machte das Gelände unübersichtlich. Wohl dadurch erfolgte der Stoß nicht gerade, sondern schräge, wesentlich gegen den rechten englischen Flügel bei Hougomont, wo Hannoveraner und englische Garden standen. Drüben befehligte Wellington in Person kalt und ruhig, hier leitete Ney das letzte verhängnisvolle Unternehmen zu Fuß, den Degen in der Faust; fünf Pferde waren ihm bereits unter dem Leibe erschossen. Sobald die dicken Klumpen der Franzosen aus dem Pulvernebel auftauchten, eröffneten die Vortruppen des verbündeten Fußvolks ein Massenfeuer, unterstützt von Geschützen. Die Kugeln reißen lange Gassen, was tut's! Vive l'empereur! Der Höhenrand wird erklommen, schon scheint der Sieg zu winken. Da kreischt weithin vernehmbar Wellingtons schneidende Stimme: „Auf, Garden! Fertig!" Und plötzlich erhebt sich eine lange rote Linie von zweitausend Grenadieren, die am Boden gelegen haben. Eine todbringende Salve, dann Schnellfeuer und ein wuchtiger Bajonettanprall. In wildem Knäuel fluten die „Unüberwindlichen" zurück, buchstäblich über den Haufen geworfen. Aber zwei frische Bataillone sind zur Stelle, schweigend, geschlossen, todesmutig. Die Verfolger prallen ab, die Franzosen dringen vor und ordnen sich neu. Aber ihre Linie ist zu kurz; sie gerät in ein vernichtendes Flankenfeuer. Von oben erfolgt wieder der vernichtende Bajonettstoß. Die Franzosen wehren sich heldenhaft, doch gebrochen gleitet der Rest der Tapferen den Hügel hinunter, die zwei letzten Unterstützungsbataillone der Alten Garde und die zersplitterten Haufen Reilles mit sich reißend. Verzweifelt schickt Napoleon seine vier Leibschwadronen ins Feuer. Ihnen schließt sich von Gardereitern an, was sich noch kampffähig fühlt. Sie vermögen das Schicksal nicht mehr zu wenden. Weithin gellt der Schrei: „Die Garde weicht!" Jeder fühlt: entschieden — verloren ist die Schlacht. Inzwischen trafen größere Mengen des I. preußischen Korps ein, sie brechen sich Bahn und erobern La Haye und Papelotte. Die ganze französische Linie sinkt zurück. Eine Panik setzt ein. Der Ruf erschallt: „Verrat! Rette sich, wer kann!" Alles stürzt hinweg; rings Getöse und Gedränge. Diesen Augenblick benutzt Wellington, um seine letzten von seitwärts herangezogenen Reserven: zwei Reiterbrigaden vorzuschleudern. Die mitgenommenen Reste der französischen Kavallerie suchen sie abzudämmen. Vergebens. Hinter seinen Reitern setzt sich das gesamte Wellingtonsche Heer in Bewegung: 40000 Mann, östlich schräge daneben die siegreichen Preußen Zietens, während zur äußersten Rechten preußische Kanonenkugeln einherfegen und Brandenburgische Dragoner einhauen. Noch halten drei Gardebataillone an der Straße nach Charleroi. Sie bilden Vierecke und decken die Fliehenden. Aber immer wilder werden sie von Feind und Freund umflutet. Langsam, Schritt vor Schritt weichen sie fechtend zurück, eine breite Gasse von Blut und Leichen hinter sich lassend, bis auch sie sich auflösen im allgemeinen Untergange.

Nun fällt auch Plancenoit. Die Franzosen haben es heldenhaft verteidigt und alle Angriffe abgewiesen, bis sie die Hauptschlacht entschieden sehen. Schließlich führt Gneisenau die Seinen

Der Sturz des Adlers. Nach dem Gemälde von H. Chartier.

persönlich zum Sturm. Sie stürzen in die Straßen, in die Häuser, ein blutiges Handgemenge, die Dächer brennen und brechen über den Rasenden zusammen. Der Rest der Verteidiger flieht der Straße zu. Ihre Tapferkeit hat die Preußen verhindert, dem Hauptheere die Flucht zu verlegen.

Noch knattern Gewehre, noch toben die letzten Kampfeszuckungen um Plancenoit, als der Abend seine Schatten versöhnend über die Stätte des Schreckens zu breiten beginnt und

Blücher seinen Schlachtgefährten Wellington bei dem Wirtshause La Belle-Alliance begrüßt. Beide umarmen sich mit jubelnder Freude. Endlich ein ganzer, voller Sieg! Überall Hurra, preußische und englische Musik, bis es weithin über das Schlachtfeld tönt: „Herr Gott, Dich loben wir!“ Man beschloß, den Erfolg auszunutzen bis aufs äußerste. Blücher erbot sich, dem Feinde nachzusetzen, Gneisenau raffte zusammen, dessen er habhaft werden konnte, stellte sich an die Spitze, und dahin brauste die wilde Jagd in das Dunkel der Nacht. Was die Schlacht noch geschont, vernichtete die Verfolgung.

Die zurückbleibenden Sieger sanken todesmatt zu Boden und suchten zwischen Toten und Sterbenden etwas Schlaf zu finden. Von den Franzosen waren an 30000 Mann gefallen, mehr als 250 Kanonen und 6—7000 Gefangene verloren. Die Verbündeten beklagten 20000 Mann, davon die Engländer etwa 7000. Da die Niederländer sich verhältnismäßig wenig am Kampfe beteiligten, so entfiel der Rest wesentlich auf die Deutschen, zumal auf die Preußen. In der Hälfte der Zeit hatten sie, namentlich in dem verzweifelten Dorfkampfe, ebensoviel wie Wellington eingebüßt.

Wie verhielt sich nun Napoleon während der Schlacht? Wir besitzen darüber den genauen Bericht eines Mannes, welcher Napoleon als Ortskundiger begleiten mußte. Demnach blieb der Kaiser bis Mittag in einem Zimmer der Farm Rosomme und verließ es nur für kurze Zeit, um sich den Truppen zu zeigen. Dann begab er sich mit seinem Generalstabe auf einen nahen Hügel, von dem man zwar eine treffliche Fernsicht hatte, ohne aber die Mulde erblicken zu können, in der sich die Hauptereignisse abspielten. Napoleon ging ununterbrochen hin und her, bisweilen die Arme kreuzend, meistens die Hände auf dem Rücken. Er hielt die Augen auf die Schlacht geheftet und zog bald seine Uhr, bald seine Tabakdose. Erst um fünf Uhr stieg er zu Pferde und ritt nach einer flachen Höhe nahe beim Wirtshause La Belle-Alliance. Nun befand er sich näher der Schlacht, doch blieben La Haye-Sainte und Mont Saint-Jean auch jetzt noch ziemlich verdeckt. Von hier aus bemerkte er auch als erster die Entwickelung der Preußen beim Walde hinter Plancenoit. Als sich die Ereignisse immer ungünstiger gestalteten, sprengte er um sieben Uhr vor nach einem Bodeneinschnitte, den die Chaussee bildete. Er war mit der Batteriefront auf gleicher Linie, mitten im feindlichen Feuer, sah das Scheitern des Gardeangriffs und ließ die Leibschwadronen einhauen. Als er die Alte Garde zerstört fand, verlor er alle Hoffnung und wandte sich seiner Umgebung zu mit den Worten: „Es ist aus! Retten wir uns!“ Die Uhr wies auf achteinhalb. Ohne Maßregeln zu ergreifen, ohne einen Befehl zu erteilen, ausschließlich besorgt, den Preußen zu entgehen, jagte Bonaparte im Galopp davon, begleitet von dem Generalstabe. Einer bei Belle-Alliance haltenden Batterie befahl er, noch vierzehn Schüsse mit jeder Kanone abzugeben. Um neuneinhalb Uhr erreichte er Gemappe. Da fand er die Straße so versperrt, daß er eine volle Stunde gebrauchte, um hindurchzukommen. „In beschleunigtem Ritte eilte er nach Quatre Bras, immer fürchtend, die Preußen könnten ihm zuvorkommen.“ Erst hinter Quatre Bras benahm er sich ruhiger, ging eine Strecke zu Fuß, augenscheinlich wegen seines leidenden Zustandes, der ihm langes Reiten erschwerte. Um zweieinhalb Uhr nachts kam er durch Charleroi, um bald nachher auf einer Wiese ermüdet haltzumachen, wo er ein großes Feuer anzünden ließ und mit seinen Offizieren zwei Flaschen Wein austrank. Man sieht: jenes Heldenhafte fehlt vollkommen, welches sich der Kaiser später selber angedichtet und französische Eitelkeit frei erfunden hat.

Ziehen wir das Ergebnis. Alle Truppen fochten hervorragend, am meisten leisteten die Franzosen. Die Schlacht selber hat eigentlich nicht Napoleon geführt, sondern Ney. Dieser focht mit äußerster Wucht, setzte aber die Reiterei zu früh ein und nötigte den Kaiser dadurch, seine Kavalleriereserven aus der Hand zu geben. Dem aufgeregten Marschall trat Wellington

General Cambronne bei Waterloo.

Nach dem Gemälde von G. Scott.

Faksimile eines zeitgenössischen Berliner Extrablattes über den Sieg bei Waterloo.

Berlinische Nachrichten von Staats- und gelehrten Sachen.

Im Verlage der Haude- und Spenerschen Buchhandlung.

Extra-Blatt No. 1. Sonnabend, den 24sten Juni 1815.

Berlin, vom 24. Juni.
Morgens 3 Uhr.

So eben langt, aus dem Hauptquartier Sr. Durchlaucht des Fürsten Blücher von Wahlstadt, durch den als Courier abgesandten Lieutenant Nernst, folgendes Schreiben an mich hier an:

„Ewr. Excellenz benachrichtige ich, daß ich gestern, in Verbindung mit der Englischen Armee unter dem Herzog von Wellington, den vollständigsten Sieg, der nur erfochten werden kann, über Napoleon Bonaparte davon getragen habe. Die Schlacht fiel in der Nähe einiger einzelnen auf der Straße von hier nach Brüssel belegenen Häuser: „la belle alliance" (die schöne Allianz) genannt, vor, und einen besseren Namen dieses wichtigen Tages kann es wohl nicht geben. Die französische Armee ist in einer völligen Auflösung, und eine außerordentliche Menge von Geschütz erobert. Die Zeit erlaubt es mir nicht, Ewr. Excellenz in diesem Augenblick mehreres mitzutheilen. Ich behalte mir die Details vor, und bitte Dieselben nur, den guten Berlinern diese frohe Nachricht mitzutheilen.

Hauptquartier Gemappe, den 19ten Juni 1815 Morgens 5½ Uhr.

Blücher."

Der Lieutenant Nernst fügt noch folgendes mündlich hinzu: Bei seinem Abgange hatte man bereits 192 Stück Kanonen, und mehr als das Doppelte an Munitions- und Proviantwagen gezählt. Die gesammten Equipagen Bonapartes und seiner Generale waren in unsere Hände gefallen. Der General Dühesme, der eine Abtheilung der alten Garde kommandirt, war tödtlich blessirt und mit 2 Adjutanten gefangen. Die ganze Nacht hindurch hatte der General-Lieutenant Graf von Gneisenau mit der ganzen Armee den Feind verfolgt, jedoch nirgends eine Gegenwehr gefunden. Der Fürst Blücher war im Begriff, sein Hauptquartier nach Charleroi zu verlegen. Bonaparte floh auf Avesne, von der Englischen Armee über Nivelles verfolgt. Am 19ten Mittags stand das Corps des General Vandamme noch dem 3ten Armee-Corps unter dem General Freiherrn v. Thielemann, bei Wavre gegenüber: Da die Straßen über Nivelles und Charleroi jenem Corps abgeschnitten, auch das deutsche Armee-Corps von Trier aus auf Givet vorgedrungen ist: so ist Vandamme überall abgeschnitten, und ein Schicksal wie bei Culm kann ihn leicht zum zweitenmale ereilen.

Kalckreuth.

Zur Feier dieses glänzenden Sieges wird morgen, den 25sten, in allen Kirchen der Hauptstadt ein Tedeum begangen werden.

Photographieverlag von Gustav Schauer, Berlin.

Die Begegnung Blüchers und Wellingtons auf dem Schlachtfeld von Waterloo. Nach dem Gemälde von A. von Menzel.

mit eiserner Ruhe und unerschütterlicher Befehlssicherheit entgegen. Den Preußen gelang es nicht, Plancenoit halbwegs rechtzeitig zu bezwingen. Zwar besetzten sie das Dorf eine Zeitlang, waren aber zu schwach, es zu behaupten und verzettelten dann ihre Kraft in immer neuen wilden Massenanläufen. Wie bei Ligny standen sie den Franzosen im Häuserkampfe nach, und ihre furchtbaren Anstrengungen kamen wesentlich dem Engländer zugute. Sie lähmten moralisch die Stoßkraft des Feindes nach vorne und zogen tatsächlich mehr als 20000 Franzosen auf sich. Dadurch sank Napoleons Übermacht auf eine Minderheit hinab; je länger desto mehr fand er sich beeinträchtigt. Wellington konnte sämtliche Gewaltstöße abweisen und schließlich siegreich vordringen, während Blücher sich noch um Plancenoit abmühte. Ohne die Preußen wäre der Brite erlegen. Wie aber die Dinge lagen, wand er den Lorbeer um seine Stirn, der den Preußen durch die Langsamkeit ihres Anmarsches entging. Dieser Fehler hätte sich bis zu gewissem Grade ausgleichen lassen, wenn sie ihre Hauptkräfte nicht für Plancenoit verbrauchten, sondern das Dorf mit ausreichenden Kräften südwärts umgingen, um auf Napoleons Rückzugslinie zu drücken oder gar ihn von hinten anzupacken. Wenigstens die fast untätige Reiterei ließ sich rechtzeitig absenden. Sie konnte von seitwärts vernichtend in die Fliehenden einhauen, ja ihnen bis zu gewissem Grade den Weg versperren.

Mit dem blutigen Tage auf Belgiens Gefilden war der Krieg entschieden. Napoleon verlor dort nicht nur sein Heer, sondern sich selber und sein Reich. Von nun an erscheint er als ein willenloser, vom Schicksale überwältigter Mann. Er, der Schlachtengott seiner Zeit, mußte die Weltbühne mit einer Niederlage verlassen, größer, als er sie je einem Feinde beigebracht hatte. Die Rache von Jena brach über ihn herein und bewirkte ähnliche Verhältnisse.

Die einzige französische Armee, welche noch im Felde zusammenhing, war die Grouchys. Dieser hatte trotz des Kanonendonners zur Linken seinen Marsch auf Wavre fortgesetzt, wo er auf das III. preußische Korps (Thielmann) stieß, das er nach tapferem Widerstande zurück-

drängte. Als der Kampf auf der Höhe stand, traf der Hilferuf des Kaisers ein. Er kam zu spät. Grouchy vermochte nicht mehr, ihm zu entsprechen. Am nächsten Tage erneuerte sich das Ringen, Thielmann gab weiteren Raum, und der Marschall dachte an einen Marsch nach Brüssel, als er gegen zehneinhalb Uhr die Unglücksnachricht von Belle-Alliance erhielt. Ohne Zaudern machte er kehrt und gelangte glücklich über die Sambre, obwohl seine Nachhut vom II. preußischen Korps seitlich eingeholt wurde.

Die Preuße… Verfolgun… nach der Schl… den Wage… Dege… Nach de… Fri…

Napoleon kam bis Laon, wo er den Befehl zur Sammlung seiner Streitkräfte erteilte. Aber statt sie persönlich an Ort und Stelle zu leiten, statt an der Spitze des Heeres zu bleiben, verließ er seine Getreuen und reiste nach Paris. Damit gab er selbstmörderisch seine Sache auf, um so mehr, als Blücher und Wellington beschlossen, unbekümmert um die Grenzfestungen geradeswegs nach Frankreichs Hauptstadt zu marschieren, um den Krieg schnell und entschieden zu beenden. Bald blieb der Engländer hinter den Preußen zurück, die in elf Tagen, am 29. Juni, bei Saint-Denis eintrafen. Nur durch einen Gewaltmarsch, fast aufgelöst, konnte Grouchy sich vor die unaufhaltsam Andrängenden legen. — Den Oberbefehl in Paris führte Davout, aber die Überlegenheit der Preußen erwies sich in mehreren Gefechten so augenscheinlich, daß der Kriegsminister sich zur Übergabe bereit erklärte. Sie geschah am 3. Juli in der Weise, daß die französischen Streitkräfte sich innerhalb dreier Tage hinter die Loire zurückziehen mußten.

Bereits vorher hatte sich Napoleons Schicksal erfüllt. Völlig erschöpft erreichte er die Tuilerien. Sofort nahm er ein warmes Bad und ließ Davout rufen, den er matt empfing, die Arme erhebend, sie wieder ins Wasser fallen lassend und murmelnd: „Nun wohl, Davout, nun wohl!“ Der Marschall wies darauf hin, daß kein Augenblick zu verlieren sei. Man solle sofort die Kammer vertagen, damit die Regierung ihrerseits die Macht in Händen behalte. Die Minister seien versammelt. Napoleon sagte, er werde alsbald zur Beratung kommen, erschien aber erst auf nochmaliges Mahnen. Er war nicht mehr der Mann, dessen die Sachlage bedurfte. Vergebens mahnte Davout zur Entschlossenheit; man redete hin und her, ohne zur Tat zu gelangen.

rbeuten bei der
er Franzosen
t bei Waterloo
ebst Hut und
apoleons.
emälde von
eumann.

So konnte die Kammer mit ihrer liberalen Mehrheit der Regierung über den Kopf wachsen. Sie ging von der Erklärung der Verbündeten aus, daß man nicht Frankreich, sondern nur seinen Gewalthaber bekriege. Demgemäß erklärte sie die Unabhängigkeit der Nation bedroht, sich selber in Permanenz und jeden Versuch, sie aufzulösen, als Staatsverrat. Die Minister wurden eingeladen, in der Kammer zu erscheinen. Eine Abordnung überbrachte die Beschlüsse. Der Kaiser brauste auf, sein Bruder Lucian verlangte Gewaltmaßregeln. Doch nun erklärte Davout, der Augenblick des Handelns sei versäumt. Der Kammerkundgebung lasse sich nur mit Waffengewalt begegnen, das bedeute den Bürgerkrieg, und dafür stelle er die Truppen nicht zur Verfügung. Paris, sogar die Pairs gerieten immer tiefer in die liberale Strömung hinein.

Lucian begab sich mit den Ministern in die Kammer, fand aber nur die Forderung der Thronentsagung Napoleons. Zwar gelang es dem Vorsitzenden, deren Abstimmung zu verhindern und einen Ausschuß von dreißig Männern durchzusetzen zur Beratung von Maßregeln des öffentlichen Wohls. Umsonst! Hier wurde der Abdankungsantrag erneut und mit nur schwacher Mehrheit abgelehnt. Es blieb bloß Nachgeben oder Gewalttat. Für letztere gebrach dem einstigen Weltgebieter die Kraft: er dämmerte ziel- und entschlußlos dahin und tobte mit verzerrten Zügen in ohnmächtiger Wut. Um so rücksichtsloser ging die Kammer vor. Sie verlangte, Napoleon solle sich fügen, sonst werde er außer Gesetz erklärt. Ohne inneren Halt, ohne die äußeren Mittel zum Widerstande, erklärte er am 22. Juni, daß er zugunsten seines Sohnes dem Throne entsage. In zwei Tagen war alles entschieden. Der Gestürzte begab sich nach Malmaison, der Wohnstätte seiner ersten Gemahlin Josephine, wo er als Konsul weitwirkende Pläne der Herrschaft entworfen hatte. Auch hier fand er seines Bleibens nicht, denn er erfuhr, daß Blücher ihn gefangennehmen, vor ein Kriegsgericht stellen und erschießen lassen wolle. Für sein Leben bangend, eilte er am 29. von dannen. Im Hafen von Rochefort lagen zwei französische Fregatten, um ihn geheim nach Amerika zu bringen. Da überall englische Kriegschiffe kreuzten, so konnte es nur unter glücklichen Umständen in tiefstem Geheimnis gelingen. Doch Napoleon selber tat alles, diese Vorbedingungen zu zerstören. Noch immer blieb er unklar über sich und seine Möglichkeiten. Sein Aufenthalt auf der Rochefort benachbarten Isle-d'Aix wurde ruchbar, die Engländer forderten, daß man ihn ausliefere. Am 15. Juli bestieg er das den Hafen sperrende britische Schiff „Bellerophon", bis zuletzt von Phrase und Selbsttäuschung umgaukelt. Man brachte ihn nach der einsamen Felseninsel Sankt Helena, wo er ausruhen konnte von den Anstrengungen und Enttäuschungen seines letzten, ewig denkwürdigen Feldzugs, von denen eines gewaltigen, ruhelosen Daseins. Am 5. Mai 1821 ist er gestorben, ein gestürzter Titan.

Napoleon ist von Elba entweder zu spät oder zu früh zurückgekehrt. Zu spät, weil der große Gegensatz unter den Verbündeten in der sächsisch-polnischen Frage bereits beigelegt war, zu früh, weil sich die Staatslenker noch beisammen und noch Armeen im Felde befanden. Als bei solcher Sachlage sich die Mächte mit ungewohnter Einigkeit gegen den Eindringling erklärten, mußte er von vornherein als verloren gelten, denn Frankreichs Kräfte reichten nicht aus, um dauernd denen Europas zu widerstehen, ebensowenig wie 1814. Napoleon begann also ein verzweifeltes Spiel mit schlechterdings zu geringen Mitteln. Ausschließlich Glück, Kühnheit und Geschick vermochten zu helfen. Am meisten ließ sich gewinnen, wenn der Sohn der Fortuna sofort die zahlreichen Veteranen und entlassenen Offiziere aufrief, mit dem stehenden Heere vereinigte, in kurzer Zeit 100000 Mann über die Grenze warf und dadurch den Rüstungen der Feinde zuvorkam. Sehr wahrscheinlich wären ihm dann Anfangserfolge beschieden gewesen, die sicher auf das Inland und vielleicht auch auf das Ausland einwirkten. Geschah letzteres, so durfte er sich als gerettet betrachten, wenn nicht, dann erlag er eben im Laufe der Zeit. Immerhin besaß er auf diese Weise eine gewisse, und zwar fast die einzige Möglichkeit des Erfolges. Aber der Kaiser benutzte sie nicht mit dem nötigen Feuer und Eisenwillen. Er baute viel zu lange im Innern und klärte dadurch die Sachlage mehr, als für ihn günstig sein konnte. Und noch schlimmer: er hoffte durch Verhandlungen etwas zu erreichen, obwohl sie ihm seit dem Brande von Moskau nie Nutzen brachten, wenn er sie einleitete, wenn er etwas wünschte, sondern nur, wenn die Feinde zu ihm kamen. Wieder begegnen wir einem Verkennen der Sachlage, wieder dem gealterten Manne, der nicht alles wagt, um alles zu gewinnen, sondern der, angekrankt durch die Bläße des Gedankens, hinhält, bis er handeln muß. Wenn man aber etwas tun muß, pflegt es gewöhnlich zu spät zu sein. So auch hier. Die Verbündeten hatten inzwischen

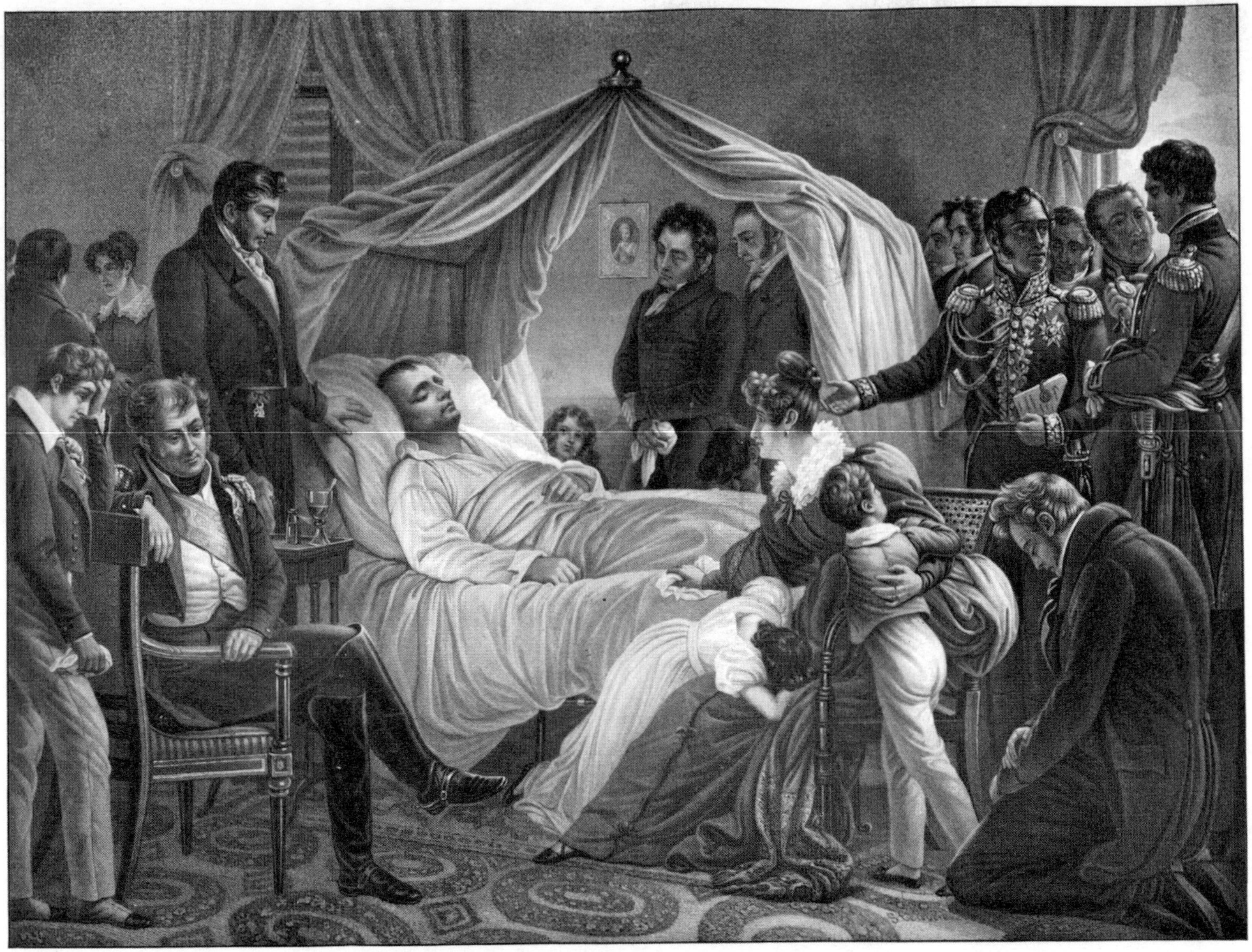

Napoleons Tod auf Sankt Helena (5. Mai 1821).
Nach dem Gemälde von Charles Steuben.

solche Heeresmassen zusammengebracht, daß sie im Begriffe standen, ihrerseits zum Angriffe zu schreiten. Ja, nur Schwarzenbergs Schwerfälligkeit trug die Schuld, daß es nicht bereits geschehen war.

So versäumte Napoleon seine aussichtsreichsten Wochen, Monate. Als er dann endlich den Feldzug eröffnete, zeigte er seine volle Genialität, aber die Umstände blieben stärker als er. Es gelang nicht, die Truppen in vollem Maße zu vereinigen, so daß der Einbruch nicht am 14. Juni, dem Tage von Marengo, sondern erst einen Tag später erfolgte. Dieses durch die Umstände gebotene Verspäten ist ein Wahrzeichen des Feldzugs geworden. Der Anmarsch am 15. geschah keineswegs rasch und geordnet genug, infolgedessen sich das I. preußische Korps einer ernstlichen Schädigung entzog. In der Morgenfrühe des 16. erwies sich unmöglich, über Blücher herzufallen,

Mit Genehmigung der Photographischen Gesellschaft in Berlin.
Napoleon an Bord des „Bellerophon" (23. Juli 1815). Nach dem Gemälde von W. Orchardson.

als er noch keine genügenden Streitkräfte besaß. Dadurch ging der Vorteil der Überraschung so sehr verloren, daß der Preuße dem Franzosen am Nachmittage mit einer Übermacht von 35000 Mann entgegengetreten wäre, wenn Bülow seinen Marschbefehl richtig ausgeführt hätte. Jedenfalls durfte Napoleon nicht mit solchem Zufalle rechnen. Nur durch ihn erhielt er überhaupt die Möglichkeit eines Erfolges, denn auch jetzt noch blieben die Preußen stärker als er, und bloß ihre mangelhafte Schlachtführung kostete ihnen den Sieg. Da sie aber im Felde und in Wellingtons Nähe ausharrten, gestaltete sich Napoleons taktischer Gewinn zu einer strategischen Niederlage, welche rasch die taktische nach sich zog. Nicht erst bei Belle-Alliance, sondern schon bei Ligny entschied sich das Schicksal des Feldzugs, und darauf beruht die Bedeutung dieser Schlacht.

Hätte der Kaiser trotz aller Abspannung eine tatkräftige Verfolgung des Feindes noch in der Nacht angeordnet, wie sie zwei Tage später Gneisenau leistete, so würde freilich weit mehr erreicht worden sein. Doch dem gealterten Gewaltmenschen erschien die Ermattung seiner Leute so groß, daß er erst gegen Mittag des nächsten Tages Grouchy auf die Spur der Geschlagenen setzte

und selber Wellington aufsuchte. Hier und dort war es inzwischen zu spät geworden. Am Abend stellte er den Briten, als die Preußen sich noch in kampfunfähigem Zustande befanden; aber wieder besaß er nicht Truppen genug, um ihn sofort anzugreifen. Auch den 18. mußte er aus verschiedenen Gründen bis Mittag warten. Viel zu lange, denn unterdessen hatten sich die Preußen schlagfertig gemacht. Ebenfalls mit Abspannung hängt zusammen, daß Napoleon keine Späher ausschickte, um sich über das Seitengelände zu unterrichten, und daß Grouchy die Preußen nicht früh genug erreichte. So konnte sich das Schicksal Europas in wenigen Stunden entscheiden. Während die Franzosen nach vorne Stoß auf Stoß machten, schritt seitlich das Verhängnis unerbittlich heran, zugleich die Streitkräfte vorne lähmend. Wieder trat Verspätung ein, diesmal durch Blücher. Als aber sein erster Kanonenschuß über das Gelände dröhnte, durfte der Tag als entschieden gelten. — Da Napoleon bald nach Beginn der Schlacht Kunde vom Anmarsch der Preußen erhielt, so hätte er sich vermittels eines vorzeitigen Abbruchs und Rückzugs retten können. Das aber litten die Verhältnisse, sein Stolz und seine Kampfleidenschaft nicht. Ein Rückzug wäre in der Wirkung einer Niederlage gleichgekommen, und die bedeutete das Ende des Kaiserreichs. Also das letzte wagen: Sieg oder Untergang!

Die Höhe des Einsatzes bewirkte eine ungeheure Wucht und Gedrängtheit der Ereignisse. In drei Tagen vier Schlachten und eine Reihe kleiner Gefechte. Neben höchster Dramatik geht gleichsam die Mathematik des Feldzuges. Am 16. und 18. wiederholte sich die Gefechtslage nur mit umgekehrten Rollen und entgegengesetzter Wirkung. Dabei lag die Entscheidung weniger bei den Haupt- als bei den Nebenheeren. Und hier versagten beidemale die französischen Marschälle bis zu gewissem Grade. Obwohl Ney am Morgen des 17. noch nicht seine vollen Streitkräfte besaß, hätte er angreifen müssen; obwohl Grouchys Truppen durchnäßt, ermüdet und nicht beisammen waren, hätte er früh von Gembloux aufbrechen und sich bis zehn Uhr auf die Preußen werfen müssen. Voraussichtlich wäre das Ergebnis dann ein anderes gewesen. Beide Marschälle ließen sich durch die Hast der Ereignisse überrumpeln. Auch Napoleon mußte billigerweise bei Belle-Alliance sich früher in die Front begeben und persönlich die Führung übernehmen. Aber selbst wenn die Preußen dort nicht ankamen und die Franzosen siegten, wäre das Endergebnis dasselbe geblieben.

Eine Zertrümmerung des Wellingtonschen Heeres ließ sich kaum erreichen. Es besaß also die Möglichkeit, hinter Brüssel zurückzuweichen, seine nicht unbedeutenden Seitentruppen samt anderen Verstärkungen heranzuziehen, sich mit den Preußen zu vereinigen und dann Napoleon abermals, nun übermächtig entgegenzutreten. Dies um so mehr, als die Schlagfertigkeit der Franzosen inzwischen nachlassen mußte, denn Grouchy, der schon bei dem einen feindlichen Korps genug Arbeit fand, mußte durch deren mehrere schwere Einbußen erleiden. Überdies hatten alle Truppen Napoleons stark im Gefecht gestanden, wogegen die Verbündeten noch unberührte Heeresteile besaßen: die Preußen das ganze IV. Korps und Wellington die Seitendeckung bei Hal. Zur Übermacht gesellte sich also eine teilweise größere Leistungsfähigkeit, und an solchen Kräften wäre unzweifelhaft selbst das Genie eines Napoleon zerschellt.

Nach wie vor entsprach er nicht mehr dem Schrecken seines Namens. Wiederholt zeigt er deutliche Spuren von Ermattung. Schon bei Charleroi schlief er beim Vorbeimarsche der Truppen ein, am Abend und Morgen nach der Schlacht bei Ligny erlahmte seine Spannkraft, und während des Ringens bei Belle-Alliance befiel ihn ein Unwohlsein. Auch der Umstand, daß er den Eigenwillen Neys bei Quatre Bras nicht bloß hinnahm, sondern dem Marschall geradezu die Entscheidung in der Hauptschlacht übergab, beweist keine sonderlich selbständige Tatkraft. Nach der Niederlage gar blieb von dem einstigen Welterschütterer nichts als ein nervöser, willenloser Mann.

Glückwunschschreiben des Freiherrn vom Stein an Blücher nach der Schlacht bei Belle-Alliance (Waterloo).

(Nach dem Original im Geheimen Staatsarchiv zu Berlin.)

Naßau, d. 5. July 1815.

Eine große Schlacht haben E. Durchlaucht geschlagen, einen herrlichen Sieg haben Sie erfochten; Ihr Ruhm wird in der Vaterländischen Geschichte unsterblich seyn, wir und unsere Nachkommen werden dankbar die Sicherheit und die Unabhängigkeit genießen, die wir dem unerschrockenen Feldherrn seinen kräftigen Umgebungen, und der Tapferkeit seines Heers zu verdanken haben.

Nun bleibt nichts übrig als das elende geschwätzige lügenhafte Volk für seinen Verrath, und seinen Dünkel zu strafen, es bezahle denen Siegern Kriegssteuern und räume ihnen Elsaß und einen Theil der Niederländischen Vestungen ein.

Ich erfuhr d. 21. Juny im Hauptquartier zu Heidelberg diesen herrlichen Sieg und war Zeuge des Eindrucks den er auf den Kayser und alle seine Umgebungen machte.

Ich bleibe sechs Wochen hier um das Bad zu brauchen und werde alsdann das Hauptquartier, und auch E. Durchlaucht aufsuchen, wo wir das weitere ueber die Zukunft verabreden können. — Gott erhalte unseren edlen sieggekrönten Feldherrn, das ist der Wunsch jedes braven Deutschen, und besonders derer die sich unter die Zahl seiner Freunde rechnen.

K(arl) F(reiherr) v(om) Stein

Faksimile eines Glückwunschschreibens des Freiherrn vom Stein an Blücher nach der Schlacht bei Belle-Alliance (Waterloo).

(Nach dem Original im Geheimen Staatsarchiv zu Berlin.)

Nassau d. 5. July 1815

Drei große Schlachten haben Durchlaucht geschlagen, einen herrlichen Sieg haben Sie erfochten, ihr Ruhm wird in der Vaterländischen Geschichte unsterblich seyn, Sie und Ihre Mitstreiter werden dereinst die Weisheit und die Unerschütterlichkeit preisen, die Sie bei dem ungeheuren schweren einer kräftigen Umgebung, und der Tapferkeit seines Heeres zu verdanken haben.

Nun bleibt nichts übrig als den Krieg geschwind zu beendigen, diesem Volk für seinen Übermuth, und seine Tücke zu strafen, es begehe denn Ungern Kriegskosten und räume ihm Elsaß, und einen Theil der Niederländischen Festungen ein.

Ich erhielt d. 21. Juny im Hauptquartier zu Heidelberg

diesen herrlichen Ring und einen Zeugen des Eindrucks den er auf den Kaiser und alle seine Umgebungen machte.

Ich bleibe jetzt einige Tage hier um das Bad zu brauchen und werde alsdann das Hauptquartier, und auch [illegible] aufsuchen, wo Sie das Weitere über die Zukunft erfahren können — Gott erhalte unsren alten sieggekrönten Feldherrn, das ist der Wunsch jedes braven Deutschen, und besonders deren die sich unter die Zahl seiner Freunde rechnen

[illegible]

Seitens der Verbündeten fällt der Unterschied gegen die früheren Feldzüge sofort in die Augen. Hegte der zaghafte Schwarzenberg stets Angst vor einer offenen Feldschlacht, und zwar solche, daß er sich bei Leipzig hinter der Pleiße in Sicherheit brachte, wollte Bernadotte den Franzosen möglichst wenig Übles antun, es fielen alle Nebengedanken bei den Heerführern von 1815 weg. Sie erstrebten nur das eine Ziel: den Sieg. Wellington entlastete die Preußen bei Ligny um 40000 Mann. Nach der schweren Niederlage rafften sich diese ungebrochenen Mutes in einem Tage zu neuer Kampfbereitschaft empor, wofür Schwarzenberg Wochen, vielleicht Monate gebraucht hätte. Im festen Vertrauen auf Blüchers Zusage nahm der Brite die Entscheidungsschlacht mit Truppenminderheit an. Ohne den Verbündeten wäre der Niebesiegte zum ersten und einzigen Male geschlagen. Aber der Deutsche hatte sein Wort gegeben, und er kam. Wenn in den früheren Feldzügen, zumal 1814, nichts recht klappte und eigentlich alles durch die Preußen entschieden werden mußte, so begegnet man in Belgien der Klarheit des zielbewußten Willens, der entschlossenen, raschen Tat, der ehrlichen Zusammenarbeit und Großzügigkeit. Der Feldzug 1814 dauerte drei Monate, der 1815 vier Tage.

Preußische Orden und Kriegsdenkmünzen 1813–1815.

Welches waren nun die Ergebnisse des Sieges? Als Davout die Übergabe von Paris vollzogen hatte, schrieb Blücher überglücklich an Knesebeck: „Mein Tagewerk ist vollendet, Paris ist mein! Meinen braven Truppen, ihrer Ausdauer und meinem eisernen Willen verdanke ich alles.“ Gewillt, die verhaßte Stadt die Schwere seiner Faust fühlen zu lassen, quartierte er die Regimenter bei den Bürgern ein und verlangte die Zahlung von zwei Monaten Sold samt zwei Millionen Kriegsteuer. Sofort machte er sich auch daran, die aus Preußen nach Paris entführten Kunstgegenstände zurückzuerlangen, worauf die übrigen Staaten ebenfalls ihre Ansprüche erhoben. Die Brücke von Jena beabsichtigte er allen Ernstes in die Luft zu sprengen. Innerhalb der Hauptstadt führte General von Müffling als Gouverneur ein strenges Regiment. Die Soldaten benahmen sich bisweilen siegesübermütig, die Franzosen wütend und erregt.

Ganz anders Wellington, der in berechnender Milde glänzte. Seine Truppen mußten im Freien beim Gehölz von Boulogne lagern, er vermied alles, was die Empfindlichkeit der Pariser verletzen konnte, und ließ auf eigene Faust den Bourbonen unter dem Schutze englischer Bajonette in die Tuilerien einziehen. Es bedeutete das geradezu einen Staatsstreich, denn nun war Ludwig XVIII. wieder König von Frankreich, die zweite Restauration war vollzogen. Im glücklichen Besitze durfte er die am 10. Juli eintreffenden drei Monarchen leutselig empfangen. Alle Hoffnungen und Ansprüche Deutschlands zeigten sich im Keime erstickt. — Alexander, dem die Preußen und Engländer jeden Siegesruhm vorweggenommen hatten, strömte über von

Gnade und Huld und suchte durch wohlfeile Großmut gegen die Besiegten den englischen Nebenbuhler zu überholen. Sein Wesen erhielt eine mystische Färbung. In Paris empfing ihn ein Kreis christlich begeisterter Damen, die dem neuen Weltheilande huldigten. Für Steins Mahnungen blieb er unzugänglich. Er wünschte kein allzu starkes, sondern ein halb abhängiges Preußen, und auch Metternich ersehnte einen schleunigen Friedenschluß. Eigentlich nur die preußischen Generale, voran Gneisenau, Blücher und Boyen, verlangten Landabtretungen, zumal das Elsaß. Gneisenau rief dem Staatskanzler zu: „So hoch hat Preußen noch nie gestanden!“ Der König ernannte auch beide mit Humboldt zu Bevollmächtigten am Friedenskongresse.

Aber da sollte der ruhmgekrönte Heeresleiter schnell den ganz anders gearteten Boden kennen lernen. Für die Gerechtigkeit der preußischen Forderungen fehlte jedes Verständnis. Die vier Großmächte beschlossen, erst unter sich übereinzukommen, um dann mit einem Ultimatum vor Frankreich zu treten. Die Verhandlungen gestalteten sich stürmisch. „Zwei volle Monate führten die preußischen Unterhändler den diplomatischen Kampf gegen das gesamte Europa.“ Am 22. Juli verlangte Hardenberg die Sicherung der Westgrenze und dafür einen Gebietsstreifen mit Festungen von Dünkirchen bis zu den Seealpen, eingeschlossen Elsaß und Savoyen. Außerdem sollte Frankreich zwölfhundert Millionen Francs Kriegsentschädigung zahlen. Diesen Anschauungen traten die englischen Torys und Alexander entgegen, denen sich Österreich nach einigem Zaudern anschloß, obwohl die deutschen Mittelstaaten, voran Bayern und Württemberg, zu Preußen hielten. Scheinbar vermittelnd schlug Metternich den Besitzstand von 1790 vor. Am 8. September erklärte Hardenberg, daß sein König der Eintracht willen hierauf eingehe. Als der „Besitzstand“ dann aber durchgeführt werden sollte, zeigte sich, daß der „Vermittler“ sein eigenes Wort nicht ernst nahm, so daß Preußen trotz äußersten Widerstandes nur einen Teil des Zuständigen durchsetzte. Blücher äußerte betrübt: „Der Friede ist zustande, aber leider nicht so wie er hätte sein sollen.“ Man könnte nun meinen, daß umgekehrt Frankreich sich freute, so billigen Kaufes davonzukommen. Völlig im Gegenteil. Talleyrand erklärte am 20. September hochtrabend, er träte nie eine Scholle Landes von „dem alten Frankreich“ ab, und König Ludwig verkündete dem Zaren: „Ich werde eher vom Throne niedersteigen, als der Befleckung seines alten Glanzes durch eine beispiellose Erniedrigung zustimmen.“ In der Tat erreichte er auch noch einige Einschränkungen von dem empfindsamen Russen. Ein Ministerwechsel erfolgte, und am 2. Oktober unterzeichnete der Herzog von Richelieu erst das Übereinkommen, dann am 20. November den „zweiten Pariser Frieden“. Hierin hieß es zwar, die Grenze von 1790 solle die Regel bilden, jedoch wurden in Wahrheit nur abgetreten: ein Landstrich an der belgischen Grenze mit Marienbourg und Philippeville, der Rest von Savoyen, Landau, Saarlouis und das Kohlenbecken von Saarbrücken. Dazu kamen siebenhundert Millionen Francs Kriegsentschädigung und vorläufige Besetzung der Nord- und Ostgrenze durch die Verbündeten auf Kosten Frankreichs.

Am 5. November erkannten die Mächte das Protektorat Englands über die „vereinigten Staaten“ der sieben Jonischen Inseln an, was tatsächlich die britische Seeherrschaft im Mittelmeere bedeutete.

Wieder wie 1814 verstand der Zar sich bei den Verhandlungen in den Vordergrund zu schieben. Er betrachtete deshalb auch die Friedensergebnisse wesentlich als sein Werk und wünschte sie dauernd sicherzustellen; außerdem wollte er Frankreich gegen England gewinnen und Preußen Österreich gegenüber festhalten. Dies alles brachte er zum Ausdruck in der Form einer „diplomatischen Apokalypse“, welche seiner Eitelkeit und Überschwenglichkeit entsprach.

Die Weissagungen einer Frau v. Krüdener, der schlau berechnete Weihrauch der frommen bourbonischen Gesellschaft und die wunderbaren Schicksale des Krieges übten auf Alexander

Anfangs- und Schlußseite der französischen Ratifikation des zweiten Pariser Friedens.

(Übersetzung nach dem im Geheimen Staatsarchiv zu Berlin befindlichen Original.)

Ludwig, durch die Gnade Gottes, König von Frankreich und von Navarra, allen, die diese vorliegende Urkunde sehen werden, Gruß.

Nachdem wir den Vertrag und die Abmachungen gesehen und geprüft haben, die zu Paris am zwanzigsten November eintausendachthundertfünfzehn unterzeichnet worden sind durch unseren sehr teueren und geliebten Armand-Emanuel du Plessis-Richelieu, Herzog von Richelieu, Ritter des Königlichen und Ritterordens vom hl. Ludwig und der russischen Orden vom hl. Alexander Newsky, vom hl. Wladimir und hl. Georg, Pair von Frankreich, erster Edelmann unserer Kammer, unser Minister und Staatssekretär des Departements der auswärtigen Angelegenheiten, Präsident unseres Ministerrats und unser bevollmächtigter Minister kraft der Vollmachten, die wir ihm gegeben haben, mit dem Herrn Fürsten von Hardenberg, Staatskanzler Seiner Majestät des Königs von Preußen, Ritter der hohen Orden vom schwarzen Adler, vom roten Adler, des Johanniterordens und des eisernen Kreuzes in Preußen, des hl. Andreas, des hl. Alexander Newsky und der hl. Anna erster Klasse in Rußland, des Großkreuzes des Königlichen Ordens vom hl. Stephan in Ungarn, des großen Bandes der Ehrenlegion, des Großkreuzes des Ordens des hl. Karl in Spanien, des hohen Annunciatenordens in Sardinien sowie des Ordens vom hl. Hubertus in Bayern, Ritter des Seraphimordens in Schweden, des Elefantenordens in Dänemark, des goldenen Adlers in Württemberg und mehrerer anderer, und mit dem Herrn Karl Wilhelm Freiherrn von Humboldt, Staatsminister der genannten Majestät, ihr Kammerherr, außerordentlicher Gesandter und bevollmächtigter Minister bei Seiner Kaiserlichen und Königlichen Apostolischen Majestät, Ritter des hohen Ordens vom roten Adler und des Ordens des eisernen Kreuzes in Preußen, des Großkreuzes des Leopoldsordens in Österreich, des Ordens der hl. Anna in Rußland, des Danebrogordens in Dänemark, Ritter des Großkreuzes des Kronenordens in Bayern und des Ordens der Treue in Baden, bevollmächtigte Minister unseres sehr teuren und sehr geliebten guten Bruders des Königs von Preußen, gleichermaßen versehen mit seiner Vollmacht für den Vertrag und die Abmachungen nachfolgenden Inhalts:

Im Namen der hochheiligen und unteilbaren Dreieinigkeit. Die verbündeten Mächte, die, durch ihre vereinten Anstrengungen und durch den Erfolg ihrer Waffen, Frankreich und Europa vor dem Umsturz bewahrt haben, mit dem sie bedroht waren durch den letzten Frevel des Napoleon Bonaparte und durch das revolutionäre Verfahren, das zur Durchführung dieses Frevels in Frankreich wieder aufgenommen worden war; die heute mit Seiner Allerchristlichsten Majestät den Wunsch teilen, durch unverletzliche Aufrechterhaltung des Königlichen Ansehens und die Wiederinkraftsetzung der Verfassungsurkunde die glücklich in Frankreich wiederhergestellte Ordnung der Dinge zu befestigen, ebenso wie den (Wunsch), zwischen Frankreich und seinen Nachbarn jene Beziehungen des gegenseitigen Vertrauens und Wohlwollens wieder herbeizuführen . . . .

. . . .

Seiner allerchristlichsten Majestät.

Die durch den dreizehnten Artikel der Übereinkunft vom heutigen Tage eingesetzte Kommission wird beauftragt, unverzüglich zur Auseinandersetzung über die erwähnte Schuldforderung und zur Feststellung der Fristen für die Zahlung in barem Silber zu schreiten.

Die Entscheidung, welche durch die Kommission getroffen werden wird, wird unverzüglich nach ihrer Form und ihrem Inhalt vollzogen werden.

Dieser Zusatzartikel wird die gleiche Kraft und Geltung haben, als ob er Wort für Wort der Übereinkunft vom heutigen Tage einverleibt wäre, die auf die Prüfung und Auseinandersetzung über die Forderungen der Untertanen Seiner Britannischen Majestät gegen die französische Regierung Bezug hat.

Zur Bekräftigung dessen haben die einzelnen Bevollmächtigten dies unterzeichnet und ihr Wappensiegel daneben aufgedrückt.

Geschehen zu Paris, den zwanzigsten November im Jahr des Heils eintausendachthundertfünfzehn.

(Stelle des Siegels) gezeichnet: Richelieu.
(Stelle des Siegels) gezeichnet: Fürst von Hardenberg.
(Stelle des Siegels) gezeichnet: Freiherr von Humboldt.

Wir, nachdem wir obengenannten Vertrag und Abmachungen in allen und jedem der Artikel, die darin enthalten sind, genehmigt haben, erklären sowohl für uns wie für unsere Erben und Nachfolger, daß sie angenommen, gebilligt, vollzogen und bestätigt sind, und nehmen sie durch diese unsere eigenhändige Unterschrift an, billigen, vollziehen und bestätigen sie, versprechen in Treuen und auf Königswort, sie unverletzlich zu beachten und beachten zu lassen, ohne jemals dagegen zu handeln noch zu gestatten, daß dagegen mittelbar oder unmittelbar, in welcher Art und Weise es auch sei, gehandelt werde. Zur Bekräftigung dessen haben wir unser Siegel an dieser Urkunde befestigen lassen. Gegeben zu Paris den fünfzehnten Tag des Monats Januar des Jahres des Heils eintausendachthundertsechzehn und unseres Königtums im einundzwanzigsten.

Ludwig.

Für den König.
Richelieu.

Faksimile der ersten und Schlußseite der französischen Ratifikation des zweiten Pariser Friedens.

(Nach dem Original im Geheimen Staatsarchiv zu Berlin.)

Louis, par la grâce de Dieu, Roi de France et de Navarre, à tous

ceux qui ces présentes Lettres verront, **Salut.** Ayant vu et examiné les Traité et Conventions signés à Paris, le vingt novembre mil huit cent quinze, par notre très Cher et bien amé Armand-Emmanuel du Plessis-Richelieu, Duc de Richelieu, Chevalier de l'ordre royal et militaire de Saint-Louis, et des ordres de Saint-Alexandre Newsky, Saint-Wladimir et Saint-George de Russie, Pair de France, premier Gentilhomme de notre Chambre, Notre Ministre et Secrétaire d'État au Département des Affaires Étrangères, Président du Conseil de nos Ministres et notre Ministre Plénipotentiaire en vertu des pleins pouvoirs que nous lui avons donnés, avec le sieur Prince de Hardenberg, Chancelier d'État de Sa Majesté le Roi de Prusse, Chevalier des grands ordres de l'Aigle noir, de l'Aigle rouge, de celui de Saint Jean de Jérusalem, et de la croix de fer de Prusse; de ceux de Saint André, de Saint Alexandre Newsky et de Sainte-Anne de la première classe de Russie; grand croix de l'ordre royal de Saint Étienne de Hongrie, grand cordon de la Légion d'honneur, grand croix de l'ordre de Saint Charles d'Espagne, de l'ordre suprême de l'Annonciade de Sardaigne, et de celui de Saint Hubert de Bavière, Chevalier de l'ordre des Séraphins de Suède, de celui de l'Éléphant de Danemarck, de l'aigle d'or de Wurtemberg, et de plusieurs autres; et le Sieur Charles-Guillaume Baron de Humboldt, Ministre d'État de Sadite Majesté, son Chambellan, envoyé extraordinaire et Ministre Plénipotentiaire près Sa Majesté Impériale et Royale Apostolique, Chevalier du grand ordre de l'Aigle rouge et de celui de la croix de fer de Prusse, grand croix de l'ordre de Léopold d'Autriche, de l'ordre de Sainte Anne de Russie, et de celui de Dannebrog de Dannemarck, Chevalier grand croix de l'ordre de la couronne de Bavière et de celui de la fidélité de Bade; Ministres Plénipotentiaires de notre très Cher et très amé bon Frère le Roi de Prusse, également munis de ses pleins pouvoirs, desquels Traité et Conventions la teneur suit:

Au Nom de la Très Sainte et Indivisible Trinité.

Les Puissances Alliées ayant, par leurs efforts réunis et par le succès de leurs armes, préservé la France et l'Europe des bouleversements dont elles étaient menacées par le dernier attentat de Napoléon Bonaparte, et par le système révolutionnaire reproduit en France pour faire réussir cet attentat;

Partageant aujourd'hui avec Sa Majesté Très Chrétienne le désir de consolider, par le maintien inviolable de l'autorité royale et la remise en vigueur de la Charte Constitutionnelle, l'ordre de choses heureusement rétabli en France, ainsi que celui de ramener, entre la France et ses voisins, ces rapports de confiance et de bienveillance réciproque

de Sa Majesté Très Chrétienne.

La commission créée par l'article treize de la convention de ce jour est chargée de procéder immédiatement à la liquidation de ladite créance et à la fixation des époques du paiement en argent effectif.

La décision qui sera rendue par les commissaires, sera exécutée immédiatement selon sa forme et teneur.

Le présent article additionnel aura la même force et valeur que s'il étoit inséré mot à mot dans la convention de ce jour, relative à l'examen et à la liquidation des réclamations des sujets de Sa Majesté Britannique envers le Gouvernement français.

En foi de quoi, les Plénipotentiaires respectifs l'ont signé et y ont apposé le cachet de leurs armes.

Fait à Paris, le vingt Novembre, l'an de grâce mil huit cent quinze.

(L. S.) signé: Richelieu.
(L. S.) signé: Le Prince de Hardenberg.
(L. S.) signé: Le Baron de Humboldt.

Nous ayant agréables les susdits Traité et Conventions, en tous et chacun des articles qui y sont contenus, Déclarons, tant pour nous que pour nos héritiers et successeurs, qu'ils sont acceptés, approuvés, ratifiés et confirmés, et par ces présentes signées de notre main, nous les acceptons, approuvons, ratifions et confirmons. Promettons, en foi et parole de Roi, de les observer et de les faire observer inviolablement, sans jamais y contrevenir, ni permettre qu'il y soit contrevenu directement ni indirectement, en quelque sorte et manière que ce soit. En foi de quoi, nous avons fait mettre notre sceau à ces présentes. Donné à Paris le quinzième jour du mois de Janvier de l'an de grâce mil huit cent seize et de notre règne le vingt et unième.

Louis.

Par le Roi.

Richelieu

eine tiefe Wirkung. Eigenhändig schrieb er ein persönliches Glaubensbekenntnis nieder, das am 26. September als „Heilige Allianz“ ins Leben trat. Es heißt darin, daß die Monarchen von Österreich, Preußen und Rußland sich verbunden betrachten durch die Bande einer wahrhaften und unauslöschlichen Brüderlichkeit, als Familienväter ihren Untertanen gegenüber, als Zweige einer gemeinsamen Familie. Sie erkennen an als einzigen Souverän der einen christlichen Nation „Gott, unsern göttlichen Erlöser Jesus Christus, das Wort des Höchsten, das Wort des Lebens“. Alle Staaten, welche sich zu dieser Heilswahrheit bekennen, werden zum Eintritt in den Heiligen Bund brüderlich eingeladen. Metternich erklärte die Urkunde für leeres Geschwätz. Sie war im Grunde politisch unverbindlich, und so traten allmählich sämtliche Staaten der sonderbaren Vereinigung bei, teils aus Gefälligkeit, teils durch die Strömungen der Zeit bewogen; nur der Papst, die Türkei und England hielten sich fern.

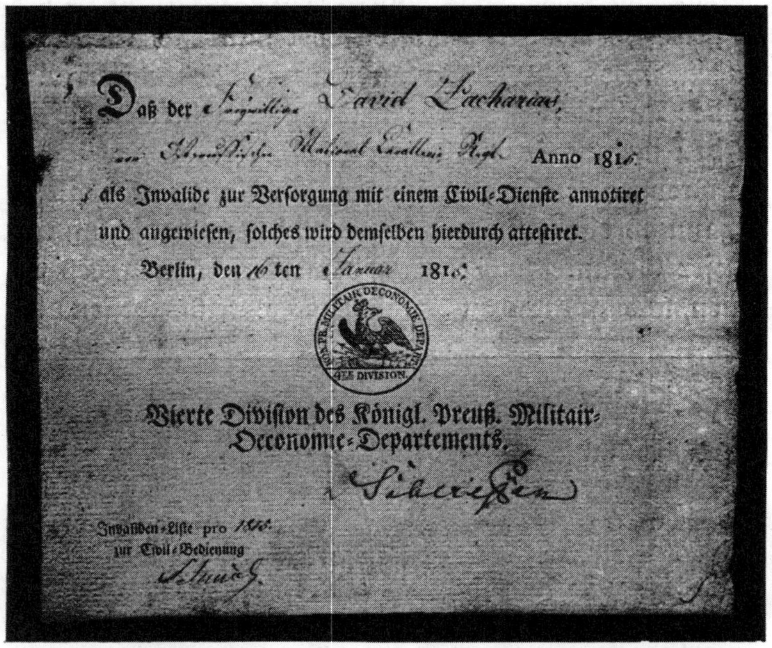
Daß der [illegible] David Zacharias,
[illegible] Anno 181[illegible]
als Invalide zur Versorgung mit einem Civil-Dienste annotiret und angewiesen, solches wird demselben hierdurch attestiret.
Berlin, den 16 ten Januar 181[illegible]
Vierte Division des Königl. Preuß. Militair-Oeconomie-Departements.
Invaliden-Liste pro [illegible]
zur Civil-Bedienung

Dienstschein eines ostpreußischen freiwilligen National-Kavalleristen vom Jahre 1815.

Das waren die ebenso unklaren als unglücklichen Folgen einer der glorreichsten Schlachten, welche die Weltgeschichte kennt. Frankreich schied unversöhnt mit dem Schlachtrufe: Rache für Mont Saint-Jean! Das deutsche Volk blieb zerrissen, seine Westgrenze beschränkt und von französischen Festungen umklammert. Der politische Idealismus und die waffendröhnende Kampfesfreude gestalteten sich zu einer fürstlichen Kabinettspolitik und zu einer mystisch-christlichen Verbrüderung des Friedens, der Reaktion und des Untertanenverstandes. Wütend verkündete Görres, die Nachwelt müsse wissen, daß die Zeitgenossen mit allem Halben und Schlechten nicht einverstanden waren. Und in abertausend Herzen fand die Dichterklage Widerhall:

Doch dort an den Vogesen
Liegt ein verlorenes Gut.
Da gilt es, deutsches Blut
Vom Höllenjoch zu lösen.

Betrachten wir kurz den Verlauf der gesamten Befreiungskriege. Ganz Hervorragendes haben die Söhne Frankreichs mit zäher Ausdauer, stets erneuter Hingebung und großartiger Vaterlandsliebe geleistet. Durch diese Eigenschaften gewährten sie ihrem Imperator die Möglichkeit, ja fast die Wahrscheinlichkeit des Sieges. — Auf der anderen Seite kennzeichnet das Völkerringen der viereinhalb Millionen Preußen die Sachlage. Anfangs standen sie bloß mit dem schwerfälligen Rußland einem mächtigen Frankreich, Italien und den deutschen Klein- und Mittelstaaten gegenüber. Dann trat Österreich über, dem die Rheinbundstaaten erst folgten, als der Gang der Ereignisse sich für sie bedenklich gestaltete. Die volle Furchtbarkeit der Kriegsgefahr lastete demnach zunächst auf Preußen, und zwar im Widerspruche zum weiteren Vaterlande. So trat der sonderbare Zustand eines Bruderkampfes ein, in welchem Preußen militärisch gegen das mit Napoleon verbündete Deutschland, ideell aber für dessen Befreiung focht. Als sich dann die Last Preußens zu erleichtern begann, blieb es durch Blücher und Bülow dennoch der Vorkämpfer, der Rufer im Streit, der den herrlichen Sieg bei Leipzig einleitete und entschied.

1814 marschierten Preußen, Russen, Österreicher und Rheinbündler nach Frankreich hinein; wieder erwies sich Blücher mit Gneisenau als die belebende Kraft in dem trostlosen Wirrwarr. Ohne sie wäre man nie nach Paris gelangt, sondern hätte einen faulen Frieden mit Napoleon geschlossen.

Nun kam 1815, wo Preußen, Engländer und Niederländer Schulter an Schulter fochten. Als gefährlichste Gegner betrachtete der Korse wieder die Krieger Friedrich Wilhelms: auf sie warf er sich zuerst, nicht auf Wellington. Das veranlaßte Gneisenau zu dem genialen Plane, den Preußen allein den Siegeslorbeer und mit ihm die daraus entspringenden politischen Vorteile zuzuwenden. Aber zum Nachteile der deutschen Sache mißlang dies bei Ligny. Dafür hatte der Brite das Glück, bei Belle-Alliance die letzte Entscheidung zu erfechten, während seine Helfer sich bei Plancenoit verbluteten. Nichtsdestoweniger ist auch der belgische Feldzug wesentlich ein deutscher gewesen, denn es kämpften dort mindestens 157 000 Deutsche, darunter mehr als 120 000 Preußen, neben 60 000 Engländern und Niederländern. Freilich, einen vollen Lohn haben die Söhne der Tat nicht geerntet; neidisch verkleinerten die Nachbarn ihren Ruhm und setzten nicht selten den ihrigen an die falsche Stelle.

Dem Waffenwesen Preußens entsprach seine deutsche Politik. Sobald es einigermaßen aufzuatmen vermochte, begann es einen engeren, festeren Zusammenschluß aller deutschen Staaten zu erstreben. Aber dieser Gedanke widersprach der Überschätzung des Souveränitätsgefühles der Mittleren und Kleinen, widersprach den Wünschen Österreichs, dessen deutsch-slawisch-magyarisches Mischwesen mehr von Zerstückelung erwartete. Vertrat Preußen ein In- und Miteinander, so Österreich ein Nebeneinander. Die Wünsche des Kaiserstaates und die der bisher abhängigen, jetzt eigenherrlichen Rheinbündler ergänzten sich also im Gegensatze zu den preußischen. Damit erwiesen sie sich auch von vornherein überlegen. Sie fanden in Metternich einen Vertreter, der auf den Wirrwegen des Parkettes einen Hardenberg und Humboldt weit hinter sich ließ, und wurden schließlich noch vom Auslande begünstigt, welches die Mitte Europas gerne schwach sah.

Medaille auf die Befreiungskriege. Von Detler.
(Kgl. Münzkabinett in Berlin.)

Unter solchen Umständen vermochte Preußen mit der Feder nicht sein Ziel wie mit dem Schwerte zu erreichen. Diplomatisch siegte Habsburg. Das deutsche Volk erhielt eine bunte Staatenkarte, aber kein Vaterland. Aber was Preußen in herbem Ringen aufgespeichert hatte, vermochte ihm niemand zu rauben. Für alle Patrioten bildete und blieb es die Hoffnung, der Inbegriff einer großen deutschen Zukunft. Unter Kaiser Wilhelm I. löste es das heilige Pfand ein. Bismarck und der greise Hohenzoller bildeten in dieser Hinsicht nicht die Fortsetzung Friedrich Wilhelms, sondern die Steins, Blüchers, Humboldts und Gneisenaus. Ihre, die Gedanken der Freiheitskriege, waren es, die sie ruhmreich verwirklichten.

Schlußseite eines Briefes von Wilhelm von Humboldt an den Staatskanzler Hardenberg.

(Nach dem Original im Geheimen Staatsarchiv zu Berlin.)

wo man sich gleich großer Verantwortlichkeit aussetzte, wenn man durch Erregung von Vertrauen hernach fehlschlagende Erwartungen machte, oder durch Erweckung von Mistrauen selbst zu diesem Fehlschlagen beitrug, glaube ich, ohne Anmaßung, behaupten zu können, daß, ohne mich, die Sache nicht, oder minder gut zu Stande gekommen wäre. Hierauf also, glaube ich, könnten Sie, liebster Fürst, einen Antrag beim König gründen, der sich auch mit der vollkommensten Unpartheilichkeit rechtfertigen ließe. Allein auch so würde ich das Gelingen immer nur Ihrer Freundschaft zu verdanken glauben, und wenn diese mir nicht die Offenheit erlaubte, mit der ich so zu Ihnen rede, würde ich der ganzen Sache nicht einmal erwähnen.

Sollten Sie indeß, nach Ihrer Güte, auf meine Bitte eingehen, und der König dieselbe gewähren, so würde ich in den alten Provinzen die Dotation am liebsten im Mannsfeldischen, oder Schlesien, in den neuen in Schwedisch Pommern — besonders auf der Insel Rügen haben.

Ich lege dies jetzt unbedingt in Ihre Hände, theuerster Fürst. Wie der Erfolg auch sey, bleibt meine Dankbarkeit gegen Sie immer gleich innig und groß, und die mit Ihnen verlebte Zeit auch in den schönsten und beglückendsten Erinnerungen. Ich kann Ihnen selbst kaum nun ausdrücken, wie schmerzlich mir jetzt eine Trennung ist, die mich ohne alle bestimmte Hofnung der Wiedervereinigung läßt.

Frankfurt, den 1. Dezember 15.

Humboldt

Faksimile der Schlußseite eines Briefes von Wilhelm von Humboldt an den Staatskanzler Hardenberg.

(Nach dem Original im Geheimen Staatsarchiv zu Berlin.)

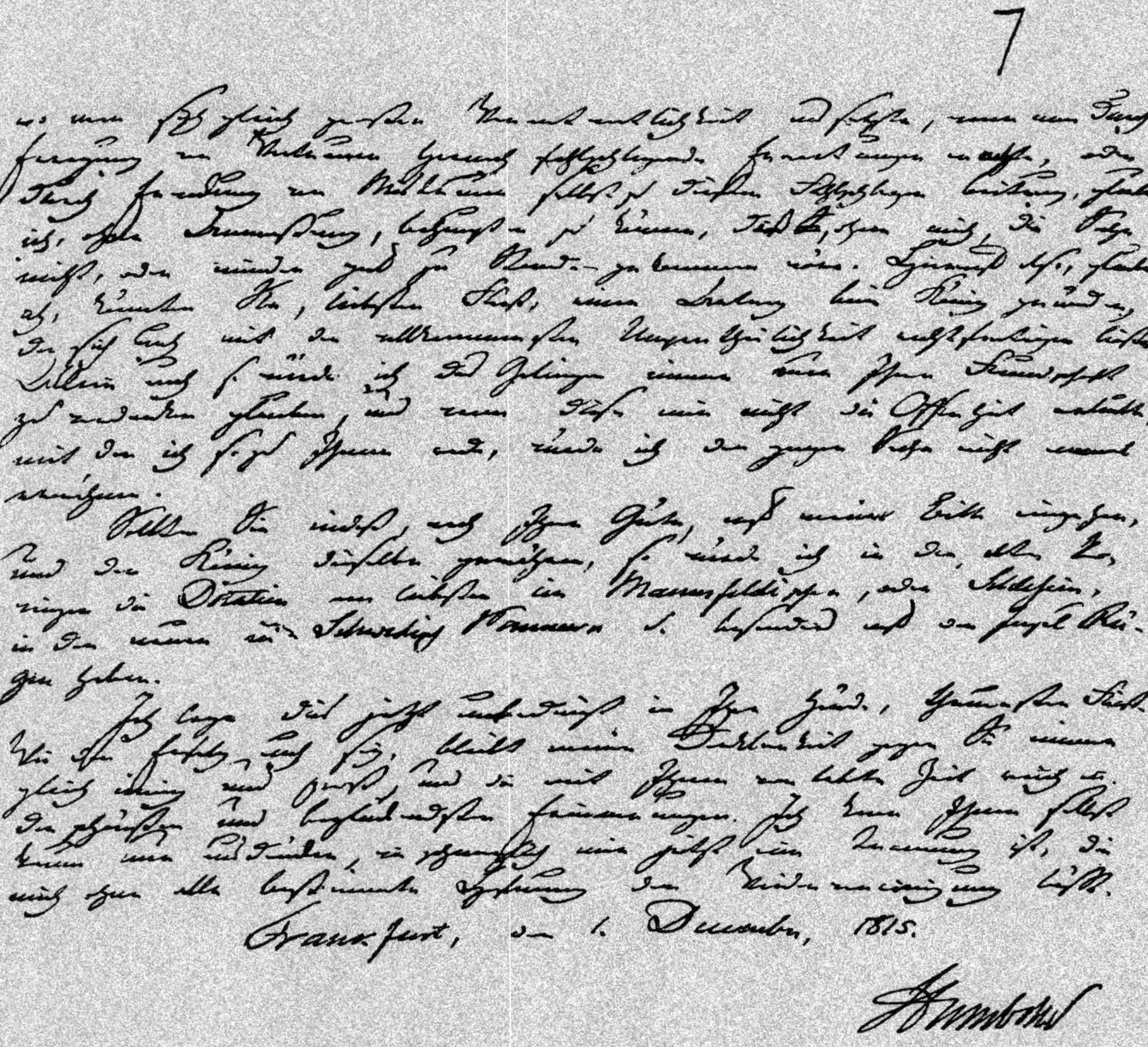

7

Frankfurt, den 1. December, 1815.

Humboldt

Ende